Les villes du Quercy en guerre

NICOLAS SAVY

Les villes du Quercy en guerre

La défense des villes et des bourgs du Haut-Quercy pendant la guerre de Cent Ans

Aspects militaires, politiques et socio-économiques

Editions SAVY AE

Du même auteur :

-*Cahors pendant la guerre de Cent Ans*, Cahors, Colorys, 2005.

-*Les femmes courage. Notes sur la vie des citadines quercinoises pendant les années terribles (1345-1390)*, Cahors, Colorys, 2007.

Préface

Si c'est toujours un grand honneur que de préfacer un ouvrage, c'est ici un grand bonheur car l'accompagnement de Nicolas Savy dans sa recherche a été un moment de grande satisfaction pour l'historien que je suis, tant l'auteur a été pugnace et proche au fil des années. Et s'il peut paraître surprenant qu'un Franc-comtois apporte son concours à une étude sur le Quercy médiéval, c'est parce que Nicolas a eu un parcours universitaire peu banal : engagé très jeune dans l'armée, il a accompli en effet toutes ses études supérieures dans le cadre de l'enseignement de l'histoire à distance, ancré à Besançon, ce qui a nécessité de sa part une grande ténacité et un effort à souligner et offrir en exemple. Son parcours a exigé en effet des qualités que je dois d'abord saluer.

Cette étude substantielle avait pour but ultime d'être une thèse de doctorat envisageant à propos du Haut Quercy la défense des villes et des bourgs pendant la guerre de Cent ans, dans ses aspects militaires et socio-économiques, étude que Jean Lartigaut, qui est toujours cité en référence par l'auteur, aurait sans doute aimé lire. Les pages qui suivent, écrites dans un style clair et vivant, étayées de références nombreuses et précises, puisent leur argumentation dans la documentation du « pays » et renvoient à l'environnement « français » ; elles mettent en scène également les faits par des cartes, des plans, des tableaux divers que l'auteur sait rendre pertinents. La réflexion est solide, démonstrative, neuve aussi.

Nicolas Savy insiste sur la première phase de cette guerre de terrain - documentation oblige - où les compagnies anglo-saxonnes peu nombreuses réussissent à s'imposer à des populations confrontées aux difficultés de la vie quotidienne mais qui, pour se protéger, acceptent de « composer » avec l'ennemi. L'auteur montre aussi - et c'est là d'un grand apport - comment ces « bonnes villes » ont cherché par la correspondance, le renseignement, à se prémunir contre les intentions anglo-saxonnes, pour éviter la situation cahorcine. Mais l'intérêt de cette réflexion est qu'elle ne se cantonne pas à la nécessaire approche militaire de la situation. Elle plonge dans une analyse fine des comportements du monde consulaire, petit groupe fait de renouvellement et de continuité, et met parfaitement en valeur le renforcement de ce pouvoir au fil du conflit, l'efficacité de l'organisation du guet par ses soins, mettant en scène hommes et femmes.

Puis l'auteur s'interroge de façon judicieuse sur les conséquences humaines, psychologiques et économiques de la situation, et ce n'est pas là son moindre mérite. Une société « en guerre », encadrée y compris lors des processions, stimulée par les sermons des Mendiants, entraînée militairement, soumise à l'obéissance, voire aux pénalités, sollicitée financièrement pour les fortifications, la production et la fourniture d'armements, est ainsi dépeinte de façon fort vivante. L'économie urbaine où les consuls agissent de façon protectionniste et interventionniste, n'est pas laissée de côté et il serait judicieux d'observer désormais de façon approfondie le lien établi avec les campagnes, soumises aux pressions et dégradations des troupes anglo-saxonnes. Dans une perspective comparatiste, le cas quercinois est utile à observer quant au fonctionnement municipal, aux rapports entre les individus, à la mobilisation d'une population civile en guerre.

Cette thèse sur le Haut Quercy, illustration régionale d'un ensemble de faits qui affectèrent de nombreuses provinces du royaume de France et de ses marges, a bien mis en évidence les modalités selon lesquelles les bourgs et villes de cet espace ont vécu et réagi face aux divers moments de la guerre de Cent Ans. Elle insiste sur les modes d'action des Compagnies, la faiblesse de l'action royale pendant une longue période, le rôle et le renforcement des élites consulaires, le conditionnement des populations, la faible capacité à la défense des villes et des bourgs. Surtout, l'approche est riche concernant la mobilisation des populations « urbaines », l'étude du renseignement, l'espionnage, l'organisation du guet et ses conséquences.

Cette recherche qui s'est vue attribuer à l'unanimité les félicitations des membres du jury, tant ils ont été séduits par sa dynamique et son apport à la connaissance générale, permet de découvrir un « pays », car ce jeune historien qui connaît parfaitement le terrain a, avec une méthode rigoureuse, tiré le maximum d'informations d'archives qu'il maîtrise parfaitement. Après avoir publié sa maîtrise sur « Cahors pendant la guerre de Cent Ans », une étude sur « Les femmes courage », soit des citadines quercinoises dans les années 1345-1390, divers articles novateurs dans le bulletin de la Société d'Etudes du Lot et dans des revues françaises et étrangères, l'auteur s'est attelé à cette rude tâche d'édition de sa thèse. Je lui souhaite un grand succès en Quercy et hors de lui, car ce serait rendre justice à l'effort accompli : Nicolas Savy, mon ami, chercheur enthousiaste, curieux, rigoureux, actif, soucieux de partager et d'apporter aux autres le résultat de sa quête, le mérite grandement.

Ce qui fait la richesse de l'Université française, c'est certes la recherche qu'elle accomplit et les connaissances novatrices qu'elle produit ; mais elle ne saurait être sans de jeunes chercheurs, passionnés et actifs, souvent désintéressés, qu'il convient d'accompagner, d'encourager, en toutes situations, et en province aussi.

Jacky THEUROT
Professeur émérite à l'Université de Franche-Comté

Remerciements.

Cet ouvrage est directement issu de la thèse que j'ai soutenu le 7 décembre 2007 à l'université de Franche-Comté devant un jury composé de MM. les professeurs Michel Bochaca, de l'université de La Rochelle, Jean-Luc Frey, de l'université de Clermont-Ferrand II, Gérard Giuliato, de l'université de Nancy II et Christian Guilleré, de l'université de Savoie. Je les remercie pour les conseils et les suggestions de corrections qu'ils m'ont donné à l'issue de la soutenance, me permettant ainsi de donner la dernière main à ce travail.

Le professeur Jacky Theurot, de l'université de Franche-Comté, accepta en 2001 de diriger ma maîtrise, avant de m'encourager à poursuivre en DEA puis en thèse. Malgré les difficultés inhérentes à ma situation militaire, il sut me guider avec une bienveillance et une patience toujours égales et permettre ainsi le succès de mes études : ma reconnaissance lui est solidement acquise, tout comme mon indéfectible amitié.

Il ne m'aurait pas été possible de réaliser ce travail sans l'aide de la Société des Etudes du Lot. J'ai eu la chance d'y rencontrer Jean Lartigaut, mais malheureusement trop peu de temps avant que la maladie ne l'enlève à l'Histoire, et j'y fus véritablement intégré par mes amis André Salvage, correcteur hors pair qui nous a quitté il y a peu, et Philippe Deladerrière ; ils m'ont non seulement présenté aux chercheurs intéressés à l'histoire locale, mais m'ont aussi aidé de façon pratique. A travers eux, je remercie tous les membres de la société qui mon apporté leur concours et tout spécialement Max Aussel, qui m'a cédé ses transcriptions des archives de Gourdon : un simple regard sur les notes de références permet de réaliser ce que cette étude lui doit.

L'équipe des Archives Départementales du Lot a toujours fait en sorte que je trouve les meilleures conditions de travail dans ses locaux et m'a ouvert les portes des rayonnages afin que je puisse consulter facilement certains documents non classés. Ce fut, et c'est toujours, un plaisir d'aller travailler avec eux. Toujours à Cahors, j'ai pu en permanence compter sur l'aide précieuse et les conseils avisés de mon ami Laurent Anton, qui a de plus souvent mis à ma disposition le matériel et les savoir-faire de son entreprise, Imagyne.

Je garde une mention particulière pour les professeurs Christopher T. Allmand, de l'Université de Liverpool, et Clifford J. Rogers, de l'Académie Militaire de West Point, qui, historiens médiévistes de renommée mondiale, n'ont pas hésité à m'apporter leur aide et leurs conseils et à faire connaître mes travaux. Qu'ils en soient chaleureusement remerciés.

Mon camarade, le major Régis Anténor du 126e régiment d'infanterie, a accepté au pied levé de faire la dernière relecture de cet ouvrage. Je le remercie pour la diligence et le sérieux avec lesquels il s'en est chargé, ainsi que pour ses judicieuses remarques.

Enfin, ma famille fut toujours présente auprès de moi et rien n'aurait été possible sans le soutien de mon épouse et la patience de mes enfants. Cet ouvrage leur est dédié.

Nicolas SAVY

Introduction

Dans son étude sur les « *seigneurs et paysans du Bordelais pendant la guerre de Cent Ans* », Robert Boutruche soulignait que l'expression « *guerre de Cent Ans* » ne rendait généralement justice ni à la durée du conflit, ni à la diversité des fléaux qui firent la misère de ce temps[1] ; pour le Haut-Quercy et en ce qui concerne la longueur des calamités, cette formule rejoint pourtant les événements : les premières passes d'armes s'y déroulèrent en 1345 et les derniers Anglo-Gascons quittèrent la province vers 1444-45. Pour le reste, elle est certes bien trop réductrice pour évoquer toutes les plaies qui, de la peste aux famines, frappèrent peu ou prou toutes les régions du royaume de France, mais elle a le mérite de mettre en avant le fait majeur et permanent de cette période : la guerre. A propos de celle-ci, Jean Favier nota que « *la guerre de Cent Ans, ce n'est pas cent ans de guerre. Mais c'est cent ans d'insécurité paralysante, un siècle de psychose de guerre* »[2]. On ne saurait mieux parler en ce qui concerne le Haut-Quercy, dont la vie fut minée par la présence permanente de bandes anglo-gasconnes ; celles-ci faisaient fi des trêves comme elles évitaient les grandes et longues opérations, mais elles vivaient sur le pays, volant et rançonnant continuellement, se saisissant de la grange mal surveillée ou attaquant le faubourg en mal de défenseurs.

A la tête de leurs communautés, qu'elles n'avaient jusqu'alors dirigé qu'en temps de paix, les municipalités durent désormais gouverner dans un climat délétère à tous les niveaux, militaire, économique, sanitaire et social, et ce tant sur le plan local que général. Partant d'une situation de prospérité finissante, elles durent s'accommoder de fortes contraintes pour arriver à prendre les mesures conservatoires les mieux adaptées. Ces décisions eurent des conséquences étendues dans tous les domaines, du développement du bâti urbain à la puissance des instances municipales, en passant par l'adaptation de l'économie à la guerre. Le visage de la ville quercinoise du milieu du XVe siècle était certes la conséquence de la crise générale et notamment de la guerre anglaise, mais il était avant tout le fruit de cent ans de mesures municipales de sauvegarde. Comment l'insécurité générée par le conflit et les choix faits par les consulats pour s'en préserver ont modelé la ville dans sa vie politique et dans ses évolutions économiques et sociales, telle est la question à laquelle la présente étude veut essayer d'apporter des réponses.

Cadre général.

La guerre de Cent Ans se déroula essentiellement sur le territoire du royaume de France et notamment dans les provinces qui, comme le Quercy, étaient limitrophes de l'Aquitaine anglaise. Les combats et les divagations des troupes ne furent pas les seuls fléaux qui les accablèrent, car, sur un fond de récession économique, elles eurent aussi à subir les accidents climatiques et les épidémies de peste : ce fut véritablement l'époque des « *malheurs des temps* ».

---

[1] BOUTRUCHE (R.), *La crise d'une société. Seigneurs et paysans du Bordelais pendant la guerre de Cent Ans*, Thèse pour le doctorat ès Lettres, Paris, Les Belles Lettres, 1947, p.165.
[2] FAVIER (J.), *La guerre de Cent Ans*, Paris, Fayard, 2001 (rééd.), p.179.

Lorsque le conflit débuta en 1337, le mouvement d'essor général, qui avait commencé plus de deux siècles auparavant, avait cessé depuis déjà plus de quarante ans[3] : au début des années 1300, alors que l'équilibre atteint par les campagnes était précaire et que les rendements stagnaient, des accidents climatiques firent réappaître famines et disettes. Parallèlement à ces crises frumentaires s'amorça un effondrement économique dû, entre autres, aux problèmes de l'artisanat ainsi qu'à des structures financières inadaptées ; la situation était complexe et toutes les régions ne furent pas frappées avec la même intensité ni au même moment, mais on peut toutefois en dégager les caractères principaux : dans le domaine agricole, l'extension des surfaces cultivées avait permis la croissance précédente mais, conséquence de l'accroissement démographique, les exploitations s'étaient morcelées et ne nourrissaient plus que difficilement les familles nombreuses des tenanciers ; une intensification et une modernisation des modes de production étaient nécessaires, mais elles n'étaient possibles que dans certaines provinces, où seules les plus hautes strates de la paysannerie pouvaient d'ailleurs les mettre en œuvre[4]. Dans le domaine vinicole, une production trop importante et une concurrence trop forte provoquèrent une baisse générale des prix, malgré la hausse de la consommation qui la compensa quelque peu[5]. A partir des années 1330-1340 se rompit totalement l'équilibre production / essor démographique.

De même, dans l'artisanat, une concurrence trop importante et une production excédentaire provoquèrent une réglementation du travail plus stricte, un blocage des prix et la réduction du temps de travail : il en découla des tensions sociales qui dégénérèrent parfois en émeutes, et ce dès 1280-1290[6]. Ces dysfonctionnements furent accentués par la modification des grands axes commerciaux, essentiellement fait des hommes d'affaires italiens qui évitèrent les circuits français pour aller directement chercher le drap et la laine en Flandre ou en Angleterre ; en procédant de la sorte, ils éliminèrent de coûteuses étapes intermédiaires[7] et développèrent considérablement la route maritime empruntant le détroit de Gibraltar. L'emploi de cet itinéraire priva notamment l'Aquitaine du transit des laines anglaises en direction des ports languedociens[8].

C'est ainsi sur un royaume à l'économie en crise que s'abattirent les raids anglais ; en ruinant les arrières-pays, ils visaient à encore accentuer la dépression : l'exemple donné par l'une des premières chevauchées, celle d'Edouard III en 1339, le montre bien car elle dévasta cent soixante villages sur trente kilomètres de profondeur[9]. D'autre part, de nombreuses régions furent touchées par les ravages des grandes compagnies, qui composaient une grande partie des armées belligérantes ; leurs hommes dévastaient des provinces entières avant de vendre chèrement leur départ, pour aller ensuite plus loin poursuivre leurs méfaits. Aux cultures détruites et abandonnées s'ajouta ainsi un sentiment d'insécurité qui désorganisa le commerce intérieur : en 1380, la ruine de certaines contrées était déjà extrême.

Les affaires furent victimes d'importants désordres monétaires. En effet, l'entrée dans une économie de guerre réduisit les ressources publiques et augmenta les dépenses de défense : les impôts furent rapidement insuffisants à fournir les liquidités nécessaires, ce qui amena, outre leur augmentation, des dévaluations en cascade[10]. Les levées fiscales, de plus en plus substantielles, provoquèrent en réaction de puissantes oppositions qui participèrent à

---

[3] BOURRIN-DERRUAU, (M.), *Temps d'équilibres, temps de ruptures (XIIIᵉ siècle)*, tome 4 de la *Nouvelle histoire de la France médiévale*, coll. *Points Histoire* (H204), Paris, éd. du Seuil, 1990, p.264.
[4] *Ibid.*, pp.267-270.
[5] *Ibid.*, pp.266-267.
[6] *Ibid.*, p.279.
[7] *Ibid.*, pp.280-281.
[8] *Ibid.*.
[9] FAVIER (J.), *La guerre…Op.cit.*, pp.105-109.
[10] *Ibid.*, p.150.

considérablement affaiblir l'autorité royale. Une première stabilisation monétaire fut cependant obtenue par la création du franc par Jean le Bon en 1360[11] ; son fils et successeur, Charles V, réussit à obtenir une levée plus performante des impositions, mais il entraîna son système dans la tombe. En fait, il fallut attendre que le règne de Charles VII prenne toute sa dimension pour voir la stabilité s'installer à nouveau dans ce domaine.

Fin 1347, un autre fléau vint se greffer et amplifier la situation de crise générale : la peste, qui débarqua à Marseille avec des marins en provenance de Sicile. L'année suivante elle gagna tout le Midi, Paris, la Normandie, Calais et l'Angleterre, puis poursuivit ses ravages en 1349 ; elle devint ensuite endémique, réapparaissant tous les douze ou treize ans en s'installant dans une zone pour plusieurs mois. La maladie s'abattait sur des populations déjà affaiblies par les famines et les disettes, ce qui rendit ses effets effroyables. Véritable pandémie, épaulée par les autres calamités elles-mêmes récurrentes, elle empêcha toute reprise démographique après ses passages successifs[12]. Elle eut aussi des conséquences sur les comportements sociaux, car la contagion mettait les solidarités classiques à l'épreuve : on abandonnait les malades et on enterrait les morts à la hâte ; quant aux vivants, ils se méfiaient de tout rapport humain, de la simple conversation à la relation charnelle[13]. Au repli social opéré par chacun s'ajoutait un isolement au niveau communautaire, car la peste rendait suspect tout étranger en déplacement et les localités, villes ou châteaux, s'isolaient derrière leurs murailles.

Si l'on excepte une courte période de rémission à la charnière des XIVe et XVe siècles, la conjonction de ces calamités fut une constante de la vie quotidienne pour une grande partie des habitants du royaume de France jusque durant les années 1450. L'unité du Moyen Age finissant semble ainsi se trouver dans une sorte d'universalité de la crise, pleinement exprimée dans une prière qui fut le leitmotiv de ces temps troublés : « *de la faim, de la peste, de la guerre, délivre-nous seigneur* ».

L'histoire urbaine médiévale du Haut-Quercy.

L'« *Histoire du Quercy* », ouvrage collectif publié en 1993[14], intéresse l'histoire urbaine par plusieurs aspects. En effet, Jean Lartigaut, qui dirigea sa réalisation, en écrivit lui-même la partie médiévale et, bien qu'étant essentiellement spécialiste du monde rural, il s'intéressa aussi aux villes et dégagea les grandes tendances auxquelles elles furent soumises.

Par la quantité et la qualité des travaux qu'il a réalisés, Jean Lartigaut reste sans conteste l'historien le plus important du Quercy. Sa thèse, présentée à l'université du Mirail en 1978, « *les campagnes du Quercy après la guerre de Cent Ans* », couvre une période s'étalant essentiellement sur la seconde moitié du XVe siècle ; toutefois, toute la première partie de l'étude concerne des témoignages sur l'état de la dépopulation entre 1360 et 1400. Le tableau du monde rural quercinois qu'il a ainsi dressé couvre une grande partie de la guerre de Cent Ans et, de plus, ne laisse pas les villes et les bourgs à l'écart : on trouve notamment un chapitre sur les « *villages et bastides désertés* »[15], ainsi qu'un autre concernant « *le*

---

[11] DEMURGER (A.), *Temps de crises, temps d'espoirs, XIVe-XVe siècle*, tome 5 de la *Nouvelle histoire de la France médiévale*, coll. *Points Histoire* (H 205), Paris, Seuil, 1990, pp.33-34.
[12] DEMURGER (A.), *Op.cit.*, pp.13-17.
[13] FAVIER (J.), *La guerre…Op.cit.*, p.161.
[14] LARTIGAUT (J.), dir., *Histoire du Quercy*, Toulouse, Privat, 1993.
[15] LARTIGAUT (J.), *Le Quercy après la guerre de Cent Ans. Aux origines du Quercy actuel*, Cahors, Quercy-Recherche, 2001, réédition augmentée de la thèse « *Les campagne du Quercy après la guerre de Cent Ans* », Toulouse, 1978, p. 45-50.

repeuplement urbain contemporain : sondages à Cahors et Figeac »[16]. Plus globalement, cette thèse est utile à l'histoire des villes pendant la guerre de Cent Ans en ce qu'elle dessine assez précisément leur environnement rural.

La thèse de Pierre Flandin-Bléty, « *Essai sur le rôle politique du Tiers-état dans les pays de Quercy et de Rouergue, XIIIe-XVe siècles* »[17], peut être considérée comme le pendant politique des travaux de Jean Lartigaut. En premier lieu, l'auteur s'est employé à démontrer de quelle façon les solidarités et les relations inter-communautaires ont contribué au développement de la représentation du Tiers-état auprès du pouvoir royal ; en second lieu et dans le même cadre, il a notamment étudié l'évolution des relations des consulats avec les pouvoirs nobiliaire et royal. Les travaux de MM. Lartigaut et Flandin-Bléty sont les seules grandes études concernant le Quercy dans son ensemble pour le bas Moyen Age.

Les travaux monographiques sont plus nombreux, mais inégaux en quantité et en qualité suivant les villes traitées. Le consulat cadurcien bénéficia très tôt d'un travail de valeur, publié par Emile Dufour en 1846 : « *La commune de Cahors au Moyen Age* »[18]. Bien que très ancienne, cette étude présente une bonne synthèse de l'histoire médiévale de la municipalité ; de plus, toute la dernière partie est consacrée à la transcription des coutumes de la ville. Le livre d'Emile Dufour est toujours cité dans des travaux actuels : Albert Rigaudière l'a notamment utilisé en référence dans son ouvrage « *Gouverner la ville au Moyen Age* »[19]. Il ne peut toutefois être considéré comme une analyse scientifique à proprement parler, à la différence de l'étude qu'Ernest Baudel réalisa en 1928 sur l'évolution du bâti urbain[20].

La publication en 1983 de « *l'Atlas historique des villes de France* » consacré à Cahors et conçu par Jean Lartigaut[21], donna enfin une synthèse historique et archéologique de qualité sur la ville. Plus près de nous, la thèse d'histoire de l'Art de Maurice Scellès, « *Cahors, ville et architecture civile au Moyen Age (XIIe- XIVe siècles)* »[22], est l'ouvrage récent le plus important qui ait été consacré au Cahors médiéval ; il met notamment en parallèle le développement du pouvoir consulaire avec la mise en place d'une politique d'urbanisme au XIIIe et au début du XIVe siècle. D'autre part, l'étude archéologique complète de l'architecture civile que M. Scellès a effectuée se révèle particulièrement utile à celle de son pendant militaire, étant donné l'indigence de documents cadurciens dans ce domaine.

Il existe pour la deuxième ville du Haut-Quercy une « *Histoire de Figeac* »[23], ainsi qu'une notice de synthèse écrite par Jean Lartigaut pour l' « *Atlas historique des villes de France* »[24]. La localité a d'autre part fait l'objet d'études poussées dans le cadre de trois travaux universitaires : le premier, réalisé par Nadine Picaudou, dresse le panorama économique et social de Figeac entre 1350 et 1400[25] ; le second, de Géraldine Frey, pourrait en constituer la suite, car il a pour thème « *La société de Figeac à la fin de la guerre de Cent Ans* »[26]. Le bâti urbain a quant à lui été le sujet d'une thèse d'Histoire de l'Art présentée par Anne-Laure Napoléone : « *Figeac au Moyen Age, les maisons du XIIe au XIVe siècle* »[27].

---

[16] *Ibid.*, p. 92-96.
[17] FLANDIN-BLETY (P.), *Essai sur le rôle politique du Tiers-Etat dans les pays de Quercy et de Rouergue, XIIIe-XVe siècles*, 2 tomes, thèse de droit présentée sous la direction de F. Garrisson, Paris II, 1979, dactylographié.
[18] DUFOUR (E.), *La commune de Cahors au Moyen Age*, Cahors, imp. Combarieu, 1846.
[19] RIGAUDIERE (A.), *Gouverner la ville au Moyen Age*, Paris, Anthropos, 1993, p.178, 190, 191.
[20] BAUDEL (E.), *Une évolution de ville, Cahors en Quercy*. Cahors, Bergon, 1928.
[21] LARTIGAUT (J.), *Atlas historique des villes de France, Cahors*, Paris, éd. du CNRS, 1983.
[22] SCELLES (M.), *Cahors, ville et architecture civile au Moyen Age (XIIe-XIVe siècles)*, coll. *Cahiers du Patrimoine* (n°54), Paris, éd. du Patrimoine, 1999.
[23] CALMON (P.), FOISSAC (S.), FOUCAUD (G.), *Histoire de Figeac*, Figeac, mairie de Figeac, 1998.
[24] LARTIGAUT (J.), *Atlas historique des villes de France, Figeac*, Paris, éd. du CNRS, 1983.
[25] PICAUDOU (N.), *Figeac-en-Quercy. Economie et société dans la deuxième moitié du XIVe siècle*, mémoire de maîtrise présenté à l'université de Paris X-Nanterre, année 1972-1973, dactylographié.
[26] FREY (G.), *La société de Figeac à la fin de la guerre de Cent Ans (1340-1440), d'après les actes notariés*, mémoire de DEA, université de Toulouse-Le Mirail, 1997, dactylographié.
[27] NAPOLEONE (A.-L.), *Figeac au Moyen Age, les maisons du XIIe au XIVe siècle*, 2 vol., thèse d'histoire de l'Art, sous la direction de M. Pradalier-Sclumberger (1993), université de Toulouse-Le Mirail, Figeac, ASFE, 1998.

Troisième ville du Haut-Quercy, Gourdon n'a pas suscité beaucoup d'études historiques et ce malgré un fonds d'archives conséquent. Sa seigneurie a intéressé Louis Combarieu et François Cangardel à la fin du XIXe siècle[28], mais les travaux les plus marquants sont ceux que Roger Bulit réalisa dans un cadre universitaire à partir des années 1920 ; il écrivit notamment deux histoires de la ville, l'une générale[29] et l'autre dédiée à la période de la guerre de Cent Ans[30]. Plus récemment, le développement du consulat gourdonnais aux XIIIe et XIVe siècles a été le sujet d'une thèse de l'Ecole des Chartes, présentée par Annie Monzat en 1970[31]. Il convient enfin de faire une place importante aux travaux de Max Aussel sur Gourdon et le Gourdonnais au bas Moyen Age, dont l'inventaire se trouve dans la bibliographie du présent ouvrage.

L'histoire de Martel doit beaucoup à la famille Combarieu : durant les années 1880, Louis père étudia la ville pendant la guerre de Cent Ans[32], tandis que son fils s'employa à élargir ses recherches à toute la période médiévale[33]. Les articles les plus intéressants sur cette Localité au bas Moyen Age furent réalisés durant les années 1970 : Marie-Odile Berdin travailla sur l'administration municipale au XIVe siècle[34], tandis que sa correspondance fut examinée par Tibor Pataki et Jean Lartigaut ; ces derniers ont tout particulièrement analysé les relations entretenues avec Aurillac[35] et Brive durant tout le XIVe siècle[36] et notamment pendant la guerre de Cent Ans[37]. Enfin, Marguerite Guély a récemment réuni nombre d'informations intéressant le développement du bâti urbain et la répartition des demeures patriciennes[38].

Bourg plus modeste, Cajarc a cependant bénéficié des travaux du chanoine Albe[39], historien réputé du début du XXe siècle ; il a dégagé les grands traits des principales institutions médiévales de la ville, qu'elles soient religieuses, nobiliaires ou consulaires ; il a aussi évoqué les événements majeurs de l'histoire cajarcoise pendant la guerre de Cent Ans.

Plus poussée, la thèse de Florence Clavaud, « *Cajarc, consulat du Haut Quercy aux XIIIe et XIVe siècles, étude démographique* »[40], présente les changements subis par la population tout au long de la deuxième moitié du XIVe siècle, tant pour la localité dans son ensemble que pour les différents quartiers, mettant ainsi en évidence les effets de la guerre de Cent Ans dans le domaine démographique. L'auteur n'a pas laissé de côté l'aspect économique, en consacrant une partie de son travail à l'évolution des différents cheptels cajarcois de 1336 à 1401. Dans un autre ouvrage, mais suivant le même axe d'étude, elle s'est aussi intéressée de façon précise à un rôle de capitation de 1382[41].

Plus modeste, l'étude de certains comptes, exécutée par Louis d'Alauzier dans les années 1950, se veut une présentation condensée de l'action consulaire cajarcoise durant la deuxième moitié du XIVe siècle dans le domaine de sa politique de guerre[42].

---

[28] CANGARDEL (F.), COMBARIEU (L.), « Gourdon et ses seigneurs du XIe au XIVe siècle », dans *BSEL*, t.VI (1880).
[29] BULIT (R.), *Gourdon-en-Quercy, des origines au XIXe siècle*, Gourdon, éd. de la Bouriane, 1997.
[30] BULIT (R.), *Gourdon et la guerre de Cent Ans*, vers années 1920, manuscrit inédit.
[31] MONZAT (A.), *Gourdon-en-Quercy, du milieu du XIIIe à la fin du XIVe siècle, naissance et développement d'un consulat*, thèse de l'Ecole des chartes, 1970.
[32] COMBARIEU (L.), *Martel, une ville en Quercy pendant la guerre de Cent Ans (1345-1352)*, Cahors, imp. P. Delpérier, 1881.
[33] COMBARIEU (L.fils), *De la commune de Martel au Moyen Age*, manuscrit inédit.
[34] BERDIN (Marie-Odile), 1970, « Administration municipale de Martel dans la première moitié du XIVe siècle », dans *B.S.E.L.*, t.XCI (1970).
[35] PATAKI (T.), *Deux lettres des consuls d'Aurillac aux consuls de Martel*, dactylographié, inédit
[36] PATAKI (T.), « Lettres des consuls de Martel aux consuls de Brive, 1318-1372 », dans *Bulletin de la Société Historique de Corrèze*, t.96 (1974), pp.71-73.
[37] LARTIGAUT (J.), *Lettres adressées aux consuls de Martel pendant la guerre de Cent Ans*, dactylographié, inédit.
[38] GUELY (M.), *L'origine de Martel*, multigraphié, s.e.
[39] ALBE (E.), « Monographie de Cajarc », dans *Monographies des paroisses de la région Vers-Lot-Célé*, Cahors, assoc. Quercy.net, 1999, pp.51-116.
[40] CLAVAUD (F.), *Cajarc, consulat du Haut-Quercy au XIIIe et XIVe siècles, étude démographique*, 3 tomes, thèse de l'Ecole des Chartes, 1989, dactylographié.
[41] CLAVAUD (F.), « Un rôle de capitation pour Cajarc, consulat du Haut Quercy, en 1382 », dans *Bibliothèque de l'école des chartes*, t.149 (janvier-juin 1991), Paris-Genève, librairie Droz, 1991, pp.7-45.
[42] ALAUZIER (L.d'), « Comptes consulaires de Cajarc (Lot) au XIVe siècle », dans *Bulletin philologique et historique (jusqu'à 1610) du Comité des Travaux Historiques et Scientifiques* (année 1957), Paris, 1958, pp.89-103.

Au rang inférieur, le bourg de Capdenac n'a fait l'objet d'aucune étude monographique d'importance. Les seuls travaux de qualité existants ne concernent que des aspects très particuliers et ont tous été réalisés par Louis d'Alauzier. Parmi ces derniers, on trouve notamment une recherche sur la cour du bayle de Capdenac au XIVe siècle[43].

Pour l'ensemble des autres localités quercinoises, les études récentes utilisables pour de nouveaux travaux sont peu nombreuses. On note toutefois celle que Jean Lartigaut a réalisée sur Puy-l'Evêque à partir d'un fonds documentaire réduit et d'observations archéologiques[44]. Dans la même catégorie de travaux, mais de façon plus modeste, les quelques documents subsistants des archives de la petite ville de Souillac ont été exploités au début du XXe siècle[45] par le chanoine Edmond Albe, puis en 1965 par Tibor Pataki[46].

Les monographies restantes sont souvent anciennes et ont été élaborées à partir d'un nombre parfois très limité, sinon totalement insuffisant, de documents originaux. On trouve ainsi une histoire de Lacapelle-Marival[47] ou une *Chronique de Saint-Céré*[48], qui ne sont utilisables qu'à la marge pour de nouvelles études urbaines.

Il n'y a plus rien à ajouter à l'histoire de la province du point de vue événementiel, ainsi qu'à celle de la plupart des villes où les fonds d'archives ont permis la production de monographies de qualité. Concernant les recherches modernes ayant trait à des aspects particuliers de la vie urbaine, elles sont inégalement réparties. Sur un plan général, on note que la thèse de M. Flandin-Bléty est le seul travail d'ensemble concernant les pouvoirs urbains quercinois, mais, d'une façon moins globale, les municipalités de Cahors, Cajarc et Gourdon ont été les sujets d'études politiques et sociales, le plus souvent étalées sur les XIIIe et XIVe siècles ; à Figeac, en l'absence totale de registres consulaires mais avec l'aide de fonds notariaux, les observations se sont concentrées sur la population en couvrant une période allant plus avant dans le XVe siècle. Quant aux importantes archives martelaises, elles n'ont pas suscité de recherches conséquentes et les quelques articles écrits sur la correspondance consulaire ne doivent être pris que comme les ébauches d'une entreprise plus complète encore à venir.

Le gouvernement consulaire quercinois et le monde qui l'entoure sont assez bien connus pour la première partie du XIVe siècle ; pour la seconde et le siècle suivant, cette connaissance devient plus lacunaire, à l'exception notable de la société figeacoise, exception contrebalancée par la méconnaissance que l'on a de son gouvernement. Enfin, il convient de noter l'absence d'étude d'ensemble sur Capdenac, malgré un fonds documentaire assez important. La période s'étalant des environs de 1350 à ceux de 1450, soit approximativement la durée de la guerre de Cent Ans, reste donc ouverte à de nouvelles études d'histoire urbaine, notamment en ce qui concerne le fonctionnement des administrations consulaires.

Histoire militaire et défenses urbaines médiévales.

Les systèmes défensifs des XIVe et XVe siècles se placent à une période charnière dont on a souvent souligné l'importance avec l'apparition de l'artillerie à poudre. Les travaux d'histoire militaire sont particulièrement nombreux,

---

[43] ALAUZIER (L.d'), « La cour du bayle de Capdenac au XIVe siècle », dans *Actes du XIIe congrès Bigorre et France méridionale* (Toulouse 1956), Toulouse, 1958, pp.45-56.
[44] LARTIGAUT (J.), *Puy-l'Evêque au Moyen Age, le castrum et la chatellenie (XIIIe-XIVe)*, Bayac, éd. du Roc de Bourzac, 1991.
[45] ALBE (E.), *Notes sur l'histoire de Souillac des origines à l'an 13 environ*, dactylographié, inédit.
[46] PATAKI (T.), *Mille ans à Souillac*, conférence donnée à Souillac le 02/06/1965, dactylographié, inédit.
[47] CADIERGUES (G.), *Histoire de la seigneurie de Lacapelle-Merlival, depuis les origines jusqu'à 1789*, Cahors, Girma, 1906.
[48] PARAMELLE (abbé), *Chronique de Saint-Céré*, Cahors, imp. de A. Laytou, 1867.

mais ils sont inégalement répartis suivant les domaines. Au sein de ce corpus, on peut ainsi distinguer les études sur la guerre en général et celle de Cent Ans en particulier qui, sans être pléthoriques, sont nombreuses et souvent de qualité, tout comme celles concernant les organisations militaires ; les analyses traitant de la réflexion guerrière sont beaucoup moins abondantes, tout comme celles ayant la propagande pour sujet. Plus égales sont en revanche les recherches historiques étroitement liées à l'archéologie : les fortifications et tous les types d'armement ont fait l'objet d'une grande quantité de travaux. Au sein de cet ensemble, les études spécifiquement urbaines occupent toutefois une place quelque peu à part.

Dans le domaine de la guerre médiévale, il est impossible de passer à côté de l'œuvre de Philippe Contamine. De l'ouvrage général sur « *La guerre de Cent Ans* »[49], à celui sur la bataille d'Azincourt[50], en passant par les études sociales plus ciblées sur le monde guerrier[51], le droit et l'éthique de la guerre[52], il s'est appliqué à élargir autant que possible le spectre de l'histoire militaire du Moyen Age ; cette volonté est clairement exprimée dans « *La guerre au Moyen Age* »[53], un ouvrage qui se veut « *une mise au point sur les caractères généraux de l'histoire militaire médiévale*[54], (…) *sujet qui demandait à être abordé de différents côtés, si on voulait le saisir dans ses véritables dimensions : art militaire, armement, recrutement, composition et vie des armées, problèmes moraux et religieux posés par la guerre, liens entre le phénomène guerre et l'environnement social, politique et économique* »[55].

Il serait fastidieux d'évoquer toutes les analyses d'ensemble relatives aux conflits médiévaux, mais on remarquera toutefois la part importante prise dans ce domaine par la production anglo-saxonne ; au sein de celle-ci, on note tout particulièrement l'atlas de la guerre médiévale de l'université de Cambridge[56], ainsi que diverses études générales sur les activités militaires[57].

La guerre de Cent Ans, dans sa globalité, est le sujet de plusieurs ouvrages[58], à côté desquels il existe des études concernant plus particulièrement chaque armée belligérante, ce qui permet de connaître les grands dispositifs des deux principaux adversaires. On dispose ainsi de tableaux d'ensemble pour les années 1420-1430[59] et pour toute la période médiane du XVe siècle[60]. D'autres chercheurs se sont appliqués à dégager les aspects dominants de l'organisation guerrière en général[61].

---

[49] CONTAMINE (P.), *La guerre de Cent Ans*, Paris, 1978.
[50] CONTAMINE (P.), *Azincourt*, Paris, 1964.
[51] CONTAMINE (P.), « Le combattant dans l'Occident médiéval », dans *Le combattant au Moyen Age*, Nantes, Société des Historiens Médiévistes de l'Enseignement Supérieur Public, 1991, pp.15-23.
[52] CONTAMINE (P.), « L'idée de guerre à la fin du Moyen Age : aspects juridiques et éthiques », dans *Comptes rendus des séances de l'Académie des Inscriptions et Belles-Lettres*, 1979, pp.70-86.
[53] CONTAMINE (P.), *La guerre au Moyen Age*, coll. *Nouvelle Clio*, Paris, PUF, 1999 (5e éd. corrigée).
[54] *Ibid.*, p.5.
[55] *Ibid.*, p.6.
[56] HOOPER (N.), BENNETT (M.), *Cambridge Illustrated Warfare Atlas : the Middle Ages*, Cambridge, Cambridge University Press, 1996.
[57] On peut en particulier noter : KEEN (M.H.), *Medieval Warfare : A History*, Oxford, Oxford University Press, 1999. Il convient de ne pas oublier des études plus anciennes : NEWARK (T.), *Medieval Warfare*, Londres, Bloomsbury Books, 1979 ; WISE (T.), *Medieval warfare*, New York, 1976.
[58] Parmi les ouvrages français, celui de Jean FAVIER, déjà cité, est certainement le plus connu ; on peut aussi évoquer celui du professeur anglais Christopher T. ALLMAND : *La guerre de Cent Ans. L'Angleterre et la France en guerre, 1300-1450*, Paris, Payot, 1989.
[59] CONTAMINE (P.), « Les armées françaises et anglaises à l'époque de Jeanne d'Arc », dans *Revue des Sociétés savantes de haute Normandie, Lettres et Sciences humaines*, année 1970, pp.7-33.
[60] CONTAMINE (P.), « Structures militaires de la France et de l'Angleterre au milieu du XVe siècle », dans *Das spätmittelalterliche Königtum im europäischen vergleich*, Sigmaringen, éd. R. Schneider, 1987, pp.319-334.
[61] On peut en particulier citer les travaux de H. J. HEWITT : « The organization of war », dans *The Hundred Years' War*, Londres, éd. Fowler (K.A.), 1971, pp.75-95.
- *The organization of war under Edward III, 1338-62*, Manchester, Manchester University Press, 1966.

Au niveau inférieur, les compagnies de mercenaires ont suscité un grand nombre de travaux, parmi lesquels on peut distinguer l'étude réalisée par Philippe Contamine[62], ainsi que celle, générale et très récente, de Kenneth Fowler[63]. Viennent ensuite des travaux plus ciblés, concernant par exemple le mode de recrutement ou les contrats qui liaient les stipendiés à leurs commanditaires[64].

La guerre était aussi et avant tout le fruit de réflexions. La pensée militaire était sous l'influence des écrivains antiques et de Végèce en particulier, dont « *l'Epitoma rei militaris* », largement diffusée, constituait la base de la science guerrière[65]. Au niveau inférieur de la conception des opérations, les recherches sur la tactique médiévale se sont principalement concentrées sur les sièges et les combats de cavalerie lourde[66]. Concernant les premiers, il existe aussi bien des études concernant l'attaque d'une ville en particulier[67], que des essais pour dégager les principales caractéristiques des opérations de siège au Moyen Age[68] ; pour les secondes, on note essentiellement des études générales sur les tactiques des armées de chevaliers[69].

La morale n'était pas absente des conflits et Philippe Contamine, après s'être intéressé à la théologie de guerre[70], a étudié le phénomène de la propagande[71]. D'autres chercheurs ont aussi contribué à mieux faire connaître cet aspect des confrontations militaires, en particulier en étudiant leur place dans la doctrine chrétienne [72] ou encore en essayant de déterminer les motivations des combattants[73].

Elément subsistant le plus visible des systèmes défensifs médiévaux, les fortifications ont fait l'objet d'un très grand nombre de travaux de recherche. Regroupées, triées et classifiées, les données résultant de ces études sont exposées dans un certain nombre de manuels d'architecture médiévale très complets[74].

---

[62] CONTAMINE (P.), « Les compagnies d'aventure en France pendant la guerre de Cent Ans », dans *Mélanges de l'Ecole française de Rome, Moyen Age, Temps modernes*, n°87 (1975), pp. 365-396.
[63] FOWLER (K.), *Medieval Mercenaries. Volume 1: The Great Companies*, Oxford, Blackwell Press, 2001.
[64] Les contrats d'endenture ont particulièrement intéressé les historiens anglo-saxons : PRINCE (A.E.), « The Indenture System under Edward III », dans *Historical Essays in Honor of James Tait*, Manchester, éd. Edwards (J.G.) et Jacob (E.F.), 1933, pp.283-297.
- LYON (B.D.), *From fief to indenture. The transition from feudal to non-feudal contract in western Europe*, Cambridge (Massachusetts), Harvard University Press, 1957.
- Parmi les études les plus récentes, on trouve notamment : JONES (M.C.E.), WALKER (S.), « Private indentures for life service in peace and war, 1278-1476 », dans *Camden Miscellany* n°32 (5th ser., 3), Londres, Royal Historical Society, 1994, pp.1-190.
[65] Concernant l'importance de l'œuvre de Végèce à l'époque médiévale, on peut en particulier citer deux articles publiés il y a quelques années : WISMAN (J.A.), « L' « Epitoma rei militaris » de Végèce et sa fortune au Moyen Age », dans *Moyen Age*, n°85 (1979), pp.13-29 ; SHERWOOD (F.H.), « Studies in medieval uses of Vegetius "Epitoma rei militaris" », dans *Dissertation abstracts international*, n° A 41/4 (1980), p.1712.
Bien plus complet, l'ouvrage de Philippe RICHARDOT, *Végèce et la culture militaire au Moyen Age (V^e-XVe siècles)*, Paris, Economica, 1998, présente une synthèse globale sur ce sujet.
[66] A côté de la conception théorique, il convient d'évoquer les actions de préparation pratique des opérations qui ont fait l'objet des recherches de Bertrand SCHNERB, avec : « La préparation des opérations militaires au début du XVe siècle : l'exemple d'un document prévisionnel bourguignon », dans CONTAMINE (P.), éd., GIRY-DELOISON (C.), éd., KEEN (M.H.), éd., *Guerre et société en France, en Angleterre et en Bourgogne (XIVe-XVe siècles)*, Lille, Université de Lille III, 1991, pp. 189-196.
- « Le cheval et les chevaux dans les armées des ducs de Bourgogne au XIVe siècle », dans CONTAMINE (P.), dir., DUTOUR (T.), dir., SCHNERB (B.), dir., *Commerce, finances et sociétés (XIe-XVIe siècle). Recueil de travaux d'histoire médiévale offerts à Henri Dubois*, coll. Cultures et civilisations médiévales (n°9), Paris, Presses de l'Université de Paris-Sorbonne, 1993, pp. 71-87.
- « Un projet d'expédition contre Calais (1405) », dans CURVEILLER (S.), LOTTIN (A., direction), *Les champs relationnels en Europe du Nord et du Nord-ouest des origines à la fin du Premier Empire*, Calais, 1994, pp. 179-192.
[67] HUNGER (V.), « Le siège et la prise de Vire par Charles VII en 1450 », dans *Annales de Normandie*, T.2 (1971), pp.109-122.
[68] Parmi les études générales sur les sièges, on peut distinguer l'ouvrage de J. BRADBURY, *The Medieval Siege*, Woodbridge, 1992, ainsi que l'article de B.S. BACHRACH, « Medieval siege warfare : A reconnaissance », dans *The Journal of Military History*, vol. 58 (janvier 1994), pp.119-133. En ce qui concerne les techniques pratiques et les machines mises en œuvre, on peut consulter BEFFEYTE (R.), *L'art de la guerre au Moyen Age*, Rennes, Ouest-France, 2005.
[69] VERBRUGGEN, (J.F.), « La tactique militaire des armées de chevaliers », dans *Revue du Nord*, n°29 (1947), pp.161-180 ; « Un plan de bataille du duc de Bourgogne (14 septembre 1417) et la tactique de l'époque », dans *Revue internationale d'Histoire militaire*, 1959, pp.443-451.
[70] CONTAMINE (P.), « La théologie de la guerre à la fin du Moyen Age : la guerre de Cent Ans fut-elle une guerre juste ? », dans *Jeanne d'Arc, une époque, un rayonnement, Colloque d'histoire médiévale* (Orléans, octobre 1979), Paris, 1982, pp.9-21.
[71] CONTAMINE (P.), « Aperçus sur la propagande de guerre, de la fin du XIIe au début du XVe siècle : les croisades, la guerre de Cent Ans », dans *Le forme della propaganda politica nel due e nel trecento*, Rome, éd. P. Cammarosano, 1994, pp.5-27.
[72] HUBRECHT (G.), « La guerre juste dans la doctrine chrétienne des origines au milieu du XVIe siècle », dans *recueils de la société Jean-Bodin*, n°15 (1961), pp.107-123.
[73] TUCK (A.), « Why men fought in the Hundred Years War? », dans *History today*, avril 1983, pp.35-40.
[74] On peut citer en particulier : ENLART (C.), *Manuel d'archéologie française*, tome II : *Architecture militaire*, Paris, 1932.
- CHATELAIN (A.), *Architecture militaire médiévale, principes élémentaires*, Paris, 1970.
- RITTER (R.), *L'architecture militaire médiévale*, Paris, 1974.

Les évolutions qui ont affecté les ensembles fortifiés durant la guerre de Cent Ans ont été examinées en profondeur, en particulier celles qui ont fait suite au développement de l'artillerie à poudre. Parfois circonscrit à une région donnée[75], ce type d'étude embrasse souvent un large panorama, allant l'espace français[76] à l'Occident médiéval dans son ensemble[77].

Les infrastructures défensives ne doivent pas faire oublier les autres composantes du paysage militaire médiéval et, parmi celles-ci, l'artillerie mécanique, qui vient au premier plan. Depuis Viollet-le-Duc[78], on a cherché à mieux connaître ces machines qui ne gardent aujourd'hui que bien peu de secrets[79]. Quant à l'artillerie à poudre, qui s'est développée à partir du XIVe siècle, elle est encore mieux connue : on a pu étudier ses circuits commerciaux depuis la production de minerai de fer[80] jusqu'à la vente des canons, ainsi que toutes les implications de ce marché dans les domaines techniques, économiques et sociaux[81]. Les travaux sur l'utilisation des bouches à feu du XIVe [82] au XVe siècle[83], et surtout ceux concernant son évolution[84], ont permis ensuite de mieux étudier les changements dans le domaine de la fortification.

Les armes blanches et de jet sont l'objet d'une abondante documentation, qu'il s'agisse de simples catalogues archéologiques[85] ou d'études plus larges[86]. L'approche est similaire en ce qui concerne l'armement défensif, avec casques, armures et protections diverses ; les inventaires sont particulièrement nombreux et l'on peut citer ceux des grandes collections du musée de l'Armée à Paris[87] et de la Tour de Londres[88]. D'une manière générale, l'abondance des travaux concernant l'équipement guerrier a permis d'élargir quelque peu le champ des recherches le concernant ; on a ainsi pu analyser son commerce[89] ou la place qu'il tenait dans l'univers médiéval[90].

Au sein du corpus des études d'histoire militaire, les recherches spécifiquement urbaines occupent une place quelque peu à part. Les infrastructures défensives sont l'élément le mieux connu, car les nombreuses études archéologiques les concernant ont souvent été complétées par des travaux historiques ; on connaît ainsi particulièrement bien les processus de fortification des villes de Chablis[91], Chambéry[92] et Provins[93] au bas Moyen Age. Il existe par

---

[75] BRUAND (Y.), « L'amélioration de la défense et les transformations des châteaux du Bourbonnais pendant la guerre de Cent Ans », dans *Comptes-rendus des séances de l'Académie des Inscriptions et Belles-Lettres*, 1972, pp. 518-540 ; GARDELLES (J.), « Du manoir au château fort en Gascogne anglaise au début de la guerre de Cent Ans (1337-1360) », dans *Actes du CI^e Congrès national des Sociétés savantes* (Lille, 1976), Paris, 1978, pp. 119-129.
[76] ROCOLLE (P.), *2000 ans de fortification française*, 2 vol., Paris, 1973.
[77] SAXTHORP (N.M.), « Technical Innovations and Military Change », dans *War and Peace in the Middle Ages*, Copenhague, éd. B.P. Mc Guire, 1987, pp.216-226. Il convient aussi de citer l'ouvrage de synthèse réalisé par Jean Mesqui : *Châteaux et enceintes de la France médiévale, de la défense à la résidence*, 2 vol., Coll. *Grands manuels*, Paris, Picard, 1991.
[78] VIOLLET-LE-DUC (E.), *Encyclopédie médiévale*, Tours, Bibliothèque de l'image, 2001, pp.448-470.
[79] BEFFEYTE (R.), *L'art de la guerre au Moyen Age*, Rennes, Ouest-France, 2005.
[80] FINÒ (J.F.), « Notes sur la production du fer et la fabrication des armes en France au Moyen Age », dans *Gladius*, 1963-1964, pp.47-66.
[81] LEGAY (J.P.), « Un aspect du travail du métal dans les villes armoricaines au Moyen Age. La fabrication des canons et des armes blanches, aspects techniques, économiques et sociaux », dans *Hommes et travail du métal dans les villes médiévales*, Paris, éd. Benoit (P), Cailleaux (D.), 1988, pp.195-226.
[82] FORESTIE (E.), « Hugues de Cardaillac et la poudre à canon », dans *Bulletin archéologique de la Société archéologique du Tarn-et-Garonne*, n°29 (1901), pp.93-132, 185-222 et 297-312.
[83] ALLMAND (C.T.), « L'artillerie de l'armée anglaise et son organisation à l'époque de Jeanne d'Arc », dans *Jeanne d'Arc, une époque, un rayonnement, Colloque d'histoire médiévale* (Orléans, octobre 1979), Paris, 1982.
[84] Les travaux traitant strictement de cette évolution sont assez anciens, à l'exemple de : BONAPARTE (L.N.), FAVE (I.), *Etudes sur le passé et l'avenir de l'artillerie*, 6 vol., Paris, 1846-1871.
- ROLAND (C.), « L'artillerie de la ville de Binche, 1362-1420 », dans *Bulletin de la Société royale paléonthologique et archéologique de l'arrondissement judiciaire de Charleroi*, 1954, pp.17-38.
[85] DUFTI (A.R.), *European Swords and Daggers in the Tower of London*, Londres, 1974.
[86] PEGEOT (P.), « L'armement des ruraux et des bourgeois à la fin du Moyen Age. L'exemple de la région de Montbéliard », dans *Guerre et société en France, en Angleterre et en Bourgogne, XIVe-XVe siècle*, Villeneuve-d'Ascq, Presses de l'Université Charles de Gaulle (Lille III), coll. *Histoire et littérature régionales*, 1991, pp.237-260.
[87] NIOX (G.L.), *Le musée de l'Armée. Armes et armures anciennes et souvenirs historiques les plus précieux*, 2 vol., Paris, 1917.
[88] DUFTI (A.R.), *European Armour in the Tower of London*, Londres, Her Majesty's Stationery Office, 1968.
[89] GAIER (C.), « Le commerce des armes en Europe au XVe siècle », dans *Armi e cultura nel Bresciano 1420-1870*, Brescia, 1981, pp.155-168.
[90] GAIER (C.), *Armes et combats dans l'univers médiéval*, Bruxelles, De Boeck-Westmael, 1995.
[91] BECET (M.), « Les fortifications de Chablis au XVe siècle (comment on fortifiait une petite ville pendant la guerre de Cent Ans) », dans *Annales de Bourgogne*, n°21 (1949), pp.7-30.

ailleurs un certain nombre d'articles traitant de sujets étroitement liés, qu'il s'agisse du financement des chantiers[94] ou des conditions de travail des ouvriers[95], ainsi qu'un ouvrage de synthèse couvrant l'ensemble de ce domaine[96].

Les études sur les organisations défensives urbaines médiévales sont peu nombreuses. Certaines sont assez anciennes, comme celle ayant Namur pour cadre[97], mais la plupart sont plus récentes, comme celles traitant de Tours[98], des villes du Poitou[99] ou encore de Manosque[100].

Malgré une apparente richesse bibliographique, l'histoire militaire médiévale recèle encore plusieurs domaines peu ou pas exploités. Parmi les matières peu étudiées, la ville en tant qu'entité militaire autonome, comprenant en propre une direction, des ressources humaines et le loisir de les organiser, des approvisionnements, du matériel et enfin des fortifications, qui ne sont que l'aspect visible de cet iceberg, nous paraît être parmi les sujets d'étude les plus à même de faire progresser l'histoire militaire, dans la lignée de travaux tels que *Town Defense in the French Midi during the Hundred Years War*, de R.P.R. Noël[101], ou d'articles tels que « Toulouse as a Military Actor in late Medieval France » de Paul Solon[102], qui en prenant en compte la plupart de ces éléments donnent une nouvelle image de la ville en tant qu'entité militaire.

A la croisée de l'histoire urbaine et de l'histoire militaire.

S'intéresser à la défense des villes du Haut-Quercy pendant la guerre de Cent Ans, c'est se placer automatiquement au carrefour de deux subdivisions de l'histoire médiévale, l'histoire urbaine et l'histoire militaire. Si l'on excepte un récent travail de DEA[103], les villes médiévales quercinoises n'ont pas suscité d'importantes d'études d'ensemble s'appuyant sur les synthèses parues depuis une trentaine d'années[104]. Leurs fonds d'archives ont pourtant de quoi alimenter tous les types de recherches.

Les défenses urbaines du bas Moyen Age sont finalement assez mal connues. Certes, les ensembles fortifiés et leurs composantes ont fait l'objet de travaux archéologiques ou historiques approfondis, de même qu'une partie des organisations militaires, mais le renseignement et ses ramifications, tout comme la tactique, sont encore dans l'ombre ; plus généralement, aucune étude d'envergure n'a envisagé la ville comme un système défensif autonome, avec son commandement et la doctrine générale à laquelle il obéit, ses infrastructures de défense, sa logistique... Bref, tout ce qui contribuait à la protection des biens et des personnes, et ce sans faire abstraction des situations politiques, économiques

---

[92] BRONDY (R.), « La construction des fortifications de Chambéry aux XIVe et XVe siècles : les conditions de travail des ouvriers », dans *Mémoires et documents publiés par l'Académie salaisienne*, n°86 (1976), pp.65-80.
[93] MESQUI (J.), *Provins, la fortification d'une ville au Moyen Age*, Paris-Genève, Droz-Arts et Métiers graphiques, 1979.
[94] RIGAUDIERE (A.), « Le financement des fortifications urbaines en France du milieu du XIVe siècle à la fin du XVe », dans *Revue historique*, n°553 (1985), pp.19-95.
[95] BRONDY (R.), « La construction des fortifications de Chambéry aux XIVe et XVe siècles : les conditions de travail des ouvriers », dans *Mémoires et documents publiés par l'Académie salaisienne*, n°86 (1976), pp.65-80.
[96] BLIECK (G.), CONTAMINE (P.), FAUCHERRE (N.), MESQUI (J.), *Les enceintes urbaines (XIIIe-XVIe siècle)*, Paris, CTHS, 1999. Il convient d'associer à cet ouvrage les parties concernant spécifiquement les enceintes urbaines réalisées par J. Mesqui dans : *Châteaux et enceintes de la France médiévale, de la défense à la résidence*, 2 vol., Coll. *Grands manuels*, Paris, Picard, 1991.
[97] BALON (J.), « L'organisation militaire des Namurois au XIVe siècle », dans *Annales de la Société archéologique de Namur*, n°40 (1932), pp.1-86.
[98] CHEVALIER (B.), « L'organisation militaire à Tours au XVe siècle », dans *Bulletin philologique et historique jusqu'à 1610 du Comité des Travaux Historiques et Scientifiques* (année 1959), Paris, 1960, pp. 445-459.
[99] JAROUSSEAU (G.), « Le guet, l'arrière-guet et la garde en Poitou pendant la guerre de Cent Ans », dans *Bulletin de la Société des Antiquaires de l'Ouest* (année 1965), pp.159-202.
[100] HEBERT (M.), « Une population en armes : Manosque au XIVe siècle », dans *Le combattant au Moyen Age*, Nantes, Société des historiens médiévistes de l'enseignement supérieur public, 1991, pp.215-224.
[101] NOEL (R.P.R.), *Town Defence in the French Midi during the Hundred Years War*, thèse de doctorat, université d'Edinbourg, 1977.
[102] SOLON (P.), «Toulouse as a Military Actor in late Medieval France », dans VILLALON (L.J.A.), éd., KAGAY (D.J.), éd., *The Hundred Years War, a Wider Focus*, Brill, 2005, pp.263-296.
[103] GLORIES (C.), *Le réseau des villes du Quercy du XIe au XVe siècle*. Mémoire de DEA présenté sous la direction de Benoît Cursente, Toulouse, Université de Toulouse-Le Mirail, 1997

et sociales du moment[105]. Ceci s'explique entre autres par le fait que, jusque dans les années 1980, la plupart des travaux réalisés sur la guerre médiévale se sont focalisés sur les grandes armées et les batailles en rase-campagne, ne laissant qu'une place assez marginale aux autres éléments constitutifs des conflits, au premier rang desquels étaient les villes[106].

Au début du XIVe siècle, une grande partie des communautés urbaines et quasi-urbaines du Haut-Quercy étaient dirigées par des gouvernements de forme consulaire. Ceux de Cahors et de Figeac disposaient d'une liberté assez étendue, car ils avaient bénéficié de l'action royale qui s'était appuyée sur eux pour réduire le pouvoir de leurs seigneurs ; ces derniers avaient pratiquement été exclus des affaires communales suite aux traités de pariages qu'ils avaient signés avec le roi : l'abbé de Figeac en 1301 et l'évêque de Cahors six ans plus tard. Les Cajarcois avaient quant à eux obtenu une charte de coutumes en 1256, tandis que les Capdenacois avaient dû attendre 1291 pour recevoir la leur ; quant à la communauté de Martel, elle possédait un consulat déjà ancien au début du XIVe siècle. D'une façon générale, on peut considérer qu'à la veille de la guerre de Cent Ans, les localités les plus notables disposaient quasiment toutes d'une certaine autonomie en matière de gouvernement : des bourgs plus ou moins modestes comme Rocamadour[107], Labastide-Fortanière ou Montfaucon[108], ainsi que des villages comme Carlucet[109] étaient dirigés par des consulats. Toutes ces communautés étaient cependant toujours sous la tutelle plus ou moins proche de leurs seigneurs.

Il convient dès à présent de préciser selon quels critères les localités à consulat du Haut-Quercy ont été intégrées à cette étude en tant que centres urbains ou quasi-urbains. Si l'on s'en tient à la définition par la présence de couvents mendiants[110], les villes sont peu nombreuses : Cahors, Figeac, Gourdon et Martel. Si l'on se réfère à l'utilisation du terme « ville » par les contemporains, lors des convocations aux assemblées d'Etats du royaume entre 1308 et 1341, la liste augmente quelque peu en intégrant six autres localités. Enfin, si l'on prend en compte les localités qui furent convoquées en tant que villes aux assemblées locales par l'évêque de Cahors entre 1295 et 1311, il s'en rajoute encore dix-huit[111] ; parmi elles, certaines n'étaient que des villages et il n'est pas envisageable de les intégrer à une étude qui se veut avant tout urbaine.

Aux quatre véritables centres urbains quercinois, nous avons choisi d'adjoindre un certain nombre de bourgs pris dans les listes de convocations aux Etats, à la condition qu'ils aient possédé un vieux noyau anciennement fortifié et un ou plusieurs faubourgs. Nous avons cependant exclu ceux qui ne possédaient pas au moins un élément de chacun des quatre premiers critères faisant des « localités centrales », tels qu'ils sont définis par Jean-Luc Fray dans son article sur les petites villes et leurs réseaux en Auvergne : il s'agit de l'ancienneté historique, de la présence de sièges de juridictions politico-militaires et ecclésiastiques et des rayonnements culturel et économique[112].

---

[104] Pour plus de détails sur ces travaux d'histoire urbaine, se reporter à la bibliographie.
[105] Il existe cependant quelques travaux traitant de la ville en guerre depuis une approche non militaire, mais ils sont particulièrement peu nombreux ; on peut ainsi noter : MONNET (P.), « La ville et la guerre dans quelques cités de l'Empire aux XIVe et XVe siècles : de l'urgence immédiate à la mémoire identitaire », dans *Villes en guerre*, communication du colloque international du SICMA, Aix-en-Provence, 2006.
[106] BACHRACH (B.S.), *Op.cit.*.
[107] AM Gourdon (M.A.), CC17, f° 5 r°.
[108] *Ibid.*, CC19, f° 22 v°.
[109] *Ibid.*, CC17, f° 5 r°.
[110] Telle qu'elle est exposée dans CHEDEVILLE (A.), LE GOFF (J.), ROSSIAUD (J.), *La ville en France au Moyen Age*, coll. Points Histoire (n°H247), Seuil, Paris, 1998 (réed. 1980), pp.222-232.
[111] GLORIES (C.), « Une « grille d'urbanité » : proposition pour l'analyse systématique des critères urbains, l'exemple du réseau des villes du Quercy à travers les convocations d'habitants aux assemblées d'ordres (1281-1673) », dans POUSSOU (J.-P., direction), *Les petites villes du Sud-Ouest, de l'Antiquité à nos jours*, actes du colloque de la Société d'Histoire des Petites Villes tenu à Aiguillon en 2000, Mamers, 2004, pp.97-127. La « grille d'urbanité » définie par Cécile Glories dans cette étude constitue un outil particulièrement fiable pour arriver à déterminer le caractère urbain d'une localité donnée. Toutefois, l'utilisation de cette grille constitue un travail de recherche à part entière, ce qui sort du cadre que nous nous sommes fixés. C'est pourquoi nous avons distingué d'une part les « villes », dont le caractère urbain est irréfutable, des « bourgs », où il peut être sujet à caution.
[112] FRAY (J.-L.), « Petites villes et leurs réseaux en pays de moyenne montagne. L'exemple des hautes terres du Massif central à la fin du Moyen-Age », dans *Montagnes médiévales*, actes du XXXIVe Congrès de la Société des Historiens Médiévistes de l'Enseignement Supérieur public, tenu à Chambéry du 23 au 25 mai 2003 (pp.241-262), Paris, La

Pour d'autres, à défaut d'informations fiables concernant leurs populations et leurs institutions au début du XIVᵉ siècle, nous nous sommes basés sur l'emprise territoriale de leurs bâtis ; nous avons par exemple écarté Creysse, dont le vieux centre fait moins de 400 mètres de périmètre, tout comme Bagnac, Camboulit, Duravel, Lauzès, Lavercantière, Payrac, Pestillac et Peyrilles. Enfin, nous avons éliminé toutes les localités ne possédant ni fonds d'archives, ni vestiges archéologiques susceptibles de nous fournir des informations.

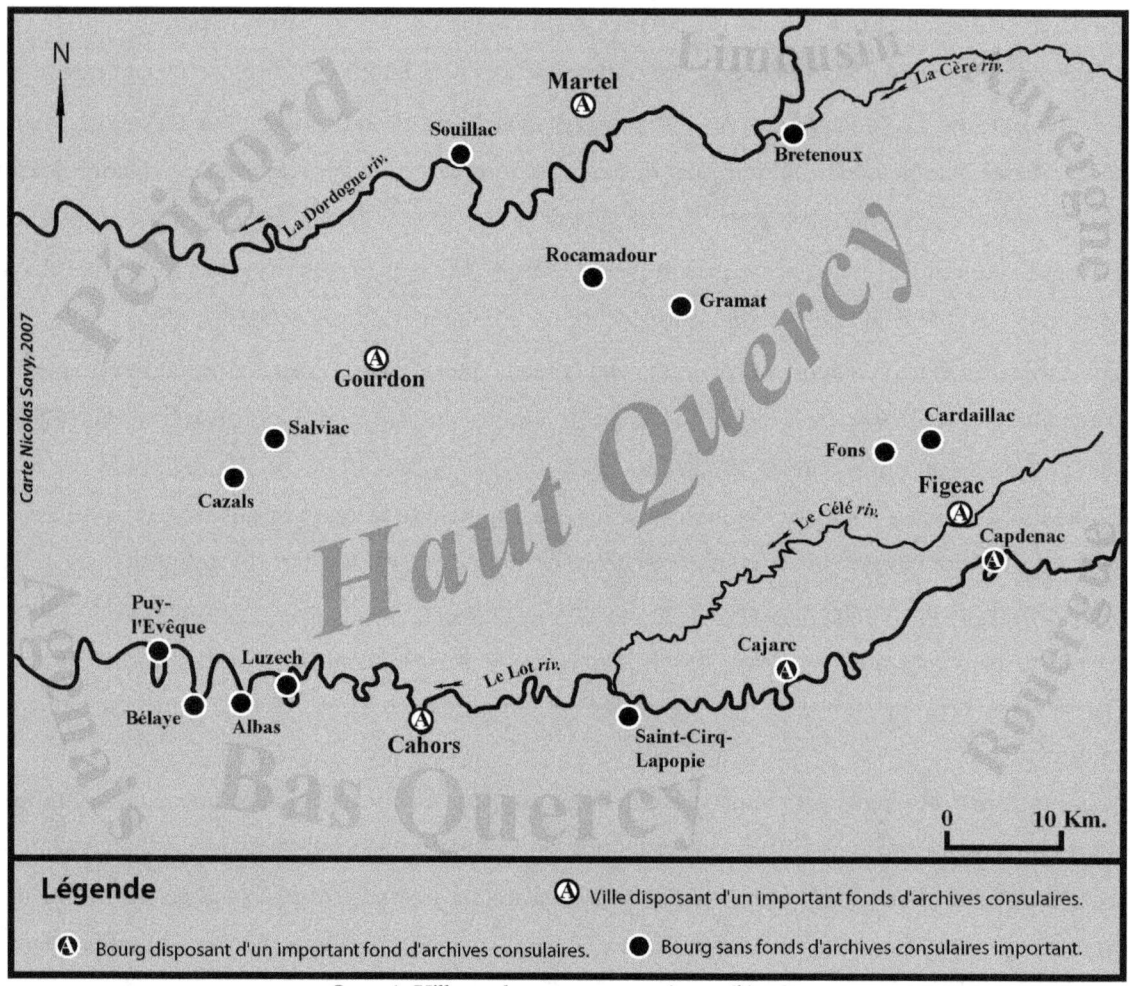

Carte 1. Villes et bourgs concernés par l'étude.

La liste générale des agglomérations étudiées est ainsi la suivante : les villes de Cahors, Figeac, Gourdon et Martel, ainsi que les bourgs d'Albas, Bélaye, Cajarc, Cardaillac, Cazals, Fons, Gramat, Luzech, Puy-l'Evêque, Rocamadour, Salviac, Saint-Cirq-Lapopie et Souillac. Nous y avons aussi inclus le bourg de Capdenac qui, bien que faisant partie de la sénéchaussée rouergate, était quercinois à part entière et dépendait de l'évêché de Cahors ; nous avons fait de même avec Bretenoux, unique représentante des bastides dans cette étude. Certaines des localités citées ne peuvent toutefois prétendre approcher l'urbanité qu'à la marge, mais nous avons jugé utile de ne pas les éliminer, car leurs dirigeants eurent souvent à résoudre les mêmes problèmes liés à la défense que les véritables villes, notamment en ce qui concernait les faubourgs. Elles ne représentent cependant que des sujets d'études auxiliaires pouvant,

---

Sorbonne, 2004. Le Quercy n'est certes pas une région aussi haute que l'Auvergne, mais par son relief accidenté et profond, il s'en rapproche par plusieurs aspects,

sur certains points, aider à la compréhension de phénomènes ayant touché les six agglomérations qui constituent le cœur de la présente étude : il s'agit des quatre villes citées supra et des deux bourgs importants de Cajarc et Capdenac[113].

Au début du conflit centenaire, le Haut-Quercy présentait une certaine unité. Il était administrativement intégré au royaume de France au sein du vaste ensemble constitué par la sénéchaussée de Périgord et de Quercy, qui s'étendait de Montauban à Brive et de Périgueux à Figeac[114]. D'autre part, il était linguistiquement homogène car tous les habitants et leurs administrations utilisaient la langue vernaculaire qui, par ailleurs, le rattachait à l'aire languedocienne. Enfin, une importante entité administrative lui était pratiquement propre : l'évêché de Cahors, qui épousait une grande partie de ses limites depuis 1317, année où une partie du Bas-Quercy lui avait été enlevée au profit de l'évêché de Montauban nouvellement créé.

Le Haut-Quercy présente aussi une unité géographique. C'est avant tout un pays au relief karstique, avec ses causses, ses falaises et ses collines abruptes ; sur ses marges, la Bouriane gourdonnaise et le Ségala figeacois ont un caractère un peu moins rude, tandis que les rivières Lot et Dordogne, ainsi que leurs affluents, le traversent en creusant de profondes et larges tranchées fertiles pour s'en aller vers la Garonne. Dans l'ensemble, on peut noter que, hors les plateaux caussenards, les mouvements de terrain font généralement entre 50 et 100 mètres de dénivelé pour 20 à 30 % de pente en moyenne, même si l'on trouve parfois des différences d'altitude pouvant aller jusqu'à 300 mètres pour 40 % de pente, voire beaucoup plus, notamment dans le nord-est de la province. Dans ce paysage moyennement accidenté, les coupures et obstacles naturels sont fréquents sans être surabondants et rarement infranchissables.

Cette unité géographique prend toute son importance dans une étude qui se veut militaire : « *à la guerre, le terrain commande* », nous dit la maxime connue de tous les soldats depuis Végèce. Rien n'est plus vrai et ce terrain particulier, aux vallées propices aux défilements, aux éperons rocheux facilement défendables et aux cachettes troglodytiques innombrables, fut celui auquel tous les Anglo-Gascons durent s'adapter pour mener leur guerre contre les villes du pays, si bien que celles-ci furent toutes confrontées à des problèmes défensifs aux données tactiques très proches.

De nombreux chercheurs ont souligné l'importance accordée aux défenses urbaines par le pouvoir royal. Certes, les quelques injonctions faites par Philippe VI pour la remise en état des enceintes n'eurent qu'un effet limité et il fallut une dizaine d'années d'insécurité pour que ce sujet devienne la première des préoccupations des élites citadines ; le problème de l'utilisation des fortifications urbaines fut en revanche au cœur de la stratégie de Charles V[115]. Plus globalement, la guerre de Cent Ans vit la ville fortifiée prendre la place stratégique autrefois occupée par la forteresse féodale[116], mais les conditions de ce changement restent assez floues : les villes du Haut-Quercy en guerre présentent un ensemble suffisamment cohérent pour qu'une étude puisse mettre en lumière cette nouvelle fonction urbaine à l'échelle d'une province.

---

c'est pourquoi nous avons jugé opportun d'utiliser les critères exposés par M. FRAY.
[113] Ces deux bourgs n'avaient pas de couvents mendiants, mais un certain nombre d'autres caractéristiques permettent de les appeler « petites villes ». Pour Cajarc, parmi les critères de centralité (voir note 108), on peut retenir d'une part qu'il s'agissait d'un important siège d'archiprêtré, et d'autre part sa communauté fut convoquée sept fois à des assemblées d'ordre entre 1281 et 1341, soit une fois de moins que la ville de Martel. Pour la détermination des caractères urbains des localités quercinoises, nous renvoyons à GLORIES (C.), « Une grille… *Op. cit.*, travail ayant notamment été utilisé par BERTHE (M.), « Les élites urbaines méridionales au Moyen Age (XIe-XVe siècles) », dans *La maison au Moyen Age dans le Midi de la France*, n° hors-série des *Mémoires de la Société Archéologique du Midi de la France* (2002).
Quant au bourg de Capdenac, dont l'oligarchie de marchands et de juristes tenait solidement en main le consulat, on peut observer que le périmètre de son vieux centre était égal à celui de la ville de Martel, à qui il ne rendait rien en densité du bâti.
[114] FLANDIN-BLETY (P.), *Essai…Op. cit*, T.I, p.69.
[115] FAVIER (J.), *La guerre…Op.cit.*, p.338.

Figure 1. Paysage de la vallée du Vers, à Murcens.

Ce travail veut aussi, de façon modeste, apporter sa pierre au débat qui existe actuellement parmi les chercheurs en histoire militaire, et qui a pour sujet la « révolution militaire » ; ce terme recouvre une série de changements majeurs dans la façon et les moyens de faire la guerre des Européens, mais la discussion qu'il suscite est loin d'être close : certains historiens placent son début au XVIIe siècle, d'autres durant la guerre de Cent Ans[117]. Les données manquent pour apprécier la réalité des bouleversements, car les recherches se sont focalisées sur les armées royales en général, et leur composante chevaleresque en particulier, alors qu'elles ne représentaient qu'une portion minoritaire des dispositifs militaires royaux[118]. En effet, la principale composante de ces derniers pendant la guerre de Cent Ans était constituée par les villes fortifiées, bases de la stratégie royale française et cibles, directes ou indirectes, des menées anglaises[119], mais leur rôle précis et leur fonctionnement militaire restent dans l'ombre.

En l'état actuel des connaissances, qu'était une ville pour le roi Valois ? En schématisant et en résumant un peu, il est possible d'affirmer : un réservoir financier, un relais politique provincial et enfin un éventuel refuge fortifié, normalement capable de se défendre seul. En fait, la situation était autrement plus complexe qu'il n'y paraît : le pouvoir royal demandait aux villes de rester des centres économiques capables de le soutenir[120] et, dans le même temps,

---

[116] SALAMAGNE (A.), « L'architecture militaire, châteaux et fortifications urbaines », dans *Art et société en France au XVe siècle*, Paris, Maisonneuve & Larose, 1999, (pp.169-184), p.184.

[117] HENNINGER (L.), « La révolution militaire ». Quelques éléments historiographiques, dans *Mots. Les langages du politique*, n°72 (nov. 2003), ENS. Il convient de signaler les travaux des principaux promoteurs de ce concept, anglo-saxons pour la plupart, avec en particulier : AYTON (A.), PRICE (J.L.), « The Military Revolution from a Medieval Perspective », dans *The Medieval Military Revolution: State, Society and Military Change in Medieval and Early Modern Europe*, Londres, I. B. Tauris Publishers, 1998.

- Dans ce domaine, une place particulière doit être faite aux travaux de C. J. ROGERS, avec notamment « The Military Revolution of the Hundred Years's War », dans *The Journal of Military History* n°57 (1993), ainsi que l'ouvrage collectif dont il a dirigé la réalisation : *The Military Revolution Debate-Readings on the Military Transformation of Early Modern Europe*, Boulder (Colorado),Westview Press, 1995.

[118] BACHRACH (B.S.), *Op.cit.*, pp.119-133.

[119] *Ibid.*.

[120] RIGAUDIERE (A.), *Gouverner...Op.cit.*, p.68.

leur accordait une indispensable autonomie dans le domaine défensif[121], ce qui n'était pas sans provoquer des incohérences ; en effet, pour n'importe quelle localité, il était primordial d'intégrer dans le programme de défense la protection des campagnes alentours, dont dépendait une grande partie des activités économiques[122] ; si les citadins y avaient tout intérêt, le pouvoir royal y trouvait aussi son compte, car le bon fonctionnement de l'économie urbaine assurait ses levées fiscales, mais en fait, le roi et ses officiers ne percevaient pas toute l'importance de la préservation du potentiel économique des arrières-pays ; alors même que les armées royales se révélaient incapables d'empêcher les divagations anglo-gasconnes, ils interdisaient aux magistrats d'établir des paix séparées avec les compagnies[123], ce qui était pourtant la seule solution efficace pour préserver localement les territoires agricoles ; bien au contraire, ils les encourageaient à combattre les bandes[124] et à les déloger des repaires dont elles s'étaient emparées[125], alors même que les communautés étaient loin de disposer du personnel et des moyens nécessaires. Il résulta de cette situation des contentieux plus ou moins importants qui conditionnèrent les rapports entre chaque consulat et le pouvoir royal.

Il est évident que pour le roi, les villes n'étaient pas que des centres financiers dont le système de défense servait uniquement à protéger les activités encloses dans les murailles : bien au-delà des fortifications, les moyens militaires urbains devaient être employés à combattre les Anglo-Gascons dans la zone d'influence de chaque ville. Pour chaque pouvoir consulaire, il résulta de cette situation des difficultés pour établir les priorités et les modalités de sa politique défensive, car la volonté royale allait souvent à l'encontre des intérêts immédiats de la communauté.

Dans la stratégie médiévale, il est connu que les places fortes occupaient une place de premier ordre[126], mais les quelques éléments évoqués ci-dessus montrent que cette question doit être approfondie en ce qui concerne les centres urbains fortifiées ; les implications sont complexes et touchent de nombreux domaines : étudier le fait militaire urbain sans prendre en compte, dans sa globalité, la vie économique et sociale qui lui est sous-jacente, c'est immanquablement apporter à cette question une réponse tronquée et superficielle. C'est pourquoi nous avons centré nos travaux sur l'action des consulats, dont la mise en défense ne constituait qu'une partie, en rapport constant avec tous les domaines de leur gouvernement, qu'il s'agisse de politique interne, de fiscalité et de finances, de relations inter-municipales ou autres, voire plus simplement d'achats publics[127] : sous cet angle, nous voyons comment les gouvernements urbains s'adaptèrent au conflit et y adaptèrent les communautés qu'ils dirigeaient tant sur les plans politique qu'économique et social ; avec le même regard, nous découvrons ce que fut une ville en défense dans toute sa dimension, bien au-delà du seul aspect purement militaire.

---

[121] *Ibid.*, pp.71-72.
[122] SCELLES (M.), *Cahors…Op.cit.*, p. 44.
[123] LACOSTE (G.), *Histoire générale de la province de Quercy*, 4 tomes, Laffite Reprints, Marseille, 1982, t.III, p.280.
[124] *Ibid.*, p.163.
[125] *Ibid.*, p.161.
[126] MAC GLYNN (S.), « The myths of medieval warfare », dans *History Today*, n°44 (1994), pp.28-34.
[127] Il s'agit ici de domaines de recherche toujours d'actualité en histoire urbaine. On note ainsi les très récents travaux de Pierre MONNET sur « Les élites urbaines et leur espace de relations des villes d'Allemagne à la fin du Moyen Age », dans *Mercado immobiliario y paisajes urbanos en el Occidente Europeo (siglos XI-XV). XXXIII Semana de Estudios Medievales de Estella*, Pamplona, 2007, p. 301-346. En ce qui concerne les gouvernements urbains, on peut se reporter sur l'ouvrage classique d'A. Rigaudière, *Gouverner la ville au Moyen Age*, Paris, Anthropos, 1993, où il est notamment question du problème du financement des enceintes.
-La fiscalité et les finances ont fait l'objet des trois tomes de *La fiscalité des villes au Moyen Age*, édités par les éditions Privat à Toulouse entre 1999 et 2002, ouvrage rassemblant des études de spécialistes actuels de la question.
-Enfin, il convient de faire état des travaux traitant des réseaux de relations urbains, avec les recherches effectuées par Jean-Luc FRAY sur les villes de Lorraine dans *Villes et bourgs de Lorraine. Réseaux urbains et centralité au Moyen Age*, Clermont-Ferrand, PUBP, 2006, et sur celles du Massif Central dans « Petites villes et leurs réseaux en pays de moyenne montagne. L'exemple des hautes terres du Massif central à la fin du Moyen Age », dans *Montagnes médiévales, actes du XXXIVe congrès de la SHMES* (Chambéry, 2003), Paris, Presses de la Sorbonne, 2004, ou celles de Michel BOCHACA sur les rapports entre villes et campagnes dans « Les relations économiques entre villes et campagnes dans la France méridionale (XIIIe-XVe siècles). Bilan et perspectives de recherche », dans *Bibliothèque de l'École des Chartes*, t. 163 (2005), p. 3-35, ou encore celles de Gérard GIULIATO sur les fortifications urbaines et villageoises réalisées dans le cadre de l'étude des réseaux urbains du Grand Est : « Enceintes urbaines et villageoises en Lorraine médiévale », dans Bur, (M.), dir., *Aux origines du second réseau urbain. Les peuplements castraux dans les pays de l'Entre-Deux (Alsace, Bourgogne, Champagne, Franche-Comté, Lorraine, Luxembourg, Rhénanie-palatinat, Sarre)*, Nancy, Presses universitaires de Nancy, 1993.

Se concentrer sur la défense des localités impose de s'intéresser à ce qui en provoqua l'existence : les « armées anglo-gasconnes», l'expression couvrant ici aussi bien les compagnies organisées au service du roi d'Angleterre, que les bandes de routiers agissant d'abord pour leur propre compte. Leur examen est fondamental, car sans lui on ne peut pleinement apprécier la justesse et le bien fondé des mesures de protection prises par les autorités municipales. Face à la menace représentée ces envahisseurs, leur premier réflexe fut de se fortifier ; au-delà des problèmes financiers que cela impliquait, ce furent avant tout leurs situations politiques internes qui conditionnèrent les programmes de construction des infrastructures de protection. Celles-ci en état, les défenses urbaines s'y sclérosèrent alors que les officiers du roi de France montraient leur incapacité à empêcher les troupes du Plantagenêt de dévaster les arrière-pays ; pour remédier à ce problème crucial pour l'économie, les consulats crurent trouver une solution en établissant des paix locales avec les capitaines anglo-gascons, mais en fait cela ne les menait que vers une impasse. Prenant en compte cette situation difficile, les officiers du roi s'employèrent ensuite à faire participer les municipalités à la mise en place d'une véritable défense commune au niveau de la province.

Sur le plan intérieur, les nécessités de la défense alliées à l'autonomie accrue des consulats eurent pour conséquence un solide renforcement de leur autorité. Cet affermissement du pouvoir municipal passa notamment par l'organisation du système de guet, dont les répercussions sur la vie quotidienne des habitants furent par ailleurs très importantes. Au-delà, c'était toute la société qui vécut la guerre, même si seuls quelques domaines économiques furent directement impliqués dans la mise en œuvre de la protection commune ; il apparaît que ceux-ci étaient souvent aux mains de membres de l'oligarchie consulaire qui, s'ils essayèrent de lutter contre les effets pervers du conflit et des autres fléaux, le firent sans oublier leurs intérêts personnels et corporatifs.

Sources et bibliographie.

Abréviations et avertissement.

<u>Abréviations :</u>

AESC : *Annales Economies Sociétés Civilisations.*
AM : *Annales du Midi.*
A.M. de : *Archives Municipales de*, suivi du nom de la ville considérée.
BEC : *Bibliothèque de l'Ecole des Chartes.*
BSAG : *Bulletin de la Société des Archives de Gascogne.*
BSAHG : *Bulletin de la Société des Archives Historiques du département de la Gironde.*
BSAO : *Bulletin de la Société des Antiquaires de l'Ouest.*
BSEL : *Bulletin de la Société des Etudes littéraires, scientifiques et artistiques du Lot.*
BSHAP : *Bulletin de la Société Historique et Archéologique du Périgord.*
BSHC : *Bulletin de la Société Scientifique, Historique et Archéologique de Corrèze.*
CTHS : *Comité des Travaux Historiques et Scientifiques.*
EHESS : *Ecole des Hautes Etudes en Sciences Sociales.*
(M.A.) : signale, pour les Archives Municipales de Gourdon, l'utilisation des transcriptions de M. Max AUSSEL, à ce jour inédites.
PUBP : Presses Universitaires Blaise Pascal.
PUF : Presses Universitaires de France.
PUG : Presses Universitaires de Grenoble.
PUL : Presses Universitaires de Lyon.
PULS : Presses Universitaires de Lille Septentrion.
PUN : Presses Universitaires de Nancy.
SHMES : Société des Historiens Médiévistes de l'Enseignement Supérieur.

<u>Avertissement concernant l'usage du languedocien.</u>

La majeure partie des sources étant rédigée en languedocien médiéval, nous avons jugé opportun de ne pas dénaturer les prénoms et les patronymes, ainsi que certains termes techniques contenus dans les textes, en les francisant ou en les traduisant. Dès que nous avons pu, nous avons conservé la graphie originale, ce qui nécessite d'en expliquer quelques particularités :

-La lettre « o » se prononce généralement « ou ».

-Les lettres « lh » se prononcent à la façon du « ille » français, comme dans « maille ».

-Les lettres « nh » se prononcent à la façon du « gn » français.

-La lettre « e » se prononce généralement « é », mais nous avons souvent accentué les « e » là où cela facilitait la lecture sans nuire à l'authenticité du texte.

I. Les sources.

Pays de droit écrit, le Quercy dispose de nombreux documents originaux permettant d'étudier son histoire médiévale en général ; la période s'étalant du XIIIe au XVe siècle est, comme souvent, la mieux représentée au sein de cet ensemble documentaire, en particulier en ce qui concerne l'histoire urbaine. Il faut toutefois noter une certaine inégalité dans la répartition de ces sources, les archives de certaines villes ou bourgs nous étant parvenues quasiment complètes alors que d'autres n'ont laissé que de très rares traces indirectes. Pour ces dernières, le recours aux travaux archéologiques, lorqu'ils existent, permet dans certains domaines de combler quelque peu ce vide documentaire. Cahors et Figeac étaient les deux villes importantes de la province, mais il s'y trouvait aussi des centres urbains beaucoup plus modestes dont l'appellation « gros bourgs » conviendrait plus que « villes » : Cajarc, Capdenac, Gourdon et Martel ; les consulats de toutes ces localités ont laissé des archives inégalement réparties en quantité et en qualité, qui constituent cependant le seul ensemble documentaire permettant des études d'histoire urbaine à l'échelle de la province. Il est complété, pour le travail qui nous intéresse, par des sources d'origines diverses.

Sources manuscrites pour Cahors.

Les documents relatifs à l'histoire cadurcienne au bas Moyen Age sont nombreux, mais malheureusement peu diversifiés. En effet, les rapports que la ville entretenait avec le pouvoir royal sont l'objet de nombreuses lettres patentes et correspondances diverses, certaines existant parfois en trois exemplaires, original, copie de la collection Doat (Bibliothèque Nationale) et copie des livres *Noir* ou *Nouveau* (Archives Municipales de Cahors) ; la plupart des grandes décisions consulaires, ainsi que d'autres moins importantes, plus liées au quotidien sans être cependant de véritables compte-rendus de délibérations, sont consignées dans les deux registres emblématiques de la cité, *Te Igitur* et *Livre Tanné*. En revanche, on déplore une absence quasi totale de sources comptables ou liées à l'administration quotidienne : aucun cahier de comptes ni de délibérations n'est parvenu jusqu'à nous. Malgré ses lacunes, cet ensemble documentaire permet toutefois l'étude des grands traits de l'histoire urbaine de Cahors pour la période 1344-1407, mais aussi de celle de la période précédente, commençant en 1307 avec le pariage roi de France-évêque de Cahors (jusque-là unique seigneur de la ville), et se terminant en 1338, date de l'apparition d'un conflit entre *Majores* et *Minores* ; à partir de là, les nombreuses évolutions et changements liés à la guerre peuvent être appréhendés.

Archives Départementales du Lot

F 45	1369, lettres du duc d'Anjou.	H 66, f° 4	1289, donation de maisons.
F 45	1369, garde de Cahors.	H 73, f° 1	1337, arrentement des fossés.
F 48	1369, garde de Cahors.	H 70 / 1	1387, échange de biens.
F 48	1372, lettre du duc d'Anjou.	H 75 / 6	1352, arrentement de biens de l'hôpital consulaire.
F 457	Liste d'écuyers affectés à la défense de Cahors.		

Archives Municipales de Cahors.

AA 9	1307, lettres royales aux consuls.		CC 21	1345, lettres royales concernant les taxes.
AA 59	1308, lettres royales à l'évêque de Cahors.		CC 23	1345, lettres royales concernant les amendes.
AA 60	1308, lettres concernant l'évêque de Cahors.		CC 24	S.d, lettres royales concernant le droit de souquet.
AA 61	1309, lettres royales concernant le pont Valentré.		CC 25	1349, lettres royales concernant le droit de souquet.
AA 79	1356, lettres royales concernant les consuls.		CC 26	1352, lettres royales concernant le droit de souquet.
BB 6	1307, élection de députés de villes du Quercy.		CC 28	1359, lettres royales concernant le droit de souquet.
BB 7	Statuts des cordonniers.		CC 33	1369, lettres royales concernant les impositions.
BB 15	1363, obligation concernant le rachat de châteaux.		CC 56	1343, imposition de la ville par le fisc royal.
CC 8	1282, lettres royales concernant le droit de barre.		DD 8	1281, acte mentionnant la porte des Soubirous.
CC 9	1291, lettres royales concernant le droit de barre.		DD 42	1287, état des dépenses faites au pont Vieux..
CC 12	1304, lettres royales concernant le droit de barre.		EE 1	1351, lettres du lieutenant en Languedoc.
CC 13	1312, lettres royales concernant le pont Valentré.		FF 24	1345, réquisition par les consuls.
CC 14	1320, lettres royales concernant le droit de barre.		FF 26	1369, information concernant le siège.
CC 15	1323, lettres royales concernant le droit de barre.		II 5	1384, indulgence donnée aux habitants de Cahors.
CC 16	1328, lettres royales concernant le droit de barre.		**Livre Noir**	XVIe siècle. Recueil de copies de textes médiévaux relatifs à la vie du consulat.
CC 17	1331, lettres royales concernant le droit de barre.			
CC 19	1342, autorisation concernant les fortifications.		**Livre Nouveau**	XVIIe siècle. Recueil en trois tomes de copies de textes médiévaux relatifs à la vie du consulat.
CC 19	1349, injonction royale concernant les fugitifs.			
CC 20	1342, lettres royales concernant le droit de souquet.		**Livre Tanné**	XIIIe au XVIIe siècle. Registre consulaire.

Sources manuscrites pour Cajarc.

Le fonds documentaire concernant l'histoire médiévale de Cajarc est très bien fourni et bien diversifié. Les rapports existant entre la communauté et les pouvoirs seigneurial et royal sont correctement représentés dans cet ensemble, mais il faut surtout retenir l'abondance de documents ayant trait au gouvernement quotidien de la ville, avec en particulier treize registres contenant des comptes de fonctionnement qui permettent notamment l'étude de séries presque continues pour les périodes 1348-1356 (moins deux ans, 1353 et 1354) et 1366-1380 (moins trois ans : 1370, 1371, 1372), ainsi que de nombreuses listes fiscales ; dans ce dernier domaine, les archives de Cajarc sont les plus complètes de la province. En revanche, le XVe siècle y est assez mal représenté, et les quelques documents existant ne permettent pas la réalisation de recherches poussées pour la dernière partie de la guerre de Cent Ans (1415-1453).

Archives Départementales du Lot.

Fonds Louis d'Alauzier : 31 J 58. Fonds de Cajarc.

F 130	1256, coutumes.		F 131	1395, transaction avec Marquès de Cardaillac
F 131	1361, lettres concernant le serment à Edouard III.		F 186	Documents semblables à F 131.
F 131	1363, serment au prince d'Aquitaine.		F 188	1383, attaque de la ville par les Anglais.

Archives Municipales de Cajarc.

AA 11	1361, lettres concernant le serment à Edouard III.		**EE 11**	1347, pacte d'assistance militaire avec Figeac.
AA 12	1363, serment au prince d'Aquitaine.		**EE s. 6**	1338, présentation de 20 sergents à pied.
AA13	n° 2 et 3, 1368 et 1392, coutumes.		**EE s. 9**	1347, lettres concernant la fourniture de soldats.
CC 24	1351, lettres de dispenses royales.		**EE s. 11**	1353, ordre concernant le siège de Saint-Antonin.
CC 32	1383, quittance concernant la libération de Figeac.		**EE s. 12**	1353, lettres concernant le siège de Saint-Antonin.
CC 34	1395, transaction concernant Figeac.		**EE s. 13**	S.d., lettres de l'évêque de Cahors.
CC s. 42	1357, obligation concernant le rachat de places.		**EE s. 15**	1443, lettres de dispenses.
CC s. 47	1404, exemption de taille pour un maçon.		**EE s. 16**	Vers 1412, lettres d'un capitaine anglais.
DD 36	1352, réparation de la barbacane de la Peyre.		**FF 100**	1340, lettres du sénéchal.
DD 40	1365, lettres concernant la réparation du pont.		**FF 113**	1345, appel de Cajarc.
DD 42	1368, reconnaissance pour les murs et des fossés.		**FF 117**	1346, lettres royales concernant les malfaiteurs.
EE 8	1345, lettres concernant les fortifications.		**FF 127**	1380, procès concernant un achat de blé.
EE 9	1346, lettres de convocation du ban.		**FF 131**	1409, matériaux pris dans les maisons détruites.
EE 10	1347, achat d'équipement militaire.		**FF 141**	1444, violences contre des habitants.

Registres.

BB 9	Administration consulaire (1359-1376).		**CC 10**	Recettes et dépenses (1368-1369).
CC 3	Recettes et dépenses (1344-45).		**CC 11**	Recettes et dépenses (1374-1375).
CC 4	Recettes et dépenses (1348-49).		**CC 12**	Recettes et dépenses (1376-1377).
CC 5	Recettes et dépenses (1349-50).		**CC 13**	Recettes et dépenses (1377-1378).
CC 6	Recettes et dépenses (1350-51 et 1369-70).		**CC 14**	Recettes et dépenses (1377-1378).
CC 7	Recettes et dépenses (1352-53).		**CC 15**	Recettes et dépenses (1379-1380).
CC 8	Recettes et dépenses (1356-57).		**CC 16**	Recettes et dépenses (1380-1381).
CC 9	Recettes et dépenses (1367-1368).		**CC 17**	Recettes des poids et levées fiscales (1382).

Sources manuscrites pour Capdenac.

L'ensemble documentaire relatif à Capdenac est relativement important, surtout si on le met en relation avec la communauté dont il est issu : en effet, celle-ci était plutôt modeste au bas Moyen Age. Situé à peu de distance non seulement de Figeac, mais aussi de Cajarc, le bourg devait entretenir des rapports particuliers avec chacune de ces deux villes et en subir fortement les influences. L'étude de ces relations est possible grâce à la subsistance de correspondances et de pièces de procès en nombre suffisant ; de la même façon, les documents concernant les relations entretenues par Capdenac avec les petites communautés de sa juridiction couvrent une période s'étalant sur pratiquement tout le XIVe siècle, ce qui permet de saisir leur évolution à travers les années de guerre. Les cahiers de comptes ne sont qu'au nombre de cinq, mais leur étalement, avec un écart de 18 ans entre les deux premiers, de 13 ans ensuite et enfin de 32 pour les derniers, peut s'avérer utile. En particulier, le registre CC 5 est l'un des rares de toutes les villes quercinoises à concerner la mi-XVe siècle. Cette période est par ailleurs bien présente au sein de la documentation, notamment avec les actes du procès qui eut lieu entre le consulat et le capitaine de la ville. En résumé, les sources pour Capdenac sont particulièrement utiles à l'histoire urbaine du Quercy car ce sont les seules, avec celles de Gourdon, à couvrir la totalité de la période étudiée, bien que de manière fragmentaire.

Archives Départementales du Lot.

Fonds Guilhamon : 28 J 3 / 35 1390, déclaration concernant les frais de guerre de Bertrand de Capdenac.

F 127	1393, lettres royales confirmant les privilèges.
F 127	1369, droit de franc-fief.
F 127	1369, sauvegarde par le roi de France
F 127	1446, provision de la charge de capitaine.
F 189	Idem F 127.
F 189	1445, lettres d'abolition.

Archives Municipales de Capdenac.

AA 2	1291, coutumes.
AA 3	1358, lettres concernant un don offert au roi.
AA 3	1359, lettres concernant un subside.
AA 3	1360, lettre de dispense pour un subside.
AA 4	1359, lettres concernant l'achat des biens nobles.
AA 5	1369, sauvegarde par le roi de France.
AA 5	S. d., demandes d'exemptions de tailles.
AA 8	1446, lettres d'abolition.
AA 9	1446, lettres d'abolitions.
AA 11	Mi XVe siècle, abus du capitaine.
AA 12	1453 et suiv., procès avec le capitaine.
AA 13	1453, procès avec le capitaine et les coseigneurs.
CC 22	1394, quittance de 24 setiers de céréales.
CC 26	Décharge donnée pour certaines impositions.
CC 27	1382, assemblée de la communauté.
CC 39	1382, levée de tailles sur les ecclésiastiques.
CC 43	1442, procès avec le prieur.
CC 44	Vers 1323, procès avec les habitants de Lieucamp.
CC 45	1320-27, procès avec Sonnac, St-Julien et le Vernet.
CC 48	1328, tailles de Sonnac, St-Julien et Vernet.
CC 49	1328, tailles de St-Julien.
CC 50	1339, accord avec les habitants de Sonnac.
CC 51	1385, les habitants de Sonnac montent les gardes.
CC 52	1394, tailles de Sonnac.
CC 53	Fin XIVe, procès avec Sonnac.
CC 54	1362, procès avec les coseigneurs.
CC 55	1398, accord avec Jeanne de Noucaze.
CC 56	1387 et suiv., procès avec G. de Capdenac.
CC 59	1373, compromis avec Estol de Belmon.
CC 60	1378 et suiv., procès avec plusieurs nobles.
CC 61	1382, accord avec Gaillarde de Melet.
CC 62	1404, accord avec François de Lentillac.
CC 64	1386, accord avec Guillaume Médici.
CC 65	1386, accord avec Raymond Médici.
CC 67	1413, ratification des cessions au sujet des tailles.
CC 68	1437, accord avec Jean de Morlhon.
CC 69	1384, accord avec Jean de Morlhon.
DD 1	S.d., accord avec Figeac au sujet des tailles.
DD 2	1450, procès avec Figeac.
DD 3	1398, procès avec Figeac.
DD 4	1409 et suiv., procès avec un marchand de Figeac.
DD 9	1432, accensement d'une saulaie.
DD 12	1387, reconnaissance pour une terre et vigne.
DD 13	1388, reconnaissance pour deux terres et vignes.
DD 13	1389, reconnaissance pour une vigne.
DD 14	1390, reconnaissance pour deux vignes.

DD 15	1411, reconnaissance pour une terre.			
DD 16	1414, achat de droits sur des vignes et des terres.	**FF 1**	Ventes à l'encan de 1349 à 1350.	
DD 17	1421, transaction concernant une vigne.	**FF 12**	1454, procès avec le capitaine.	
DD 18	1426, accensement d'une terre.	**GG 9**	1410, accensement de deux terres.	
DD 19	1435, accensement d'une terre et d'un bois.			
DD 20	1441, accensement de deux prés.	**Oeuvre de l'église St-Jean de Capdenac :**		
EE 1	1344, procès avec les coseigneurs.	**GG 18**	1358, accensement d'une terre et d'une vigne.	
EE 3	1390, *pati* donné par Nolot Barbe.	**GG 25**	1376, pillage de l'hôpital.	
EE 4	Mi XVe, appel contre des lettres royales.	**GG 33**	1420, accensent d'une terre.	
FF 1	1348-1350, registre de la cour seigneuriale.	**GG 73**	1395, reconnaissance pour une terre et une vigne.	

Registres .

CC 2	Comptes consulaires (1377-1378).			
CC 3	Comptes consulaires (1395-1396).	**CC 5**	Comptes consulaires (1440-1441).	
CC 4	Comptes consulaires (1408-1409)	**EE 2**	Compte des dépenses d'un *pati* (1375-1377).	

Archives Municipales de Figeac.

II 1	S.d., transaction avec le comte d'Armagnac.

Sources manuscrites pour Figeac.

Les sources utiles et disponibles pour l'histoire urbaine de Figeac sont à rapprocher de celles de Cahors. En effet, on trouve de nombreux documents relatifs aux relations entretenues par les consuls avec le pouvoir royal et avec la plupart des autres autorités auxquelles ils étaient subordonnés. En revanche, contrairement à Cahors qui dispose pour cela de ses deux registres *Te Igitur* et *Livre Tanné*, le quotidien de la municipalité de Figeac nous échappe quasi totalement. En effet, hormis quelques documents fiscaux, dont la pièce la plus importante est le cadastre de 1454, l'absence de comptes et de délibérations limite énormément les possibilités de recherche. Toutefois, il est à noter la présence de documents notariaux originaux du XVe siècle, qui prennent une certaine importance lorsque l'on sait la relative pénurie de sources pour l'histoire urbaine quercinoise de cette période.

Archives Départementales du Lot.

F 122	1373, dommages faits par les ennemis du roi.	**F 127**	1373, serment prêté à Bernard de la Salle.	
F 127	1345, lettres confirmant les privilèges.	**F 127**	1372, lettres confirmant les privilèges.	
F 127	1372, délivrance de la ville par les Anglais.	**F 127**	1373, intelligences avec l'ennemi.	
F 127	1373, obligation en faveur de capitaines anglais.	**F 127**	1374, lettres suspendant les créances.	

F 127	1384, lettres de grâce royale.	F 208	1394, accord avec le comte d'Armagnac.
F 127	1391, mention du pardon royal.	F 208	1345, institution de nouvelles foires.
F 207	pièces du procès avec B. d'Albret et B. de la Salle.	F 208	1369, montre de 20 hommes d'armes.
F 207	1372, lettres confirmant les franchises et libertés.	F 208	1372, lettres confirmant les privilèges.
F 207	1373, intelligences avec l'ennemi.	F 208	1376, lettres concernant une somme d'argent.
F 207	1379, quitance du comte d'Armagnac.	F 208	1386, reçu de la rente due au comte d'Armagnac.
F 207	1407, décharge royale pour les crimes.	F 208	1387, secours pour résister aux ennemis.
F 207	1369, privilèges.	F 208	1393, lettres du comte d'Armagnac.
F 207	1369, lettres enjoignant à l'obéissance au roi.	F 209	1442, entrée du roi Charles VII à Figeac.
F 208	1336-1338, relations avec Gourdon.	F 209	1449, fixation des limites de la juridiction.
F 208	1343, patentes touchant la frappe de la monnaie.	F 209	1449, fixation des limites des juridictions.
F 208	1344, confirmation de la charte de Pépin.	F 220	Echange entre le roi et l'abbaye.
F 208	1368, accord avec Jean, comte d'Armagnac.	F 220	Constitution d'une rente de 1000 livres à l'abbaye.
F 208	1368, accord avec le comte d'Armagnac.	F 220	1302-1305, échange entre le roi de France et l'abbé.
F 208	1368, accord avec le comte d'Armagnac.	F 220	1357-1359, échanges entre le roi et l'abbé.

Archives Municipales de Figeac.

AA 1	1344, patentes accordant des privilèges.	CC 5	Patentes concernant un impôt sur les draps.
AA 1	1368, patentes accordant des privilèges.	CC 5	Patentes concernant un impôt sur le poisson frais.
AA 1	1394, patentes accordant des privilèges.	CC 5	Supplique des consuls concernant un impôt.
AA 1	1422, patentes des privilèges.	CC 6	1445, ordonnance concernant un impôt.
AA 2	1369, patentes sur le droit de battre monnaie.	CC 8	1373, accord avec le comte d'Armagnac.
AA 2	Patentes touchant la frappe de la monnaie.	CC 8	Rente annuelle due au comte d'Armagnac.
AA 4	1424, patentes accordant le tiers des frais de justice.	CC 8	Rente due au comte d'Armagnac.
BB 26	Privilèges et libertés de la ville au XVe siècle.	CC 11	1454, cadastre, quartier d'Aujou.
CC 1	1419, imposition des ecclésiastiques.	CC 12	1454, cadastre, quartier de Bénagut.
CC 1	1448, imposition des ecclésiastiques.	CC 13	1454, cadastre, quartier d'Ortabadial.
CC 2	1376, lettres touchant l'imposition d'un subside.	CC 14	1454, cadastre, quartier du Pin.
CC 3	Lettres touchant diverses impositions.	EE 1	1413, défense faite aux garnisons du roi.
CC 3	Lettres accordant un don aux habitants de Figeac.	FF 1	Patentes touchant l'intelligence avec les Anglais.
CC 4	Patentes de dispense pour une imposition.	FF 1	Patentes touchant l'intelligence avec les Anglais.
CC 4	Patentes de dispense pour une imposition.	FF 1	Patentes touchant l'intelligence avec les Anglais.
CC 5	1419, patentes concernant les fortifications.	FF 4	1394, enquête sur la juridiction des moulins.
CC 5	Patentes concernant l'impôt sur la viande.	FF 4	Procès au sujet d'un l'impôt.
CC 5	Impôt pour les fortifications.	HH 1	Règlement sur les vins.
CC 5	Impôt sur les choses vendues.	HH 1	Création de foires par Charles VI.
CC 5	Patentes concernant un impôt sur le blé et les noix.	HH 1	1419, création de foires par le régent Charles.

Sources manuscrites pour Gourdon.

Les fonds d'archives pour l'histoire urbaine médiévale de Gourdon sont les plus riches de ce genre pour tout le Quercy, si l'on rapporte le nombre de documents à leur diversité. Pratiquement tous les domaines de l'action consulaire sont représentés, des relations avec le pouvoir royal à la justice, ce qui permet de les appréhender dans toutes leurs dimensions. On relève aussi parmi les registres de comptes et de délibérations plusieurs années formant séries : 1337 à 1341 (moins 1339); 1350 à 1357 (moins 1352) et enfin 1443-1446. Comme pour les autres villes du Quercy, les archives subsistantes sont essentiellement du XIVe siècle; toutefois, celles du suivant sont elles aussi présentes, bien que de façon fragmentaire. C'est cependant suffisant pour noter que, pour l'histoire des consulats urbains du XVe siècle, les sources gourdonnaises sont ici encore les plus importantes du Quercy.

Archives Départementales du Lot.

F 122	1389, donation de Gourdon à Ramonet del Sort.
F 239	1244, coutumes.

Archives Municipales de Gourdon.

AA 1	1396, patentes confirmant des privilèges.		CC 2	1367, patentes concernant le souquet du vin.
AA 1	1396, demande de confirmation des privilèges.		CC 2	1396, dispense du paiement d'une taxe sur le sel.
AA 2	1389, donation de Gourdon à Ramonet del Sort.		CC 2	1413, imposition des ecclésiastiques.
BB 20	conflit des *Majores* et *Minores*.		CC 2	1443, décharge d'arriérés de tailles et subsides.
BB 20	1327, conflit entre *Majores* et *Minores*.		CC 2	1367, patentes concédant le souquet du vin.
BB 20	1331, affaire des *Majores* et *Minores*.		CC 2	1370, mandement concernant une somme d'argent.
CC 1	1355, taxe sur les marchandises.		CC 2	1374, mandement concernant une somme d'argent.
CC 1	1347, établissement d'impositions.		CC 39	1340-1352, amendes judiciaires.
CC 1	1345, établissement d'impositions.		CC 40	1357-1358, rachat de Nadaillac.
CC 1	1358, décharge et remise d'un subside.		CC 40	1391, rachat de Costeraste.
CC 1	1359, lettres de décharge du paiement d'un subside.		DD 4	1354, affermage des émoluments de la gabelle.
CC 1	1338, envoi d'hommes d'armes.		EE 1	Réparation des fortifications de Gourdon.
CC 1	1338, lettres concernant la finance des francs-fiefs.		EE 1	Défense du royaume.
CC 1	1340, gages injustement pris aux habitants.		EE 1	Demande d'aide pour les fortifications.
CC 1	1344, non-respect des ordonnances sur le subside.		EE 6	1345, mandement concernant les fortifications.
CC 1	1345, lettres concernant un subside.		EE 6	1358, défense faite à des capitaines Anglais.
CC 1	1347, entretien des forteresses.		FF 1	1370, démolition de la tour de Louménat.
CC 1	1355, lettres accordant le droit de lever une gabelle.		FF 1	Excès commis par les consuls à Louménat.
CC 1	1358, droit de lever une gabelle.		FF 1	pardon royal aux habitants de Gourdon.
CC 1	1359, exemption de paiement.		FF 7	1343, appel contre le seigneur de Thémines.
CC 1	1353, sommes dues pour un siège.			

FF 7	1387, exactions commises par Ramonet del Sort.		**GG 11**	1361, bulle papale accordant une indulgence.
FF 20	1330-1351, délits commis dans la juridiction.			

<u>**Registres.**</u>

BB 2	Délibérations et comptes (1337-38).			
BB 3	Délibérations (1350-51).		**CC 17**	Comptes (1350-1351).
BB 4	Délibérations (1353-54).		**CC 18**	Comptes (1354-1355).
BB 5	Délibérations et comptes (1381-82).		**CC 19**	Comptes (1356-1357).
BB 6	Délibérations et comptes (1386-87).		**CC 20**	Délibérations et comptes (1376-77).
BB 7	Délibérations et comptes (1340-41).		**CC 38**	Rôle des arrérages de tailles (1322-1350).
BB 7	*Bis*, délibérations (1443, 1445, et 1446).		**CC 38**	Délibérations consulaires (1467-68).
BB 18	1286-1488, juridiction et d'administration.		**II 5**	Fin XVe, inventaire des archives du consulat.

Sources manuscrites pour Martel.

Les sources pour Martel contiennent assez peu de documents relatifs aux relations de la communauté avec le pouvoir royal, ou encore à la justice consulaire. En revanche, deux éléments particulièrement importants sont très bien représentés : les comptes et les délibérations, ainsi que les correspondances. Concernant les premiers, on remarque deux exceptionnelles séries, 1337 à 1362 et 1371 à 1398, où les délibérations recoupent souvent les comptes. Pour les secondes, la variété des correspondants et la durée des échanges sont tout aussi exceptionnels. On peut cependant regretter l'absence totale de documents pour le XVe siècle.

Archives Départementales du Lot.

F 260	1349, fortification de la ville.			
F 260	1358, démolition de certains édifices.		**AA 1**	Patentes confirmant le droit de souquet.
F 260	Levée d'une taxe sur le vin.		**AA 1**	Patentes confirmant les privilèges.
F 260	1375-1399, compagnies anglaises de Montvalent.		**BB 1**	Correspondance des vicomtes de Turenne.
			CC 1	Correspondance des consuls.

<u>**Fonds Louis d'Alauzier :**</u> **31 J 71,** Soumission de Martel au roi d'Angleterre suite au traité de Brétigny.

			EE 1	Correspondance liée aux affaires militaires.
			FF 1	1370-71, inventaire d'objets volés par les Anglais.

<u>**Fonds Tibor Pataki,**</u> transcriptions manuscrites partielles des Archives Municipales de Martel :

<u>**Registres.**</u>

30 J 10 / 1 : registres et documents AA 1 et BB1 à 4.				
30 J 10 / 2 : registres et documents CC 1, 1 bis, 1 ter.			**BB 3**	Délibérations (1337-1340).
30 J 10 / 3 : registres BB 5 à 7.			**BB 4**	Délibérations (1340-1342).
30 J 10 / 4 : registre CC 2.			**BB 5**	Délibérations (1344-1359).
30 J 10 / 5 : registres CC 3 à 6 et CC 16.			**BB 6**	Délibérations (1379-1381).
30 J 10 / 6 : registres et documents CC 6, 17, 18, EE 1 et FF 1.			**BB 7**	Délibérations (1389).
			CC 3-4	Comptes (CC3) (1361-1362).

Archives Municipales de Martel.

			CC 3-4	Comptes (CC4) (1349-1360).
AA 1	1346, nomination du gouverneur et du capitaine.		**CC 5**	Comptes (1371-1398).

CC 6	Comptes (1382-1383).		CC 17	Rôle des débiteurs de taille (1340-1359).
CC 16	Comptes divers (1321-1343).		CC 17	Comptes divers (1340-1359).
			CC 18	Comptes divers (1380-1394).

Sources diverses et imprimées.

Sources manuscrites.

Archives Départementales de la Haute-Garonne.
101 B 11 : XVe siècle, document relatif à la repise de Clermont-le-Gourdonnais.

Archives Départementales des Pyrénées-Atlantiques.
Collection de Périgord : E 10, E 31, E 643, E 682, E 702.

Archives Municipales de Toulouse.
AA 46 : 1380-1590, actes des gouverneurs et lieutenants de roi.

Bibliothèque Nationale de France.
Collection DOAT, volumes relatifs au Quercy : 16, 118, 119, 120, 122, 125, 137, 200.

Sources imprimées.

ALBE (E.), Inventaire raisonné et analytique des Archives Municipales de Cahors, 1e partie, Cahors, 1914 ; 2e partie dans *BSEL*, T.XLI (p.1-48), 1920, T.XLIII (p.1-28), 1922, T.XLV (p.29-99), 1924 ; 3e partie dans *BSEL*, T.XLVII (P.1-150), 1926.

BUEIL (J. de), *Le jouvencel*, 2 vol., Paris, éd. Favre (C.) et Lecestre (L.), 1887 et 1889.

Bulletin de la Société des Archives historiques du département de la Gironde, tomes 2 (1860) à 58 (1929-32).

CANGARDEL (F), COMBARIEU (L.), LACOMBE (P.), *Manuscrits de la ville de Cahors, le Te Igitur*, publication de la *Société des études littéraires, artistiques et scientifiques du Lot*, Cahors, imp. de A. Laytou, 1874. (Transcription et traduction du registre consulaire *Te Igitur*).

Comptes consulaires de Saint-Antonin, (transcriptions des comptes consulaires de Saint-Antonin-Noble-Val CC 43 et CC 44), édité par la *Société des Amis du Vieux Saint-Antonin*.

DOUËT-D'ARCQ (L.-C.), *Choix de pièces inédites du règne de Charles VI*, 2 tomes, Paris, édité par la *Société de l'Histoire de France*, 1864.

Foedera. Conventiones, literæ, et cujuscunque generis acta publica, inter reges Angliæ et alios quosvis imperatores, reges, pontifices, principes, vel communitates, ab ingressu Guilemi I in Angliam … ad nostra usque tempora, habita aut tractata, edited by Thomas Rymer & Robert Sanderson, additions and corrections by Adam Clarke and Frederick Holbrooke, Record Commissioners, Londres, 1816-1869.

FROISSART (J.), *Chroniques*, 25 tomes, publiées par M. le baron de Lettenhove, Onasbrück, Biblio Verlag, 1967 (rééd. de l'édition de 1867-1877).

FRONTIN (J.), *Stratagemata (les Stratagèmes)*, Paris, C.L.F. Panckoucke, 1849.

« Les livres de comptes des frères Bonis, marchands montalbanais du XIVe siècle », transcrits par FORESTIE (E.), dans *BSAG*, fasc. 20 (1e et 2e trim. 1890) (1e partie), fasc. 23 (1e et 2e trim. 1893) (2e partie).

PISAN (C. de.), *L'art de chevalerie*, Paris, 1488.(BNF).

STUART (B., seigneur d'Aubigny), *Traité sur l'art de la guerre*, La Haye, éd. Comminges (E. de), 1976.

TAMISEY DE LARROQUE (P.), *Documents inédits pour servir à l'histoire de l'Agenais*, Paris et Bordeaux, édité par la Société d'Agriculture, Sciences et Arts d'Agen, 1875.

The Chandos Herald, *Life of the Black Prince*, translated by Mildred K. Pope and Eleanor C. Lodge, coll. *In Middle French Series*, Cambridge (Ontario), In parentheses Publications, 2000.

VEGECE (S.), *De re militari, traité de l'art militaire*, traduction nouvelle par Victor Develay, Paris, J. Corréard, 1839.

*   *

*

Les sources pour l'histoire urbaine du Haut-Quercy pendant la guerre de Cent Ans sont riches mais inégalement réparties. Cette mauvaise répartition se trouve autant au niveau des villes que sur l'ensemble de la période. En effet, si Gourdon, Cajarc, Martel et, mais dans une moindre mesure, Capdenac disposent d'un nombre satisfaisant de cahiers de comptes de fonctionnement, de levées fiscales et de dépenses diverses, il en va autrement à Cahors et surtout à Figeac, où ils font défaut. D'autre part, si les documents consulaires du XIVe siècle sont nombreux et divers, ceux du suivant sont soit inexistants, comme à Martel, soit en nombre restreint comme à Gourdon ou Capdenac. En conséquence, il apparaît qu'une étude sur l'histoire urbaine des villes quercinoises pendant la guerre de Cent Ans ne peut être vraiment complète que pour la période 1337-1410 ; toutefois, les documents issus des années 1410-1455 permettent dans plusieurs cas de mesurer des évolutions et des changements sur toute la durée de la guerre et d'appréhender certains aspects particuliers de la fin du conflit, sinon des quelques années qui la suivirent. D'autre part, quelques pièces de portée plus générale autorisent l'élargissement du débat au niveau du royaume.

II. Bibliographie.

- ALAUZIER (L. d'), « Chemins de pèlerinage dans le Lot », dans *BSEL* t.LXXXVII (1966).
- ALAUZIER (L. d'), « Comptes consulaires de Cajarc (Lot) au XIVe siècle », dans *Bulletin philologique et historique (jusqu'à 1610) du CTHS* (année 1957), Paris, éd. du CTHS, 1958, pp.89-103.
- ALAUZIER (L. d'), « Jours néfastes au Moyen Age », dans *Bulletin de la Société Archéologique de Tarn-et-Garonne* (1970-1971), p.79-80.
- ALAUZIER (L. d'), « La cour du bayle de Capdenac au XIVe siècle », dans *Actes du XIIe congrès des Sociétés Savantes*, Toulouse (1956), 1958, pp.45-56.
- ALAUZIER (L. d'), « Le repeuplement de Gréalou au XVe siècle », dans *BSEL* (2e fasc. 1965), pp.103-109.
- ALAUZIER (L. d'), « L'église de Rudelle », dans *BSEL* t.CVI (1985), pp.103-114.
- ALAUZIER (L. d'), « Les Figeacois et le grand commerce jusqu'en 1350 », dans *BSEL* t.LXXV (1954), pp.223-234.
- ALAUZIER (L. d'), « Les paroisses de Capdenac avant la révolution », dans *BSEL* t.CV (1984), pp.23-27.
- ALAUZIER (L. d'), « Les sièges de la sénéchaussée du Quercy au XVe siècle », dans *BSEL* t.CI (1980), pp.274-281.
- ALAUZIER (L. d'), « Trois prises de Fons par les Anglais au XIVe siècle », dans *BSEL* t.LXXVIII (1957), pp.168-174.
- ALAUZIER (L. d'), « Un aspect du repeuplement du Lot après la guerre de Cent Ans : les accensements collectifs », dans *Bulletin Philologique et Historique avant 1610 du CTHS (année 1965)*, 1968.
- ALAUZIER (L. d'), « Un procès pour « collaboration » au XVe siècle », dans *AM*, 83, n°103, p.341-347.
- ALBAN (J.R.), ALLMAND (C.T.), « Spies and spying in the Fourteenth Century », dans *War, Literature and Politics in the Late Middle Ages, Essays in Honor of G.W. Coopland*, Liverpool, éd. C.T. Allmand, 1976, pp.73-101.
- ALBE (E), *Monographies de la région Vers-Lot-Célé*, Cahors, Association Quercy.net, 1998.
- ALBE (E.), « Autour de Rocamadour. Eglises disparues », dans *Revue religieuse de Cahors et Rocamadour*, 1908.
- ALBE (E.), « Lutte entre les consuls de Figeac et le procureur du roi Jean de Peret (1442-1443) », dans *BSEL* t.LII (1931), p.67.
- ALBE (E.), *Monographies paroissiales*, fiches inédites réalisées avant 1926, déposées aux Archives Diocésaines de Cahors.
- ALBE (E.), *Notes sur l'histoire de Souillac des origines à l'an 13 environ*, dactylographié, s.d.
- ALEXANDRE (P.), *Le climat en Europe au Moyen Age…*, Paris, EHESS, 1987.
- ALLAIN (H.), *La fatigue : de la biologie à la pharmacologie*, Rennes, 1999.
- ALLMAND (C.T.), « Intelligence in the Hundred Years War », dans *Go spy the land. Military Intelligence in History*, Wesport (Conn., EUA) et Londres, éd. K. Neilson et B.J.C. McKercher, 1992, pp.31-47.
- ALLMAND (C.T.), « War and profit in the Late Middle Ages », dans *History Today*, n°15 (1965), pp.762-769.
- ALLMAND (C.T.), « War and the non-combatant in the Middle Ages », dans KEEN (M.H.) dir., *Medieval warfare: a history*, Oxford, Oxford University Press, 1999.
- ALLMAND (C.T.), « Changing Views of the Soldier in Late Medieval France », dans CONTAMINE (Ph.), éd., GIRY-DELOISON (C.), éd., KEEN (M.H.), éd., *Guerre et Société en France, en Angleterre et en Bourgogne, XIVe-XVe siècle*, Lille, 1991, pp.171-188.
- ALLMAND (C.T.), « L'artillerie de l'armée anglaise et son organisation à l'époque de Jeanne d'Arc », dans *Jeanne d'Arc, une époque, un rayonnement, Colloque d'histoire médiévale* (Orléans, octobre 1979), Paris, 1982.
- ALLMAND (C.T.), « Les espions au Moyen Age », dans *L'histoire* n°55 (avril 1983), pp. 35-41.
- ALLMAND (C.T.), éd., *War, Government and Power in Late Medieval France*, Liverpool, Liverpool University Press, 2000.
- ALLMAND (C.T.), éd., *War, Literature, and Politics in the Late Middle Ages*, Liverpool, Liverpool University Press, 1976.
- ALLMAND (C.T.), *Society at war. The experience of England and France during the Hundred Years War*, Edinbourg, 1973.
- ALLMAND (C.T.), *The Hundred Years War : England and France at War, c. 1300-c. 1450*, édition révisée, Cambridge, Cambridge University Press, 1988.
- ALMARIC (J.P.), *Essai de bibliographie critique de l'histoire de Cahors*, DES d'Histoire, Faculté des lettres de Toulouse, 1957, dactylographié.
- AMOUROUX (R.), *Le consulat et l'Administration municipale de Narbonne des origines à la fin du XIVe siècle*, thèse de droit, Toulouse, 1970.
- ANGELRAS (A.), *Le consulat nîmois, histoire de son organisation*, Nîmes, La Laborieuse, 1912.
- ANGERS (D.), « La guerre et le pluralisme linguistique : aspects de la guerre de Cent Ans », dans *Annales de Normandie*, n°43 (1993), pp.125-139.
- AURICOSTE (F.), *Histoire de la seigneurie et du monastère des Junies*, Les Junies, éd. A.A.A.S.C.C.J, 2001.
- AUSSEL (M.), « Conditions sous lesquelles Cahors accepte la domination anglaise (janvier 1362) », dans *BSEL* t.CXIX (1998), pp.189-197.
- AUSSEL (M.), « Dégagnac menacé d'excommunication », dans *BSEL* t.CXX (2e fasc. 1999), pp.93-96.
- AUSSEL (M.), « Des choses mémorables advenues à Cahors et pays de Quercy en l'an 1428 (étude critique de trois textes) », dans *BSEL*, T.CXXII (2e fasc. 2001), pp.105-128.
- AUSSEL (M.), « Duel à mort sur les bords du Céou (Concorès, janvier 1402) », dans *BSEL* t.CXXI (2e fasc. 2000), pp.99-104.
- AUSSEL (M.), « Entre Lys et Léopards, un adepte du jeu personnel : Aymar d'Ussel », dans *BSEL* t.CXIV (1e fasc. 1993), pp.31-53.
- AUSSEL (M.), « Testament de Vidal La Griffolet, bourgeois de Gourdon, en 1348 », dans *BSEL* t.CXX (4e fasc. 1999), pp.255-262.
- AUSSEL (M.), « Trois lettres de rémission concernant la campagne de Rodrigo de Villandrado en Quercy (1437-1438) », dans *BSEL* t.CXXIII (3e fasc. 2002), pp.179-187.
- AUSSEL (M.), « Un « compagnon » de Costeraste passe aux aveux (1349) », dans *BSEL* t.CXIV (2e fasc. 1993), pp.97-101.
- AUTRAND (F.), *Pouvoir et société en France, XIVe-XVe siècles*, Paris, 1974.
- AYMA (L.), *Histoire des évêques de Cahors, traduite de G. de Lacroix*, 2 tomes en 4 volumes, Cahors, J.G. Plantade, 1879.
- AYTON (A.), PRICE (J.L.), «The Military Revolution from a Medieval Perspective», dans *The Medieval Military Revolution: State, Society and Military Change in Medieval and Early Modern Europe*, éd. Andrew Ayton et J.L. Price, 1998.
- BACHRACH (B.S.), « Medieval siege warfare : a reconnaissance », dans *The Journal of Military History*, n°58 (1994), pp.119-133.
- BAIROCH (P.), BATOU (J.), CHEVRE (P.), *La population des villes européennes : banque de données et d'analyses, 800-1850*, Genève, Centre d'histoire économique de l'université de Genève, 1988.
- BAIROCH (P.), *Les villes du Xe au XVIIe siècle. Introduction : un domaine qui s'est considérablement enrichi et dont on devra laisser de côté maints aspects*, Siednieveka, 1992, t.55, pp.87-120.
- BALON (J.), « L'organisation militaire des Namurois au XIVe siècle », dans *Annales de la Société archéologique de Namur*, n°40 (1932), pp.1-86.
- BARATIER (E.), *La démographie médiévale du XIIIe au XVIe siècle…*, Paris, SEVPEN, 1961.
- BARATIER (E.), *La démographie provençale du XIIIe au XVIe siècle avec chiffres de comparaison pour le XVIIIe siècle*, Paris, SEVPEN, 1961.
- BARBIER (F.), *Bibliographie de l'Histoire de France*, Paris, Masson, 1987.
- BARBIER (P.), *La France féodale. Introduction à l'étude de l'architecture militaire médiévale en France*, tome I : *Châteaux forts et églises fortifiées*, Saint-Brieuc, 1968.
- BAREL (Y.), *La ville médiévale, système social, système urbain*, Grenoble, PUG, 1977.
- BARROIS (D.), *Jean Ier, comte d'Armagnac, (1305-1373), son action et son monde*, thèse de l'université Lille III, 2004.
- BAUDEL (J.), *Une évolution de ville : Cahors-en-Quercy*, Cahors, A. Bergon, 1928.
- BAUTIER (R.), « L'histoire sociale et économique de la France médiévale de l'an mil à la fin du XVe siècle », dans *L'Histoire médiévale en France, bilan et perspectives*, textes rassemblés par Michel BALARD à l'occasion du 20e congrès de la SHMES (Paris, 1er-4 juin 1989), Paris, Seuil, 1991, pp.49-100.
- BAUTIER (R.H.), « Feux, population et structures sociales au milieu du XVe siècle, l'exemple de Carpentras », dans *AESC* (1959), pp.255-268.
- BAUX (E.), *Les villes du Quercy au Moyen Age (1250-1350)*, Service éducatif des Archives du Lot, Archives Départementales du Lot, 1979, réed. 2003.
- BAYLE (J.), « Mise en défense du château de Montaillou au début du XVe siècle », dans *BEC*, n°129 (1971), pp.113-119.

- BEAUROY (J.), *Vin et Société à Bergerac. Du Moyen Âge aux temps modernes*, Saratoga, 1976.
- BECET (M.), « Les fortifications de Chablis au XVe siècle (comment on fortifiait une petite ville pendant la guerre de Cent Ans) », dans *Annales de Bourgogne*, n°21 (1949), pp.7-30.
- BEFFEYTE (R.), *L'art de la guerre au Moyen Âge*, Rennes, Ouest-France, 2005.
- BEFFEYTE (R.), *Les machines de guerre au Moyen Âge*, Rennes, Ouest-France, 2000.
- BEMONT (Ch.), « Les institutions municipales de Bordeaux au Moyen Age », dans *Revue Historique* n°123 (1916), pp.1-53 et 252-293.
- BENEVOLO (L.), *La ville dans l'histoire européenne*, Paris, Seuil, 1993.
- BENOIT (P.), « Artisans ou combattants ? Les canonniers dans le royaume de France à la fin du Moyen Age », dans *Le combattant au Moyen Age*, Nantes, SHMES, 1991, pp.287-296.
- BENOIT (P.), CHAPELOT (O.) (études réunies par), *Pierre et Métal dans le bâtiment au Moyen Âge*, Paris, éd. de l'EHESS, 1985 et 2001.
- BERDIN (M.O.), « Administration municipale de Martel dans la première moitié du XIVe siècle », dans *Actes du congrès de Figeac*, dans *BSEL* t.XCI (1970).
- BERIAC (F.), « Les lendemains du traité de Bretigny », dans *Villes et sociétés urbaines. Hommage à M. le professeur Jacques Heers*, Paris, éd. G. Jehel, 1994, pp.207-219.
- BERNARD (L.), *Une ville de consulat : Millau en Rouergue*, Millau, 1938.
- BERNARDI (Ph.), « Les fortifications de Marseille en 1374 », dans *2001 Etudes massaliètes* n°7 (2001), *Marseille. Trames et paysages urbains de Gyptis au Roi René*, Aix-en-Provence, 2001.
- BERTHE (M.), « Les élites urbaines méridionales au Moyen Âge (XIe-XVe siècles) », dans *La maison au Moyen Âge dans le Midi de la France*, n° hors-série des *Mémoires de la Société Archéologique du Midi de la France* (2002).
- BERTHELOT (M.), « Histoire des machines de guerre et des arts mécaniques au Moyen Âge. Le livre d'un ingénieur militaire de la fin du XIVe siècle », dans *Annales de Chimie et de Physique*, 7e série, n°19 (1900), pp.289-420.
- BERTHELOT (M.), « Pour l'histoire de l'artillerie et des arts mécaniques vers la fin du Moyen Âge », dans *Annales de Chimie et de Physique*, 6e série, n°24 (1891), pp.433-521.
- BERTRAND (F.), « Espalion en 1403 d'après un registre d'estimes, mémoire DES, Toulouse, 1959, conclusions publiées », dans *Rouergue et Confins*, 1959, pp.215-241.
- BIANCHI (C.), « Le passé militaire de Cannes. Organisation de la défense au Moyen Âge et au début des temps modernes », dans *Annales de la société scientifique de Cannes et de l'arrondissement de Grasse*, n°113 (nouvelle série n°29) (1979), pp.41-67.
- *Bibliographie annuelle de l'Histoire de France, du Ve siècle à 1958*, publication du C.N.R.S., Paris.
- *Bibliographie de l'Histoire médiévale en France, 1965-1990*, textes réunis par Michel BALARD à l'occasion du 20e congrès de la SHMES (Paris, 1er-4 juin 1989), Paris, Publications de la Sorbonne, 1992, 486 p..Fait suite à *la recherche historique en France de 1940 à 1965*, publié en 1965 par le Comité Français des Sciences Historiques.
- BIGET (J.-L.), « Formes et techniques de l'assiette et de la perception des impôts à Albi et à Rodez au bas Moyen Âge », dans MENJOT (D.), dir., SANCHEZ MARTINEZ (M.), dir., *La fiscalité des villes au Moyen Âge (Occident méditerranéen), 2, Les systèmes fiscaux*,Toulouse, Privat, 1999.
- BIGET (J.L.), « Les villes du Midi de la France au Moyen Âge », dans *Panoramas urbains. Situation de l'histoire des villes*, 1995, p. 149-172.
- BIGET (J.L.), dir., *Histoire d'Albi*, Toulouse, Privat, 1983.
- BIRABEN (J.N.), *Les hommes et la peste en France et dans les pays européens et méditerranéens*, 2 volumes, Mouton, 1975-1976.
- BLACK (J.), *A Military Revolution? Military Change and European Society 1550-1800*, Londres, Macmillan, 1991.
- BLACKMORE (H.L.), *The Armouries of the Tower of London*, Londres, 1976.
- BLANCHET (A.), TROGNON (A.), *La psychologie des groupes*, Paris, Armand Colin, 2005.
- BLIECK (G.), CONTAMINE (Ph.), FAUCHERRE (N.), MESQUI (J.), *Les enceintes urbaines (XIIIe-XVIe siècle)*, Paris, CTHS, 1999.
- BOCHACA (M.), , « Banlieues et juridictions municipales suburbaines dans le royaume de France et sur ses marges au Moyen Âge », dans *En quête de banlieue(s)*, Bordeaux, 1998, pp. 9-18.
- BOCHACA (M.), « Aux origines d'une ville moyenne du Bordelais : le développement de la bastide de Libourne (fin XIIIe-XVIe s.) », dans *Travaux de l'Institut de recherche du Val de Saône Mâconnais, 2* (1996), pp. 5-13.
- BOCHACA (M.), « Banlieues et détroits municipaux : les espaces suburbains soumis à la juridiction des communes du Bordelais (XIIIe-XVIe s.) », dans *AHES* (1996), pp. 353-365.
- BOCHACA (M.), « L'administration des petites villes du Bordelais à la fin du Moyen Âge », dans *La vie politique et administrative des petites villes françaises du Moyen Âge à nos jours*, Actes du colloque de Mamers (1994), Mamers, 2002, pp. 67-74.
- BOCHACA (M.), « La fiscalité municipale en Bordelais à la fin du Moyen Âge », », dans MENJOT (D.), dir., SANCHEZ MARTINEZ (M.), dir., *La fiscalité des villes au Moyen Âge (occident méditerranée), t.2, Les systèmes fiscaux*, Toulouse, Privat, 1999, pp.83-102.
- BOCHACA (M.), « Les relations économiques entre villes et campagnes dans la France méridionale (XIIIe-XVe siècles). Bilan et perspectives de recherche », dans *BEC*, t. 163 (2006), pp. 353-384.
- BOCHACA (M.), « Libourne et le commerce du sel dans la basse vallée de la Dordogne à la fin du Moyen Âge : enjeux et conflits », dans HOCQUET (J.C.), SARRAZIN (J.L.), *Le sel de la Baie. Histoire, archéologie, ethnologie des sels atlantiques*, Rennes, Presses Universitaires de Rennes, 2006, pp. 235-243.
- BOCHACA (M.), « Reconstruction urbaine et marché immobilier à Bordeaux après la guerre de Cent Ans », dans *Mercado inmobiliario y paisajes urbanos en el Occidente Europeo (siglos XI-XV), XXXII° Semana de Estudios Medievales de Estella, Estella (2006)*, Pampelune, 2007, pp. 65-116.
- BOCHACA (M.), « Vin, fleuve et réglementation municipale à Bordeaux au XVe siècle », dans *Chronique d'histoire maritime*, 38 (1998), pp. 10-18.
- BOCHACA (M.), GUIET (H.), MOUTHON (F., dir.), « Les bastides du Bordelais, leur établissement et leur destinée de la fin du XIIIe siècle au début du XVIe siècle », dans *Cahiers Charles Higounet*, 1 (1994), pp. 67-87.
- BOCHACA (M.), *La banlieue de Bordeaux. Formation d'une juridiction municipale suburbaine (vers 1250-vers 1550)*, Paris, l'Harmattan, 1997.
- BOCHACA (M., dir.), MOUTHON (F.), MOUTHON-SEPEAU (N.), *La bastide de Libourne au lendemain de la guerre de Cent ans : l'organisation de l'espace urbain*, Bordeaux, 1995
- BONAPARTE (prince L.N.), FAVE (I.), *Etudes sur le passé et l'avenir de l'artillerie*, 6 vol., Paris, 1846-1871.
- BOULET-SAUTEL (M.), « La formation de la ville médiévale dans les régions du centre de la France », dans *Recueils de la Société Jean Bodin*, t.VII (1955), Bruxelles, pp.357-370.
- BOUSQUET (J.), « L'état de la cité de Rodez vers le milieu du XVe siècle », dans *Revue du Rouergue*, t.XXI (1967), pp.5-23.
- BOUTRUCHE (R.), *La crise d'une société. Seigneurs et paysans du Bordelais pendant la guerre de Cent Ans*, Thèse pour le doctorat ès Lettres, Paris, Les Belles Lettres, 1947.
- BRADBURY (J.), *The Medieval Siege*, Woodbridge, Boydell Press, 1992.
- BRADEL (V.), « Les joies et les peines de la cartographie urbaine », dans *Gazette des Archives* n°162 (1993), pp.205-215.
- BRAUD (D.), « Laval : l'enceinte urbaine médiévale », dans *Revue de la société d'histoire et d'archéologie de la Mayenne*, n°5 (1983), pp.31-46.
- BRONDY (R.), « La construction des fortifications de Chambéry aux XIVe et XVe siècles : les conditions de travail des ouvriers », dans *Mémoires et documents publiés par l'Académie salaisienne*, n°86 (1976), pp.65-80.
- BRONDY (R.), *Chambéry, histoire d'une capitale vers 1350-1560*, Lyon, 1988.
- BRUAND (Y.), « L'amélioration de la défense et les transformations des châteaux du Bourbonnais pendant la guerre de Cent Ans », dans *Comptes-rendus des séances de l'Académie des Inscriptions et Belles-Lettres*, 1972, pp. 518-540.
- BRUAND (Y.), « La position stratégique des châteaux du Bourbonnais au Moyen Age », dans *Bulletin Monumental*, n°110 (1952), pp.101-118.
- BUCHHOLZER-REMY (L.), *Une ville et ses réseaux : Nuremberg à la fin du Moyen Age*, Paris, Belin, 2006.
- BULIT (R.), *Gourdon et la guerre de Cent Ans*, manuscrit inédit, vers 1920-30.

- BULIT (R.), *Gourdon-en-Quercy, des origines au XIXe siècle*, Gourdon, éd. de la Bouriane, 1997, recueil comprenant notamment *Gourdon, les origines, les seigneurs, les consuls et la communauté jusqu'à la fin du XIVe siècle*, mémoire admis par la faculté des lettres de Toulouse en juin 1923, Toulouse, imp. Saint-Michel, 1923 ; ainsi que « Le château de Gourdon, Xe-XVIIe siècle », dans *BSEL* t.LII (1931), pp.5-53, et « La borie de Loumenat », dans *BSEL* t.LI (1930), pp.5-23.
- BUR (M.), dir., *Aux origines du second réseau urbain, les peuplements castraux*. Actes du colloque du même nom (Nancy, 1er-3 octobre 1992), Nancy, PUN, 1993.
- BURNE (A.H.), *The Crecy War. A military history of the Hundred Years War from 1337 to the peace of Bretigny, 1360*, Londres, 1955.
- BUTAUD (G.), « Murs neufs et vieux murs dans le Midi médiéval », dans *Cahiers de la Méditerranée*, vol. 73 (2006), *Les frontières dans la ville*.
- BUTTIN (F.), *Du costume militaire au Moyen Age et pendant la Renaissance*, Barcelone, 1971.
- CABANTOU (A.), « Le quartier dans la ville », dans *Les quartiers de Paris du Moyen Age au début du XXe siècle*, Colloque (1991), *Cahiers du Centre de recherche et d'étude sur Paris et l'Ile-de-France*, n°38 (1992), pp.17-22.
- CADIERGUES (G.), *Histoire de la seigneurie de Lacapelle-Merlival, depuis les origines jusqu'à 1789*, Cahors, Girma, 1906.
- *Cahier de Civilisation médiévale*, 39e année, janvier-juin 1996. Numéro spécial consacré à *La recherche sur le Moyen Age à l'aube du XXIe siècle*.
- CAILLE (J.), « Assistance et hospitalité en Quercy au Moyen Age », dans *BSEL* t.CII (1981), pp.293-301.
- CAIRON (R.), « Narbonne : vingt siècles de fortifications », dans *Bulletin de la commission archéologique de Narbonne*, n°38(1978), pp.1-63.
- CALMETTE (C.), « Sur les créations urbaines aux XIIIe et XIVe siècles : essai de constitution d'un outil de travail », dans *Cahiers du Centre de Recherches et d'Etudes de Paris-Ile-de-France* n°15 (1986), pp.50-53.
- CALMON (J.), « La Chambre d'Amour de Caors », dans *BSEL* t.LXXXIII (1962), pp.52-59.
- CALMON (P.), FOISSAC (S.), FOUCAUD (G.), *Histoire de Figeac*, Figeac, mairie de Figeac, 1998.
- CANGARDEL (F.), COMBARIEU (L.), « Gourdon et ses seigneurs du XIe au XIVe siècle », dans *BSEL*, t.VI (1880).
- CARDINI (F.), « Le guerrier et le chevalier », dans *L'homme médiéval*, Paris, Seuil, 1989, pp.87-128.
- CARDINI (F.), *La culture de la guerre, Xe-XVIIIe siècle*, Paris, 1992.
- CARON (M.T.), *La société en France à la fin du Moyen Age*, Paris, PUF, 1977.
- CARPENTIER (E.), « Autour de la Peste noire : famines et épidémies dans l'histoire du XIVe siècle », dans *AESC* (1962), pp.1062-1092.
- CARPENTIER (E.), GLENISSON (J.), « Bilans et méthodes : la démographie française au XIVe siècle », dans *AESC* (1962), pp.109-129.
- CARPENTIER (E.), LE MENE (M.), *La France du XIe au XVe siècle : population, économie, société*, Paris, PUF, 1996.
- CARRIERE (M.), LAMURE (J.), « La tour de Floirac », dans *BSEL* t.CXV (1994), pp.241-258.
- CASTALDO (A.), *Seigneurs, ville et pouvoir royal en Languedoc : le consulat médiéval d'Agde (XIIIe-XIVe siècles)*, Paris, Picard, 1974.
- CATHCART KING (D.J.), « The trebuchet and other siege-engines », dans *Château-Gaillard. Etudes de castellologie européenne*, n°9-10 (1978-1980), pp.457-470.
- CAUCHIES (J.M.), dir., BOUSMAR (E.), dir., *Faire bans, edictz et statuz : Légiférer dans la ville médiévale. Sources, objets et acteurs de l'activité législative communale en occident, ca. 1200-1500. Actes du colloque international tenu à Bruxelles les 17-20 novembre 1999*, Bruxelles, Facultés Universitaires Saint-Louis, 2001.
- CHAGNIOT (J.), *Guerre et société à l'époque moderne*, Paris, PUF, 2001.
- CHAMPEVAL (J.B.), « Le rôle du ban et arrière-ban du haut Auvergne », dans *L'Auvergne historique, littéraire et artistique*, Varia(1909-1912).
- CHAMPOU (R.), « La tour de Mareuil, commune du Roc (Lot) », dans *BSEL* t.LV (1934), p.183.
- CHARBONNIER (P.), « Les villes d'Auvergne à la fin du Moyen Age vues à travers les lettres de rémission », dans *Mélanges offerts à P.F. FOURNIER*, 1985, pp.67-82.
- CHARNAY (A.), « La vie en Gourdonnais au XIVe siècle d'après les archives judiciaires », dans *Actes du Congrès de Cahors* (1978), dans *BSEL* t.XCIX (1978).
- CHATELAIN (A.), *Architecture militaire médiévale, principes élémentaires*, Paris, 1970.
- CHEDEVILLE (A.), LE GOFF (J., dir.), ROSSIAUD (J.) , *La ville médiévale*, t.2 de l'*Histoire de la France urbaine*, Paris, Seuil, 1980.
- CHELINI (J.), « Les religieux dans la ville au Moyen Age », dans FAVIER (J., dir.), *La France médiévale*, Paris, Seuil, 1983, pp.421-435.
- CHEREST (A.), *L'Archiprêtre*, Paris, 1979.
- CHEVALIER (B.), « Fiscalité municipale et fiscalité d'Etat en France du XIVe à la fin du XVIe siècle : deux systèmes liés et concurrents », dans *Genèse de l'Etat moderne, prélèvement et redisbribution ; actes du colloque de Fontevraud* (1984), Paris, CNRS, pp.137-151.
- CHEVALIER (B.), « Genèse de la fiscalité urbaine en France », dans *Revista d'Historia Medieval* n°7 (1996), *La gènesi de la fiscalitat municipal (segles XII-XIV)*, (pp.21-38).
- CHEVALIER (B.), « Histoire urbaine en France, X^e-XVe siècle », dans *L'Histoire médiévale en France, bilan et perspectives*, textes rassemblés par Michel BALARD à l'occasion du 20e congrès de la SHMES (Paris, 1er-4 juin 1989), Paris, Seuil, 1991, pp.29-47.
- CHEVALIER (B.), « L'organisation militaire à Tours au XVe siècle », dans *Bulletin philologique et historique jusqu'à 1610 du CTHS* (année 1959), Paris, 1960, pp. 445-459.
- CHEVALIER (B.), « Les officiers municipaux à Tours entre 1419 et 1462 », dans *Bulletin Trimestriel de la Société d'Archéologie de Touraine*, t.XXXII (1957), p.53-78.
- CHEVALIER (B.), « Pouvoir royal et pouvoir urbain à Tours pendant la guerre de Cent Ans », dans *Annales de Bretagne et des pays de l'Ouest* (année 1974), pp.365-392.
- CHEVALIER (B.), *La ville de Tours et la société tourangelle (1346-1520)*, 2 tomes, Lille, PULS, 1974.
- CHEVALIER (B.), *Les bonnes villes de France du XIVe au XVIe siècle*, Paris, Aubier,1982.
- CHEVALIER (B.), *Tours, ville royale (1356-1520). Origine et développement d'une capitale à la fin du Moyen Age*, Louvain-Paris, Vander-Nauwelaerts, 1975.
- CLAVAL (L.), « Le château de Salvezou », dans *BSEL* t.XCVII (1976), p.37.
- CLAVAUD (F.), « Evolution et structure de la population à Cajarc, consulat du Haut-Quercy, au XIVe siècle : un exemple du cas des petites villes », dans *Démographie médiévale, Actes du 118e congrès national des Sociétés historiques et scientifiques*, Pau 1993, pp.51-83.
- CLAVAUD (F.), « Un rôle de capitation pour Cajarc, consulat du Haut Quercy, en 1382 », dans *BEC*, t.149 (janvier-juin 1991), Paris-Genève, librairie Droz, 1991, pp.7-45.
- CLAVAUD (F.), *Cajarc, consulat du Haut Quercy aux XIIIe et XIVe siècles, étude démographique*, 3 tomes, thèse de l'école des Chartes, Paris, 1989, multigraphié.
- COLIN (O.), « Les finances de la ville de Metz au XVe siècle », dans *Ecole Nationale des Chartes, positions des thèses*, 1957, pp.47-55.
- COLOMBIE (J.), « Les institutions municipales de Castres du XIIe au XVIe siècle », dans *Ecole Nationale des Chartes, positions des thèses*, 1910, pp.45-51.
- COMBARIEU (L.), *Dictionnaire des communes du Lot*, Cahors, imp. A. Couestant, 1881, rééd. Cahors, Quercy-Recherche, 1979 et 1994.
- COMBARIEU (L., fils), *De la commune de Martel au Moyen Age*, manuscrit inédit.
- COMBARIEU (L., père), « Gourdon et ses seigneurs du Xe au XIVe siècle », dans *BSEL* t.VI, 1880.
- COMBARIEU (L., père), *Martel, une ville en Quercy pendant la guerre de Cent Ans (1345-1352)*, Cahors, imp. P. Delpérier, 1881.
- CONTAMINE (Ph.) *La guerre de Cent Ans*, Paris, 1978.
- CONTAMINE (Ph.), « The soldiery in late medieval urban society », dans *French History*, n°8 (1994), pp.1-13.
- CONTAMINE (Ph.), « « Le Jouvencel » de Jean de Bueil. Une expérience romancée et personnelle de la guerre au XVe siècle », dans *Revue de la Société des amis du Musée de l'Armée*, n°114 (1997), pp.42-54.
- CONTAMINE (Ph.), « Aperçus sur la propagande de guerre, de la fin du XIIe au début du XVe siècle : les croisades, la guerre de Cent Ans », dans *Le forme della propaganda politica nel due e nel trecento*, Rome, éd. P. Cammarosano, 1994, pp.5-27.
- CONTAMINE (Ph.), « Froissart : art militaire, pratique et conception de la guerre », dans *Froissart : historian*, Woodbridge et Totowa, éd. Palmer (J.J.N.), 1981, pp.132-144 et 180-181.
- CONTAMINE (Ph.), « L'art de la guerre », dans *La France médiévale*, Paris, 1983, p.265-282.
- CONTAMINE (Ph.), « L'écrit et l'oral en France à la fin du Moyen Age. Notes sur l' « alphabétisme » de l'encadrement militaire », dans *Histoire comparée de l'administration (IVe-XVIIIe siècles), Actes du XIVe colloque historique franco-allemand* (Tours, 27 mars-1er avril 1977), *organisé en collaboration avec le Centre d'études supérieures de la Renaissance par l'Institut historique allemand de Paris*, Munich, éd. Paravicini (W.) et Werner (K.F.), 1980, pp.102-113.

- CONTAMINE (Ph.), « L'histoire militaire et l'histoire de la guerre dans la France médiévale depuis trente ans », dans *Actes du 100e Congrès national des Sociétés savantes* (Paris, 1975), Paris, CTHS, 1977, pp.71-93.
- CONTAMINE (Ph.), « L'idée de guerre à la fin du Moyen Age : aspects juridiques et éthiques », dans *Comptes rendus des séances de l'Académie des Inscriptions et Belles-Lettres*, 1979, pp.70-86.
- CONTAMINE (Ph.), « La guerre au Moyen Age d'après quelques travaux récents », dans *Revue internationale d'histoire militaire*, 1985, pp.39-59.
- CONTAMINE (Ph.), « La musique militaire dans le fonctionnement des armées : l'exemple français (v.1330- v.1550) », dans *actes du XXIIe colloque de la Commission Internationale d'Histoire militaire*, Vienne, Heeresgeschichtlische Museum, 1997, pp.93-106.
- CONTAMINE (Ph.), « La noblesse et les villes de France à la fin du Moyen Age », dans *Bulletino dell'Istututo storico italiano per il medio evo*, 1984, pp.467-489.
- CONTAMINE (Ph.), « La théologie de la guerre à la fin du Moyen Age : la guerre de Cent Ans fut-elle une guerre juste ? », dans *Jeanne d'Arc, une époque, un rayonnement, Colloque d'histoire médiévale* (Orléans, octobre 1979), Paris, 1982, pp.9-21.
- CONTAMINE (Ph.), « Le combattant dans l'Occident médiéval », dans *Le combattant au Moyen Age*, Nantes, SHMES, 1991, pp.15-23.
- CONTAMINE (Ph.), « Le problème des migrations des gens de guerre en Occident durant les derniers siècles du Moyen Age », dans *Le migrazioni in Europa secc. XIII-XVIII. Atti della Venticinque settimana di studi* (Florence, 3-8 mai 1993), Florence, éd. S. Cavaciocchi, 1994, pp.459-476.
- CONTAMINE (Ph.), « Les armées françaises et anglaises à l'époque de Jeanne d'Arc », dans *Revue des Sociétés savantes de haute Normandie, Lettres et Sciences humaines*, année 1970, pp.7-33.
- CONTAMINE (Ph.), « Les chaines dans les bonnes villes de France (spécialement Paris), XIVe-XVIe siècle », dans CONTAMINE (Ph.), éd., GIRY-DELOISON (C.), éd., KEEN (M.H.), éd., *Guerre et Société en France, en Angleterre et en Bourgogne, XIVe-XVe siècle*, Lille, 1991, pp.293-314.
- CONTAMINE (Ph.), « Les compagnies d'aventure en France pendant la guerre de Cent Ans », dans *Mélanges de l'Ecole Française de Rome, Moyen Age, Temps modernes*, n°87 (1975), pp. 365-396.
- CONTAMINE (Ph.), « Les fortifications urbaines en France à la fin du Moyen Age : aspects financiers et économiques », dans *Revue historique*, n°260 (1978), pp.23-47.
- CONTAMINE (Ph.), « Les gens de guerre et la ville. Achats d'armures à Orléans, 1434-1438 », dans *Ville, bonnes villes, cités et capitales. Mélanges offerts à Bernard Chevalier*, Tours, 1989, pp.3-11.
- CONTAMINE (Ph.), « Notes sur la paix en France pendant la guerre de Cent Ans », dans *Ier rapport, Grands thèmes et méthodologie du XVe congrès international des sciences historiques* (Bucarest, 10-17 août 1980), 1980, pp.175-186.
- CONTAMINE (Ph.), « Rançons et butins dans la Normandie Anglaise (1424-1444) », dans *Guerre et paix, Actes du Ce Congrès national des sociétés savantes* (Lille, 1976), *Section de philologie et d'histoire jusqu'à 1610, La guerre et la paix*, Paris, 1978, pp.241-270.
- CONTAMINE (Ph.), « Structures militaires de la France et de l'Angleterre au milieu du XVe siècle », dans *Das spätmittelalterliche Königtum im europäischen vergleich*, Sigmaringen, éd. R. Schneider, 1987, pp.319-334.
- CONTAMINE (Ph.), « Un projet d'expédition contre Calais (1405) », dans CURVEILLER (S.), LOTTIN (A.), dir., *Les champs relationnels en Europe du Nord et du Nord-ouest des origines à la fin du Premier Empire*, Calais, 1994, pp. 179-192.
- CONTAMINE (Ph.), « Ville et château en France à la fin du Moyen Age, paysage, société, institutions », dans *Un'idea di citta. L'imaginaire de la ville médiévale*, Milan, éd. R. Brusegan, 1992, pp.44-53.
- CONTAMINE (Ph.), *Azincourt*, Paris, 1964.
- CONTAMINE (Ph.), dir., DUTOUR (T.), dir., SCHNERB (B.), dir., *Commerce, finances et sociétés (XIe-XVIe siècle). Recueil de travaux d'histoire médiévale offerts à Henri Dubois*, coll. Cultures et civilisations médiévales (n°9), Paris, Presses de l'Université de Paris-Sorbonne, 1993.
- CONTAMINE (Ph.), dir., GUYOTJEANNIN (O.), dir., *La guerre, le violence et les gens au Moyen Age. Actes du 119e Congrès national des sociétés historiques et scientifiques* (Amiens, 1994), 2 vol., Paris, CTHS, 1996.
- CONTAMINE (Ph.), *Guerre, Etat et société à la fin du Moyen Age. Etudes sur les armées des rois de France, 1337-1494*, Paris et la Haye, Mouton, 1972.
- CONTAMINE (Ph.), *L'économie médiévale*, Paris, Colin, 1993.
- CONTAMINE (Ph.), *La guerre au Moyen Age*, Paris, PUF, 1999 (5e éd. corrigée).
- CONTAMINE (Ph.), *La vie quotidienne pendant la guerre de Cent Ans : France et Angleterre*, Paris, Hachette, 1976.
- CORDONNIER (E.L.V.), *La méthode dans l'étude de la stratégie*, Paris, Henri Charles-Lavauzelle, 1912.
- CORFIS (I. A.), éd., WOLFE (M.), éd., *The Medieval City Under Siege*, Woodbridge, Boydell & Brewer, 1999.
- COULET (N.), « Notes sur l'immigration ligure à Aix-en-Provence au XVe siècle », dans *Provence historique*, 2003, p. 435-444.
- COULET (N.), « Œuvres d'assistance et gouvernement urbain. La charité et l'infirmerie d'Aix-en-Provence dans la seconde moitié du XIVe siècle », dans DUFOUR (J.), dir., PLATELLE (H.), dir., *Fondations et œuvres charitables au Moyen Âge*, Paris : CTHS, 1999, p. 161-174.
- COULET (N.), « Pour une histoire du jardin : vergers et potagers à Aix-en-Provence 1350-1450 », dans *Le Moyen Age* (1967), pp.239-270.
- COULET (N.), *Aix en Provence: Espaces et relations d'une capitale (milieu XIVe-milieu XVe s.)*, 2 tomes, Presses Universitaire d'Aix-en-Provence, Aix-en-Provence, 1987.
- CROSBY (E. U.), *Medieval Warfare: A Bibliographical Guide*, Taylor & Francis, 2000.
- CURRY (A.), « The Impact of War and Occupation on Urban Life in Normandy, 1417-1450 », dans *French History*, t.I (1987), pp.157-181.
- CURRY (A.), *The Hundred Years' War*, Oxford, Osprey, 2002.
- CUTLER (S. H.), *The Law of Treason and Treason Trials in Later Medieval France*, Cambridge, Cambridge University Press, 2003.
- *D'une ville à l'autre. Structures matérielles et organisation de l'espace dans les villes européennes (XIIIe-XVIe siècle) ; actes du colloque de Rome* (décembre 1986), Rome, Ecole Française de Rome, 1989.
- DAYMARD (J.), *Le vieux Cahors*, Cahors, Girma, 1927, rééd. Paris, Horvath, 1978.
- DE POERCK (G.), « L'artillerie à ressorts médiévale. Notes lexicologiques et étymologiques », dans *Bulletin du Cange*, n°18 (1943-1944), pp.35-49.
- DEBORD (A.), « Les bourgs castraux dans l'Ouest de la France », dans *Châteaux et peuplements en Europe occidentale du Xe au XVIIIe siècle, 1er colloque de Flaran* (1979), Auch, Comité de direction de la Commission d'histoire de Flaran, 1980, pp.57-74.
- DEFOLIE (E.), *Albi au bas Moyen Age d'après le registre de délibérations municipales de 1372 à 1382*, mémoire de maîtrise, dactylographié, Université de Toulouse-Le Mirail, 1999.
- DELCAMBRE (E.), *Une institution municipale languedocienne, le consulat du Puy-en-Velay, des origines au XVIe siècle*, Le Puy-en-Velay, Imp. de la Haute-Loire, 1933.
- DELUMEAU (J.), *La peur en Occident, XIVe-XVIIIe siècle. Une cité assiégée*, Paris, Fayard, 1978.
- DELUMEAU (J.), LEQUIN (Y., dir.), *Les malheurs des temps. Histoire des fléaux et des calamités en France*, Paris, Larousse, 1987.
- DEMURGER (A.), *Temps de crises, temps d'espoirs, XIVe-XVe siècle*, tome 5 de la *Nouvelle histoire de la France médiévale*, coll. Points Histoire (H 205), Paris, Seuil, 1990.
- DEPEYRE (J.), « Le château de Lacapelle-Marival », dans *BSEL* t.LXXXI (1960), p.211.
- DEPEYROT (G.), « Le pont Vieux de Cahors : étude architecturale et archéologique d'un pont médiéval », dans *Cahiers d'archéologie subaquatique*, n°III (1974), pp.151-161.
- DESPORTES (P.), « La population de Reims au XVe siècle d'après un dénombrement de 1422 », dans *Le Moyen Age* (1966), pp.463-509.
- DEVRIES (K.R.), « Catapults are not atomic bombs : toward a redefinition de « effectiveness » in premodern military technology », dans *War in History*, n°4 (1997), pp.454-470.
- DEVRIES (K.R.), *Medieval Military Technology*, Peterborought et Lewiston, 1992.
- DOLINGER (Ph.), WOLFF (Ph.), *Bibliographie des villes de France*, Paris, Klinksieck, 1967.
- DOSSE (E.), *Le thème tactique. Méthode de raisonnement*, Paris et Nancy, Berger-Levrault, 1913.
- DOWNING (B.M.), *The Military Revolution and Political Change-Origins of Democracy in Early Modern Europe*, Princeton (New Jersey), Princeton University Press, 1992.
- DROGUET (A.), « Les finances municipales de Marseille dans la seconde moitié du XIVe siècle », dans *Ecole Nationale des Chartes, positions des thèses*, 1975, pp.67-75.

- DUBOIS (D.), « La charpente militaire : un aspect des engins de jet à contrepoids à la fin du Moyen Age », dans *Artistes, artisans et production artistique au Moyen Age*, t.2, *Commande et travail. Colloque international du CNRS* (Université de Rennes II, 2-6 mai 1983), Paris, éd. X. Barral I Altet, 1987, pp.403-408.
- DUBOIS (H.), « L'Histoire démographique de Châlons-sur-Saône à la fin du XIVe siècle d'après les cherches de feux », dans *La démographie médiévale, actes du congrès de la SHMES* (Nice, 1970), *Annales de la faculté des Lettres de Nice*, n°17 (1972), pp.80-102.
- DUBY (G.), *Orientations des recherches historiques en France (1950-1980)*, dans *Mâle Moyen Age*, Paris, Flammarion, 1988.
- DUC-LACHAPELLE, *Métrologie française ou traité du système métrique décimal à l'usage du département du Lot*, Montauban, imp. P.A. Fontanel, 1807. Cet ouvrage établit des correspondances entre les mesures locales du XVIIIe siècle et le système métrique. Les mesures du XVIIIe siècles sont en elles-mêmes difficilement utilisables pour effectuer des estimations de données moyenâgeuses, mais en effectuant des recoupements, il est possible d'arriver à estimer, en valeurs métriques, un certain nombre de données-étalons. C'est à partir de ces recoupements que nous avons effectué toutes les estimations dont il est fait état dans la présente étude.
- DUFOUR (E.), *Documents inédits pour servir à l'histoire de l'ancienne province de Quercy*, Cahors, 1865.
- DUFOUR (E.), *La commune de Cahors au Moyen Age*, Cahors, imp. Combarieu, 1846, rééd. Marseille, Laffitte Reprints, 1976.
- DUFTI (A.R.), *European Armour in the Tower of London*, Londres 1968.
- DUFTI (A.R.), *European Swords and Daggers in the Tower of London*, Londres, 1974.
- DUPONT (A.), « L'évolution des institutions municipales de Beaucaire du début du XIIIe à la fin du XVe siècle », dans *AM*, t.LXXVII (1965), pp.257-274.
- ECHET (G.), *La population d'Agen aux XIIIe et XIVe siècles. Essai d'étude anthroponymique et statistique*, dans *Revue de L'Agenais*, t.101 (1e fasc. 1974), pp.93-108.
- EHNNEN (E.), *La ville européenne au Moyen Age*, Paris, 1978.
- ELLUL (J.), « Notes sur les impôts municipaux à Montpellier aux XIIIe et XIVe siècles », dans *Revue d'histoire du droit*, t.LXII (1938), pp.365-403.
- ENLART (C.), *Manuel d'archéologie française depuis les temps carolingiens jusqu'à la Renaissance*, III: *le costume*, Paris, 1932.
- ENLART (C.), *Manuel d'archéologie française*, tome II : *Architecture militaire*, Paris, 1932.
- *Espaces et pouvoirs urbains dans le Massif central et l'Aquitaine du Moyen Age à nos jours ; Actes du colloque d'Ussel* (1993), Ussel, éd. Cassan (M.) et Lemaître (J.L.), 1994.
- ESPINAS (G.), *Les finances de la commune de Douai des origines au XVe siècle*, A. Picard et fils, 1902.
- FABRE (G.), LOCHART (T.), *Montpellier, ville médiévale*, Paris, Imprimerie Nationale, 1992.
- FAUCHERRE (N.), DANGLES (P.), « Les fortifications du Bourgneuf à Bayonne, état de la question, nouvelles hypothèses », dans *Revue d'Histoire de Bayonne, du Pays Basque et du Bas-Adour*, 1990, pp.43-82.
- FAURE (S.), *Etude archéologique du village de Cajarc du XIIIe au XVIe siècle*, mémoire de maîtrise, Université de Toulouse-le Mirail, 1993, dactylographié.
- FAVIER (J.), *Dictionnaire de la France médiévale*, Paris, Fayard, 1993.
- FAVIER (J.), dir., *XIVe et XVe siècles, crises et génèses*, coll. *Peuples et civilisations*, Paris, PUF, 1996.
- FAVIER (J.), *Finances et fiscalité au bas Moyen Age*, Paris, Société d'édition d'enseignement supérieur, 1971.
- FAVIER (J.), *La France médiévale*, Paris, Fayard, 1983.
- FAVIER (J.), *La guerre de Cent Ans*, Paris, Fayard, 1980, rééd.2001.
- FAVREAU (R.), « La condition sociale des maires de Poitiers au XVe siècle », dans *Bulletin Philologique et historique jusqu'en 1610* (1963), pp.161-177.
- FAVREAU (R.), GLENISSON (J.), « Fiscalité d'Etat et budget à Poitiers au XVe siècle », dans *L'Impôt dans le cadre de la ville et de l'Etat, colloque international de Spa* (1964), Bruxelles, 1966, p.121-134.
- FERRAND (G.), « Les murs, le guet et la communauté : la construction d'un système défensif », dans *Archéologie du Midi Médiéval* n° 25 (2007), pp.141-155.
- FIETIER (R.), *La cité de Besançon de la fin du XIIe siècle au milieu du XIVe siècle. Etude d'une société urbaine*, Lille-Paris, Champion, 1978.
- *Finances et comptabilités urbaines du XIIIe au XVIe siècle ; actes du colloque international de Blankenberge* (1962), Bruxelles, Procivitate, 1964.
- FINO (J.F.), « L'artillerie en France à la fin du Moyen Age », dans *Gladius*, 1974, pp.13-31.
- FINO (J.F.), « Le feu et ses usages militaires », dans *Gladius*, 1970, pp.15-30.
- FINO (J.F.), « Les armées françaises pendant la guerre de Cent Ans », dans *Gladius*, n°15 (1977), pp.5-23.
- FINO (J.F.), « Machines de jet médiévales », dans *Gladius*, 1972, pp.25-43.
- FINO (J.F.), « Notes sur la production du fer et la fabrication des armes en France au Moyen Age », dans *Gladius*, 1963-1964, pp.47-66.
- FINO (J.F.), *Forteresses de la France médiévale. Construction-Attaque-Défense*, Paris, 1977 (3e éd.).
- FINO (J.F.), *Origine et puissance des machines à balancier médiévales, Société des antiquités nationales*, nouvelle série, n°11.
- FLANDIN-BLETY (P.), *Essai sur le rôle politique du Tiers-Etat dans les pays de Quercy et de Rouergue, XIIIe-XVe siècles*, 2 tomes, thèse de droit présentée sous la direction de F. Garrisson, Paris II, 1979, dactylographié.
- FOISSAC (A.), « Notes sur Saint-Cirq-Lapopie », dans *BSEL* t.LIV (1933), pp.253 et 338, t.LV (1934), p.94.
- FOISSAC (A.), « Prise du château de la Popie à Saint-Cirq en 1437 », dans *BSEL* t.LIII (1932), p.38.
- FOISSAC (P.), « La paroisse de Salviac en 1388-1389, d'après les comptes de G. de Saint-Clair », dans *BSEL* t.CXXVIII (2e fasc. 2007), pp.81-110.
- FOISSAC (P.), « Une péripétie de la guerre de Cent Ans en Quercy : rapt et rançon d'un adolescent de Puy-l'Evêque », dans *BSEL* t.CXXVII (3e fasc. 2006), pp.161-168.
- FOLEY (W.), PALMER (G.), SOEDEL (W.), « L'arbalète », dans *Pour la science*, n°89 (mai 1985), pp.24-30.
- FONTETTE (F. de), « Villes médiévales et ordres mendiants », dans *Revue Historique du droit français et étranger* (1970), pp.390-407.
- FORESTIE (E.), « Hugues de Cardaillac et la poudre à canon », dans *Bulletin archéologique de la Société archéologique du Tarn-et-Garonne*, tome 29 (1901), pp.93-132, 185-222 et 297-312.
- FOSSIER (R.), *La démographie médiévale : problèmes de méthode, du Xe au XIVe siècle*, dans *Annales de démographie*, 1975.
- FOSSIER (R.), *La société médiévale*, Paris, A. Colin, 1991.
- FOSSIER (R.), *Le temps des crises, 1250-1520*, t.3 de *Le Moyen Age*, Paris, A. Colin, 1982.
- FOUCAUD (G.), « Figeac, ville fortifiée », dans *BSEL* T.CXIX (3e fascicule 1998).
- FOUCAUD (G.), « Notes sur Figeac à la fin de la guerre de Cent Ans », dans *BSEL* t.CXXVI (1e fasc. 2005, pp.1-5.
- FOUCAUD (G.), « Un cadastre de 1400 à Figeac (2e partie) », dans *BSEL* t.CXV (4e fasc.1994), pp.259-280.
- FOURGOUS (J.), « Saint-Cirq-Lapopie, I) Aperçu topographique d'après de vieux actes, II) Le registre consulaire de Saint-Cirq-Lapopie », dans *BSEL* t.LXXXI (1960), pp.143-152.
- FOURNIAL (E.), *Les villes et l'économie d'échange en Forez au XIIIe et XIVe siècles*, Paris, 1967.
- FOURNIE (M.), « La sénéchaussée de Quercy d'après les comptes royaux de la fin du XIIIe siècle », dans *BSEL* t.XCI (1970), p.189.
- FOURNIER (G.), « La défense des populations rurales pendant la guerre de Cent Ans en basse Auvergne », dans *Actes du XC^e Congrès national des Sociétés savantes*, (Nice, 1965), *section d'archéologie*, Paris, 1966, pp.157-199.
- FOURNIER (G.), « Les enceintes de terre en Auvergne », dans *Bulletin historique et scientifique de l'Auvergne*, n°81 (1961), pp.89-110.
- FOURNIER (G.), *Châteaux, villages et villes d'Auvergne au XVe siècle d'après l'armorial de Guillaume Revel*, Genève et Paris, 1973.
- FOURNIOUX (B.), « La cité de Périgueux à la fin du Moyen Age. L'organisation de son espace et de ses références », dans *Archéologie médiévale*, t.23 (1993), pp.288-303.
- FOURQUIN (G.), *Histoire économique de l'Occident médiéval*, Paris, A. Colin, 1969.
- FOWLER (K.A.), « Investment in Urban Defence : the Frontier Regions of France and England during the Fourteenth Century », dans *Investimenti e civiltà urbana, sec. XIII-XVIII, 9e semaine d'étude de l'Institut international d'Histoire économique Francesco-Datini*, Prato, 1977.
- FOWLER (K.A.), « The wages of war : the mercenaries of the Great Companies », dans *Viajeros, peregrinos, mercaderes en el Occidente medieval. Actas de la XVIII semana de estudios medievales* (Estella, 22-25 juillet 1991), Pampelune, 1992, pp.217-244.

- FOWLER (K.A.), « Deux entrepreneurs de guerre au XIVe siècle : Bertrand du Guesclin et Sir Hugh Calveley », dans *Le combattant au Moyen Age*, Nantes, SHMES, 1991, pp.243-256.
- FOWLER (K.A.), « Les finances et la discipline dans les armées anglaises en France au XIVe siècle », dans *Actes du Colloque international de Cocherel, Les Cahiers vernonnais*, n°4 (1964), pp.55-84.
- FOWLER (K.A.), *Medieval Mercenaries. Volume 1: The Great Companies*, Oxford, Blackwell Press, 2001.
- FRANÇOIS (M.), « Les bonnes villes », dans *Comptes-rendus de l'Académie d'Inscriptions et Belles-Lettres* (nov.déc.1975), pp.551-560.
- FRAY (J.L.), « Petites villes et bourgs castraux dans l'espace lorrain. Quelques réflexions de géographie historique d'après les sources écrites (XIe-XIVe siècle) », dans BUR (M.), dir., *Aux origines du second réseau urbain. Les peuplements castraux dans les pays de l'Entre-Deux (Alsace, Bourgogne, Champagne, Franche-Comté, Lorraine, Luxembourg, Rhénanie-palatinat, Sarre)*, Nancy, PUN, 1993, pp. 117-137.
- FRAY (J.-L.), « Petites villes et leurs réseaux en pays de moyenne montagne. L'exemple des hautes terres du Massif central à la fin du Moyen-Age », dans *Montagnes médiévales, actes du XXXIVe Congrès de la SHMES*, tenu à Chambéry du 23 au 25 mai 2003 (pp.241-262), Paris, La Sorbonne, 2004.
- FRAY (J.L.), « Auvergne, Velay et royaume d'Arles: éléments pour une révision de la géographie relationnelle de l'Auvergne », dans *Siècles* n° 15, Clermont-Ferrand, PUBP, 2002, pp. 75-87.
- FRAY (J.L.), « L'étude des élites locales chez les médiévistes: difficultés conceptuelles et méthodologiques / Les élites politiques et administratives locales (urbaines et territoriales): l'exemple de Nancy / Elites techniques et élites religieuses dans les villes de l'Occident médiéval (XIIIe-XVe siècle) », dans CEBEILLAC-GERVASONI (M.), dir., et LAMOINE (L.), dir., *Les élites et leurs facettes: élites locales dans le monde hellénistique et romain*, Clermont-Ferrand-Rome, PUBP et Ecole Française de Rome, 2003, pp. 31-35.
- FRAY (J.L.), « Les localités centrales de l'Auvergne, du Velay et du Bourbonnais au Moyen Age: problèmes et perspectives », dans ESCHER (M.), dir., HAVERKAMP (A.), dir., HIRSCHMANN (F.G.), dir., *Städtelandschaft - Städtenetz - zentralortliche Gefüge*Mayence (RFA),Trierer Historische Forschungen, n°43 (2001), pp. 169-189.
- FRAY (J.L.), « Perception de la ville en Occident à l'époque romane », dans *Villes et campagnes à l'époque romane, Revue d'Auvergne* n° 109 (1995), pp. 106-116.
- FRAY (J.L.), « Saint-Dié et le val de Galilée, étude sur la centralité urbaine dans un milieu de moyenne montagne au Moyen Âge », dans *Les petites villes en Lotharingie / Die kleinen Städten in Lotharingien*, Luxembourg, publications de la section historique de l'Institut Grand-ducal de Luxembourg, 108 ; publications du CLUDEM, n°4 (1992), pp. 359-379.
- FRAY (J.L.), dir., PEROL (C.), dir., *L'historien en quête d'espace*, Clermont-Ferrand, PUBP, 2005.
- FRAY (J.L.), *Villes et bourgs de Lorraine. Réseaux urbains et centralité au Moyen Age*, Clermont-Ferrand, PUBP, 2006.
- FREY (G.), *La société de Figeac à la fin de la guerre de Cent Ans (1340-1440), d'après les actes notariés*, mémoire de DEA, université de Toulouse-Le Mirail, 1997, dactylographié.
- GAIER (C.), « Combattre au Moyen Age », dans *Moyen Age*, n°101 (1995), pp.489-493.
- GAIER (C.), « L'évolution et l'usage de l'armement personnel défensif au pays de Liège du XIIe au XVe siècle », dans *Zeitschrift der Gesellschaft für historische Waffen-und Kostümkunde*, n°4 (1962), pp.65-86.
- GAIER (C.), « La fonction stratégico-défensive du plat-pays au Moyen Age dans la région de la Meuse moyenne », dans *Moyen Age*, n°69 (1963), pp.753-771.
- GAIER (C.), « Le commerce des armes en Europe au XVe siècle », dans *Armi e cultura nel Bresciano 1420-1870*, Brescia, 1981, pp.155-168.
- GAIER (C.), *Armes et combats dans l'univers médiéval*, Bruxelles, 1995.
- GAIER (C.), *Art et organisation militaires dans la principauté de Liège et dans le comté de Looz au Moyen Age*, Bruxelles, 1968.
- GALABERT (F.), « Les routiers en Quercy (1420-1437) », dans *BSEL* t.LIII (1932), p.187.
- GAME (D.), « Early development of artillery », dans *Le blanc sanglier*, n°18(1984), pp.22-28.
- GANSHOF (F.L.), *Etude sur le développement des villes entre Loire et Rhin au Moyen Age*, Paris et Bruxelles, 1943.
- GARDELLES (J.), « Du manoir au château fort en Gascogne anglaise au début de la guerre de Cent Ans (1337-1360) », dans *Actes du CIe Congrès national des Sociétés savantes* (Lille, 1976), Paris, 1978, pp. 119-129.
- GARDEN (M.), « Quelle histoire pour la ville ? », dans *Habiter la ville, VIe-XXe siècle*, actes de la table ronde organisée avec l'aide de la D.G.R.S.T. et de la mission de recherche urbaine (Lyon, 1981), sous la direction de M. Garden et Y. Lequin, Lyon, PUL, 1984, pp.I-XVII.
- GARNEAU (J.), « Le stress : causes et solutions », dans *La lettre du psy*, vol.2, n°8 (1998).
- GARNIER (F.), « Les dépenses consulaires millavoises de 1375 à 1415 : « ni paix ni guerre » », dans MENJOT (D.), dir., SANCHEZ MARTINEZ (M.), dir., *La fiscalité des villes au Moyen Age (occident méditerranéen), t.3 La redistribution de l'impôt*, Toulouse, Privat, 2002, pp.147-153.
- GARNIER (F.), *Un consulat et ses finances : Millau (1187-1461)*, Paris, Comité pour l'Histoire Economique et Financière de la France, 2006.
- GARNIER (L.), *Quelques aménagements de la rivière Lot à Cajarc (Lot - 46), du bas Moyen Âge à aujourd'hui*, 2 volumes, mémoire de master II présenté à l'université de Bordeaux III en juin 2007, dactylographié.
- GAUVARD (C.), *La France au Moyen Age du Ve au XVe siècle*, Paris, PUF, 1996.
- GAY (V.), STEIN (H.), *Glossaire archéologique du Moyen Age et de la Renaissance*, 2 vol., Paris, 1887 et 1928.
- GENICOT, (L.), « Les grandes villes d'Occident en 1300 », dans *Mélanges Ed. Perroy*, Paris, 1973, pp.199-219.
- GILLE (B.), « Etude sur les manuscrits d'ingénieurs du XVe siècle », dans *Techniques et civilisations*, n°5 (1956), pp.77-86 et 216-223.
- GINESTE (L.), « Bretenoux-en-Quercy, Villefranche », dans *BSEL* t.LXXXIV (1963), p.217.
- GIRAUD (J.B.), *Documents pour servir à l'histoire de l'armement au Moyen Age et à la Renaissance*, 2 vol., Lyon, 1895 et 1904.
- GIRAULT (J.P.), « La fortification médiévale du Pigeon-Haut, commune de Souillac », dans *BSEL* t.CXXI (4e fasc. 2000), pp.239-274.
- GIULIATO (G.), « Enceintes urbaines et villageoises en Lorraine médiévale », dans BUR (M.), dir., *Aux origines du second réseau urbain. Les peuplements castraux dans les pays de l'Entre-Deux (Alsace, Bourgogne, Champagne, Franche-Comté, Lorraine, Luxembourg, Rhénanie-palatinat, Sarre)*, Nancy, PUN, 1993.
- GIULIATO (G.), « Le château de Blâmont (XIIIe-XVIIIe s.) », dans LE JAN (R.), dir., SALAMAGNE (A.), dir., *Le château médiéval et la guerre dans l'Europe du Nord-Ouest. Mutations et adaptations, Revue du Nord*, h.s. 5, 1998, pp. 77-88.
- GIULIATO (G.), « Les fortifications urbaines de Vic-sur-Seille (XIIe-XVIe siècle) », dans *Cahiers lorrains*, 1994, pp. 107-135.
- GIULIATO (G.), « Les résidences fortifiées des évêques de Metz en Lorraine au Moyen Âge », dans RENOUX (A.), dir., *Palais royaux et princiers au Moyen Âge*, Le Mans, Publications de l'Université du Maine, 1996, pp. 117-132.
- GIULIATO (G.), *Châteaux et maisons fortes en Lorraine centrale*, Paris, (DAF, 33), 1992.
- GLAVA (Y.), « La guerre au XIVe siècle. Un exemple provençal : Martigues », dans *Guerre et paix, Actes du Ce Congrès national des sociétés savantes* (Lille, 1976), *Section de philologie et d'histoire jusqu'à 1610 du CTHS, La guerre et la paix*, Paris, 1978, pp.179-192.
- GLENISSON (J.), *Tendances, méthodes et techniques nouvelles de l'histoire médiévale*, dans *Tendances, perspectives et méthodes de l'histoire médiévale*, actes du 100e Congrès National des Sociétés Savantes, Paris, Imprimerie Nationale, 1975.
- GLORIES (C.), « Une « grille d'urbanité » : proposition pour l'analyse systématique des critères urbains, l'exemple du réseau des villes du Quercy à travers les convocations d'habitants aux assemblées d'ordres (1281-1673) », dans POUSSOU (J.-P.), dir., *Les petites villes du Sud-Ouest, de l'Antiquité à nos jours, actes du colloque de la Société d'Histoire des Petites Villes tenu à Aiguillon en 2000*, Mamers, 2004, pp.97-127.
- GLORIES (C.), *Le réseau des villes du Quercy du XIe au XVe siècle*. Mémoire de DEA présenté sous la direction de Benoît Cursente, Toulouse, Université de Toulouse-Le Mirail, 1997.
- GOGLIN (J.L.), *Les misérables dans l'Occident médiéval*, coll. *Points Histoire* (H25), Paris, Seuil, 1976.
- GOODMAN (A.), « The military subcontracts of sir Hugh Hastings, 1380 », dans *The English Historical Review*, n°95(1980), p.114-120.
- GOODMAN (A.), TUCK (A.), *War and Border Societies in the Middle Ages*, Londres, éd. Goodman A. et Tuck A., 1992.
- GRAVETT (C.), *Medieval siege warfare*, Oxford, Osprey, 1990.

- GUELY (M.), *L'origine de Martel*, multigraphié, s.e.
- GUENEE (B.), « Espace et Etat dans la France du bas Moyen Age », dans *AESC* (1968), pp.744-758.
- GUENEE, (B.), *L'Occident aux XIVᵉ-XVᵉ siècles, les Etats*, Paris, PUF, 1971.
- GUERREAU (A.), « Analyse factorielle et analyses statistiques classiques : le cas des ordres mendiants dans la France médiévale », dans *AESC*, 1981, a.36, n°5, p.869-912.
- GUILBERT (S.), « A Châlons-sur-Marne au XVᵉ siècle. Un conseil municipal face aux épidémies », dans *AESC*, a.23, n°6 (1968), pp.1283-1300.
- GUILLEMIN (D.), « Artillerie du Moyen Age au château fort de Guise », dans *Cahiers médiévaux*, n°21 (1981), pp.31-34.
- GUILLERE (C.), « Aspects de la société géronaise à la fin du XVᵉ siècle. Approches topographique et professionnelle à travers le registre de taille de 1388 », dans *Annals de l'Institut d'Estudis Gironins*, XXV/1 (1979-1980), pp. 333-355.
- GUILLERE (C.), « Assistance et charité à Gérone au début du XIVᵉ siècle », dans RIU I RIU (M.), dir., *La Pobreza y la Asistencia a los pobres en la Cataluña medieval*, vol. miscelaneo de estudios y documentos, C.S.I.C., 1 (Barcelone 1980), pp. 191-204.
- GUILLERE (C.), « Fiscalité et société à Girona (XIVᵉ siècle) », *Actes du Colloqui Corona i Municipis i Fiscalitat a la Baixa Edad Media, Lleida, 22-24 novembre 1995*, Lérida, 1997, pp. 367-382.
- GUILLERE (C.), « La peste noire à Gérone (1348) », dans *Annals de l'Institut d'Estudis Gironins*, XXVII, 1984, pp. 87-161.
- GUILLERE (C.), « Le financement de la guerre au Moyen Age : l'exemple savoyard sous le règne d'Amédée V », *La société savoyarde et la guerre, colloque de Montmélian, sept. 1996, Société Savoisienne d'Histoire et d'Archéologie, Mémoires et documents*, t. C (1998), pp. 59-79.
- GUILLERE (C.), « Les élites urbaines catalanes à la fin du Moyen Age : l'exemple géronais », dans *Les Élites urbaines au Moyen Age, XXVIIᵉ congrès de la SHMES, Rome, mai 1996*, Rome-Paris, 1997, pp. 269-285.
- GUILLERE (C.), « Les finances publiques en Roussillon-Cerdagne au milieu du XIVᵉ siècle : comptes des procureurs royaux pour l'année 1345-1346 », dans *AM*, n° 96 (1984), pp. 357-384.
- GUILLERE (C.), « Les sources financières et fiscales de Gérone à la fin du Moyen Age », dans MENJOT (D.), dir., SANCHEZ MARTINEZ (M.), dir., *La Fiscalité des villes au Moyen Age (Occident méditerranéen)*,t.1 : *Les sources*, Toulouse, Privat, 1996, pp. 45-56.
- GUILLERE (C.), « Nouvelles recherches sur les épidémies à la fin du XIVᵉ siècle. L'exemple de Vic (Catalogne) », dans *Actes du 118ᵉ Congrès national des Sociétés historiques et scientifiques, Pau, 1993*, Paris, 1995, pp. 119-142.
- GUILLERE (C.), « Une institution charitable face aux malheurs du temps : la Pia Almoina de Gérone (1347-1376) »,dans RIU I RIU (M.), dir., *La Pobreza y la Asistencia a los pobres en la Cataluña medieval*, vol. miscelaneo de estudios y documentos, C.S.I.C., 2 (Barcelone, 1981-1982), pp. 313-345.
- GUILLERE (C.), « Ville et féodalité dans la Catalogne du Bas Moyen-Age », *Formació i expansió del feudalisme català, Actes del colloqui organitzat pel Collegi Universitari de Girona (8-11 de gener de 1985)*, J. Portella i Comas (éd.), Homenatge a Santiago Sobrequés i Vidal, Estudis General, 5-6, 1985-1986 (Gérone, 1988), pp. 447-466.
- GUILLERE (C.), « Les dépenses de la ville de Chambéry à la fin du XIVᵉ siècle », dans MENJOT (D.), dir., SANCHEZ MARTINEZ (M.), dir., *La fiscalité des villes au Moyen Age (occident méditerranéen), t.3 La redistribution de l'impôt*, Toulouse, Privat, 2002, pp.137-146.
- GUILLOT (O.), RIGAUDIERE (A.), SASSIER (Y.), *Pouvoirs et institutions dans la France médiévale des temps féodaux au temps de l'Etat*, t.II, Paris, A. Colin, 1994.
- GUTKIND (E.A), *International history of city development*, 8 vol., Londres, 1964-1972, pour la France vol.5, 1970, p.1-285 et bibliographie p.471-479.
- HALDON (J.F.), *General Issues in the Study of Medieval Logistics : Sources, Problems ans Methodologies*, Birmingham, Brill, 2003.
- HALL (B.S.), « Weapons of war and late medieval cities : technological innovation and tactical changes », dans *Technology and Resource Use in Medieval Europe : Cathedrals, Mills, Mines*, Aldershot, Brookfield, Singapour et Sidney, éd. B. Smith et M. Wolfe, 1997, pp.185-208.
- HARDY (R.), *Le grand arc. Histoire militaire et sociale des archers*, Lausanne, 1978.
- HAROUEL (J.L.), « L'expropriation dans l'histoire du droit français », dans *L'expropriation (2ᵉ partie), Recueil de la Société Jean Bodin* (T.67), Bruxelles, De Boeck Université, 2000, pp.39-102.
- HEBERT (M), « Les dépenses de Tarascon (1382-1391) », dans MENJOT (D.), dir., SANCHEZ MARTINEZ (M.), dir., *La fiscalité des villes au Moyen Age (occident méditerrannéen), t.3 La redistribution de l'impôt*, Toulouse, Privat, 2002, pp. 169-174.
- HEBERT (M.), « L'armée provençale en 1374 », dans *AM*, n°91 (1979), pp.5-27.
- HEBERT (M.), « Le système fiscal des villes de Provence (XIVᵉ-XVᵉ siècles) », MENJOT (D.), dir., SANCHEZ MARTINEZ (M.), dir., *La fiscalité des villes au Moyen Age (occident méditerrannéen), t.2, Les systèmes fiscaux*, Toulouse, Privat, 1999, pp.57-82.
- HEBERT (M.), « Les sergents-messagers de Provence aux XIIIᵉ et XIVᵉ siècles « , dans BOGLIONI (P.), DELORT (R.), GAUVARD (C.), *Le petit peuple dans l'Occident médiéval. Terminologies, perceptions, réalités*, Paris : Publications de la Sorbonne, 2002, p. 293-310.
- HEBERT (M.), « Une population en armes : Manosque au XIVᵉ siècle », dans *Le combattant au Moyen Age*, Nantes, SHMES, 1991, pp.215-224.
- HEBERT (M.), *Tarascon au XIVᵉ siècle, histoire d'une communauté urbaine provençale*, Aix-en-Provence, Edisud, 1979.
- HEERS (J.), *Histoire médiévale en France, bilans et perspectives*, Paris, Seuil, 1991.
- HEERS (J.), *L'Occident aux XIVᵉ et XVᵉ siècles : aspects économiques et sociaux*, Paris, PUF, 4ᵉ édition, 1973.
- HEERS (J.), *La ville au Moyen Age en Occident*, Paris, Fayard, 1990.
- HEERS (J.), *Les temps dits de transition (de 1300 à 1520)*, Paris, Mentha, 1992.
- HEERS, (J.), *La ville au Moyen Age : paysages, pouvoirs et conflits*, Paris, Fayard, 1990.
- HENNINGER (L.), « La révolution militaire. Quelques éléments historiographiques », dans *Mots. Les langages du politique*, n°72 (nov. 2003), ENS.
- HESSE (J.-Ph.), « Un droit fondamental vieux de 3000 ans : l'état de nécessité. Jalons pour une histoire de la notion », dans *Droits fondamentaux*, n°2 (jan.-déc. 2002), pp.125-149.
- HEWITT (H.J.), « The organization of war », dans *The Hundred Years' War*, Londres, éd. Fowler (K.A.), 1971, pp.75-95.
- HEWITT (H.J.), *The Black Prince's Expedition of 1355-1357*, Manchester, 1958, réed. Barnsley, Pen and Sword Books, 2004.
- HEWITT (H.J.), *The Organization of War under Edward III, 1338-62*, Manchester, 1966.
- HIBBERT (A.B.), «The Economic Polities of the Towns, Cambridge », dans *Economic History of Europe*, Cambridge, t.III, pp.207-229.
- HIGOUNET (Ch.), *Villes, sociétés et économies médiévales (recueil d'articles)*, Bordeaux, Fédération historique du Sud-Ouest, 1992.
- HIGOUNET, (Ch.), *Paysages et villages neufs du Moyen Age*, Bordeaux, Etudes et Documents d'Aquitaine, 1975.
- HIGOUNET-NADAL (A.), « La démographie des villes françaises au Moyen Age », dans *Annales de démographie historique*, 1980, pp.187-211.
- HIGOUNET-NADAL (A.), « Présents et services des consuls de Périgueux aux XIVᵉ et XVᵉ siècles », dans *BSHAP* (1984), pp.29-43.
- HIGOUNET-NADAL (A.), dir., *Histoire du Périgord*, Toulouse, Privat, 1983.
- HIGOUNET-NADAL (A.), *Les comptes de la taille et les sources de l'histoire démographique de Périgueux au XIVᵉ siècle*, Paris, SEVPEN, 1965.
- HIGOUNET-NADAL (A.), *Périgueux aux XIVᵉ et XVᵉ siècles, Etude de démographie historique*, Bordeaux, Fédération historique du Sud-Ouest, 1978.
- HIME (H.W.L.), *The Origin of Artillery*, Londres, 1915.
- HOHENBERG (P.M.), HOLLEN LEES (L.), *La formation de l'Europe urbaine (1000-1950)*, Paris, PUF, 1992.
- HOOPER (N.), BENNETT (M.), *Cambridge Illustrated Warfare Atlas : the Middle Ages*, Cambridge, 1996.
- HORN (B.), « La peur et le courage au combat », dans *Revue Militaire Canadienne*, 2005.
- HUBRECHT (G.), « La guerre juste dans la doctrine chrétienne des origines au milieu du XVIᵉ siècle », dans *recueils de la société Jean-Bodin*, n°15 (1961), pp.107-123.
- HUGHES (Q.), « Medieval Firepower » dans *Fortress*, n°8 (1991), pp.31-43.
- HUIZINGA (J.), *L'automne du Moyen Age*, Paris, Payot, 1975.
- HUIZINGA (J.), *Le déclin du Moyen Age*, Paris, 1961.
- HUMBERT (F.), *Les finances municipales de Dijon, du milieu du XIVᵉ siècle à 1477*, Paris, Les Belles-Lettres, 1961.
- HUNGER (V.), « Le siège et la prise de Vire par Charles VII en 1450 », dans *Annales de Normandie*, t.2 (1971), pp.109-122.

- JAROUSSEAU (G.), « Le guet, l'arrière-guet et la garde en Poitou pendant la guerre de Cent Ans », dans *BSAO* (année 1965), pp.159-202.
- JARRY (L.), « Le compte de l'armée anglaise au siège d'Orléans », dans *Mémoires de la Société historique et archéologique de l'Orléanais* (1892).
- JEHEL (G.), RACINET (P.), *La ville médiévale de l'Occident chrétien à l'Orient musulman, V^e-XVe siècle*, Paris, A. Colin, 1996.
- JONES (M.C.E.), « L'utilisation de la poudre à canon et de l'artillerie lourde dans le duché de Bretagne avant 1400 : la preuve documentaire », dans *Mémoires de la Société d'histoire et d'archéologie de Bretagne*, n°69 (1992), pp.163-172.
- JONES (M.C.E.), WALKER (S.), « Private indentures for life service in peace and war, 1278-1476 », dans *Camden Miscellany* n°XXXII, Londres, 1994.
- *Journal of Medieval Military History*, vols. I (2003), II (2004), III (2005), IV (2006), V (2007).
- KAEUPER (R.W.), KENNEDY (E.), *The "Book of Chivalry" of Geoffroi de Charny. Text, Context and Translation*, Philadelphie, 1996.
- KEEN (M.H.), éd., *Medieval Warfare : A History*, Oxford, 1999.
- KEEN (M.H.), *Nobles, Knights, and Men-at-Arms in the Middle Ages*, Continuum International Publishing Group, 1996.
- KEEN (M.H.), *The laws of war in the Late Middle Ages*, Londres, 1965.
- KLAPISCH-ZUBER (C.), *Retour à la cité. Les magnats de Florence, 1340-1440*, Paris, éd. de l'EHESS, 2006.
- KNOX (M.), MURRAY (W.), dir., *The Dynamics of Military Revolution 1300-1750*, Cambridge, Cambridge University Press, 2001.
- KOCH (H.W.), *La guerre au Moyen Age*, Paris, 1980.
- *L'approvisionnement des villes de l'Europe occidentale au Moyen Age et aux temps modernes ; 5e journées internationales d'histoire* (Flaran, 16-18 septembre 1983), Auch, Centre culturel de l'abbaye de Flaran, 1985.
- *L'histoire médiévale en Europe*, colloque (Paris I, 29 mars-1er avril 1989), Paris, éditions du C.N.R.S., 1991.
- *La révolution militaire en Europe : XVe-XVIIe siècles*. Actes du colloque du 4 avril 1997 organisé à Saint-Cyr Coëtquidan par le Centre de recherches des écoles de Coëtquidan, l'Institut de Recherches sur les Civilisations de l'Occident Moderne, l'Université de Paris-Sorbonne et par l'Institut de Stratégie Comparée, Paris, Economica, 1998.
- *La ville et l'innovation. Relais et réseaux de diffusion en Europe, XIVe-XIXe siècles ; rencontres organisées à Paris en juin et décembre 1985*, Paris, éd. de l'EHSS, 1987.
- *La ville, la bourgeoisie et la genèse de l'Etat moderne (XIIe-XVIIIe siècles)*, Paris, CNRS, 1988.
- LACOSTE (G.), *Histoire générale de la province de Quercy*, 4 tomes, Cahors, Girma, 1883-1886, rééd. Marseille, Laffitte Reprints, 1982.
- LANGOUET (L.), « Les fortifications de terre et les mottes castrales », dans *Artistes, artisans et production artistique en Bretagne au Moyen Age*, Rennes, 1983, pp.187-192.
- LANNES (P.), « Architecture domestique au Moyen Age à Figeac », dans *Actes du Congrès de Figeac (1971)*, inclus dans *BSEL* t.XCII (1971), pp.267-282 (pagination spéciale).
- LARDIN (P.), « La place du bois dans les fortifications à la fin du Moyen-Age en Normandie orientale », dans BLIECK (G.), CONTAMINE (Ph.), FAUCHERRE (N.), MESQUI (J.), *Les enceintes urbaines (XIIIe-XVIe siècle)*, Paris, CTHS, 1999, pp.182-195.
- LARGUIER (G.), *Le drap et le grain en Languedoc : Narbonne et Narbonnais 1300-1789*, 3 tomes, Perpignan, Presses universitaires de Perpignan, 1996.
- LARSON (H.M.), « The Armor Business in the Middle Ages », dans *Business History Review*, n°14 (1940), pp.49-64.
- LARTIGAUT (J.), « Aspects de Gramat au Moyen Age », dans *BSEL* t.CI (3e fasc. 1980), pp.198-240.
- LARTIGAUT (J.), « Assistance et charité à Figeac au bas Moyen Age », dans *BSEL* t.CII (1981), p.302.
- LARTIGAUT (J.), « Autoire, d'après un censier de 1404 », dans *BSEL* t.CX (1989), p.348.
- LARTIGAUT (J.), « Concorès au Moyen Age », dans *BSEL* t.CIX (1989), p.96.
- LARTIGAUT (J.), « Coup d'oeil sur Luzech en 1375 », dans *BSEL* t.C (1979), p.252.
- LARTIGAUT (J.), « De la vie castrale à la vie de château en Quercy (XIIIe-XIVe siècle) », dans *Les cahiers de Commarques, 4e rencontre internationale d'archéologie et d'histoire*, Le Bugue, éd. Contou, 1990.
- LARTIGAUT (J.), « Des Valperga piémontais en Quercy (XIVe et XVe siècles) », dans *BSEL* t.CXXI (1e fasc. 2000), pp.1-4.
- LARTIGAUT (J.), « Entre deux courtines de châteaux. Une frontière entre Périgord et Quercy au Moyen Age ? », dans *BSEL* t.CXXIV (3e fasc. 2003), pp.161-182.
- LARTIGAUT (J.), « Essai de reconstitution de la temporalité épiscopale de Cahors (XIIIe-XVe siècle) », dans *Actes du XLVIe congrès d'études régionales de la fédération historique du Sud-Ouest. La vallée du Lot et son environnement, Revue de l'Agenais*, numéro spécial 1994.
- LARTIGAUT (J.), « Hygiène à Figeac au début du XVe siècle », dans *BSEL* t.XCIC (4e fasc.1978), pp.163-164.
- LARTIGAUT (J.), « L'accensement de Concots en 1454 », dans *BSEL* t.CXIV (2e fasc. 1993), pp.103-108.
- LARTIGAUT (J.), « L'aigle et le clerc de notaire (petit fait divers figeacois en 1417) », dans *BSEL* t.CIII (2e fasc. 1982), p.128.
- LARTIGAUT (J.), « L'approvisionnement immédiat d'une ville : Cahors en 1369 », dans *Actes du XLIIe congrès d'études régionales organisées par la Société des Etudes du Lot à Souillac et Martel les 19, 20 et 21 juin 1987*, Cahors, imp. Dhiver, 1988, pp.170-180.
- LARTIGAUT (J.), « La maison dite de « l'Hébrardie » à Cajarc », dans *BSEL* t.LXXXVII (1966), p.93.
- LARTIGAUT (J.), « Labéraudie : de la borie au village et à la seigneurie (XIIIe-XVIe siècle) », dans *BSEL* t.CIV (1983), pp.15-29.
- LARTIGAUT (J.), « Le château des Anglais à Autoire », dans *BSEL* t.CX (1989), p.179.
- LARTIGAUT (J.), « Le repeuplement du Quercy au XVe siècle : une révision », dans *Actes du XLIIe congrès d'études régionales organisées par la Société des Etudes du Lot à Souillac et Martel les 19, 20 et 21 juin 1987*, Cahors, imp. Dhiver, 1988.
- LARTIGAUT (J.), « Les chemins de Cahors vers le Sud-Ouest au XVe siècle », dans *BSEL* t.LXXXV (1964), p.145.
- LARTIGAUT (J.), « Les lieux fortifiés dans la partie occidentale du Quercy au XVe siècle », dans *Annales du Midi*, n°79 (1967), pp.5-18.
- LARTIGAUT (J.), « Mouvements de population dans le Figeacois au cours de la guerre de Cent Ans (1360-1435) », dans *Villefranche et le Rouergue*, Villefranche-de-Rouergue, 1980.
- LARTIGAUT (J.), « Peuplements castraux en Quercy », dans *BSEL* t.CIV (1983), p.306-308.
- LARTIGAUT (J.), « Quelques notes sur l'histoire de Gindoux du XIIIe au XVe siècle », dans *BSEL* t.CX (1989), p.182.
- LARTIGAUT (J.), « Rétablissement des foires de Martel en 1456 », dans *BSEL* t.CVI (1985), pp.289-297.
- LARTIGAUT (J.), « Un « hold-up » au château royal de Montcuq en 1438 », dans *BSEL* t.CIV (1983), p.329-337.
- LARTIGAUT (J.), « Un château disparu : la motte de Montlaur à Concorès », dans *BSEL* t.XCII (1971), pp.13-16.
- LARTIGAUT (J.), « Un écho du Grand Pardon de Rocamadour de 1428 », dans *BSEL* t.CIII (3e fasc. 1982), pp.221-222.
- LARTIGAUT (J.), « Un village de la châtaigneraie : Goujounac au Moyen Age », dans *BSEL* t.CIV (1983), pp.198-235.
- LARTIGAUT (J.), *Atlas historique des villes de France, Cahors (Lot)*, Paris, éd. du CNRS, 1983.
- LARTIGAUT (J.), *Atlas historique des villes de France, Figeac (Lot)*, Paris, éd. du CNRS, 1983.
- LARTIGAUT (J.), dir., *Histoire du Quercy*, Toulouse, Privat, 1993.
- LARTIGAUT (J.), *Le Quercy après la guerre de Cent Ans. Aux origines du Quercy actuel*, Cahors, Quercy-Recherche, 2001, réédition augmentée de la thèse intitulée *Les campagnes du Quercy après la guerre de Cent Ans*, Toulouse, 1978.
- LARTIGAUT (J.), *Puy-l'Evêque au Moyen Age, le castrum et la châtellenie, (XIIIe-XVe)*, Bayac, éd. du Roc de Bourzac, 1991.
- LARTIGAUT (J.), SERAPHIN (G.), « Les bories des Cahorsins », dans *Le château près de la ville. Actes du second colloque de castellologie de Flaran*, Lannemezan, 1987, pp.37-53.
- LARTIGAUT (J.), *Lettres adressées aux consuls de Martel pendant la guerre de Cent Ans*, dactylographié, inédit.
- LAURENCE (J.M.), *La notabilité urbaine, Xe-XVIIIe siècles*, Caen, Centre de Recherche d'Histoire Quantitative, 2007.
- LAURENT (D.), « L'évolution démographique de la ville de Moulins de 1400 à 1530 environ », dans *Notre Bourbonnais* (année 1982), pp.121-139.
- LAVEDAN (P.), HUGUENEY (J.), *L'Urbanisme au Moyen Age, arts et métiers graphiques*, 1974.
- LAVEDAN, (P.), *La représentation des villes dans l'art du Moyen Age*, Van Oest, 1954.

- LE GOFF (J.), TOUBERT (P.), «Une histoire totale du Moyen Age est-elle possible ? », dans *Tendances, perspectives et méthodes de l'histoire médiévale*, actes du 100ᵉ Congrès National des Sociétés Savantes, Paris, Imprimerie Nationale, 1975, t.1, 249 p. (p.31-44).
Le paysage urbain au Moyen Age, Actes du Congrès de Lyon (Lyon, 1981), Lyon, 1981.
- LE ROY LADURIE (E.), *Histoire du climat depuis l'an mil*, Paris, Flammarion, 1967.
- LEGUAI (A.), *La guerre de Cent Ans*, Paris, Nathan, 1974.
- LEGUAI (A.), *Le Bourbonnais pendant la guerre de Cent Ans*, Moulins, 1969.
- LEGUAY (J.P.), « L'approvisionnement des chantiers bretons », dans BENOIT (P.), CHAPELOT (O.) (études réunies par), *Pierre et Métal dans le bâtiment au Moyen Age*, Paris, éd. de l'EHESS, 1985 et 2001, pp.27-79.
- LEGUAY (J.P.), « Un aspect du travail du métal dans les villes armoricaines au Moyen Age. La fabrication des canons et des armes blanches, aspects techniques, économiques et sociaux », dans *Hommes et travail du métal dans les villes médiévales*, Paris, éd. Benoit (P), Cailleaux (D.), 1988, pp.195-226.
- LEGUAY (J.P.), *L'eau dans la ville au Moyen Age*, Rennes, Presses Universitaires de Rennes, 2002.
- LEGUAY (J.P.), *La ville de Rennes au XVᵉ siècle à travers les comptes des Miseurs*. Paris, Klincksieck, 1968.
- LEMAÎTRE (J.L.), *Ussel, une ville de consulat du XIIIᵉ au XVᵉ siècle*, Tulle, Imp. du Corrézien, 1969.
- LEMARIGNIER (J.F.), *La France médiévale. Institution et société*, Paris, A. Colin, 1970.
- *Les élites urbaines au Moyen Age, XXVIIᵉ Congrès de la SHMES* (Rome, mai 1996), Publication de la Sorbonne, Paris-Rome, Ecole Française de Rome, 1997.
- *Les petites villes du Moyen Age à nos jours, hommage à G. DUPEUX. Actes du colloque international* (Bordeaux, 25-26 octobre 1985), Paris, éditions du CNRS, 1987.
- *Les sociétés urbaines en France méridionale et en péninsule ibérique au Moyen Age. Actes du colloque de Pau* (21-23 septembre 1988), Paris, CNRS, 1991.
- LESCUYER-MONDESERT (J.M.), « Construction, entretien, réparation des fortifications aux XIIIᵉ et XIVᵉ siècles dans les régions qui correspondent à l'actuel département de l'Ain d'après les documents non littéraires », dans *Bulletin philologique et historique du CTHS*, 1978, pp.165-181.
- LEWIS (N.B.), « Indenture of Retinue with John of Gaunt, Duke of Lancaster enrolled in Chancery », 1367-1399 », dans *Camden Miscellany*, n°22 (1964), pp.77-112.
- LEWIS (N.B.), « The organization of Indentured Retinues in Fourteenth-Century England », dans *Transactions of the Royal Historical Society*, 4ᵉ série, n°27 (1945), pp.29-39.
- LEWIS (N.B.), « The Recruitment and Organization of a Contract Army, May to November 1337 », dans *Bulletin of the Institute of Historical Research*, n°37 (1964), pp.1-19.
- LLOBET (G. de), « Foix médiéval : recherches d'histoire urbaine, 2ᵉ partie : Les temps difficiles (1360-1500) », dans *Société ariégeoise, section lettres et arts*, t. 29 (1974), pp. 95-238.
- LOISELEUR DES LONGCHAMPS (C.), *Les fortifications médiévales dans le canton de Gourdon*, mémoire de maîtrise sous la direction de Gérard Pradalié, Université de Toulouse-Le Mirail, 1994.
- LOT (F.), « Recherches sur la population et la superficie des cités remontant à la période gallo-romaine », dans *Ecole des Hautes Etudes*, nᵒˢ 287 (1945), 296 (1950), 301 (1953).
- LOT (F.), *L'art militaire et les armées au Moyen Age, en Europe et dans le Proche-Orient*, 2 vol., Paris, 1946.
- LYON (B.D.), *From fief to indenture. The transition from feudal to non-feudal contract in western Europe*, Cambridge (Massachusetts), 1957.
- MAC GLYNN (S.), « The myths of medieval warfare », dans *History Today*, n°44 (1994), pp.28-34.
- MALLET (J.), « Les enceintes médiévales d'Angers », dans *Annales de Bretagne*, n°72 (1965), pp.237-262.
- MARMIER (G.), « Gilbert de Domme, sénéchal du Périgord », dans *BSHAP* t.V (1878), p.99-111.
- MARTIN (P.), « L'artillerie et la fonderie à canon à Strasbourg du XIVᵉ au XVIIIᵉ siècle », dans *Armi Antiche*, 1967, pp.71-90.
- MAUDUECH (G.), « La bonne ville, origine et sens de l'expression », dans *AESC* (1972), p.1441-1448.
- MAYNARD (G.), « Possessions martelaises de l'abbaye d'Obazine aux XIVᵉ et XVᵉ siècles », dans *BSEL* t. CXX (1ᵉ fasc. 1999), pp.27-36.
- MAZURE (A.), « Tableau historique de l'Auvergne depuis le commencement de l'invasion des Anglais, jusqu'à leur entière expulsion de cette province, au XIVᵉ siècle », dans *Annales Scientifiques, Littéraires et Industrielles de l'Auvergne*, T. XVII (1844), (pp.177-505).
- MENJOT (D.), dir., SANCHEZ MARTINEZ (M.), dir., *La fiscalité des villes au Moyen Age (Occident méditerranéen)*, t.2 : *Les systèmes fiscaux*, Toulouse, Privat, 1999.
- MENJOT (D.), dir., SANCHEZ MARTINEZ (M.), dir., *La Fiscalité des villes au Moyen Age (Occident méditerranéen)*,t.1 : *Les sources*, Toulouse, Privat, 1996.
- MENJOT (D.), dir., SANCHEZ MARTINEZ (M.), dir., *La fiscalité des villes au Moyen Age (Occident méditerranéen)*, t.3 : *La redistribution de l'impôt*, Toulouse, Privat, 2002.
- MENJOT (D.), SANCHEZ MARTINEZ (M.), RIGAUDIERE (A.), *L'impôt dans les villes de l'Occident méditerranéen*, Paris, Comité pour l'Histoire Economique et Financière de la France, 2005.
- MERCIER (M.), *Le feu grégeois, les feux de guerre depuis l'Antiquité, la poudre à canon*, Paris, 1952.
- MESQUI (J.), « A propos de la fortification du pont. Pons castri et castrum pontis », dans *Château-Gaillard. Etudes de castellologie européenne*, n°11 (1983), pp.219-232.
- MESQUI (J.), « La fortification dans le Valois du XIᵉ au XVᵉ siècle et le rôle de Louis d'Orléans », dans *Bulletin Monumental*, n°135 (1977), pp.109-149.
- MESQUI (J.), *Châteaux et enceintes de la France médiévale, de la défense à la résidence*, 2 vol., Coll. Grands manuels, Paris, Picard, 1991.
- MESQUI (J.), *Les châteaux forts, de la guerre à la paix*, coll. Découvertes, Paris, Gallimard, 2000.
- MESQUI (J.), *Provins, la fortification d'une ville au Moyen Age*, Paris et Genève, 1979.
- MIANES (A.), « Notes sur le château et le village de Milhac », dans *BSEL* t.LXXVI (1955).
- MICHAUD-FREJAVILLE (F.), « Essai de chronologie des travaux effectués sur l'enceinte d'Orléans (1391-1427) », dans *Bulletin de la société archéologique et historique de l'Orléanais*, n°52 (1981), pp.11-20.
- MICHAUD-FREJAVILLE (F.), « La forteresse d'Orléans au Moyen-Age (XIVᵉ-XVᵉ siècles) », dans *Le paysage urbain au Moyen Age, Actes du XIᵉ congrès de la SHMES*, Lyon, 1981, pp.61-68.
- MICHAUD-FREJAVILLE (F.), « Naudin Bouchard, une carrière de fondeur orléanais pendant la guerre de Cent Ans », dans *Bulletin de la Société archéologique et historique de l'Orléanais*, nouvelle série, n°11 (1991), pp.23-32.
- MICHAUD-FREJAVILLE (F.), « Une cité face aux crises : les remparts de la fidélité, de Louis d'Orléans à Charles VII, d'après les comptes de forteresse de la ville d'Orléans (1391-1427) », dans *Jeanne d'Arc, une époque, un rayonnement, Colloque d'histoire médiévale* (Orléans, octobre 1978), Paris, 1982, pp.43-59.
- MICHEL (R.), « Les défenseurs des châteaux et des villes fortes dans le Comtat Venaissin », dans *BEC*, n°75 (1915), pp.315-330.
- MISKIMIN (H.A.), « L'or, l'argent, La guerre dans la France médiévale », dans *AESC* (1985), pp.171-184.
- MOLLAT (M.), « Notes sur la mortalité à Paris au temps de la Peste noire d'après les comptes de l'œuvre de Saint-Germain-l'Auxerrois », dans *Le Moyen Age*, n°19 (1963), pp.505-527.
- MOLS (R.), *Introduction à la démographie historique des villes d'Europe du XIVᵉ au XVIIIᵉ siècle*, 3 vol., Gembloux, 1954-1956.
- MONICAT (J.), *Histoire du Velay pendant la guerre de Cent Ans. Les Grandes Compagnies en Velay. 1358-1392*, Paris, 2ᵉ éd.,1928.
- MONNET (P.), « La ville et la guerre dans quelques cités de l'Empire aux XIVᵉ et XVᵉ siècles : de l'urgence immédiate à la mémoire identitaire », dans *Villes en guerre*, communication du colloque international du SICMA, Aix-en-Provence, 2006.
- MONNET (P.), « Courriers et messages : un réseau urbain de communication dans les pays d'Empire à la fin du Moyen Âge », dans BOUDREAU (C.), dir., GAUVARD (C.), dir., HEBERT (M.), dir., FIANU (K.), dir., *Information et société en Occident à la fin du Moyen Age*, Paris, publications de la Sorbonne, 2004, pp. 281-306.
- MONNET (P.), « Le financement de l'indépendance urbaine par les élites argentées : l'exemple de Francfort au XIVᵉ siècle », dans *L'argent au Moyen Âge*, Paris, Publications de la Sorbonne, 1998, pp. 187-207.
- MONNET (P.), « Pouvoir communal et communication politique dans les villes de l'Empire à la fin du Moyen Age », dans *Francia*, 31/1 (2004), pp. 121-139.
Montagnes médiévales, actes du XXXIVᵉ Congrès de la SHMES, tenu à Chambéry du 23 au 25 mai 2003 (pp.241-262), Paris, La Sorbonne, 2004.
- MONTEGUT (M.-H.), « Un traité de confédération passé entre Périgueux, Brive, Sarlat et Figeac en 1260 », dans *BSHAP*, t.II (1875).
- MONZAT (A.), *Gourdon-en-Quercy, du milieu du XIIIᵉ à la fin du XIVᵉ siècle, naissance d'un consulat*, thèse de l'Ecole des Chartes, 1970.

- MOT (G.J.), « L'arsenal et le parc de matériel à la cité de Carcassonne en 1298 », dans *AM*, n°68 (1956), pp.409-418.
- NAPOLEONE (A.L.), « La Raymondie de Martel », dans *Congrès archéologique de France, CXLVII[e] session. Quercy*, Paris, Société Française d'Archéologie, 1993, pp.391-404.
- NAPOLEONE (A.L.), « Urbanisme et habitat à Figeac aux XIIe, XIIIe et XIVe siècles », dans *Mémoires de la Société Archéologique du Midi de la France*, t.LVIII (1998), pp.93-128.
- NAPOLEONE (A.L.), *Figeac au Moyen Age. Les maisons du XIIe au XIVe siècle*, 2 vol., thèse d'histoire de l'Art sous la direction de Mme le professeur M. Pradalier-Schlumberger, Université de Toulouse-le Mirail, 1993, Figeac, ASFE, 1998.
- NEVEUX (H.), « L'alimentation du XIVe au XVIIIe siècle. Essai de mise au point », dans *Revue d'histoire économique et sociale*, t.51 (1973), pp.336-379.
- NEWARK (T.), *Medieval Warfare*, Londres, 1979.
- NEWHALL (R.A.), *The english Conquest of Normandy, 1416-1424. A study in fifteenth-century warfare*, New Haven et Londres, 1924.
- NEYRINCK (D.), *L'impôt direct à Albi de 1236 à 1450*, Ecole nationale des chartes, positions des thèses, 1969, pp.113-122.
- NICOLLE (D.), *French armies of the Hundred Years War*, Oxford, Osprey, 2000.
- NOEL (R.P.R.), *Town Defence in the French Midi during the Hundred Years War*, Ph.D Thesis, University of Edinburgh, 1977.
- NOSSOV (K.), *Ancient and Medieval Siege Weapons*, Guilford, The Lyons Press, 2005.
- OAKESHOTT (R.E.), *The Archaeology of weapons. Arms and Armour from Prehistory to the age of Chivalry*, Londres, 1960.
- OMAN (C.W.C.), *The art of war in the middle ages, AD 378-1485*, 2 vol., Londres, 1924, réimp. Ithaca, 1960.
- PALLUEL (J.O.), « Origine du château de Clermont à Linars par Concorès (Lot) », dans *BSEL* t.LXXVI (1955), p.166.
- PARAMELLE (abbé), *Chronique de Saint-Céré*, Cahors, imp. de A. Laytou, 1867.
- PARKER (G.), éd., *The Cambridge Illustrated History of Warfare: The Triumph of the West*, Cambridge, Cambridge University Press, 1995.
- PARKER (G.), *La révolution militaire : la guerre et l'essor de l'Occident (1500-1800)*, Paris, Gallimard, 1993.
- PATAKI (T.), « Il y a 600 ans en vicomté de Turenne (1373-1374) », dans *Actes du 34e congrès de la Fédération des Sociétés Savantes du Centre de la France* (Brive), 24 -26 mai 1974), supplément au tome 96 (1974) du *BSHC* (p.87-98), p.87.
- PATAKI (T.), « Les institutions de la vicomté de Turenne jusqu'en 1350 », dans *Etudes sur le Quercy et les commanderies des ordres militaires*, dans *Actes du XLIIe congrès d'études régionales organisées par la Société des Etudes du Lot à Souillac et Martel les 19, 20 et 21 juin 1987*, Cahors, imp. Dhiver, 1988.
- PATAKI (T.), « Lettres des consuls de Martel aux consuls de Brive, 1318-1372 », dans *BSHC*, t.96 (1974), pp.71-73.
- PATAKI (T.), « Notes sur Aurillac et ses glacis défensifs au début de la guerre de Cent Ans (1345-1362) », dans *BSEL* t.CXXI (2e fasc. 2000), p.83-96 (réed.).
- PATAKI (T.), *Deux lettres des consuls d'Aurillac aux consuls de Martel*, dactylographié.
- PATAKI (T.), *Mille ans à Souillac*, conférence donnée à Souillac le 02/06/1965, dactylographié.
- PAYNE-GALLWAY (R.), *The Crossbow, Mediaeval and Modern, Military and Sporting. Its Construction, History and Management, with a Treatise on the Balista and Catapult of the Ancients*, Londres, 1903, réed. Londres, 1958.
- PEGEOT (P.), « L'armement des ruraux et des bourgeois à la fin du Moyen Age. L'exemple de la région de Montbéliard », dans CONTAMINE (Ph.), dir., GIRY-DELOISON (C.), dir., KEEN (M.H.), dir., *Guerre et Société en France, en Angleterre et en Bourgogne, XIVe-XVe siècle*, Lille, 1991, pp.237-260.
- PEPIN (G.), « Les cris de guerre « Guyenne ! » et « Saint-Georges ! ». L'expression d'une identité politique du duché d'Aquitaine anglo-gascon », dans *Le Moyen Age*, tome CXII (2/2006), pp.263-281.
- PEPIN (G.), « Toward a new assessment of the Black Prince principality of Aquitaine : a study of the last years (1369-1372) », dans *Nottingham Medieval Studies*, T. L (2006).
- PEPIN (G.), *The relationship between the kings of England in their role as dukes of Aquitaine and their Gascon subjects: forms, processes and substance of a dialogue (1275-1453)*, D. phil. thesis, University of Oxford, 2007.
- PERROY (E.), « A l'origine d'une économie contractée : les crises du XIVe siècle », dans *AESC* (1949).
- PESEZ (J.M.), PIPONNIER (F.), « Les traces matérielles de la guerre sur un site archéologique », dans *Guerre, Fortifications et habitat dans le monde méditerranéen au Moyen Age, colloque organisé par la Casa de Velàsquez et l'Ecole Française de Rome* (Madrid, 24-27 novembre 1985), Rome et Madrid, éd. A. Bazzana, 1988, pp.11-18.
- PETITJEAN (F.), *Lentillac-du-Causse. Un village du causse de Gramat des origines au XXe siècle*, Cahors, éd. Quercy-Recherche, 1996.
- PICAUDOU (N.), *Figeac-en-Quercy. Economie et société dans la deuxième moitié du XIVe siècle*, mémoire de maîtrise présenté à l'université de Paris X-Nanterre, sous la direction de monsieur le professeur J. Heers, 1973, dactylographié.
- PIRENNE (H.), *Les villes au Moyen Age*, Paris, PUF, 1971.
- PIRENNE (H.), *Les villes et les institutions urbaines*, 2 tomes, Paris-Bruxelles, 1939.
- PLAISSE (A. et S.), *La vie municipale à Evreux pendant la guerre de Cent Ans*, Evreux, 1978.
- PONS (N.), « La guerre de Cent Ans vue par quelques polémistes français du XVe siècle », dans , CONTAMINE (Ph.), dir., GIRY-DELOISON (C.), dir., KEEN (M.H.), dir., *Guerre et Société en France, en Angleterre et en Bourgogne, XIVe-XVe siècle*, Lille, 1991, pp.143-169.
- POPE (S.T.), *Bows and Arrows*, Berkeley et Los Angeles, 1962.
- POSTAN (M.M.), « The cost of the Hundred Years War », dans *Past and Present*, n°27 (1964), pp.34-53.
- POUS (A. de), « L'architecture militaire occitane (IXe-XIVe siècles) », dans *Bulletin archéologique du CTHS*, nouvelle série, n°5 (1969), Paris, 1970, pp.41-139.
- PRAT (G.), « Albi et la Peste noire », dans *Annales de démographie historique*, 1952, pp.15-25.
- PRAT (R.), « Un pélerin à Rocamadour au XIVe siècle », dans *BSEL* t.LXXX (1960), p.161.
- PRESSOUYRE (F.), « Le Roc de Verdale, forteresse anglaise de la guerre de Cent Ans », dans *Actes du XLIIe congrès d'études régionales organisées par la Société des Etudes du Lot à Souillac et Martel les 19, 20 et 21 juin 1987*, Cahors, imp. Dhiver, 1988, pp.182-187.
- PRESTWICH (M.), « English armies in the early stages of the Hundred Years War, a scheme of 1341 », dans *The bulletin of the Institute of Historical Research*, n°56 (1983), pp.102-113.
- PRIGENT (C.), « Sculpture et dévotions : les grands thèmes iconographiques », dans PRIGENT (C.), dir., *Art et société en France au XVe siècle*, Paris, Maisonneuve et Larose, pp.232-248.
- PRINCE (A.E.), « The Indenture System under Edward III », dans *Historical Essays in Honor of James Tait*, Manchester, éd. Edwards (J.G.) et Jacob (E.F.), 1933, pp.283-297.
- PRINCE (A.E.), « The Payment of Army Wages in Edward III's Reign », dans *Speculum*, n°19 (1944), pp.137-160.
- QUICHERAT (J.), *Rodrigue de Villandrando*, Paris, 1879.
- RACINE (P.), « Panorama de l'historiographie médiévale française (1985-1990) », dans *Nuova R. storia*, 1991, a.75, fasc. 2, pp.349-424.
- REY (M.), *Les finances royales sous Charles VI, les causes du déficit, 1388-1413*, Paris, Imprimerie nationale, 1965.
- RICHARDOT (P.), *Végèce et la culture militaire au Moyen Age (V[e]-XVe siècles)*, Paris, 1998.
- RIGAUDIERE (A.), « Le financement des fortifications urbaines en France du milieu du XIVe siècle à la fin du XVe », dans *Revue historique*, n°553 (1985), pp.19-95.
- RIGAUDIERE (A.), « Qu'est-ce qu'une bonne ville dans la France du Moyen Age ? », dans *La charte de Beaumont et les franchises municipales entre Loire et Rhin ; actes du colloque de Nancy (22-25 septembre 1985)*, PUN, 1988, p.53-113.
- RIGAUDIERE (A.), *Gouverner la ville au Moyen Age*, Paris, Anthropos, 1993.
- RIGAUDIERE (A.), *L'Assiette de l'impôt direct à la fin du XIVe siècle, le livre d'estime de Saint-Flour pour les années 1380-1385*, Paris, PUF, 1977.
- RIGAUDIERE (A.), *Saint-Flour, ville d'Auvergne au bas Moyen Age : étude d'histoire administrative et financière*, 2 vol., Paris, PUF, 1982.
- RITTER (R.), *L'architecture militaire médiévale*, Paris, 1974.
- ROCOLLE (P.), *2000 ans de fortification française*, 2 vol., Paris, 1973.
- ROGERS (C.T.), « The Military Revolution of the Hundred Years's War », dans *The Journal of Military History* n°57 (1993).

- ROGERS (C.T.), dir., *The Military Revolution Debate-Readings on the Military Transformation of Early Modern Europe*, Boulder (Colorado),Westview Press, 1995.
- ROGERS (C.T.), éd., *The Wars of Edward III. Sources & Interpretations*, Woodbridge, Boydell & Brewer, 1999.
- ROGERS (C.T.), *War Cruel and Sharp, English Strategy under Edward III, 1327-1360*, Woodbridge, Boydell & Brewer, 2000.
- ROLAND (C.), « L'artillerie de la ville de Binche, 1362-1420 », dans *Bulletin de la Société royale paléonthologique et archéologique de l'arrondissement judiciaire de Charleroi*, 1954, pp.17-38.
- ROSSIAUD (J.), « Le Citadin », dans *L'Homme médiéval*, Paris, Seuil, 1989, pp.159-200.
- ROSSIAUD (J.), « Problèmes fiscaux urbains à la fin du Moyen Age », dans *Cahiers d'histoire*, t.9 (1964), p.325-354 et t.10 (1965), pp.5-35.
- ROUSSET (V.), « Le castrum de Larnagol », dans *BSEL* t.CXXIII (2e fasc. 2002), pp.97-134.
- ROUSSET (V.), RIGAL (D.), « Le château des Cardaillac à Saint-Cirq-Lapopie », dans *BSEL* t.CXXIII (1e fasc. 2002), pp.1-34.
- ROUX (S.), *Le monde des villes au Moyen Age (XIe-XVe siècle)*, Paris, Hachette, 1994.
- ROWE (B.J.H.), « Discipline in the Norman Garrisons under Bedford », dans *The English Historical Review*, n°46 (1931), pp.194-208.
- RUSSELL (J.C.), « L'évolution démographique de Montpellier au Moyen Age », dans *AM* (1962), pp.345-362.
- SAINT-BONNET (F.), *L'état d'exception. Histoire et théorie. Les justifications de l'adaptation du droit public en temps de crise*, Thèse pour le doctorat en droit (histoire du droit), soutenue en 1996 à l'Université de Paris II-Panthéon-Assas.
- SAINT-MARTY (L.), *Histoire populaire du Quercy*, Cahors, imp. A. Coueslant, 1920, rééd. Cahors, Quercy-Recherche, 1980.
- SALAMAGNE (A.), « Les années 1400 : la genèse de l'architecture militaire bourguignone ou la définition d'un nouvel espace urbain », dans *Revue belge d'histoire militaire*, n°26 (1986), pp.325-344.
- SALAMAGNE (A.), « Pour une approche typologique de l'architecture militaire : l'exemple de la famille monumentale des tours-portes de plan curviligne », dans *Archéologie médiévale*, n°18 (1988), pp.179-213.
- SALAMAGNE (A.), *Construire au Moyen Age, les chantiers de fortification de Douai*, Lille, PULS, 2001.
- SALCH (C.L.), *Dictionnaire des châteaux et des fortifications du Moyen Age en France*, Strasbourg, 1979.
- SALCH (C.L.), *L'atlas des villes et villages fortifies en France (Moyen Age)*, Strasbourg, 1978.
- SAVY (N.), « La prise de Fons en 1356. Cajarc face à la menace anglaise », dans *BSEL* t.CXXVII (1e fascicule 2006), pp.23-38.
- SAVY (N.), « Le renseignement à Martel au début de la guerre de Cent Ans », dans *BSEL* t.CXXIV (3e fascicule 2003), p.194-196.
- SAVY (N.), « Le travail des femmes dans les chantiers de fortification urbains en Quercy », dans *BSEL* t.CXXVI (3e fasc. 2005), pp.209-218.
- SAVY (N.), « Le trébuchet à tir multidirectionnel de Martel », dans BEFFEYTE (R.), *L'art de la guerre au Moyen Age*, Rennes, Ouest-France, 2005, p.70.
- SAVY (N.), « Un chantier de fortification à Martel en 1355-1356 », dans *BSEL*, T.CXXV (4e fasc. 2004), pp.253-271.
- SAVY (N.), *Cahors pendant la guerre de Cent Ans*, Cahors, Colorys, 2005.
- SAVY (N.), *La défense de la ville de Cahors (1341-1411)*, mémoire de maîtrise d'histoire sous la direction de M. le professeur J. Theurot, Université de Franche-Comté, Besançon, 2002, dactylographié.
- SAVY (N.),« La défense des fortifications de Cahors pendant la 2e moitié du XIVe siècle », dans *BSEL* t.CXXIV (2e fasc. 2003), pp.97-108.
- SAXTHORP (N.M.), « Technical Innovations and Military Change », dans *War and Peace in the Middle Ages*, Copenhague, éd. B.P. Mc Guire, 1987, pp.216-226.
- SCELLES (M.), « Le pont Valentré », dans *Congrès archéologique de France*, 147e session (Quercy, 1989), Paris, Société Française d'Archéologie, 1993, pp.99-108.
- SCELLES (M.), *Cahors, ville et architecture civile au Moyen Age (XIIe-XIVe siècles)*, coll. *Cahiers du patrimoine*, n°54, Paris, éd. du patrimoine, 1999.
- SCELLES (M.), *Structure urbaine et architecture civile de Cahors aux XIIe, XIIIe et XIVe siècles*, thèse sous la direction de M. le professeur Y. Bruand, Université de Toulouse-le Mirail, 1994, dactylographié.
- SCHNEIDER (J.), « Problèmes d'histoire urbaine dans la France médiévale », dans *Tendances, perspectives et méthodes de l'histoire médiévale*, actes du 100e Congrès National des Sociétés Savantes, Paris, Imprimerie Nationale, 1975, t.1, pp.137-162.
- SCHNEIDER (J.), *Les institutions urbaines de la France médiévale*, inédit.
- SCHNERB (B.) « Le cheval et les chevaux dans les armées des ducs de Bourgogne au XIVe siècle », dans CONTAMINE (P.), dir., DUTOUR (T.), dir., SCHNERB (B.), dir., *Commerce, finances et sociétés (XIe-XVIe siècles). Recueil de travaux d'histoire médiévale offerts à Henri Dubois*, coll. *Cultures et civilisations médiévales* (n°9), Paris, Presses de l'Université de Paris-Sorbonne, 1993, pp. 71-87.
- SCHNERB (B.), « Les capitaines de châteaux dans les duché et comté de Bourgogne au XIVe siècle », dans LE JAN (R.), dir., SALAMAGNE (A.), dir., *Le château médiéval et la guerre dans l'Europe du Nord-Ouest. Mutations et adaptations, Revue du Nord*, hors série n°5 (1998), pp. 123-131.
- SCHNERB (B.), « Arras en 1414 : entre guerre et paix », dans CLAUZEL (D.), dir., GIRY-DELOISON (C.), dir., LEDUC (C.), dir., *Arras et la diplomatie européenne, XVe-XVIe siècles*, Arras, 1999, pp. 14-63.
- SCHNERB (B.), « La préparation des opérations militaires au début du XVe siècle : l'exemple d'un document prévisionnel bourguignon », dans CONTAMINE (Ph.), dir., GIRY-DELOISON (C.), dir., KEEN (M.H.), dir., *Guerre et Société en France, en Angleterre et en Bourgogne, XIVe-XVe siècle*, Lille, 1991, pp.89-96.
- SCHNERB (B.), « Un monastère dans la guerre : l'abbaye du Mont-Saint-Éloi (fin XIVe-début XVe s.) », dans CONTAMINE (Ph.), dir., GUYOTJEANNIN (O.), dir., *La guerre, la violence et les gens au Moyen Âge, 2, Guerre et gens*, Paris, CTHS, 1996, pp. 101-117.
- SCHNERB (B.), « Un projet d'expédition contre Calais (1405) », dans CURVEILLER (S.), dir., LOTTIN (A.), dir., *Les champs relationnels en Europe du Nord et du Nord-ouest des origines à la fin du Premier Empire*, Calais, 1994, pp. 179-192.
- SCHUBERT (H.), « The First Cast-Iron Canon made in England », dans *The Journal of the Iron and Steel Institute*, n°146 (1942), pp.131-140.
- SERAPHIN (G.), « L'enceintes de Cordes », dans *Les enceintes urbaines (XIIIe-XVIe siècle)*, Paris, CTHS, 1999, pp.53-72.
- SERAPHIN (G.), *La bastide de Bretenoux*, s.e.
- SHERBORNE (J.W.), « Indentured Retinues and English Expeditions to France, 1369-1380 », dans *The English Historical Review*, n°79 (1964), pp.718-746.
- SHERWOOD (F.H.), « Studies in medieval uses of Vegetius « Epitoma rei militaris », dans *Dissertation abstracts international*, n° A 41/4 (1980), p.1712.
- SHRADER (C.R.), « The Ownership and Distribution of manuscripts of the De re militari of Flavius Vegetius Renatus before the Year 1300 », dans *Dissertation Abstracts International A*, n°37 (1976), pp.1815-1816.
- *Sites défensifs et sites fortifiés au Moyen Age entre Loire et Pyrénées. Actes du premier colloque « Aquitania »* (Limoges, 20-27 mai 1987), Limoges, 1990.
- SOL (E.), *L'église de Cahors au temps de la lutte contre les Anglais*, Paris, Gabriel Beauchesne & fils, 1943.
- SOL (E.), *La vie en Quercy au Moyen Age*, Paris, Picard, 1944.
- SOSSON (J.P.), *L'histoire économique et sociale du Bas Moyen Age : quelques réflexions à propos des acquis et perspectives de recherches*, dans *Bilan et perspectives des études médiévales en Europe*. Actes du 1er Congrès européen d'études médiévales (Spoleto, mai 1993), textes rassemblés par Jacqueline Hamesse, Louvain-la-Neuve, Brepols, 1995, pp.217-252.
- SOUYET (D.), « Le pariage de Cahors en 1307 : un acte inévitable », dans *BSEL* t.CXXII (2001), pp.195-204.
- STEIN (H.), *Bibliographie générale des cartulaires français ou relatifs à l'histoire de France*, Paris, 1907.
- STOUFF (L.), « Le ravitaillement des villes de Provence au bas Moyen Âge », dans *Acta historica et archaeologica medievalia, 19*, 1998, p. 57-74.
- STOUFF (L.), « Le territoire urbain dans l'économie et la politique des villes : Arles XIIe-XVe siècle », dans *Archivio storico del Sannio*, 1999, p. 29-36.
- STOUFF (L.), « Mourir à Arles aux derniers siècles du Moyen Âge », dans *Sociétés, Mentalités, Cultures (XVe-XXe siècle). Mélanges Michel Vovelle*, Aix-en-Provence, 1997, p. 393-402.
- STOUFF (L.), « Nobles et bourgeois dans l'Arles du bas Moyen Âge : un patriciat ? », dans *Histoire et société. Mélanges offerts à Georges Duby, 2, Le tenancier, le fidèle et le citoyen*, Aix-en-Provence, 1992, p. 181-193.
- STOUFF (L.), *Arles au Moyen Âge*, Marseille, La Thune, 2000.
- STOUFF (L.), *Ravitaillement et alimentation en Provence aux XIVe et XVe siècles*, Mouton, 1970.
- SUMPTION (J.), *The Hundred Years War I. Trial by Battle*, Philadelphia, University of Pennsylvania Press, 1999.

- SUMPTION (J.), *The Hundred Years War II. Trial by Fire*, Philadelphia, University of Pennsylvania Press, 1999.
- SUN TZU, *L'art de la guerre*, coll. *Pluriel*, Paris, Hachette, 2001.
- TACCOLA (M.), *De machinis, I : The engineering Treatise of 1449, introduction, latin texts, descriptions of engines and technical Commentaries*, par SCAGLIA (G.) ; II: *Fac-simile du Codex latinus Monacensis 28800 de la Bayerische Staatsbibliothek de Munich*, Wiesbaden, 1971.
- TEYSSOT (J.), « Les relations seigneurs-villes : le cas de trois capitales de Basse-Auvergne, Clermont, Riom et Montferrand du XIIe au XVe siècle », dans *Seigneurs et seigneuries au Moyen Age, actes du 117e congrès national des sociétés savantes* (Clermont-Ferrand, 1992), Paris, CTHS, 1993, pp.319-329.
- TEYSSOT (J.), *Riom*, Nonette, éditions Créer, 1999.
- THEUROT (J.), « Dole, création et essor d'une ville comtale (XIe-XVe siècle) », dans *Eclats d'histoire. 10 ans d'archéologie en France-Comté, 25.000 ans d'héritage, catalogue d'exposition*, Besançon, Cêtre, 1995, pp. 233-241.
- THEUROT (J.), « Dole, un bourg castral en terre comtale : origines et évolution (XIe-1274) », dans BUR (M.), dir., *Aux origines du second réseau urbain, les peuplements castraux*, Nancy, 1993, pp. 47-74.
- THEUROT (J.), « La formation de l'entité comtoise », dans *Finsk Tidskrift, 9* (1994), pp. 511-524.
- THEUROT (J.), « Vigne et vignerons des vignobles secondaires du comté de Bourgogne. Les pays des avants monts, de Dole à Montmirey-le-Château (XIIIe-XVe siècles) », dans *Vins, vignes et vignerons en Bourgogne du Moyen Age à l'époque contemporaine*, *Annales de Bourgogne*, tome 73 (1er et 2e fasc. 2001).
- THEUROT (J.), *Dole, genèse d'une capitale provinciale, des origines à la fin du XVe siècle*, 2 tomes, Dole, *Cahiers Dolois* n°15 (1998).
- TIMBAL (P.C.), « Les villes de consulat dans le midi de la France. Histoire de leurs institutions administratives et judiciaires », dans *Recueil de la société Jean Bodin*, t.VI (1954), Bruxelles, pp.343-370.
- TOY (S.), *A History of Fortification from 3000 BC to AD 1700*, New York, 1955.
- TUCK (A.), « Why men fought in the Hundred Years War? », dans *History today*, avril 1983, pp.35-40.
- TUETEY (A.), *Les Ecorcheurs sous Charles VII*, 2 vol., Montbéliard, 1874.
- VALE (M.G.A.), « New Techniques and Old Ideas : the Impact of Artillery on War and Chivalry at the End of the Hundred Years War », dans ALLMAND (C.T.), éd., *War, Literature and Politics in the Late Middle Ages, Essays in Honor of G.W. Coopland*, Liverpool, 1976, pp.57-72.
- VALE (M.G.A.), *English Gascony, 1399-1453*, Oxford, Oxford University Press, 1970.
- VAN DER WEE (H.), *Postwar research on the social and economic historic of medieval Europe : some remarks on its results and on its potential for the future*, dans *Bilan et perspectives des études médiévales en Europe*. Actes du 1er Congrès européen d'études médiévales (Spoleto, mai 1993), textes rassemblés par Jacqueline Hamesse, Louvain-la-Neuve, Brepols, 1995, pp.169-180.
- VANDEVOORDE-COUDE (A.), « Documents pour l'histoire de Figeac au Moyen Age : les manuscrits de la collection Doat », dans *Actes du congrès de Figeac*, dans *BSEL t.XCI* (1970).
- VAYSSIERES (Y.), *Histoire populaire de Cajarc, des origines à 1800*, Tour-De-Faure, Ateliers du Causse, 1988.
- VERBRUGGEN (J.F.), « L'art militaire en Europe occidentale du IXe au XIVe siècle », dans *Revue internationale d'Histoire militaire*, 1953-1955, pp.486-496.
- VERBRUGGEN (J.F.), « Un plan de bataille du duc de Bourgogne (14 septembre 1417) et la tactique de l'époque », dans *Revue internationale d'Histoire militaire*, 1959, pp.443-451.
- VERBRUGGEN, (J.F.), « La tactique militaire des armées de chevaliers », dans *Revue du Nord*, n°29 (1947), pp.161-180.
- VERCAUTEREN (F.), « Conceptions et méthodes de l'histoire des villes médiévales au cours du dernier demi-siècle », dans *Cahier bruxellois* n° 12 (1967), pp.117-140.
- VERCAUTEREN (F.), *Etudes d'histoire médiévale, recueil d'articles*, coll. Histoire Pro Civitate, série in 8e (n°53), 1978.
- VIERS (H.), « Le château de Payrac (Lot) », dans *BSEL* t.LXXXII (1961), p.31.
- VIERS (H.), « Sur le château de Rocanadel (près Milhac, Lot) », dans *BSEL* t.XC (1969), p.51.
- VILLALON (A.J.), éd., KAGAY (D.), éd., *The Hundred Years'War : A Wider Focus*, Birmingham, Brill, 2005.
- *Villes et sociétés urbaines au Moyen Age ; hommage à monsieur le professeur J. HEERS*, Paris, Publication de l'Université de Paris, 1994.
- *Villes, bonnes villes, cités et capitales ; mélanges offerts à B. CHEVALIER*, Tours, Presses Universitaires de Tours, 1989.
- VIOLLET-LE-DUC (E.), *Encyclopédie médiévale (refonte du Dictionnaire Raisonné de l'Architecture réalisée par G. Bernage)*, Paris, Bibliothèque de l'image, 2001.
- VIRE (A.), « Les monnaies du Quercy du IVe siècle avant J.C. au XXe siècle », dans *BSEL*, t.LIX (1938), pp.54, 166, 254, 327 et t.LX (1939), p.65.
- WAGNER (J.A.), *Encyclopedia of the Hundred Years War*, New York, Greenwood Press, 2006.
- WAHA (M. de), JURION-DE WAHA (F.), « Du bourg à la ville : les premières enceintes du Hainaut », dans *Autour de la ville en Hainaut. Mélanges d'archéologie et d'histoire offerts à Jean Dugnoille et à René Sansen*, Ath, 1986, pp.89-160.
- WALKER (S.), « Profit and Loss in the Hundred Years War : the Subcontracts of Sir John Strother, 1374 », dans *Bulletin of the Institute of Historical Research*, n°58 (1985), pp.100-106.
- WARNER (P.), *Sieges of the Middle Ages*, Londres, 1968.
- WILLIAMS (A.R.), « Some firing tests with simulated fifteenth-century handguns », dans *The Journal of the Arms and Armour Society*, n°8 (1974), pp.114-120.
- WISE (T.), *Medieval warfare*, New York, 1976.
- WISMAN (J.A.), « L' « Epitoma rei militaris » de Végèce et sa fortune au Moyen Age », dans *Moyen Age*, n°85 (1979), pp.13-29.
- WOLFF (P.), *Commerces et marchands de Toulouse, vers 1350-vers 1450*, Paris, Plon,1954
- WOLFF (P.), dir., *Histoire de Toulouse*, Toulouse, Privat, 1974.
- WOLFF (P.), *Les « Estimes » toulousaines des XIVe et XVe siècles*, Toulouse, Bibliothèque de l'Association Marc Bloch, 1956.
- WOLFF (Ph.), « France », *Guide international d'Histoire urbaine*, t.1 : Europe, Paris, Klinksieck, p.193-225.
- WOLFF (Ph.), « Pouvoir et investissement urbain en Europe occidentale et centrale (XIIIe-XVIIIe siècles) », dans *Revue Historique* (année 1977), p. 277-312.
- WOLFF (Ph.), « Registres d'impôts et vie économique à Toulouse sous Charles VI », dans *AM*, t.LVI-LVII (1944-1946), pp.5-66.
- WOLFF (Ph.), *Automne du Moyen Age ou printemps des temps nouveaux ? L'économie européenne aux XIVe et XVe siècles*, Paris, Aubier Montaigne, 1986.
- WOLFF (Ph.), dir., *Histoire du Languedoc*, Toulouse, Privat, 1967.
- WOLFF (Ph.), *Regards sur le Midi médiéval*, Toulouse, Privat, 1978.
- WRIGHT (N.), « Ransoms of non-combatants during the Hundred Years War », dans *Journal of Medieval History*, n°17 (1991), pp.323-332.

1ère PARTIE

Aspects militaires et politiques

*« Le courage fait plus que le nombre,
la position fait souvent plus que le courage ».*
Végèce, *De re militari*, III : 26.

Chapitre I

La guerre anglaise en Haut-Quercy

Les éléments fondamentaux du conflit franco-anglais, tel qu'il se déroula dans cette zone périphérique aux grands théâtres d'opérations que constituait le Haut-Quercy, ne changèrent quasiment pas du début à la fin de la guerre, malgré une situation politique qui fut parfois assez variée et changeante sur un plan plus général. On y trouvait en premier lieu le parti subordonné au roi de France, qui était composé de l'ensemble de la province, avec ses individus, son territoire et son économie ; sur le plan militaire, sa force principale reposait essentiellement sur les villes et bourgs fortifiés. Centres économiques autodéfendus, leur nature même les condamnait à la défensive et les rares renforts royaux qu'ils reçurent parfois ne changèrent pas cette donne. A l'opposé, le camp rangé du côté du roi d'Angleterre lui faisait face, constitué d'éléments purement militaires qui, suivant des buts assez divers, cherchaient à contrôler le pays tout en vivant dessus. Cet exposé, simplifié certes à l'extrême, met néanmoins en évidence les différences fondamentales existant entre les deux adversaires sur le plan provincial, avec d'un côté des forces essentiellement fixes et des éléments plutôt mobiles de l'autre.

On sait peu de choses de ces compagnies, ou « routes » qui, suivant l'histoire locale élaborée aux XVIIIe et XIXe siècles, pillèrent et dévastèrent le pays durant une centaine d'années avec le profit pour seul objectif[128]. Kenneth Fowler a étudié les compagnies mercenaires qui ont participé à la campagne d'Espagne en 1365-67 ; il a notamment démontré qu'il ne s'agissait pas de regroupements anarchiques et difficilement commandables[129] ; d'autres historiens spécialistes de la chose militaire se sont eux-aussi intéressés à ces routiers, avec en premier lieu Philippe Contamine[130], mais l'étude de leur action, tant sur le plan tactique que stratégique, reste encore à faire pour la plupart des zones où elles ont opéré hors des grandes armées royales. Or, pour bien appréhender la façon dont les villes quercinoises se sont défendues, il semble primordial de connaître le résultat que leurs ennemis souhaitaient obtenir en les soumettant à une pression militaire et les modalités qu'ils utilisèrent pour ce faire.

Une exploitation systématique des archives locales permet de mieux connaître les troupes mercenaires qui ravagèrent le Haut-Quercy pour le compte avoué ou non du roi d'Angleterre, avec leurs effectifs, leurs organisations et leurs modes de fonctionnement. En étudiant au plus près le déroulement de leurs opérations, phase après phase et en relation avec les événements généraux de la guerre, il apparaît clairement que leur action locale fit souvent partie d'une stratégie, où tout au moins procédait d'une vision d'ensemble sur le plan régional. Ce fait n'est en rien surprenant,

---
[128] Nous pensons ici à la *Chronique de Quercy*, manuscrit de l'abbé de Fouillac conservé aux Archives Départementales du Lot, et à LACOSTE (G.), *Histoire…Op. cit.*
[129] FOWLER (K.), *Medieval Mercenaries - Volume 1: The Great Companies*, Oxford et Malden (Massachusetts) Blackwell Press, 2001.
[130] La bibliographie de la présente étude recense la majeure partie des études de Ph. CONTAMINE dans ce domaine.

car des études récentes de Philippe Contamine[131], Clifford J. Rogers[132] ou Philippe Richardot[133] ont clairement démontré que la pensée stratégique médiévale pouvaient être particulièrement élaborée.

1. Les compagnies anglo-gasconnes.

Si l'on excepte les peu fréquents passages d'importantes armées royales, les troupes anglo-gasconnes qui opérèrent en Haut-Quercy furent essentiellement constituées de petits détachements que les Quercinois nommaient compagnies. Leur effectif total fut relativement peu élevé mais, faisant partie d'un ensemble hiérarchisé et organisées elles-mêmes de façon cohérente, elles furent capables d'exercer une très forte pression militaire sur la province.

Des effectifs modestes.

Si l'on en croit la plupart des documents, les détachements recrutés par le roi d'Angleterre pour la garde de ses possessions continentales avaient en général un effectif inférieur à une cinquantaine d'hommes. Ainsi, en novembre et décembre 1378 pour la « *garde du pays des Landes* », le connétable de Bordeaux prit à son service deux compagnies, l'une forte de quarante hommes et l'autre d'une trentaine[134] ; pour la garde de la ville de Bourg, du diocèse de Bordeaux, il engagea de la même façon la compagnie de Geoffroy d'Argenton, composée d'une quarantaine de combattants[135]. Toutefois, certains des contrats passés en 1378 pour la garde de l'Aquitaine laissent apparaître des écarts d'effectifs assez importants d'un détachement à l'autre : les sires de Curton et de la Varde commandaient soixante hommes d'armes, William Gresby quatorze, le captal de Buch et le sire de Roasan, dix chacun, et Bernard Watt, une vingtaine[136]. Si la majeure partie de ces compagnies étaient ainsi constituées d'effectifs modestes, certaines en revanche comprenaient parfois jusqu'à 160 hommes[137].

Les documents quercinois suggèrent eux-aussi des troupes généralement peu nombreuses : on trouve ainsi des mentions de petits détachements, comme une douzaine d'hommes d'armes ici[138] ou huit sergents d'armes là[139], mais aussi de troupes plus importantes qui, sans être pléthoriques, pouvaient atteindre plus de quatre-vingts hommes[140]. Moins fréquemment, certains textes font état de colonnes comptant plusieurs centaines d'hommes : deux cents à Fons en 1356[141], ou encore cinq cents à Labastide-Fortanière vingt ans plus tard[142], mais il ne s'agissait souvent que du rassemblement de plusieurs groupes distincts.

---

[131] CONTAMINE (Ph.), *La guerre au Moyen Age*, coll. *Nouvelle Clio*, Paris, PUF, 1999.
[132] ROGERS (C.J.), «Edward III and the Dialectics of Strategy, *1327-1360* », dans ROGERS (C.J.), éd., *The Wars of Edward III : Sources and Interpretations*, Woodbridge, Boydell & Brewer, 1999, pp.265-284 ; *War Cruel and Sharp, English Strategy Under Edward III, 1327-1360*, Woodbridge, Boydell & Brewer, 2000.
[133] RICHARDOT (Ph.), *Végèce et la culture militaire au Moyen Age (V^e-XVe siècles)*, Paris, Economica, 1998.
[134] *Foedera. Conventiones, literæ, et cujuscunque generis acta publica, inter reges Angliæ et alios quosvis imperatores, reges, pontifices, principes, vel communitates, ab ingressu Guilemi I in Angliam ... ad nostra usque tempora, habita aut tractata*, edited by Thomas Rymer & Robert Sanderson, additions and corrections by Adam Clarke and Frederick Holbrooke, Record Commissioners, Londres, 1816-1869, pp. 131-137.
[135] *Ibid.*
[136] *Ibid.*
[137] *Ibid.*
[138] AM Cajarc, CC 6, f° 140 v°.
[139] *Ibid.*, f° 141 r°.
[140] *Ibid.*, CC 15, registre I, f° 44 v°.
[141] *Ibid.*, CC 8, f° 155 r°.
[142] *Ibid.*, CC 12, registre III, f° 78 r°.

Les lieux où s'installèrent habituellement ces compagnies étaient soit des châteaux, soit des petites localités. D'une part, leurs effectifs ne leur permettaient pas de s'attaquer avec succès à des bourgs ou villes puissamment fortifiés et, d'autre part, ils ne suffisaient pas pour garder des enceintes nécessitant de nombreux veilleurs pour un guet efficace. Ainsi, lorsque les Anglo-Gascons prirent des bourgs fortifiés, ils ne réussirent quasiment jamais à les garder longtemps : Belaye, pris en 1346, fut repris deux ans plus tard, Fons ne resta entre leurs mains que de 1356 à 1357, tandis que Martel ne fut tenu que quelques mois en 1374 ; Figeac fut certes anglaise durant deux ans, mais la prise d'une ville aussi importante fut un cas unique[143]. En revanche, les lieux faciles à défendre avec un effectif restreint restèrent aux compagnies de nombreuses années : Bovila environ treize ans, Belcastel dix-sept et Comiac douze, pour ne citer que ces quelques cas[144]. Ces localités fortifiées ou châteaux étaient tous défendables avec une cinquantaine d'hommes.

Un compte consulaire de Capdenac, daté de 1377, détaille ce que livra ce bourg à la compagnie installée à Balaguier-d'Olt au titre des *patis* de l'année. Un *pati* était une sorte de paix séparée locale, négociée entre une localité et une ou plusieurs compagnies ; nous avons étudié plus loin les différents aspects de ces traités, aussi ne nous intéresserons-nous ici qu'aux seuls paiements effectués par la municipalité en contrepartie de la suspension d'armes accordée par les Anglo-Gascons. Le règlement de ce qui était dû se faisait pour partie en espèces et pour partie en nature, les proportions étant respectivement de 57 % et 43 %. Si les paiements en monnaie n'appellent ici aucune analyse supplémentaire, il en va autrement pour ceux effectués en nature, que l'on peut classer en trois catégories principales, à savoir le vin, les denrées solides et enfin le foin ; en valeur d'achat, leurs proportions respectives étaient les suivantes : 75 %, 6,5 % et enfin 18,5 %.

En utilisant avec prudence *le traité du système métrique* de Duc-Lachapelle[145], il est possible de se faire une idée sur les quantités concernées par les livraisons. Ainsi, pour le vin, on obtient de 1625 à 2563 litres environ suivant que l'on emploie la mesure de Figeac ou celle de Cajarc, qui étaient utilisées concurremment ; quant aux 122 quintaux de foin, ils correspondraient à un poids approximatif de cinq tonnes. En revanche, les quantités de denrées solides livrées étaient assez modestes : 3 setiers de froment ici, 2 chèvres là, du pain et quelques charcuteries.

Les cinq tonnes de foin étaient probablement destinées aux chevaux et permettaient d'en nourrir de quatre à cinq sur une année[146]. Quant au vin, les 1625 à 2563 litres livrés pouvaient donner 4,5 à 7 litres en moyenne par jour qui, rallongés d'eau à hauteur d'un tiers, permettaient d'obtenir entre 6 et 9,3 litres de boisson. A raison d'un litre par personne, cette quantité permettait de subvenir quotidiennement aux besoins de six à neuf personnes. Quant aux sommes perçues en numéraire, elles servaient probablement, en priorité, à payer la solde de la troupe : les 20 985 deniers versés correspondaient, si l'on suppose qu'un simple routier recevait 10 deniers par jour, soit autant qu'un manœuvre, au paiement d'environ six hommes. En suivant ces quelques éléments, les paiements effectués par Capdenac permettaient à environ cinq à six cavaliers et à leurs montures de vivre, sans plus.

Les fournitures en nourritures étaient loin d'être suffisantes pour cinq à six personnes, mais il faut prendre en compte le fait que les mercenaires de base composant la troupe avaient l'habitude d'être irrégulièrement rémunérés et qu'ils pratiquaient aussi souvent que possible la rapine et le pillage, ce qui devait largement concourir à compléter leurs

---

[143] Informations obtenues après recoupement des archives de Cajarc, Gourdon et Martel.
[144] *Idem*.
[145] Duc-Lachapelle, *Métrologie française ou traité du système métrique décimal à l'usage du département du Lot*, Montauban, Imp. P.A. Fontanel, 1807.

émoluments. Enfin, Capdenac n'était pas la seule source de revenus de la compagnie de Balaguier-d'Olt, qui se ravitaillait aussi sur le compte de Figeac, de Cajarc ainsi que de Villefranche-de-Rouergue et de Villeneuve, pour ne citer que les centres les plus importants : on peut estimer que les rançons obtenues dans cette zone autorisait la subsistance d'une garnison comprenant une cinquantaine d'hommes environ. Ce chiffre correspondait aussi à un seuil minimum : celui en dessous duquel une troupe ne présentait plus une menace crédible, même pour un petit bourg tel que Capdenac.

Figure 2. Vue des ruines du château de Balaguier-d'Olt.

Il est possible que certains petits points fortifiés n'aient reçu que de très faibles garnisons, mais elles ne pouvaient exister que par la présence de détachements plus importants implantés à une distance raisonnable : par exemple, parmi les garnisons mercenaires que Raymond de Turenne avait implanté en Provence pour pressurer le pays, celle du Roc de Sanson ne comprenait que 13 hommes, mais elle était peu éloignée de celle de Pertuis, qui avait un effectif de 106 inidividus, ainsi que de celle de Meyrargues, qui devait être aussi importante ; Raymond de Turenne avait une autre garnison de cette taille, celle des Baux, tandis que celle de Vitrolles ne comprenait qu'une cinquantaine d'individus et celle de Roquefure une trentaine ; enfin, l'effectif de la compagnie installée à Roquemartine devait osciller entre les deux précédents[147]. Ainsi, sur l'ensemble de cette implantation, correspondant à une situation similaire par bien

---

[146] Cette estimation a été faite à l'aide des informations données par les spécialistes de la section équestre du 1er-2e régiment de chasseurs de Thierville (55) ; il est à préciser que pour la nourriture des chevaux, le foin doit être accompagné d'herbe ou de paille.
[147] VEYDARIER (R.), « *Una guerra de Layrons*. L'occupation de la Provence par les compagnies de Raymond de Turenne (1393-1399) », dans CONTAMINE (P.), dir., GUYOTJEANNIN (O.), dir., *La guerre, le violence et les gens au Moyen Age. Actes du 119e Congrès national des sociétés historiques et scientifiques* (Amiens, 1994), 2 vol., Paris, CTHS, 1996, vol. 1. *Guerre et violence* (pp.169-188), pp.184-188.

des points à celle des Anglo-Gascons en Haut-Quercy, nous retrouvons un effectif moyen approchant les cinquante hommes par garnison, signe qu'il correspondait, pour une troupe implantée en pays ennemi, à la combinaison de ses impératifs tactiques et logistiques.

Ce chiffre d'une cinquantaine de guerriers, associé aux données issues de documents d'archives quercinois évoquant les lieux occupés par les Anglais et permettant d'en dresser une liste assez précise pour certaines années du XIVe siècle[148], autorise la formulation d'estimations sur le nombre global d'Anglo-Gascons alors présents dans la province. Ainsi, de 1345 à 1354, c'est en moyenne une dizaine de localités qui furent occupées, et en appliquant à ce chiffre le coefficient *« 50 hommes / compagnie »*, on obtient un total de cinq cents combattants. Entre 1355 et 1359, l'activité militaire anglaise se développa significativement, ce qui se traduisit par le doublement du nombre de positions occupées, et de là notre estimation du nombre total de combattants, qui devait approcher les mille hommes.

La paix de Brétigny, de 1360 à 1369, ne fut qu'une période de calme relatif, car entre trois et quatre routes, totalisant vraisemblablement deux cents mercenaires environ, continuèrent à opérer pour leur compte dans la région. Les années suivantes furent de loin les plus néfastes pour la province : de 1369 à 1390, un peu plus d'une vingtaine de lieux forts en moyenne furent occupés en permanence, plus de vingt-cinq même en 1376, 1381 et 1384 ; le chiffre moyen étant toujours au-dessus de vingt, on peut estimer que l'effectif total des combattants anglo-gascons se situait dans une fourchette allant de 1200 à 1500. Il est probable que la documentation soit muette sur un certain nombre de garnisons, qui restent ainsi inconnues ; elles ne peuvent cependant être que peu nombreuses, aussi estimons-nous que l'effectif habituel maximum des compagnies installées dans la province n'a que rarement pu dépasser les 2500 hommes.

Le nombre restreint des documents d'archives après 1390 ne permet pas d'établir des estimations similaires pour la deuxième moitié du conflit, mais les chiffres obtenus pour les années 1345 à 1390 nous donnent un ordre d'idée sur les effectifs ennemis déployés dans la région ; ils se réduisirent certainement de façon considérable, car le nombre de places tenues par les Anglo-Gascons en Quercy et sur les territoires limitrophes fut souvent, en moyenne, inférieur de moitié à ce qu'il était auparavant. Loin de la pléthore que l'on a longtemps cru, les compagnies anglo-gasconnes ne mettaient en moyenne que moins de deux mille guerriers en ligne sur l'ensemble de la province. Ces évaluations sont cependant en accord avec une époque qui ignorait la mobilisation massive : durant tout le conflit, les différents rois d'Angleterre ne purent faire franchir la Manche que cinq ou six fois à 15 000 hommes et 8000 chevaux d'un coup[149] ; l'armée du sénéchal de Guyenne, qui passa à Labastide-Fortanière en 1356, alignait 2000 hommes[150], tandis que celle de Jean Chandos, qui pénétra en Quercy au début de la reprise des hostilités en 1369, n'en comprenait pas plus de 4000[151].

Un ou deux milliers d'hommes étaient certes des effectifs substantiels pour l'époque, mais ils auraient été trop modestes pour permettre aux compagnies qui opérèrent dans la province une action efficace sur un territoire aussi vaste, où châteaux, villes et bourgs fortifiés étaient nombreux, si elles avaient vraiment été les regroupements anarchiques que l'on a souvent décrit. En fait, c'est grâce aux rapports qu'ils entretenaient entre-eux et à l'organisation de leurs troupes que les différents chefs anglo-gascons purent s'imposer militairement durant toute la première partie du conflit.

---

[148] Les documents utilisés pour cette estimation sont les Archives Municipales de Cahors, Cajarc, Capdenac, Figeac, Gourdon et Martel pour la deuxième moitié du XIVe siècle, ainsi que LACOSTE (G.), *Histoire…Op.cit.*
[149] FAVIER (J.), *La guerre…Op.cit.*, p. 86.
[150] AM Cajarc, CC 8, f° 160 v°.

Hiérarchies.

A la tête de chaque compagnie était placé un capitaine, tout autant chef militaire qu'entrepreneur. En charge de ses hommes douze mois sur douze, c'est lui qui trouvait et négociait les embauches[152]. Indépendante sur le plan commercial, la compagnie était à la disposition de son loueur une fois le contrat signé ; celui-ci pouvait couvrir une période allant de deux semaines à quelques mois et était renouvelable[153].

Les textes quercinois nous renseignent assez peu sur ces capitaines, mais certains sont cités dans les chroniques de Froissart[154] et dans des études historiques concernant des régions limitrophes du Quercy, ce qui permet de mieux les connaître. Bertrucat, bâtard d'Albret, combattit pour le roi d'Angleterre à partir des années 1350 ; présent en Haut-Quercy à partir de 1356, il resta longtemps au service d'Edouard III et de son fils le prince de Galles, participant notamment à l'expédition d'Espagne de 1367[155] ; il passa ensuite du côté du roi de France, Charles V, qui lui donna Bergerac et Lalinde pour s'assurer de sa fidélité[156]. Toutefois, dès la reprise de la guerre en 1369, il revint sous les ordres d'Edouard III et retourna immédiatement chevaucher en Haut-Quercy, province dans laquelle il vint ensuite régulièrement[157].

Bernard de la Salle est surtout connu pour avoir été mercenaire en Italie après 1374, mais il avait auparavant longuement exercé ses talents sur les terres du royaume de France et en Haut-Quercy en particulier. En 1370, il travaillait de concert avec Bertrucat d'Albret et ses troupes occupaient Salviac, Cazals et de nombreux autres points forts[158] ; à la tête de plus de cinq cents hommes, les deux capitaines réussirent même à prendre Figeac dans la nuit du 13 au 14 octobre 1371[159]. Bernard de la Salle resta à Figeac, d'où il fit des courses dans toute la région, avant de quitter la ville fin 1372 ; on le retrouve ensuite occupant le château d'Autoire en 1374[160], avant de le voir gagner l'Italie pour se mettre au service du pape Grégoire XI, alors en guerre avec les Visconti[161]. Ces deux chefs mercenaires ne furent pas les seuls qui marquèrent non seulement l'histoire du Quercy, mais aussi celle de la guerre de Cent Ans dans son ensemble : pour ne citer que quelques-uns des capitaines présents à la fois dans les documents d'archives quercinois et dans les chroniques de Froissart, nous livrerons ici les noms d'Archambaud de Grailly, captal de Buch, de Noli Barbe ou encore du Bourg Camus. Dans l'ensemble, les origines géographiques de ces chefs de guerre devaient peu ou prou correspondre à celles que Kenneth Fowler a mis en évidence pour 91 capitaines ayant participé à l'aventure des Grandes Compagnies durant les années 1360 : outre dix non-identifiés, on trouvait trente six Anglais, vingt et un Gascons, cinq Béarnais et autant d'Allemands, quatre Périgourdins, deux Quercinois et deux Provençeaux, ainsi qu'un Pyrénéen, un Poitevin, un Limousin, un Normand et enfin un Ecossais[162].

---

[151] LACOSTE (G.), *Histoire…Op. Cit.*, t. III, p.206.
[152] FAVIER (J.), *La guerre…Op. cit.*, p. 303.
[153] *Foedera…Op. Cit.*, (1377-1384), pp. 131-137.
[154] FROISSART (J.), *Chroniques*, éditées par M. le baron de Lettenhove, Onasbrück, Biblio Verlag, 1967 (rééd. de l'édition de 1867-1877).
[155] THE CHANDOS HERALD, *Life of the Black Prince*, translated by Mildred K. Pope and Eleanor C. Lodge, coll. *In Middle French Series*, Cambridge (Ontario), In parentheses Publications, 2000, p. 30.
[156] AD Dordogne, E 10.
[157] LACOSTE (G.), *Histoire…Op. Cit.*, T.III.
[158] *Ibid.*, p. 219.
[159] *Ibid.*, pp. 223-224.
[160] *Ibid.*, p. 264.
[161] JAMME (A.), « Les soudoyers pontificaux d'Outremont et leurs violences en Italie (1372-1398) », dans CONTAMINE (P.), dir., GUYOTJEANNIN (O.), dir., *La guerre, la violence et les gens au Moyen Age. Actes du 119ᵉ Congrès national des sociétés historiques et scientifiques (Amiens, 1994)*, 2 vol., Paris, CTHS, 1996, vol. 1. *Guerre et violence* (pp.149-168), pp.153-154.
[162] FOWLER (K.A.), *Medieval Mercenaries. Volume 1: The Great Companies*, Oxford, Blackwell Press, 2001, p.7.

Fig. 4. Vue du château des Anglais d'Autoire depuis le village.

La subordination au roi d'Angleterre des compagnies opérant en Haut-Quercy a été mise en doute par Guillaume Lacoste, ce dernier affirmant régulièrement que beaucoup d'entre elles étaient indépendantes[163]. Sur un plan purement formel, la chose était souvent vraie, mais dans les faits et en examinant les documents d'un peu plus près, c'est en quelque sorte le contraire qui apparaît. Noli Barbe, lorsqu'il passait un traité avec une ville ou un bourg à la fin des années 1380 et au début des suivantes, se nommait toujours en tant que « *capitaine du Sorp et de Pinsac pour le roi d'Angleterre* »[164] ; quant à son homologue Gasarnad de Caupene, qui tenait en 1379 le château auvergnat de Carlat depuis lequel il opérait souvent en Haut-Quercy, il s'affirmait « *capitaine de Carlat, de l'obéissance du roi d'Angleterre* »[165] ; nous n'avons pas de documents aussi clairs pour Bertrucat d'Albret ou Ramonet del Sort, par exemple, mais d'autres sources indiquent sans doute possible que lorsqu'ils étaient en Haut-Quercy, ils étaient sous l'autorité du Plantagenêt[166].

Par ailleurs, on a souvent affirmé que pour les habitants des régions touchées par les combats, peu importait pour qui et pour quoi se battaient les soudars des armées belligérantes, car leur comportement vis à vis d'eux étant identique, ils ne faisaient pas de distinction en les qualifiant tous « d'Anglais ». En fait, sur l'ensemble du corpus des

---

[163] LACOSTE (G.), *Histoire…Op. Cit.*, T.III, p.264.
[164] AM Capdenac, EE 3, et AM Martel, BB 7, f° 3 v°.
[165] BN, *Collection de Languedoc, DOAT*, vol. 200, ff° 249-253.
[166] FROISSART notamment, mais aussi des études locales plus récentes, trop nombreuses à nommer ici.

documents comptables d'origine urbaine, la distinction est toujours faite entre Anglais et Français, fait particulièrement visible dans ceux de l'année 1369 où de nombreuses compagnies tant françaises qu'anglaises parcoururent le pays en tous sens[167] ; cette différenciation faite entre les deux partis était parfois poussée plus loin, étant donné que les membres de l'armée de Bertrand du Guesclin, majoritairement originaires de la péninsule armoricaine, étaient pratiquement toujours qualifiés de Bretons[168]. Ainsi, il apparaît clairement que l'on savait pour qui se battaient les détachements présents dans la province et que les documents permettent de rattacher leur action à l'un ou l'autre des partis en présence, c'est à dire au Plantagenêt ou au Lancastre pour ceux qualifiés d'Anglais.

L'assujétissement au roi d'Angleterre des bandes armées opérant en Haut-Quercy ne tenait pas aux seuls contrats qu'elles pouvaient signer avec lui, car il était de fait pour chaque capitaine pour peu qu'il le souhaite. Il y avait de grands avantages à cette sujétion, comme l'énonça clairement Edouard III en 1369 : il prenait à son compte la responsabilité de leurs actions en encourageant tous « *les seigneurs et autres personnes quelles qu'elles soient (...) à maintenir notre parti contre nos ennemis (...) et leur accordait à tous, de quelque état, degré, condition ou nation qu'ils soient, maintenant notre parti et notre querelle contre nos dits ennemis en notre royaume de France (...), ce qu'ils recouvreront et conquéreront sur nos dits ennemis, qu'il s'agisse de duchés, de comtés, de vicomtés, de citées, de villes, de châteaux, de forteresses, terres, possessions ou seigneries, assis dans notre dit royaume de France, de quelque noms ou titres qu'ils soient appelés (...)* »[169]. On ne pouvait être plus explicite.

Le cas d'Aymar d'Ussel est à ce sujet assez caractéristique : ancien citoyen de Gourdon possessionné dans la région, il prit la tête d'une troupe et le parti du Plantagenêt au début du conflit ; il se retrancha à Costeraste, près de Gourdon, et ravagea les environs. Suite aux plaintes déposées par les Gourdonnais pour entorses aux trêves de 1357, il fut convoqué par la justice anglaise, en la personne du sénéchal de Gascogne, et fut menacé de bannissement s'il persistait à enfreindre les traités ; il reçut encore une admonestation à ce sujet quatre ans plus tard[170]. Il ne fut jamais réellement inquiété, mais le fait qu'il ait d'une part été justiciable devant Edouard III, ici en tant que duc d'Aquitaine, et, d'autre part, qu'on l'ait menacé de bannissement, met visiblement en évidence l'autorité souveraine sous laquelle il était placé. Ainsi, même sans contrat, les hommes qui combattaient contre les intérêts du roi de France le faisaient toujours au profit du roi d'Angleterre ; ils pouvaient espérer en tirer un avantage personnel mais devaient, autant que faire se peut, se conformer à ses ordres. Durant l'établissement de la paix de Brétigny, il est à noter qu'Edouard III prit des mesures fortes pour faire cesser les agissements contraires aux trêves[171], mais cela se comprenait aisément car il était alors en pleine procédure d'échanges de territoires avec le roi de France, et l'activité des routiers troublait ses projets.

Les directives furent naturellement davantage suivies lorsqu'elles incitaient au combat et au pillage que lorsqu'elles enjoignaient à observer les trêves, mais cela gênait-il réellement le pouvoir anglais ? Sans contrats, donc sans lien direct avec lui, il pouvait sans sourciller les désavouer devant les arbitres des trêves, tout en se réjouissant d'affaiblir ainsi à bon compte son adversaire durant ces temps de récupération et de préparation des combats à venir qu'étaient les trêves. Que ce soit sous Philippe VI, Jean II, Charles V, Charles VI ou Charles VII, le produit des impôts qui ne sortait pas du Haut-Quercy, soit parce qu'il partait en fumée avec les récoltes, soit parce qu'il finissait en murailles ou encore en

---

[167] AM Cajarc, CC 6, par exemple. Selon Christopher T. ALLMAND, la généralisation de l'appelation « Anglais » pour désigner les mercenaires serait avant tout due à la prédominance d'individus provenant d'Outre-Manche au sein des compagnies : ALLMAND (C.T.), *The Hundred Years War : England and France at War, c. 1300-c. 1450*, édition révisée, Cambridge, Cambridge University Press, 1988, pp.74-75.
[168] AM Martel, CC 5, et AM Cajarc, CC 6, f° 137 r° et 138 v°.
[169] *Foedera. Op. Cit*, (1344-1377), p. 874.
[170] AUSSEL (M.), « Entre lys et léopards, un adepte du jeu personnel, Aymar d'Ussel », dans *BSEL*, T.CXIV (1ᵉ fasc. 1993), pp. 31-51.

ravitaillement pour les routiers, était autant d'argent qui ne servirait pas à contrecarrer ailleurs les desseins anglais présents ou à venir : totalement dépourvu d'objectifs militaires de niveau stratégique, encore assez riche pour fournir des fonds substantiels aux finances du roi de France mais trop pauvre pour justifier une véritable conquête, le Haut-Quercy était pour le roi d'Angleterre une région à neutraliser financièrement.

Si Edouard III fut l'initiateur de cette guerre aux visées économiques, les modes d'actions que mirent en œuvre et perfectionnèrent les capitaines sous sa houlette, ou celle de son fils le prince de Galles, lui survécurent jusqu'à la fin de la guerre, fait des seuls capitaines ou sous les auspices des rois Lancastre.

Il serait inexact de parler d'action globale coordonnée et d'organisation hiérarchique au sens strict du terme pour ces compagnies ; toutefois, faisant partie d'un même ensemble, elles travaillaient de concert et observaient certains codes de conduite entre-elles. Il convient avant toute chose de rappeler que le Moyen Age ne connaissait pas l'obéissance absolue et la stricte discipline des armées du XXe siècle. Depuis les plus hauts niveaux, la subordination dans les actes pouvait être restreinte par des considérations d'ordre moral ou personnel : à Crécy en 1346 par exemple, les chevaliers français, estimant leur honneur en jeu, chargèrent malgré les ordres du roi Philippe VI, et provoquèrent la terrible défaite ; un autre exemple, côté anglais cette fois, est celui d'Henri de Lancastre, lieutenant d'Edouard III en Bretagne qui, souhaitant venir à bout de la résistance de Rennes qui s'éternisait et considérant cela comme un échec personnel, ne leva pas le siège malgré les ordres de son roi, qui dut les lui rappeler en des termes assez durs en juillet 1357[172].

L'obéissance parfois relative des échelons inférieurs ne doit cependant pas masquer l'existence d'une volonté directrice, conceptualisant et ordonnant l'ensemble de la conduite de la guerre selon des objectifs propres, comme par exemple ceux qu'Edouard III annonça lors de la reprise du conflit en 1369 : « *procéder par fait de guerre contre notre dit ennemi [Charles V], pour recouvrir les droits que nous avons au royaume et à la couronne de France, et de résister à cet ennemi par toutes les bonnes manières et voies que nous trouverons* »[173]. L'action de ce roi fut déterminante, car ses successeurs ne trouvèrent rien de mieux pour affaiblir leur adversaire et couvrir leurs grandes opérations, que de laisser se poursuivre cette guerre de harcèlement qu'il avait déclenché dans certaines parties du royaume de France et que les capitaines maîtrisaient parfaitement, tant ils avaient de profits à en tirer.

Seconds dans l'ordre hiérarchique après le roi, les princes et les grands officiers étaient en charge de larges zones géographiques plus ou moins définies, de villes importantes comme Calais ou de forteresses-clés comme Saint-Sauveur-le-Vicomte[174]. Les troupes du parti anglais installées en Haut-Quercy dépendaient généralement d'un commandement distinct de celui de l'Aquitaine, bien qu'un flou subsiste parfois en raison du fait que certaines compagnies opéraient dans la province depuis le duché, qui en était limitrophe. Dans toutes les zones, la dévolution du commandement était correctement assurée : lorsqu'en juillet 1370 Edouard III envoya Robert Knolles, Alain de Buxhill, Thomas de Granson et Jean Boucher à la tête d'une forte armée pour guerroyer en France, il précisa l'ordre hiérarchique en instituant Robert Knolles comme principal chef. Leur domaine géographique d'action était très large : le royaume de France, moins l'Aquitaine et le Ponthieu, mais ils avaient autorité sur « *tous les chevaliers, écuyers, gens d'armes, archers et autres, de quelque*

---

[171] FOWLER (K.A.), *Op. Cit.*, p.26.
[172] *Foedera. Op. cit.*, (1344-1377), p. 359.
[173] *Ibid.*, p. 874.

nation, condition et language qu'ils soient, soutenant et maintenant la guerre contre le roi de France et ses alliés » ; pour correctement diriger ces forces nombreuses et réparties sur des territoires particulièrement étendus, ils pouvaient désigner des lieutenants et les députer là où ils le jugeaient nécessaire[175].

L'exemple d'Henri Lescrop, nommé capitaine de Calais par le roi d'Angleterre en 1369, est assez significatif des responsabilités qui pouvaient échoir à certains capitaines, bien que la possession de Calais ait constitué un cas particulier à cause de son importance. Son contrat nous renseigne toutefois bien sur la façon dont le commandement était dévolu : il était tenu de surveiller les garnisons anglaises des villes, châteaux et forteresses du pays calaisien et devait vérifier si ceux qui y étaient affectés tenaient correctement leurs places et remédier à leurs éventuelles insuffisances[176]. A une échelle plus modeste, Noli Barbe, cité plus haut, qui se qualifiait de « *capitaine du Sorp et de Pinsac pour le roi d'Angleterre* » en 1389[177] et 1390[178] avait, sinon une autorité, tout au moins une forte influence reconnue par les Anglo-Gascons de tout le Haut-Quercy.

Plus bas dans la hiérarchie guerrière, les droits et devoirs des uns et des autres devenaient plus flous et, à défaut de conduite de guerre proprement dite, avec coordination et organisation globale, les chefs militaires devaient surtout s'assurer que l'ensemble sur lequel s'exerçait leur autorité reste un tout à peu près cohérent. Il fallait ainsi en premier lieu veiller à ce qu'aucune partition ne se fasse à l'intérieur de chaque détachement, puis s'assurer que ces derniers ne se séparent pas les uns les autres ou quittent l'armée en campagne. Ensuite, le chef devait prendre garde à ce qu'aucune division ou dissension ne survienne entre ses différents subordonnés à cause d'un désaccord relatif à la prise d'une ville, d'un château ou encore pour une question de prisonniers ou de victuailles. Edouard III était bien clair : ses lieutenants devaient veiller à ce que la « *paix, l'amour et la quiété* » règnent au sein des troupes se battant pour lui ; au cas où un conflit survenait, il appartenait au dirigeant responsable de le faire cesser par tous les moyens possibles, avec des droits de justice assez étendus[179].

Fait mis par ailleurs en évidence par Kenneth Fowler[180], la position prédominante de certains capitaines apparaissait clairement, dans la province, lors de l'établissement des *suffertas* et des *patis*, ces suspensions d'armes et traités de paix séparés que les localités négociaient avec les troupes anglo-gasconnes. Ces trêves locales, sources de profits pour les compagnies, étaient des motifs tout désignés de discorde, chaque chef voulant tirer le maximum de revenus de son séjour guerrier dans la province. Bertrucat d'Albret, alors capitaine le plus puissant de la région, alla jusqu'à faire d'importantes concessions pour faire cesser le conflit qui l'opposait à Bernard Doat, capitaine de Balaguier-d'Olt, en 1377[181]. A la même époque, il se chargeait aussi d'apaiser les rapports entretenus par les différents chefs de bandes avec les localités de la région ; les désaccords puissants qui survenaient entre eux avaient souvent pour origine la mauvaise volonté des consulats à payer les sommes dues au titre des traités, ce qui entraînait les capitaines dans des opérations de représailles particulièrement violentes. En 1379, il calma notamment le connétable anglo-gascon

---

[174] *Ibid.*, (1344-1377) et (1377-1384). Ces registres contiennent un grands nombre de lettres patentes et d'endentures relatives à la nomminations de fonctions militaires importantes.
[175] *Ibid.*, (1344-1377), pp. 894 - 895.
[176] *Ibid.*, p.881.
[177] AM Martel, BB 7, f° 3 v°.
[178] AM Capdenac, EE 3.
[179] *Foedera. Op. Cit.*, (1344-1377), p. 963-964.
[180] FOWLER (K.A.), *Op. Cit.*, pp.5-6.
[181] AM Capdenac, EE 2.

installé dans la tour de Gaillac, car il s'attaquait aux biens des Cajarcois à cause d'une quantité de vin que ceux-ci ne lui avaient pas livrée[182] ; l'année suivante, il participa aussi à la négociation d'un traité entre Cajarc et le capitaine de Corn[183].

Une analyse des documents quercinois de l'année 1380 donne une idée des relations qu'entretenaient les capitaines entre eux et des liens de subordinations qui régissaient leurs rapports. Tout d'abord de grands chefs, Bertrucat d'Albret et Noli Barbe en l'occurence, collaboraient et s'entendaient pour l'établissement de certains traités avec des localités comme Cajarc, et il semble même que leur autorité était plus ou moins conjointe sur la garnison de la Garénie[184]. Ils avaient ensuite chacun sous leur commandement un certain nombre de lieux fortifiés dont les chefs jouissaient dans la pratique d'une large autonomie. La zone d'influence d'un capitaine pouvait être particulièrement étendue et largement dépasser les limites de la province : l'autorité de Bertrucat d'Albret et de Bernard de la Salle, à l'époque où ils tenaient Figeac, entre 1371 et 1373, se prolongeait de l'Ouest Quercinois jusqu'en Gévaudan et en Auvergne, approchant parfois la vallée du Rhône et la côte languedocienne[185].

Bernard Doat, capitaine de Belcastel, était sous l'autorité de Noli Barbe, mais il établissait ses propres traités avec Martel, son supérieur faisant de même de son côté[186]. Les consulats qui négociaient avec ces chefs subordonnés avaient toutefois la possibilité de recourir à l'échelon supérieur lorsque la situation se dégradait dangereusement, notamment à la suite de désaccords entre petits capitaines[187] ; la règle voulait cependant que ces derniers, en charge d'une zone plus ou moins étendue, aient la plus large liberté de manœuvre. Ils pouvaient d'autre part négocier au nom de leurs chefs[188].

Afin d'éviter d'éventuels conflits à propos de ces sources de revenus qu'étaient les traités, une procédure était appliquée systématiquement : établie avec un capitaine en particulier, la trêve était ensuite « *scellée* », c'est-à-dire reconnue, par les capitaines voisins qui s'engageaient ainsi à respecter les engagements pris par leur homologue[189]. Lorsqu'un différent survenait, celui qui s'estimait lésé s'évertuait à causer le plus de dommages possibles dans la zone litigieuse, de façon à rendre inopérants les accords passés par son concurrent. Il en fut notamment ainsi entre Peyran lo Malhie, capitaine de Cazals, et Noli Barbe, dont l'autorité directe s'étendait sur une grande partie du nord du Quercy ; Peyran lo Malhie ravagea à cette occasion les environs de Gourdon, jusque-là couverts par un *pati* de son rival[190]. Ces désaccords ne provoquaient généralement pas d'affrontements armés entre les capitaines en question et c'est essentiellement les habitants de la province qui en faisaient les frais. Ces conflits ne pouvaient durer longtemps, car les rapports étroits, croisés, continus et soutenus que tous les chefs du parti anglais entretenaient devaient faciliter les compositions.

Les capitaines anglo-gascons qui combattirent en Haut-Quercy formaient un tout assez homogène et hiérarchisé, bien que façon relativement souple car une grande autonomie était laissée à chacun. Ceux qui furent présents dans la province se battirent souvent ensemble sur d'autres théâtres : Noli Barbe défendit ainsi Lourdes à côté du Bourg Camus en 1373[191] ; ce dernier combattit en 1378 en Lombardie, au service du pape, avec Naudon de

---

[182] AM Cajarc, CC 15, registre II, f° 53 v°.
[183] *Ibid.*, CC 16, registre I, f° 50 r°.
[184] *Ibid.*, f° 70 r°.
[185] FOWLER (K.A.), *Op. Cit.*, p.10.
[186] AM Martel, CC 6, f° 3 v°.
[187] AM Gourdon (M.A.), BB 5, f° 9 v°.
[188] AM Martel, CC 6, f° 7 r°.
[189] Les registres mentionnent nombre de ces reconnaissances.
[190] AM Gourdon (M.A.), BB 5.
[191] FROISSART (J.), *Chroniques*, T.V, Chap. X.

Bageran[192], qui fut lui-même fait prisonnier avec le Bourg de l'Esparre à la bataille de Sancerre[193]. Enfin, Ramonet del Sort et le Bourg de Champagne commandaient des compagnies sous les ordres d'Aymerigot Marcel, à l'époque où il tenait le château de Chalusset en Limousin, et dévastèrent avec lui toute la région alentour[194]. D'autre part, à l'image de Bernard de La Salle, certains ont combattu ensemble après 1372 au service du pape Grégoire XI, qui recruta de nombreux hommes originaires du Sud-Ouest pour mener à bien ses guerres contre les Visconti ou la république de Florence, ou dans l'un et l'autre camp durant les combats liés au Grand Schisme[195]. Ils étaient ainsi, pour la plupart, liés par un fort sentiment, la fraternité d'armes[196]. D'autre part et d'une façon générale, les capitaines anglo-gascons qui se battirent en Haut-Quercy apparaissent comme particulièrement représentatifs de leur catégorie socio-professionnelle.

Certains chefs de bande étaient, sinon titrés, tout au moins apparentés à la noblesse[197], car on trouvait une forte proportion de bâtards parmi eux, comme Bertrucat d'Albret ou le bâtard de Monsac. D'autres, moins nombreux, tel le surnommé Petit Meschin, étaient issus du peuple. Ceux originaires du Quercy étaient généralement nobles et, outre Aymar d'Ussel cité plus haut[198], on trouvait Bertrand de Pestillac et Philippe de Jean[199], ainsi que le fils de ce dernier, Benoît, qui participa notamment à la chevauchée du Prince Noir en 1355[200] ; au XVe siècle, nous trouvons Bernard de Boissières, seigneur de Salviac et de Saint-Germain, et son affidé Brunet de Rampoux, homme à la loyauté douteuse qui se battit aussi bien pour son propre compte que pour celui du roi de France au sein de la compagnie de Rodrigo de Villandrado[201]. Leur position était délicate, car leurs terres étant situées dans la zone des opérations, ils en risquaient la confiscation si elles tombaient aux mains des Français : c'est ce qui poussa Aymar d'Ussel à faire allégeance au roi de France en 1377[202].

Quelles qu'aient été leurs origines, les capitaines et leurs hommes, lorsqu'ils opéraient en Haut-Quercy, ne faisaient que poursuivre un compagnonnage guerrier commencé depuis des années, dans le même cadre, sous les ordres des mêmes chefs et dans le même but. Qu'une trêve advienne, que les gages ne soient plus payés, peu importait finalement car le système en place pouvait fonctionner par lui-même face aux mêmes ennemis et, si les ravages ne profitaient à première vue qu'aux seuls routiers, ces derniers pouvaient compter sur la neutralité souvent bienveillante du roi d'Angleterre tant qu'ils ne se risquaient pas à dévaster ses terres.

Le caractère même de la guerre qu'ils menaient obligeait les capitaines à collaborer régulièrement. En effet, chaque compagnie ne disposant en moyenne que d'une cinquantaine d'hommes, elle ne pouvait prétendre prendre d'assaut un lieu bien fortifié et défendu, même relativement modeste. Or, ces troupes avaient justement besoin de positions de repli sûres et facilement défendables, d'où elles pouvaient ensuite rayonner. Pour attaquer une localité bien protégée pouvant convenir comme base, le rassemblement de plusieurs compagnies était indispensable.

---

[192] *Ibid.*, livre troisième, chap. XV.
[193] *Ibid.*, chap. XVI.
[194] *Ibid.*, livre second, chap. XLVII.
[195] JAMME (A.), *Op. cit.*, p.165.
[196] KEEN (M. H.), *Nobles, Knights, and Men-at-arms in the Middle Ages*, Continuum International Publishing Group, 1996, pp.43-62 et plus particulièrement les pages 50 et 51.
[197] FAVIER (J.), *La guerre… Op. cit.*, p. 301-302.
[198] AUSSEL (M.), « Entre…*op. cit.*, p.31, 50.
[199] LACOSTE (G.), *Histoire… Op. cit.*, T.III, p.110-111.
[200] *Ibid.*, p.147.
[201] AUSSEL (M.), « Trois lettres de rémission concernant la campagne de Rodrigo de Villandrado en Quercy (1437-1438), dans *BSEL* t.CXXIII (3e fasc. 2002) (pp.179-188), p.182.
[202] AUSSEL (M.), « Entre…*op. cit.*, p.49.

« *Faire amas* » était une expression du vocabulaire militaire de l'époque signifiant « faire un rassemblement de troupes ». Ainsi, Jean Froissart parle de Geoffroy de Charny, qui fit son « *amas de gens d'armes et d'arbalétriers en la ville de Saint-Omer* »[203], ou encore des chevaliers et écuyers de Bigorre, qui « *se recueillirent tous ensemble, et firent leur amas à Tournay* »[204]. Pour réunir les effectifs nécessaires à la réalisation de leurs objectifs quercinois, les capitaines anglo-gascons firent ainsi de nombreux « *amas* », dont les registres de comptes urbains de l'époque ont gardé la trace : les compagnies installées dans la région Souillac-Gourdon firent ainsi un grand rassemblement à Souillac en février 1352[205], tandis qu'un autre regroupement notable se produisit quelques années plus tard dans la forêt de Marcigaliet[206] dans le but d'attaquer les localités alentours, dont Lalbenque qui fut prise peu de temps après[207] ; enfin, comme dernier exemple de ces rassemblements, nous citons celui qui se fit à Loubressac, aux alentours du 9 mars 1386, en vue de s'en prendre à Gourdon[208].

Bénéficiant d'une position en hauteur facilitant sa défense, le village de Loubressac est proche des confluents de la Dordogne avec la Bave (3 kms) et la Cère (4 kms), ainsi que du bourg de Saint-Céré (7 kms), des bastides de Bretenoux et Puybrun, toutes deux à 5,5 kms et du château de Castelnau à 3,4 kms. Ces éléments expliquent pourquoi les Anglo-Gascons s'en sont emparé à plusieurs reprises.

Figure 3. Le village de Loubressac.

La fréquence avec laquelle ces « *amas* » sont mentionnés dans les documents montre qu'il s'agissait d'une procédure normale pour les chefs de compagnies. A cette occasion, les hiérarchies que nous avons mises en évidence dans les paragraphes précédents avaient une importance primordiale, car chaque ensemble formé par plusieurs détachements pouvait agir de façon cohérente sous les ordres -où la forte influence tout au moins- du premier des capitaines.

---

[203] FROISSART (J.), *Chroniques…Op. cit.*, T.I, chap. CCCXXII.
[204] *Ibid.*, T.III, chap. IX.
[205] AM Cajarc, CC 7, f° 97 v°.
[206] *Ibid.*, CC 8, f° 134 v°.
[207] *Ibid.*, f° 135 v°.
[208] AM Gourdon, BB 6, f° 1 r°.

Loin de confirmer l'image présentant les compagnies anglo-gasconnes installées en Haut-Quercy comme des regroupements anarchiques opérant sans cadre défini, l'examen des textes démontre au contraire que, faisant partie d'un ensemble plutôt cohérent, leur action s'accordait en grande partie à la volonté et aux objectifs du roi d'Angleterre. Ceci affirmé, l'étude des compagnies en elle-même permet de connaître les contraintes tant militaires que logistiques auxquelles elles étaient soumises et de quelle façon celles-ci ont influé sur leurs modes d'action.

Les compagnies vues de l'intérieur.

La hiérarchie d'une compagnie ne se limitait pas à deux échelons, le capitaine et la troupe. Entre ces deux extrémités existaient quelques rangs intermédiaires qui permettaient un commandement efficace et adapté à la forme de combat que menaient généralement les Anglo-Gascons en Haut-Quercy ; d'autre part, celui-ci était conditionné par les possibilités des différents types de combattants que l'on pouvait trouver à l'intérieur d'un même détachement.

Diriger la troupe.

Capitaines et lieutenants.

Le capitaine était le chef de sa compagnie, mais son importance variait selon qu'il avait une ou plusieurs compagnies sous ses ordres. Toutefois, même engagée avec d'autres pour former une petite armée, chaque bande restait un tout indissociable qui ne recevait ses ordres que de son chef, celui-ci commandant ses hommes suivant les termes du contrat qui le liait à son employeur, y compris si celui-ci se trouvait être un autre mercenaire[209]. Le capitaine était presqu'un père pour ses hommes : il devait défendre leurs intérêts matériels et les protéger par sa vigilance, son discernement et son parfait jugement, tout comme il se devait d'être généreux avec eux. Il devait tout autant les honorer après leur disparition et, si l'honneur ou la justice l'exigeaient, venger leur mort[210].

Tous les guerriers soudoyés n'étaient pas incorporés en permanence dans une compagnie capable d'opérer de façon autonome : certains hommes d'armes vendaient leurs services seuls, tandis que d'autres, qui faisaient route à deux, quatre ou sept sous l'autorité de l'un d'entre eux[211], se joignaient en groupe à des détachements constitués plus importants ; bien que ne formant pas une compagnie à proprement parler, il est probable qu'ils jouissaient d'une certaine indépendance à l'intérieur de la formation à laquelle ils s'étaient agglomérés.

Le mot capitaine recouvrait de nombreuses significations au Moyen Age mais, sur le plan militaire qui nous intéresse, nous pouvons retenir qu'il s'agissait du chef d'une troupe plus ou moins autonome sur le plan militaire, formant un tout indépendant ou presque sur le plan financier.

En Haut-Quercy, lorsqu'ils s'installaient dans un ou plusieurs lieux fortifiés, les chefs de bande étaient désignés du nom du principal ou des principaux points entre leurs mains. Algay était ainsi le « *capitaine de Balaguier-d'Olt* » en 1377[212] et Bernard Doat celui de Montvalent cinq ans plus tard[213], mais nous trouvons aussi, sans connaître leurs

---
[209] FOWLER (K.), *Op.cit.*
[210] JAMME (A.), *Op. cit.*, p.161.
[211] *Foedera…Op. cit.*, (1377-1384), pp.130-137.
[212] AM Cajarc, CC 13, f° 35 r°.

patronymes, les capitaines de Comiac[214] et de Palaret[215] en 1377, pour ne citer qu'eux. Leur travail touchait à de nombreux domaines : en plus du commandement militaire à proprement parler, ils devaient pourvoir au ravitaillement, maintenir en état les fortifications en leur pouvoir, payer leurs hommes et négocier les traités passés avec les différentes composantes du parti français, qu'il s'agisse de villes ou d'officiers royaux. La diversité des tâches à accomplir nécessitait d'en déléguer certaines et pour cela de s'entourer de subordonnés aux fonctions définies.

Chaque capitaine, qu'il ait eu une ou plusieurs compagnies sous ses ordres, choisissait un lieutenant pour le seconder où le remplacer en cas d'absence. A l'instar de Bertrucat d'Albret ou de Seguin de Badefols, il est probable que la plupart des chefs d'importance choisissaient leurs lieutenants parmi les capitaines des compagnies qui leur étaient subordonnées[216] ; les plus modestes devaient quant à eux désigner les plus capables de leurs hommes. Les adjoints de puissants capitaines, dont l'autorité s'étendait sur une large zone géographique et sur plusieurs garnisons, avaient une importance particulière au sein de la hiérarchie de la compagnie, comme le montre l'exemple de Petit Peni, lieutenant de Noli Barbe au début des années 1380 : installé à Belcastel, principal point fort de sa compagnie, il traitait au nom de son chef avec les localités de la région, dont Gourdon en particulier, lorsque celui-ci se trouvait avec son détachement de Beynat, à côté de Brive[217] ; de la même façon, le second de Peyran lo Malhie, capitaine de Cazals[218], le remplaçait lorsqu'il s'absentait pour visiter ses troupes disséminées entre Lot et Dordogne, dans la partie ouest du Quercy, et disposait pour ce faire de larges prérogatives[219]. Le pouvoir des lieutenants de chefs de petites bandes installées sur un seul emplacement étaient naturellement beaucoup plus modeste, car leur supérieur n'avaient que peu d'occasions de s'éloigner longuement. Dans ce cas, il est probable que la fonction de second se confondait avec celle de connétable.

Les connétables.

Au sein de chaque compagnie se trouvaient un ou plusieurs connétables. Choisis par le capitaine parmi les hommes les plus compétents de sa troupe, ils étaient chargés du commandement opérationnel de tout ou partie de la compagnie lorsqu'elle était en campagne, permettant ainsi à leur chef d'utiliser des combinaisons tactiques en scindant l'ensemble en plusieurs éléments[220]. En Haut-Quercy, lorsqu'une compagnie était installée dans un ou plusieurs châteaux ou villages fortifiés, chacun était pourvu d'un connétable[221].

L'usage de mettre un connétable à la tête de tout détachement implanté sur un point fortifié n'était pas spécifique aux Anglo-Gascons opérant en Quercy. L'exemple des garnisons de Calais est à ce sujet assez significatif. En effet, en 1351, Robert de Herle fut recruté par Edouard III en tant que capitaine de Calais, avec à sa suite dix chevaliers, quarante-neuf écuyers et soixante archers à pied ; il avait toute autorité sur le connétable du château de la ville et ceux des châteaux environs, charge à lui de pourvoir ces postes par des personnes suffisantes[222]. Dix-huit ans plus tard, Henri Lescrop fut recruté par le duc de Lancastre pour tenir le même poste et sa compagnie, composée de

---

[213] AM Martel, CC 6, f° 4 v°.
[214] AM Capdenac, EE 2.
[215] AM Cajarc, CC 13, f° 37 r°.
[216] FOWLER (K.), *op. cit.*, p.9.
[217] AM Gourdon (M.A.), BB 5, nombreuses mentions.
[218] *Ibid.*, f° 6 v°.
[219] LACOSTE (G.), *Histoire…op. cit.*, t.III, pp.270-271.
[220] FOWLER (K.), *op. cit.*, p.9.
[221] Les mentions concernant ces connétables sont nombreuses dans les registres quercinois, notamment dans ceux de Cajarc.

cinquante hommes d'armes et d'autant d'archers, fut scindée en deux : la première et plus grande partie restait à la disposition de Lescrop pour aller là où il le penserait utile dans les environs de la ville, tandis que la seconde, sous les ordres du « *plus suffisant chevalier de la compagnie* » et forte de quatorze hommes d'armes et vingt archers, était affectée à la garde exclusive du château ; il avait en outre, comme ses prédécesseurs, autorité sur les garnisons en place dans les villes et châteaux du pays[223]. Les connétables pouvaient parfois dépendre directement de grands officiers royaux : en 1366, le sénéchal de Ponthieu fit renouveler les contrats de trois connétables, chargés chacun de la garnison d'un château du roi d'Angleterre[224]. Au sein de chaque compagnie, il s'agissait d'une fonction importante et privilégiée et les capitaines n'hésitaient pas à y placer des proches : Noli Barbe nomma ainsi son frère connétable de son important repaire de Beynat vers 1380[225].

Un connétable opérait le plus souvent au côté de son chef, comme celui de Corn qui se rendit devant Cajarc avec son capitaine, Arnauto de Laffita, en 1379[226]. Il pouvait aussi parfois agir seul avec autorité sur une partie des troupes de sa compagnie : en 1380, celui de Corn cité supra mena l'attaque de Gaillac près de Cajarc et, après avoir pris le village et sa tour fortifiée, les occupa seul quelque temps[227].

Les fonctions et le rang du connétable lui donnaient une position distinguée au sein de la compagnie, et ce au-delà du commandement qu'il exerçait et des gages supérieurs qui en découlaient. En effet, il percevait un droit sur les traités négociés par son chef avec les communautés situées dans la zone d'influence de sa garnison[228] ; cette redevance était bien entendu due par ces dernières, qui s'en acquittait le plus souvent en nature[229]. Il participait d'ailleurs assez souvent aux négociations préalables à la conclusion de ces *patis* et *suffertas*[230]. Ainsi, bien que membre de sa compagnie au même titre qu'un modeste sergent d'armes, le connétable, par sa fonction, ses capacités ou sa naissance était un personnage à part qui non seulement participait activement aux prises de décisions la concernant, mais touchait aussi des dividendes de son action.

Les échelons hiérarchiques inférieurs.

La chaîne du commandement comprenait des échelons inférieurs à celui de connétable, mais les contours de ces derniers restent assez flous. Ainsi, au début du mois de septembre 1377, quelle était la place hiérarchique précise du dénommé Colhot qui, bien que subordonné du connétable de Corn, vint devant Cajarc à la tête de onze cavaliers pour menacer la ville de représailles si elle ne livrait pas ce qu'on lui demandait[231] ? On ne le sait, mais il est de toute façon évident que certaines actions étaient trop modestes pour nécessiter le commandement personnel du connétable, soit parce que l'effectif engagé était réduit, comme pour une petite embuscade ne nécessitant que quatre hommes[232],

---

[222] *Foedera. Op. Cit.* (1344-1377), p.222.
[223] *Ibid.*, p.881.
[224] *Ibid.*, p.813.
[225] AM Gourdon (M.A.), BB 5, f° 9 r°.
[226] AM Cajarc, CC 15, registre I, f° 44 v°.
[227] Ibid., CC 16, registre I.
[228] On trouve mention de ces droits dans quasiment toutes les mentions relatives aux traités.
[229] Les mentions précisent les denrées livrées.
[230] AM Gourdon (M.A.), BB 5, f° 9 r° et AM Cajarc, CC 15, registre I, f° 44 v°, notamment.
[231] AM Cajarc, CC 15, registre II, f° 55 r°.
[232] *Ibid.*, CC 6, f° 140 v°.

soit parce que l'objectif et l'action étaient d'un intérêt secondaire, comme prendre du bétail sur les pâtures[233] ; les documents laissent cependant ces commandements inférieurs dans l'ombre.

On en sait en revanche un peu plus sur l'échelon de garde du repaire tenu par une compagnie. En effet, lorsqu'un détachement s'installait dans un point fort, plusieurs hommes prenaient les fonctions de gardiens des portes[234] et l'un d'entre eux, appelé le portier, avait autorité sur tous les autres ; un dénommé Pétro était ainsi portier de la garnison de Corn en 1379[235]. Le portier est un personnage que l'on retrouve dans l'ensemble du monde castral médiéval, responsable de la garde de la porte du château, mais les informations issues des documents quercinois semblent faire apparaître des portiers anglo-gascons aux responsabilités plus étendues, chargé de la totalité de la garde des points forts aux mains de leurs détachements. Leur travail avait une importance accrue, car il s'effectuait dans une zone hostile et les repaires dont ils avaient la garde étaient des bases indispensables au rayonnement militaire de leurs compagnies. Ces hommes touchaient, à l'instar des connétables, un droit sur les traités signés avec les localités situées dans la zone d'action de leur détachement[236].

Les textes de Cajarc font une distinction entre « *le portier* », responsable de la garde, et « *les portiers* » placés sous ses ordres, l'ensemble constituant un groupe spécifique à l'intérieur d'une compagnie en poste sur un point fort ; en 1379, on vit notamment les portiers de la garnison de Corn faire pour leur propre compte des représailles contre Cajarc, qui tardait à leur payer ce qui leur était dû au titre d'un traité[237]. Le chef des portiers, bien identifié en tant que tel, pouvait aussi chevaucher à la tête de quelques cavaliers de sa compagnie pour aller effectuer ces actions punitives[238], qui consistaient le plus souvent en prise de bétail.

Les paiements effectués par les localités au titre de traités à certains chefs portiers semblent les situer hiérarchiquement à mi-chemin de la connétablie : des versements de droits effectués par Cajarc à Balaguier-d'Olt en 1376 comptaient ainsi trois francs pour le connétable et la moitié pour le portier[239] ; des proportions similaires se retrouvent dans ce que reçurent de Martel le portier et le connétable de Montvalent, en 1382[240]. D'autres éléments nous indiquent aussi que leur rang était supérieur à la moyenne : celui de Balaguier-d'Olt par exemple, négocia en 1377 un accord avec les consuls de Cajarc pour son propre compte[241] ; il avait même un valet à son service[242]. La garnison anglo-gasconne était ainsi articulée militairement autour de deux hommes-clés, le connétable, en charge du commandement de l'ensemble, et le portier, chef de la garde du point fort.

L'échelon administratif et les trompettes.

La compagnie ne pouvait fonctionner sans une entité administrative pour seconder le capitaine et ses subordonnés : il fallait noter les gages payés aux hommes, répartir les approvisionnements, rédiger les traités passés avec les localités, etc. Cette gestion était confiée à des clercs que l'on trouvait en permanence présents à côté des combattants,

---
[233] *Ibid.*, f° 148 r°.
[234] *Ibid.*, CC 15, registre I, f° 46 r°.
[235] *Ibid.*, registre II, f° 54 v°.
[236] De nombreuses mentions sur ces droits perçus par les portiers sont présentes dans tous les registres comportant des informations sur les traités.
[237] AM Cajarc, CC 15, registre II, f° 37 v°, 49 v°, 54 v°, 55 v°, 56 r° et v°, 57 v°.
[238] *Ibid.*, f° 54 v°.
[239] *Ibid.*, CC 12, registre III, f° 88 v°, 95 v° et 97 v°.
[240] AM Martel, CC 6, f° 11 r°.
[241] AM Cajarc, CC 14, reg. III, f° 33 v°.

que la compagnie soit en chevauchée[243] ou solidement retranchée dans un château, une église ou un village fortifié. Suivant son importance, une compagnie comptait un ou plusieurs clercs aux responsabilités de niveaux différents. Le premier et parfois le seul était au service du capitaine[244] mais, à côté de celui-ci, d'autres étaient parfois affectés au service d'un connétable, tel le dénommé Rosel à Balaguier-d'Olt en 1376[245], voire à celui d'un portier[246]. Par leur savoir et la connaissance approfondie qu'ils avaient des affaires de leur détachement, ces clercs étaient des personnages incontournables.

Lorsqu'une localité effectuait des versements au titre des traités, ils établissaient en retour une charte attestant des paiements effectués[247]. Ils percevaient d'ailleurs, tout comme les connétables et les portiers, un droit sur ces traités, dont la valeur s'élevait aux deux tiers de celle perçue par les seconds[248]. Dans le même domaine, on note que la présence du clerc était indispensable pour qu'un capitaine scelle, c'est à dire reconnaisse et accepte par écrit d'observer, un traité établi par l'un de ses homologues : en septembre 1377, les envoyés de Capdenac, chargés de faire sceller par Bertrucat d'Albret, alors à Comiac, le *pati* passé par leur bourg avec le capitaine de Balaguier-d'Olt, durent attendre quatre jours sur place que le clerc, qui s'était absenté, revienne[249]. Lorsque l'on sait que peu d'hommes de guerre de l'époque savaient lire et écrire, on comprend l'importance de ce personnel pour les capitaines.

Kenneth Fowler, dans son étude sur les grandes compagnies, a noté à côté des clercs l'existence de trésoriers spécialement chargés des finances de chaque route[250]. Or, nous n'en avons pas trouvé trace dans les documents quercinois, mais il semble que certains clercs se chargeaient de la gestion financière de leur détachement. En effet, il leur arrivait d'aller demander un prêt à une localité pour le compte de leur capitaine, comme le fit le dénommé Jani, clerc de Bernard Doat, auprès des consuls martelais[251] ; il est à noter que cette demande se fit sous la pression des armes et que Martel obtint peu après une suspension des hostilités de quinze jours[252] : Jani avait dû trouver des arguments convaincants pour obtenir la somme désirée. On note aussi qu'il arrivait aux clercs de se charger d'encaisser et de gérer les diverses rentrées d'argent de leur détachement[253].

Au sein de certaines compagnies se trouvaient des trompettes. Leur présence dans les registres n'est pas systématique, mais il apparaît qu'ils percevaient un droit sur les traités d'un montant égal à celui reçu par les clercs[254]. Le rôle du trompette était primordial dans la transmission des ordres. Déjà pendant l'Antiquité, Végèce soulignait la nécessité pour un chef militaire de pouvoir transmettre ses ordres de façon claire et rapide à l'aide de trois moyens, qu'il nommait respectivement vocaux, semi-vocaux et muets. Le premier consistait en ordres transmis de vive voix, le second en trompettes, cors et cornets, et le troisième en signaux visuels, comme drapeaux et banderoles ; il précisait que les trompettes étaient chargées de sonner des ordres tels que : marcher, faire halte, revenir sur ses pas, poursuivre l'ennemi

---

[242] AM Capdenac, EE 2.
[243] FOWLER (K.), *op. cit.*
[244] AM Cajarc, CC 12, registre III, f° 89 v° et AM Gourdon, BB5, f° 16 r°, notamment.
[245] AM Cajarc, CC 12, registre III, f° 103 r°.
[246] *Ibid.*
[247] *Ibid.*
[248] AM Gourdon (M.A.), BB 5, f° 11 v°.
[249] AM Capdenac, EE 2.
[250] FOWLER (K.), *op. cit.*, p.9.
[251] AM Martel, BB 6, f° 3 v°.
[252] *Ibid.*
[253] AM Cajarc, CC 12, registre III, f° 103 v° et AM Martel, BB 6, f° 3 v°.
[254] AM Gourdon (M.A.), BB 5, f° 11 v°.

ou retraiter, et ce de façon à ne pas s'y méprendre[255]. Au XIVe et XVe siècles, les trompettes et autres cors servaient de la même façon à la transmission des ordres, ainsi qu'à ranimer le moral des troupes ou encore à effrayer l'ennemi[256]. Ceux qui exerçaient au sein des compagnies avaient d'autre part des fonctions allant au-delà de la simple transmission des ordres : à l'instar de trompettes municipaux ou seigneuriaux, ils pouvaient faire des criées pour faire connaître certaines décisions prises par leurs chefs[257] ; le droit qu'ils touchaient sur les *patis* et les *suffertas* devait être en rapport avec la criée qu'ils faisaient pour annoncer leurs mises en place.

La structure de commandement de la compagnie anglo-gasconne apparaît ainsi hiérarchisée, adaptée à son fonctionnement opérationnel et pourvue d'une gestion administrative et financière, embryonnaire certes, mais bien présente. La troupe, quant à elle, loin de constituer un tout uniforme, était composée de plusieurs types de combattants, qui différaient tant par leurs origines sociales que par leurs spécialités militaires.

Les différents types de combattants.

Les cavaliers.

Les guerriers à cheval constituaient la partie noble de la troupe, mais les chevaliers y étaient minoritaires. Robert de Herle, lorsqu'il prit les fonctions de capitaine de Calais en 1351, n'était accompagné que de 10 chevaliers, mais il avait en revanche 49 écuyers à ses côtés[258] ; Jean de Beauchamp, qui prit le même poste cinq ans plus tard, disposait d'une proportion identique de chevaliers et d'écuyers dans sa compagnie, respectivement 9 et 40, tandis que pour la garde des châteaux environnants, le roi lui fournissait 29 chevaliers et 348 écuyers[259].

C'est à partir du XIIIe siècle que l'appellation de chevalier devint de plus en plus honorifique et que la cavalerie lourde devint majoritairement composée de nobles non-chevaliers, voire de roturiers[260]. Quant au mot écuyer, il désignait initialement un aspirant-chevalier, faisant son apprentissage auprès d'un chevalier en attendant l'adoubement qui consacrerait son appartenance à la caste des guerriers à cheval ; par la suite, il désigna simplement un cavalier lourd à part entière, dont l'adoubement n'arrivait parfois que très tard, voire jamais ; Bertrand du Guesclin ne fut par exemple armé chevalier qu'à trente-quatre ans, en 1354. L'adoubement se mua progressivement en décoration honorifique de fin de carrière, conféré pour récompenser d'éminents services[261].

Les Quercinois des XIVe et XVe siècles ne faisaient pas la différence : chevaliers ou écuyers, il s'agissait pour eux « d'hommes d'armes », le terme désignant des cavaliers lourds sans distinction de classe en ce qui concernait les Anglo-Gascons[262] ; ils la faisaient cependant avec les hommes d'armes du parti français qu'ils avaient l'occasion de cotoyer[263]. Dans une région où le terrain et l'équipement habituel de l'ennemi ne nécessitaient pas l'utilisation classique de la cavalerie lourde, la présence de celle-ci pourrait sembler au premier abord comme inutile. Il faut cependant garder à

---

[255] VEGECE, *De re militari*, Traduit par V. Develay, Paris, J. Corréard, 1859, livre troisième, chap. V.
[256] CONTAMINE (P.), « La musique militaire dans le fonctionnement des armées : l'exemple français (v.1330- v.1550) », dans *actes du XXIIe colloque de la Commission Internationale d'Histoire militaire*, Vienne, Heeresgeschichtliche Museum, 1997, p.93-106.
[257] AM Cajarc, CC 15, registre II, f° 56 v°.
[258] *Foedera. Op. cit*, (1344-1377), p.222.
[259] *Ibid.*, p.324.
[260] FLORI (J.), *La chevalerie*, coll. *Bien connaître*, Paris, Gisserot, 1998, p.31.
[261] *Ibid.*, p.81.
[262] Ceci a été constaté dans toutes les archives quercinoises étudiées.

l'esprit qu'elle occupait une position centrale dans la mentalité militaire de l'époque, tant par la condition sociale de ses membres que par son prestige et sa capacité à rompre le dispositif ennemi en bataille rangée ; ensuite, si ces hommes se déplaçaient à cheval, il leur arrivait fréquemment de combattre démontés[264], comme le firent les cavaliers de Jean le Bon à la désastreuse bataille de Poitiers, le 19 septembre 1356.

Rien n'indique que les hommes d'armes revêtaient en permanence la totalité de leur équipement pour battre la campagne, car la technique de la charge de cavalerie lourde n'était efficace que contre un adversaire qui l'employait aussi[265], et bien peu étaient en mesure de l'utiliser parmi les tenants quercinois du parti Français ; de plus, un cavalier lourd entièrement équipé pouvait difficilement tenir en selle plus de quelques heures, alors que les documents font souvent état d'hommes d'armes chevauchant le pays sur des distances assez longues. Il y eut certes en Haut-Quercy le passage d'importantes troupes de cavaliers, chevaliers, écuyers et autres au service du roi de France, mais cela fut relativement peu fréquent ; dans tous les cas, il apparaît peu probable que la plupart des hommes d'armes anglo-gascons opérant dans la région aient été habituellement équipés comme une véritable cavalerie lourde.

Les XIVe et XVe siècles furent une époque faste pour l'utilisation militaire du cheval. A côté de la cavalerie lourde des hommes d'armes apparut une cavalerie légère de plus en plus importante[266]. Les contrats d'endentures passés par le roi d'Angleterre avec certains capitaines nous renseignent sur la part prise par cette cavalerie légère au sein des détachements : en 1352, William Douglas avait dans sa compagnie 10 hommes d'armes et autant de cavaliers légers, ici appelés « *hobelours* »[267] ; quatre ans plus tard, Jean de Beauchamp disposait, pour la garde de Calais et aux côtés de 177 chevaliers et écuyers, de 123 de ces « *hobelours* »[268], tandis que vers 1381 il était fréquent que chaque homme d'arme pris au service du roi d'Angleterre en Guyenne soit accompagné d'un cavalier léger dénommé « *pillard* »[269].

Une grande partie des combattants à pied était aussi pourvue de chevaux pour ses déplacements, notamment les archers. Henri de Percy et Rauf de Neville, qui furent engagés par Edouard III en 1347 pour aller garder la marche de Northumberland face aux Ecossais, disposaient chacun d'autant d'hommes d'armes que d'archers à cheval, soit respectivement 100 et 80[270], tandis que Jean de Beauchamp, pour la garde de Calais en 1356, avait avec lui, outre 49 cavaliers, chevaliers et écuyers, une trentaine d'archers montés[271] ; cette forte proportion d'archers à cheval se retrouve encore durant les années 1380 : William Gray, engagé pour combattre dans les Landes, en avait une dizaine avec lui aux côtés de ses 20 hommes d'armes, tandis que Geoffroy d'Argenton en alignait 20, soit autant que de combattants à cheval[272].

En écrivant leurs documents, les Quercinois restaient le plus souvent muet sur la nature des cavaliers anglo-gascons dont ils relataient les actions, se contentant de noter, par exemple, la présence du Bourg de Monsac avec 500 cavaliers à Labastide-Fortanière le 7 mai 1376[273], ou encore, trois ans plus tard, le passage d'Arnauto de Laffita avec 80

---

[263] AM Cajarc, CC 14, reg. II, f° 37 r° et CC 16, reg. I, f° 47 r°, notamment.
[264] CONTAMINE (P.), *La guerre au Moyen-Age…Op. cit.*, p.382.
[265] FLORI (J.), *Op.cit.*, p.50.
[266] CONTAMINE (P.), *la guerre au Moyen-Age…op. cit.*, pp.245-246.
[267] *Foedera. Op. cit.*, (1344-1377), p.246.
[268] *Ibid.*, p.324.
[269] *Ibid.*, (1377-1384), p.136.
[270] *Ibid.*, (1344-1377), p.104.
[271] *Ibid.*, p.324.
[272] *Ibid.*, (1377-1384)., p.130-137.
[273] AM Cajarc, CC 12, registre III, f° 78 r°.

hommes à cheval[274]. Il demeure cependant que la majeure partie des troupes anglo-gasconnes qui opérèrent en Haut-Quercy étaient montées, car la plupart des mentions les concernant font état de cavaliers, où suggèrent des déplacements à cheval en utilisant le verbe « *chevaucher* »[275]. Enfin, les traités, *patis* et *suffertas*, entraînaient presque toujours la livraison de foin ou d'avoine pour les chevaux[276]. On retrouve cette prépondérance des cavaliers dans les compagnies qui occupèrent la Provence sous les ordres de Raymond de Turenne durant la rebellion qu'il mena contre le comte de Provence et le pape d'Avignon durant les années 1390 ; ces troupes devaient être très mobiles pour mener un type de guerre similaire à celui que les Anglais menèrent en Haut-Quercy[277].

Les gens de pied.

Des combattants à pied furent présents au sein des compagnies, mais il n'est pas possible de dire si leur présence était systématique. Une seule mention fait état de combattants à pied opérant seuls ; elle émane de la dame de Gourdon qui avertissait les consuls de Cajarc, le 16 mars 1356, que Goujounac venait d'être pris par 1500 archers anglais[278]. Ce passage doit être pris pour ce qu'il est : un message rédigé par une personne apeurée à partir d'une information reçue indirectement et donc certainement exagérée ; d'autre part, ces Anglais repérés à Goujounac se sont ensuite dirigés vers l'est où on les trouve, au moins pour partie, se déplaçant à cheval[279]. Lorsque des hommes de pied sont mentionnés dans les registres, ils sont souvent peu nombreux, mais leur présence n'en est pas moins attestée : ainsi ces sergents d'armes qui « *traînaient* »[280] du côté de Brengues au printemps 1349[281], ou ces quelques autres, attestés dans la garnison de Nadaillac en 1380[282].

Certains passages, outre l'appellation « *sergent d'arme* », font même parfois le détail de l'équipement typique de ces fantassins : bassinet[283], jaquette[284], etc. L'ensemble des mentions les concernant reste cependant assez imprécis, car si beaucoup de textes font état de la présence de cavaliers, la majorité ne fait pas la distinction entre combattants à pied et à cheval, car ils évoquent plus généralement des « *Anglais* » ou des « *hommes combattants* »[285].

Dans les contrats d'endentures passés de septembre à décembre 1381 entre le lieutenant du connétable de Bordeaux et divers capitaines et hommes d'armes pour le siège de Mortagne, la garde de diverses villes et celle du pays des Landes, les guerriers à pied sont les moins bien représentés : pour plus de mille hommes à cheval, chevaliers, écuyers et archers, seule une petite trentaine de piétons fut recrutée[286]. Quelques années auparavant, Jean de Beauchamp avait pris la garde de Calais et des environs avec, en plus de sa propre compagnie comprenant 79 cavaliers, 462 combattants à cheval et archers montés et 339 archers à pied[287].

---

[274] *Ibid.*, CC 15, registre I, f° 44 v°.
[275] *Ibid.*, CC 8, f° 164 v° et AM Gourdon (M.A.), BB 5, f° 6 r°, en particulier. Occitan « *Cavalgar* ».
[276] Ceci a été vérifié dans de nombreuses mentions de traités.
[277] VEYDARIER (R.), *Op. cit.*, pp.169-188.
[278] AM Cajarc, CC 8, f° 145 r°.
[279] *Ibid.*, ff° 133 r°-138 r°.
[280] « *Trenavo* » en occitan.
[281] AM Cajarc, CC 5, envers, f° 66 v°.
[282] AM Gourdon (M.A.), BB 5, f° 4 v°.
[283] AM Cajarc, CC 6, f° 140 v°.
[284] AM Gourdon (M.A.), BB 5, f° 8 r°.
[285] AM Cajarc, CC 6, f° 140 v°.
[286] *Foedera. Op. cit.*, (1377-1384), pp.130-136.
[287] *Ibid.*, (1344-1377), p.324.

Pour trouver une plus forte proportion de gens de pied dans les armées anglaises, il faut s'intéresser aux grands corps royaux rassemblés pour les opérations d'envergure au début du conflit : en 1346, Edouard III fit traverser la Manche à une armée forte de 4000 cavaliers et 40 000 sergents à pied[288]. Plus tard, la proportion de fantassins baissa significativement au sein de ces grands corps expéditionnaires anglais, où piquiers et lanciers furent progressivement remplacés par des archers qui, s'ils combattaient à terre, se déplaçaient à cheval[289]. D'une façon générale, la période s'étalant du milieu du XIVe siècle à celui du suivant fut celle où l'infanterie perdit de son importance sur de nombreux théâtres de guerre[290]. Dans les documents locaux, le nombre relativement peu élevé de mentions concernant les combattants à pied anglo-gascons suggère un effectif réduit par comparaison aux cavaliers, et nous indique que la composition des compagnies opérant en Haut-Quercy était par cet aspect conforme aux grandes tendances de l'époque.

Les documents quercinois ne contiennent pratiquement pas de références à de quelconques techniciens ou ingénieurs anglo-gascons chargés de construire et faire fonctionner des machines de guerre. Guillaume Lacoste affirme cependant que les Anglais qui attaquèrent Cardaillac en 1356 utilisèrent un chat, sorte de grand bouclier en bois sur roues, pour progresser au plus près des murailles[291] ; de la même façon, il affirme que, cette même année, le sénéchal de Bordeaux passa à Labastide-Fortanière avec 2000 hommes et des canons[292]. Dans ce dernier cas, il est à noter qu'il s'agissait d'une armée venue spécialement d'Aquitaine et non d'un rassemblement de compagnies locales. On ne trouve pas d'autres mentions à ce sujet : il semble ainsi que les détachements anglo-gascons n'aient habituellement pas disposé de moyens lourds lorsqu'ils opéraient en Haut-Quercy. La préparation matérielle des assauts se résumait à la fabrication des échelles indispensables pour escalader les murailles du lieu que l'on souhaitait prendre[293].

La compagnie : une organisation de son temps.

Les compagnies anglo-gasconnes qui se trouvèrent dans la province durant la guerre de Cent Ans apparaissent comme un tout relativement cohérent au sein duquel existait, à défaut d'un commandement opérationnel au sens ou nous l'entendons aujourd'hui, une hiérarchie permettant à des éléments plus ou moins autonomes de travailler de concert. Chacune était dotée d'une structure de commandement interne adaptée à une guerre de raids articulée autour de la possession d'un ou de plusieurs points forts, ainsi que d'une entité administrative et financière. Principalement montés, les détachements pouvaient ainsi opérer loin de leurs bases et contrôler des territoires relativement vastes.

Il convient toutefois de nuancer cet aspect organisé : l'autonomie des capitaines fut un ferment de discorde au sein de l'ensemble qui tenait le parti du roi d'Angleterre, car leurs motivations et celles de leurs hommes reposaient sur les gains de la guerre, principalement le pillage mais aussi, à partir des années 1350, sur les traités de paix séparés établis avec les localités en échange de paiements divers, ainsi que sur les rançons. Chacun était jaloux de son autorité sur le territoire qu'il contrôlait et il arrivait que les empiètements des uns et des autres provoquent des conflits, comme celui

---

[288] *Ibid.*, p.76.
[289] CONTAMINE (P.), *La guerre au Moyen-Age... op. cit.*, p.251.
[290] *Ibid.*
[291] LACOSTE (G.), *Histoire...Op. cit.*, t.III, p.153.
[292] *Ibid.*, p.155.
[293] AM Cajarc, CC 6, f° 141 r°, par exemple.

qui opposa Peyran lo Malhie à Noli Barbe en 1381[294]. D'autre part, le système des rançons était étendu à tous les membres de la compagnie, quel que soit leur rang : en 1380, même un simple sergent d'armes de Nadaillac pouvait prendre rançon d'un bourgeois de Gourdon[295] ; un document martelais montre d'ailleurs bien l'ampleur de ce phénomène en détaillant tout ce qui fut pris et rançonné par les hommes de Johan Vassal, capitaine de Belcastel en 1370 et 1371[296]. Dans ces conditions, pour chaque chef et quel que soit son niveau hiérarchique, commander était un exercice de style consistant à effectuer la mission, le contrat prescrit ou l'action choisie tout en s'assurant que son accomplissement lui permettrait, ainsi qu'à chacun de ses subordonnés, d'y trouver son compte.

L'idée que la guerre était une source de profit personnel n'était pas nouvelle au XIVe siècle, lorsque commença le conflit centenaire. Depuis déjà fort longtemps, les chevaliers ne se battaient plus pour tuer, mais pour capturer leur adversaire et en tirer rançon ; l'exemple du roi de France Jean le Bon, capturé à Poitiers en 1356 et dont le royaume dut payer l'énorme rançon, montre que ce système était tout ce qu'il y avait de plus normal dans la mentalité militaire de l'époque. En opérant de la sorte avec leurs hommes, les capitaines anglo-gascons n'étaient pas plus rapaces qu'Edouard III : ils prenaient ce qu'ils avaient gagné par les armes et donc de leur bon droit.

Certains de ces guerriers gagnèrent même sinon l'estime, tout au moins le respect des populations locales. Bertrucat d'Albret fut certainement le premier d'entre eux ; il opéra dans la région durant des années : les consuls de Cajarc le nommaient simplement « *Bertrucat de Lebre* » en 1356[297] mais, vingt ans plus tard et de la même façon que leurs homologues capdenacois[298], gourdonnais[299] et martelais[300], ils n'oubliaient jamais de le qualifier de « *monseigneur* » lorsqu'ils parlaient de lui[301]. Aymar d'Ussel, a contrario, semble avoir fait l'unanimité contre lui, l'aveuglement de sa violence ayant fini par exaspérer Edouard III lui-même [302].

Quant aux obscurs, les simples stipendiés, étaient-ils tous, comme se plaisait à l'écrire Fillipo Villani, un historien italien du XIVe siècle, « *ardents et cupides, familiarisés au meurtre et à la rapine* » ? Le procès de l'un d'entre eux, Pons de Averro, membre de la compagnie d'Aymar d'Ussel capturé par les Gourdonnais en 1349, nous montre un individu aux vices multiples, aimant tuer et violant les hommes comme les femmes[303] ; un autre document fait état d'une situation qui dut certainement se produire à de nombreuses reprises, car il relate qu'en 1384, un routier de la garnison de Chalusset, en Limousin, pénétra dans la maison d'un pauvre paysan, qui y vivait avec son épouse, et l'apostropha en ces termes : « *Villain, il me fault avoir ta femme !* », avant de la violer devant lui sans autre forme de procès[304]. Tous n'étaient cependant pas d'aussi profonds déséquilibrés : B. Peirier et J. Conduchier, deux bourgeois cajarcois qui furent retenus prisonniers vingt-quatre jours par les Anglais de Balaguier-d'Olt en 1376, remercièrent ensuite « *ceux qui leur avaient fait la*

---

[294] AM Gourdon (M.A.), BB 5.
[295] *Ibid.*, f° 4 v°.
[296] AM Martel, FF 1.
[297] AM Cajarc, CC 8, f° 164v°.
[298] AM Capdenac, EE 2.
[299] AM Gourdon (M.A.), BB 5.
[300] AM Martel, BB 5.
[301] AM Cajarc, CC 12.
[302] AUSSEL (M.), « Entre…*op. cit.*, p.36.
[303] AUSSEL (M.), « Un « compagnon » de Costeraste passe aux aveux (1949) », dans *BSEL*, T.CXIV (2e fasc. 1993), pp.97-101.
[304] Le paysan finit par trouver le courage de tuer l'agresseur d'un coup de gourdin sur la tête, mais la suite de l'histoire illustre bien les situations difficiles qui découlaient de tels événements : le paysan et sa femme, par peur des représailles et après avoir jeté le corps de l'Anglais dans un puit, s'enfuirent et allèrent se réfugier très loin, à Lagny-sur-Marne, à l'est de Paris, et y recommencèrent leur vie. Ce document se trouve dans DOUËT-D'ARCQ (L.-C.), *Choix de pièces inédites du règne de Charles VI*, 2 tomes, Paris, édité par la *Société de l'Histoire de France*, 1864, t.2, pp.91-93.

courtoisie » de leur donner à boire et à manger durant leur détention[305] ; quelque temps plus tard, les consuls firent entrer dans Cajarc trois émissaires de cette compagnie et leur offrirent le déjeuner pour la même raison[306]. Ainsi, si comme ailleurs la cupidité et la convoitise devaient entrer pour une grande part dans les motivations des routiers[307], cela n'excluait pas des comportements sociaux proches de la normalité.

La guerre suscite naturellement des sentiments négatifs et le contemporain qui voit des hommes tuer ses proches ou ses voisins, brûler les récoltes, détruire ses outils de travail, n'est pas enclin à nuancer le jugement qu'il porte sur eux ; d'autre part, période de non-droit, la guerre permet à des individus naturellement violents ou déséquilibrés d'assouvir leurs pulsions. Dans ce cas, une réaction naturelle veut que si au sein d'un groupe un individu se livre à des actes moralement répréhensibles, l'opprobre populaire touche personnellement chacun des membres de ce groupe. Les compagnons anglo-gascons n'ont pas échappé à cette règle et ont laissé le souvenir peu reluisant d'un ramassis de voleurs cupides atteints de tous les vices, mais il faut cependant faire la part entre la mentalité et les usages militaires de l'époque et les déviances qu'ont pu avoir certains d'entre eux. Il reste que l'on trouvait beaucoup de hors-la-loi dans les corps expéditionnaires anglais envoyés sur le continent, car ils pouvaient espérer des lettres de rémission pour services rendus ; durant cette période, on peut estimer que la proportion de repris de justice dans ces armées se situait entre 2 et 12 %[308]. En tout état de cause, les archives quercinoises, soit que les textes aient disparu, soit qu'ils n'aient jamais existé, ne mentionnent à aucun moment de massacres généralisés perpétrés par des routiers comme cela se produisit par exemple durant la chevauchée du Prince Noir en 1355 ou à Césène, en Italie, en novembre 1376[309].

2. Le combat des Anglo-Gascons.

Partant de l'Aquitaine ou d'une place quercinoise amie, le capitaine dirigeait-il sa compagnie suivant son humeur du jour, chevauchant au hasard en attendant de trouver le château ou le village mal défendu qu'il pourrait surprendre et s'approprier, avant de piller le pays alentours ? Certes non. Tout d'abord, la compagnie avait des contraintes dont il fallait en toute chose tenir compte, y compris et surtout dans le choix de la place que l'on envisageait de prendre ; ensuite, avant même de faire mouvement, il fallait préparer son action, en prévoir tous les aspects puis, ceci fait, on pouvait donner l'ordre de marche. Prendre un point fort n'était pas une finalité en soi, car après la vie et l'action de la compagnie s'organisait pour maintenir la région environnante sous contrôle.

---

[305] AM Cajarc, CC 12, registre III, f° 102 r°.
[306] *Ibid.*, f° 105 r°.
[307] JAMME (A.), *Op.cit.*, p.163.
[308] CONTAMINE (P.), *La guerre au Moyen-Age...Op. cit.*, pp.391-392.

La guerre anglaise en Haut-Quercy

Contraintes logistiques et procédés tactiques.

Les besoins logistiques.

Forte d'une cinquantaine d'hommes ou plus, une compagnie devait en premier lieu être nourrie. Les besoins caloriques quotidiens d'un homme actuel âgé de 30 ans, mesurant 1,55 mètres et pesant 60 kilogrammes seraient d'environ 4063 calories s'il effectuait une journée de chevauchée comparable à celles effectuées par les guerriers du XIVe siècle ; ils descendraient à un peu plus de 2800 calories pour un jour passé sans efforts particuliers, mais en travaillant et en montant la garde. Pour un homme du même âge mais mesurant 1,70 mètres et pesant 75 kilogrammes, ces besoins seraient respectivement de 4736 et 3265 calories[310]. En prenant pour extrêmes ces deux individus, nous pouvons estimer que les besoins quotidiens moyens de chaque homme servant au sein d'une compagnie étaient de 4400 calories en période d'activité intense et de 3033 pour une journée calme ; nous supposons ici que les besoins physiologiques ont peu varié en six cents ans.

Les estimations réalisées ci-dessus signifient qu'une troupe forte d'une cinquantaine d'hommes devait chaque jour trouver suffisamment d'aliments pour obtenir entre 150 000 et 220 000 calories ; ce chiffre ne tient bien sûr pas compte des inégalités qui régnaient au sein du groupe : du capitaine au dernier des soudoyés, on ne mangeait pas la même chose. Ces valeurs prennent tout leur relief lorsque l'on sait qu'une carotte crue apporte en moyenne 72 calories, une fine tranche de cuisse de porc rôtie 85 et une grosse tranche de pain complet 130. En supposant qu'une compagnie ait pris, durant une journée calme, deux repas simples composés chacun d'un demi-litre de bouillon de poulet, 150 grammes de viande rouge, cinq tranches de pain et 25 centilitres de vin par personne, on ne serait parvenu qu'à un total de 91 400 calories ; pour obtenir le minimum indispensable, il aurait fallu, par exemple, rajouter 450 tranches de pain, soit neuf par personne. Cette estimation, faite à partir de données actuelles et à l'aide d'un logiciel moderne, ne vise qu'à donner un ordre d'idée des besoins en nourriture pour un détachement de cinquante hommes : leur importance est telle qu'étudier l'action des compagnies sans les prendre en compte ne pourrait que donner des résultats inexacts.

Nous avons vu plus haut que la majorité des troupes opérant en Haut-Quercy était montée et, de la même façon que pour leurs cavaliers, nous devons nous intéresser aux besoins nutritionnels des montures. De nos jours, les spécialistes de la nourriture des équidés calculent leurs besoins en Unités Fourragères (UF), unité de référence correspondant à la valeur énergétique apportée par un kilogramme d'orge. Les textes quercinois font souvent mentions de livraisons de foin[311] ou d'avoine[312] faites aux compagnies par certaines localités au titre de *patis* ou de *suffertas* ; les valeurs respectives de ces deux aliments sont de 0,47 et 0,88 UF par kilogramme. L'herbe, denrée de base que l'on trouvait partout, est cependant de faible valeur nutritive et de qualité inégale suivant les endroits et la saison : elle suffit uniquement pour un animal non soumis à une activité intense. Les besoins quotidiens d'un cheval de 500 kilogrammes soumis à un travail soutenu sont de 9,05 UF, ce qui correspond à 19 kilogrammes de foin ou 10 d'avoine[313], mais l'alimentation de base d'un équidé est un mélange de ces différents aliments, dont les proportions ne peuvent être

---

[309] JAMME (A.), *Op. cit.*, p.161.
[310] Estimations faites à l'aide d'un logiciel de calcul diététique.
[311] AM Capdenac, EE 2, par exemple.
[312] AM Cajarc, CC 12, registre III, f° 87 v°, notamment.
[313] Estimations effectuées à l'aide d'informations en provenance de l'Institut National de Recherche Agronomique.

calculées avec un logiciel informatique : l'œil, le savoir et l'expérience du spécialiste sont irremplaçables. Il reste cependant que les chevaux des compagnies ne pouvaient se passer d'aliments comme le foin et l'avoine ; même avec, par exemple, une ration individuelle réduite à un kilogramme de foin par jour, c'est trois-cent cinquante kilogrammes qu'il fallait trouver de façon hebdomadaire pour une cinquantaine de bêtes. Ces chevaux devaient aussi être ferrés régulièrement et certainement de façon assez rapprochée, car le terrain caillouteux du Haut-Quercy accentuait l'usure des fers. Coûteux, soumis à une utilisation intense, les chevaux devaient être entretenus avec soin.

Enfin, il y avait les armes, les côtes de mailles et les harnais qui nécessitaient non seulement un entretien quasi-quotidien, mais aussi parfois des réparations. S'il est évident que chaque compagnie ne pouvait emporter avec elle le ravitaillement indispensable tant aux hommes qu'aux chevaux pour de longues durées, on ne sait si, parmi ses membres, ne se trouvait un ancien chirurgien capable de soigner les hommes, ou un ancien maréchal-ferrant pour s'occuper des chevaux, voire encore quelque ancien forgeron ; ainsi, si l'on peut à la rigueur envisager que certains détachements étaient autonomes dans certains domaines, il est cependant indéniable qu'ils devaient souvent avoir recours aux spécialistes ou infrastructures locales : un forgeron sans forge ne pouvait envisager de travailler correctement et les soins des hommes et des bêtes réclamaient des onguents et autres médecines faites à partir de produits frais.

Il est probable qu'au début du conflit, le pillage ait permis de combler, sinon tous les besoins, tout au moins la plus grande partie, car le mouvement de désertification des campagnes quercinoises venait juste de débuter : de nombreux villages, dépourvus de défenses, offraient de larges possibilités de réquisition dans tous les domaines. Après plusieurs dizaines d'années d'insécurité, de peste et de désordres économiques, la conjoncture devint beaucoup moins favorable à ce type de ravitaillement : une enquête fiscale, réalisée pour le compte de la chambre apostolique afin de dresser un état du diocèse de Cahors, l'*Informatio Cadurcencis*, fait état de très nombreux lieux désertés ou presque abandonnés dans un pays ravagé par la guerre[314] ; d'autre part, les communautés villageoises se dotèrent progressivement de fortifications où elles pouvaient se réfugier avec une partie de leurs biens[315]. La satisfaction des besoins logistiques devint ainsi de plus en plus difficile.

La préparation des opérations.

Trouver comme objectif une localité pouvant pourvoir aux besoins essentiels de la compagnie était la première démarche à effectuer pour le capitaine en quête d'un nouveau repaire ; il fallait ensuite s'assurer que l'entreprise était réalisable, chercher les points faibles des infrastructures et connaître le système de garde, de façon à déclencher l'assaut à l'endroit et au moment adéquats. En un mot, il fallait se renseigner, comme Végèce l'enseignait déjà quelques centaines d'années auparavant : « *dans les sièges et même dans toute espèce de guerre, on doit chercher soigneusement à se rendre compte des habitudes de l'ennemi. Comment, en effet, saisir l'occasion de tendre des embûches si l'on ne connaît pas les heures où l'adversaire, distrait de ses travaux, se tient moins sur ses gardes. L'instant propice se présente tantôt au milieu de la journée, tantôt le soir, souvent la nuit, ou au moment des repas, en un mot, chaque fois que des deux côtés les troupes se reposent ou vaquent aux nécessités de la vie* »[316].

---

[314] LARTIGAUT (J.), *Le Quercy… Op. cit.*, pp.36-43.
[315] *Ibid.*, pp.213-223.
[316] VEGECE, *Op. Cit.*, pp.199-200.

Pour récolter les informations nécessaires, des hommes étaient envoyés « *écouter* » le lieu que l'on envisageait de prendre ; Calvignac fut ainsi « *écouté* » à la mi-juin 1369 par les Anglais de Lalbenque, mais avertis par les consuls de Cajarc, les habitants durent certainement prendre des mesures qui découragèrent l'entreprise anglaise, car l'attaque n'eut pas lieu[317]. Cette méthode d'écoute consistait en fait à observer l'objectif depuis l'extérieur, comme nous le dit une mention cajarcoise faisant état d'hommes envoyés hors les murs pour repérer les Anglais qui « *écoutaient* » la ville[318].

L'espionnage était aussi utilisé et des individus chargés de récolter des renseignements s'introduisaient à l'intérieur des places convoitées, certainement dissimulés sous des déguisements divers. Les Cajarcois capturèrent ainsi trois de ces espions anglais le 21 avril 1350[319] et les Cadurciens réussirent à faire de même en démasquant deux faux ermites en mars 1393[320]. Il n'était d'ailleurs pas toujours nécessaire aux routiers de se déguiser pour pénétrer en ville et récolter des renseignements précieux, car toutes les occasions étaient mises à profit pour cela, comme le montre l'épisode de la prise de Monferrand, en Auvergne, en février 1388 : en effet, un routier y avait été retenu prisonnier et, avant d'être libéré moyennant finance, il avait eu le loisir d'observer les défenses de la ville et d'en déceler les failles. Il réussit à convaincre son chef, Perrot le Béarnais, d'envoyer un détachement déguisé dans la localité pour ouvrir une porte que l'on savait seulement gardée par un adolescent de seize ans, les bourgeois chargés du guet ayant esquivé leur charge. Le coup fut une réussite totale, le pillage dura 18 heures et les soudards repartirent avec 400 chevaux et 200 prisonniers[321]. Plus modestement, Aymerigot Marches devait être suffisemment renseigné sur les dispositifs défensifs du château de Mercœur, en Auvergne, pour décider de s'en approcher discrètement à travers bois avec trente de ses hommes, d'attendre caché à proximité pour, le moment favorable venu, escalader les murailles et pénétrer dans la place sans coup férir[322].

Dans la zone choisie, le ou les capitaines devaient certainement prévoir plusieurs objectifs potentiels, afin de ne pas se retrouver désemparés en cas d'échec sur l'un d'entre eux. C'est que fit notamment le détachement qui attaqua Cardaillac le 4 mai 1356 : tenu en échec devant son objectif initial, il n'insista pas et alla immédiatement après s'en prendre au bourg voisin de Fons[323]. Par ailleurs, les garnisons anglo-gasconnes étaient elles-aussi espionnées et laissaient filtrer de nombreuses informations dont la teneur montre bien que leurs actions étaient réfléchies et préparées plusieurs jours avant d'être entreprises : le 8 août 1369, les consuls de Cajarc apprirent par leurs homologues cadurciens que les Anglais de Castelnau-Montratier fabriquaient des échelles et allaient bientôt essayer de prendre un « *lieu sur la rivière Lot* »[324] ; le 13, l'information se précisa et l'on sut que leur principal objectif était Cajarc, si bien fait que lorsque la compagnie se mit en marche, on n'ignorait rien de sa destination[325].

D'autres exemples du même type mettent bien évidence les délais qui étaient nécessaires aux capitaines anglo-gascons pour préparer leurs opérations : le 3 février 1370, les Cajarcois apprirent que les Anglais de Sénaillac allaient

---

[317] AM Cajarc, CC 6, f° 153 v°.
[318] *Ibid.*, f° 143 r°.
[319] *Ibid.*, f° 54 r°.
[320] LACOSTE (G.), *Histoire…Op. cit*, T.III, p.309.
[321] TEYSSOT (J.), « Les villes d'Auvergne pendant la guerre de Cent Ans », dans CONTAMINE (P.), dir., GUYOTJEANNIN (O.), dir., *La guerre, le violence et les gens au Moyen Age. Actes du 119ᵉ Congrès national des sociétés historiques et scientifiques* (Amiens, 1994), 2 vol., Paris, CTHS, 1996, vol. 2, *La violence et les gens* (pp.49-58), p.52.
[322] MAZURE (A.), « Tableau historique de l'Auvergne depuis le commencement de l'invasion des Anglais, jusqu'à leur entière expulsion de cette province, au XIVᵉ siècle », dans *Annales Scientifiques, Littéraires et Industrielles de l'Auvergne*, T. XVII (1844), (pp.177-505), pp.265-266.
[323] AM Cajarc, CC 8, f° 135 r°.
[324] *Ibid.*, CC 6, f° 141 r°.
[325] *Ibid.*

venir prochainement s'embusquer aux sorties de la ville, ce qui arriva effectivement une semaine après[326] ; de la même façon, six ans plus tard, ceux de Puylagarde fomentèrent un projet similaire vers le 15 mai[327], puis se mirent en marche et se postèrent à Gréalou le 23[328] ; ils ne poussèrent cependant pas jusqu'à Cajarc, les dispositions prises par le bourg vouant toute attaque à l'échec. Si l'on s'en tient uniquement aux dates données par les registres, il semble que les chefs anglo-gascons préparaient leurs opérations durant six à huit jours ; la durée de ces préparatifs provoquait parfois l'avortement de certaines opérations car, les détails les concernant ayant le temps de filtrer, l'effet de surprise escompté était réduit à néant.

Le coup de main comme principal mode opératoire.

Avec un effectif oscillant entre cinquante et cent hommes, une compagnie ne pouvait envisager seule que la prise d'objectifs modestes. Elle pouvait toutefois unir ses forces avec d'autres bandes au sein de regroupements, appelés amas, qui seuls donnaient aux Anglo-Gascons une force suffisante pour attaquer des localités correctement fortifiées. Ces concentrations, si elles permettaient des visées plus larges, ne pouvaient cependant se maintenir longtemps, car il devait être particulièrement difficile de nourrir plusieurs centaines d'hommes et de chevaux là où il était déjà laborieux de le faire pour quelques dizaines. La guerre de siège ne devait être envisagée qu'en dernier recours et, tout comme la petite compagnie voulant se saisir d'un hameau fortifié, le regroupement devait opérer par surprise et de façon brève et brutale[329].

Si un objectif résistait plus de quelques heures, on abandonnait la partie sans insister, comme cela se passa pour l'attaque du 4 mai 1356 contre Cardaillac : prenant rapidement acte de l'inefficacité de leurs assauts, les Anglais se replièrent rapidement pour rediriger, quelques heures après, leur effort contre Fons, mais ce fut sans plus de succès ; ils quittèrent d'ailleurs les lieux très rapidement, si bien que les consuls cajarcois envoyèrent des hommes courir la campagne pour s'enquérir de leur position[330]. Figeac, pourtant ville importante, fut prise par le bref coup de main, durant la nuit du 13 au 14 octobre 1371, de sept cents hommes commandés par Bertrucat d'Albret et Bernard de la Salle[331]. Quant à l'attaque de Marcilhac par la compagnie de Balaguier-d'Olt, le 18 juin 1377, elle ne dura elle aussi que moins d'une journée[332]. D'une façon générale, les localités mentionnées comme prises ou attaquées d'un jour à l'autre semblent l'avoir été en une seule journée, voire en quelques heures ; en effet, les consulats suivaient pas à pas les évolutions des détachements anglais environnants, aussi une action offensive s'éternisant plusieurs jours n'aurait pas manqué d'être évoquée dans les registres.

Ici et là, nous trouvons cependant quelques traces de localités plutôt modestes brièvement assiégées, comme le fut par exemple Beaulieu à la mi-janvier 1356[333]. Quant au siège de Cahors par des éléments de l'armée de Johan Chandos, qui dura une dizaine de jour en mai 1369 sans résultats notables[334], il s'agissait en fait d'une opération visant à

---
[326] *Ibid.*, f° 148 v°.
[327] *Ibid.*, CC 12, registre III, f° 77 r°.
[328] *Ibid.*
[329] ALLMAND (C.T.), *The Hundred Years War : England and France at War, c. 1300-c. 1450*, édition révisée, Cambridge, Cambridge University Press, 1988, p.74.
[330] *Ibid.*, CC 8, f° 135 r°.
[331] LACOSTE (G.), *Histoire…Op.cit.*, T.III, p.223-224.
[332] AM Cajarc, CC 14, reg. I, f° 20 r° et reg. II, f° 37 r°.
[333] AM Martel, CC 3-4, f° 69 v°.
[334] LACOSTE (G.), *Histoire…Op.cit.*, T.III, p.206-207.

fixer sur place les troupes françaises et non d'une entreprise destinée à prendre la ville[335]. L'envoi de cette armée en Quercy avait d'ailleurs un but stratégique précis, à savoir ramener la province dans la mouvance anglo-aquitaine, et non déployer des efforts extraordinaires pour s'assurer de sa capitale. La courte durée et les efforts relativement peu soutenus déployés par les Anglais durant ce siège, si véritable siège il y eut, montrent que la prise de Cahors était d'une importance très secondaire pour le contrôle de la région[336].

Les villes, objectifs militaires secondaires.

Si l'on en croit les documents cadurciens, le siège de 1369 fut la seule tentative de prise sérieuse à laquelle Cahors dut faire face durant le conflit, bien que la volonté anglaise de réellement prendre la ville soit fortement sujette à caution. Montcuq eut moins de chance, car les bandes installées à Roquecor et Bovila réussirent à s'en emparer courant 1348 ; elles ne purent toutefois s'y maintenir que quelques mois et furent rapidement chassées début 1349 par l'évêque de Cahors[337]. Figeac fut, nous l'avons vu plus haut, assaillie avec succès en 1371 et resta aux mains des Anglais durant presque deux ans, avant d'être évacuée après son rachat qui eut lieu fin juillet 1373[338]. Pour Bertrucat d'Albret et Bernard de la Salle, qui avaient dirigé l'assaut victorieux, la garde de cette ville importante, qui avait peu de temps auparavant rallié sans sourciller le roi de France, impliquait un surplus de ravitaillement à trouver et l'immobilisation d'une partie importante des effectifs disponibles. Il est probable que lorsque Bertrucat d'Albret consentit à son rachat par les Etats du Quercy[339], il réalisa non seulement une intéressante transaction financière, mais aussi une bonne opération militaire lui permettant de se débarrasser d'une ville dont la garde lui coûtait cher.

Durant sa chevauchée de 1373, Lancastre, à la tête d'une armée forte de 8 000 hommes[340], arriva en Limousin par le Nord, prit Tulle le 28 novembre et Brive le 1er décembre avant de repartir vers Bordeaux[341]. En plus des garnisons installées dans les villes prises, il laissa derrière lui trois de ses plus fameux capitaines, Bernard de la Salle, Hugues de Calveley et Edouard le Despenser à la tête d'un millier d'hommes installés dans la région de Martel[342], mais cette ville ne fut finalement prise qu'aux alentours de la fin avril ou du début mai 1374. Les Anglais ne s'y maintinrent que peu de temps : l'armée du duc de Bourbon, qui venait de reprendre Brive, les en chassa par les armes, ou plus vraisemblablement par la peur, vers la fin du mois de juillet[343].

Les bourgs tombèrent plus souvent que les villes aux mains de compagnies, mais l'observation du tableau 1 montre ici aussi que les Anglo-Gascons ne s'y maintinrent que rarement plus de deux ou trois ans, exceptions faites de Cazals entre 1381 et 1390 et de Salviac à plusieurs reprises ; pour ces deux cas, il doit toutefois être pris en considération leur position géographique, aux limites occidentales de la province et donc rapprochée des bases anglaises du proche Périgord. Quoi qu'il en soit, gourmands en effectifs, donc en argent et en ravitaillement, des villes et des bourgs furent pourtant tenus par les compagnies, ce qui devait se justifier sur plusieurs points, mais elles ne s'y accrochèrent qu'assez

---
[335] A ce sujet, voir les pages 195 à 198 du présent ouvrage.
[336] SAVY (N.), *Cahors pendant la guerre de Cent Ans*, Cahors, Colorys, 2005, pp. 119-120.
[337] LACOSTE (G.), *Histoire…Op.cit.*, T.III, pp.119-120.
[338] PATAKI (T.), « Il y a 600 ans en vicomté de Turenne (1373-1374) », dans *Actes du 34e congrès de la Fédération des Sociétés Savantes du Centre de la France* (Brive, 24 -26 mai 1974), supplément au tome 96 (1974) du *Bulletin de la Société Scientifique, Historique et Archéologique de la Corrèze* (pp.87-98), p.87.
[339] LACOSTE (G.), *Histoire…Op. cit.*, T.III, pp.238-240.
[340] MASSENA (E.), « Etude historique sur Brive-la-Gaillarde en 1374 », dans *Bulletin de la Société Historique et Archéologique de la Corrèze*, année 1879, (pp.281-291), p.285.
[341] PATAKI (T.), « Il y a…*Op. cit.*, p.93.
[342] AM Martel, EE 1, pièce n°32.

peu de façon durable, préférant généralement les abandonner ou vendre leur départ plutôt que de les défendre avec opiniâtreté.

Un point fortifié de taille modeste, village ou château, était de loin la position la plus adaptée à une compagnie dont l'effectif ne dépassait pas la centaine d'hommes. Cette prédilection des Anglo-Gascons pour ce type de localité est visible à la durée de certaines occupations : douze ans à Bovila au début du conflit, sept à Nadaillac de 1351 à 1358, seize ans au moins à Belcastel, etc. La configuration du lieu avait une importance primordiale, car il importait qu'il puisse être défendu efficacement avec peu de monde, ce qui explique notamment la longévité de la présence anglaise à Belcastel, château bénéficiant de la protection naturelle d'une position escarpée et de solides fortifications ; d'autre part, il surplombait la vallée de la Dordogne, voie économique majeure.

Nom du bourg	Années d'occupations anglaises		
	1ère occupation	2e occupation	3e occupation
Beaulieu	1369 –1371	1374	
Belaye	1346 –1348		
Castelnau-Montratier	1358 –1359	1369	
Catus	1360		
Cazals	1355	1370 –1373	1381 -1390
Fons	1356 –1357	1369 –1370	1377 -1379
Gramat	1369	1384	
Labastide-Fortanière	1356	1376	1383
Lacapelle-Marival	1388		
Montcuq	1348 –1349		
Montfaucon	1369 –1370		
Rocamadour	1370	1384 -1385	
Saint-Céré	1355	1369 -1371	1377-1378
Saint-Cirq-Lapopie	1356	1372	
Salviac	1346 –1355	1369 -1372	
Souillac	1351 –1353	1356	

Tableau 1. L'occupation des bourgs secondaires par les Anglo-Gascons (1346-1390).

Non loin de là, Montvalent bénéficiait d'une situation similaire et fut tenu par les Anglais à plusieurs reprises et, notamment, de 1375 à 1386 au moins. Plus à l'est, le château et le village de Comiac, sur un point haut à quelques centaines de mètres de la vallée de la Cère, dans une zone au relief bien marqué, furent aux mains de différentes compagnies de 1374 à 1385, tandis qu'à quelques lieues de là, le village d'Autoire, peu distant de la vallée de la Bave, bénéficiait de la protection d'une petite forteresse à flanc de falaise et fut occupé de 1374 à 1378. Au sud-ouest de la vallée du Lot, le château de Moissaguet fut tenu durant une période exceptionnellement longue, de 1381 à 1402, mais la

---

[343] PATAKI (T.), « Il y a…*Op. cit.*, p.98.

moyenne des temps d'occupation semble cependant être plus courte, car ils furent de moins d'un an en 1356 à Beauregard, Gréalou, Larroque-Toirac, Loubressac et Blanat, et en 1381 à Gindou, Labouffie, Masclat, Niaudou, Payrac, Sarrazac, pour ne citer que ces quelques exemples[344].

Surplombant la vallée de la Dordogne, les fortifications de Montvalent bénéficiaient d'un emplacement escarpé facilement défendable. Ce lieu était situé à moins de 15 kilomètres de petites villes ou bourgs comme Martel, Souillac, Rocamadour, Gramat ou Bétaille, ce qui explique la longévité de son occupation par les Anglo-Gascons.

Figure 4. Vue des fortifications de Montvalent.

Avec des effectifs peu importants, les compagnies privilégièrent pour leur installation des points forts de dimensions modestes faciles à garder, d'où elles pouvaient ensuite rayonner pour trouver les importantes quantités de ravitaillement qui leur étaient indispensables ; elles prirent soin de conserver le plus longtemps possible ceux qui présentaient des avantages certains, tant logistiques que militaires, mais ne stationnèrent dans les autres que le temps nécessaire aux opérations du moment. Quant aux bourgs de taille moyenne, si les Anglo-Gascons parvenaient à se saisir de l'un d'entre eux, ils le gardaient tant qu'il pouvait leur être utile, mais ne s'accrochaient jamais au terrain. Enfin, tenir des villes et des gros bourgs ne les intéressaient pas réellement et ceux qui furent pris, comme Figeac ou Martel, ne restèrent jamais plus de deux ans entre leurs mains. Le maître mot de la tactique des compagnies semble avoir été « mobilité sans entraves », car le mouvement était la clé du succès de leurs opérations[345]. Il n'est pas surprenant de voir que cette façon de procéder eut cours de manière similaire en Italie à la fin du XIVe siècle[346], car une grande partie des capitaines qui y opérèrent firent leur apprentissage dans le Sud-Ouest, sous les ordres d'Edouard III ou de son fils. Nous retrouvons là, en Quercy ou en Italie, les grands traits de la stratégie anglaise mise en œuvre sur des espaces plus

---

[344] Les données de ce paragraphes sont issues du recoupement de toutes les documents en notre possession.
[345] ALLMAND (C.T.), *The Hundred Years War... Op.cit.*, p.74.
[346] JAMME (A.), *Op. cit.*, p.157.

restreints : chevaucher en ruinant le potentiel économique de son adversaire sans gaspiller des troupes, qui coûtaient cher, à garder des forteresses qui ne seraient peut-être jamais attaquées[347].

Tenir le pays : entre épée et traité.

Les premiers détachements anglo-gascons qui parcoururent le pays se ravitaillèrent comme on l'avait toujours fait : en pillant. Villages et hameaux, granges, paissières, troupeaux se trouvaient souvent sans protection, surpris par l'arrivée soudaine d'une bande de soldats. Cette méthode de ravitaillement perdura longtemps : le 9 septembre 1379 encore, Perrot de Galard, qui venait de se saisir de Calvignac, avait le projet de « chevaucher le pays pour ravitailler » sa garnison[348]. A cette époque, le procédé était cependant déjà largement en recul face à une autre méthode, beaucoup plus efficace : les traités. Le premier dont nous avons la trace fut conclu entre Gourdon et le capitaine de Nadaillac en 1353 ; la ville dut alors fournir une quinzaine de jours de vivres aux Anglais en échange d'une suspension d'armes de la même durée[349].

Après plusieurs années de guerre et l'épidémie de peste de 1348-49, il était certainement devenu difficile aux compagnies de trouver du ravitaillement non protégé. Les campagnes avaient commencé à se vider et, surtout, des systèmes de surveillance permettaient de mettre bétail et récoltes à l'abri des murailles, urbaines ou villageoises, lorsqu'une troupe en armes était repérée[350]. Permettant de contourner ces difficultés, les traités facilitaient la logistique des Anglo-Gascons. Ils répondaient aussi à un besoin des villes et des bourgs : en effet, la présence d'une bande armée dans leurs environs rendait toute sortie impossible, personne ne souhaitant risquer la capture ou la mort pour aller aux champs ; d'autre part, les citadins et les villageois ne pouvaient réellement protéger de la destruction et du pillage les cultures indispensables à la survie de la communauté. Ce fut ainsi à l'occasion des vendanges de 1356 que Cajarc signa son premier traité, une *sufferta* accordée par le capitaine anglais de Gréalou[351].

Le système se mit rapidement en place. Le 4 septembre 1355, les consuls de Martel commencèrent à envisager de signer un *pati* avec les Anglais[352] ; ils hésitèrent longtemps[353] mais finirent par s'y résigner en juin suivant, dans le seul but de rentrer les récoltes et de faire ainsi le plein de vivres[354]. A la même époque, Gourdon avait aussi accepté de signer des *patis* avec les garnisons de Costeraste et de Frayssinet ; les consuls les firent prolonger en 1357[355]. Même Cahors, puissante cité à l'abri dans son méandre, prit un *pati* avec Aymar d'Ussel et le capitaine de Belcastel avant 1359[356].

Le *pati* avait une toute autre portée que la *sufferta*, et si cette dernière n'était signée que pour de courtes durées et dans un but bien précis, une récolte par exemple, le *pati* était quant à lui une véritable paix séparée ; l'étymologie appuie la différence de sens entre ces deux mots : *sufferta* semble venir du latin *suffero*, « supporter ou prendre la charge de », tandis que *pati* nous apparaît comme un dérivé du latin *pax* (décl. gén. *pacis*), paix. Pour une ville, signer un *pati* signifiait

---

[347] FAVIER (J.), *La guerre...Op.cit.*, p.88.
[348] AM Cajarc, CC 15, registre II, f° 54 v°.
[349] AM Gourdon (M.A.), BB 4, f° 12 v°.
[350] AM Cajarc, CC 8 : nombreuses mentions de ces guetteurs dans ce registre de 1356.
[351] *Ibid.*, f° 136 r°.
[352] AM Martel, BB 5, f° 90 v°.
[353] *Ibid.*, f° 96 v°.
[354] *Ibid.*, f° 99 v°.
[355] AM Gourdon (M.A.), CC 19, f° 4 r°.
[356] LACOSTE (G.), *Histoire.... Op.cit.*, T.III, p.167.

se neutraliser totalement du point de vue militaire. En effet, si le traité en question stipulait juste que le capitaine anglo-gascon et ses hommes devaient laisser les habitants du lieu concerné travailler et circuler librement, ces derniers devaient en revanche recueillir les routiers s'ils étaient poursuivis par leurs ennemis, ainsi que le stipulait Noli Barbe dans la convention qu'il passa avec Capdenac en 1389[357] ; un autre, du même capitaine, précisait le cas inverse, les habitants pouvant trouver refuge chez les Anglais[358]. Dans tous les cas, il fallait payer le prix fort pour jouir de ces paix et les compagnies comblaient ainsi à bon compte leurs besoins logistiques tout en s'assurant du contrôle de zones importantes.

Il ne subsiste que peu de choses du château de Belcastel du XIVe siècle (une partie du corps de logis et de l'enceinte, la tour maîtresse et la chapelle), mais l'observation du site, un éperon rocheux à l'aplomb du confluent de la Dordogne et de l'Ouysse, montre à quel point il était favorable du point de vue défensif.

Figure 5. Le château de Belcastel.

Le développement du procédé fut ralenti par la paix de Brétigny, car même si des bandes armées subsistèrent dans la province, elles furent loin d'être aussi nombreuses et organisées qu'entre 1356 et 1359. En revanche, dès que la guerre se réinstalla, en 1369 et surtout l'année suivante, *patis* et *suffertas* devinrent de plus en plus nombreux. Allant en s'intensifiant, il semble que ce système ait atteint son plein rendement à la fin de la décennie ou au début des années 1380, pour subsister ensuite jusqu'à la fin du conflit avec des intensités variables suivant les périodes.

Au premier abord, il est assez surprenant de constater que si les capitaines se faisaient livrer des vivres et de l'argent au titre de ces *patis*, la composition des livraisons de denrées était parfois très déséquilibrée. En effet, en 1377,

---

[357] AM Capdenac, EE 3.
[358] AM Martel, BB 7, f° 3 v°.

les comptes de Cajarc ne mentionnent qu'un seul chargement de vivres amené par voie fluviale à la garnison de Balaguier-d'Olt, alors qu'en revanche plus de trois mille litres de vin y furent livrés en plusieurs fois[359] ; la même année, on peut observer le même phénomène dans les comptes de Capdenac, qui traitait aussi avec Balaguier-d'Olt[360]. A Martel l'année suivante, la ville paya au capitaine de Montvalent, pour un *pati* de quatre mois, cent francs, quarante setiers de blé et d'avoine, un setier de sel, un demi-quintal de chandelles, dix francs en toile et « *les deniers accoutumés* »[361] ; il semble ainsi que ce qui était demandé pour un *pati* variait suivant le lieu et l'on peut penser que les capitaines répartissaient sur l'ensemble du territoire sous leur contrôle les ponctions qu'ils souhaitaient effectuer, de la même façon que le faisaient en Provence les capitaines aux ordres de Raymond de Turenne durant les années 1390[362] : la garnisons de Pertuis, comprenant 106 hommes, avait des *patis* avec 66 localités, qui allaient de la petite ville au village, tandis que celle de Vitrolles, avec ses 51 individus, traitait avec 29 communautés, elles aussi de tailles diverses[363]. Les documents quercinois ne permettent pas de déterminer avec autant de précision l'étendue des territoires contrôlés par chaque compagnie, mais ils devaient être plus ou moins similaires, c'est-à-dire des zones s'étendant de vingt à soixante kilomètres depuis la garnison, suivant son importance[364].

En dehors de toute convention, des besoins ponctuels pouvaient être satisfaits par les présents que faisaient les consulats aux capitaines pour s'attirer leurs bonnes grâces, et certainement éviter qu'ils ne prennent plus par eux-mêmes dans les environs de la ville. Bertrand de Bessanat, passant à Cajarc vers la fin 1380 avec sa troupe pour se rendre à Puylagarde, reçut ainsi douze pains et une quinzaine de litres de vin[365] ; l'année suivante à la même époque, les consuls de Gourdon donnèrent de la même façon à Peyran lo Malhie, capitaine de cazals qui passait à proximité, quarante pains, une trentaine de litres de vin et un setier d'avoine[366].

En plus du ravitaillement, les traités permettaient aux capitaines de s'enrichir personnellement, mais assez chichement : celui de Montvalent se fit donner trois tasses d'argent fin en 1378[367], tandis qu'Arnauto de Laffita, qui commandait à Corn, en reçut une des consuls de Cajarc l'année suivante[368]. En 1384, Cahors paya deux marcs d'argenterie à Ramonet del Sort, en plus de quatre cents livres tournois et de fournitures diverses[369].

Les *patis* étaient un moyen de contrôle de zone idéal : ils permettaient de neutraliser militairement les villes et les bourgs, réglaient une grande partie des besoins logistiques et participaient à l'appauvrissement général de la région. En effet, avant d'en conclure un, chaque compagnie chevauchait les environs de la ville ou du bourg visé afin de le contraindre à accepter le compromis, tandis qu'ensuite les ponctions effectuées sur les budgets municipaux pour pouvoir payer contibuaient encore à grêver l'économie locale. D'autre part, il est certain qu'après les premières signatures, les localités autant que les compagnies recherchèrent ces compromis, ce qui explique leur multiplication des années 1370-1390. La chose est aisément compréhensible, car pour les bandes armées, il devenait ainsi moins éprouvant et moins coûteux de se procurer du ravitaillement, tout en obtenant des périodes de confort où il suffisait de maintenir

---

[359] AM Cajarc, CC 13.
[360] AM Capdenac, EE 2.
[361] AM Martel, BB 6, f° 1 r°.
[362] VEYDARIER (R.), *Op. cit.*, pp.178-188.
[363] *Ibid.*, pp.184-188.
[364] VEYDARIER (R.), *Op. cit.*, p.172.
[365] AM Cajarc, CC 16, registre I, f° 52 r°.
[366] AM Gourdon (M.A.), BB 5, f° 10 r°.
[367] AM Martel, BB 6, f° 2 r°.
[368] AM Cajarc, CC 15, registre I, f° 35 v°.

un sentiment d'insécurité pour garder un secteur sous contrôle ; pour les communautés, il s'agissait de soutenir autant que possible la vie urbaine en permettant aux activités vitales de se poursuivre.

Toutefois, reposant sur la violence et mettant les différents capitaines d'un même secteur en concurrence, les traités ne furent jamais en mesure d'apporter la sécurité et la stabilité aux municipalités qui les signaient. En effet, si certains chefs arrivaient à s'entendre sur ces traités, comme Bertrucat d'Albret et Bernard Doat au sujet de celui de Cajarc en 1377[370], d'autres se brouillaient, ainsi Peyran lo Malhie et Noli Barbe en 1381, et il s'ensuivait le ravage des territoires litigieux[371]. De plus, l'arrivée de toute nouvelle troupe provoquait de nouvelles destructions jusqu'à ce qu'un accord soit trouvé[372]. Enfin, les traités n'étaient pas toujours observés, tant par les localités que par les compagnies : les consuls de Gourdon attaquèrent la garnison de Masclat en 1381[373] alors même qu'un traité était en cours avec Noli Barbe, qui regardait cette garnison comme sous son commandement[374] ; la même année, le capitaine de Cazals prit dix bœufs et deux roussins aux Gourdonnais sous un prétexte fallacieux[375] et au mépris du *pati* qu'il avait conclu avec eux[376]. Ainsi, ces traités, s'ils permirent de transposer la guerre sur un plan plus économique, ne firent cependant jamais totalement cesser les combats et les destructions qui étaient leurs raisons d'être. Leur nombre important à partir des années 1370 montre que les capitaines maîtrisaient ce moyen particulièrement efficace de contrôler et d'affaiblir le pays, entre violence et diplomatie.

3. Cent années d'opérations.

Les troupes anglo-gasconnes qui combattirent en Haut-Quercy permirent au roi d'Angleterre d'y fixer des hommes qui, restant sur place pour défendre leurs villes et leurs villages, ne purent rejoindre les armées du roi de France. D'autre part, en obligeant les localités à investir dans la défense, elles immobilisèrent sur place d'importants capitaux et portèrent de rudes coups à l'économie locale en ravageant le pays et en extorquant des traités. Toutefois, les compagnies anglaises ne passèrent pas une centaine d'années à parcourir et ravager le pays sur un mode égal, un champ brûlé succédant à un village détruit sans autre logique que le profit militaire et économique local et immédiat. Observées depuis un point de vue plus large, leurs actions prennent un tout autre relief et il est possible de les grouper en plusieurs périodes distinctes.

La guerre d'Edouard III.

Pour le Haut-Quercy, le conflit commença réellement en août 1345 avec la prise de Bergerac. De là, les Anglais s'avancèrent vers la province et prirent quelques places sur ses abords occidentaux, sans trop profondément s'aventurer dans le pays ; en revanche, l'année suivante, ils se rendirent brusquement maîtres de plus de quinze localités, situées pour

---

[369] LACOSTE (G.), *Histoire…Op.cit.*, t.III, p.279.
[370] AM Cajarc, CC 13, f° 33 r°.
[371] AM Gourdon (M.A.), BB 5, f° 6 r°.
[372] AM Capdenac, EE 2.
[373] AM Gourdon (M.A.), BB5, f° 2 v°.
[374] *Ibid.*, f° 13 r°.
[375] *Ibid.*, envers, f° 4 v°.

l'essentiel du côté ouest et dans les vallées du Lot et de la Dordogne[377]. Durant le même temps, le comte de Derby consolida la position anglaise en Guyenne puis, le 12 juillet, Edouard III débarqua avec 12 000 hommes à Saint-Vaast-La-Hougue, chevaucha ensuite de la Normandie vers Paris avant de remonter vers le nord où il remporta, le 26 août, la bataille de Crécy contre Philippe VI.

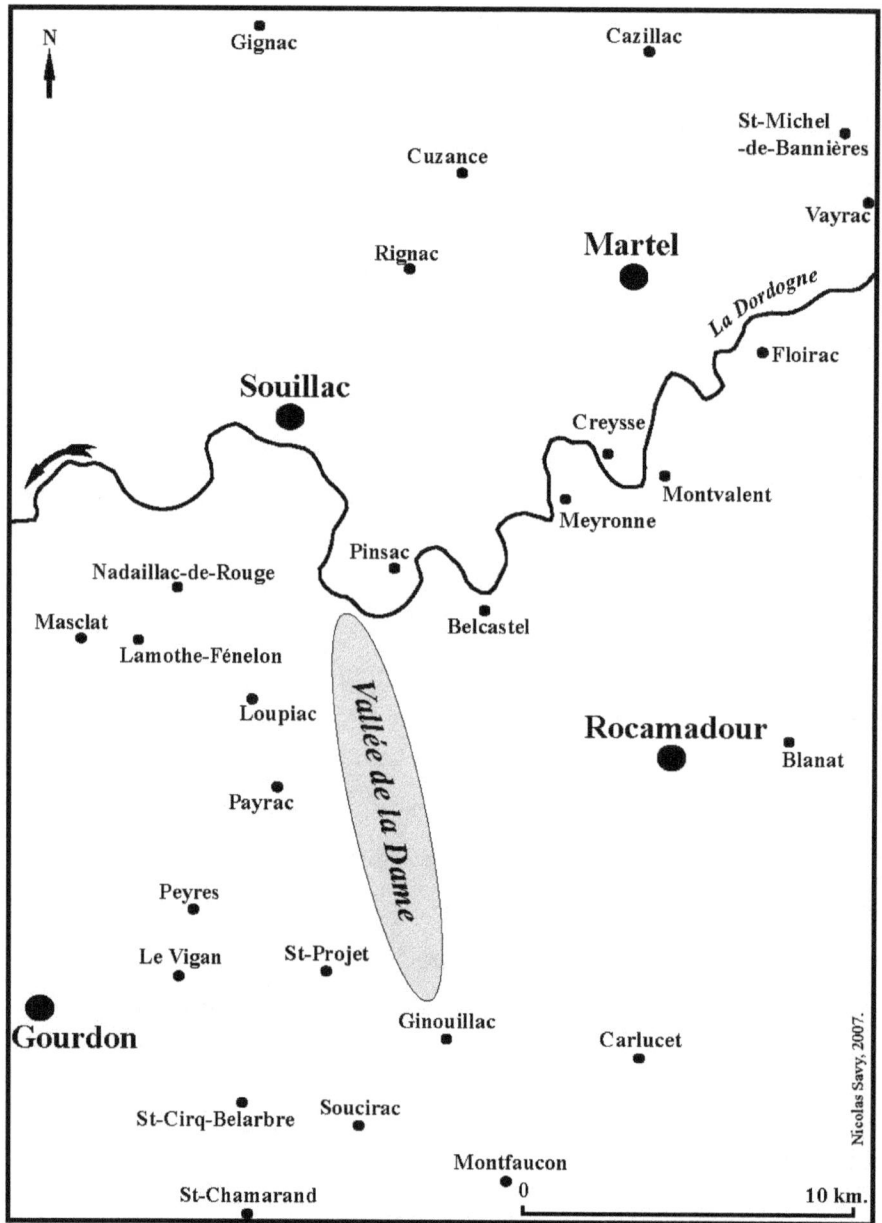

Carte 2. La région Gourdon-Martel-Rocamadour et le bois des Dames.

> Nous n'avons pas trouvé de toponyme correspondant au *Bois des Dames* en Haut-Quercy. En revanche, la vallée joignant la Dordogne à Ginouillac est connue comme la *vallée*, ou *combe*, *de la Dame*. On y trouve au moins trois toponymes dits *La Dame*.
> C'est vraisemblablement dans cette vallée que nous devons chercher le bois des Dames, où les Gourdonnais combattirent les Anglais qui s'y étaient installés en avril 1350.

---

[376] *Ibid.*
[377] Recoupement d'informations à partir de AM Martel, BB 5, et Lacoste (G.), *Histoire…Op.cit.*, t.III.

L'année suivante, le nombre de points forts aux mains des Anglais tomba à moins d'une dizaine et se maintint ainsi durant plus de deux ans, ce qui n'empêcha pas les bandes armées de continuer à parcourir les bois[378] et la campagne[379]. Elles purent même prendre Montcuq, mais la place leur fut cependant rapidement reprise par l'évêque de Cahors, qui les expulsa aussi de Bélaye, qui était tombé entre leurs mains en 1346[380].

On observa ensuite un faible sursaut des activités anglaises durant l'année 1350. Il était peut-être à mettre en rapport avec la rupture de la trêve de Calais par les Français en août 1349 et qui fut suivie, de septembre à février suivant, par leur invasion de la Saintonge et du Bas-Poitou[381], et avec le raid d'Henri de Lancastre en Languedoc durant le mois de décembre[382]. Une troupe anglaise s'installa notamment au bois des Dames aux alentours de la fin du mois d'avril 1350, mais elle en fut très rapidement délogée par un détachement gourdonnais qui réussit même à ramener neuf prisonniers[383].

Une accalmie d'une année suivit, précédant une reprise en 1352. On note que cette même année, profitant des désaccords naissant entre Charles d'Espagne et le roi de France, les Anglais se saisirent de Guines en Normandie alors même qu'une trêve étaient en cours[384]. Les années 1353 et 1354 ne virent pas d'événements militaires exceptionnels dans la province, mais l'on continuait à s'y battre, tout comme dans le Périgord voisin[385] : menacés par la garnison anglo-gasconne de Nadaillac, les consuls de Gourdon levèrent et équipèrent une soixantaine de sergents d'armes pour « *aller contre les ennemis et leur tendre des embuscades* »[386]. C'est à cette époque que l'on trouve la première trace en Haut-Quercy d'une trêve négociée entre une compagnie et une localité, les mêmes consuls de Gourdon faisant lever un impôt pour payer les quinze jours de vivres qui devaient être livrés au titre d'une *sufferta*[387].

Durant cette toute première période de la guerre, l'activité des troupes anglo-gasconnes opérant en Quercy s'accorda parfois aux grandes opérations menées par Edouard III sur d'autres théâtres d'opérations, notamment au cours des années 1346 et 1352 ; cette concordance méritait d'être mise en avant, bien que rien ne prouve qu'elle ait été voulue. Le reste du temps, ce fut ce que nous pourrions appeler une monotone guerre de harcèlement, faite essentiellement d'embuscades.

La couverture des chevauchées du prince de Galles.

1355. La guerre à petites journées jusque-là menée par les Anglais en Haut-Quercy était terminée. Dès le mois d'août, des bandes armées furent partout, signalées à Meyrones[388], autour de Martel[389], à Salagnac[390] et à Creysse[391],

---

[378] AM Cajarc, CC 4, f° 164 r° et v°.
[379] AM Cajarc, CC 5, envers, f° 70 r°.
[380] LACOSTE (G.), *Histoire…Op.cit.*, t.III, pp.119-120.
[381] SUMPTION (J.), *The Hundred Years War II… Op. cit.*, pp.51-56.
[382] *Ibid.*, pp.58-59.
[383] AM Gourdon (M.A.), CC 17, f° 4 v°.
[384] FAVIER (J.), *La guerre…Op.cit.*, p.153.
[385] HIGOUNET-NADAL (A.), *Les comptes de la taille et les sources de l'histoire démographique de Périgueux au XIVᵉ siècle*, Paris, SEPVEN, 1965, p.34.
[386] AM Gourdon (M.A.), BB 4, f° 3 r°.
[387] *Ibid.*, f° 12 v°.
[388] AM Martel, CC 3-4, f° 63 v°.
[389] *Ibid.*, f° 64 r°.
[390] *Ibid.*
[391] *Ibid.*

tandis que Saint-Céré[392] et Soucirac[393] furent pris en septembre. Plus au sud, les Anglo-Gascons ruinèrent les alentours de Cahors et se saisirent de Puy-l'Evêque, Castelfranc, Marminiac, Les Arques, du château de Roussillon et de Laroque-des-Arcs[394]. Cette augmentation des opérations militaires anglaises d'août à décembre peut-elle être détachée de la chevauchée dévastatrice que le prince de Galles effectua en Languedoc durant la même période ? Il semble bien que non, car les consuls de Martel, entreprenant et accélérant un important chantier de remise à niveau de leurs fortifications, cherchaient en permanence à connaître les mouvements effectués par l'armée du prince[395]. Pendant que ce dernier mit le Languedoc à feu et à sang, son père, au Nord, ravagea l'Artois puis rentra à Calais fin novembre après avoir évité l'armée de Jean le Bon[396].

Revenu chargé de butin à Bordeaux courant décembre, le prince de Galles poursuivit ensuite son effort dans les provinces du Sud-Ouest pour profiter de la démoralisation que ses succès avaient provoqué chez ses ennemis[397]. Il envoya une armée, commandée par les comtes de Suffolk, d'Oxford et de Salisbury[398], en direction des terres de la vicomté de Turenne par la vallée de la Dordogne : Beaulieu fut pris en janvier 1356[399] et Souillac début février[400], tandis que Frayssinet-le-Gourdonnais le fut à la fin de ce même mois[401]. Au début du printemps, la situation gagna encore en intensité dans tout le Haut-Quercy[402] : Goujounac fut pris le 16 mars[403], Labastide-Fortanière le 29 avril[404], Fons le 10 mai[405], Beauregard le 11[406] et Lalbenque le 17[407]. Dans les registres de Cajarc de cette période, il est beaucoup plus fréquemment que de coutume question de déplacements de troupes ennemies[408]. Cette accentuation de la pression militaire anglo-gasconne se faisait alors que le prince de Galles s'engageait dans une nouvelle grande chevauchée. Les préparatifs et les premiers mouvements de celle-ci ne manquèrent pas d'inquiéter les consuls ce Cahors et de Cajarc, notamment lorsqu'ils apprirent que le prince se trouvait à Montréal vers le début du mois de mai[409].

De juin à août, manœuvres et attaques diverses se poursuivirent pendant que le prince de Galles chevauchait avec son armée vers le nord, passant par le Périgord voisin et le Limousin pour rejoindre le Berry, alors que son jeune frère, le duc de Lancastre, quittait le Cotentin en direction de la Touraine où pourrait éventuellement se faire la jonction de leurs deux armées[410].

En Haut-Quercy, les choses se calmèrent quelque peu à la fin du mois de septembre. Cajarc négocia une suspension d'armes avec Pierre de Gontaut, capitaine de Gréalou, au moment où Jean le Bon, ayant enfin rejoint le prince de Galles après deux semaines de poursuite, venait de perdre la bataille de Poitiers et d'y être fait prisonnier[411].

---

[392] AM Gourdon (M.A.), CC 18, f° 4 r°.
[393] *Ibid.*, f° 9 r°.
[394] LACOSTE (G.), *Histoire…Op.cit.*, t.III, p.147.
[395] SAVY (N.), « Un chantier de fortification à Martel en 1355-1356 », dans *BSEL*, T.CXXV (4ᵉ fasc. 2004), pp.253-271.
[396] FAVIER (J.), *La guerre…Op.cit.*, pp.190-191.
[397] ROGERS (C.J.), *War Cruel and Sharp… Op. cit.*, pp.325-327.
[398] SUMPTION (J.), *The Hundred Years War II. Trial by Fire*, Philadelphia, University of Pennsylvania Press, 1999, pp.191-192.
[399] AM Gourdon (M.A.), CC 18, f° 12 v°.
[400] *Ibid.*, f° 13 v°.
[401] *Ibid.*, f° 15 r°.
[402] SAVY (N.), « La prise de Fons en 1356. Cajarc face à la menace anglaise », dans *BSEL* t.CXXVII (1ᵉ fasc. 2006), pp.23-38.
[403] AM Cajarc, CC 8, f° 145 r°.
[404] *Ibid.*, f° 145 r°.
[405] *Ibid.*, f° 150 r°.
[406] *Ibid.*, f° 135 v°.
[407] *Ibid.*
[408] *Ibid.*, notamment, mais la plupart des feuillets de ce registre contiennent ce type d'information.
[409] *Ibid.*, f° 135 r°.
[410] FAVIER (J.), *La guerre…Op.cit.*, p.208.
[411] SAVY (N.), « La prise de Fons…*Op.cit.*, p.30.

La province bordait les zones de passage des chevauchées du prince de Galles et, selon toute logique, l'intensification des activités anglaises dans cette zone permit de couvrir les mouvements de son armée.

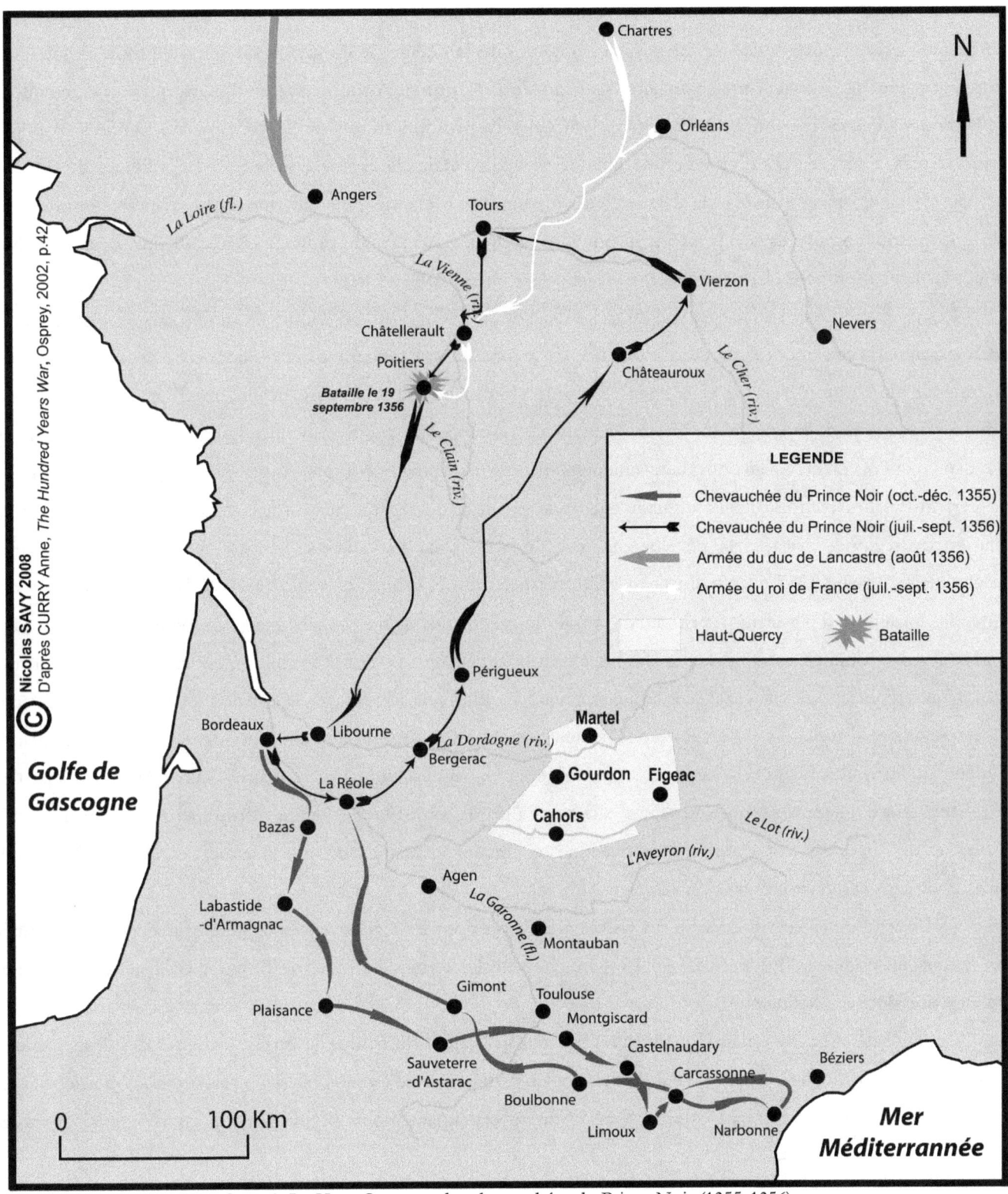

Carte 3. Le Haut-Quercy et les chevauchées du Prince Noir (1355-1356).

La mise sous pression d'un adversaire à terre.

Son roi captif de l'ennemi, le royaume de France était décapité. Le dauphin Charles assurait la régence, mais son pouvoir était fragile : aux Etats d'octobre 1356, le prévôt des marchands Etienne Marcel, s'érigeant en porte-parole des bourgeois mécontents, exigea des réformes et des révocations, la défaite de Poitiers ayant selon lui montré que le pays était mal gouverné[412]. Quelques mois plus tard, les Etats de 1357 prirent l'ordonnance du 3 mars, qui mettait en quelque sorte la monarchie sous le contrôle des bourgeois parisiens. La position du roi Jean II, prisonnier à Londres et soucieux de voir la paix s'installer pour obtenir une libération rapide, était elle-même contraire à la politique du régent[413]. Fin 1356, les Anglais et Charles de Navarre attaquèrent en Bretagne puis ravagèrent les régions limitrophes[414], tandis que quelques mois plus tard la Jacquerie ajouta encore aux difficultés du futur Charles V. D'autre part, la monnaie était au plus mal, ayant perdu les neuf dixièmes de sa valeur entre 1356 et 1360.

Les premières négociations en vue du traité de paix qui mettrait fin au conflit aboutirent aux accords de janvier 1358 mais, après s'être montré modéré, Edouard III augmenta ses prétentions. En réponse à celles-ci, il reçut du Dauphin une fin de non-recevoir et entama alors une chevauchée pour le faire fléchir, mais ce fut en pure perte. Durant toute cette période, malgré les trêves, l'activité des compagnies anglo-gasconnes quercinoises resta à un niveau élevé. Sans que l'on sache si elles opéraient uniquement pour leur propre compte ou pour celui du roi d'Angleterre[415], il est certain qu'elles contribuaient à affaiblir encore la position du régent, nuisant à la confiance que lui portait les habitants des régions dévastées et développant leur désir de paix. Par ailleurs, le texte de la suspension d'armes promulguée le 23 mars 1357 contenait une subtilité permettant aux capitaines anglo-gascons d'opérer à la limite de la légalité : les localités qui n'avaient pas encore payé pour les *patis* et les *suffertas* conclu précédemment devaient s'acquitter des arrérages des sommes dues[416] ; ne pas le faire, c'était briser la trêve et les compagnies n'eurent pas de mal à justifier leurs attaques contre des villes à l'économie exsangue et incapables de payer. Gourdon et Cajarc en particulier, mais certainement d'autres aussi, avaient conclu plusieurs traités et se retrouvèrent ainsi dans une situation délicate. Le Quercy ne fut d'ailleurs pas la seule province à subir ces compagnies, qui ravagèrent aussi toute l'Auvergne à partir de 1357, s'emparant d'un grand nombre de châteaux des prévôtés de Saint-Flour, Mauriac et Aurillac et saccageant les villes de Murat et de Brioude[417] ; on note à cette occasion que certains capitaines, comme Bertrucat d'Albret et Noli Barbe, combattirent dans ces deux provinces ainsi qu'en Aubrac.

L'efficacité de ce travail de sape fut visible à la façon dont les Cadurciens acceptèrent, malgré les apparences, d'être soumis au pouvoir d'Edouard III en 1361 qui, suivant les termes du traité de Brétigny-Calais, annexait toute la province à son duché d'Aquitaine[418].

Le traité de Brétigny-Calais, conclu et ratifié en 1360, aurait dû sonner la fin des activités des compagnies au service tant du roi d'Angleterre que du roi de France. En fait, privées d'emploi, elles poursuivirent la guerre pour leur propre compte. Celles qui restèrent en Haut-Quercy furent cependant moins nombreuses qu'en 1359, mais les trois à

---

[412] FAVIER (J.), *La guerre…Op.cit.*, p.229.
[413] *Ibid.*, p.235.
[414] SUMPTION (J.), *The Hundred Years War II. Trial by Fire*, Philadelphia, University of Pennsylvania Press, pp.267-276.
[415] *Ibid.*, pp.265-276.
[416] *Foedera. Op.cit.*, (1344-1377), p.349.
[417] MAZURE (A.), « Tableau historique… *Op. cit.*, pp.201-202.
[418] SAVY (N.), *Cahors…Op.cit.*, pp.98-100.

quatre bandes armées qui y séjournèrent en permanence jusque fin 1368[419] suffirent à maintenir un état d'insécurité permanent. On note cependant que les tribulations des regroupements de routiers appelés « Grandes Compagnies » épargnèrent la province[420]. Les consulats quercinois adressèrent de nombreuses suppliques au prince de Galles pour qu'il fasse cesser les agissements des bandes incontrôlées, mais malgré son expédition en Espagne où il en entraîna un grand nombre à sa suite, libérant quelque peu ses provinces de leur lourde présence, il fut incapable d'arrêter totalement leurs agissements en Quercy comme ailleurs. Il avait par ailleurs trop besoin d'eux pour se montrer intransigeant.

Maintenir le Quercy dans la principauté d'Aquitaine.

Le 5 février 1369, Cahors fut parmi les premières villes soumises à la domination anglaise par le traité de Brétigny à reconnaître la souveraineté du roi de France, ses dirigeant s'étant montrés sensibles aux manoeuvres et à la propagande orchestrées par celui-ci pour préparer le retour au royaume de France des provinces perdues en 1360[421]. Nombreuses furent les communautés qui suivirent son exemple, tandis que d'autres, comme Cajarc, restèrent dans l'expectative[422] en attendant de voir le tour pris par les premiers combats pour se décider.

Johan Chandos fut envoyé avec une forte armée pour faire cesser le mouvement en faveur du Valois. Entre le 3 et le 27 mai, ses troupes se répandirent dans la province, occupant Cardaillac le 3[423], Vaillac le 8[424], Salviac le 14[425], ainsi que Saint-Martin et Saint-Cernin le 16[426]. Le 18 mai, il tenait Gramat, Fons et Cardaillac, puis se présenta devant Figeac le lendemain[427] ; durant le même temps, une partie de ses hommes furent envoyés harceler Cahors durant une dizaine de jours[428]. L'armée de Johan Chandos partie, les opérations anglaises se maintinrent quelque temps mais sans grande conviction : le 20 juin suivant, de « *grandes compagnies* » passèrent la Dordogne à Beaulieu[429], puis traversèrent le Haut-Quercy oriental en deux jours pour aller se saisir de Maurs et de Livignac-le-Haut[430]. Une petite armée, menée par le lieutenant du prince de Galles et par le sénéchal anglais du Limousin, fit le même trajet deux mois plus tard[431].

Ce qu'il faut bien appeler des gesticulations militaires n'eut pas le résultat escompté : la majeure partie des villes et des bourgs du Haut-Quercy restèrent fidèles au roi de France et purent compter sur l'aide militaire des détachements commandés par Marquès de Cardaillac et Ratier de Belfort, qui sillonnèrent la région pour contrer les hommes du Prince de Galles[432]. En revanche, les destructions occasionnées par les mouvements de troupes furent certainement importantes et ruinèrent les efforts qui avaient pu être accomplis durant la période de calme relatif qui avait précédé. Surtout, à défaut d'avoir obtenu le maintien des communautés quercinoises dans le camp anglais, les Anglo-Gascons gardèrent un pied solide dans le pays en y occupant de nombreux petits points fortifiés, ainsi que de plus importants comme Salviac, Saint-Céré ou Castelnau-Montratier.

---

[419] Information obtenue par recoupement de toutes les sources en notre possession.
[420] SUMPTION (J.), *The Hundred Years War II... Op. cit.*, pp.455-488.
[421] *Ibid.*, pp.578-585.
[422] AM Cajarc, CC 6, f° 139 r°.
[423] *Ibid.*
[424] *Ibid.*, f° 137 v°.
[425] *Ibid.*, f° 138 r°.
[426] *Ibid.*
[427] *Ibid.*
[428] AM Cahors, *Livre Tanné*, f° 79 r°.
[429] AM Cajarc, CC 6, f° 140 r°.
[430] *Ibid.*
[431] *Ibid.*, f° 144 r°.

Ainsi, malgré les succès des armées de Charles V qui prenaient place après place dans les régions voisines[433], il subsistait derrière elles des nids de résistance actifs aux mains de compagnies d'obédience anglaise. Ainsi, durant l'année 1370, plusieurs embuscades anglaises furent montées dans les alentours de Cajarc[434] et les Martelais eurent à subir les exactions de la bande armée de Johan Vassal, installée à Belcastel[435], tandis que d'autres Anglais tenaient Sénaillac[436]. La situation ressemblait de plus en plus à celle des années 1355-59.

Combats sur les arrières de la reconquête française.

Au niveau général, 1371 fut une année de répit durant laquelle chaque adversaire renforça ses positions, ce qui n'empêcha toutefois pas le déroulement de quelques combats d'importance[437]. Il en fut de même en Haut-Quercy, où l'avantage fut cependant aux partisans d'Edouard III, qui se saisirent de Figeac dans la nuit du 13 au 14 octobre. Durant les mois suivants, les effets de la reconquête des armées de Charles V furent visibles, car les points tenus par les Anglo-Gascons devinrent de moins en moins nombreux. Cependant, la vision stéréotypée qui nous présente cette reconquête comme une sorte de front continu est fausse, car derrière les armées françaises qui progressaient en Aquitaine subsistaient toujours de nombreuses compagnies anglo-gasconnes contraignant les localités quercinoises à leur verser argent et vivres. Les traités, *suffertas* et *patis*, qui étaient apparus durant les années 1350, étaient désormais monnaie courante.

Fin 1373, la chevauchée de Lancastre laissa derrière elle plusieurs compagnies dans le nord de la province. Malgré la présence dans la région de l'armée de du Guesclin, elles finirent par se rendre maîtresses de Martel au printemps 1374[438], mais elles en furent chassées par Louis de Bourbon dans le courant de l'été suivant. Le secteur continua néanmoins à être fortement infesté de routiers[439]. Les bandes armées renforcèrent ensuite progressivement leur emprise sur la province jusqu'en 1376, année où une trentaine de points forts furent entre leurs mains. Le système des traités était désormais en place sur la totalité du territoire quercinois et, si dans les textes il est toujours question de combats, les mentions les plus nombreuses sont celles concernant les *patis* et les *suffertas* conclus par Cahors[440], Cajarc[441], Capdenac[442], Gourdon[443] ou Martel[444] avec les compagnies de la région.

Une baisse de l'effectif des Anglo-Gascons présents dans la région fut observable en 1377 et 1378 : peut-être faut-il y voir un effet du désarroi et du flottement causés dans les rangs anglo-gascons par les morts successives du prince de Galles et de son père Edouard III, chefs militaires emblématiques qui avaient dirigé les armées du royaume d'Angleterre avec un certain succès jusqu'en 1369. Toujours est-il que dès 1379, l'occupation anglaise en Haut-Quercy reprit toute sa vigueur.

---

[432] *Ibid.*, f° 139 v°, entre autre.
[433] FAVIER (J.), *La guerre…Op.cit.*, pp.346-351.
[434] AM Cajarc, CC 6, f° 147 v°.
[435] AM Martel, FF 1.
[436] AM Cajarc, CC 6, f° 151 r°.
[437] FAVIER (J.), *La guerre…Op.cit.*, p. 351-352.
[438] PATAKI (T.), « Il y a…*Op. cit.*, pp.87-98.
[439] *Ibid.*
[440] LACOSTE (G.), *Histoire…Op.cit.*, t.III, pp.257-259.
[441] AM Cajarc, CC 12, registre III.
[442] AM Capdenac, EE 2.
[443] AM Gourdon (M.A.), CC 20.

A la mort de Charles V en 1380, la reconquête était ainsi loin d'être complète, la province restant la proie de nombreuses compagnies qui, pour n'être pas toutes à la solde de l'Anglais, n'en ravageaient pas moins le pays à son profit. Quant aux trêves générales conclues durant cette période, leur totale inobservation fut flagrante, au moins en ce qui concerne le territoire quercinois.

Le temps des capitaines.

De 1380 à 1390, la mainmise des compagnies anglo-gasconnes sur la région fut totale et permanente. Les nouveaux rois, Richard II et Charles VI, semblaient vouloir la paix et inaugurèrent une période où les trêves générales se renouvelèrent sans discontinuer durant de nombreuses années. Pourtant, en Haut-Quercy, ce ne sont pas les Tuchins et autres pauvres sans travail révoltés qui terrorisèrent le pays, mais bien des affidés du parti anglais ou, tout au moins, des hommes se présentant comme tels. On trouvait parmi eux des capitaines bien connus, qui avaient depuis toujours combattu sous les ordres du souverain d'outre-Manche : le Bourg Camus en 1385[445], Perrot le Béarnais en 1388[446], Durfort-Duras en 1389[447], Bernard Doat en 1381[448] et 1383[449] ; pour terminer, Noli Barbe est mentionné en 1381[450] et 1386, époque où il tenait déjà Pinsac[451], et en 1389[452] et 1390[453], années durant lesquelles il se déclarait clairement « *capitaine du Sorp et de Pinsac pour le roi d'Angleterre* ». Pour ces hommes, la guerre était certes un moyen de subsistance et une activité économique, mais elle était bien plus encore : l'exercice du métier des armes était pour eux le moyen le plus naturel d'affirmation de soi, voire même, pour certains, d'élévation au-dessus de leur état, car en se battant, on se rapprochait de ceux qui commandaient, qui dirigeaient[454]. Quelque soit leurs niveaux hiérarchiques, les routiers n'avaient aucune raison de cesser leurs activités.

Le texte de la trêve générale de 1382 précisait que les deux adversaires n'enverraient pas de nouvelles troupes dans les zones frontières, mais les garnisons qui s'y tenaient habituellement y resteraient[455], décision qui ne put que satisfaire les capitaines solidement installés, car ils n'avaient aucune intention de se conformer à la suspension d'armes. Quant aux trêves suivantes, pourquoi les auraient-ils observées plus que les précédentes ? Ces « *capitaines pour le roi d'Angleterre* » étaient le reflet des difficultés du jeune Richard II : monté sur le trône à peine âgé d'une dizaine d'années, chapeauté par son oncle Lancastre à la réputation d'incapable, il avait dû faire face à de graves troubles intérieurs dès 1381[456] et ses armées avaient fort peu glorieusement terminé la campagne de Flandre[457]. D'autre part, l'Aquitaine était au plus mal, rétrécie par la reconquête de Charles V, et son économie était asphyxiée. Il avait même fallu, en 1373, 1374 et 1375 importer du blé d'Angleterre à Bordeaux pour faire face à la disette[458].

---

[444] AM Martel, BB 5.
[445] LACOSTE (G.), *Histoire…Op.cit.*, t.III, p.286.
[446] *Ibid.*, pp.290-291.
[447] *Ibid.*, p.293.
[448] AM Martel, BB 6, f° 8 r°.
[449] *Ibid.*, f° 5 r°.
[450] AM Gourdon (M.A.), BB 5, f° 8 r°.
[451] *Ibid.*, BB 6, f° 2 r°.
[452] AM Martel, BB 7, f° 3 v°.
[453] AM Capdenac, EE 3.
[454] JAMME (A), *Op. cit.*, p.160.
[455] *Foedera. Op.cit.*, (1377-1383), pp.141 et 143.
[456] MAUROIS (A.), *Histoire d'Angleterre*, Paris, Fayard, 2000, pp.183-190.
[457] FAVIER (J.), *La guerre…Op.cit.*, pp.395-397.
[458] Il est à noter que l'année 1375 fut difficile dans tout le Sud-Ouest, en particulier à Toulouse : WOLLF (P.), DURLIAT (M.), « L'épreuve des temps (mi-XIVe-mi XVe) », dans WOLLF (P.), dir., *Histoire de Toulouse*, Toulouse, Privat, 1982 (pp.183-222), p.188.

Le gouvernement anglais avait bien assez à faire sans s'occuper en plus de mercenaires en rupture de ban se réclamant de Richard II pour donner un semblant de légitimité à leurs pillages. Le phénomène des Tuchins participa certainement à renforcer les effectifs des bandes armées, mais ce sont les mercenaires anciennement à la solde du roi d'Angleterre qui menaient le jeu : tout fonctionnait alors comme avant. Il est à noter qu'en Italie à la même époque, les compagnies licenciées par les différents protagonistes des guerres schismatiques s'organisèrent sur un mode similaire pour tenir le pays : en 1381, le capitaine Bernard de La Salle, qui avait quitté le Quercy moins de six ans auparavant, occupait alors la tête d'une confédérations regroupant plus de quarante-neuf autres chefs mercenaires[459]. On remarque que ces capitaines opérant dans la péninsule italienne coloraient leurs actions de la légitimité du lointain et contesté pape d'Avignon[460] comme leurs collègues opérant en Quercy se couvraient de celle du jeune et tout aussi lointain roi d'Angleterre.

A défaut de pouvoir les chasser par les armes, le comte d'Armagnac tenta d'acheter le départ des bandes armées : il en coûta au Quercy plus de 16 000 francs en 1387[461] pour en voir quelques-unes quitter le pays l'année suivante ; ce fut en fait un court succès, car elles revinrent aussi nombreuses ou peu s'en faut en 1389 et 1390. Très faible au début de son règne, Richard II n'était pas obéi scrupuleusement et sa francophilie contraria nombre de ceux qui pensaient que la guerre contre les Valois devait se poursuivre et intriguaient en ce sens[462]. Les compagnies qui s'accrochaient au Quercy ne le faisaient peut-être pas en suivant leur seule volonté, et le fait que certains de leurs chefs se soient ouvertement réclamés du roi d'Angleterre était peut-être plus qu'un simple artifice.

Après 1390, les sources quercinoises deviennent plus lacunaires et il est ainsi plus difficile d'apprécier l'action des Anglo-Gascons dans la région. Il subsista toujours quelques bandes armées, mais il est probable que leur nombre se réduisit considérablement tant les mentions les concernant sont rares. Peut-être doit-on y voir l'effet de la volonté de paix affirmée et enfin mise en œuvre par un Richard II parvenant au faîte de son pouvoir, ce qui eut pour conséquence une observation plus rigoureuse des trêves générales. De l'autre côté, après la désastreuse régence de ses oncles, la reprise en main des affaires du royaume de France par Charles VI en 1388 explique peut-être aussi en partie ce retour au calme.

Enfin, le mariage en 1396 du roi d'Angleterre avec Isabelle, fille du roi de France, concrétisa réellement la volonté de paix des deux souverains, qui se traduisit sur le terrain par un apaisement quasi complet de la situation. Le calme régnant dans la province à cette époque fut mis à profit par certains seigneurs pour essayer de repeupler les zones désertées et remettre en valeur les terres en friche depuis des décennies ; des paysans furent ainsi attirés par des franchises avantageuses à Faycelles, Gréalou, Calès ou Bonnecoste[463]. Par ailleurs, alors que durant la période précédente nombre d'immeubles avaient dû être détruits à Figeac, le cadastre de cette ville pour l'année 1400 ne mentionne qu'une seule maison démolie[464].

---

[459] JAMME (A.), *Op. cit.*, pp.164-165.
[460] Ibid.
[461] LACOSTE (G.), *Histoire…Op.cit.*, t.III, p.289.
[462] MAUROIS (A.), *Op. cit.*,p.190.
[463] LARTIGAUT (J.), *Les campagnes…Op.cit.*, pp.61-62.
[464] FOUCAUD (G.), « Notes sur Figeac à la fin de la guerre de Cent Ans », dans *BSEL* t.CXXVI (1ᵉ fasc. 2005), (pp.1-6), p.1.

Les compagnies périgourdines.

L'embellie fut de courte durée. En Angleterre, les partisans de la guerre ne purent que se réjouir lorsque Richard II fut déchu de son trône. En effet, il fut déposé par son cousin Lancastre, qui devint roi sous le nom d'Henri IV et était bien connu pour être opposé à la politique de rapprochement avec les Valois. En France, la tête du pays vacillait : depuis 1392, le roi Charles VI, dont les débuts avaient été prometteurs, était la proie de crise de folies ; elles se faisaient de plus en plus fréquentes et désormais ses périodes « d'absence » se multipliaient. C'est durant cette époque troublée sur le plan politique pour les deux royaumes que les compagnies redevinrent actives en Haut-Quercy. Certaines d'entre elles n'avaient parfois jamais abandonné leurs repaires, comme celui de Moissaguet qui fut occupé de 1389 à 1402[465].

L'arrivée au pouvoir d'un roi d'Angleterre favorable à la guerre eut rapidement des répercutions sur le terrain : courant 1403, le captal de Buch vint à la tête de quatre-cents hommes s'emparer de Cessac, aux portes de Cahors[466], où il se maintint durant trois ans avant de chèrement monnayer son départ. Il se replia ensuite en Périgord[467], où étaient désormais installés les repaires de la plupart des bandes armées opérant en Haut-Quercy. Suivant l'exemple de leurs prédécesseurs du XIVe siècle, elles élevèrent les *patis* et les *suffertas* au rang de principaux buts de guerre.

L'activité croissante des compagnies anglo-gasconnes ne manqua pas d'inquiéter les communautés de la région : en 1408, les consuls de Capdenac firent faire d'importantes réparations aux murailles de leur bourg, inquiétés par les fréquents passages d'hommes d'armes aux alentours[468]. Les Cadurciens avaient fait de même quelque temps auparavant et recommencèrent à négocier avec les capitaines : en 1409, ils avaient des traités en cours avec les garnisons anglaises de Biron, Bigaroque, Castelnaud-de-Berbiguières et Lavaur[469].

Avec un roi dont les moments de lucidité étaient de plus en plus rares, le royaume de France était pour ainsi dire décapité, aussi l'apparition du conflit entre Armagnacs et Bourguignons, avec ses ferments de guerre civile, rendit la situation plus favorable encore aux Anglais s'ils voulaient attaquer à nouveau. Henri V de Lancastre, qui était monté sur le trône d'Angleterre en 1413 en succédant à son père Henri IV, trouva le moment opportun pour reprendre réellement le conflit et réclamer la couronne de France. Les temps redevinrent favorables aux chefs de compagnie, dont certains se saisirent de Villefranche-de-Périgord puis, de là, de Marminiac dans l'Ouest quercinois[470]. Le passage de l'armée de Boucicaut, gouverneur général en Languedoc pour le roi de France, n'empêcha pas les Anglo-Gascons de continuer à vivre sur le pays[471].

Les conditions du combat avaient cependant beaucoup changé depuis les années 1380-90 : les compagnies n'occupaient plus qu'occasionnellement des points forts quercinois de façon durable car ils étaient mieux gardés depuis la reprise en main française et l'accalmie des années 1395-1403 ; principalement installées dans leurs repaires périgourdins, elles avaient désormais un rayon d'action beaucoup plus large, indispensable pour la satisfaction de leurs besoins logistiques. Cette nouvelle façon de procéder permettait par exemple aux bandes armées installées à Castelnaud-de-Berbiguières et à Belvès d'obliger Cajarc, situé à plus de cent kilomètres, à traiter avec elles[472].

---

[465] LACOSTE (G.), *Histoire…Op.cit.*, t.III, pp.293, 309, 311-313, 325.
[466] *Ibid.*, p.325.
[467] *Ibid.*, p.330.
[468] AM Capdenac, CC 4.
[469] Lacoste (G.), *Histoire…Op.cit.*, T.III, p.340.
[470] *Ibid.*, p.355.
[471] *Ibid.*, p.354.
[472] *Ibid.*, p.355.

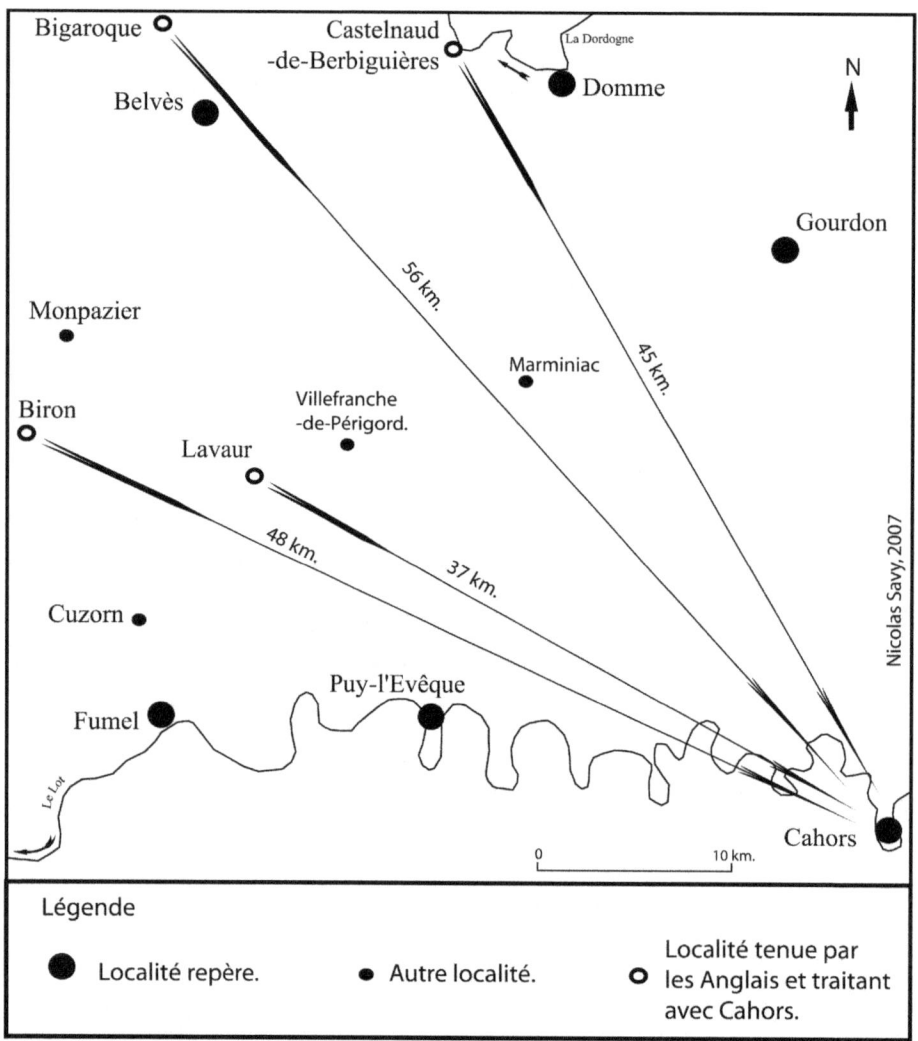

Carte 4. Les compagnies périgourdines traitant avec Cahors en 1409.

L'année 1415 marqua le début d'une nouvelle période d'intense activité militaire anglaise : dans le Nord, les troupes d'Henri V remportèrent le 24 octobre une victoire totale et décisive sur l'armée royale française à Azincourt, tandis qu'en Haut-Quercy les compagnies accrurent encore quelque peu leur emprise sur le pays, notamment en prenant Catus[473]. Durant les onze années qui suivirent, elles continuèrent d'opérer depuis le proche Périgord, se saisissant régulièrement de localités quercinoises, comme le furent le château de Cessac et Douelle en 1419[474], ou Carlucet en 1423[475].

Un nouveau regain d'activité eut lieu entre 1426 et 1428, mais il n'y eut rien de comparable avec les années terribles du XIVe siècle, même si un certain nombre de places supplémentaires tombèrent entre des mains anglo-gasconnes. Une expédition fut alors organisée par les Etats du Quercy pour chasser les garnisons installées à Clermont-le-Gourdonnais et à Mercuès, qui faisaient beaucoup de mal à Cahors. L'armée ainsi levée se dirigea dans un premier temps sur le château de Clermont-le-Gourdonnais, qui était décrit comme « *très fort, bâti de forte muraille* », mais qui n'était

---

[473] *Ibid.*, p.359.
[474] *Ibid.*, p.364.
[475] *Ibid.*, pp.370-371.

en revanche pourvu que d'une « *garnison des plus réduites* ». Malgré ce faible effectif, la prise de ce château fut considérée par les Cadurciens comme « *la plus grande chose qui ait été faite depuis cinquante ans en Quercy* »[476] : affirmant cela, ils faisaient peu de cas de la grande campagne que le sénéchal de Quercy avait effectué durant le dernier trimestre de 1391 et qui lui avait permis de reprendre plusieurs châteaux et localités diverses, mais surtout ils montraient que la définition d'une « grande chose » militaire avait considérablement évolué depuis le siècle précédent. La guerre s'essoufflait.

De mieux en mieux contenues en Périgord par les armées de Charles VII qui relevaient la tête, les bandes anglo-gasconnes ne furent plus en mesure de déstabiliser le Haut-Quercy autant que par le passé. Profitant de ce calme relatif, une reprise progressive des activités économiques se fit jour et vers 1435 le mouvement de repeuplement de la province commença. Pour remettre en valeur leurs terres désertées et y fixer des immigrants, les seigneurs locaux proposèrent des accensements collectifs très avantageux à des paysans en quête de terre, et le succès de beaucoup de ces entreprises montre que l'insécurité était déjà largement en recul à cette époque[477].

Le danger anglo-gascons n'était cependant pas totalement écarté, car quelques sérieuses incursions se produisirent encore : Clermont-le-Gourdonnais fut à nouveau pris en 1436[478], tandis que Montfaucon le fut trois ans plus tard[479], mais ces quelques coups de force peuvent être regardés comme les derniers sursauts d'un camp que l'évidence promettait à la défaite. Les prises de Castelnaud-de-Berbiguières, de Belvès et de Domme par les Français au début des années 1440 rendirent une paix presque totale au Haut-Quercy, et ce bien avant la bataille de Castillon[480].

Bien que les dernières années du conflit se soient déroulées sur un rythme beaucoup moins soutenu qu'auparavant, il convient de ne pas minorer les déprédations liées à la guerre jusqu'à la fin des années 1430. En plus des bandes anglaises qui malgré tout parcouraient le pays, l'effort consenti par le roi de France pour les combattre eut des conséquences fâcheuses, car il se traduisit par la présence accrue de mercenaires à son service. Leurs manières de faire n'avaient rien à envier à celles des Anglais : en Quercy, les campagnes du routier castillan Rodrigo de Villandrado ne furent par exemple qu'une suite de pillages. Il faut aussi tenir compte du fait que depuis des décennies l'insécurité et les désordres avaient amené certains nobles locaux à considérer les rapines, le vol et le rapt comme des activités tout à fait normales, et qu'ils les faisaient subir à n'importe qui sans aucun discernement[481].

Le rôle des compagnies anglo-gasconnes en Haut-Quercy apparaît logique durant les premières phases du conflit. En effet, les périodes d'intensification de leurs activités peuvent souvent être mises en relation avec les opérations menées par les armées royales ou princières dans les régions voisines et parfois beaucoup plus loin. Ceci n'apparaît pas comme être dû au hasard et il semble bien qu'Edouard III et son fils le prince de Galles aient pensé à se couvrir en direction du Quercy chaque fois que nécessaire : les compagnies qui ravageaient le pays nécessitaient d'y maintenir des troupes françaises pour le défendre, troupes qui ne viendraient pas gêner le bon déroulement des projets anglais ailleurs. Pour être complète, cette étude devrait être prolongée dans les régions voisines, ce qui ferait certainement apparaître plus clairement encore certaines coordinations ; celles relatives aux chevauchées du prince de Galles de 1355 et 1356 se dévoilent déjà avec netteté dans les seuls documents quercinois.

---

[476] AUSSEL (M.), « Des choses mémorables advenues à Cahors et pays de Quercy en l'an 1428 (étude critique de trois textes) », dans *BSEL*, t.CXXII (2e fasc. 2001) (pp.105-128), pp. 119-120.
[477] LARTIGAUT (J.), *Les campagnes...Op.cit.*, p.73.
[478] LACOSTE (G.), *Histoire…Op.cit.*, t.III, p.391.
[479] *Ibid.*, p.393.
[480] *Ibid.*, p.412.

A côté de l'aspect principalement tactique, les textes mettent en évidence la stratégie d'Edouard III, qui consistait en particulier à amenuiser autant que possible les ressources financières et ruiner la confiance du peuple de son rival[482] : par les destructions diverses et les traités ruineux, en obligeant les communautés urbaines et villageoises à engloutir des sommes énormes pour leur défense, le monarque entendait sans aucun doute mettre l'économie locale à genoux et ainsi réduire de façon significative le produit des impôts royaux français. Tout cessa avec sa mort et celle de son fils, le prince de Galles, et si des compagnies opéraient encore en grand nombre comme par le passé entre 1380 et 1390, c'est parce qu'elles étaient solidement installées dans le pays et qu'elles n'allaient pas abandonner d'elles-mêmes ce qui constituait à la fois leur raison d'être et leur source de revenus alors que personne n'était en mesure de les y obliger, ni d'un côté, ni de l'autre.

L'embellie et le retour à un calme relatif durant la période suivante contribuèrent à réduire considérablement les effectifs des bandes armées et, lorsque la guerre reprit, la plupart d'entre elles opérèrent désormais depuis le Périgord et avec des objectifs de guerre plus confus. Pour le Lancastre, la Guyenne n'avait plus la même importance que pour le Plantagenêt, et la guerre quercinoise ne fut plus alors qu'une guerre de harcèlement qui vit les chefs anglais du Périgord y opérer sans la méthode de leurs grands devanciers du XIVe siècle. En effet, à aucun moment n'apparaîssent dans les textes des éléments montrant des opérations coordonnées à l'échelle de la région, comme avait pu le faire le Prince Noir avec ses capitaines au temps des chevauchées de 1355 et 1356.

Loin d'être des bandes de pillards avinés comme nombre d'historiens du XIXe siècle l'ont écrit, il semble au contraire que les compagnies anglo-gasconnes aient constitué un ensemble cohérent, hiérarchisé et organisé durant la majeure partie du conflit. Certes, il ne saurait être question de trop modéliser dans ce domaine, mais certains éléments communs se retrouvent fréquemment : il s'agit d'abord du bénéfice stratégique que retirèrent les souverains anglais, et en premier lieu Edouard III, des activités menées sur les terres de leurs rivaux par des bandes armées agissant avec ou sans contrat ; on peut ensuite observer les rapports plus ou moins normalisés que les différents capitaines entretenaient entre eux ; enfin, c'est un certain type d'organisation interne que l'on retrouve aussi bien en Quercy qu'ailleurs.

Certainement, beaucoup de troupes ne partageaient qu'à la marge ces caractères communs, mais cela suffisait pour en faire des « *Anglais* », suivant la terminologie employée par les consulats : soldat professionnel ou pauvre hère ayant rejoint un parti de routiers pour trouver à se nourrir, ils vivaient tous sur le pays ; compagnie éprouvée par de nombreuses campagnes ou groupe plus ou moins dépareillé réuni par la fortune du moment, ils n'en mettaient pas moins en œuvre les mêmes modes opératoires.

---

[481] AUSSEL (M.), « Trois lettres de rémission concernant la campagne de Rodrigo de Villandrado en Quercy (1437-1438) », dans *BSEL* t.CXXIII (3e fasc. 2002), pp.179-188.
[482] A ce sujet, voir notamment les ouvrages de C. J. ROGERS : *War Cruel and Sharp... Op. cit.*, ainsi que « Edward III and the Dialectics of Strategy, 1327-1360 », dans ROGERS (C.J.), éd., *The Wars of Edward III.... Op. cit.*, pp.265-284 ; celui de C. T. ALLMAND, *The Hundred Years War : England and France at War, c. 1300-c. 1450*, édition révisée, Cambridge, Cambridge University Press, 1988, avec en particulier les pages 54 à 57, et ceux de H. J. HEWITT, *The Organization of War Under Edward III, 1338-1362*, Manchester, 1966 et *The Black Prince Expeditions*, 1355-1357, Manchester, 1958.

Soumises à plus d'impératifs logistiques que militaires, les bandes armées préférèrent généralement s'installer dans des lieux fortifiés de taille modeste, faciles à défendre, d'où elles pouvaient ensuite rayonner tant pour tenir le pays sous contrôle que trouver du ravitaillement ; à partir des années 1350, elles combinèrent rapidement ces deux nécessités en forçant les communautés urbaines à signer des traités qui les neutralisaient militairement et les forçaient à fournir argent et vivres.

L'intensité de la pression militaire que les bandes anglo-gasconnes firent subir aux villes, bourgs et villages quercinois varia suivant les événements généraux du conflit, mais la stratégie d'Edouard III, qui consistait à ruiner le potentiel économique de son adversaire par le fer et le feu, fut visible en permanence durant tout son règne et même après, lorsque les capitaines continuèrent cette guerre de pillages pour leur propre compte. Après l'accalmie de la fin du XIVe siècle, le mouvement reprit au suivant mais de façon moins prégnante, l'implantation et les effectifs des compagnies ne leur permettant plus de mettre le pays en coupe réglée aussi intensément que leurs aînés.

La destruction du potentiel économique du royaume de France, l'atteinte au moral de ses sujets firent partie des plans d'Edouard III puis de ses successeurs, même si ses derniers ne disposèrent ni des mêmes moyens, ni d'un pouvoir aussi fort. Le Haut-Quercy ne fut pas la seule région a supporter l'insécurité anglo-gasconne, mais le fait que cette province l'ait intensément subi durant la quasi-totalité du conflit en fait un cadre d'étude particulier, où les villes et les bourgs, qui supportèrent le plus gros de l'effort défensif, occupent le premier plan.

Chapitre II

Fortifier la ville

Lorsque les consulats quercinois virent les premiers éléments anglo-gascons se rapprocher dangereusement de leurs villes et de leurs bourgs, ils s'inquiétèrent vivement de l'état de leurs fortifications, qui n'avaient été que peu ou pas entretenues durant la période de calme qui avait précédé. Elles n'étaient d'autre part plus adaptées car, souvent construites avant le XIIIe siècle, elles n'enserraient plus que les vieux noyaux urbains et laissaient de côté les nouveaux faubourgs qui les avaient largement débordés.

Premier réflexe défensif, la remise en état des fortifications doit être étudiée avant les autres composantes des défenses urbaines car, bases de chaque système de protection, elles en ont conditionné l'esprit plus que les compagnies anglo-gasconnes elles-mêmes. Au-delà de leurs capacités militaires effectives, elles furent la seule réalité tangible offrant un sentiment de sécurité à des citadins en proie à la peur et à l'incertitude.

Dans l'urgence des premiers raids anglais, les municipalités firent un certain nombre de choix concernant les réparations et les extentions de leurs enceintes. Contraintes ensuite à les mettre en pratique tout au long du conflit, elles essayèrent de le faire en satisfaisant au mieux les besoins défensifs, mais en fonction de leurs possibilités financières et de leurs impératifs d'administration du moment.

1. Fortifier, entre nécessités tactiques et exigences politiques.

Le Haut-Quercy n'avait pas connu de guerre depuis plus de cinquante ans. Comme pour le reste de l'Occident, le XIIIe siècle y avait été une période d'essor économique et les fortifications étaient naturellement passées au dernier rang des préoccupations. D'autre part, la croissance avait provoqué l'émergence de faubourgs aux portes des vieux centres urbains étroitement corsetés par leurs antiques murailles, désormais délabrées. Le visage que présentait les villes était ainsi relativement récent et les fortifier demandaient d'importants moyens, mais les mettre en œuvre dans le cadre de la seule logique militaire risquait cependant fort de placer les gouvernements urbains face à de violentes contestations.

Vieilles fortifications, nouveaux quartiers.

L'essor et l'intégration des faubourgs.

Les villes et les bourgs, tels qu'ils se présentaient en 1345, avaient considérablement évolué depuis l'époque où leurs premières enceintes fortifiées avaient été construites, parfois plus de deux cents ans auparavant. L'évolution la plus visible était l'apparition des faubourgs : à Cahors, deux d'entre eux avaient surgi en dehors du méandre où se trouvait la vieille ville, sur la rive gauche du Lot : les *barris*[483] de Saint-Georges, au sud, et de Cabessut, à l'est[484] ; les autres se trouvaient devant les portes occidentales de la vieille ville, toujours serrée contre la rivière sur le côté oriental du méandre[485].

A Martel, bourg moins important que Cahors ou Figeac, il semble que les nouveaux quartiers s'étaient développés sur la quasi-totalité du pourtour du vieux centre ; certains, tels les *barris* de Brive et de Souillac, furent même pourvus de portes fortifiées dès la fin du XIIIe siècle. A Gourdon, des faubourgs étaient apparus devant la porte de la rue principale, mais aussi à l'est et au sud, en particulier autour du couvent des frères Mineurs[486]. A Cajarc, les *barris* de la Peyre, de la Porte Vieille, de l'Hôpital, de la Robertie et de la Trèpe Vieille avaient poussé naturellement devant les portes du bourg[487] ; à contrario, le *barri* Nuo était une création artificielle faite sur le même principe que les bastides. Il était né en 1243 par la volonté du seigneur-évêque de Cahors et faisait la jonction entre le sud du vieux bourg et la rivière[488] ; les parcelles étaient placées en damier et les rues se coupaient à angle droit, de la même façon que dans la plupart des villes nouvelles de l'époque. D'une façon générale et lorsque des éléments architecturaux subsistent, on observe facilement dans la plupart des localités quercinoises l'existence de ces *barris* nés au XIIIe ou au début du suivant, par exemple à Puy-l'Evêque, Cardaillac ou Bélaye.

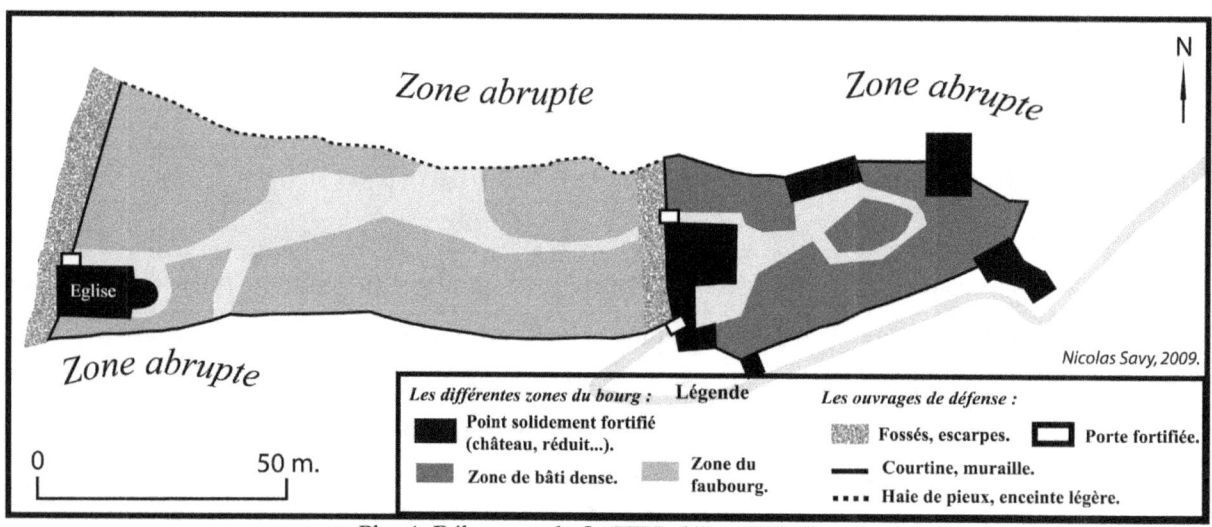

Plan 1. Bélaye vers la fin XIVe-début XVe siècle.

---

[483] *Barri* : faubourg en occitan.
[484] LARTIGAUT (J.), *Atlas historique des villes de France, Cahors (Lot)*, Paris, éd. du CNRS, 1983.
[485] Voir plan 2.
[486] BULIT (R.), *Gourdon-en-Quercy...Op. cit.*, pp.181-182.
[487] ALBE (E.), *Monographies de la région Vers-Lot-Célé*, Cahors, Archives Diocésaines, 1998, p.104.
[488] *Ibid.*, p.75.

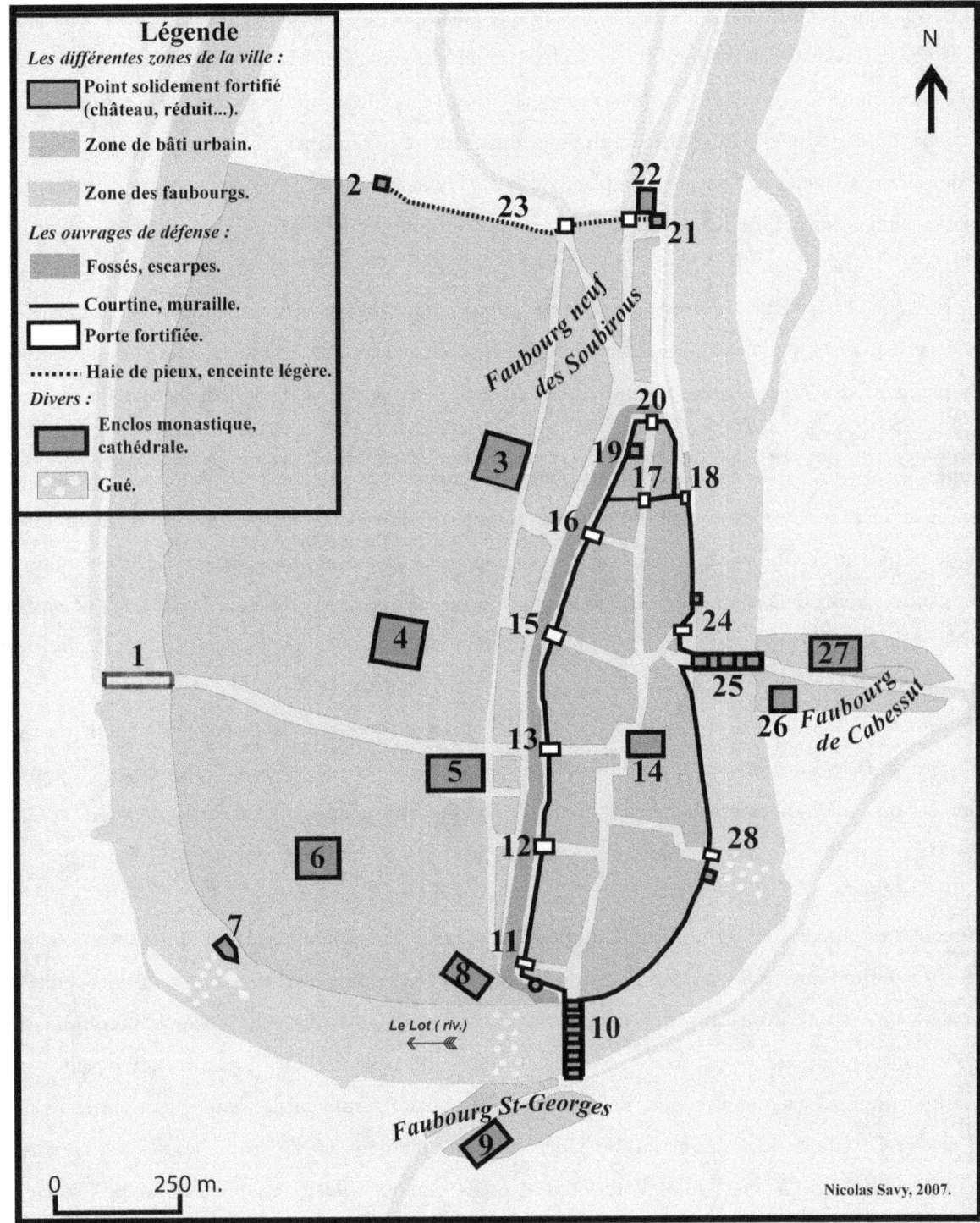

Plan 2. Cahors vers 1340.

1- Pont Valentré en construction.
2- Tour St-Mari.
3- Couvent des Clarisses.
4- Couvent des Chartreux.
5- Couvent des Cordeliers.
6- Couvent St-Amans.
7- Tour des Chanoines.
8- Couvent des Carmes.
9- Couvent de Grandmont.
10- Pont Vieux
11- Porte des Morouls.
12- Porte Neuve.
13- Porte Garrel.
14- Cathédrale.
15- Porte Albenc
16- Porte Sagresta.
17- Porte Del Duc.
18- Porte Ste-Catherine.
19- Tour du palais Duèze.
20- Porte Del Miral.
21- Tour St-Jean.
22- Couvent des Augustins.
23- Ligne fortifiée Nord, certainement avec deux portes.
24- Port Bulhier et sa porte.
25- Pont Neuf.
26- Maison forte du Sénéchal.

En 1345, l'intégration des faubourgs en tant que quartiers urbains à part entière était déjà très avancée. A Cahors, les consuls avaient dès la fin du XIIIe siècle imaginé que ceux de leur cité allaient continuer à se développer vers l'ouest et déterminé une politique d'urbanisme dans ce sens : des fortifications sommaires avaient été édifiées au nord de la ville pour marquer une nouvelle emprise intégrant non seulement les nouveaux quartiers, mais aussi l'ensemble des champs, vignes et potagers à la place desquels l'imagination des magistrats voyait pousser de nouveaux îlots urbains dans un futur proche. Ouvrages que l'on voulait en premier lieu symboliques, laissant ouvert une grande partie de l'isthme barrant l'entrée du méandre, ils ne pouvaient réellement prétendre empêcher une quelconque intrusion[489]. En 1306, il fut décidé de construire le pont Valentré pour desservir cette partie ouest du méandre, qui était encore rurale par bien des aspects mais dont le nouvel ouvrage contribua à renforcer le caractère urbain[490].

Les habitants des *barris* les plus importants de Martel, ceux de Creysse, de l'Eglise, de Souillac et de Brive, étaient représentés au conseil consulaire par trois conseillers par quartier, tandis que le vieux noyau central l'était par cinq personnes. Tout comme à Cahors, des fortifications sommaires enserraient les faubourgs et délimitaient ainsi la nouvelle emprise urbaine. A Cajarc, rien n'avait été semble-t-il fait pour augmenter, ne serait-ce que de façon symbolique, le périmètre fortifié et ainsi marquer le développement du bourg, mais malgré cela l'intégration des *barris* était visible dans l'administration municipale : pour la levée des tailles, la division de la ville faisait apparaître trois quartiers, *Dins los Murs*, *La Peyre* et le *Barri Nuo*, le premier étant en fait la vieille ville, tandis que les deux autres étaient les principaux faubourgs.

Les *barris* qui s'étalaient ainsi devant les portes des vieux centres représentaient véritablement le dynamisme urbain : à Cajarc, le B*arri Nuo* était en 1344 plus peuplé que le vieux quartier central[491], tandis qu'un peu partout on trouvait dans ces nouvelles zones urbaines des activités artisanales indispensables à la consommation : à Gourdon par exemple, des fabricants d'ustensiles en métal s'étaient ainsi installés au faubourg Saint-Jean, suivant une ordonnance consulaire d'août 1330[492].

Fortement estompée dans les domaines politiques et sociaux, la limite qui séparait les nouveaux faubourgs de la ville ancienne du centre s'atténuait aussi sur le plan physique, avec la ruine progressive des vieilles enceintes. En 1345, les vestiges plus ou moins imposants des anciens systèmes de défense devaient apparaître comme des verrues anachroniques qui n'émergeraient plus très longtemps au milieu du tissu urbain. Certaines municipalités prirent bien quelques mesures pour les maintenir en état, mais ensuite elles suivirent souvent le mouvement qui les condamnaient, comme le montre l'exemple de Cahors : en 1305, les consuls voulurent faire détruire toutes les constructions qui encombraient les fossés de la ville, mais l'ordonnance qu'ils édictèrent dans ce but ne fut pas suivie d'effet[493] ; une trentaine d'années plus tard, la politique municipale avait radicalement changé : le consulat et son hôpital possédaient des immeubles situés sur les fossés et retiraient des revenus de ceux qu'ils mettaient en location[494].

---

[489] SAVY (N.), *Cahors… Op. cit.*, p.72.
[490] SCELLES (M.), *Cahors… Op. Cit.*,p.86.
[491] CLAVAUD (F.), *Cajarc… Op. cit.*, t.I, p.57.
[492] AM Gourdon (M.A.), BB 1, f° 15 v°.
[493] Cangardel (F.), Combarieu (L.), Lacombe (P.), *Le Te Igitur*, publication de la *Société des Etudes du Lot*, Cahors, imp. de A. Laytou, 1873, p.55-56, art. 68.
[494] AD Lot, H 73, f° 1.

La dégradation des vieilles enceintes.

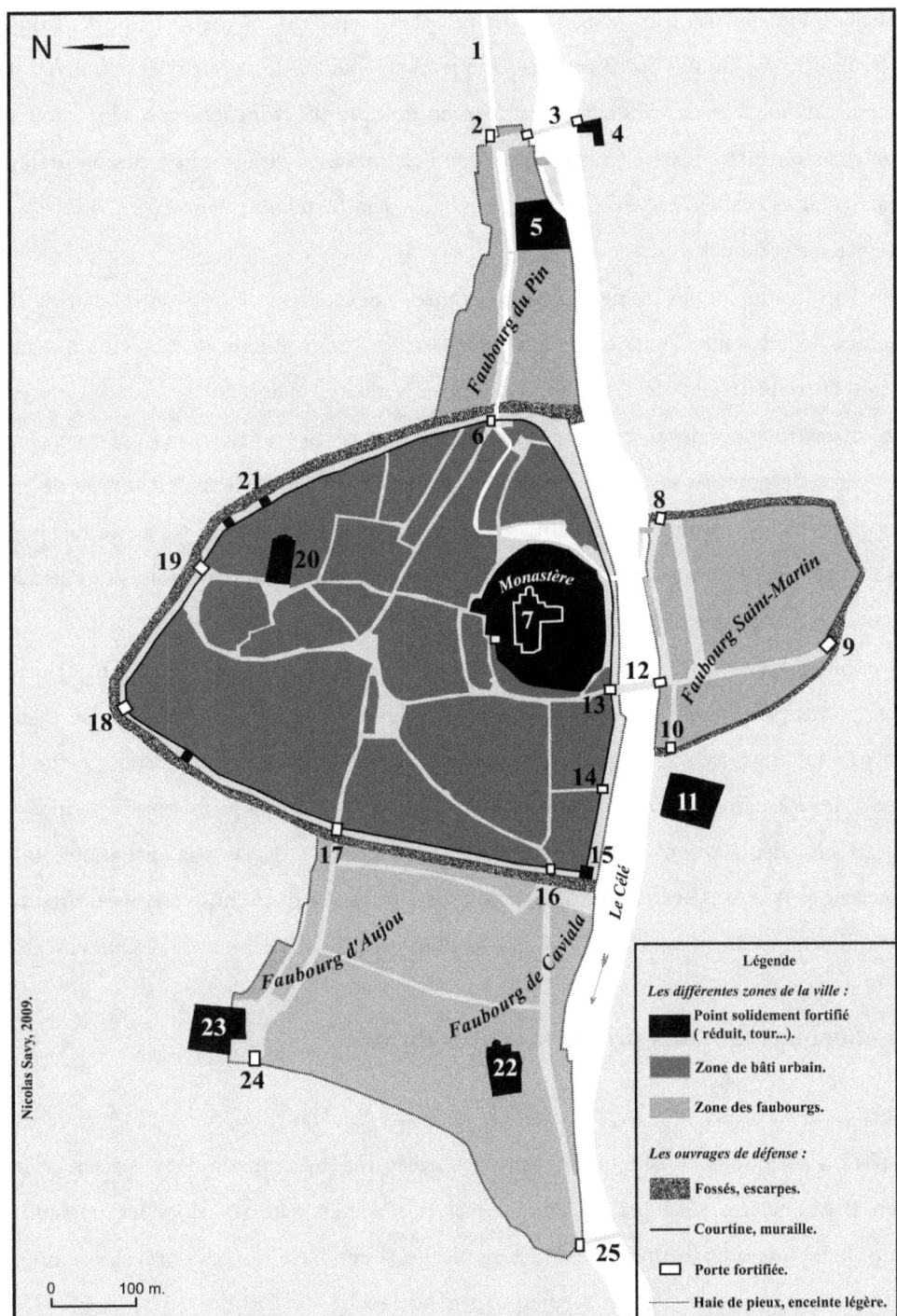

Plan 3. La ville fortifiée de Figeac, vers fin XIVe-début XVe siècle.

1- Canal de L'Estang.
2- Porte de la Lautte.
3- Pont du Pin.
4- Hôpital.
5- Couvent des Augustins.
6- Porte du Pin.
7- Abbaye St-Sauveur.
8- Porte de las Mongias.
9- Porte dels Tranhes.
10- Porte dels Pescadores.
11- Couvent des Jacobins.
12- Pont du Griffoul.
13- Porte du Griffoul.
14- Porte d'Ortabadial.
15- Tour del Canto.
16- Porte de Caviala.
17- Porte d'Aujou.
18- Porte de Monfarié.
19- Porte de Montviguier.
20- Notre-Dame-du-Puy.
21- Tour Sancta Lausa.
22- Couvent des Cordeliers.
23- Couvent des Carmes.
24- Portes des Carmes.
25- Pont du Ga.

Durant les années 1280, les consuls gourdonnais laissèrent les habitants bâtir sur les fossés et percer les murailles à des fins privées dans le but de nuire à l'autorité des seigneurs de la ville, avec qui ils étaient en conflit[495]. Il résulta de ce laxisme volontaire des habitudes qui s'ancrèrent si bien dans les mentalités que, cinquante ans plus tard, les particuliers construisaient à côté des fortifications sans trop se soucier de savoir si cela pouvait avoir une incidence néfaste sur les capacités défensives des ouvrages. La prise en compte de ce problème par les consuls fut trop tardive pour y changer quoi que ce soit[496] : il est ainsi probable que l'ordonnance visant à interdire le prélèvement de sable au pied des murailles arriva alors que l'assise des maçonneries était déjà fortement dégradée[497]. Les douves étaient quant à elles encombrées de pierres et de débris divers[498].

A Cajarc, les fortifications qui cernaient le vieux centre étaient en 1345 dans un tel état de délabrement que les consuls affirmaient que leur localité était sans murs ni fossés[499] ; cette mention est évidemment exagérée car une mention de 1243 fait clairement état de l'existence d'une enceinte[500], mais elle est néanmoins parlante et l'état de déliquescence de ces infrastructures devait être particulièrement avancé. Si l'on excepte le désintérêt des dirigeants à leur égard, l'état des ouvrages de défense s'expliquait surtout par le fait qu'ils n'étaient, en temps de paix, qu'obstacles et contraintes pour les particuliers : nombreux étaient ceux qui, comme à Gourdon ou à Martel, perçaient ça et là des ouvertures dans les murailles leur permettant d'aller et venir plus aisément, ou qui, parfois, démolissaient des portions de courtine pour mieux éclairer leur logement[501].

Durant les périodes calmes, les ouvrages défensifs étaient loués, ce qui permettaient quelques rentrées d'argent supplémentaires aux municipalités. A Gourdon, les douves et les murailles étaient ainsi mises à rente[502] et, en 1337, les consuls louèrent même celles qui se trouvaient devant les portes fortifiées et qui avaient jusque là été préservées[503] ; les aménagements que les locataires ne manquèrent pas d'y faire pour leurs besoins privés contribuèrent certainement pour une grande part aux dégradations qu'elles subirent. Tout ceci ne faisait pas disparaître les vieilles enceintes, comme à Paris où certaines portions avaient totalement disparu, noyées dans le nouveau tissu urbain, mais cela rendait évident le fait que la ville était désormais autre chose que sa partie située à l'intérieur de l'ancienne clôture.

La réticence des consulats face aux premiers ordres royaux.

Les premiers ordres royaux incitant les pouvoirs urbains du Haut-Quercy à rénover leurs systèmes fortifiés arrivèrent courant 1342, alors que le conflit, qui n'avait pas encore touché directement la province, s'était pour quelque temps concentré en Bretagne. Le sénéchal de Périgord et de Quercy autorisa alors les consuls de Cahors à faire contribuer tous leurs habitants aux fortifications[504], mais ils ne firent faire que des travaux d'amélioration limités au secteur de la Barre[505]. Le consulat de Figeac reçut quant à lui l'ordre de fortifier en février 1342[506] mais, comme à

---

[495] BULIT (R.), *Gourdon-en-Quercy...Op.cit.*, p.96.
[496] AM Gourdon (M.A.), BB 1, f° 5 r°.
[497] *Ibid.*, f° 13 r°.
[498] *Ibid.*, f° 14 v°.
[499] AM Cajarc, FF 113.
[500] ALBE (E.), *Monographies...Op.cit.*, p.104.
[501] AM Martel, BB 5, f° 15 v°.
[502] AM Gourdon (M.A.), BB 1, f° 36 r°.
[503] *Ibid.*, BB2, f° 13 v°.
[504] AM Cahors, CC 19.
[505] LARTIGAUT (J.), *Atlas historique des villes de France, Cahors (Lot)*, Paris, éd. du CNRS, 1983.

Cahors, les travaux effectués furent des plus sommaires. A première vue, les consuls martelais prirent ces commandements un peu plus au sérieux, car ils ordonnèrent en avril 1342 de faire « fermer la ville » mais, en fait, en examinant les choses d'un peu plus près, il apparaît que cette ordonnance ne fut pas suivie d'importants travaux[507].

En dehors des réalisations sommaires qui leur permettaient de montrer leur bonne volonté à obéir aux mandements royaux, les municipalités ne souhaitaient pas investir massivement dans des fortifications qui ne serviraient peut-être à rien, le conflit pouvant finir avant que les Anglais aient l'idée d'attaquer la province ; pour l'heure, on se battait loin et tout cela semblait bien superflu. Quant aux consuls de Capdenac, ils ne firent même pas l'effort de faire semblant. Ils n'avaient pas l'intention de débourser un seul denier pour la remise en état de leur enceinte, aussi essayèrent-ils de se décharger en totalité des frais que cela engendrait sur les coseigneurs du bourg, ce qui aboutit à une procédure qui était toujours en cours en novembre 1344[508].

Figure 6. Vue de la muraille sud de Capdenac.

La chevauchée de Derby et la prise de Bergerac, le 16 août 1345, puis l'arrivée des premiers détachements anglo-gascons dans la province alarmèrent les pouvoirs urbains sur l'état de déliquescence avancé de leurs enceintes. A Martel, les consuls firent établir un état des choses nécessaires à la réparation des murs dès le mois de juillet[509], tandis que, moins d'une semaine après la prise de Bergerac, ils ordonnèrent de procéder à tous les travaux de clôture de la ville[510]. A Cahors, les magistrats inquiets se mirent rapidement au travail pour collecter les fonds indispensables aux travaux de remise en état : le 4 septembre, ils demandèrent au chapitre de la cité de contribuer à hauteur du tiers des

---

[506] FOUCAUD (G.), « Figeac, ville fortifiée », dans *BSEL* t.CXIX (3ᵉ fasc. 1998).
[507] AM Martel, BB 4, f° 8 r°.
[508] AM Capdenac, EE 1.
[509] AM Martel, BB 5, f° 14 r°.
[510] *Ibid.*, f° 15 v°.

dépenses envisagées[511]. Il est à noter que les effets de l'alarme déclenchée par l'expédition de Derby furent ressentis dans toute la région : à Toulouse, on commença à remettre en état les vieilles fortifications, délabrées depuis la croisade des Albigeois[512].

Toutefois, avant de commencer les travaux, chaque consulat mena rapidement sa réflexion afin de définir le programme des fortifications qu'il allait être nécessaire de construire ou de remettre en état. L'activité des bandes anglo-gasconnes imposait d'agir dans les meilleurs délais. Le caractère précipité de cette décision fut particulièrement important pour la suite : les consuls y réfléchirent avec un esprit encore formé par les projets qui avaient été fait en temps de paix, avec des priorités économiques et sociales plutôt que militaires, mais les programmes qu'ils définirent ainsi furent appliqués durant plusieurs décennies avec un environnement urbain et une vie socio-économique profondemment modifiés. Cette réflexion préalable s'articula autour de deux axes principaux : les anciennes fortifications et la protection des faubourgs.

Des choix initiaux fruits des contraintes économiques et sociales.

La priorité donnée aux vieilles enceintes.

Malgré leur état de décrépitude, les vieilles enceintes issues des siècles précédents étaient les seules bases sur lesquelles les consulats pouvaient s'appuyer pour construire rapidement des ensembles défensifs capables de mettre la plus grande partie du bâti urbain et de la population à l'abri. Edifier *ex nihilo* de nouvelles enceintes, englobant les faubourgs et capables de résister à toutes les agressions potentielles, revenait à construire des murailles neuves sur un périmètre souvent deux fois plus long que celui des vieux murs. La chose était impossible à réaliser tant par les délais impartis, très courts, que par les finances nécessaires à des projets d'une telle envergure. D'autre part, si les *barris* étaient l'image du dynamisme urbain, le fond des activités économiques restait concentré dans les vieux centres. La priorité fut logiquement donnée à ces derniers, dont il suffisait de remettre en état et d'améliorer les vieilles infrastructures. Celles-ci, principalement maçonnées, furent dans un souci de qualité généralement renforcées à pierre et à chaux. La vieille enceinte de Cahors par exemple, dont les éléments les plus anciens remontaient au VIIe siècle, fut largement épaissie lors de la grande campagne de chantiers de 1345-47[513]. Quant aux murailles ceinturant le vieux bourg de Cajarc, elles furent reprises en profondeur et certaines portions, qui n'étaient pas ou plus maçonnées, furent fermées par un « mur nouveau » en 1348[514]. De la même façon, l'ancienne enceinte martelaise, qui datait du XIIe siècle, fut renforcée et réédifiée avec des maçonneries de qualité entre 1345 et 1356[515], tandis qu'à Gourdon, l'accent fut mis sur les vieux ouvrages jusqu'en 1354[516].

---

[511] AM Cahors, FF 24.
[512] WOLFF (Ph.), *Commerces et marchands de Toulouse, vers 1350 – vers 1450*, Paris, Plon, 1954, pp.36, 96.
[513] SAVY (N.), *Cahors…Op. cit*, p.67-68.
[514] AM Cajarc, CC 4.
[515] AM Martel, BB 5, f° 7 r°-106 r° et CC 3-4 f° 2 r°-86 v°.
[516] Il y a dans les archives de Gourdon un vide dans les documents comptables entre 1345 et 1350 et les archives AM Gourdon (M.A.), BB 3 (1350-51), BB 4 (1353-54), CC 17 (1350-51), ne font pas apparaître de travaux importants aux faubourgs ; en revanche, dans CC 18 (1355-56), une grande partie des ouvrages réalisés aux faubourgs semblent édifiés *ex nihilo* ou peu s'en faut. Force est de supputer que les travaux effectués entre 1345 et 1350, attestés par les documents AM Gourdon CC 1 et EE 6, ont principalement concerné la vieille enceinte.

Cette tour fut construite à partir de 1345 sur les bases d'un ouvrage sommaire datant de la fin du XIIIe siècle. A proximité se trouvait l'ancien couvent des Augustins, qui fut déménagé vers 1342 car il gênait l'édification de la nouvelle muraille. Placée à l'extrémité est des murailles barrant la ville au Nord, elle renforçait les défenses de la porte de la Barre et, d'autre part, interdisait le chemin menant de la porte Sainte-Catherine à Larroque-des-Arcs.

Figure 7. La tour Saint-Jean à Cahors.

Le choix initial de concentrer les efforts sur les vieilles enceintes avait cependant un revers que les élites urbaines n'ont peut-être pas de suite perçu, surtout si elles pensaient que la guerre n'allait pas durer : la remise en état opérationnel des anciennes murailles impliquait de détruire bien plus que les quelques bâtisses construites sur les anciens fossés ; en effet, la neutralisation de toutes les maisons des faubourgs longeant les défenses à l'extérieur devait être envisagé, car elles étaient autant d'abris permettant à un éventuel assaillant d'approcher des murailles sans encombre.

Durant cette première décennie de guerre, entre 1345 et 1355, il importait certes aux municipalités de protéger leurs villes, mais de façon raisonnable, sans grever à trop long terme les finances communales pour se préserver de bandes anglaises qui seraient peut-être parties dans quelques mois. Avant l'alarme que fut la prise de Bergerac, elles avaient autant que possible freiné les exigences royales qui les pressaient de remettre leurs fortifications en état, tandis qu'après elles n'avaient manifesté aucune envie d'investir dans ce domaine plus que ne le demandaient les officiers du roi. En effet, si la situation nouvelle résultant de l'irruption des bandes anglaises enlevait toute justification au refus d'investir dans la défense, elle ne leur fit pas transférer les sommes auparavant prévues pour d'autres projets vers le budget des fortifications avec grand enthousiasme. Sacrifiant ainsi uniquement aux nécessités du moment, les consulats n'avaient pour ainsi dire aucune vue à long terme dans le domaine défensif.

Une situation politique interne défavorable.

Bien que la logique tactique voulait le dégagement des abords des murailles de toute construction sur une largeur importante, les élites municipales n'envisagèrent au départ certainement pas plus que la simple libération des fossés, voire la destruction de quelques bâtisses vraiment trop accolées aux murs. C'était déjà beaucoup et les mécontents furent nombreux : à Cajarc en 1349, les consuls éprouvèrent de grandes difficultés pour obtenir la destruction des maisons construites sur les douves et en appelèrent à l'évêque de Cahors, seigneur de la ville, pour faire plier les propriétaires[517]. Dans un tel cas de figure, les consulats pouvaient cependant se prévaloir de la propriété des zones litigieuses, les fossés et les murailles étant des biens publics, mais il en allait tout autrement des terrains privés, aussi les élites municipales ont-elles certainement réfléchi à deux fois avant de s'aliéner leurs détenteurs par des procédures d'expropriation alors que le climat politique interne était tendu.

Plusieurs mouvements de révolte avaient récemment mis les gouvernements urbains en difficulté : en 1338, les consuls cadurciens avaient été accusés par les *populares*, partie la moins aisée des contribuables, de fraudes diverses en matière d'impôts et le conflit ne fut résolu, après diverses péripéties et l'intervention des officiers royaux, qu'en 1344[518] ; à Gourdon, un contentieux de même nature opposa ici aussi, mais un peu plus tôt, le parti des *Minores*[519] aux *Majores* du consulat ; ces derniers se trouvaient de plus être en conflit avec les Thémines, principaux coseigneurs de la ville[520]. Les magistrats capdenacois étaient quant à eux en butte aux problèmes causés par les habitants des hameaux de Sonnac, Saint-Julien et du Vernet qui refusaient de payer les tailles communales et faisaient à ce sujet procès sur procès depuis 1320. Même assurées du soutien royal, comme à Cahors ou à Figeac, les municipalités ne pouvaient lancer de nombreuses procédures d'expropriation sans risquer d'alimenter la contestation.

Les mouvements contestataires n'étaient pas sans fondements : les membres du consulat de Gourdon s'attribuaient entre eux les achats publics[521] et s'accordaient pour esquiver certaines impositions. Par exemple, alors que la construction de l'église Saint-Pierre nécessitait de lever des tailles spécifiques et exceptionnelles, appelées « tailles d'église », ils passèrent en catimini une ordonnance les en exemptant pour, douze jours plus tard, décider d'en lever une avec obligation pour les plus aisés, dont ils étaient ordinairement, d'avancer une partie des fonds[522]. Ce type d'agissements devait apparaître d'autant plus odieux au petit contribuable qu'il commençait à sentir les effets de la récession économique ; du fond de son malaise, il voyait déjà avec aigreur, dans ses fantasmes ou en réalité, le notable abuser du bien public. Si, en plus, il le dépossédait de sa maison...

---

[517] AM Cajarc, CC 5, envers, f° 43 r°.
[518] ALBE (E.), « Inventaire raisonné et analytique des archives municipales de Cahors », 1e partie, Cahors, 1914 ; 2e partie dans *BSEL*, t.XLI (1920), pp.1-48, t.XLIII (1922), pp.1-28, t.XLV (1924), pp.29-99 ; 3e partie dans *BSEL*, t.XLVII (1926), pp.1-150, 2e partie, p.10.
[519] Terme équivalent à « *populares* ».
[520] BULIT (R.), *Gourdon-en-Quercy... Op. cit.*, pp.138-152.
[521] AM Gourdon (M.A.), BB 1, f° 5 v°.

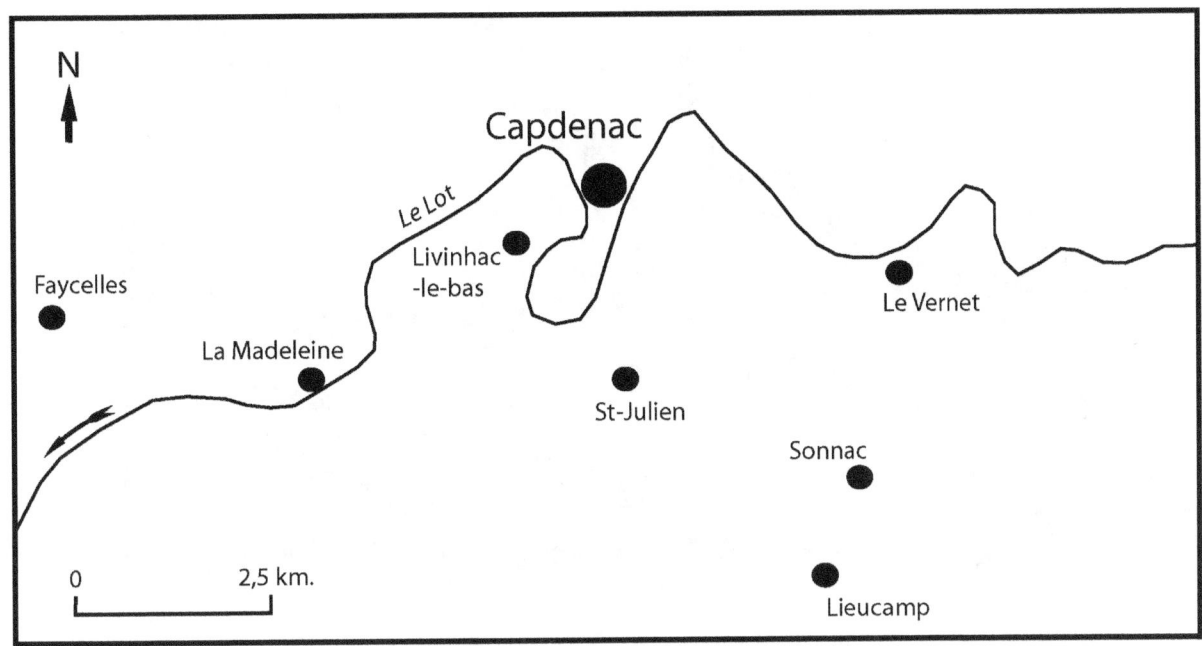

Carte 5. Capdenac et ses environs.

Sur un plan général, l'époque était pourtant favorable aux mesures d'expropriation car le pouvoir royal les soutenait lorsqu'elles étaient prises au profit des fortifications, exemptant parfois les communautés du paiement d'indemnités aux propriétaires dépossédés. On observa ainsi à travers le royaume un mouvement qui « jeta les villes dans une politique d'expropriation généralisée », aboutissant dans de nombreux cas à la destruction de faubourgs entiers[523]. Les magistrats quercinois quant à eux, soucieux de préserver la tranquillité publique et celle de leur place au gouvernement urbain par la même occasion, limitèrent autant que possible ces expropriations. Si la destruction ou le réaménagement de certaines habitations ne pouvaient être évités, on en faisait parfois l'achat après avoir négocié la vente de façon habituelle avec le propriétaire : les consuls de Cahors acquirent ainsi les maisons du juriste Pons Delherm pour améliorer les défenses avancées du pont Vieux, au sud de la ville[524].

Le problème financier.

Les achats de biens immobiliers au profit des défenses ne pouvaient pas être généralisés, car les finances urbaines ne disposaient que de réserves très limitées : à Cahors en 1344, pour payer le règlement du conflit avec les *Minores* et l'achat de privilèges, le consulat avaient été obligé d'aliéner des terrains publics et une halle marchande pour compenser son manque de liquidités[525] ; l'année suivante à Martel, la municipalité ne put payer la pierre et le bois nécessaires pour réparer les fortifications, ni même en faire déduire le prix sur les tailles dues par ceux à qui ils avaient été pris ; les consuls les firent estimer et inscrire sur un registre spécial pour les payer plus tard, se disant trop pauvres pour le faire immédiatement[526]. Cet argumentaire était certainement exagéré, mais le fait que les magistrats n'aient pas pratiqué l'habituelle remise de taille en dit cependant long sur leurs besoins financiers.

---

[522] AM Gourdon (M.A.), BB 2, f° 6 v°.
[523] HAROUEL (J.L.), « L'expropriation dans l'histoire du droit français », dans *L'expropriation (2ᵉ partie), Recueil de la Société Jean Bodin* (T.67), Bruxelles, De Boeck Université, 2000 (pp.39-102), pp.47-48.
[524] CANGARDEL (F.), COMBARIEU (L.), LACOMBE (P.), *Le Te Igitur...Op. cit.*, p.36-40, art.31-32.
[525] AM Cahors, *Livre Nouveau*, t.II, pp.116 et 126.
[526] AM Martel, BB 5, f° 17 v°.

Figure 8. Le pont Valentré vu depuis le nord.

Dans tous les cas, même si elles les limitèrent autant que possible, les sommes allouées aux fortifications apparurent certainement ahurissantes aux municipalités. Bien que certaines d'entre elles aient été plus que centenaires, elles n'avaient jamais engagé d'aussi fortes dépenses dans un laps de temps aussi court. Celle de Cahors avait par exemple fait construire un ouvrage fort coûteux, le pont Neuf, mais sa construction s'était étalée de 1252 à la fin du XIIIe siècle et il n'était pas prévu, loin de là, de mener à bien l'édification du pont Valentré, commencé en 1308, dans des délais plus brefs. Dans ce domaine, tout engageait les consulats à ne pas envisager de dépenses que seuls des emprunts d'une valeur inédite et des délais de remboursements qui ne l'étaient pas moins permettraient de couvrir, alors que les importantes sommes déjà prévues les faisaient frémir.

Résistant depuis plusieurs années aux pressions royales qui visaient à leur faire reconstruire leurs fortifications, les consulats s'inclinèrent cependant devant la nécessité. A contre-cœur : les caisses étaient vides ou peu s'en faut et le climat social pouvait tourner à l'orage à la moindre étincelle. On fit donc le choix le plus raisonnable, celui qui grèverait le moins possible les finances communales et préserverait la tranquillité publique tout en offrant une bonne protection à ce que l'on considérait encore comme la partie vitale de la ville, le vieux centre. Ce choix fait, il ne restait que peu de moyens pour doter les faubourgs d'un minimum de défenses permanentes.

En espérant que le conflit ne durerait pas, on protégea les *barris* avec des moyens de fortune, les moins onéreux possibles. A Cahors, l'embryon de muraille construit au nord de la vieille ville fut repris et prolongé entre 1345 et 1347, de façon à compléter la fermeture de l'isthme. Ce choix, s'il peut apparaître ambitieux au premier abord, ne l'était en fait que parce que la volonté d'élargir l'emprise urbaine à la totalité du méandre était préexistante au conflit : les faibles fortifications édifiées au nord cinquante ans auparavant devaient soit être renforcées et complétées, soit détruites, car dans l'état elles étaient dangereuses, pouvant être contournées et prises sans trop de difficultés et, de là, servir de retranchement à l'ennemi. Les ouvrages existant furent alors repris et une courtine garnie de tours rectangulaires, qui ne sont pas sans évoquer quelque peu celles de Provins[527] et surtout celles de Molières, en Dordogne[528], fut édifiée pour

---

[527] Voir notamment la notice sur Provins dans SALCH (C.L.), *L'Atlas des villes et villages fortifiés de France*, Strasbourg, Publitotal, 1978, pp.92-98.

renforcer l'ensemble, suivant un programme alliant rapidité, simplicité et économie[529]. Quant à l'espace long de trois cents mètres encore ouvert qui subsistait de la tour Saint-Mari à la rive du Lot, il fut fermé par un simple merlon de terre garni de pieux et doublé par un fossé. Ces travaux furent réalisés rapidement à l'aide de la corvée, aussi le résultat fut-il de médiocre qualité[530].

Figure 9. La tour Saint-Mari à Cahors.

A Martel durant la même période, on fit fermer les issues des maisons faubouriennes donnant sur l'extérieur et relier ces dernières par des haies de pieux en utilisant, ici aussi, la main d'œuvre corvéable[531]. Cette petite ville était certainement la localité quercinoise la plus en avance en ce qui concernait la protection des faubourgs : les portes fortifiées des *barris* de Brive et de Souillac existaient depuis longtemps[532], tandis que certaines zones, comme *la Fontanella*, étaient déjà fermées par des haies de pieux et protégées par des fossés bien avant la prise de Bergerac en 1345[533].

---

[528] MESQUI (J.), *Châteaux... Op. cit*, T.I, p.291.
[529] *Ibid.*, p.292.
[530] SAVY (N.), *Cahors... Op. Cit.*, pp.62-63.
[531] AM Martel, BB 5, f° 7r°-33 v°.
[532] GUELY (M.), *L'origine de Martel*, multigraphié, s.e., p.11.
[533] AM Martel, BB 5, ff° 15 r° et v°.

Fruits des contraintes consulaires du moment en matière économique et sociale et non d'une réelle réflexion tactique approfondie, les enceintes quercinoises rénovées entre 1345 et 1350, si elles semblaient protéger correctement les vieux centres urbains, présentaient en fait un point faible d'importance : les maisons faubouriennes longeant fossés et murailles, qui étaient autant de voies d'accès à l'enceinte principale idéales pour un éventuel assaillant. Quant aux faubourgs eux-mêmes, les faibles protections dont ils furent dotés ne pouvaient faire illusion quant à leurs capacités. Ainsi, pensés dans l'idée d'une guerre de courte durée et sous la pression militaire atténuée d'un ennemi encore peu virulent dans la région, les choix faits au début du conflit ne correspondaient pas aux nécessités défensives de villes et de bourgs situés dans une zone où l'insécurité se faisait permanente.

Les solutions initiales adoptées par les dirigeants quercinois ne leur étaient pas spécifiques, car on les retrouvait ailleurs et notamment à Montpellier[534]. Imparfaites, elles avaient cependant le mérite de sauvegarder les faubourgs, contrairement à ce qui se fit à Toulouse, Nîmes, Narbonne, Marseille, Tarascon, Draguignan ou Brignoles, où ils furent souvent sacrifiés au profit de l'enceinte principale[535].

2. Ajuster et adapter les systèmes fortifiés à la permanence de la menace.

Il n'y eut pas de brusque prise de conscience du besoin de combler les lacunes des systèmes fortifiés remis en état au tout début du conflit. Les compagnies anglo-gasconnes ne cessant de parcourir le pays, on continua en parallèle à faire ce qui n'avait pu être réalisé, faute de temps ou d'argent, lors des premiers chantiers, mais sans toutefois dépasser les programmes définis initialement. Lorsqu'au milieu des années 1350 la menace devint plus prononcée, il fallut faire le deuil de ce que l'on avait voulu économiser et faire de chaque ville ou bourg un ensemble défensif cohérent.

La poursuite des programmes initiaux.

En 1348, les consuls de Cajarc s'obligèrent à, ou furent obligés de reprendre en profondeur l'enceinte remise en état en 1345. En effet, cette dernière était initialement si délabrée que les travaux effectués ne suffirent pas à lui donner la capacité défensive voulue, même si celle-ci était fort limitée. On refit donc de nouvelles murailles, après avoir abattu quelques pans des précédentes, et on les dota des superstructures charpentées indispensables : hourds, échauguettes en bois et autres bretèches. Le système restait cependant handicapé par les maisons toujours présentes sur les fossés et que leurs propriétaires refusaient de détruire. D'autre part, aucun effort ne fut fait en faveur des faubourgs, pas plus en 1348 que les deux années suivantes[536].

Les Martelais poursuivaient les travaux sur la vieille enceinte[537], mais ne négligeaient pas totalement les faubourgs où ils faisaient, faute de mieux, tenir en état les haies de pieux qui les protégeaient[538]. A Gourdon, les défenses

---

[534] FABRE (G.), LOCHART (T.), *Montpellier, ville médiévale*, Paris, Imprimerie Nationale, 1992, p.194-199, ainsi que GERMAIN (A.), *Histoire de Montpellier*, 3 tomes, Montpellier, Imp. Jean Martel, 1851, T.III, pp.355-356.
[535] BUTAUD (G.), « Murs neufs et vieux murs dans le Midi médiéval », dans *Cahiers de la Méditerranée*, vol. 73 (2006), *Les frontières dans la ville*, 31.
[536] AM Cajarc, CC 4 (1348-49), CC 5 (1349-50) et CC 6 (1350-51).
[537] AM Martel, BB 5, f° 47 v°.
[538] *Ibid.*, f° 51 r°.

des *barris* ne furent pas non plus l'objet de quelconques travaux ; de la même façon que les Cajarcois, les Gourdonnais n'avaient pas attaché une importance suffisante aux réalisations faites dans l'urgence après août 1345, et à cause de cela se concentrèrent sur les nombreuses lacunes qui restaient à combler sur leur vieille enceinte afin qu'elle présente un minimum de sûreté : il fallait encore fermer plusieurs ruelles qui ouvraient toujours sur l'extérieur, entre deux pans d'une muraille que l'on avait ouverte au temps de la prospérité[539] ; on faisait aussi remettre en état les échauguettes en bois ainsi que la palissade bordant les courtines, l'espace les séparant étant garni de fagots d'épineux pour en rendre le franchissement encore plus difficile[540]. Concernant ces palissades longeant parallèlement l'extérieur des murailles, elles jouaient en quelque sorte le rôle de fausses-braies, dont l'utilité était de créer au-devant de l'enceinte un espace de circulation à but défensif pour pouvoir empêcher par des tirs rasants les approches de l'ennemi et éloigner son implantation ainsi que celle de ses machines[541].

Face au danger anglais qui, loin de cesser, semblait s'intensifier au fur et à mesure qu'il durait, le regard que l'on portait sur les fortifications se modifiait progressivement, devenant plus militaire qu'économique. On commença alors à percevoir réellement l'insuffisance des réalisations que l'on venait de faire, dont les points faibles étaient nombreux. C'était faire preuve de lucidité que d'envisager le franchissement des enceintes par un assaillant éventuel, qui aurait alors eu les habitants à sa merci, aussi les municipalités songèrent-elles alors à mettre en place des réduits ultimes : il s'agissait de pouvoir abriter la population en cas de prise de la localité.

L'importance des réduits.

En septembre 1349, les consuls martelais commencèrent à faire fortifier l'hôtel de la Raymondie, bâtiment combinant les fonctions de maison forte et de halle marchande situé au centre de la vieille ville, pour que les habitants puissent y trouver refuge au cas où les murailles seraient prises d'assaut[542]. A Gourdon, la même préoccupation amena en février 1351 les magistrats à faire réaliser quelques aménagements pour améliorer la capacité défensive du vieux château seigneurial situé au centre de la localité, sur sa partie la plus haute[543]. Deux édifices du vieux noyau cajarcois pouvaient quant à eux prétendre à ce rôle de dernier réduit, la maison forte de l'Hébrardie et l'église. L'importance des travaux réalisés sur l'enceinte en 1348 et 1349 ne laissait toutefois que peu de moyens pour les équiper, mais on note que quelques travaux mineurs furent néanmoins effectués à l'église : réparations des galeries charpentées extérieures et du toit[544], ainsi que remise en état et renforcement de la porte[545]. On ne trouve pas trace de travaux effectués à l'Hébrardie, mais il n'est pas à exclure que cet hôtel fort, propriété d'une puissante famille noble, ait présenté un état satisfaisant sur le plan défensif.

Contrairement à Martel qui ne possédait pas de point fort central originel, la plupart des villes et des bourgs quercinois s'étaient développés autour ou à côté de châteaux seigneuriaux et il est probable que, tout comme à Gourdon, les communautés s'employèrent à les garder en état, au besoin en suppléant leurs seigneurs. Ville d'origine

---

[539] AM Gourdon (M.A.), BB 3, f° 16 v°.
[540] *Ibid.*
[541] MESQUI (J.), *Châteaux... Op. cit.*, T.1, p.248.
[542] AM Martel, BB 5, f° 45 v°.
[543] AM Gourdon (M.A.), BB 3, f° 25 v°.
[544] AM Cajarc, CC 4, ff° 107 r° et v°.
[545] AM Cajarc, CC 4, f° 152 v° ; CC 5, envers, f° 48 r° et 53 r° ; CC 6, f° 53 v°.

romaine, Cahors ne possédait pas de château central, mais le quartier des Soubirous, situé en haut de la cité, comportait plusieurs attributs en faisant une zone castrale : une tour maîtresse, celle du palais Duèze, et une muraille équipée d'une porte fortifiée qui la séparait du reste de la ville ; ces éléments furent préservés et renforcés de façon à en faire une zone fortifiée distincte du reste de la ville[546]. L'idée générale n'était donc pas à une extension des ouvrages de défense vers l'extérieur, mais plutôt à leur densification vers l'intérieur.

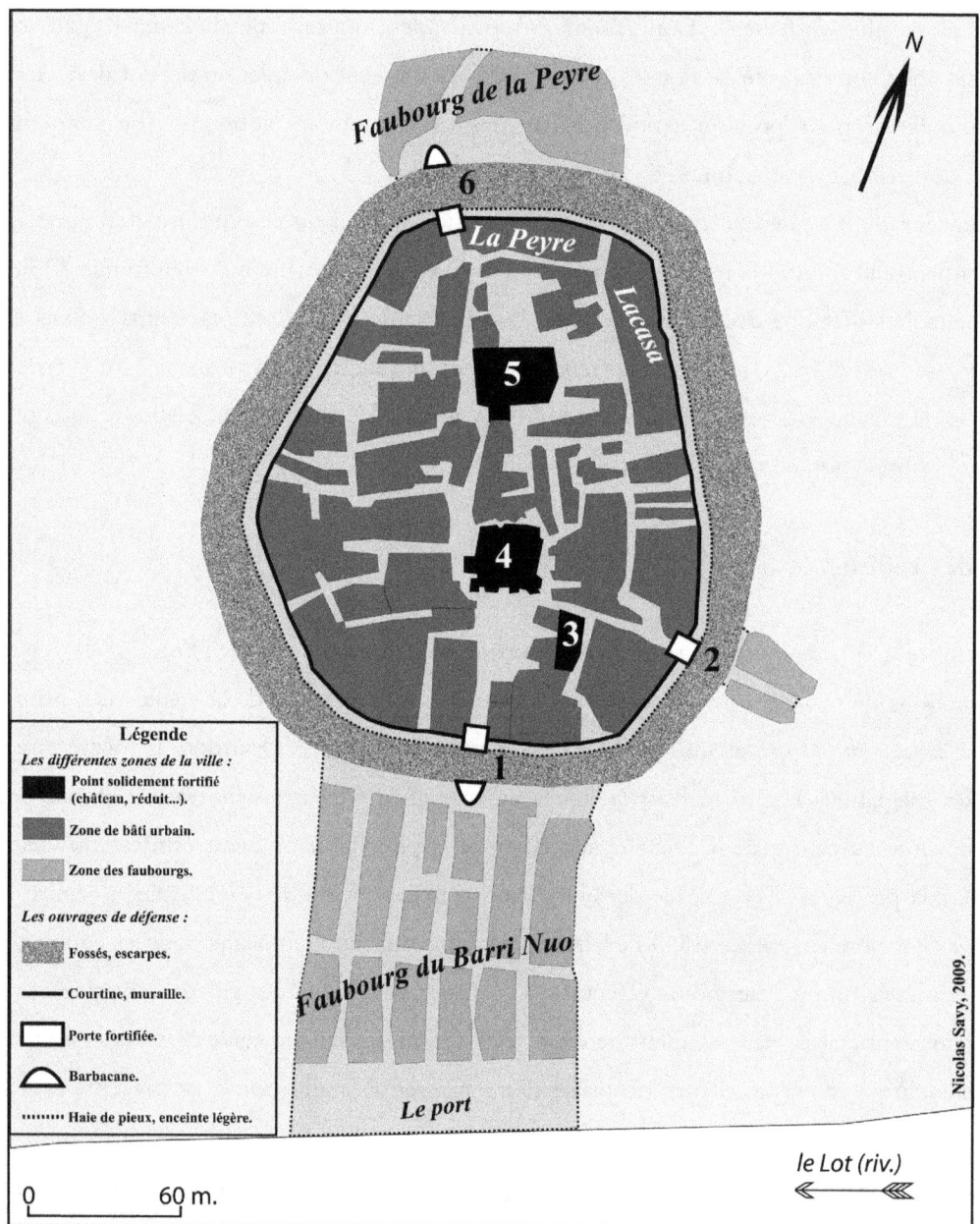

Plan 4. La ville fortifiée de Cajarc vers 1390.

Sont figurés en : 1- La porte du *barri* Nuo et sa barbacane ; 2- La porte Vieille ; 3- L'hôpital ; 4 – L'église ; 5- L'Hébrardie ; 6- La porte de la Peyre et sa barbacane.
Les sources ne permettent pas de restituer avec précision l'étendue du faubourg de la Peyre ; de même, quelques mentions font état d'un faubourg devant la porte Vieille, mais elles n'apportent aucune précision quand à son emprise exacte : sur ce plan ne figurent donc que des estimations. Les emplacements des réduits des faubourgs sont inconnus.

---

[546] SAVY (N.), *Cahors... op. cit.*, pp.68-70.

La dure révélation des années 1355-56.

Au début des années 1350, les systèmes fortifiés urbains du Haut-Quercy étaient ainsi composés de trois échelons : le plus faible était celui des faubourgs, à l'extérieur, suivi par celui de la vieille ville et enfin par celui du point fortifié central ; dans le cas où les deux premières enceintes auraient été franchies, le dernier môle de résistance aurait certes laissé la ville et les biens à la discrétion de l'assaillant, mais il aurait mis les personnes à l'abri. Dans l'idée d'une guerre classique et relativement courte, où les localités pouvaient éventuellement risquer un siège, le concept pouvait paraître adapté ; dans le cadre d'une guerre longue où les buts de l'ennemi étaient plus de mettre à mal l'économie locale que de s'emparer de quelconques objectifs militaires, il en allait tout autrement : les richesses agricoles et les activités peu ou mal défendues, comme celles des faubourgs, devenaient *de facto* des objectifs de choix pour les compagnies anglo-gasconnes. Mais qui pouvait prévoir que la guerre et l'insécurité qui s'étaient installées depuis 1345 allaient durer une centaine d'années ? A l'échelle d'une vie d'homme, on n'avait pratiquement connu que la paix et les dernières crises d'avant 1340 n'avaient que fort peu touché la province.

En 1355, la chevauchée du prince de Galles en Languedoc montra la vulnérabilité des villes dont les enceintes n'avaient pas été suffisamment remises en état. Celles qui furent prises furent pillées et incendiées, leurs habitants souvent fortement molestés, parfois tués en masse[547]. En Quercy, on s'alarma d'autant plus que les bandes anglo-gasconnes se firent beaucoup plus nombreuses et actives, chevauchant et dévastant le pays sans répit. Cette recrudescence de la guerre fut d'autant plus mal vécue par les citadins quercinois qu'ils s'étaient, semble-t-il, habitués à ce conflit jusque là sans relief. L'insécurité obligeait certes à prendre garde, mais elle préoccupait certainement moins que la peste, qui avait commencé à frapper en 1348 : pour leurs besoins privés, des Martelais n'hésitaient pas, par exemple, à se servir en planches et autres matériaux directement sur les ouvrages fortifiés[548]. En 1355, ce laisser-aller ne fut plus de mise et face à la menace, les consuls de Martel accélérèrent les travaux en cours de façon à renforcer encore la vieille enceinte tout en améliorant celle des faubourgs[549] ; on fit de même à Cajarc[550] et à Gourdon[551], suivant là un mouvement qui toucha tout le Midi [552].

Contraintes économiques, réflexion tactique.

Après plusieurs années d'une guerre lancinante suivies d'un brutal développement des opérations militaires, l'état d'esprit citadin commença à changer : les fortifications ne furent plus vues comme un poste de dépenses qui, pour être certes nécessaire, n'en était pas moins excessif, mais comme la seule garantie efficace contre la ruine et la mort à laquelle il était indispensable de sacrifier une grosse partie des recettes communautaires.

Les situations politiques intérieures s'étaient clarifiées et les différents conflits auxquels avaient eu affaire les municipalités s'étaient réglés avant 1355 : les consuls de cahors avaient en 1351 conclu un accord avec l'évêque de la

---

[547] FAVIER (J.), *La guerre…Op. cit.*, pp.188-190.
[548] AM Martel, BB 5, f° 89 v°.
[549] SAVY (N.), « Un chantier… *Op. cit.*
[550] AM Cajarc, CC 8.
[551] AM Gourdon (M.A.), CC 18.
[552] NOEL (R.P.R.), *Town Defence… Op. cit.*, pp.126-130.

ville, terminant ainsi le différent séculaire qui les opposait[553], tandis que celui qui mettait face à face leurs homologues de Gourdon et la famille de Thémines s'était significativement atténué[554]. D'autre part, avec la peste, la récession économique et la guerre qui sévissaient, chacun avait d'autres préoccupations en tête que les luttes politiques. Plus libres sur leurs arrières, les consulats n'avaient de plus aucun mal à justifier les dépenses de fortifications ; ils étaient par ailleurs toujours encouragés dans ce domaine par le pouvoir royal, qui leur accordait la levée de nombreux impôts dont le produit devait exclusivement être affecté à l'entretien et à la construction de défenses[555]. Enfin, il est probable que la population elle-même ait appelé de ses vœux l'augmentation des ouvrages fortifiés, sa peur étant entretenue par la présence croissante de bandes armées dans la région et par la rumeur de leurs ravages dans les provinces voisines.

Les consulats purent prendre à bras le corps le problème de la défense des faubourgs, jusque là resté secondaire faute de réelle volonté politique. Toutefois, sur le plan financier, il n'était plus possible de réaliser ce que l'on aurait éventuellement pu faire en 1345, avant que les budgets urbains ne subissent de plein fouet les effets de la guerre et de la peste sur le fond de récession préexistant : de 1348 à 1352, le nombre de feux cajarcois était passé de 570 à 370[556], soit une perte de plus de 35 % qui devait peser lourd sur les recettes municipales. De plus, les finances devaient désormais alimenter les chantiers déjà en cours et le paiement de tout ce qui était nécessaire sur le plan militaire : les moyens disponibles n'autorisaient plus d'ambitieux programmes, mais imposaient en revanche une réflexion tactique plus poussée pour optimiser les projets envisageables.

Le problème des maisons à détruire.

Les vieilles murailles et les fossés refaits étaient toujours tactiquement affaiblis par les maisons faubouriennes qui les longeaient de trop près et l'on s'employa alors à détruire les plus potentiellement néfastes. Leur nombre fut cependant limité et certains consulats, comme celui de Martel, prirent le soin de faire désigner les bâtiments à détruire par des experts : les avis du dénommé Johan de Borma[557], puis celui du lieutenant du sénéchal[558] leur donnèrent plus d'autorité et justifièrent leurs décisions dans ce domaine propice à la contestation. Les magistrats ne promirent finalement que six maisons à une totale destruction, tandis que deux autres, celle dite de la Clau et celle de Peyre Lacosta, devaient être vidées de toutes leurs boiseries et charpentes.

Certains propriétaires s'en tirèrent un peu mieux, voyant leur bien non détruit mais uniquement amputé de sa partie dangereuse : Estève Malboycho dut faire combler la cave qui était devant sa maison, tandis que Peyre de Sanh Iriehs eut l'obligation de découvrir la sienne du côté où elle faisait face à la muraille, tout comme Peyre de Rozier, qui fut de plus tenu d'enlever les planches qui y faisaient office de mur sur un côté. Le couvent des frères mineurs ne fut pas épargné et dut sacrifier un mur pignon et plusieurs chapelles voûtées[559]. Au total, cela faisait neuf édifices de divers types totalement détruits et quatre en partie. A Gourdon, le chiffre fut un peu moins élevé, étant donné que seules cinq

---

[553] AM Cahors, *Livre Noir*, ff° 11 r°-16 r°.
[554] BULIT (R.), *Gourdon-en-Quercy...op. cit.*, p.152.
[555] Notamment les différents *droits de souquet* ; à ce sujet, voir RIGAUDIERE (A.), *Gouverner...Op. cit.*, pp.417-497.
[556] CLAVAUD (F.), «Evolution... *Op. cit.*, p.62.
[557] AM Martel, CC 3-4, f° 74 r°.
[558] *Ibid.*, BB 5, f° 93 r°.
[559] *Ibid.*

maisons furent rasées en 1355-56 : celle de Johan Boycho au faubourg de Malepique[560], celle des neveux de Bertrand de Lhaubart, qui était construite sur les douves[561], celle d'un certain Fortanier à la Salvayria[562], celle de Guiscart Ebrat[563] et enfin celle de Guiral Boychel[564]. C'était peu, mais déjà beaucoup plus que ce qui avait été fait auparavant.

On comprend la prudence des consuls dans le domaine si épineux des destructions de maisons, car les propriétaires ne se laissaient pas facilement déposséder et si tout un chacun souhaitait un renforcement des défenses, personne ne voulait en payer individuellement un prix plus élevé que la moyenne. De plus, les premières indemnisations prévues et certaines façons de procéder employées par les consulats n'avaient rien pour encourager les bonnes volontés dans ce domaine : à Martel en 1352, pour prix de leur habitation, située dans le groupe des maisons dites de la Clau et promise à la destruction, les enfants du défunt Guy Porchier devaient recevoir deux cents écus d'or ; cette somme était plus que correcte, mais les consuls surent se décharger de son paiement en le renvoyant au moment « où les autres villes payeraient dans des cas identiques »[565]. Les municipalités quercinoises n'étaient pas les seules, loin de là, à pratiquer une politique d'indemnisation drastique : en 1357 à Carpentras, le dédommagement des propriétaires se faisait au quart de la valeur estimée des bâtiments détruits, déduction faite du prix des matériaux réutilisables, et était payable en quatre ans[566].

Les estimations faites pour l'un ou pour l'autre entraînaient aussi des rancœurs et des aigreurs, chacun jugeant son indemnité trop peu élevée en regard de ce qui était donné au voisin. Guilhem Malboycho, pourtant conseiller consulaire, alla même jusqu'à se rebeller violemment à ce sujet et fut condamné pour cela à miner sa maison, elle aussi sise à la Clau[567] ; son exaspération venait certainement du fait que son voisin Gary Vidal, lui aussi conseiller consulaire, était mieux indemnisé que lui pour la destruction de son hôtel. Il est vrai que les 250 écus d'or payables en cinq ans et l'exonération de toute taille sur ses biens immobiliers martelais présents avaient de quoi susciter quelques jalousies[568].

Déchaînant quelques passions, les expropriations furent cependant peu fréquemment suivies par la destruction effective et immédiate des immeubles concernés. Quatre ans après s'être saisis des maisons de la Clau, en janvier 1356, les consuls de Martel édictèrent une nouvelle ordonnance pour qu'elles soient enfin mises hors d'état de nuire à la défense[569] ; il ne s'agissait d'ailleurs plus de la destruction totale précédemment envisagée, mais simplement d'une mise *en bornac*[570], où seules les parties charpentées, toits, planchers, cloisons, escaliers, portes et fenêtres étaient enlevées, les maçonneries restant en place. Vers février-mars 1357, on en était encore à y enlever les tuiles et la charpente[571] et peut-être faut-il d'ailleurs voir dans ces tardifs débuts de travaux un effet de la capture du puissant conseiller consulaire Gary Vidal à la bataille de Poitiers, en septembre 1356 : les magistrats lui payèrent alors ce qu'ils lui devaient pour qu'il puisse s'acquitter du montant de sa rançon[572] et, profitant certainement aussi de son absence prolongée, ils n'eurent plus de scrupules à faire effectuer les démolitions jugées nécessaires sur sa maison.

---

[560] AM Gourdon (M.A.), CC 18, f° 16 r°.
[561] *Ibid.*, f° 22 r°.
[562] *Ibid.*, ff° 32 r° et v°.
[563] *Ibid.*, f° 33 r°.
[564] *Ibid.*, f° 35 r°.
[565] AM Martel, BB 5, f° 65 r°.
[566] BUTAUD (G.), « Murs neufs... *Op. cit.*, 49.
[567] *Ibid.*, f° 66 r°.
[568] *Ibid.*, f° 67 r°.
[569] *Ibid.*, f° 93 r°.
[570] « *En bornac* » : expression occitane voulant dire « en creux ».
[571] AM Martel, BB 5, f° 106 r°.

Les villes du Quercy en guerre

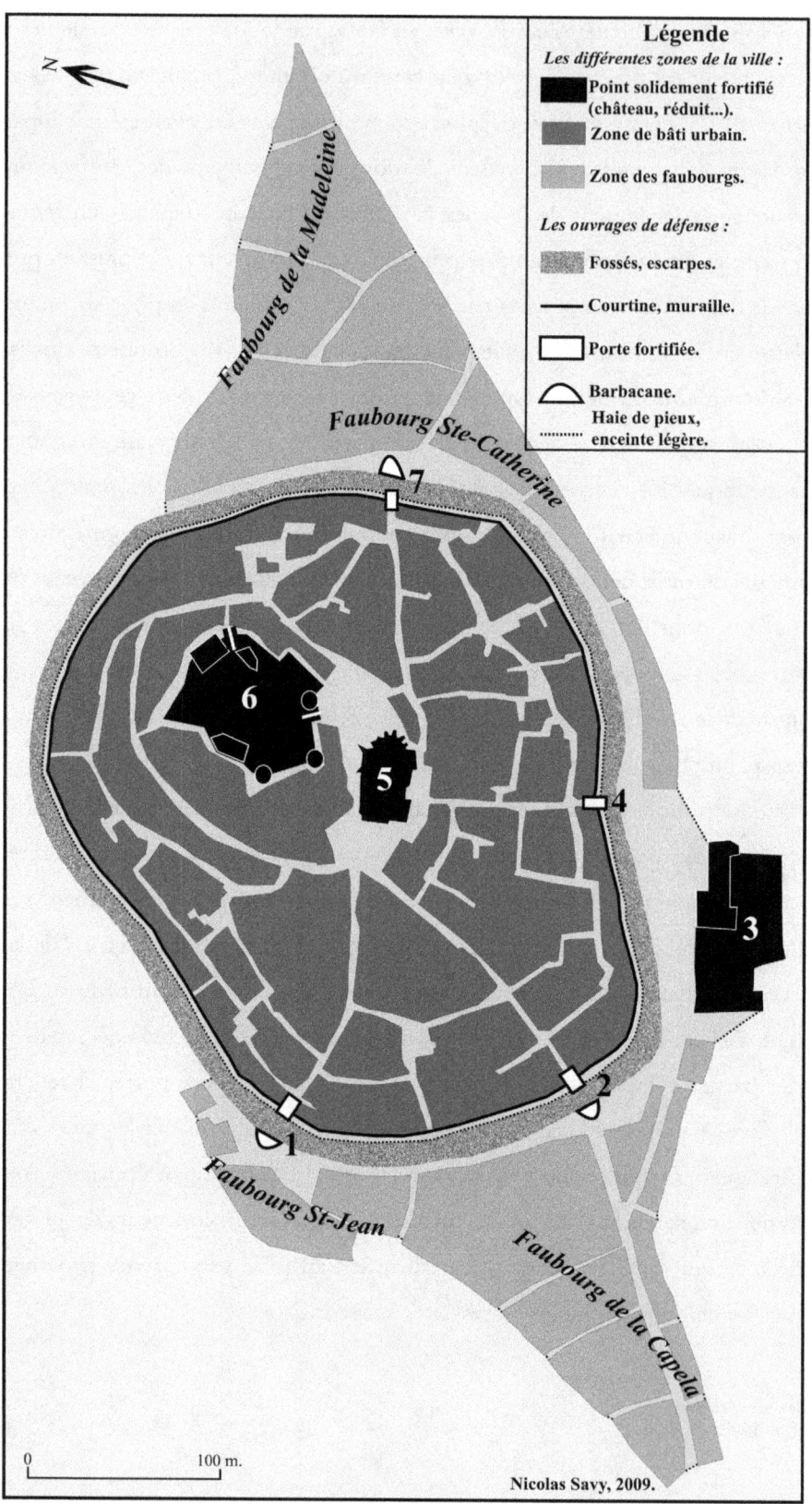

Plan 5. La ville fortifiée de Gourdon vers 1390.

1- La porte St-Jean et sa barbacane.
2- La porte Major, aujourd'hui *du Majou*, et sa barbacane.
3- Le couvent des Frères Mineurs.
4- La porte Ségur.
5- L'église St-Pierre.
6- Le château.
7- La porte du Roc et sa barbacane.

Obtenir la destruction d'un édifice apparaît ainsi comme une procédure assez lourde pour les consulats et l'on comprend qu'ils en aient limité l'usage aux cas les plus dangereux, mais c'était cependant insuffisant pour rendre les abords des vieilles murailles sûrs sur le plan défensif : en cas de siège, une simple pierrière, engin d'artillerie à traction humaine, pouvait tirer sur les défenseurs en toute sécurité si elle était installée à l'abri d'une maison distante d'une cinquantaine de mètres des murailles ; ne parlons pas d'un mangonneau, qui aurait pu sans danger battre l'intérieur de la ville depuis un emplacement bien choisi au cœur d'un faubourg. Suivant cela, sécuriser totalement les vieilles enceintes impliquait la destruction totale des *barris*, car il suffisait qu'une troupe ennemie parvienne à franchir les faibles défenses extérieures pour transformer chacune de leurs maisons en position de siège. Toutes les démolir n'était pas envisageable, mais des mesures devaient être prises pour limiter un tel risque autant que faire se pouvait.

A partir de la fin de 1352 à Martel, la mise « *en bornac* » des maisons faubouriennes nuisant à la défense devint le procédé habituel, à côté des expropriations qui restèrent l'exception. Les particuliers concernés n'étaient pas dépossédés mais devaient mettre leurs maisons en conformité avec les nécessités défensives, ce qui revenait en fait à les rendre inhabitables car ils devaient les découvrir et leur enlever toutes les parties en bois, du plancher à la charpente. L'indemnisation correspondante se montait à un an d'exemption de tailles pour chaque propriétaire[573].

En 1356, les mesures prises précédemment n'avaient pas été suffisantes pour mettre les abords de l'enceinte principale dans un état de sécurité satisfaisant, aussi les consuls décidèrent-ils de faire mettre *en bornac* toutes les maisons qui longeaient encore les vieux murs. Ils donnèrent simplement aux propriétaires concernées un ordre écrit contenant la formule suivante : « mettez votre maison, qui est en tel lieu, en creux, c'est à savoir ôtez la tuile et la charpente et tout sauf les parois, autorisant cette chose et la conseillant monseigneur Guilhem Vassal, lieutenant du sénéchal de Périgord et de Quercy ; et ceci doit être fait avant mardi soir, car autrement la ville fera faire comme bon lui semblera »[574]. Il n'était pas question de les dédommager par une quelconque indemnité, mais rien ne dit qu'ils n'aient pas reçu une exemption de taille en application de l'ordonnance de 1352.

A Gourdon, on ne trouve pas trace de compensations données aux propriétaires lésés pour les besoins défensifs, mais un doute subsiste car la documentation de 1356 ne comporte ni délibérations, ni pièces fiscales. En revanche, il est certain qu'on leur payait les matériaux pris dans les bâtiments détruits et réemployés aux fortifications[575]. Le système d'indemnisation se rapprochait peut-être de ce qui se faisait à Carpentras à la même époque, où le prix des matériaux réutilisés était déduit de l'indemnité versée pour la destruction des bâtiments[576]. Quoi qu'il en soit, ces destructions d'édifices faubouriens ne faisaient surtout que mettre une chose en évidence : en cas d'attaque sérieuse, on ne comptait pas pouvoir résister sur les enceintes extérieures.

La faiblesse des enceintes extérieures.

En 1355, la faiblesse des nouvelles enceintes extérieures, incapables d'empêcher efficacement la prise d'assaut des faubourgs, était prise en compte par les consulats depuis plusieurs années : en 1352[577] et 1353[578], alors que des

---
[573] *Ibid.*, f° 71 r°.
[574] *Ibid.*, f° 93 v°.
[575] AM Gourdon (M.A.) CC 18, ff° 16 r°, 22 r° et 37 r°.
[576] BUTAUD (G.), « Murs neufs... *Op. cit.*, 49.
[577] AM Martel BB 5, f° 69 v°.

menaces étaient imminentes, les magistrats martelais avaient déjà obligé les habitants de leurs *barris* à se réfugier dans la vieille enceinte avec tous leurs vivres. Les haies de pieux et les dispositifs de fortune qui composaient la majeure partie des nouvelles fortifications étaient si perméables qu'ils permettaient l'intrusion d'éléments ennemis dans les quartiers périphériques à la faveur de la nuit, ce qui rendait leur reconnaissance indispensable chaque matin ; la procédure alors employée s'appelait « désembusquer les *barris* »[579] : il s'agissait de déceler et d'empêcher les embuscades éventuelles qui y auraient été posées à la faveur de l'obscurité. A Gourdon, pour chacun des faubourgs de la Capela, de la Magdeleine et de Sainte-Catherine, deux hommes furent désignés pour effectuer quotidiennement ce travail en avril 1353[580].

L'inspection matinale des *barris* se généralisa à partir de 1355, lorsque la crainte des intrusions anglo-gasconnes se développa. A Martel, une mesure particulièrement radicale fut prise pour faciliter la tâche des hommes qui en étaient chargés : en janvier 1356, les consuls décidèrent en effet que toutes les portes, planches et fenêtres devaient être ôtées des maisons des *barris* et entreposées à l'intérieur de l'enceinte principale[581] ; la même chose fut décidée à Cajarc six mois plus tard, mais cela ne concernait que les portes des maisons situées non dans les faubourgs, mais à leur proximité immédiate[582]. Cajarc était dans ce domaine en retard par rapport à Martel où les édifices situés hors de la muraille extérieure avaient été démantelés en janvier 1352[583].

Les magistrats martelais craignaient de voir un parti d'Anglo-Gascons se saisir des *barris* et y trouver de quoi se nourrir, ce qui aurait constitué une facilité de plus pour assiéger la ville ; cette peur était conjuguée à celle de manquer de vivres en cas de blocus : on savait, comme l'affirmait Végèce, qu'il ne fallait « ne jamais être au dépourvu d'eau ni de vivres, dangers que toutes les ressources de l'art ne sauraient vaincre »[584]. Ils multiplièrent les ordonnances obligeant les habitants des faubourgs à entreposer toutes les denrées dont ils disposaient à l'intérieur de l'enceinte principale : ils le firent notamment deux fois en 1355[585] et autant l'année suivante[586] ; ils obligeaient généralement aussi les personnes à se réfugier dans la vieille ville. Ces mesures n'étaient pas transitoires, parant au plus pressé en attendant de voir les faubourgs totalement à l'abri derrière une puissante enceinte encore à construire : elles découlaient de la tactique de défense du système fortifié urbain telle qu'elle apparaissait réalisable en ces années 1355-56.

Contrairement à ce qui se faisait dans d'autres régions méridionales[587], il semble qu'il n'était pas concevable en Haut-Quercy de raser les faubourgs pour augmenter la capacité défensive des vieilles enceintes ; le prix déjà payé en édifices détruits ou dégradés devait sembler bien lourd, tant à la population, dont une partie vivait dans des maisons sans portes ni fenêtres, qu'aux consuls confrontés à des tracasseries sans fin. Il n'était pas non plus possible de les doter de fortifications efficaces car les finances municipales étaient sollicitées à l'excès. Le compromis consistait à assurer une défense minimum des faubourgs de façon à pouvoir contrer un assaillant de puissance restreinte, mais tout en prévoyant leur prise par une forte troupe : Végèce soulignait bien le fait que même si un assaillant arrivait à pénétrer dans une place assiégée, cela ne signifiait pas forcément que cette place était perdue[588].

---

[578] *Ibid.*, f° 76 v°.
[579] Désembusquer, néologisme se voulant la traduction de l'occitan « *desemboscar* », du verbe « *emboscar* », embusquer ; nom « *emboscada* », embuscade. Racine « *bos* », bois.
[580] AM Gourdon (M.A.) BB 4, f° 7 v°.
[581] AM Martel BB 5, f° 93 r°.
[582] AM Cajarc CC 8, f° 136 r°.
[583] AM Martel BB 5, f° 72 r°.
[584] VEGECE, *Op. cit.*, p.203.
[585] AM Martel BB 5, ff° 90 r° et v°.
[586] *Ibid.*, ff° 101 v°, 102 v°
[587] BUTAUD (G.), « Murs neufs… *Op. cit.*, 31.
[588] VEGECE, *Op. cit*, p.197.

L'inutilité à pourvoir les faubourgs de solides murailles.

Même si leurs possibilités financières l'avaient permis, les consulats n'auraient certainement pas jugé judicieux de clôturer les faubourgs par de solides murailles. En effet, les hommes en âge de tenir les armes auraient été trop peu nombreux pour les garnir efficacement. A Martel, la vieille enceinte faisait huit cents mètres de long, tandis que sa cadette en faisait le double et, en 1356, les 362 Martelais en armes[589] étaient bien insuffisants pour défendre un si long périmètre ; les magistrats cajarcois, dont la ville comptait 393 chefs de feu, tant hommes que femmes, à la même époque[590], pouvaient certainement garnir sans trop de difficultés les 550 mètres de la vieille muraille, mais pourvoir également le *barri* Nuo et le faubourg de la Peyre n'était pas pensable. Si l'on n'était pas capable de défendre de nouvelles lignes de fortifications, autant ne pas les construire, car si lors d'un siège l'ennemi s'en emparait, il pouvait ensuite les utiliser avec avantage pour compléter son dispositif d'encerclement de l'enceinte principale.

On remarque que malgré la chute démographique qui frappa tout l'Occident, la logique quercinoise en matière de protection des quartiers périphériques, si elle se rapprochait par exemple de celle de Montpellier[591], n'était pas partagée partout car certaines villes méridionales firent ailleurs le choix de pourvoir leurs faubourgs de solides murailles : ce fut le cas en 1358 à Grasse et à Pont-Saint-Esprit, tandis qu'à Manosque une nouvelle enceinte, édifiée *ex-nihilo* entre 1366 et 1383, englobait certains quartiers neufs[592].

L'atomisation de la défense des quartiers périphériques.

Devant l'impossibilité d'assurer une défense linéaire sur les périmètres extérieurs, l'important devint alors de rendre difficile le stationnement de toute troupe d'assaillants dans les faubourgs. Une solution fut trouvée en atomisant leur défense en plusieurs petits points fortifiés, les réduits. Cajarc en comptait deux situés au *Barri Nuo* en 1356[593], tandis que huit avaient été réalisés à la même époque dans les différents faubourgs de Gourdon[594], où l'on s'employait aussi à fortifier l'hôtel dit de *Lestanc* et l'église du couvent des Clarisses[595].

On ne trouve pas de mention explicite de réduits à Martel, mais il est possible que les portes des faubourgs en aient tenu lieu : il fut décidé en 1354 que celle du *barri* de Creysse devait être appareillée de manière à être, suivant le terme employé, « défendable »[596] ; elle fut rehaussée au début de 1356 avec des maçonneries de façon à pouvoir être pourvue d'une grosse échauguette charpentée[597], tandis que les défenses de la porte du faubourg de l'Eglise comprenaient hourds[598] et barbacane de pieux[599] afin de la rendre, elle aussi, « défendable ». Celle du *barri* de Brive était identiquement équipée d'ouvrages avancés, ainsi que de maçonneries, encore en cours de construction en juillet 1355[600] ;

---

[589] AM Martel BB 5, 93 v° et 94 r°.
[590] CLAVAUD (F.), *Cajarc... op. Cit.*, t.I, p.57.
[591] FABRE (G.), LOCHART (T.), *Montpellier... Op. cit.*, p.194-199.
[592] BUTAUD (G.), « Murs neufs... *Op. cit.*, 32, 33.
[593] AM Cajarc CC 8, f° 137 v° et 163 r°. Localisation réalisée d'après les confronts.
[594] AM Gourdon (M.A.) CC 18, ff° 4 v°, 5 r°, 15 r°, 21 v°, 34 r°.
[595] *Ibid.*, f° 3 v°.
[596] AM Martel BB 5, f° 84 r°.
[597] *Ibid.*, CC 3-4, ff° 69 v° et 70 r°.
[598] *Ibid.*, f° 72 r°.
[599] *Ibid.*, f° 78 v°.
[600] *Ibid.*, BB5, f° 89 r°.

un mois plus tard, les consuls décidèrent d'y faire d'autres aménagements, de façon à ce que l'on puisse mieux la défendre par les hauts[601].

Figure 10. L'église Grande de Bélaye

En août 1356, les portes des *barris* de Brive et de l'Eglise avaient chacune leur propre capitaine, chargé d'y commander la garde[602]. Le 4 novembre suivant, leur nombre fut porté à deux par porte et celle du faubourg de Creysse en fut aussi pourvue[603]. Dans le bourg plus modeste de Bélaye, tout porte à croire que la nouvelle église, dont la construction sur l'angle de l'enceinte extérieure qui barrait l'éperon rocheux débuta après 1350[604], faisait aussi office de réduit.

L'utilisation judicieuse de l'artillerie.

Au cas où une troupe ennemie aurait réussi à pénétrer d'assaut dans les faubourgs, la présence des réduits aurait largement amenuisé ses possibilités de manœuvre et l'aurait obligé à disperser une partie de ses effectifs pour les contrer. Les assaillants auraient cependant pu s'abriter dans les maisons et utiliser les ruelles pour continuer à progresser vers l'enceinte principale, aussi afin de limiter au maximum ces facilités offertes par ce qui était la grande faille du système de défense, on eut recours à l'artillerie. La toponymie actuelle et les documents permettent de connaître avec précision les emplacements de quatre grandes pièces d'artillerie à Cahors, Cardaillac, Gourdon et Martel et, de là, de déterminer de quelle façon elles étaient utilisées. A Cahors, un trébuchet fut placé en 1355 à proximité du pont Vieux[605], ce qui lui

---

[601] *Ibid.*, f° 89 v°.
[602] *Ibid.*, f° 100 v°.
[603] *Ibid.*, f° 102 r°.
[604] Notice PA 00135460 des Monuments Historiques.
[605] LACOSTE (G.), *Histoire… Op. cit.*, t.III, p.150.

permettait de prendre sous ses tirs le faubourg Saint-Georges, situé devant les accès du pont, tandis qu'à Cardaillac, le mangonneau était placé derrière la grande porte de l'enceinte principale de façon, ici aussi, à tirer sur le faubourg qui lui faisait face. A Gourdon, un trébuchet installé à l'intérieur des vieux murs pouvait pilonner les faubourgs Saint-Jean et de la Capela, interdisant ainsi les accès de la principale porte de la vieille enceinte, celle du Majou dont il n'était distant que d'une petite centaine de mètres ; sa construction avait été décidée fin 1353[606] et il fut l'objet d'importantes réparations en janvier 1356[607].

Les consuls martelais décidèrent en avril 1356 de faire construire un trébuchet particulièrement sophistiqué[608]. En effet, édifié sur une assise maçonnée et pourvu d'un axe de rotation, il était en mesure de projeter des boulets de pierre dans toutes les directions[609] ; il ne pouvait s'agir d'un grand trébuchet, capable de tirer des projectiles de plus de cent kilos à environ 250 mètres[610], car la masse du contrepoids alors nécessaire aurait impliqué de trop fortes contraintes sur l'axe permettant le tir omnidirectionnel ; c'était plus probablement une machine de puissance commune, pouvant tirer un boulet de cent kilos jusqu'à 200 mètres environ[611]. Cette portée lui permettait, depuis sa position de la vieille ville, de prendre la quasi-totalité des faubourgs sous ses tirs.

Figure 11. Trébuchet.
(*Machine réalisée par Renaud Beffeyte. Photo Renaud Beffeyte*)

Les quatre engins mentionnés supra étaient les plus puissants de chaque ville ou bourg concerné et leurs possibilités ne leur permettaient pratiquement pas de tirer ailleurs que sur les faubourgs. Les autres pièces d'artillerie, qu'elles soient à balancier ou à poudre, devaient de la même façon être installées sur les vieux murs. En effet, il n'aurait pas été logique de mettre en batterie ces machines difficilement déplaçables dans les *barris*, alors que l'on pensait que l'enceinte extérieure tomberait à la première attaque sérieuse ; il n'est toutefois pas à exclure le fait que certaines,

---

[606] AM Gourdon (M.A.), BB 4, f° 16 v°.
[607] *Ibid.*, CC 18, f° 34 v°.
[608] AM Martel BB 5, f° 96 v°.
[609] SAVY (N.), « Le trébuchet à tir multidirectionnel de Martel », dans BEFFEYTE (R.), *L'art de la guerre au Moyen Age*, Rennes, Ouest-France, 2005, p.70.
[610] BEFFEYTE (R.), *Les machines de guerre au Moyen Age*, Rennes, Ouest-France, 2000, p.17.
[611] *Ibid.*, p.14.

comme des canons, aient pu être mises en place dans les réduits. Quoi qu'il en soit, sur l'enceinte principale ou dans les réduits, leur seul champ de tir possible était les faubourgs.

Figure 12. Vue de l'enceinte principale de Figeac, côté ouest.

Bien que présente à Cahors depuis 1346[612] et à Martel depuis 1352[613], l'artillerie à poudre ne commença véritablement à se généraliser dans les villes quercinoises qu'à partir de 1356 : on vit alors apparaître des canons à Cajarc[614] et à Gourdon[615], tandis que les Martelais en acquirent neuf pour augmenter leur parc déjà existant[616]. Il est probable qu'à cette époque Figeac disposait déjà d'un nombre relativement important de pièces, car on venait y acheter de la poudre tant depuis la petite ville voisine de Cajarc[617] que depuis Martel, à l'autre bout de la province[618]. Bien que beaucoup moins puissants que les trébuchets, qui pouvaient abattre par pans de murs entiers les maisons des faubourgs, les canons participaient aussi à y rendre le séjour difficile à assaillant qui s'y serait installé. Cette façon de défendre les faubourgs n'avait rien de nouveau : Végèce ne disait-il pas que lorsqu'une place était investie, les assiégés devaient rester en possession « des murailles, des tours et de tous les postes élevés », afin de pouvoir « écraser les assaillants à coups de

---

[612] LACOSTE (G.), *Histoire… Op. cit.*, t.III, pp.112-113.
[613] AM Martel BB 5, f° 71 r°.
[614] AM Cajarc CC 8, f° 147 v°.
[615] AM Gourdon (M.A.) CC 18, f° 95 r°.
[616] AM Martel CC 3-4, f° 70 v°.
[617] AM Cajarc CC 8, f° 147 v°.
[618] AM Martel CC 3-4, f° 73 r°.

pierres et avec toute espèce d'armes de jet »[619] et surtout d'utiliser des pièces d'artillerie comme la baliste ou l'onagre qui, « manœuvrées avec art, dépassaient tout ce que l'on avait imaginé », car « tout ce qu'ils atteignaient était ordinairement détruit »[620].

Tributaires à leur naissance d'un contexte économique et social peu favorable, les programmes consulaires de fortifications élaborés vers 1345 demandaient des ajustements, ajustements indispensables pour amener les défenses au niveau que réclamait une guerre qui s'annonçait longue. Après une période de maturation de quelques années, les événements des années 1355-56 conduisirent les consuls à réfléchir sur l'utilisation des ouvrages fortifiés pour optimiser ce qui avait été fait et réduire les faiblesses découlant de ce qui ne l'avait pas été. Il en sortit un système de défense sur trois échelons. Le premier était constitué par l'enceinte extérieure, celle qui englobait les faubourgs ; prévue pour résister à de faibles attaques, elle ne pouvait faire face à un siège en règle ou à l'assaut d'une troupe nombreuse, cas dans lequel elle était abandonnée à l'exception des réduits qui s'y trouvaient et d'où le combat se poursuivait au bénéfice de la vieille enceinte. Celle-ci était la ligne de défense principale, dotée de puissantes fortifications, presque toutes maçonnées et surmontées de superstructures charpentées ; elle recevait une dotation en artillerie permettant de tirer sur les faubourgs et d'y endommager les bâtiments qui étaient autant de chemins d'accès protégés vers ses murailles. Enfin, dernier espoir prévu au cas où elle viendrait à être submergée, un point central fortifié permettait aux hommes de trouver refuge ; ce cas extrême atteint, on laissait ainsi l'assaillant maître de la ville et de ce qui s'y trouvait, en espérant qu'une fois le pillage terminé, il partirait sans insister ou serait plus enclin à négocier ; ces derniers réduits ne pouvaient résister longtemps, car ils étaient incapables d'abriter des vivres et de l'eau en suffisance pour toute la population. Ce schéma défensif urbain, fixé vers 1355-56, ne fut plus modifié durant toute la durée du conflit.

Figure 13. Bouche à feu (bombardelle). Modèle castillan du XVe siècle.
(Pièce réalisée par Renaud Beffeyte. Photo Renaud Beffeyte)

---

[619] VEGECE, *Op. cit.*, pp.197-198.
[620] *Ibid.*, pp.201-202.

Ce canevas de défense gagnerait certainement à être comparé en détail avec ceux de villes ou de bourgs d'autres provinces ayant eu, dans les mêmes conditions difficiles, à intégrer les quartiers issus de la croissance précédente au sein de leurs systèmes fortifiés ; ceci permettrait de connaître les limites de l'aire de diffusion du modèle auquel appartenaient les localités quercinoises : dans les provinces limitrophes, les trames topographiques et les vestiges archéologiques de Belvès[621] ou de Cordes[622] pourraient laisser penser que leurs partis pris dans cette matière se rapprochaient de celui des Quercinois ; en revanche, les enceintes de Ribeauvillé[623] et de Rosheim[624], en Alsace, semblent procéder d'une logique différente. Cette comparaison n'est actuellement pas réalisable, car si les études archéologiques sont nombreuses, les travaux historiques afférents sont trop rares pour être utilisés dans ce but.

3. Des améliorations et des aménagements permanents.

Malgré les travaux effectués entre 1345 et 1356 et la mise au point tactique des systèmes de défense urbains, leurs fortifications restaient largement perfectibles. Les modifications d'importance étaient cependant exclues d'emblée, car les finances urbaines, déjà limitées en 1345 et encore plus en 1355, s'affaiblissaient encore, entre recettes amoindries et dépenses extraordinaires. Subissant la récession économique, la guerre et la peste, les populations désertaient les villes et les bourgs, réduisant par la même le nombre de contribuables : en 1395, Cahors avait perdu environ la moitié de ses habitants[625], tandis que Cajarc, qui comptait 882 feux contribuables réels en 1344, n'en comptait plus que 273 trente-huit ans plus tard[626]. L'agriculture et le commerce étaient en pleine régression : à Gourdon, la halle aux blés rapportait encore aux environs de 67 livres tournois en 1350[627], mais vingt-six ans plus tard, la municipalité n'en tirait plus qu'une douzaine[628] ; l'écart apparaît plus important encore lorsque l'on sait que la monnaie avait alors une valeur bien moindre.

D'autre part, à partir de 1356 dans un premier temps puis après 1369 essentiellement, les budgets alloués à la défense par les consulats furent grevés par le prix des traités séparés, *patis* et *suffertas*, conclus avec les capitaines anglo-gascons de la région. En 1356, la première suspension d'armes signée par le consulat de Cajarc lui coûta moins de 2000 deniers[629] mais, vingt ans plus tard, il en payait chaque année plus de quarante mille pour ses différents traités[630]. Les possibilités financières restreintes découlant de tous les facteurs contraires n'empêchèrent cependant pas les municipalités de faire procéder à quelques améliorations d'infrastructure. Elles furent faites dans l'esprit du schéma défensif apparu vers 1356 et concernèrent les trois échelons défensifs, à savoir les points fortifiés centraux, les enceintes principales et les dispositifs extérieurs.

---

[621] SALCH (C.-L.), *L'atlas des villes et villages fortifiés en France*, Strasbourg, Publitotal, pp.202-203.
[622] SERAPHIN (G.), « L'enceintes de Cordes », dans BLIECK (G.), CONTAMINE (P.), FAUCHERRE (N.), MESQUI (J.), *Les enceintes urbaines (XIIIᵉ-XVIᵉ siècle)*, Paris, CTHS, 1999, pp.53-72.
[623] SALCH (C.-L.), *Op.cit.*, pp.235-241.
[624] *Ibid.*, pp.250-253.
[625] SCELLES (M.), *Cahors... Op.cit.*, p.40.
[626] CLAVAUD (F.), *Cajarc...op. cit.*, t.I, p.97.
[627] AM Gourdon (M.A.), BB 3, f° 4 r°.
[628] *Ibid.*, CC20, f° 21 r°.
[629] AM Cajarc, CC 8.
[630] *Ibid.*, CC 12, reg.III.

La finalisation des réduits centraux.

Le réduit central le plus important fut, naturellement pourrait-on dire, celui de Cahors car c'était la plus importante ville du Haut-Quercy. Il s'agissait du vieux quartier des Soubirous, en haut de la cité. Cet ancien faubourg avait été rattaché à la vieille ville avant 1237 par une extension des murailles, mais on avait laissé subsister l'ancienne porte del Duc, entrée Nord originelle de la ville, ainsi que sa muraille[631] ; à la fin du XIIIe siècle et au début du suivant, Pierre Duèze, frère du pape Jean XXII, s'y était fait construire un palais dont la tour était une sorte de tour-maison castrale, combinant fonctions résidentielles et défensives[632]. Lorsque les consuls de Cahors songèrent à établir un dernier réduit pour abriter la population en cas de prise de la cité, leur choix se porta logiquement sur cette zone fortifiée de tous côtés, séparée de la ville par sa vieille muraille et disposant d'une tour maîtresse. Pour être réellement efficaces, l'enceinte et la porte séparant cet ensemble du reste de la localité devaient avoir des abords suffisamment dégagés et il était nécessaire pour cela de raser les maisons qui en étaient trop près, ce qui fut fait en avril 1372[633]. Quant à la tour, elle servit probablement d'observatoire de commandement dès les premiers temps du conflit[634], mais elle ne fut acquise par la ville au titre des besoins de la défense qu'en 1400[635].

Figure 14. L'Hébrardie à Cajarc.

---

[631] LARTIGAUT (J.), *Atlas historique des villes de France, Cahors (Lot)*, Paris, éd. du CNRS, 1983.
[632] MESQUI (J.), *Châteaux… Op. cit.*, t.2, p.178.
[633] LACOSTE (G.), *Histoire… Op. cit.*, t.III, p.230.
[634] SAVY (N.), *Cahors…Op.cit.*, pp.70-71.
[635] AM Cahors, *Livre Tanné*, f° 117 v°.

A Cajarc, un des réduits attesté en 1377 était alors simplement appelé *lo reduch*[636], ce qui semble témoigner de son importance par rapport aux autres auxquels était toujours associée une désignation plus précise, le nom du voisin le plus proche généralement ; cette façon de le désigner, que l'on retrouve par la suite[637], témoigne peut-être de l'existence d'un important réduit central englobant l'église ou la maison forte de l'Hébrardie, mais la documentation ne permet pas de l'affirmer. Il est à noter qu'à côté de ce point central existaient un, voire même peut-être deux autres réduits à l'intérieur de la vieille enceinte en 1380[638]. Il faut certainement mettre ce nombre de points forts plus élevé que la moyenne en rapport avec la faiblesse de l'enceinte principale à laquelle on ne devait accorder qu'une confiance limitée. Dans la plupart des autres cas, ces points fortifiés centraux étaient constitués par les châteaux seigneuriaux, dont les travaux de remise en état effectués entre 1345 et 1356 avaient certainement suffi à redonner une bonne capacité défensive. Ceci expliquerait le nombre peu élevé de mentions de chantiers les concernant dans les registres comptables ensuite.

Des travaux permanents sur les vieilles enceintes.

De la même façon que durant les premières années du conflit, ce furent les vieilles enceintes qui reçurent le plus d'investissements pendant les décennies qui suivirent. Après 1356, il subsistait encore des édifices implantés trop près des murailles et l'on s'évertua à essayer de les détruire, bien qu'il fallut parfois une forte incitation royale pour obliger les municipalités à s'en préoccuper : les consuls de Cahors, pour ne citer qu'eux, en reçurent encore l'ordre du duc d'Anjou en 1376[639]. La même année, ceux de Cajarc firent raser deux habitations qui, après plus de trente ans de guerre, étaient encore debout sur les fossés[640], tandis que quatre ans plus tard, ce fut au tour de sept maisons du *barri* de la Peyre d'être mises à terre[641]. Plus au nord, on détruisait encore des édifices divers dans les faubourgs martelais[642] et gourdonnais[643].

Les vieilles enceintes étaient toujours l'objet de soins assez attentifs, car bien qu'ayant eu la priorité durant les années 1345-1356, elles avaient cependant été construites ou reconstruites rapidement et leur qualité s'en ressentait. A Cajarc, elles donnaient des signes de faiblesses inquiétants : en 1374, il fallut faire « redresser » une portion de mur qui menaçait de s'effondrer[644] ; deux ans plus tard, c'est tout un pan de muraille qui s'écroula et, des Anglais étant stationnés dans les environs, il fallut le reconstruire en quelques jours seulement en utilisant une technique bon marché, les maçonnerie étant montées avec des pierres sèches liées par de la terre[645]. L'incident ne fut pas isolé, car une autre portion d'enceinte s'affaissa quatre ans plus tard[646] et les dégâts furent si importants que les consuls furent obligés de lever une taille extraordinaire pour financer les réparations[647].

---

[636] AM Cajarc, CC 13, f° 58 v°.
[637] *Ibid.*, CC 15, reg. II, f° 68 r°.
[638] *Ibid.*, CC 16, recoupements.
[639] AM Cahors, *Livre Noir*, f° 8 v°.
[640] AM Cajarc, CC 12, reg. III, f° 92 r°.
[641] *Ibid.*, CC 16, reg. I, f° 69 v°.
[642] AM Martel, CC 5.
[643] AM Gourdon (M.A.), BB 5 et 6, mentions notables de la destruction de la maison de Peyre Boichel.
[644] AM Cajarc, CC 11, reg. I, f° 70 v°.
[645] *Ibid.*, CC 12, reg. III, avec notamment le f° 85 R° et v°.
[646] *Ibid.*, CC 16, reg. I, f° 72 v°.
[647] *Ibid.*, reg. II, f° 63 r°.

Nonobstant leurs problèmes de structures, les fortifications restèrent longtemps affaiblies par les ouvertures « sauvages » pratiquées avant-guerre pour des besoins privés. En effet, les particuliers ne se pliaient pas de bon gré aux ordonnances consulaires leur enjoignant de les faire obstruer : les consuls de Gourdon furent obligés de réitérer cet ordre en 1376, soit plus de vingt ans après l'avoir commandé une première fois[648].

Les remises en état effectuées par les Gourdonnais sur leur enceinte principale n'étaient pas aussi importantes que celles réalisées à Cajarc après les divers éboulements, mais elles étaient néanmoins constantes[649] et absorbaient une partie importante des crédits alloués aux fortifications. En période habituelle, les murailles étaient ainsi l'objet de travaux quasi-permanents, les petits chantiers se succédant les uns les autres. Plus ou moins marquée suivant les régions et la qualité des constructions, il s'agissait néanmoins là d'une constante commune à tous les ensembles fortifiés de l'époque : en Provence, la vieille enceinte de Marseille, qui avait pourtant bénéficié de rénovations en 1368 et 1369, fut à nouveau en travaux en 1374 et ce tant pour des réparations que pour des améliorations[650] ; la même année, l'enceinte de L'Isle-sur-la-Sorgue fut elle aussi l'objet d'une série de très importants chantiers alors qu'elle avait été réparée onze ans plus tôt[651]. Même chose dans la ville voisine de Pernes-les-Fontaines, où le comblement des brèches affaiblissant les murailles occupa les habitants en 1368 et 1378, tandis que la réfection des chemins de ronde dura de 1384 à 1386[652].

A Cahors, l'embellie des années 1390 permit à la municipalité de dégager suffisamment de liquidités pour faire d'importants travaux de rénovation aux ouvrages de défense entre 1405 et 1407. Sur l'enceinte extérieure, les défenses du Pal, toujours constituées d'un merlon de terre garni de pieux, avaient démontré leur faiblesse en 1369 lorsque les hommes de Johan Chandos les avaient franchi lors d'un assaut ; on n'y fit pourtant que quelques améliorations et l'essentiel du budget fut dévolu au renforcement des vieilles murailles[653]. La présence d'enceintes de terre et de bois à cette époque avancée du conflit n'avait cependant rien d'exceptionnel : au XVe siècle, la chose était courante dans les villes auvergnates, tandis qu'en 1452 à Provins, on en était à encore à remplacer de « vieux murs de terre » par des courtines maçonnées[654].

D'autre part, après plusieurs décennies d'insécurité et de calamités, la priorité accordée aux fortifications des vieux centres n'était plus un choix uniquement dicté par les possibilités financières des municipalités : zones les plus vulnérables, les faubourgs étaient les quartiers les plus désertés et, au fur et à mesure que le temps passait, il devait sembler de moins en moins indispensable de protéger ces espaces de plus en plus vides. Ainsi à Cajarc, le *Barri* Nuo, qui comptait 203 chefs de feux en 1352, n'en comptait plus que 83 en 1380, tandis qu'à l'opposé leur effectif au quartier central était passé de 121 à 193[655]. Dans le Périgord voisin, la ville de Périgueux vit même disparaître totalement trois de ses faubourgs[656].

---

[648] AM Gourdon (M.A.), CC 20, f° 6 r°.
[649] *Ibid.*, CC20 et BB6.
[650] BERNARDI (Ph.), « Les fortifications de Marseille en 1374 », dans 2001 *Etudes massaliètes* n°7 (2001), *Marseille. Trames et paysages urbains de Gyptis au Roi René*, Aix-en-Provence, 2001, p.93-98.
[651] BUTAUD (G.), « Murs neufs... *Op. cit*, 52.
[652] *Ibid.*
[653] LACOSTE (G.), *Histoire...Op.cit*, t.III, pp.334-336.
[654] MESQUI (J.), *Châteaux... Op. cit*, T.I, p.225.
[655] AM Cajarc, CC 9 et CC 16.
[656] HIGOUNET-NADAL (A.), *Les comptes... Op. cit*, pp.44-45.

132 *Les villes du Quercy en guerre*

Le perfectionnement des flanquements verticaux : les gachiels.

Lors de leur remise en état, les vieilles enceintes ne furent pourvues que d'un nombre restreint de tours ou d'autres ouvrages de flanquement. Le comblement de cette lacune s'imposait, mais greffer après coup des structures maçonnés sur l'existant aurait été hasardeux et coûteux : hasardeux car les rajouts ainsi effectués auraient pu affaiblir des ensembles déjà peu solides, coûteux car ils auraient dû être construits en maçonneries de bonne qualité. Le compromis consistait à construire des ouvrages charpentés en saillie, les gachiels, qui étaient beaucoup moins chers et plus rapides à réaliser que des tours et pouvaient prendre place sur les murailles existantes.

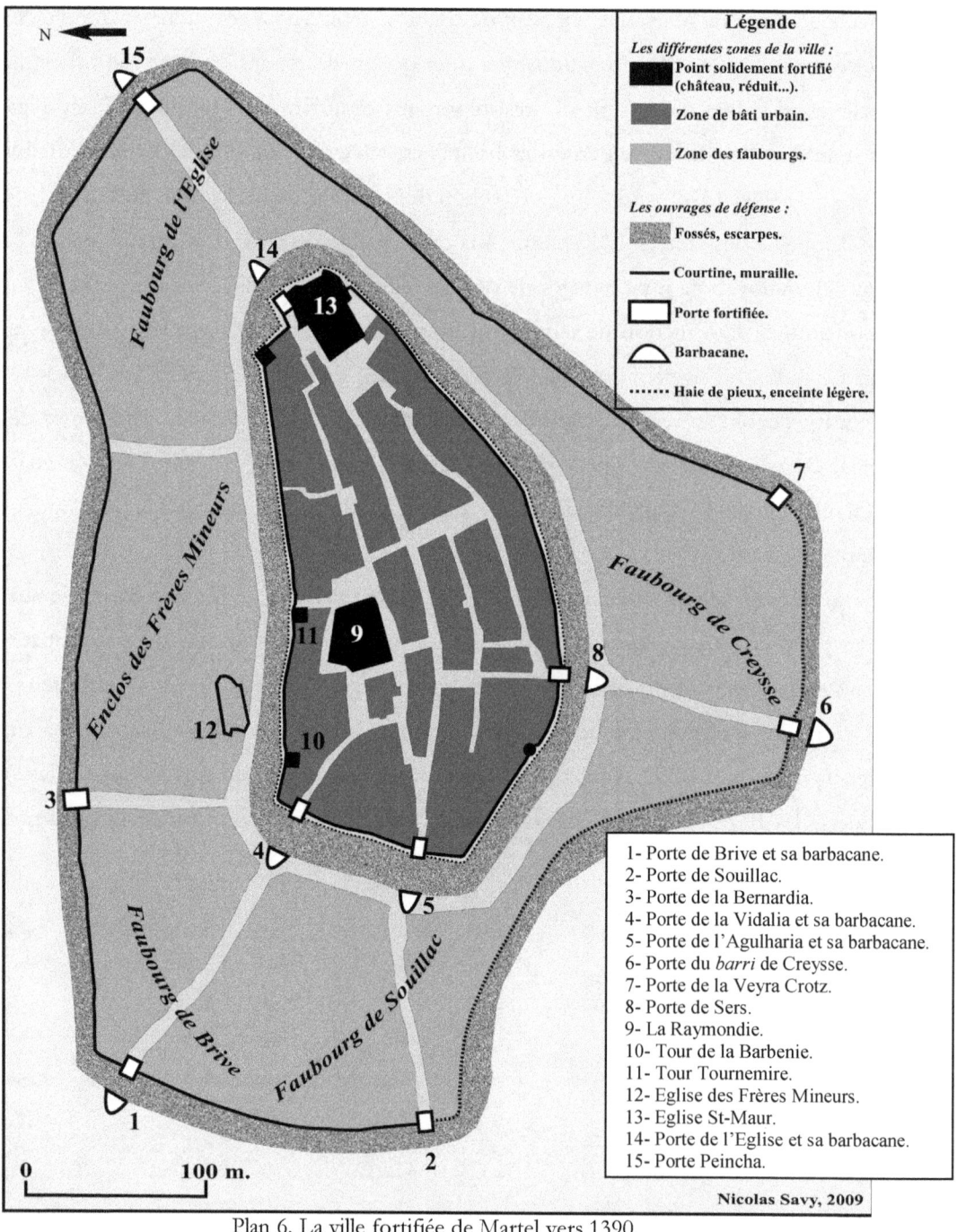

Plan 6. La ville fortifiée de Martel vers 1390.

A Cajarc, le premier gachiel fut semble-t-il construit en 1348 ; un autre suivit l'année suivante[657] et trois en 1356[658]. L'effort dans ce domaine vint essentiellement ensuite et, en 1376, il y en avait au moins vingt-six répartis sur le pourtour de l'enceinte, soit un tous les vingt-deux mètres environ[659]. Les consuls de Martel décidèrent dès 1346 d'en équiper leur muraille principale[660] et l'effort précoce consenti dans ce domaine fit qu'ils eurent simplement quelques opérations de remise en état à y faire lors de grands chantiers de 1355[661] ; ils ne purent toutefois pas se dispenser d'y effectuer d'importants travaux d'entretien quelque seize ans plus tard[662].

Il n'existe pas de vestiges archéologiques attestant la présence de tours de flanquement qui auraient pu garnir les portions communes des enceintes urbaines quercinoises, alors que tous les textes de l'époque font référence aux gachiels. Dans la partie Nord du royaume, connus sous le nom de guérite, guettes, gardes, pavillon ou loges, ils se multiplièrent de la seconde moitié du XIVe siècle aux premières décennies du XVe jusqu'à devenir les ouvrages de flanquement le plus commun des fortifications de la guerre de Cent Ans[663] : tout porte à croire qu'il en fut de même en Haut-Quercy.

La seule exception se trouve à Cahors où, durant la campagne de chantiers de 1345-47, on fit construire cinq tours de flanquement sur la partie occidentale des défenses Nord. L'édification de ce genre de bâtiments coûteux ne fut plus possible ensuite, et ce très rapidement, car sur la partie orientale de ces mêmes défenses Nord, on ne put édifier qu'une levée de terre garnie de pieux.

Le perfectionnement des flanquements horizontaux.

Ne pouvant généralement envisager, faute de finances suffisantes, la construction de tours pour les flanquements horizontaux, les consulats privilégièrent aussi les superstructures charpentées pour flanquer les murailles sur le plan vertical. En effet, tout comme pour les tours, l'installation de superstructures maçonnées, comme des mâchicoulis, était non seulement trop chère mais de plus n'était pas réalisable, car les murailles de qualité incertaine construites ou rénovées entre 1345 et 1355 étaient incapables de supporter une telle surcharge. Elles n'étaient de toute façon pas prévues pour : à Cajarc par exemple, celles construites en 1348 étaient initialement dépourvues de superstructures[664] et les hourds qu'elles reçurent dès l'année suivante[665] étaient certainement la solution de flanquement prévue dès leur conception ; le même choix fut fait en 1376, lorsque le mur qui s'écroula cette année-là fut reconstruit avec ses hourds et non avec des mâchicoulis[666].

On ne trouve que quelques mentions de mâchicoulis, notamment à Martel : une première fois au début du conflit, lorsque la municipalité fit faire des travaux d'amélioration du côté de la porte de l'Agulharia[667] et, trois ans plus tard, lorsque les consuls ordonnèrent que toutes les parties de la vieille enceinte pourvues de merlons-créneaux

---

[657] CLAVAUD (F.), *Cajarc...Op.cit.*, t.I, pp.60-61.
[658] AM Cajarc, CC 8.
[659] CLAVAUD (F.), *Cajarc...Op.cit.*, t.I, pp.60-61.
[660] AM Martel, BB 5, f° 25 v°.
[661] *Ibid.*, f° 89 r°.
[662] *Ibid.*, CC 5.
[663] LARDIN (P.), « La place du bois dans les fortifications à la fin du Moyen-Age en Normandie orientale », dans BLIECK (G.), CONTAMINE (P.), FAUCHERRE (N.), MESQUI (J.), *Les enceintes... Op.cit.*, (pp.182-195), pp.185-188.
[664] AM Cajarc, CC 4. Aucune mention dans ce compte complet.
[665] *Ibid.*, CC 5.
[666] *Ibid.*, CC 12, reg. III, f° 86 r°.
[667] AM Martel, CC 3-4, f° 44 v°.

maçonnés soient équipées de mâchicoulis[668] ; il semble toutefois que dans ce dernier cas, il y ait eu confusion des termes et qu'il s'agissait en fait de hourds, car lorsque les magistrats ordonnèrent ensuite de modifier plus d'une cinquantaine de merlons-créneaux afin que l'on puisse mettre les superstructures en place, ils parlèrent de hourds[669] et non de mâchicoulis. Installer après coup ces derniers sur la vieille enceinte aurait été particulièrement coûteux car il aurait fallu démolir puis reconstruire l'ensemble du couronnement de la muraille, tandis que la mise en place de hourds ne nécessitait que l'aménagement des merlons-créneaux.

Le renforcement de l'atomisation des défenses faubouriennes.

Des améliorations limitées sur les enceintes des faubourgs.

Figure 15. Le talus constituant le flanc Nord de l'enceinte de Martel.

Là où les financements avaient été insuffisants, l'enceinte faubourienne n'était souvent constituée que d'une palissade de pieux, le plus souvent installée sur un talus artificiel et précédée d'un fossé. A Martel, c'est l'ensemble de la partie nord de la ville qui resta durant toute la guerre protégé par un dispositif de ce genre[670]. Les *barris* cajarcois, qui n'avaient pas reçu de protections spécifiques au début du conflit, furent ici aussi progressivement équipés de fortifications en bois, tant au *Barri* Nuo[671] qu'à celui de la Peyre[672], leurs palissades de pieux étant attestées de façon formelle en 1376 et 1380. Lorsque ce fut possible, on leur substitua des ouvrages maçonnés, mais ces améliorations

---
[668] *Ibid.*, BB5, f° 92 v°.
[669] *Ibid.*, CC 3-4, f° 69 v°.
[670] *Ibid.*, CC 5, f° 21 r°, mention de 1371; on ne trouve pas de traces archéologiques de constructions maçonnées à cet emplacement, sinon peut-être d'un mur pour supporter les pieux.
[671] AM Cajarc, CC 12, reg. III, f° 64 v°.

furent souvent tardives car elles réclamaient des crédits relativement élevés. La palissade de Cahors, édifiée entre 1345 et 1347, ne fut remplacée par une muraille, de mauvaise qualité par ailleurs, qu'entre 1405 et 1407[673]. L'année suivante, les réparations faites à l'enceinte du *Barri* Nuo de Cajarc nécessitèrent de prendre des pierres dans les maisons détruites, ceci attestant le remplacement d'au moins une partie des pieux par des structures maçonnées[674].

Dans le nord de la province, les restes de l'enceinte de Bretenoux permettent de la dater, elle aussi, du XVe siècle[675] ; elle dut certainement remplacer un dispositif de fortune à base de structures en bois, car il est inconcevable que ce bourg soit resté sans aucune protection pendant plusieurs décennies dans une région intensément parcourue par les compagnies. A Belaye, la palissade de pieux surplombant le fort talus formant l'enceinte extérieure à l'extrémité de l'éperon ne fut certainement remplacée par la muraille visible aujourd'hui qu'assez tardivement, une fois l'église Grande achevée. La toponymie a parfois gardé la trace de ces palissades, les *pals*, même si elles furent ensuite remplacées par des murailles : la plaine du *Pal* est à Cahors le nom donné à la zone où s'étendait une levée de terre garnie de pieux sur la partie est des défenses nord, tandis qu'à Albas, sur la vallée du Lot, la rue allant du castrum à l'entrée principale de l'enceinte extérieure à gardé l'appellation de « rue du *Pal* ».

Figure 16. Coupe du talus constituant le flanc Nord de l'enceinte de Martel.

Réduits et portes, éléments essentiels de la défense.

Les enceintes extérieures restant assez faibles structurellement, il était nécessaire d'augmenter le nombre des réduits dans les faubourgs où ils étaient en nombre insuffisant. Cajarc, qui n'en comptait que deux au *Barri* Nuo en 1356,

---

[672] *Ibid.*, CC 16, f° 52 v°.
[673] LACOSTE (G.), *Histoire…Op.cit.*, t.III, pp.334-336.
[674] AM Cajarc, FF 131.
[675] SERAPHIN (G.), *La bastide de Bretenoux*, s. e.

en avait au moins sept en 1380, dont au minimum trois au *Barri* Nuo et un au *barri* de la Peyre, les deux autres étant situés à l'intérieur de la vieille enceinte[676]. A Cahors, il semblerait que ce soit les enclos monastiques qui aient servi de réduits faubouriens, car lorsqu'en 1369 les troupes de Johan Chandos enfoncèrent les défenses Nord, elles paraissent avoir été arrêtées à hauteur des monastères sans pouvoir atteindre les ouvrages avancés des vieux murs[677]. L'utilisation des couvents comme réduits n'était pas exceptionnelle : en 1356 à Gourdon, on avait fortifié celui des Clarisses[678] et, en septembre 1381, celui des Frères Mineurs constituait lui aussi un réduit à part entière[679]. Les bâtiments occupés par les communautés religieuses dans les faubourgs étaient généralement construits de solides maçonneries, aussi ce fut logiquement que l'on essaya de les utiliser pour la défense[680]. Dans tous les cas, quels que soient les infrastructures utilisées pour les mettre en place, le nombre des réduits installés dans les faubourgs ne fit qu'augmenter avec le temps : la défense gourdonnaise, par exemple, disposait de dix réduits en 1356, puis en compta un de plus l'année suivante[681] avant que ne viennent s'en ajouter encore deux autres, attestés en 1376[682] et 1381[683].

Les portes des enceintes intérieures et extérieures étaient des points devant être particulièrement bien défendus, notamment par des ouvrages avancés tels que des barbacanes. A Cajarc, on n'en avait pas construit lors des premiers travaux de mise en défense de 1345, ni lors de ceux qui avaient suivi en 1348 et 1349[684]. On en fit enfin réaliser une, pour partie en bois, en 1350[685]. Sa localisation est incertaine, mais elle était probablement située devant la porte de la Peyre, car deux mentions de 1352 font état de réparations et d'améliorations faites à la barbacane de la Peyre[686]. En 1356, la porte du *Barri* Nuo avait elle aussi été pourvue d'une barbacane, mais elle n'était constituée que d'une simple palissade[687] ; on la retrouve clairement mentionnée onze ans plus tard mais sans qu'il soit possible de savoir si elle était toujours uniquement faite d'éléments charpentés[688]. Celle de la porte de la Peyre fut surmontée d'une cabane dite « de paille », probablement une guérite pour la garde, en 1376[689] et fut l'objet de travaux de charpenterie trois ans plus tard[690] ; à la même époque, celle du *Barri* Nuo avait été renforcée et pourvue de maçonneries depuis déjà quelques années, car des maçons furent employés en 1380 pour y effectuer des réparations[691].

A Gourdon, on ne trouve pas trace de travaux à de quelconques barbacanes avant 1350, année où les structures charpentées de celle de la porte du Majou sont mentionnées comme ayant fait l'objet de réparations[692]. A la même époque, celle de la porte du Roc fut percée de deux issues afin que l'on puisse en sortir pour circuler entre le mur d'enceinte principal et la palissade de pieux qui le longeait ; l'emploi de maçons à cette occasion indique que cet ouvrage était au moins pour partie en pierre[693]. Il fut pourvu de hourds début 1356[694].

---

[676] AM Cajarc, CC 12, CC 15 et CC 16, recoupements.
[677] SAVY (N.), *Cahors…Op.cit.*, p.91.
[678] AM Gourdon (M.A.) CC 18, f° 3 v°.
[679] *Ibid.*, BB 5, f° 27 r°.
[680] Il ne s'agissait cependant pas d'une règle absolue, car l'on préférait souvent détruire les couvents situés à l'extérieur de l'enceinte pour les reconstruire *intra-muros*. Ce fut notamment le cas à Cahors en 1342, avec le couvent des Augustins, mais on trouve aussi des exemples à Toulouse avec, notamment, le couvent des Clarisses : WOLFF (P.), DURLIAT (M.), « L'épreuve…*Op. cit*, p.183.
[681] *Ibid.*, CC 19, f° 30 v°.
[682] *Ibid.*, CC 20, f° 37 r°.
[683] *Ibid.*, BB 5, f° 27 r°.
[684] AM Cajarc, CC 4 et CC 5, aucune mention dans ces comptes très complets.
[685] *Ibid.*, CC 6, ff° 53 r° et v°.
[686] *Ibid.*, DD 36 et CC 7, ff° 105 r°.
[687] *Ibid.*, CC 8, f° 166 r°.
[688] *Ibid.*, CC 9, f° 105 v°.
[689] *Ibid.*, CC 12, reg. III, f° 93 r°.
[690] *Ibid.*, CC15, reg. I, f° 14 r° et 49 r°; reg. II, f° 64 v°.
[691] *Ibid.*, CC 16, reg. I, f° 51 v°.
[692] AM Gourdon (M.A.), CC 17, f° 10 r°, 12 v°.
[693] *Ibid.*, f° 21 r°.

Dans les documents de l'année précédente apparaît la barbacane de la porte Saint-Jean, à laquelle furent alors faits quelques réparations sur les parties charpentées[695] ; cet ouvrage était certainement aussi celui appelé le « réduit de la porte Saint-Jean », mentionné dans les textes exactement à la même époque, et qui fut lui aussi l'objet de travaux de charpente[696]. La double appellation de cet ouvrage est aisément compréhensible, car ses ouvertures furent murées[697] et son pont détruit[698] : en l'absence d'issue à protéger, la barbacane se changea ainsi en réduit.

A Martel, une simple barbacane de pieux protégeait l'accès de la porte de la Vidalia en 1352[699], année où il y fut construit une muraille basse pour supporter la palissade[700]. Trois ans plus tard, cette maçonnerie fut rehaussée et pourvue d'un gachiel et de hourds[701]. Peu après, les consuls décidèrent d'élever un édifice similaire à l'opposé de la ville, devant la porte de l'Eglise[702], tandis que l'année suivante un autre, constitué d'une palissade celui-ci, fut réalisé devant la porte du *barri* de l'Eglise, sur l'enceinte extérieure[703] ; quelques mois plus tard, la porte du *barri* de Creysse fut à son tour équipée d'un ouvrage avancé[704]. Enfin, il semble qu'une barbacane en bois ait été en construction en 1356 devant la porte du *barri* de Brive[705]. L'importance des structures charpentées dans les défenses avancées des accès montre une fois encore que le recours au bois était la seule possibilité pour renforcer rapidement les défenses en l'absence de finances suffisantes pour les doter de solides maçonneries.

Figure 17. La porte du *barri* de Brive à Martel.

---

[694] *Ibid.*, CC 18, f° 113 v°.
[695] *Ibid.*, ff° 11 v° et 12 r°.
[696] *Ibid.*, ff° 4 v°, 5 r°, 12 v°.
[697] *Ibid.*, f° 7 v°.
[698] *Ibid.*, f° 33 v°.
[699] AM Martel, CC 3-4, f° 42 r°.
[700] *Ibid.*, f° 44 r°.
[701] *Ibid.*, f° 70 v°-71 v°.
[702] *Ibid.*, BB5, f° 89 r°.
[703] *Ibid.*, f° 102 r°. Il existe une confusion dans les textes entre la porte de l'Eglise, sur l'enceinte intérieure, et celle du *barri* de l'Eglise (appelée aussi porte Peinche), sur l'enceinte extérieure. La confrontation des informations contenues dans les registres BB 5 et CC 3-4 nous a permis de les remettre chacune à leur place.
[704] *Ibid.*, f° 110 v°.
[705] *Ibid.*, f° 89 r°.

Figure 18. La porte du *barri* de Souillac à Martel.

Les améliorations et les aménagements réalisés à partir de 1356 ne changèrent pas le visage des systèmes fortifiés, mais ils participèrent à les rendre plus efficaces dans le cadre du schéma défensif dont la genèse s'était faite entre 1345 et 1355-1356. L'efficacité réelle de ce plan théorique de défense fut mise à l'épreuve à plusieurs reprises durant le conflit, ce qui permet de juger sur pièce le bien fondé des solutions choisies.

Figure 19. La porte Est de l'enceinte extérieure de Loubressac.

Figure 20. La porte Est de l'enceinte extérieure d'Albas.

4. Les fortifications à l'épreuve.

Suivant le schéma finalisé vers 1355-1356, les défenses étaient conçues pour faire face à un ennemi numériquement supérieur dont le but aurait été de s'emparer de la place par siège ou assaut ; il ne s'agissait pas, loin de là, d'une spécificité locale car, comme à Toulouse[706], on s'évertuait partout à rendre les villes imprenables par les plus grosses armées envisageables. En fait, villes et bourgs quercinois durent le plus souvent faire face aux entreprises de compagnies aux effectifs relativement limités. Face à une telle situation, il pourrait sembler tentant, au premier abord, de citer l'adage « qui peut le plus, peut le moins », mais l'analyse des menaces et des attaques ayant eu villes et bourgs quercinois pour objets montre que les choses n'étaient pas aussi simples. L'adaptation des fortifications aux menaces potentielles peut s'apprécier en observant les faits suivant deux axes d'approche : la guerre de siège classique, contre laquelle les localités voulurent se prémunir en priorité, et la guerre de harcèlement qui fut menée par les compagnies anglo-gasconnes.

La guerre de siège.

Avec un effectif total moyen de moins de deux mille hommes répartis sur tout le territoire de la province, les compagnies anglo-gasconnes, même regroupées en amas, pouvaient difficilement envisager d'assiéger la moindre ville ; d'autre part, une telle entreprise aurait dû faire face à des problèmes de ravitaillement quasiment insurmontables et aurait nécessité des machines de guerre que les capitaines ne possédaient pas. En fait, les villes et les gros bourgs ne

---

[706] SOLON (P.), « Toulouse as… *Op. cit.*, p.281.

risquèrent véritablement d'être assiégées que durant l'année 1369, lorsque Johan Chandos se porta sur le Haut-Quercy pour faire cesser le mouvement de ralliement au roi de France des localités soumises au prince d'Aquitaine selon les termes du traité de Brétigny. Avec son armée anglo-aquitaine[707] forte de plusieurs milliers d'hommes[708], il était suffisamment puissant pour s'attaquer à des villes moyennes.

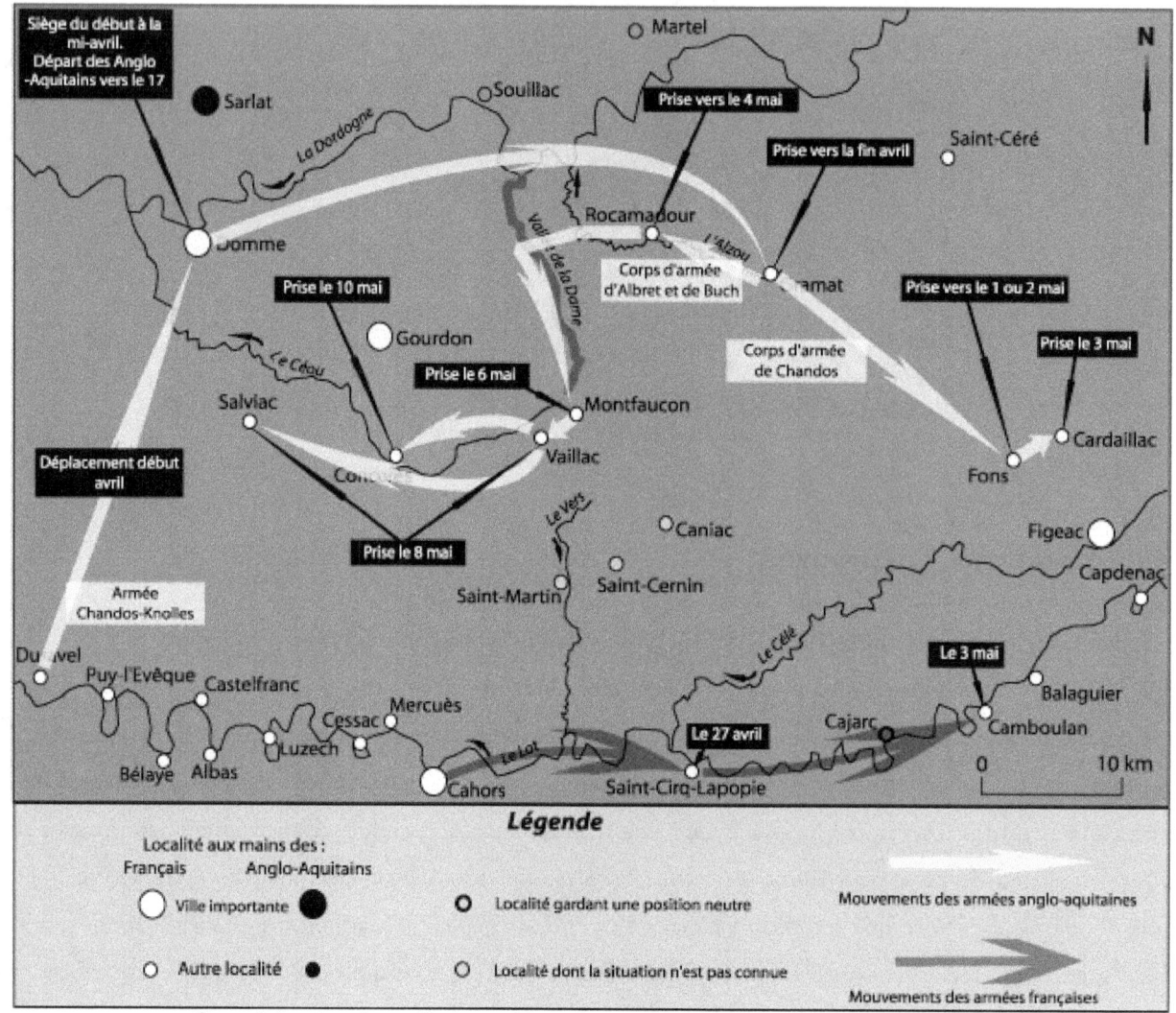

Carte 6. La situation militaire en Haut-Quercy entre la fin avril et le 10 mai 1369.

Il dirigea d'abord ses troupes vers Gramat, qui se rendit sans combat. Après avoir récupéré quatre jours[709], l'armée se sépara vraisemblablement en deux corps : le premier, conduit par Chandos, se porta sur Fons, qui se rendit immédiatement, puis sur Cardaillac, où il est mentionné le 3 mai[710]. Les Français - en l'occurrence une troupe de Bretons - soucieux de protéger la vallée du Lot, montèrent alors se poster à Camboulan[711]. Le second corps d'armée, mené par Bertrucat d'Albret et le captal de Buch, prit Montfaucon le 6 mai[712]. Il est probable que ce soit lui qui ait pris

---

[707] L'Aquitaine était alors une principauté indépendante gouvernée par Edouard de Woodstock, fils aîné d'Edouard III et héritier de la couronne d'Angleterre, c'est pourquoi il convient d'appliquer à cette armée, au sein de laquelle servaient un grand nombre d'Anglais, le qualificatif d'anglo-aquitaine.
[708] LACOSTE (G.), *Histoire…Op.cit.*, t.III, p.206, d'après AM Cahors, *Livre Tanné*, f° 79 r°, passage aujourd'hui illisible.
[709] FROISSART (J.), *Chroniques…Op. cit.*, T. VII, p.372.
[710] AM Cajarc, CC6, f°137 r°.
[711] AM Cajarc, CC6, f°137 r°.
[712] AM Cajarc, CC6, f°137 r°.

Rocamadour : Froissart nous indique que cette ville fut prise après Gramat[713] et elle est sur le chemin allant de ce bourg à Montfaucon par les vallées de l'Alzou et de la Dame ; cette dernière était une voie particulièrement importante sur l'itinéraire joignant la vallée de la Dordogne à la région gourdonnaise et à Cahors[714] et il est logique que les deux capitaines aient pensé à l'emprunter.

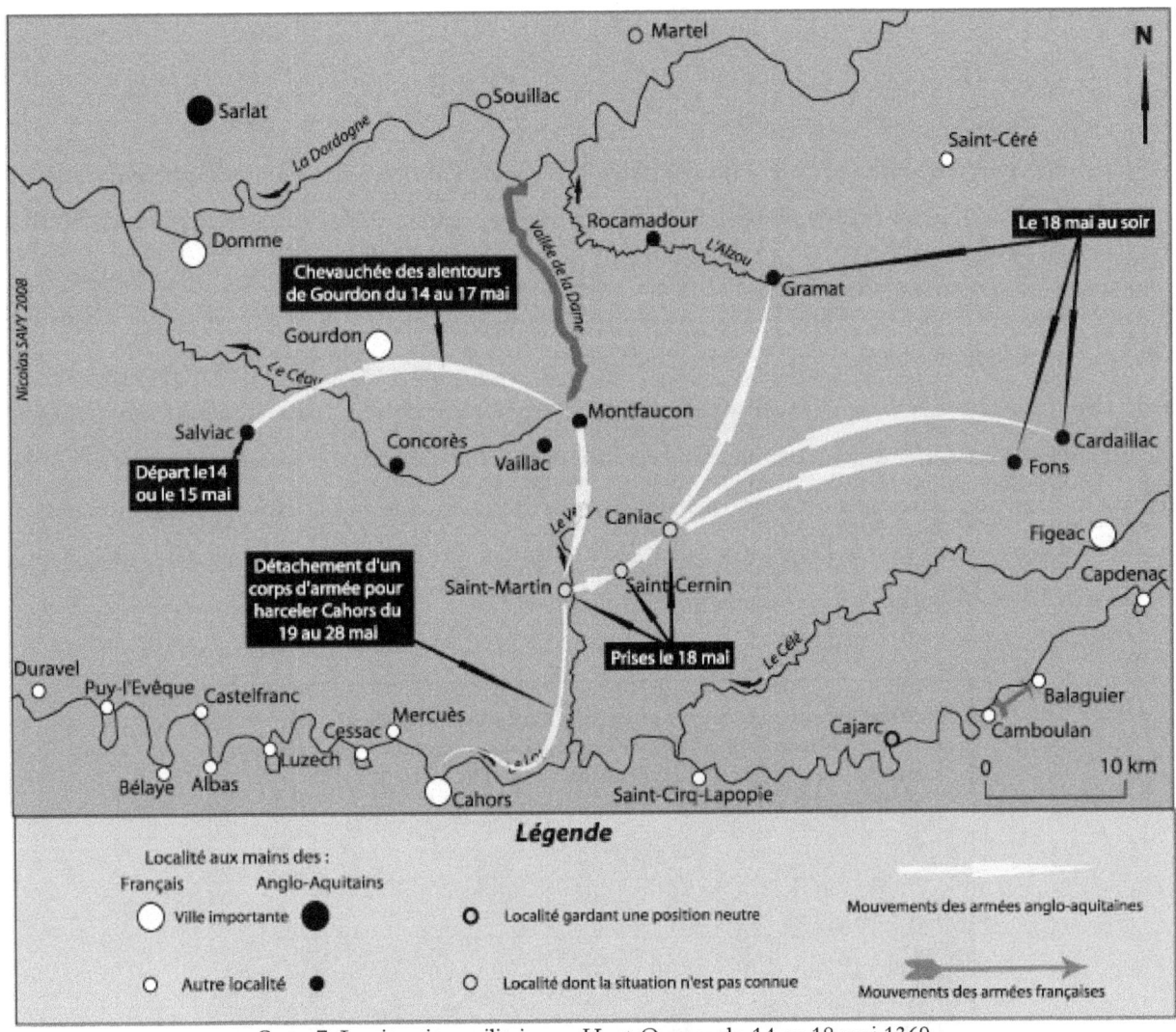

Carte 7. La situation militaire en Haut-Quercy du 14 au 18 mai 1369.

S'étant couvert en direction de l'est, les Anglo-Aquitains portèrent alors leur effort sur le Gourdonnais : partant de Montfaucon, ils s'assurèrent de la vallée du Céou en prenant successivement le château de Vaillac et Salviac le 8 mai[715], puis Concorès le 10[716]. Chandos vint prendre la tête des opérations et rejoignit Vaillac, certainement à la tête de son corps d'armée, le 8 mai au soir[717]. Le 12, l'ensemble des compagnies fut regroupé à Salviac[718] et fut prêt à repartir en

---

[713] FROISSART (J.), *Chroniques…Op. cit.*, T. VII, p.372.
[714] Pour se rendre à Cahors, les Martelais utilisaient cette vallée (AM Martel, BB5, f°57 v°). Lorsque des éléments anglo-gascons s'y installèrent en 1350, les consuls de Gourdon organisèrent immédiatement une expédition pour les en chasser (AM Gourdon, CC17, f° 4 v°), ce qui montre l'importance qu'ils accordaient à la liberté de cet axe.
[715] AM Cajarc, CC6, f°137 v°.
[716] AM Cajarc, CC6, f°138 r°.
[717] AM Cajarc, CC6, f°137 v°.
[718] AM Cajarc, CC6, f°138 r°.

campagne deux jours plus tard[719]. L'objectif de Chandos était certainement Gourdon car durant les journées suivantes il fit ravager les alentours de la ville[720], certainement dans le but de provoquer sa reddition, mais les Gourdonnais ne se laissèrent pas impressionner.

Contraint de garder son armée en mouvement pour éviter de se trouver à cours de vivres, Chandos décida alors de revenir vers l'est et de s'appuyer sur les places qu'il avait prises une dizaine de jours auparavant pour porter son effort sur Figeac. Quittant les environs de Gourdon en repassant vraisemblablement par Montfaucon, il descendit le 18 mai vers Saint-Martin-de-Vers puis, le même jour, obliqua sur Saint-Cernin et Caniac[721] ; à la fin de la journée, ses troupes étaient cantonnées à Gramat, Fons et Cardaillac[722].

C'est vers cette époque que ce situe l'épisode dit « du siège de Cahors ». Il est à noter que ni Froissart, ni Dom Vaissette ne font mention de cet événement. Selon un document des archives de Cahors, Johan Chandos serait arrivé le 19 mai devant Cahors avec son armée forte de 4 000 hommes, puis aurait fait lancer plusieurs assauts contre le *pal* des défenses nord ; ses tentatives restant sans succès, il serait reparti au bout de neuf jours[723]. Guillaume Lacoste nous dit que la ville était défendue par Gui d'Asay, le comte de Vendôme et de Lille, ainsi que par Marquès de Cardaillac et le vicomte de Caraman, et qu'ils disposaient d'artillerie et d'approvisionnements[724]. En fait, si l'on s'en tient aux autres documents quercinois concernant cette période du 19 au 28 mai, Johan Chandos se seraient présenté avec son armée devant Figeac le 19[725], puis serait resté dans ses environs à menacer la ville, installé à Cardaillac où il est mentionné du 25 au 27 mai[726]. La seule réaction des Français semble d'avoir envoyé un détachement se poster à Balaguier-d'Olt[727], toujours, vraisemblablement, dans le soucis de protéger la vallée du Lot.

Figure 21. La tour du Pal à Cahors.

---

[719] AM Cajarc, CC6, f°138 r°.
[720] AM Cajarc, CC6, f°138 r°.
[721] AM Cajarc, CC6, f°138 r°.
[722] AM Cajarc, CC6, f°138 v°.
[723] AM Cahors, *Livre Tanné*, f°79 r°.
[724] LACOSTE (G.), *Histoire… Op. cit.*, T.III, p.206.
[725] AM Cajarc, CC6, f°138 v°.
[726] AM Cajarc, CC6, f°139 r°.

Notre hypothèse est que le 18 mai, à Saint-Martin-de-Vers et avant d'obliquer vers Saint-Cernin avec le gros de son armée, Chandos envoya une partie de ses troupes harceler Cahors et fixer son importante garnison afin d'avoir les mains libres du côté de Figeac. Il est à noter que le bilan des neufs jours du « siège de Cahors » ne se soldèrent que par huit morts et « un grand nombre de blessés » côté anglo-aquitain, et quelques blessés seulement du côté de la défense cadurcienne[728], ce qui en dit long sur l'intensité des combats. Dans leur compte-rendu, les consuls cadurciens, en évaluant le nombre d'assiégeants à 4000 hommes[729], ne firent certainement que reprendre l'effectif de l'armée anglo-aquitaine dans son ensemble, telle qu'elle avait été dénombrée au siège de Domme[730], pour mieux valoriser la résistance de leur ville. En réalité, ils furent beaucoup moins nombreux, le gros de l'armée de Chandos se trouvant dans la région de Figeac.

Tout comme Gourdon, Figeac ne céda pas à la panique et Johan Chandos continua d'éprouver les plus grandes difficultés à ravitailler son armée : le duc d'Anjou avait fait mettre les récoltes à l'abri des forteresses et ce qui restait sur le terrain avait été pillé par les compagnies françaises ; les Anglo-Aquitains ne parvenaient à s'approvisionner que dans les petits forts et les villages qu'ils prenaient ou rançonnaient sous la menace[731]. Froissart nous dit que cette armée était alors en *grant tribulation*[732] ; elle opérait certainement en ordre dispersé pour mieux pouvoir se ravitailler car, le 1er juin, les consuls de Cajarc étaient contrairement à leur habitude incapables de situer précisément sa position[733].

Depuis le 24 mai, les Français se doutaient que Chandos allait poursuivre en direction du Rouergue[734]. C'est effectivement ce qu'il fit et il amena son armée devant Villefranche-de-Rouergue, qui se rendit après quatre jours de siège[735] et lui donna ainsi le contrôle du cours de l'Aveyron. Ce fut le seul véritable succès de la chevauchée.

C'est vers ce moment que le héraut Chandos[736] rejoignit l'armée anglo-aquitaine porteur d'un message ordonnant à Johan Chandos, Thomas Felton et au Captal de Buch de rejoindre le prince de Galles à Angoulême et à Robert Knolles de prendre seul la suite de l'expédition. Knolles refusa vigoureusement ce commandement et menaça de partir. Finalement, les quatre grands chefs se concertèrent et décidèrent de stopper là la chevauchée, d'envoyer la troupe tenir les places prises pour y continuer une guerre de postes, tandis qu'eux-mêmes se rendraient au mandement du prince de Galles pour y rendre compte de leur action[737].

A la vue des événements évoqués ci-dessus, il apparaît que si le schéma défensif urbain était surtout prévu pour faire face à de fortes armées, les habitants ne choisirent pas toujours de résister lors des rares fois où des corps plus forts que la moyenne firent mine de les attaquer ou de les assiéger. En fait, sur les quelques exemples connus, il semble que seuls les Cadurciens aient eu la volonté de mettre en œuvre leurs dispositifs de défense lorsqu'une partie de l'armée de Chandos se présenta devant leur ville. Il est toutefois possible de penser que le capitaine anglais passa devant Gourdon le 15 mai 1369 et devant Figeac quatre jours plus tard sans attaquer[738] à cause de la volonté de résister visible et des dispositions prises à cet effet par les habitants de ces deux localités.

---

[727] AM Cajarc, CC6, f°138 v°.
[728] AM Cahors, *Livre Tanné*, f°79 r°.
[729] AM Cahors, *Livre Tanné*, f°79 r°.
[730] FROISSART (J.), *Chroniques…Op. cit.*, T. VII, p.370 : Froissart nous indique que cette armée comprenait 1500 hommes d'armes et 2000 archers.
[731] *Ibid.*, p.373.
[732] *Ibid.*, p.377.
[733] AM Cajarc, CC6, f°139 r°.
[734] AM Cajarc, CC6, f°138 v°.
[735] FROISSART (J.), *Chroniques…Op. cit.*, T. VII, p.376.
[736] Le héraut Chandos était un poète de langue anglo-normande qui fut le héraut de Johan Chandos, ce qui lui valut son nom.
[737] FROISSART (J.), *Chroniques…Op. cit.*, T. VII, pp.377-378.
[738] AM Cajarc, CC 6, f° 138 r°.

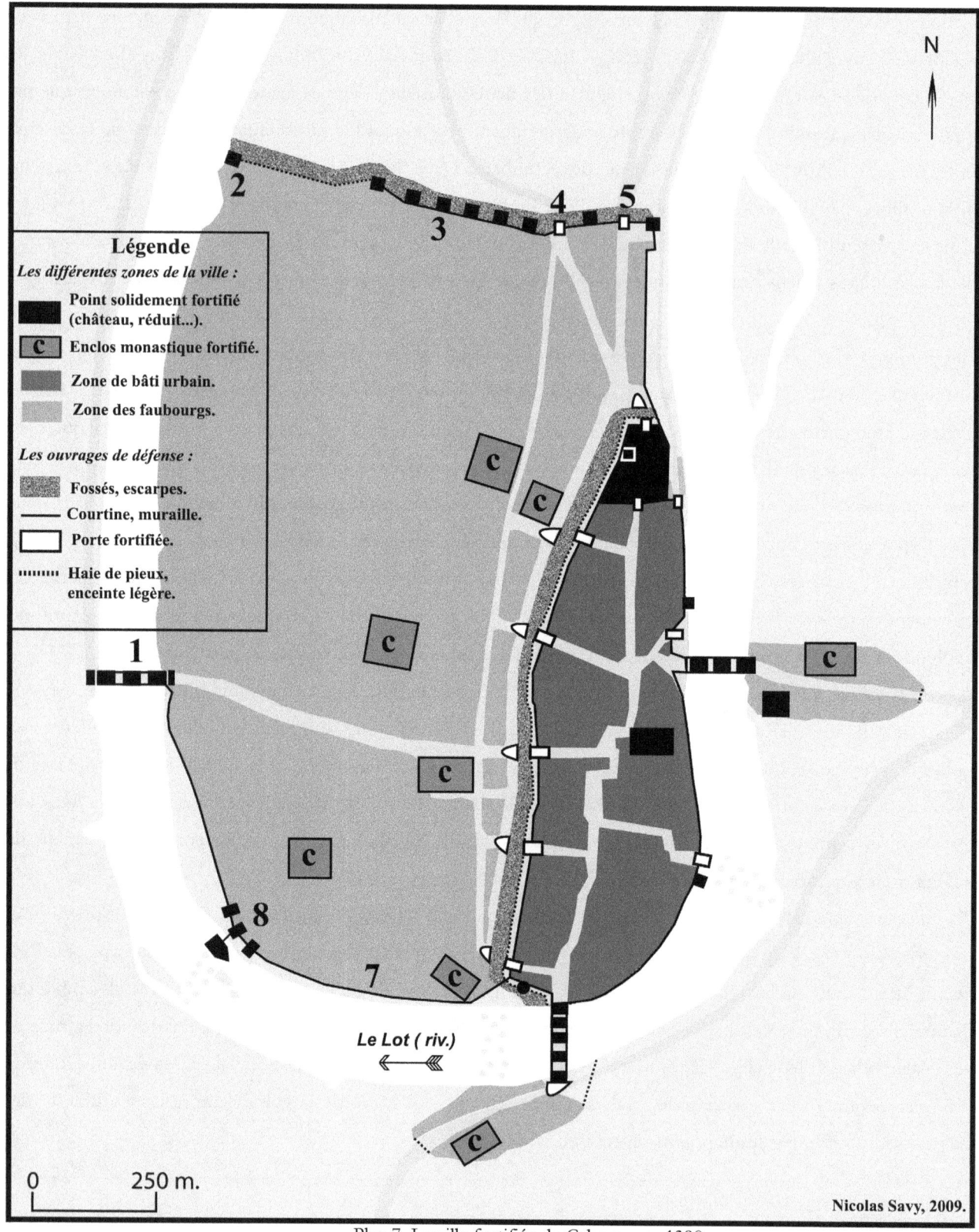

Plan 7. La ville fortifiée de Cahors vers 1390.

1- Le pont Valentré et ses défenses terminées.
2- La tour du Pal et son merlon joignant la tour St-Mari.
3- Les tours de flanquement Nord.
4- La porte St-Michel.
5- La porte de la Barre.
6- Le quartier fort des Soubirous.
7- La courtine joignant la vieille ville au pont Valentré.
8- L'ensemble fort de la tour des Chanoines.

Il reste que les armées anglaises capables d'assiéger villes et bourgs furent peu nombreuses à passer en Haut-Quercy et que les sièges, tentatives de sièges ou débuts de sièges furent particulièrement peu fréquents : quatre, peut-être sept et dans tous les cas moins d'une dizaine pour le seul XIVe siècle. En fait, si l'on prend en compte les problèmes de ravitaillement des armées anglaises, leur manque d'artillerie et de machines de sièges, on s'aperçoit que toute ville capable de résister plus d'un mois était sûre de provoquer la levée d'un siège : celui de Duravel dura cinq semaines, temps au bout duquel les Anglo-Gascons abandonnèrent la partie, pratiquement réduits à la famine[739] ; ils se portèrent ensuite devant Domme qu'ils assiégèrent durant quinze jours avant, une fois encore, d'abandonner la partie pour cause de vivres insuffisants[740].

Cahors, Figeac et Gourdon pouvaient certainement résister au-delà d'un mois sans trop de difficultés, mais était-ce là chose impossible pour Gramat, Fons ou Rocamadour, qui se rendirent sans combats ? Probablement non, l'exemple d'un gros village comme Duravel en 1369 le montrait, mais encore fallait-il que leurs habitants soient animés par la volonté de résister, ce qui semble-t-il fit défaut : encerclés de toutes parts, les Gramatois se rendirent après quelques escarmouches[741] ; la vision inhabituelle des cavaliers anglo-gascons chevauchant en tous sens les environs de leur bourg les effraya sans doute plus que de raison et leur fit croire qu'ils n'étaient pas de taille à résister ; quelques jours plus tard, la peur des habitants de Fons, qui provoqua également leur reddition, se comprend mieux car leur ville ayant été prise treize ans auparavant[742], ils savaient ce que coûtait un combat perdu et l'exemple de Gramat ne fut pas pour les encourager à la résistance[743]. Enfin, Froissart nous dit que les habitants de Rocamadour, voyant leur ville investie de toute part et craignant que *a le longe il ne se poroient tenir as gens le prinche*, se rendirent le deuxième jour du siège[744] ; à leur décharge, il faut apprécier la position naturelle particulièrement défavorable de leur localité sur le plan défensif. En 1374, les Martelais ouvrirent certainement leurs portes aux Anglais pour la même raison, à savoir la peur irraisonnée provoquée par les capacités supposées, mais bien loin d'être réelles, de l'armée qui leur faisait face, en l'occurrence des débris de la chevauchée de Lancastre ; dans leur cas, cette peur était augmentée par le fait qu'ils pensaient ne pas disposer de réserves d'eau suffisantes, la ville ne comptant aucune source ou cours d'eau dans les murs ou suffisamment près pour être utilisable en cas de blocus.

Non seulement les grandes armées anglaises furent peu nombreuses à venir dans la province, mais de plus il est probable qu'aucune d'entre elles n'ait réellement eut la prise d'une localité par siège comme objectif. Tout montre par exemple qu'il n'était pas dans les intentions de Johan Chandos de se laisser entraîner dans ce genre d'opérations : elles coûtaient cher et entraînaient des problèmes logistiques insurmontables pour une armée avant tout prévue pour la guerre mobile de chevauchée. On retrouve ici la tactique d'Edouard III et du prince de Galles : chevaucher en ruinant l'arrière-pays, éventuellement en s'emparant d'une ville mal défendue ou ouvrant volontairement ses portes, mais sans perdre du temps et de l'argent à assiéger des localités trop bien gardées[745]. Cette tactique ne valait cependant que dans les provinces où la situation militaire ne mettait pas directement en cause l'intégrité du territoire du duché d'Aquitaine[746] : le Périgord, à contrario, fut le théâtre de plus d'une trentaine de sièges entre 1340 et 1450[747].

---

[739] FROISSART (J.), *Chroniques…Op.cit.*, T. VII, p. 368.
[740] *Ibid.*, p. 369.
[741] *Ibid.*, p. 371.
[742] AM Cajarc, CC 8, f° 151 r°.
[743] FROISSART (J.), *Chroniques…Op.cit.*, T. VII, pp. 371-372.
[744] *Ibid.*, p. 372 : « qu'à la longue ils ne pourraient résister aux gens du prince [de Galles] ».
[745] FAVIER (J.), *La guerre…Op.cit.*, p.106.
[746] Il est à noter qu'en 1369, le Quercy était partie intégrante du duché d'Aquitaine, mais la tactique employée pour contrer les ralliements au roi de France fut celle réservée aux régions ennemies, ce qui explique, entre-autres, l'insuccès total des opérations de John Chandos.
[747] HIGOUNET-NADAL (A.), « Les crises et la reprise », dans HIGOUNET-NADAL (A.), dir., *Histoire du Périgord*, Toulouse, Privat, 1983 (pp.131-154).

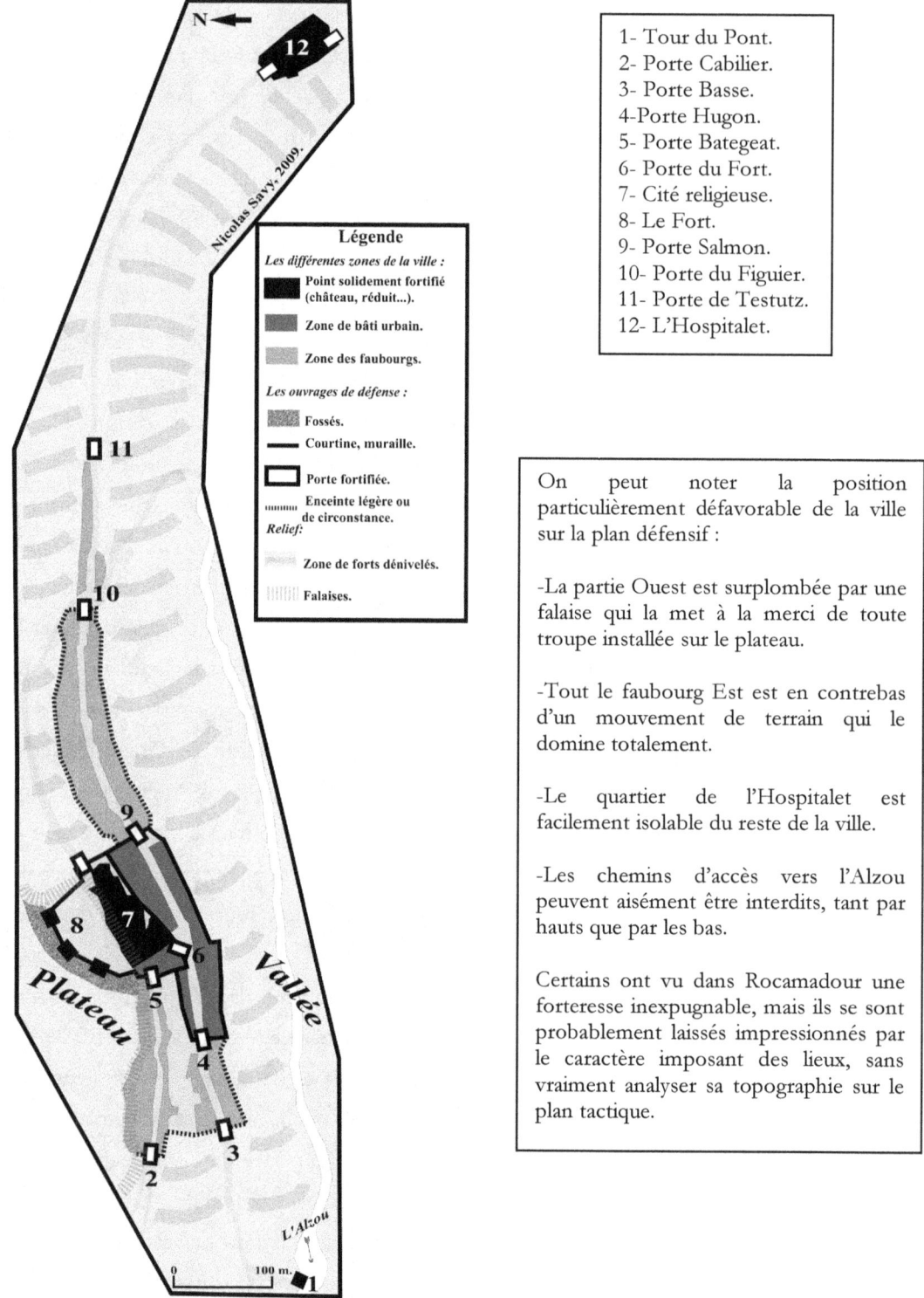

Plan 8. Le bourg fortifié de Rocamadour (vers fin XIVe - début XVe siècle).

Quoi qu'il en soit, il semble que les systèmes de défense fortifiés furent efficaces, soit en protégeant effectivement les cœurs urbains, comme à Cahors en 1369, soit en dissuadant l'ennemi de tenter sièges et attaques massives, comme à Gourdon ou Figeac la même année. A l'échelle inférieure, dans le cas de petites villes ou bourgs comme Gramat, Fons ou Rocamadour, il n'est pas possible de juger de leur efficacité réelle ou dissuasive, car leurs consulats n'eurent aucune velléité de résistance lorsque les troupes de Chandos se présentèrent ; il ne s'agissait cependant pas d'un fait propre et absolu à cette catégorie de localités : Cajarc était largement à la portée de l'armée de Chandos, qui passa à proximité, mais elles ne s'en approcha semble-t-il pas, ce qui doit probablement être à mettre au crédit de l'effet dissuasif de son dispositif de défense.

Figure 22. Vue de Rocamadour depuis le sud-ouest.

Si l'on exclut les cas où les localités se rendirent sans combat, on constate une certaine efficacité des fortifications urbaines à contrer les attaques de siège ou, surtout, à les éviter par leur aspect dissuasif. Cette conclusion est cependant à nuancer fortement, car tout porte à croire que le seul véritable siège d'envergure notable que connu le Haut-Quercy durant le conflit, celui de Cahors en 1369, n'était en fait qu'une opération de diversion et de couverture ne procédant pas d'une réelle volonté de prendre cette cité par les armes. Au-delà, le faible nombre de fois où des villes et des gros bourgs furent en péril de siège fait apparaître l'important décalage existant entre l'analyse des menaces potentielles faite par les consulats et la réalité de l'ennemi sur le terrain : se préparant à affronter d'importantes armées de siège, ils n'en virent que très peu mais durent faire face aux innombrables coups de mains et embuscades des bandes armées installées dans la région.

La guerre de harcèlement.

Prévues pour résister à de fortes armées, on pourrait croire que les enceintes urbaines pouvaient naturellement résister à des troupes peu nombreuses. Les systèmes fortifiés étaient répartis, nous l'avons vu plus haut, sur trois échelons successifs dont le dernier permettait de sauver la vie des habitants si les deux premiers étaient franchis par l'ennemi. En fait, ce but fut rarement dans les projets des capitaines anglo-gascons : le plus souvent, leurs actions ne visèrent qu'à pénétrer dans les *barris* soit pour faire du butin et des prisonniers, soit pour monter des embuscades.

Les routiers mettaient toutes les occasions à profit pour prendre des captifs, y compris et surtout celles qui étaient prévisibles, comme le met bien en évidence la mésaventure qui arriva à Bernard de Chaumont, un bourgeois de Périgueux : le jour de la Pentecôte 1388, il s'en alla faire ses dévotions et entendre la messe au couvent des Dominicains, situé hors de l'enceinte principale, avec un groupe formé par d'autres habitants ; les Anglais de Montégrier, garnison située à 18 kilomètres de là, prévoyant l'activité de cette fête religieuse, vinrent la veille au soir s'embusquer dans les faubourgs, à proximité du couvent, afin de faire le lendemain *grant prise de gens et plusieurs autres grans maulx et dommaiges*. Bernard de Chaumont fut au nombre des captifs et, pour être libéré, dut payer une rançon très élevée se montant à 800 francs, ce qui l'obligea à emprunter et à vendre des rentes et des immeubles[748].

Après plusieurs décennies d'existence, le système des rançons se développa tous azimuts et fut alimenté, en plus des razzias opérées par les compagnies anglo-gasconnes, par les agissements de malfrats en tout genre en quête de profits faciles : à Cahors vers 1432 par exemple, un homme fit mine de tirer par inadvertance un carreau d'arbalète à l'extérieur des murailles et demanda à un jeune adolescent, qui passait par là, de l'aider et d'aller le lui chercher ; le garçon, qui en fait avait été repéré depuis déjà quelques temps, tomba dans le piège et fut cueilli au pied de l'enceinte par les complices du tireur ; ils le passèrent alors à tabac et l'enlevèrent avant de l'enfermer jusqu'au paiement de sa rançon[749].

Les systèmes de garde diurnes et nocturnes sur les fortifications comptaient plusieurs composantes judicieusement organisées et disposaient d'effectifs importants. Malgré cette veille permanente, quelques localités tombèrent entre des mains anglo-gasconnes et le fait le plus marquant dans ce domaine fut sans aucun doute la prise Figeac par Bertrucat d'Albret et Bernard de la Salle, dans la nuit du 13 au 14 octobre 1371. Ce coup de main fut mené avec 700 hommes[750], effectif particulièrement important qui ne put être réuni qu'avec le regroupement de plusieurs compagnies ; celle de Bertrucat d'Albret devait être l'une des plus importantes, car elle comptait déjà 300 individus environ deux ans plus tôt[751]. Ayant auparavant envoyé un espion repérer l'endroit le plus favorable[752], les deux capitaines y menèrent une attaque fulgurante avec succès. Le déroulement de cette opération illustre parfaitement l'enchaînement des deux temps du coup de main anglo-gascon type : recueil intense de renseignements puis action brutale sur un point précis[753].

Le système fortifié le plus puissant n'était opérationnel qu'à la condition d'être correctement utilisé et les localités qui, comme Figeac, furent prises par coup de main le durent certainement moins à une faille structurelle des fortifications qu'aux erreurs, inattentions ou méprises du dispositif de garde. Les prises de Fons, Lalbenque, Souillac ou

---

[748] DOUËT D'ARCQ (L.-C.), *Choix…Op. cit*, t.1, pp.154-156. Bernard de Chaumont fut tellement appauvri suite à cette affaire qu'il « *n'avoit tout bonnement de quoy vivre ne tenir son estat, ne nourrir sa femme et enfans* » et ne pouvait doter ses deux filles en âge d'être mariées. Finalement, sur les conseils d'amis, il en vint à marier la première, Jehanecte, à un écuyer anglais qui s'engagea à lui payer une certaine somme d'argent. Se marier avec un ennemi était cependant interdit, aussi Jehanecte dut-elle demander des lettres de rémission au roi de France, qu'elle finit par obtenir en mai 1394.
[749] FOISSAC (P.), « Une péripétie de la guerre de Cent Ans en Quercy : rapt et rançon d'un adolescent de Puy-l'Evêque », dans *BSEL* t.CXXVII (3ᵉ fasc. 2006), (pp.161-168), p.162. Il semble que cette affaire était liée aux animosités et haines existant entre seigneurs quercinois des partis anglais et français de la région de Puy-l'Evêque, d'où était originaire le jeune garçon enlevé.
[750] LACOSTE (G.), *Histoire…Op.cit.*, t.III, pp.223-224.
[751] FROISSART (J.), *Chroniques…Op.cit.*, T.VII, p.360.
[752] LACOSTE (G.), *Histoire…Op.cit.*, t.III, p.223.
[753] Cf. chap.1, 21.

Saint-Cirq-Lapopie en 1356[754], Saint-Céré en 1377[755], Gramat en 1384[756] ou encore Salviac en 1401[757] résultèrent ainsi certainement de lacunes de leurs guets que surent exploiter les Anglo-Gascons : sommeil d'un factionnaire, erreur individuelle d'un portier ou encore simple encombrement des accès par un convoi de charettes, il ne leur en fallut pas plus pour réussir leurs tentatives. Actions audacieuses mais peu fréquentes des compagnies, les coups de mains visant à prendre le contrôle d'une localité d'importance sont à considérer comme des faits exceptionnels qui dépendaient de la conjoncture et des opportunités particulières du moment, contrairement aux incursions dans les quartiers périphériques qui découlaient de procédures habituelles.

Figure 23. Saint-Cirq-Lapopie vu depuis l'est.

Les compagnies ne furent pas longues à s'apercevoir que les faubourgs étaient restés les parents pauvres des programmes de fortifications. Partout, ce n'étaient que terrées, palissades de pieux, ouvertures fermées à la hâte sur les façades des maisons, bref des dispositifs à l'efficacité relative qu'il devenait de plus difficile à faire garder à cause des problèmes d'effectifs : en mars 1355 par exemple, une troupe anglaise pénétra d'autant plus facilement dans les *barris* gourdonnais[758] que depuis deux ans on éprouvait des difficultés à faire correctement garder l'enceinte de pieux à cause du manque d'hommes résultant de la désertion de ces quartiers[759]. Les consulats avaient concience de la vulnérabilité des faubourgs : par peur d'une intrusion, celui de Martel avait ordonné en 1352 de transférer tous les vivres qui s'y trouvaient à l'intérieur des vieux murs[760], tandis que celui de Gourdon avait fait de même l'année suivante[761]. Malgré la prise en compte de ce problème, les travaux d'amélioration des nouvelles enceintes extérieures réalisés après 1355-56 ne

---

[754] AM Cajarc, CC 8 et AM Martel, BB 5 et CC 3-4.
[755] AM Cajarc, CC 13, f° 127 v°.
[756] LACOSTE (G.), *Histoire…Op.cit.*, t.III, p.277.
[757] *Ibid.*, t.III, p.323.
[758] AM Gourdon (M.A.), CC 18, f° 3 v°.
[759] *Ibid.*, BB 4, f° 7 v°.
[760] AM Martel, BB 5, f° 69 v°.
[761] AM Gourdon (M.A.), BB 4, f° 16 v°.

furent pas suffisants pour assurer une protection efficace contre les incursions anglo-gasconnes. Début mai 1369, les troupes de Johan Chandos pénétrèrent dans les *barris* de Cardaillac sans véritable difficulté, étant donné que les textes qui mentionnent cet épisode ne font état d'aucun combat[762]. Sept ans plus tard, c'est Bernard Doat et Algay, capitaine de Balaguier-d'Olt, qui s'engouffrèrent avec leurs hommes dans un faubourg de Cajarc[763], tandis qu'en avril 1380 une troupe réussit à s'emparer des *barris* de Figeac[764]. En 1384, la compagnie d'un capitaine dénommé Bénézet campa plusieurs jours au faubourg de Cabessut, devant le pont Neuf de Cahors[765].

Les *barris* restèrent ainsi tout au long du conflit des zones d'insécurité et l'on craignait en permanence que des Anglo-Gascons s'y introduisent à la faveur de la nuit pour y déclencher des embuscades à l'aube. Ne pouvant résoudre ce problème en amont par la construction de défenses infranchissables, les municipalités le traitèrent en aval, en faisant reconnaître les faubourgs tous les matins afin d'y détecter les intrus et empêcher les embuscades d'avoir lieu. A Gourdon, on procéda de la sorte à partir de 1353[766] et, malgré les travaux de fortifications réalisés ensuite aux différents quartiers périphériques, le système perdura, attesté en 1376[767], 1381[768] et 1386[769] ; les Martelais faisaient de même en 1356[770] et 1359[771], tandis qu'à Cajarc, cette procédure est attestée régulièrement en 1374[772], 1376[773] et 1379[774]. A la lueur des faits ci-dessus, les efforts faits par les municipalités dans le domaine de la fortification des faubourgs apparaissent comme largement insuffisants, car les enceintes extérieures ne furent jamais en mesure d'empêcher les intrusions. Au-delà des agressions que les habitants des *barris* purent subir, l'incapacité des ouvrages nouvellement construits à les protéger a maintenu un sentiment d'insécurité permanent à l'intérieur de ces quartiers, ce qui fut un puissant facteur de désertification.

* *

*

Bien que poussés par le pouvoir royal à redonner leur capacité défensive aux fortifications de leurs localités depuis 1342, les consulats ne s'y résignèrent vraiment que lorsque les premières bandes anglo-gasconnes arrivèrent dans la province. Ayant hérité de vieilles enceintes, plus ou moins croulantes à la suite de dizaines d'années de dégradations et de manque d'entretien, ils choisirent de donner la priorité à leur remise en état. Ce choix, s'il pouvait apparaître judicieux sur les plans financier et politique du moment, condamna en fait les faubourgs à rester durablement sans protections valables. Après l'intensification du conflit des années 1355-1356, ils prirent en compte le besoin devenu pressant de

---

[762] AM Cajarc, CC 6, f° 137 r°.
[763] *Ibid.*, CC 12, reg. III, f° 62 v°.
[764] *Ibid.*, CC 16, reg. I, f° 71 r°.
[765] LACOSTE (G.), *Histoire…Op.cit.*, t.III, p.277.
[766] AM Gourdon (M.A.), BB 4, f° 7 r°.
[767] *Ibid.*, CC 20, f° 5 v°.
[768] *Ibid.*, BB 5, f° 14 v°.
[769] *Ibid.*, BB 6, f° 2 v°.
[770] AM Martel, BB 5, f° 96 r°.
[771] *Ibid.*, f° 130 v°.
[772] AM Cajarc, reg. I, CC 11, f° 48 r°, notamment.
[773] *Ibid.*, CC 12, reg. III, f° 48 r°, en particulier.
[774] *Ibid.*, CC 15, reg. II, f° 5 r°, par exemple.

renforcer les systèmes fortifiés en leur donnant une véritable cohérence défensive, mais durent compter avec des finances amoindries qui n'autorisaient plus de grands projets.

Raisonnant dans l'idée de rendre leur ville ou leur bourg capable de faire face à un véritable siège, ils élaborèrent un schéma défensif en trois échelons dont le dernier permettait de mettre les personnes à l'abri en cas de prise de la localité. Dans ce cadre, on renforça encore les vieilles enceintes alors que les faubourgs se virent le plus souvent dotés de fortifications légères et subirent de plus la destruction de nombreux bâtiments dont l'existence nuisait à la défense des vieux murs. Le retard initialement pris dans la protection des *barris* ne fut plus rattrapable ensuite, car les finances urbaines subirent une chute spectaculaire de leurs recettes et une augmentation sans précédent de leurs dépenses, alors même que le renforcement de leurs défenses apparaissaient cruellement indispensable. En effet, la guerre que subirent les villes et les bourgs ne fut pas celle, classique, à laquelle les élites municipales s'attendaient, car les Anglo-Gascons ne tentèrent que rarement de les prendre par siège ; bien au contraire, ils menèrent une guerre de harcèlement, presque une guérilla, où prendre difficilement et dangereusement une localité bien fortifiée les intéressait beaucoup moins que de piller un faubourg protégé par une simple palissade. Doit-on toutefois s'étonner outre-mesure du hiatus existant entre la conception des défenses urbaines et la réalité de l'agression ? Probablement pas, car l'inadaption des outils militaires côté français face aux armées et tactiques anglaises était patent même aux plus hauts niveaux, tout au moins au début du conflit : les défaites de Crécy et de Poitiers en sont l'illustration[775].

---

[775] ALLMAND (C.T.), « New weapons, New Tactics, 1300-1500 », dans PARKER (G.), éd., *The Cambridge Illustrated History of Warfare: The Triumph of the West*, Cambridge, Cambridge University Press, 1995, (pp.92-105), pp.94-95.

Chapitre III

La défense des arrière-pays

Les fortifications furent et restent encore aujourd'hui les composantes les plus visibles et les plus imposantes des systèmes de sécurité urbains. Au début du conflit, elles tenaient plus du réflexe défensif que du support d'un système de défense réfléchi, mais la place physique qu'elles tinrent à partir de là conditionna l'esprit et l'organisation des protections urbaines lorsqu'ils se précisèrent. Sorte de soubassement permanent, peu variable et immobile de la défense, elles n'en furent pourtant qu'une partie parmi d'autres, par ailleurs presque inopérantes en elles-mêmes tant qu'elles n'étaient pas garnies en hommes et en matériel.

Comprendre les défenses urbaines implique d'aller bien plus loin que la simple analyse des systèmes fortifiés car, physiquement, une ville ou un bourg n'était en fait que la partie visible et fixe d'un système humain rayonnant bien au-delà de ses portes : lieu de forte consommation, centre de production, d'échanges et de redistribution, il ne pouvait vivre sans ses rapports avec l'extérieur d'où provenaient nourriture, capitaux, fournitures et matières premières diverses. Cahors, par exemple, n'était pas un grand centre de production au début du XIVe siècle, bien qu'elle ait été par ordre d'importance la seconde ville de la région après Toulouse ; elle tirait l'essentiel de ses richesses de ses relations avec son arrière-pays : l'évêché dont elle était le siège attirait vers lui les revenus qu'il percevait dans la province, tout comme certains grands bourgeois qui possédaient des exploitations agricoles, les bories, dans un rayon de quinze à vingt kilomètres autour de la ville[776]. Figeac dépendait aussi, essentiellement, de ses rapports avec ses proches alentours[777], tandis qu'à Cajarc une grande partie de l'économie reposait sur les activités pastorales locales[778].

Défendre la ville, c'était protéger tous ces éléments et faire en sorte qu'ils soient maintenus dans les meilleures conditions possibles mais, en fait, les consulats n'étaient initialement pas prêts à préserver autre chose que ce qui était enclos dans les fortifications. Suite à cela, ils furent contraints de négocier individuellement avec les capitaines anglo-gascons pour mettre les campagnes alentours à l'abri. Au niveau de la province, il en résulta une défense des villes et de leurs arrière-pays morcelée sur le plan militaire, état de fait qui alla cependant en s'atténuant sous l'action continue des officiers royaux.

---

[776] SCELLES (M.), *Cahors…Op.cit.*, p.44.
[777] PICAUDOU (N.), *Figeac en Quercy. Economie et société dans la deuxième moitié du XIVe siècle*, mémoire de maîtrise présenté à l'université de Paris X-Nanterre, 1973 (dactylographié), p.36.
[778] CLAVAUD (F.), *Cajarc…Op.cit.*, t.I, pp.68-69.

1. Des arrière-pays impossibles à défendre.

Fruits des réflexions et résolutions consulaires, les choix effectués en matière de défense ne peuvent être séparés de la pensée et des compétences du groupe social formé par les consuls, au moins en ce qui concerne la première partie du conflit où les décisions prises eurent une incidence directe sur la défense durant toute la guerre. Parmi ces hommes, bien peu avaient une quelconque expérience militaire antérieure au conflit ; au mieux avaient-ils participé à quelques combats avec un contingent communal envoyé aux armées royales, comme le furent une trentaine de Gourdonnais en 1337[779] ou une vingtaine de Cajarcois l'année suivante[780]. Quant à ceux qui, nobles, s'étaient battus comme chevaliers à Aiguillon ou ailleurs durant ces premières années de guerre, ils n'étaient pas nombreux à avoir approché les hautes sphères du commandement. Ainsi, dans toutes les catégories sociales du Haut-Quercy urbain, on ne pouvait trouver qui que ce soit qui puisse envisager la guerre comme autre chose qu'une succession de faits locaux et ponctuels, tels les sièges ou les batailles rangées : le raisonnement tactique à grande échelle était inconnu des citadins, au même titre que la plus élémentaire des stratégies.

D'autre part, l'ambiance n'était pas au bellicisme et les consuls de Figeac, tout comme ceux de Cahors, firent dès le tout début du conflit exempter leurs villes de ban et d'arrière-ban, en 1336 pour les premiers et 1337 pour les seconds[781]. Comme ailleurs, les élites urbaines étaient bien plus préoccupées par la hausse de la fiscalité royale[782] que par les problèmes de défense. C'est ainsi qu'initialement plutôt ignorants et peu intéressés par la chose militaire, les consuls des différents centres urbains formèrent leurs idées sur la défense de manière empirique et en subissant les événements.

Un problème de compétences.

La plupart des consulats urbains avaient obtenu la propriété de leurs fortifications de haute lutte, aux dépens de leurs seigneurs auxquels ils avaient arraché franchises et libertés diverses depuis le XIIIe siècle. Toutefois, cette possession était encore parfois assez floue, car bien des compromis consulats-seigneurs concernant ce sujet n'avaient pas encore été entérinés ; à Cahors par exemple, ils ne le furent qu'en 1351[783]. Très tôt cependant, le pouvoir royal rendit l'officialisation de ces accords presque inutile, car il reconnut *de facto* l'autorité des consulats sur les fortifications. En effet, c'est aux municipalités qu'il demanda de faire remettre en état les enceintes et à qui il donna les moyens de le faire en leur accordant de lever des impôts spécialement à cet effet. Les consuls de Cahors reçurent ces ordres en 1342[784], tout comme vraisemblablement ceux de Martel, étant donné qu'ils firent faire quelques travaux sur leurs enceintes cette année-là[785] ; des directives d'une teneur similaire furent reçues à Gourdon[786] et à Cajarc[787] en 1345. Quant aux grandes ou petites seigneuries des arrières-pays, leur défense était de la responsabilité de leurs seigneurs,

---

[779] BULIT (R.), *Gourdon-en-Quercy…Op.cit.*, p.154-155.
[780] AM Cajarc, EE sup. 6.
[781] LACOSTE (G.), *Histoire…Op.cit.*, t.III, p.89. Cette attitude n'était pas spécifique au Quercy car on la trouvait aussi à Toulouse, grande métropole régionale de l'époque : WOLFF (P.), DURLIAT (M.), « L'épreuve des temps (mi-XIVe-mi XVe) », dans *Histoire de Toulouse*, Toulouse, Privat (pp.183-222), p.183.
[782] FLANDIN-BLETY (P.), *Essai… Op. cit*, t.I, p.502, en particulier.
[783] AM Cahors, *Livre Noir*, f° 12 r°.
[784] Ibid., CC 19 et CC 20.
[785] AM Martel, BB 4, f° 8 r°.
[786] AM Gourdon, CC 1, EE 1 et EE 6.

suivant les règles de la société féodale. Villes et châteaux, tout ceci constituait la partie fixe du dispositif militaire français, la partie mobile étant constituée par les troupes royales.

Dès le début du conflit, il apparut clairement que les armées du roi, peu nombreuses et souvent accaparées par des opérations d'importance dans les provinces voisines[788], étaient insuffisantes pour empêcher les petits détachements anglo-gascons de courir et de piller le Haut-Quercy. Les nobles étant pour la plupart engagés avec l'Ost, les seuls effectifs disponibles encore utilisables militairement dans la province se trouvaient en ville. On comptait d'ailleurs sur eux depuis déjà quelque temps pour contrer les bandes qui quittaient les armées en campagne dans le proche Agenais pour faire quelques irruptions dans la province : en 1340, on accorda aux Cajarcois le droit de s'armer pour se défendre contre ces « malfaiteurs », ainsi que celui de les arrêter[789] ; six ans plus tard, alors que les Anglo-Gascons venaient toujours plus nombreux, le pouvoir royal demanda aux habitants de toute la sénéchaussée, comme à tous ceux du Midi[790], de les poursuivre et de détruire les maisons ou forteresses de ceux qui les abritaient[791].

Ces mesures étaient exceptionnelles, car dans l'esprit des élites municipales, leur mandat en matière de défense s'arrêtait aux défenses fixes, la guerre active devant être menée par ceux qui en avaient la compétence et le pouvoir, les seigneurs. Dans cette optique, s'ils participaient aux assemblées réunies par le sénéchal de Périgord et de Quercy pour délibérer sur la meilleure façon de résister aux ennemis[792], ils se contentaient de participer sans zèle aux opérations visant à chasser les Anglo-Gascons des lieux dont ils s'étaient emparés, négociant toujours avant d'envoyer au sénéchal les hommes qu'il demandait, comme le firent les Cajarcois[793] et les Martelais[794] en 1349 pour le siège de Montcuq.

A partir de cette époque, les bandes anglo-gasconnes, jusqu'à présent assez peu nombreuses et plus ou moins cantonnées dans la partie occidentale de la province, commencèrent à progresser vers l'est. En avril 1348, un détachement fut repéré dans la forêt des Barasconies[795], tandis que l'année suivante, au mois de mai, un autre le fut du côté de Belcastel[796]. A la même époque, une troupe réussit même à s'emparer du Vigan, aux portes de Gourdon[797]. Face à cette situation alarmante, on s'en remit au sénéchal, mais il mena surtout les contingents que lui fournirent les municipalités faire la guerre en Périgord, reprenant Domme en 1347[798], ou attaquant Monpazier en juin 1350[799], sans empêcher les Anglo-Gascons de s'installer plus solidement dans le pays ; quant à l'évêque de Cahors, il se préoccupa surtout d'utiliser les citadins qu'on lui envoyait pour protéger ses possessions, bénéficiant parfois pour cela du concours du sénéchal, comme lors de la reprise de Montcuq en 1349[800].

Des tentatives furent cependant faites pour donner une certaine unité à la défense de la province. En 1346, le sénéchal et les consuls de Cahors enjoinrent les communes à se concerter sur la meilleure façon de résister[801] et l'on

---

[787] AM Cajarc, EE 8.
[788] LACOSTE (G.), *Histoire…Op.cit.*, t.III, pp.89, 95, 97.
[789] AM Cajarc, FF 100.
[790] NOEL (R.P.R.), *Town Defence… Op. cit.*, p.151.
[791] *Ibid.*, FF 117.
[792] AM Martel, BB 5, f° 28 r°.
[793] *Ibid.*, CC 5, endroit, ff° 13 v°, 14 v° et 21 r°.
[794] AM Martel, BB 5, ff° 42 v° et 43 r°.
[795] AM Cajarc, CC 4, f° 164 r°.
[796] AM Martel, BB 5, f° 43 r°.
[797] *Ibid.*, CC 3-4, f° 6 r°.
[798] LACOSTE (G.), *Histoire…Op.cit.*, t.III, p.115.
[799] AM Gourdon (M.A.), BB 3, f° 8 v°.
[800] LACOSTE (G.), *Histoire…Op.cit.*, t.III, pp.119-120.
[801] AM Martel, BB 5, f° 28 r°.

vit même les Cadurciens envoyer dix arbalétriers aider la défense de Lauzerte[802]. Durant ces premières années de guerre, certaines localités passèrent entre elles des accords d'entraide militaire mutuelle, comme Figeac avec Cajarc[803] et avec Gourdon[804]. Il reste cependant que la direction générale de la guerre dans la province restait le domaine des officiers royaux, qui utilisaient pour leurs opérations les hommes[805] et les capitaux[806] fournis par les consulats, ces derniers se chargeant uniquement de la protection de leur ville.

A côté des grandes opérations qu'ils menèrent en Périgord, le sénéchal et ses officiers tentèrent bien de lutter en Haut-Quercy, mais plus la pression anglaise s'accentua, plus les villes renâclèrent à leur fournir des sergents d'armes qu'elles estimaient plus utiles à leur propre défense. En 1349 par exemple, les consuls de Martel n'avaient aucun intérêt direct à aider le lieutenant du sénéchal à chasser le détachement qui occupait le Vigan[807] : cela se ferait à l'entier bénéfice de Gourdon mais serait sans effets notables à Martel, alors que l'on avait besoin d'hommes sur place car les ennemis projetaient de prendre le proche château de Belcastel. En juin 1356, les mêmes magistrats refusèrent d'aider l'évêque de Tulle à reprendre Blanat et la borie de Réveillon, dans les environs de Rocamadour, sous le prétexte qu'aucune des municipalités intéressées par leur reprise ne les avait aidés à déloger les Anglais qui avaient pris Souillac et les avaient menacés durant plusieurs mois[808].

Les officiers royaux et les seigneurs locaux n'étaient pas en mesure de s'opposer aux bandes armées qui ravageaient le pays sans l'aide des villes. Celles-ci fournirent hommes et argent tant que les Anglo-Gascons ne les menacèrent que de loin, mais dès qu'ils se rapprochèrent et que les troupes royales ou seigneuriales montrèrent leur incapacité à les contrer, elles n'envoyèrent plus leurs sergents d'armes courir la campagne derrière le sénéchal, préférant les garder sur place où elles les estimaient plus utiles : déjà assez peu efficaces, les troupes royales françaises s'effacèrent de plus en plus jusqu'à laisser les campagnes pratiquement libres pour les compagnies anglaises. Quant aux villes et aux bourgs, ils n'étaient aucunement préparés à suppléer aux armées royales dans leurs propres arrières-pays, leur vision de la défense s'arrêtant à l'horizon restreint de leurs enceintes.

Les campagnes aux mains des compagnies.

L'effet sécurisant des enceintes urbaines.

Lorsqu'après avoir pris Bergerac, les Anglo-Gascons commencèrent à pénétrer en Haut-Quercy, les fortifications apparurent aux consulats comme les seuls refuges sûrs et le seul élément de défense sur lequel on pouvait compter ; ce réflexe dura et les municipalités restèrent les yeux braqués sur leurs murailles dès lors qu'un danger pointait à l'horizon. A l'abri des enceintes, le marchand se rassurait de voir son commerce, ses stocks et son argent à l'abri, oubliant quelque peu que son activité ne pouvait perdurer sans routes sûres ; le boulanger comptait sur ses réserves pour passer la période dangereuse : il pensait sans doute qu'il serait toujours temps de les reconstituer une fois

---

[802] LACOSTE (G.), *Histoire…Op.cit.*, t.III, p.112.
[803] AM Cajarc, EE 11.
[804] AM Gourdon, EE 1.
[805] AM Martel, CC 3-4, f° 6 r°.
[806] LACOSTE (G.), *Histoire…Op.cit.*, t.III, p.116.
[807] AM Martel, CC 3-4, f° 6 r°.
[808] AM Martel, BB 5, f° 99 r°.

La défense des arrière-pays 157

les Anglais partis, sans peut-être percevoir dans toute sa dimension le fait que la ruine des champs non protégés hypothéquait ses activités à venir sur le long terme. Le sentiment de sûreté ainsi procuré aux personnes par les fortifications fut néfaste pour la défense de tout ce qui faisait la ville : certes, le capital matériel, qu'il s'agisse des ateliers ou des outils, et le travail des activités purement urbaines étaient protégés, mais le capital naturel et une grande partie du travail des activités primaires, qui alimentaient les centres urbains en matières premières, restaient sans défenses.

Pour les populations urbaines, l'important était avant tout de veiller à ne pas être surpris par les Anglo-Gascons comme le furent Bélaye et Castelfranc en 1346[809], ou Montcuq deux ans plus tard[810], en gardant sur place tous les moyens humains, matériels et financiers dont on pouvait disposer. A Martel, on fit singulièrement renforcer le système de garde entre 1345 et 1347[811] et on acheta des armes en quantité[812], tandis que les consuls restèrent réticents à fournir de quoi renforcer les garnisons des châteaux amis des alentours[813]. Les riches bourgeois cadurciens qui possédaient des exploitations agricoles dans l'Ouest quercinois préférèrent, faute de pouvoir organiser la défense de leurs biens, se réfugier en ville en attendant que passe l'orage[814]. Pour l'heure, les détachements anglo-gascons ne dépassaient que peu fréquemment les franges occidentales de la province et, s'il convenait de se tenir prêt à toute éventualité, il n'était cependant pas nécessaire de s'affoler plus que de mesure.

Postés sur leurs murailles, voyant leurs arrière-pays ravagés par les compagnies sans que n'intervienne, ou trop rarement, une quelconque troupe royale, ne comptant sur aucun renfort, les consulats commencèrent à comprendre que s'ils voulaient voir les Anglais partir, il leur faudrait les chasser eux-mêmes. Certaines villes comptaient bien de petites garnisons royales, comme Capdenac qui était gardé par onze cavaliers et une vingtaine de piétons en 1352[815], mais leur mission était de garder le bourg et non ses campagnes alentours. Les consulats durent donc faire avec leurs marchands, valets et boutiquiers qui se transformèrent en soldats pour l'occasion, mais les résultats obtenus, plus que mitigés, les amenèrent à négocier, chacun pour son compte, des traités avec les compagnies. Ceci acheva de morceler la défense de la province. Un phénomène similaire se produisit en Provence à la fin du XIVe siècle, car les mêmes causes, à savoir la multiplication des trêves passés entre chaque localité et les compagnies de Raymond de Turenne, amenèrent aussi un éclatement des solidarités et de la cohésion qui existaient auparavant entre les communautés de la région.

L'infériorité des troupes consulaires en rase-campagne.

Les Gourdonnais furent les premiers à s'essayer seuls à la lutte contre les Anglo-Gascons, en l'occurrence une troupe qui s'installa au bois des Dames le 30 avril ou le premier mai 1350. La nouvelle de cette installation leur parvint le 2 mai 1350 et ils décidèrent le jour même d'y envoyer un détachement, qui prit la route dès qu'il fut prêt. L'opération fut une réussite et les sergents d'armes gourdonnais revinrent le lendemain avec neuf prisonniers[816] que l'on pendit sans

---

[809] LACOSTE (G.), *Histoire…Op.cit.*, t.III, pp.110-111.
[810] *Ibid.*, p.119.
[811] *Ibid.*, ff° 15 v°- 33 v°.
[812] *Ibid.*, ff° 16v°, 25 r°.
[813] *Ibid.*, f° 33 v°.
[814] LACOSTE (G.), *Histoire…Op.cit.*, t.III, pp.110-111.
[815] *Ibid.*, p.136-137.
[816] AM Gourdon (M.A.), CC 17, f° 4 v°.

autre forme de procès[817]. Cette action isolée, bien que couronnée de succès, fut toutefois largement insuffisante pour chasser tous les ennemis de cette zone car, les captifs à peine exécutés, les consuls de Carlucet signalèrent que des Anglais se trouvaient encore au bois des Dames[818].

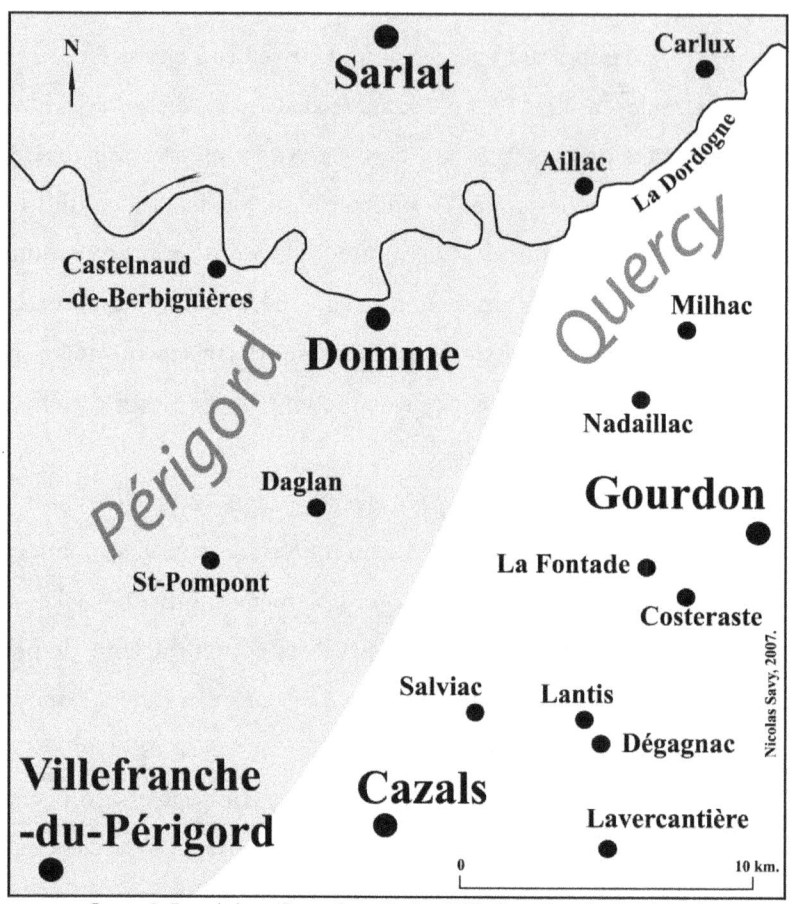

Carte 8. La région Gourdon-Sarlat-Villefranche-du-Périgord.

Les magistrats gourdonnais ne désespérèrent pas de mener la vie dure aux envahisseurs et, en mars 1353, ils mirent sur pied une troupe de soixante sergents d'armes à cet effet[819]. Ces actions de 1350 et 1353 furent les seules de ce type à être entreprises par les Gourdonnais durant cette période, alors que les Anglo-Gascons étaient au bois des Dames, à Nadaillac et à Souillac[820], ainsi qu'à Villefranche-de-Périgord[821], à Daglan[822] et dans d'autres lieux encore : les moyens déployés étaient trop limités et, employés sans méthode, ils ne pouvaient empêcher les compagnies de dévaster les campagnes. Prenant acte en août 1353 de leur incapacité à bloquer l'action des bandes armées, les consuls se résolurent à signer avec celle de Nadaillac une suspension d'arme de 15 jours[823], avant de lui proposer d'acheter son départ[824].

---

[817] *Ibid.*, f° 5 r°.
[818] *Ibid.*
[819] *Ibid.*, BB 4, f° 3 r°.
[820] LACOSTE (G.), *Histoire...Op.cit.*, t.III, p.129.
[821] AM Gourdon (M.A.), CC 17, f° 9 v°.
[822] *Ibid.*, f° 11 v°.
[823] *Ibid.*, BB 4, f° 12 v°.

La défense des arrière-pays

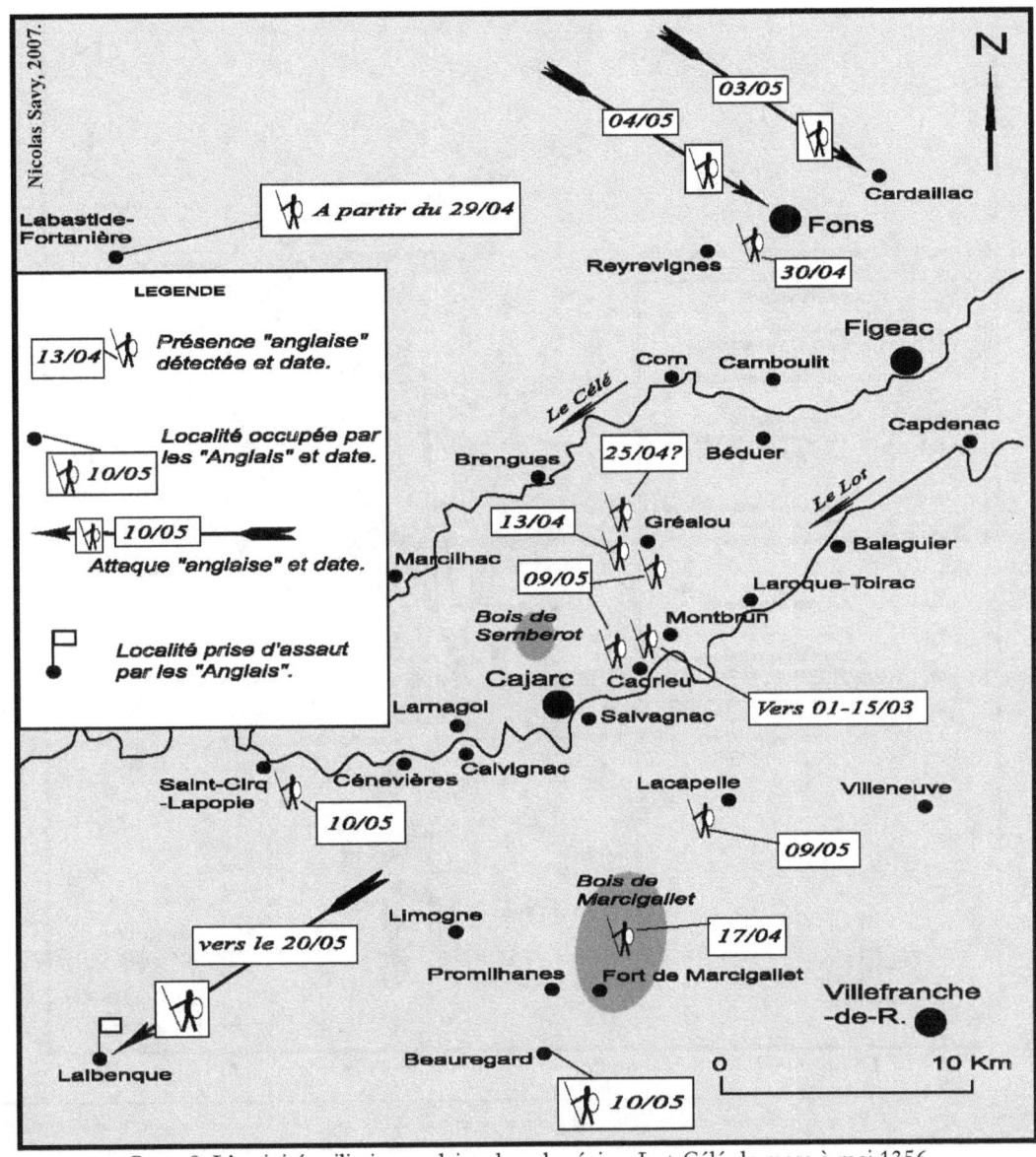

Carte 9. L'activité militaire anglaise dans la région Lot-Célé de mars à mai 1356.

L'exemple de l'activité anglaise autour de Cajarc entre mars et mai 1356 montre bien la situation à laquelle devait faire face les localités de la région : furtifs et insaisissables, les Anglo-Gascons parcouraient la région sans que rien ne puisse les arrêter.

Suivant l'alliance conclue en 1347, Figeac et Cajarc unirent leurs forces pour essayer de reprendre Fons et ainsi mettre un coup d'arrêt aux opérations anglaises qui ne cessaient de s'intensifier depuis le mois de mars précédent. Sitôt connue la nouvelle de la prise de Fons, le 8 juin 1356[825], les deux consulats rassemblèrent un détachement en toute hâte et l'envoyèrent reprendre la place, mais il échoua sévèrement, totalement mis en déroute par la garnison qu'il comptait assiéger[826]. Prenant ainsi acte, à leur tour, de leur incapacité à contrer les compagnies, les consuls cajarcois commencèrent au mois d'août suivant à négocier une *sufferta* avec le capitaine anglais de Gréalou. Ils n'associèrent pas les Figeacois à cette démarche[827], mettant ainsi à mal l'alliance précédemment conclue.

---

[824] *Ibid.*, f° 13 r°.
[825] AM Cajarc, CC 8, f° 150 r°.
[826] *Ibid.*, f° 152 r°.
[827] *Ibid.*, f° 136 r°.

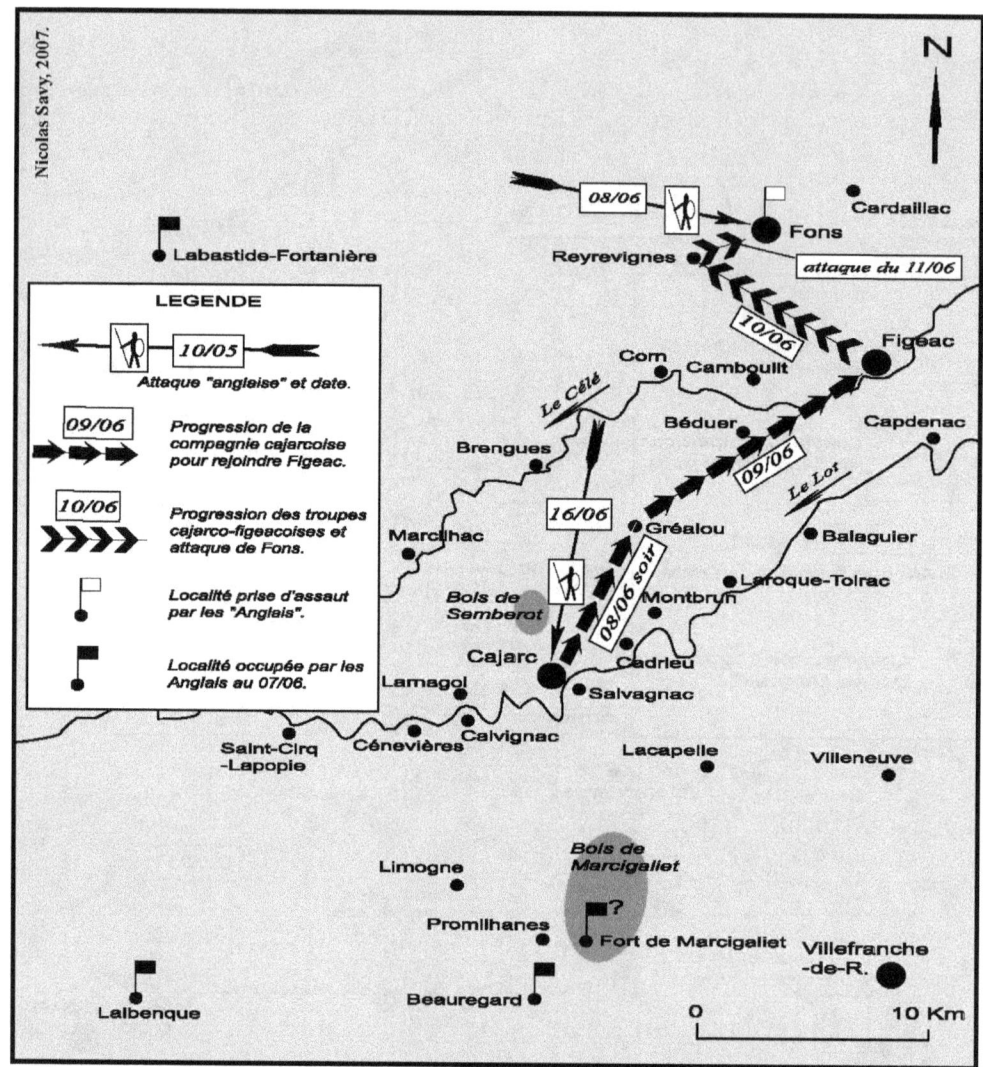

Carte 10. La prise de Fons et la tentative de reprise cajarco-figeacoise (7 au 16 juin 1356).

Apprenant la prise de Fons le 8 juin, les consuls de Figeac s'empressèrent de faire connaître la nouvelle à leurs homologues de Cajarc, à qui ils firent part de leur volonté de reprendre la localité et à qui ils demandèrent le renfort d'une compagnie à cet effet. Le détachement ainsi formé fut défait devant Fons le 11 juin suivant.

Il ne fallut pas de défaite aux Martelais pour s'asseoir à la table des négociations avec les capitaines anglo-gascons. La proche ville de Souillac avait été prise en 1352, rachetée[828], puis reprise à nouveau en 1355 malgré les quelques hommes que Martel avait envoyés à son secours[829], tandis que Beaulieu et d'autres petites localités tombèrent aux mains des ennemis dans les alentours de la ville[830]. Celle-ci étant située à proximité de la vallée de la Dordogne, qui servait d'axe de pénétration pour les Anglo-Gascons se dirigeant vers le Quercy et l'Auvergne[831], les consuls martelais ne tentèrent probablement pas de s'opposer à eux dans une zone où elles étaient plus nombreuses qu'ailleurs ; face à cette supériorité, ils commencèrent à envisager de négocier en septembre 1355[832], mais ne s'y résolurent qu'au printemps suivant[833].

---

[828] AM Martel, CC 3-4, f° 38 v°-47 v°.
[829] *Ibid.*, f° 69 v°.
[830] *Ibid.*, BB 5, f° 96 r°.
[831] PATAKI (T.), « Notes sur Aurillac et ses glacis défensifs au début de la guerre de Cent Ans (1345-1362) », dans *BSEL*, t.CXXI (2e fasc. 2000), pp.83-98.
[832] AM Martel, BB 5, f° 90 v°.
[833] *Ibid.*, f° 99 v°.

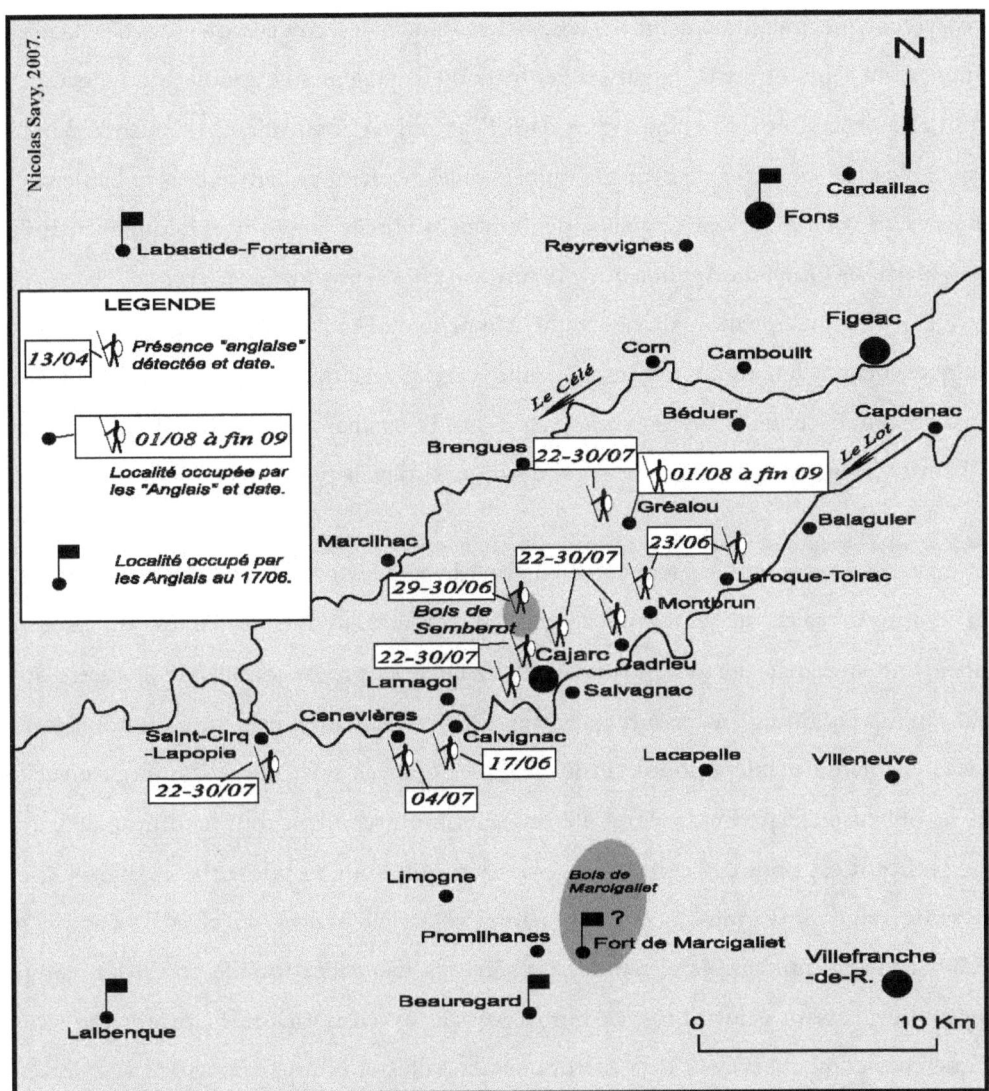

Carte 11. L'activité militaire anglaise dans la région Lot-Célé de la mi-juin à septembre 1356.

La prise de Fons, puis la sévère défaite infligée aux compagnies cajarco-figeacoises lorsqu'elles tentèrent de reprendre le bourg, permit aux Anglo-Gascons de finaliser leur mouvement d'installation dans la région Lot-Célé, les communautés ne s'aventurant plus à risquer inconsidérément leurs faibles moyens pour s'opposer à leurs mouvements.

Pouvait-on lutter contre les compagnies et les empêcher de dévaster l'arrière-pays ? Cette question fut certainement à l'ordre du jour de nombreuses réunions des consulats, mais aucun d'entre eux ne trouva de solution miracle pour contrer ces troupes très mobiles, furtives, qui arrivaient toujours là où on ne les attendait pas. Leurs objectifs étant plus économiques et politiques que militaires *stricto sensu*, leur logique d'opération découlait presqu'uniquement des opportunités que leur donnait la situation du moment. A cette absence de plans militaires définis, les consulats répondirent par un manque de méthode criant.

La progressive avancée anglo-gasconne des années 1345-1354, puis l'accentuation de la pression militaire en 1355 firent voler en éclat la volonté de coordination qui semblait unir, face à un ennemi encore peu présent, les consulats entre eux et avec les officiers royaux ; chaque municipalité ne vit plus alors la guerre qu'à l'horizon restreint de ce qui la touchait directement. On décida de déloger les compagnies les plus menaçantes, suivant des critères certainement justifiables, mais sans aucune réflexion d'ensemble. Lorsque les consuls de Gourdon, nous l'avons vu précédemment, envoyèrent précipitamment un détachement attaquer les Anglais du bois des Dames, ils ne prirent le soin de se renseigner ni sur leurs effectifs, ni sur les renforts qu'ils étaient susceptibles de recevoir ; cette brève action d'éclat ne fut en tout état de cause qu'un coup d'épée dans l'eau qui n'eut aucune conséquence durable pour les bandes anglo-gasconnes, si ce n'est de les priver de neuf prisonniers, elles tenaient encore le bois le lendemain de l'opération[834], ainsi qu'en janvier suivant[835] ; en avril, des Anglais y dépouillaient encore les voyageurs qui avaient l'imprudence de s'y aventurer, comme le Martelais Guilhem Agulhie qui y perdit son cheval et son valet[836].

On retrouve la même précipitation à Cajarc suite à la prise de Fons en 1356 évoquée plus haut : une compagnie rassemblée en quelques heures fut aussitôt mise en route vers Figeac où l'attendait une troupe formée sur place ; le détachement ainsi constitué s'ébranla dès le lendemain matin pour aller assiéger Fons[837] mais, arrivé devant la place sans préparation, il fut rapidement bousculé et mis en déroute. Il devait plus ressembler à une cohue qu'à une troupe organisée[838].

Heureuses ou non, il reste que les actions offensives diligentées par les consulats furent très peu nombreuses. Si les citadins, du maître au valet, se sentaient capables et entendaient bien se battre du haut de leurs murailles, à l'arbalète, il en allait tout autrement lorsqu'il s'agissait d'affronter les professionnels de la guerre qu'étaient les Anglo-Gascons en combat rapproché. Bourgeois rassuré par l'épaisseur des murailles urbaines, ou nobliau ne connaissant de la chose militaire que la charge de cavalerie lourde et le siège, les consuls sclérosèrent la défense sur les enceintes et les quelques sorties qu'ils organisèrent parfois, mêmes victorieuses, montrèrent surtout leur incapacité à tenir l'arrière-pays. L'exemple le plus significatif est celui des consuls de Gourdon qui, pour s'opposer aux Anglo-Gascons, choisirent en 1353 de lancer soixante sergents d'armes monter des embuscades au hasard, ici et là[839] : sur un terrain aussi vaste, devant faire face à un ennemi imprévisible et rapide, ces sergents risquaient fort de courir longtemps avant de réussir une embuscade improvisée, laissant pendant tout ce temps paysans et terres sans réelle protection.

En 1356, quelques combats avaient déjà suffi pour que villes et bourgs constatent leur infériorité militaire face aux compagnies. Devant la nécessité de faire cesser le ravage des arrières-pays, chaque consulat s'engagea à traiter pour son compte avec les capitaines ennemis, selon des clauses qui lui étaient propres et valables seulement pour lui, ce qui acheva de fractionner la défense de la province. Quant aux troupes royales, leurs effectifs étaient toujours aussi insuffisants : Gilbert de Domme, capitaine de Domme, fut aussi chargé de la défense du Gourdonnais en 1355, mais il ne disposait, pour couvrir une zone aussi étendue, que d'un effectif réduit de 150 hommes, dont le tiers seulement était monté[840]. Désormais désunies sur le plan de l'action militaire, les localités continuèrent cependant à coopérer dans le domaine du renseignement.

Incapables de lutter sur un pied d'égalité avec des compagnies formées de guerriers professionnels, il peut apparaître logique que les consulats n'aient pas particulièrement recherché à les combattre en rase-campagne, ou encore à attaquer leurs garnisons. Le combattant citadin était un homme au maniement de l'épée incertain, au corps moins endurci que celui du soudard chevauchant au grand air toute l'année. Il était cependant un domaine du combat ou

---

[834] AM Gourdon (M.A.), BB 4, f° 5 r°.
[835] Ibid., CC 17, f° 17 r°.
[836] AM Martel, BB 5, f° 57 v°.
[837] AM Cajarc, CC 8, ff° 135 v°, 136 r°, 150 r° et v°, 151 v°, 152 r°.
[838] SAVY (N.), « La prise de Fons…*Op.cit.*, pp.23-38.
[839] AM Gourdon (M.A.), BB 4, f° 3 r°.

habileté, force et forme physique importait beaucoup moins : le combat défensif où, depuis des murailles, le défenseur se servait d'une arbalète au tir précis et au maniement simple, lançait des blocs de pierre ou des poutres par les hourds, repoussait des échelles, le tout sans être au contact direct de l'assaillant, sinon en toute dernière extrémité. Valable sur les enceintes urbaines, tout ceci l'était aussi sur les courtines ou les tours de n'importe quel point fort.

L'abandon et la destruction des points fortifiés alentours.

Dès que la pression anglaise se fit plus forte, vers 1355, et que l'on commença à signer les premiers *patis*, les consulats se refusèrent à pourvoir à la défense des points fortifiés qui cernaient leurs localités. Certes, en détruisant ceux qui étaient jugés indéfendables, ils ne firent que suivre les instruction de Jean Ier d'Armagnac, lieutenant du roi en Languedoc[841], mais la façon dont ils classèrent systématiquement « indéfendables » les infrastructures défensives des proches alentours montre que plutôt que de se servir de celles qui étaient valables pour donner un peu de profondeur à leurs défenses, ils préférèrent les mettre toutes hors d'état d'être utilisés de peur que les Anglo-Gascons ne s'en emparent et les retournent contre eux. C'est ainsi que les Cajarcois firent en 1356 mettre « *en bornac* », c'est-à-dire vider de leurs poutres, planchers et charpentes, le moulin fortifié de Coïmbre[842] et la tour du Verdier[843]. Les Gourdonnais décidèrent de procéder de la même façon en décembre 1357, mais ils demandèrent au préalable à l'évêque de Cahors un commandement obligeant les propriétaires concernés à laisser détruire leurs maisons fortes[844] ; ils firent ensuite démolir, durant les deux mois suivant, la tour du proche monastère du Mont-Saint-Jean[845], ainsi que les bories du Castelat[846] et de Peyres[847]. Dans les environs de Martel, ce fut la tour de la Maynada qui fut sacrifiée en septembre 1356[848]. Pensant empêcher les Anglo-Gascons de s'installer en sûreté dans ces points forts et, de là, réduire la menace qu'ils pouvaient faire peser sur leurs villes, les consulats ne firent en fait qu'abandonner un peu plus l'arrière-pays au bon vouloir des compagnies : certes, les Anglais ne s'y tiendraient pas mais, au vrai, ces destructions montraient avant tout que les consuls n'avaient aucune intention d'agir militairement au-delà des murailles urbaines.

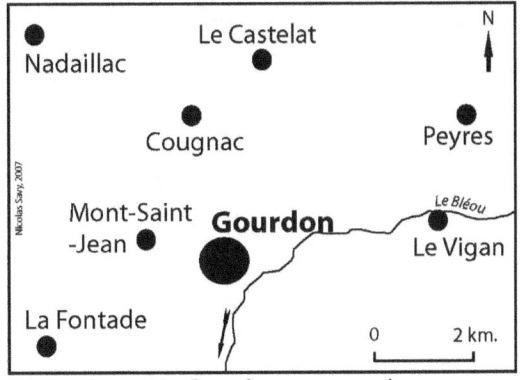

Carte 12. Gourdon et ses environs.

---

[840] MARMIER (G.), « Gilbert de Domme, sénéchal du Périgord », dans *Bulletin de la Société Historique et Archéologique du Périgord*, t.V (1878), pp.99-111, p.104.
[841] NOEL (R.P.R.), *Town Defence... Op. cit.*, p.19.
[842] AM Cajarc, CC 8, f° 155 r°.
[843] *Ibid.*, f° 158 v°.
[844] AM Gourdon (M.A.), CC 19, f° 36 r°.
[845] *Ibid.*, f° 36 v°.
[846] *Ibid.*, f° 39 v°.
[847] *Ibid.*, f° 42 v°.
[848] AM Martel, BB 5, f° 101 r°.

Le faible nombre d'actions offensives, la destruction des points forts alentours et la rapidité avec laquelle les consulats ont signé leurs premiers traités avec les compagnies montrent qu'ils n'ont jamais réellement envisagé la défense méthodique de l'arrière-pays. Leur mandat leur commandait de défendre les murailles urbaines, mais il n'était nulle part question des campagnes environnantes : c'était là le rôle des officiers royaux et des seigneurs. Ces derniers en furent incapables et négocier localement avec les Anglo-Gascons apparut alors comme une solution envisageable et profitable. La stratégie de Charles V, régent de 1356 à 1360, puis roi de 1364 à 1380, encouragea la limitation des actions offensives hasardeuses et la destruction des points forts que l'on ne pouvait défendre, confirmant ainsi à posteriori le bien fondé des choix consulaires quercinois dans ce domaine, mais il n'en alla pas de même avec leurs inséparables corollaires, les traités locaux, qui furent quant à eux sans cesse condamnés par les officiers royaux.

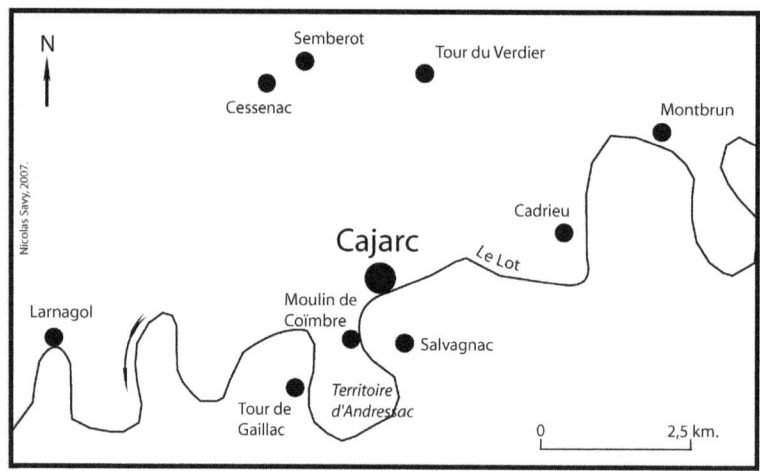

Carte 13. Cajarc et ses environs.

2. *Suffertas* et *patis*.

Sitôt la guerre reprise après la pause de Brétigny, qui dura de 1360 à 1369, la situation redevint en apparence celle qu'elle était entre 1355 et 1359. A nouveau mis devant l'impossibilité de contenir les compagnies, les consulats traitèrent avec les capitaines anglo-gascons de la même façon qu'ils avaient commencé à le faire avant 1360. Les années qui suivirent virent ce système des traités s'étendre à toute la région, touchant indifféremment grandes villes et petits bourgs. Il existait deux types de conventions, les *suffertas* et les *patis*, qui différaient par leur nature mais étaient employés de façon complémentaire.

Les *suffertas*.

Une des premières *suffertas* fut conclue en août 1353 entre les consuls de Gourdon et le capitaine anglais retranché avec sa troupe à Nadaillac. Selon cette convention, les routiers devaient suspendre leurs activités durant quinze jours, en échange de quoi les Gourdonnais devaient les ravitailler pour la même durée[849]. Simples suspensions d'armes,

---

[849] AM Gourdon (M.A.), BB 4, f° 12 v°.

les *sufferta*s étaient toujours conclues pour des périodes assez courtes : on en trouve ainsi qui furent signées pour deux[850], huit[851] ou quinze jours[852] à Cajarc dans les années 1370 ; huit jours à Gourdon en 1376[853] et 1386[854], ainsi que trois semaines environ en 1381[855] ; huit jours également à Capdenac en 1377[856], tandis qu'à Martel, des traités de ce genre furent conclus pour des durées de trois jours en 1382[857], quinze en 1379[858] et 1382[859] et enfin un mois en 1381[860]. Ces trêves avaient toujours un objet précis : celle que négocièrent les Cajarcois avec Pierre de Gontaut en août et septembre 1356 devait leur permettre de vendanger dans de bonnes conditions[861], mais il semble que dans la plupart des cas, les *sufferta*s étaient de simples armistices destinées à permettre la négociation des conditions de traités de plus grande ampleur, les *patis*.

En 1377, trois jours après s'être emparé de Balaguier-d'Olt, le capitaine de la garnison anglo-gasconne envoya un message aux consuls capdenacois pour les inviter à venir discuter d'un *pati* ; ils lui envoyèrent un député avec qui, avant tout chose, le chef anglais négocia une *sufferta* de huit jours afin que les pourparlers du *pati* puissent se poursuivre[862]. Ce n'était pas la première fois que Balaguier-d'Olt tombait aux mains des Anglo-Gascons et le capitaine Algay, qui s'en était rendu maître l'année précédente, avait aussi donné aux Cajarcois une « *sufferta avant que l'on ait pati* »[863]. De la même façon, les Gourdonnais obtinrent courant 1381 une *sufferta* de Noli Barbe et se servirent de ce laps de temps pour rechercher toutes les informations utiles aux négociations du *pati* à venir[864]. Parfois, une partie des pourparlers préalable au *pati* concernait les conditions de libération des prisonniers faits durant la période précédente[865].

Si une *sufferta* faisait cesser combats, pillages et destructions, elle ne rétablissait pas pour autant la liberté de circulation. Si elle était conclue afin de permettre une activité agricole précise, les déplacements étaient autorisés à la condition qu'ils soient rapport direct avec l'objet de la suspension d'armes ; en revanche, durant les *sufferta*s faisant office de simples armistices, les habitants restaient bloqués derrière leurs murailles et les consuls devaient demander des saufs-conduits aux Anglais afin de pouvoir se déplacer pour les besoins des négociations du *pati*. Ceci explique pourquoi, lorsque les magistrats de Cajarc envoyèrent le 23 juin 1376 un trompette faire la criée signalant le début d'une *sufferta* à Balaguier-d'Olt, où se tenait le capitaine Algay, il le chargèrent en outre de demander la validation de leurs sauf-conduits[866]. Ces documents ne concernaient pas uniquement les déplacements depuis la ville menacée jusqu'au repaire tenu par la compagnie anglo-gasconne, mais tous ceux nécessaires pour arriver à la conclusion d'un traité : négociant en 1375 avec la garnison de Balaguier-d'Olt, les Capdenacois demandèrent à son chef un « *salconduc* »[867] avec lequel ils pourraient aller et venir pour les négociations du *pati*[868] ; deux ans plus tard, traitant cette fois avec Bertrucat d'Albret,

---

[850] AM Cajarc, CC 14, reg. I, f° 20 r°.
[851] *Ibid.*, CC 16, reg. I, f° 50 r°.
[852] *Ibid.*, CC 12, reg. III, f° 27 r°.
[853] AM Gourdon (M.A.), CC 20, f° 40 v°.
[854] *Ibid.*, BB 6, f° 5 r°.
[855] *Ibid.*, BB 5, f° 29 v°.
[856] AM Capdenac, EE 2.
[857] AM Martel, CC 6, f° 4 v°.
[858] *Ibid.*, BB 6, f° 3 v°.
[859] *Ibid.*, CC 6, f° 3 v°.
[860] *Ibid.*, BB 6, f° 8 r°.
[861] AM Cajarc, CC 8, ff° 136 r° et v°, 161 v°.
[862] AM Capdenac, EE 2.
[863] AM Cajarc, CC 12, reg. III, f° 86 v°.
[864] AM Gourdon (M.A), BB 5, f° 13 r°.
[865] AM Cajarc, CC 14, reg. II, f° 33 r°.
[866] *Ibid.*, CC 12, reg. III, f° 82 r°.
[867] Sauf-conduit en occitan.
[868] AM Capdenac, EE 2.

ils le prièrent de leur accorder un de ces laisser-passer afin de pouvoir aller « *obliger les choses qu'ils lui avaient promis* » ; il s'agissait, entre autre, d'aller à Rodez chercher une certaine somme d'argent[869]. Les documents fournis étaient assez précis, étant donné qu'ils mentionnaient la destination, le nombre de personnes couvertes ainsi que leur moyen de déplacement[870], ce qui permettait aux capitaines anglais de ne rien ignorer des allées et venues de leurs ennemis.

Simples suspensions d'armes et non traité de paix, les *sufferta*s n'en étaient pas moins payantes pour les localités qui les obtenaient. En août 1353, celle que conclurent les Gourdonnais avec la compagnie de Nadaillac les obligeait à livrer quinze jours de vivres pour une valeur de 50 écus, soit une somme équivalente au prix de la viande d'une douzaine de vaches[871]. Par la suite et de façon générale, il semble que les *sufferta*s aient de la même façon été principalement payées en nature : en 1380 par exemple, les Cajarcois déboursèrent pour l'une d'entre-elles, d'une durée de 15 jours, 972 deniers en vin et en avoine[872], soit l'équivalent d'un mois de salaire de maître maçon[873] ; la même année, une autre *sufferta*, de huit jours celle-ci, leur coûta aux alentours d'une centaine de litres de vin[874]. Six ans plus tard, les consuls de Gourdon obtinrent une convention identique du capitaine nommé le Page Noir et il lui donnèrent pour cela du pain, du vin et des figues[875].

Pour l'année consulaire 1380-81, l'établissement de différentes *sufferta*s coûta au consulat cajarcois la somme de 2 125 deniers, soit l'équivalent de 1 000 miches de pain[876], ou cent jours de salaire d'un manœuvre de maçonnerie[877]. Tout ceci semble relativement peu, notamment en regard des nombreuses mentions de *sufferta*s que compte le registre concerné, mais il manque à l'inventaire les grandes quantités de denrées prises aux habitants en échange d'une remise de taille ; on trouve plusieurs mentions de ces transactions dans les rôles de tailles de l'année[878], mais nous n'avons pu en dresser une liste exacte.

Nous percevons ici l'énorme avantage que procurait une *sufferta* à une compagnie anglo-gasconne : elle tenait le terrain, avait eu le temps de piller, était nourrie par son adversaire qui, par le biais du traité, s'interdisait toute activité, militaire ou autre, hors de ses murailles. Elle avait alors le temps. En revanche, la ville ou le bourg soumis à ce blocus devait absolument essayer de le desserrer rapidement, sous peine d'être asphyxié économiquement, voire même affamé si les négociations duraient trop longtemps. Dans une telle situation, la marge de manœuvre des consulats était des plus limitées.

Les *patis*.

La teneur des traités.

Prolongement des *sufferta*s, les *patis* étaient de véritables paix séparées locales. La teneur de ces accords nous est connue par deux documents concernant des *patis* passés par le capitaine Noli Barbe, le premier avec Martel et daté de

---

[869] *Ibid.*
[870] *Ibid.*
[871] AM Gourdon (M.A.), BB 4, f° 18 r°.²
[872] AM Cajarc, CC 16, reg. I, f° 50 r°.²
[873] *Ibid.*, CC 16, reg. I, f° 50 v°. La journée d'un maître-maçon valait aux alentours de 3 sous.
[874] *Ibid.*, CC 16, reg. I, f° 51 r°, une saumée de vin.
[875] AM Gourdon (M.A.), BB 6, f° 5 r°.
[876] AM Cajarc, CC 16, reg. I, f° 44 r°. Une miche valait 2 deniers.
[877] *Ibid.*, CC 16, reg. I, f° 70 r°. Une journée valait 20 deniers.

1389 [879], le second avec Capdenac et signé du 2 novembre 1390[880]. Le texte de ce dernier expose, en premier lieu, ce qui était couvert par le traité, c'est-à-dire tous les habitants de la châtellenie avec leurs biens, puis tout ce qui leur était autorisé : « *aller, travailler, labourer, passer et repasser ; leurs œuvres et affaires faire aller, venir, passer et repasser, demeurer, séjourner nuit et jour en sécurité partout où il leur plaira* ». Etaient ensuite énoncées les obligations des Capdenacois et de leur capitaine qui devaient, s'ils en étaient requis, recueillir les membres de la compagnie qui viendraient à se trouver en danger, puis les laisser partir sans rien exiger d'eux. Dans les faits, ce *pati* neutralisait totalement le bourg sur le plan militaire.

La convention martelaise passée l'année précédente n'était pas un *pati* à proprement parler, mais elle en avait la plupart des caractéristiques. En effet, alors qua dans le climat de détente qui s'amorçait les rois Charles VI et Richard II s'appliquaient à pourchasser ceux qui ne respectaient pas les trêves et les punissaient de plus en plus sévèrement, Noli Barbe souhaitait se garantir une porte de sortie permettant de faire oublier ses méfaits présents et passés : il voulait que les Martelais lui donnent une lettre de quittance l'absolvant de tous les maux qu'il avait auparavant pu leur faire ; suivant cela, il exigeait qu'ils s'engagent à ne pas le poursuivre devant une quelconque juridiction, royale ou seigneuriale. Le conseil consulaire fut loin d'être unanime pour donner la lettre demandée, car une partie minoritaire des conseillers s'insurgea en affirmant que les consuls ne souhaitaient conclure cet accord que dans le but de faire libérer Peyre Marti, alors prisonnier des Anglais[881] ; il s'agissait d'un bourgeois influent qui avait notamment prêté de l'argent à la ville et négocié plusieurs suspensions d'armes pour elle par le passé[882]. La convention qui résulta des négociations était en fait un *pati* déguisé, encore plus avantageux pour le capitaine que ceux qui étaient habituellement conclus : en plus des articles habituels, les Martelais s'y interdisaient effectivement tout recours à une quelconque cour juridictionnelle pour tout ce que pouvait leur avoir fait Noli Barbe par le passé, que ce soit en temps de guerre ou de trêve.

Noli Barbe, magnanime en quelque sorte, s'interdisait à son tour et de la même façon de poursuivre les Martelais pour tout ce qu'ils avaient pu lui faire de mal auparavant… Le reste du texte était quasiment identique à celui de Capdenac, quoiqu'un peu plus précis : « *les habitants pouvaient aller marchander partout où il leur plairait, armés ou désarmés, avec ou sans bêtes de sommes, chargées ou non* » ; ils étaient aussi assurés que « *les vivres qui entraient ou sortaient de la ville ne seraient pas saisis ou détournés, ni les bêtes ou les hommes qui les porteraient* ». La seule différence avec le traité Capdenacois était que Noli Barbe assurait aux Martelais éventuellement menacés la protection de ses forts, dans lesquels rien ne leur serait pris s'ils venaient à s'y réfugier[883].

Efficacité et portée des accords.

Une ville ne prenait *pati* que d'un seul capitaine à la fois pour un secteur donné ; celui-ci pouvait correspondre au territoire utile dans son entier, ou être limité à certaines de ses parties seulement. Si deux chefs anglo-Gascons se disputaient le contrôle d'un secteur, le capitaine le plus puissant de la région intervenait généralement pour remettre les choses en ordre. Ces désaccords entre seconds couteaux étaient parfois éliminés à la source car un dirigeant ayant

---
[878] *Ibid.*, CC 16, reg. I et II.
[879] AM Martel, BB 7, f° 3 v°.
[880] AM Capdenac, EE 3.
[881] AM Martel, BB 7, f° 2 r°.
[882] *Ibid.*, BB 6.
[883] *Ibid.*, BB 7, f° 3 v°.

autorité sur une large zone géographique pouvait répartir lui-même l'attribution des *patis* entre ses différents subordonnés. Le bâtard de Monsac invita ainsi en juillet 1376 les consuls gourdonnais à venir négocier leur *pati* avec lui, car son chef Bertrucat d'Albret le lui avait « donné » ; avant d'accepter, les Gourdonnais vérifièrent cependant la véracité des dires de Monsac auprès d'Albret[884]. Partant de ces indices particulièrement parlant, on peut s'autoriser à penser que cette répartition des *patis* entre les différents chefs de compagnies par le capitaine le plus puissant de la région, ait été la norme habituelle comme elle l'était en Provence durant les années 1390, lorsque Raymond de Turenne déterminait systématiquement et de façon stricte les communautés avec lesquelles chacun de ses capitaines devait prendre *pati*[885].

Ce qui importait avant tout pour qu'un *pati* soit effectif, c'est que même conclu avec un seul capitaine, il soit reconnu et observé par tous les autres chefs de bande de la région ; lorsqu'ils étaient d'accord, ces derniers s'engageaient à respecter la convention et y apposaient leurs sceaux ; ce faisant, ils s'interdisaient toute action sur les territoires concernés, mais la réciproque assurait la tranquillité aux zones placées sous leur propre contrôle. Les consuls de Cajarc firent ainsi sceller les *patis* passés en 1376 avec la garnison de Balaguier-d'Olt par les capitaines de Palaret[886] et de Comiac[887] ; l'année suivante, ayant obtenu le prolongement de ce traité, ils les sollicitèrent à nouveau et s'adressèrent aussi au chef de la garnison de Montvalent[888]. D'une façon identique, en 1382, les Martelais firent sceller par Bernard Doat le traité que leur avait donné Noli Barbe[889].

Conscients que l'entente entre les capitaines était une garantie pour le respect des traités, les consulats n'hésitaient pas à la favoriser. En 1381 par exemple, un désaccord existait entre Peyran lo Malhie, dont le principal point fort était à Cazals, et Noli barba, qui commandait aux garnisons de Belcastel, Montvalent, Sarrazac et Beynat, en Bas-Limousin ; les deux hommes s'accusaient mutuellement de ne pas respecter leurs traités et il s'en suivit quelques chevauchées dévastatrices sur le territoire de Gourdon[890]. Les consuls de cette ville décidèrent alors de traiter avec Peyran lo Malhie mais, conscients que seul l'apaisement du conflit qui l'opposait à Noli Barbe pouvait permettre le retour du calme, ils lui offrirent 80 francs, en plus des 160 promis pour prix du futur traité, si Noli Barbe s'engageait à le respecter[891]. Les Gourdonnais avaient bien compris que la motivation principale des capitaines anglo-gascons était le profit et ils surent en jouer pour obtenir une paix relative ; on comprend d'ailleurs mieux pourquoi les traités étaient des motifs de discorde entre les capitaines anglo-gascons lorsque l'on mesure l'importance des sommes en jeu.

Le prix à payer.

Les comptes consulaires ont gardé de nombreuses traces des paiements effectués pour prix des *patis*. Ceux-ci se faisaient pour partie en espèces et pour partie en nature et, bien que nous n'ayons pas trouvé de document officiel mentionnant ce qui était exigé par les Anglo-Gascons, il ne fait nul doute que les accords conclus devaient être particulièrement clairs dans ce domaine : l'en-tête d'un rôle d'imposition cajarcois de 1377 ne laisse planer aucune

---

[884] AM Gourdon (M.A), CC 20, f° 9 r°.
[885] VEYDARIER (R.), *Op. cit.*, pp.177-178.
[886] AM Cajarc, CC 13, f° 37 r°.
[887] *Ibid.*, f° 57 v°.
[888] *Ibid.*, CC 14, reg. III, f° 33 v°.
[889] AM Martel, CC 6, f° 3 v°.
[890] AM Gourdon (M.A.), BB 5, f° 26 r°.
[891] *Ibid.*, f° 15 r°.

La défense des arrière-pays   169

ambiguïté à ce sujet, car la levée fut faite, entre autres, « pour payer le second pati qui était dû le premier jour du mois d'août ; il se montait à 49 francs, hors les vivres dus »[892]. Les autres impositions décidées cette année-là pour payer les *patis* confirment l'ordre d'idée donné par la mention ci-dessus : on en fit une pour réunir les 51 francs du premier traité de l'année[893], tandis que celle effectuée au mois d'avril rapporta 34 livres, 19 sous et 10 deniers ; quant à celle de mai, elle se monta à 32 livres, 17 sous et 5 deniers et, celle du mois d'août enfin, à 54 livres, 9 sous et 4 deniers[894].

Les levées n'avaient cependant pas lieu tous les mois et, sur l'année, le total de ce que payèrent en numéraire les Cajarcois au titre de tous leurs *patis* se monta à 36 320 deniers, soit l'équivalent d'environ 1210 jours du salaire d'un ouvrier du bâtiment[895]. A cette somme il fallait ajouter 7800 deniers pour les paiements effectués en nature, 376 pour les frais divers de négociation, ainsi que 541 pour le prix du transport des denrées vers le repaire de la compagnie et pour les dépenses diverses. Au total, les paiements nets[896] effectués en 1377 auprès des Anglais de Balaguier-d'Olt se montèrent à 44 140 deniers, l'équivalent du salaire de 1471 journées d'ouvrier maçon.

De leur côté, les Capdenacois payèrent à la garnison qui en 1375 occupait ce même lieu de Balaguier-d'Olt 108 francs en espèces et plus de 42 en nature[897]. L'année suivante, les Martelais prirent un *pati* de quatre mois avec le capitaine de Montvalent, *pati* qui leur coûta, outre 100 francs versés en espèces, d'importantes fournitures en nature[898]. Quant au traité d'un an que négocièrent les Gourdonnais avec Peyran lo Malhie en 1381, il leur revint aussi cher que celui qu'ils avaient passé l'année précédente avec Bertrucat d'Albret, soit 160 francs comprenant les paiements effectués en nature[899]. Globalement, conclure un ou plusieurs *patis* successifs avec une compagnie coûtait, hors frais secondaires, entre 150 et 450 francs à l'année, soit l'équivalent de trois à neuf ans de salaire d'un ouvrier maçon ; les plus chers étaient ceux dont la durée était la plus courte.

Les fournitures en nature accompagnaient systématiquement les paiements en espèces. En 1377, les Cajarcois fournirent à la compagnie du capitaine Algay, installée à Balaguier-d'Olt, plus de 2200 litres de vin, quelques quartes de froment et quatre poules[900], tandis que les Capdenacois lui livrèrent entre 1600 et 2500 litres de vin, plus de 120 quintaux de foin, quelques setiers de froment et enfin deux chèvres[901]. L'année suivante, les Martelais payèrent au capitaine de Montvalent environ 3500 litres de céréales, 88 litres de sel, un demi-quintal de chandelles et une pesée de toile d'une valeur de dix francs[902] ; il est à noter qu'ils ne lui fournirent pas de vin, chose assez peu fréquente car ce produit faisait habituellement partie des denrées livrées. Les vivres constituaient l'élément principal des livraisons en nature, ce qui permettait aux compagnies de vivre sans avoir à se soucier de leur ravitaillement, mais des objets de vie courante, voire parfois de luxe faisaient aussi partie des livraisons de temps à autre : tasses d'argent[903] et autres argenteries, draps fins et étoffes[904].

---

[892] AM Cajarc, CC 13, f° 83 v°.
[893] *Ibid.*, f° 1 r°.
[894] *Ibid.*
[895] *Ibid.*, f° 33 v°.
[896] Les intérêts des emprunts réalisés pour payer cette somme n'ont pu être déduits en totalité par manque de documents.
[897] AM Capdenac, EE 2.
[898] AM Martel, BB 6, f° 1 r°.
[899] AM Gourdon (M.A.), BB 5, f° 15 r°.
[900] AM Cajarc, CC 13 et CC 14.
[901] AM Capdenac, EE 2.
[902] AM Martel, BB 6, f° 1 r°.
[903] AM Cajarc, CC 15, reg. I, f° 35 v°.

Les *patis* : une solution défensive plus rentable que les armes.

Les avantages que tiraient les bandes anglo-gasconnes de la signature des *patis* étaient nombreux : neutralisation des forces adverses dans une zone entière, logistique assurée, enrichissement, tranquillité, etc. Le fait que les villes en aient autant signé montre qu'elles y trouvaient aussi leur compte, en particulier sur le plan économique. En 1370 et 1371, les Martelais, aux prises avec plusieurs détachements installés à Belcastel[905], Malemort[906], Nadaillac, Lamothe-Fénélon[907], Sarrazac et Montvalent[908], finirent par prendre des *patis* avec ceux de Malemort[909], Sarrazac et Montvalent[910], mais continuèrent à subir ceux de Nadaillac, Lamothe-Fénélon et Belcastel[911], où commandait Johan Vassal[912]. Durant ces deux années, la compagnie de ce dernier leur prit à elle seule 35 bovidés, 11 ânes, 5 mules, plus de 45 setiers de blé, du sel, de la farine, etc., et fit prisonniers 29 hommes et 2 femmes[913] ; entre prix des denrées volées et des rançons, le tout se monta à plus de 137 000 deniers, soit l'équivalent de plus de 2200 journées d'ouvrier maçon[914]. Par déduction, on peut ainsi estimer à neuf ans du salaire d'un ouvrier maçon la valeur ce qui était chaque année volé aux Martelais par les compagnies de Belcastel, Nadaillac et Lamothe-Fénélon, mais cette somme ne donne qu'une idée imparfaite des pertes économiques réelles que subissait la ville : des infrastructures rurales en rapport avec les activités urbaines étaient détériorées, les communications et les transports étaient gravement handicapés.

Figure 24. Le château de Belcastel vu depuis la vallée de l'Ouysse.

---

[904] LACOSTE (G.), *Histoire…Op.cit.*, t.III, p.279.
[905] AM Martel, CC 5, f° 5 v°.
[906] *Ibid.*, f° 10 v°.
[907] *Ibid.*, f° 11 r°.
[908] *Ibid.*, f° 37 r°.
[909] *Ibid.*, f° 10 v°.
[910] *Ibid.*, f° 37 r°.
[911] *Ibid.*, f° 11 r°.
[912] *Ibid.*, FF 1, f° 1 r°.
[913] *Ibid.*, FF 1.
[914] *Ibid.*, CC 5, ff° 1 r°-3 r°.

Le document FF1 des Archives Municipales de Martel nous renseigne cependant sur plusieurs points qui relativisent quelque peu la vision de l'état de guerre dans lequel se trouvait une ville en l'absence de *pati*. Petits ou grands, ce furent 42 transports de blé locaux qui furent interceptés par les Anglais de Belcastel en 1370 et 1371, ce qui montre d'une part que les compagnies ne détruisaient pas systématiquement les cultures et que, d'autre part, elles n'étaient pas en mesure de totalement empêcher les paysans d'y travailler.

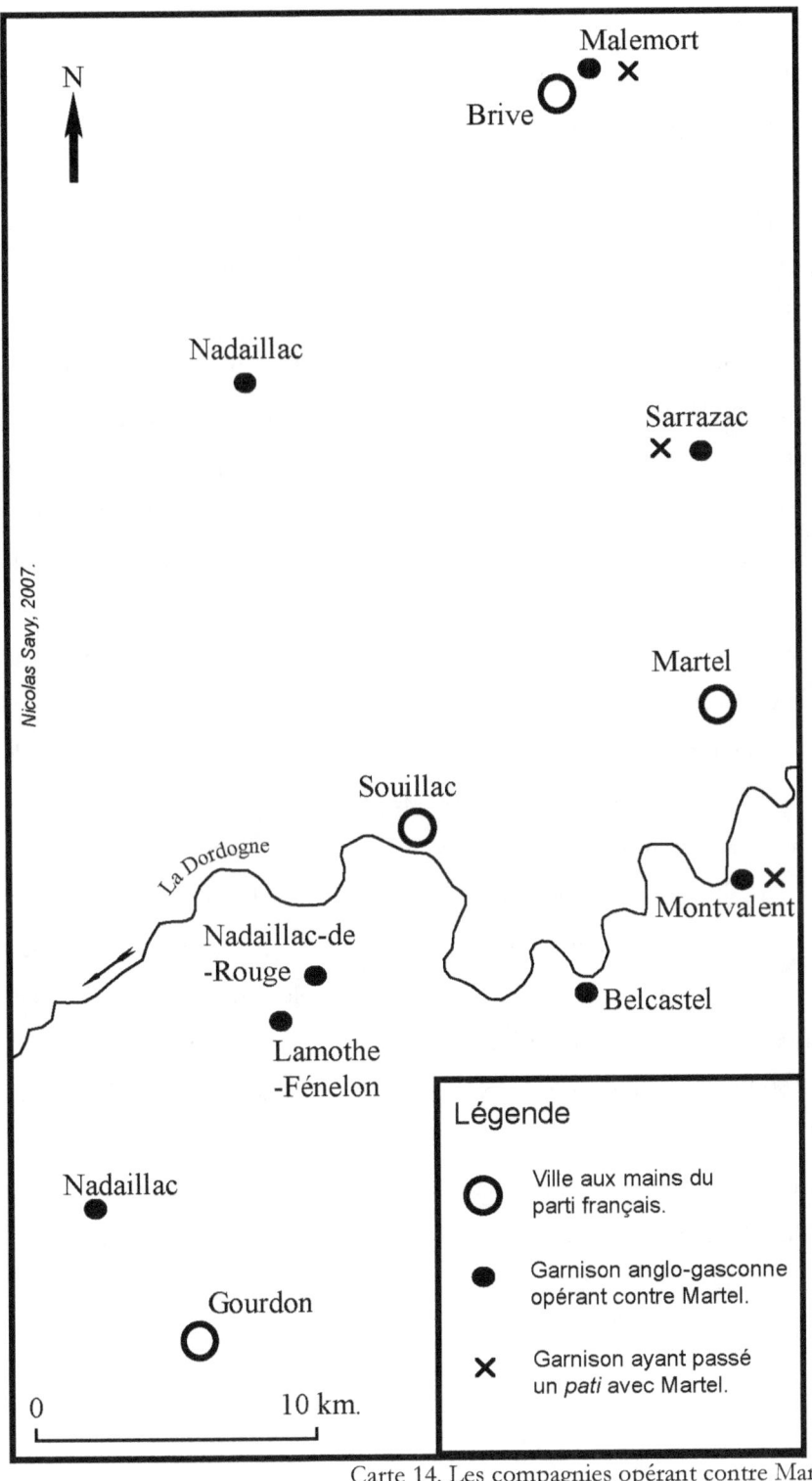

Carte 14. Les compagnies opérant contre Martel en 1370 et 1371.

A supposer que les détachements de Nadaillac et Lamothe-Fénélon aient réussi à prendre autant d'otages martelais que celui de Belcastel, ce n'était pas loin de cinquante personnes qui passaient chaque année entre les mains des Anglo-Gascons, soit, si l'on considère que Martel comptait entre 1000 et 1500 habitants, entre 7,5 et 5 % de la population : le risque était largement suffisant pour amener les habitants à limiter leurs sorties hors de la ville au strict minimum. La tactique anglo-gasconne jouait ainsi avant tout sur la paralysie du pays pour amener les villes à composer, mais tout en leur laissant de bonnes raisons de le faire : des zones agricoles qui, même plus ou moins détériorées, étaient toujours en mesure d'alimenter les activités urbaines.

La seule alternative au *patis* était l'action armée, à condition que les forces mises sur pied soient en mesure d'assurer une sécurité optimum dans une zone donnée. Contrer les compagnies anglo-gasconnes, mobiles et imprévisibles, aurait impliqué de quadriller l'arrière-pays en garnissant le plus grand nombre de points forts possible, de façon à être en mesure d'intervenir rapidement partout. Ils auraient chacun dut être pourvus d'une garnison permanente et suffisante, dont les hommes auraient dut être soldés suivant les cours habituellement pratiqués, qui nous sont connus : les hommes pris au service de Cahors pour aller reprendre les châteaux de Cours, Vers et Galessie en 1374, furent payés 15 deniers par jour[915], salaire se situant entre celui d'un manœuvre et celui d'un ouvrier maçon[916] ; quant aux citoyens cajarcois employés comme fantassins lors du siège de Fons en 1377, ils furent payés entre 40 et 55 deniers par jour, soit entre une fois et une fois et demie le salaire d'un ouvrier maçon[917] ; plus tard, les Cadurciens qui participèrent au siège de Domme en 1393 touchèrent deux sous et demi par jour[918], soit autant qu'un manœuvre quelconque[919]. La solde moyenne que percevait un citoyen employé à des opérations militaires hors les murs de sa ville oscillait ainsi entre la moitié et une fois et demie le salaire quotidien d'un ouvrier maçon.

Par hypothèse, on peut considérer qu'une ville comme Martel avait besoin de garnir une dizaine de points forts -au minimum- dans ses alentours si elle voulait se garantir des incursions ennemies ; chacun d'entre eux aurait reçu une petite garnison qui, pour être efficace, ne pouvait compter moins d'une quinzaine d'individus. En payant l'ensemble de ces hommes au salaire minimum, il aurait fallu débourser chaque jour 5400 deniers[920], soit 1 971 000 à l'année, l'équivalent de 32 850 journées d'ouvrier… C'était quatorze fois plus que ce que Johan Vassal avait pris aux Martelais durant les deux années 1370 et 1371. D'autre part, il n'était pas possible de prélever annuellement 150 individus, voire même seulement 100 ou 50, sur une population masculine comptant environ 365 personnes[921] ; en effet, ces hommes étaient indispensables au fonctionnement économique de la ville, et ce d'autant plus que ceux qui pouvaient se battre étaient les plus jeunes. Cahors comptait en 1374 plus de 1700 hommes en âge de porter les armes[922], mais même pour une ville de cette taille, perdre 150 hommes actifs, qui de plus auraient coûté chaque année 75 ans du salaire d'un ouvrier, était difficilement envisageable.

Si engager de simples citadins transformés en fantassins était d'une rentabilité coût / efficacité défensive fortement négative par rapport aux *patis*, il en allait forcément de même si on employait des guerriers professionnels

---

[915] LACOSTE (G.), *Histoire…Op.cit.*, t.III, p.250.
[916] AM Cajarc, CC 11. Selon les différents salaires donnés dans ces comptes
[917] *Ibid.*, CC 13.
[918] LACOSTE (G.), *Histoire…Op.cit.*, t.III, pp.308-309.
[919] AM Capdenac, CC 3.
[920] Base : salaires de 1371.
[921] AM Martel, BB 5, ff° 93 v°-94 r° : Martel comptait 365 chefs de feu masculins en 1356.
[922] LACOSTE (G.), *Histoire…Op.cit.*, t.III, pp.241-243.

La défense des arrière-pays

dont les salaires étaient plus élevés : en août 1371, les Martelais retinrent à leur service treize cavaliers, six lourds et sept légers ; ils donnèrent quotidiennement à l'ensemble de la troupe 7,5 quartes d'avoine, 26 quartes de vin et 26 pains, ainsi que 7 sous 6 deniers à chaque homme[923], solde conforme aux tendances de l'époque[924]. Ces treize cavaliers étaient bien entendu insuffisants pour contrer les Anglo-Gascons dans le voisinage de la ville, mais en entretenir une centaine, à raison d'une fois et demie le salaire d'un ouvrier-maçon chacun, c'était là une chose impossible pour les finances martelaises.

Enfin, le *pati* représentait une certitude de sécurité que ne pouvait donner une protection militaire. 150 hommes, même montés, dispersés sur une dizaine de petits points fortifiés n'auraient certainement pas pu empêcher une compagnie forte d'une cinquantaine d'individus de razzier les campagnes et les villages isolés des environs. Autant dire que les dépenses militaires se seraient alors ajoutées au coût des destructions anglaises. D'autre part, nous avons donné cet effectif de 150 hommes de manière purement théorique, car en examinant de près la configuration du terrain, il est clair que le double n'aurait pas suffi à contrer les bandes efficacement. Et si l'on était parvenu à trouver ces hommes, comment aurait-on pu les payer sans ruiner la ville ? En 1356, il avait fallu l'union de tous les consulats et nobles de la viguerie de Figeac pour péniblement arriver à lever une centaine d'hommes d'armes, pour une durée que les documents ne précisent pas, mais qui devait être assez limitée[925] : des villes comme Cajarc, Martel ou Gourdon pouvaient-elles, seules, faire mieux et plus longtemps ? Assurément non.

A l'inverse, le *pati*, pour l'équivalent du salaire annuel de trois à quatre hommes d'armes, hors frais annexes, assurait théoriquement la préservation des biens et des activités économiques situés hors des murailles urbaines. On note que la faiblesse relative du prix des *patis* n'était pas propre au Haut-Quercy, car elle avait cours dans tout le Midi languedocien[926] et jusqu'en Provence[927]. On s'aperçoit aussi que le prix à payer pour un traité de ce genre était du même ordre de valeur que ce qu'une compagnie était en mesure de détruire, voler ou rançonner sur une année. Il est par ailleurs visible que les capitaines anglo-gascons ne faisaient pas systématiquement ravager la totalité des territoires situés dans leur rayon d'action : ils se contentaient d'y prendre de vive force ce dont ils avaient besoin, brûlaient et rançonnaient ce qui était suffisant pour montrer aux municipalités que plus elles tardaient à traiter, moins il y aurait de choses à protéger. Prendre un *pati* avec une compagnie pour une certaine durée, c'était ainsi, pour le prix de ce qu'elle pouvait potentiellement détruire ou voler durant le même temps, empêcher l'économie urbaine de s'écrouler par pans entiers.

Pour les capitaines anglo-gascons, le système était particulièrement avantageux, non tant sur le plan financier que sur le plan militaire cependant : en prenant l'exemple d'une bande armée comptant cinquante cavaliers, installée à Belcastel et tirant de quoi payer 4 hommes d'armes de Martel, autant de Gourdon, la moitié à Rocamadour ainsi qu'à Gramat, elle devait encore trouver sur son territoire de quoi payer les 36 hommes restant. Nul doute qu'entre bourgs ou villages apeurés et rapines diverses, cela ne présentait rien d'impossible, mais l'enrichissement ne devait pas être au rendez-vous : les hommes étaient payés et mangeaient à leur faim, mais probablement rien de plus. Ils gagnaient ainsi en Quercy à peu près autant que ce qu'ils gagnaient en étant directement au service du roi d'Angleterre, si l'on se réfère aux

---

[923] AM Martel, CC 5, f° 33 r°.
[924] *Foedera…Op.cit.*, (1377-1384), pp.130-137.
[925] AM Cajarc, CC 8, f° 148 v°.
[926] NOEL (R.P.R.), *Town Defence… Op. cit.*, pp.172-173.

soldes payées lors du siège de Mortagne en 1378[928]. En revanche, les *patis* permettaient aux chefs de bande de garder le pays sous contrôle assez facilement et faisaient des villes et des bourgs des fournisseurs logistiques à bon compte.

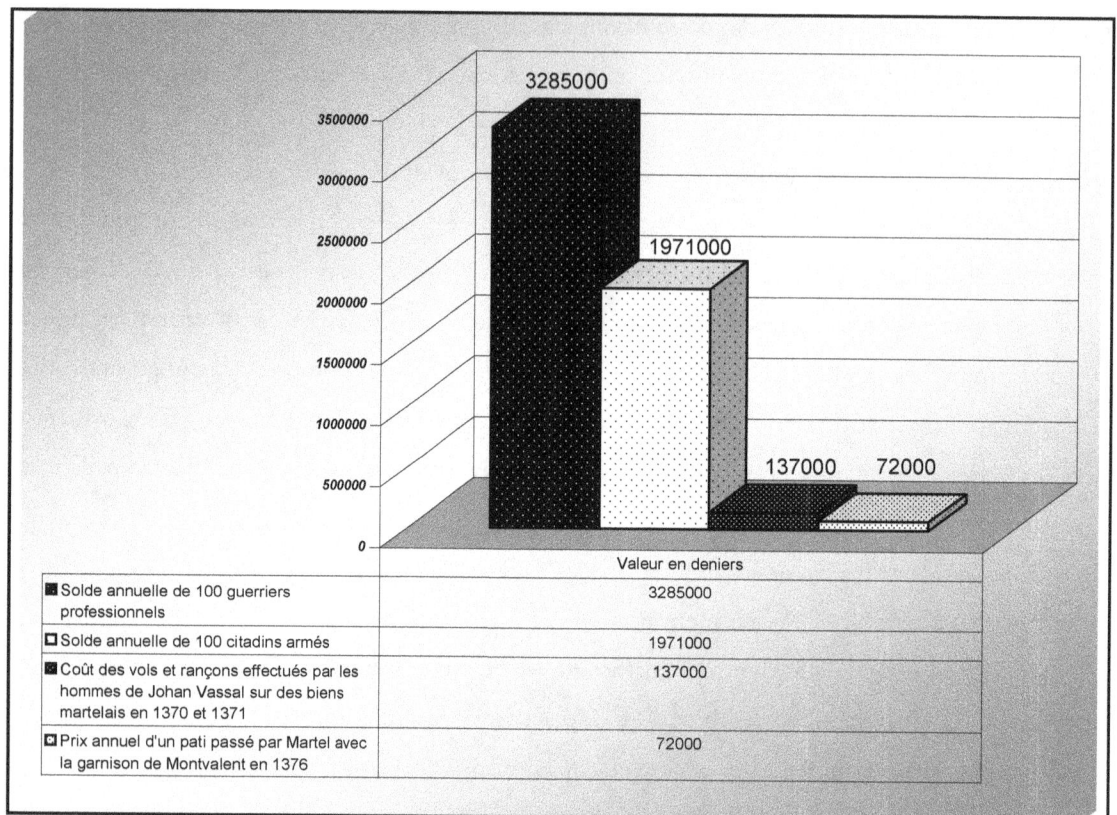

Graphique 1. Essai de comparaison entre les soldes annuelles de 100 hommes d'armes et de 100 citadins armés, la valeur de biens volés et rançonnés sur deux ans et un *pati* d'une année, vers 1370-76.

Fournissant soldes et vivres aux compagnies anglo-gasconnes, les municipalités quercinoises ont financé elles-mêmes leur neutralisation militaire et rendu difficile leur participation à la fiscalité royale française. Cette neutralisation ne coûtait absolument rien au roi d'Angleterre qui, commanditaire ou non des opérations, en était toujours le principal bénéficiaire sur le plan général de la guerre.

Les années passant, la permanence des traités amena un glissement sémantique, les termes *pati* et *sufferta* finissant par désigner la même chose au début du XVe siècle. Vers 1412, cette évolution était visible dans la convention passée entre Bertrandon d'Abzac, capitaine du château de Castelnaud-de-Berbiguières, et les consuls de Cajarc, convention appelée *sufferta* mais dont la durée était plutôt celle d'un *pati*[929] ; une trentaine d'années plus tard, en avril 1444, les consuls de Gourdon désignaient par *sufferta* le traité qu'ils négociaient avec un autre capitaine du nom d'Abzac, prénommé Jean et installé à Montferrand-du-Périgord, alors qu'il avait toutes les caractéristiques d'un *pati* : durée d'un an, paiements en argent[930] et en vivres[931]. Une fois conclus, signés et scellés, qu'ils soient désignés *pati* ou *sufferta*, ces traités de paix restaient instables, car obtenu par la violence ; ceux qui l'exerçaient devaient la maintenir pour garder

---

[927] VEYDARIER (R.), *Op. cit.*, p.179.
[928] *Foedera…Op.cit.*, (1377-1384), pp.130-137.
[929] AM Cajarc, EE sup. 16.
[930] AM Gourdon (M.A.), BB 7 bis, f° 3 v°.
[931] *Ibid.*, f° 4 r°.

la situation à leur avantage, tandis que ceux qui la subissaient devaient essayer, sinon de l'empêcher totalement, au moins d'enlever à l'adversaire les moyens dont il disposait pour l'exercer. C'est pourquoi malgré la multitude de *patis* que villes, bourgs et compagnies signèrent, l'insécurité et les dégradations ne cessèrent jamais totalement.

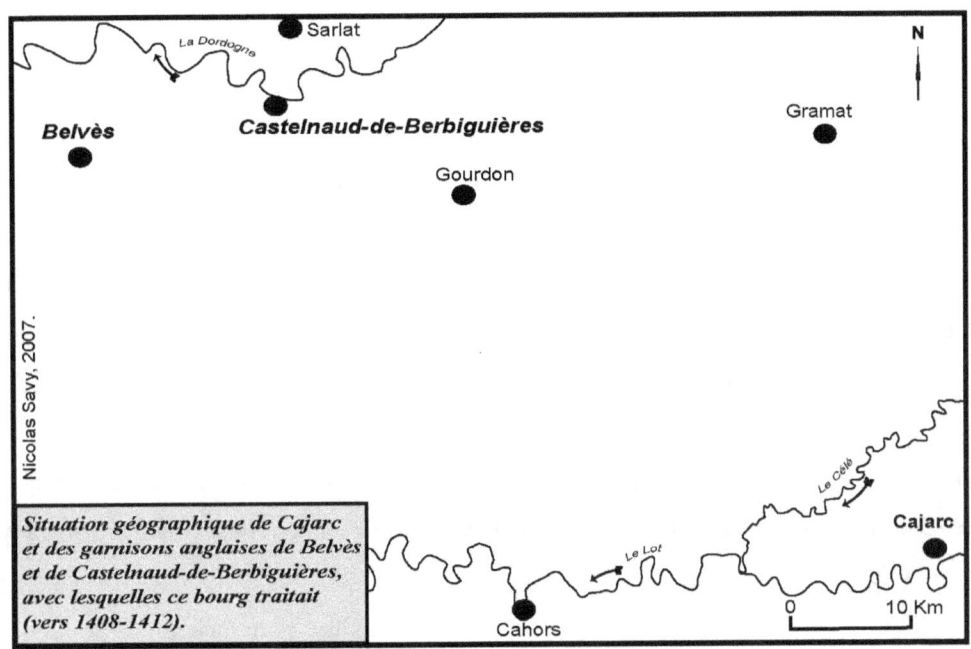

Carte 15. Localisation des compagnies traitant avec Cajarc au début du XVe siècle.

3. La guerre malgré tout.

Par son caractère limité dans le temps, un *pati* contenait en germe les combats et destructions futurs car, arrivé à son terme, chacun des protagonistes essayait d'améliorer sa position : pour les capitaines anglais en particulier, il fallait faire peser de plus lourdes menaces sur la localité concernée ; pour tous, le but était de se trouver en mesure de négocier plus avantageusement le prochain traité. D'autre part, les Anglo-Gascons se laissaient souvent aller à enfreindre les termes des *patis* sans autre raison que le profit immédiat. Les villes répondaient à ces infractions soit par la force, soit en cessant le paiement du traité enfreint, ce qui dans tous les cas entraînait des représailles de la part des compagnies. Paix théoriques, les *patis* étaient en fait des paix bien relatives.

La fidélité au roi de France.

Malgré tous les traités que les villes pouvaient signer avec les capitaines anglo-gascons, elles gardaient fermement leur fidélité au roi de France. Pour la plupart d'entre elles, leurs fortifications restaient inviolées et elles continuaient à revendiquer haut et ferme la souveraineté du Valois dans une région envahie par ses ennemis. Ce loyalisme se traduisait en particulier par l'aide apportée aux troupes du roi de France dans plusieurs domaines :

le plus important était l'utilisation des fortifications et du soutien logistique des activités urbaines, loin derrière lesquels venaient le soutien militaire actif et l'aide en rase campagne.

Des relais bien implantés, des refuges fortifiés sûrs mais peu disponibles.

Derrière leurs fortifications, les villes restaient généralement hors d'atteinte des compagnies et gardaient un potentiel défensif pratiquement intact ; quant aux *patis*, s'ils interdisaient à chacun des protagonistes de prendre les armes l'un contre l'autre, ils ne les empêchaient pas d'apporter leur soutien logistique à qui bon leur semblait. Nombreuses furent ainsi les troupes françaises en déplacement qui purent trouver avec les villes des relais sûrs où les attendaient le gîte et le couvert. C'est en premier lieu aux seigneurs de la région fidèles au Valois que profitèrent ces facilités, tel Ratier de Belfort, seigneur de Puycornet, qui par exemple reçut avec sa petite troupe douze pains et sept quartes de vin lorsqu'il fit halte à Cajarc, le mardi 30 mai 1376[932]. Ce soutien ne leur était cependant pas réservé car tous les combattants français en bénéficiaient : l'année suivante, c'est 7 quartes et demie de vin que les consuls donnèrent à une quinzaine d'arbalétriers en route vers le siège de Fons[933]. Le 21 juin de la même année, ils recueillirent et nourrirent un écuyer du sénéchal de Rouergue et ses neuf sergents à cheval, qui revenaient de Marcilhac après y avoir combattu les Anglais de Balaguier-d'Olt[934].

Les consulats, s'ils acceptaient sans trop de difficultés de ravitailler ponctuellement des détachements français, n'en étaient cependant pas moins réticents à les héberger. En effet, ils représentaient alors une lourde charge à nourrir, sans compter les déprédations que ces soudards « amis » pouvaient commettre en ville : le 27 juillet 1374, les consuls de Cajarc laissèrent ainsi le fils du sénéchal et le « *grand nombre de gens* » qui l'accompagnaient loger dans les *barris*, mais ne les autorisèrent pas à pénétrer dans l'enceinte principale[935] ; au mois de décembre 1376, alors que de nombreuses troupes françaises de la région étaient engagés dans plusieurs opérations, dont deux sièges, les consuls de Gourdon demandèrent avec insistance à ce qu'une de ces armées, qu'ils devaient normalement accueillir, ne vienne pas en totalité stationner dans leur ville[936]. Durant la même période, la possible venue d'une armée royale en route pour Belcastel les faisait déjà frémir et pour prévenir les « *grands dommages et destructions de vivres* » qu'elle pourrait faire, ils souhaitaient proposer un « *peu d'argent* » aux gens d'armes pour juguler leurs ardeurs[937].

Le vaste espace protégé constitué par les enceintes urbaines en faisait cependant des lieux de rassemblement parfaits que les capitaines français ne pouvaient ignorer. En août 1369 par exemple, les consuls de Cajarc furent avertis que Talleyrand de Périgord souhaitait venir rassembler une armée forte de 400 lances dans leur ville avant d'attaquer Sénaillac ; il préféra finalement Figeac comme base de départ[938]. En 1374, Timbaut de Barbesan, fils du sénéchal de Quercy, rassembla sa troupe à Cajarc avant de rejoindre Autoire pour y renforcer l'armée de siège de Marquès de Cardaillac[939]. Le 9 septembre 1379, c'est Bertrand d'Armagnac et ses quatre compagnies qui furent logés dans les

---

[932] AM Cajarc, CC 12, reg. III, f° 78 r°.
[933] *Ibid.*, f° 57 v°.
[934] *Ibid.*, CC 14, reg. I, f° 20 r°.
[935] AM Cajarc, CC 11, reg. I, f° 66 v°.
[936] AM Gourdon (M.A.), CC 20, f° 45 r°.
[937] AM Gourdon (M.A.), CC 20, f° 14 v°.
[938] AM Cajarc, CC 6, f° 141 r°.
[939] *Ibid.*, CC 11, reg. I, f° 50 r°.

La défense des arrière-pays

faubourgs cajarcois ; ils y reçurent 100 pains, entre 150 et 170 litres de vin et environ 300 litres d'avoine[940]. Les importants regroupements de troupes françaises restèrent cependant assez peu fréquents en Haut-Quercy, ce qui n'empêcha probablement pas les citadins de craindre les venues de ces alliés dont le comportement était parfois bien proche de celui de leurs ennemis.

La capacité défensive des villes et des bourgs constituant leur principal attrait militaire, il importait pour les officiers royaux d'aider les consulats à la maintenir si nécessaire. Les municipalités, bien que réticentes à accueillir en leur sein des troupes amies durant de trop longues périodes, passaient parfois outre leurs réserves à ce sujet pour leur demander des renforts : finalement, mieux valaient quelques poules volées par la soldatesque française qu'un faubourg ravagé par les Anglais. C'est ce que craignaient les Martelais le 13 décembre 1373, lorsqu'ils demandèrent un renfort de vingt hommes d'armes à Bertrand du Guesclin parce que l'arrière-garde de l'armée du duc de Lancastre s'attardait dans la région[941]. Les consuls de Gourdon firent une demande similaire au comte d'Armagnac en mars 1386[942].

Les renforts royaux étaient aussi appréciés pour faire face à des détachements bien moins importants : le 20 février 1369, devant le risque d'embuscade que faisaient peser les Anglais de Sénaillac sur les faubourgs de Cajarc, les consuls firent rentrer dans l'enceinte principale le capitaine de Larnagol, Anton d'Anterac, et les dix-huit sergents qui composaient sa troupe[943]. D'autres raisons que l'activité des bandes ennemies amenaient les municipalités à demander des aides ponctuelles. En février 1381 par exemple, alors que toute une portion de l'enceinte s'était écroulée, les Cajarcois reçurent de Marquès de Cardaillac un renfort d'écuyers et de sergents d'armes le temps que les réparations d'urgence soient faites ; ils prirent une partie de leur nourriture à leur compte, leur fournissant principalement du pain, du vin et des anguilles[944].

Les municipalités appelaient parfois les gens d'armes du roi à la rescousse, mais elles souhaitaient toujours ne pas avoir à en supporter le coût, ni subir leur présence plus que de raison. Les demandes d'aide militaire étaient toujours assorties d'une mention précisant qu'elle serait « *aux gages du seigneur* »[945], ou encore « *aux gages du roi* »[946]. En plus de se décharger des soldes, les consulats ne souhaitaient pas non plus assurer la totalité de la nourriture de ces hommes d'armes, surtout s'ils estimaient, une fois le danger passé, que leur turbulente présence durait sans raison. C'est ainsi que les consuls de Gourdon décidèrent de « *loger du mieux possible* » et de nourrir les gens d'armes demandés en avril 1386 au comte d'Armagnac[947] ; ils les nourrissaient encore en juin[948] et début août[949], mais ils finirent par être excédés par cette soldatesque au comportement scandaleux : ils firent cesser son ravitaillement et, fin août, ils avertirent le comte d'Armagnac que ses hommes souffraient de la disette et qu'il était pressant qu'il leur fournisse des vivres[950] ; début septembre, ils lui écrivirent à nouveau pour l'informer du mauvais comportement de ces gens d'armes[951]. Finalement, le comte resta ferme et les hommes d'armes restèrent, mais la municipalité, contrainte de les supporter alors

---

[940] *Ibid.*, CC 15, reg. II, f° 56 v°.
[941] PATAKI (T.), « Il y a…*Op.cit.*, pp.94-95.
[942] AM Gourdon (M.A.), BB 6, f° 9 v°.
[943] AM Cajarc, CC 6, f° 150 v°.
[944] *Ibid.*, CC 16, reg. I, ff° 47 r° et v°.
[945] PATAKI (T.), « Il y a…*Op.cit.*, pp.94-95.
[946] AM Gourdon (M.A.), BB 6, f° 9 v°.
[947] *Ibid.*, f° 11 v°.
[948] *Ibid.*, f° 14 r°.
[949] *Ibid.*, f° 15 v°.
[950] *Ibid.*, f° 16 v°.
[951] *Ibid.*

qu'elle estimait leur présence inutile, cessa de les ravitailler sur son compte, acceptant seulement de leur prêter les sommes correspondantes à l'achat de leur nourriture[952].

La cohabitation fut ensuite assez houleuse : les consuls ne leur fournissant pas de bois de chauffage, les soudards n'hésitèrent pas, début novembre, à se servir en huisseries et autres bois de charpente dans les faubourgs pour alimenter leurs cheminées et autres brasseros[953]. Quant à leur attitude vis-à-vis de la population, elle était particulièrement détestable et de nombreux habitants se plaignirent des dommages et dégâts divers qu'ils leur faisaient subir[954]. Les Gourdonnais n'étaient pas les premiers subir les turbulences de soldats « amis » : quelques années plus tôt, en septembre 1379, les consuls de Cajarc prièrent avec insistance le comte d'Armagnac de retirer les quatre compagnies qui logeait en ville et qui, commandées par le turbulent bâtard de sa famille, avaient une attitude plus qu'incertaine[955].

Au XVe siècle, lorsque les troupes du roi de France se firent plus présentes dans la province, il est probable que la réticence des consulats à loger des gens d'armes alla certainement en augmentant : par leurs agissements de 1437-38, il était difficile de discerner le capitaine castillan Rodrigo de Villandrado et ses hommes, au service du roi de France, des Anglais qu'ils étaient censés combattre[956].

Les inconvénients liés au logement d'hommes d'armes à l'intérieur des enceintes n'étaient acceptés par les citadins que s'ils étaient compensés par un surcroît de protection face à un danger visant immédiatement leur ville. Dans les autres cas, il ne s'agissait pour eux que d'une présence embarrassante, chère à nourrir et dont il fallait supporter les débordements quotidiens. Cet embarras devait être encore plus pesant si les détachements en question ne faisaient que tenir garnison et garder la ville -ce que les citoyens pouvaient faire seuls- sans combattre à l'extérieur. En revanche, dès lors que la soldatesque restait éloignée de la ville tout en participant à l'amélioration de la situation militaire, les municipalités la soutenaient avec plus de bonne volonté.

Des soutiens limités.

Depuis le début du conflit, la mauvaise volonté des consulats à fournir des hommes ne s'était pas atténuée : il fallait chèrement les payer, les équiper et, s'ils venaient à être fait prisonniers, aider à payer les rançons ; de plus, partis aux armées royales, c'était toujours des individus qui manquaient ensuite aux activités économiques ou au guet. L'attitude adoptée par les consuls de Gourdon en 1376 illustre bien cette réticence et ses justifications. Début décembre, Jean de Bueil, un des fidèles de Bertrand du Guesclin, vint poser le siège devant Vers, dont la garnison anglaise était particulièrement virulente. Il demanda aux consuls de Gourdon l'envoi de gens d'armes, ce à quoi ces derniers répondirent qu'ils faisaient diligence pour les rassembler[957] ; le 18, après dix jours de réflexion, le conseil décida d'en envoyer vingt-cinq, mais les consuls firent alors remarquer à l'assemblée que la ville ne disposait pas des fonds

---

[952] *Ibid.*, ff° 16 v°, 18 r° et 19 r°.
[953] *Ibid.*, f° 17 v°.
[954] *Ibid.*, f° 19 r°.
[955] AM Cajarc, CC 15, reg. II, f° 55 r°.
[956] AUSSEL (M.), « Trois lettres… *Op.cit.*
[957] AM Gourdon (M.A.), CC 20, f° 14 v°.

La défense des arrière-pays

nécessaires pour les payer et les équiper[958]. Consuls et conseillers se réunirent néanmoins le lendemain, officiellement pour désigner les hommes qui partiraient à Vers... Mais pour finalement décider d'envoyer une lettre d'excuses à Jean de Bueil lui expliquant qu'ils préféraient les garder sur place, car les ennemis qui se rassemblaient alors en Aquitaine étaient susceptibles de se diriger vers la ville[959].

Toutes les demandes de concours en hommes faites par les officiers royaux n'aboutirent pas toutes à un si mauvais résultat, mais les effectifs qu'ils obtinrent parfois restèrent modestes. Ainsi, en novembre 1369, alors que la guerre qui venait de reprendre battait son plein dans la région, les consuls de Cajarc ne fournirent que six arbalétriers au sénéchal de Beaucaire et à Jean de Villemur, qui assiégeaient Thégra[960] ; au mois de février suivant, ils n'en envoyèrent que quatre au siège de Sénaillac[961]. Le concours apporté par les Cajarcois aux opérations menées par les armées royales dans la province resta modeste : le contingent le plus important qu'ils fournirent en 1376 par exemple, consista en treize arbalétriers mis à la disposition de Marquès de Cardaillac pour le siège de Fons[962].

Pour les entreprises plus lointaines, la participation des consulats était encore plus réduite : en février 1370, les consuls de Martel n'envoyèrent que deux hommes à l'armée que le duc d'Anjou était en train de rassembler à Toulouse[963]. Ce n'était pourtant pas faute d'insister, comme le fit auprès d'eux le comte d'Armagnac, le 16 novembre 1373, sur la nécessité de l'envoi « *de nuit et de jour, de tous les gens d'armes, à cheval et à pieds, et tous les arbalétriers et sergent avec guisarmes, bassinets, boucliers et autres armes* », pour contrer le duc de Lancastre qui approchait de Tulle avec son armée[964] ; cette ville était cependant encore trop loin pour que sa prise éventuelle puisse émouvoir les magistrats, car depuis le début du conflit ils avaient pris l'habitude de raisonner, sur le plan militaire, en profit immédiat et non en stratégie d'ensemble. L'Anglais prit finalement Tulle une douzaine de jours plus tard[965].

Suivant la même optique que les Martelais, les consuls de Cahors n'aidèrent les officiers royaux que dans un périmètre déterminé selon les intérêts de leur ville, aussi les opérations auxquelles ils apportèrent leur concours ne se déroulèrent généralement qu'à peu de distance : ils fournirent des hommes au sénéchal pour le siège de Pontcirq en 1385[966], pour celui de Crayssac l'année suivante[967] et celui des Junies en 1390[968]. Notable exception, ils le firent aussi pour la reprise du château de Mondenard, au sud de la vallée du Lot, en 1387[969].

Si l'on en croit un document de 1428, les effectifs fournis par les uns et les autres restèrent toujours aussi peu élevés au XVe siècle : lors des opérations contre Concorès et Mercuès menées cette année-là, les troupes du parti français comprenaient 131 hommes d'armes à cheval, 86 arbalétriers et trois archers, plus un contingent de cinquante hommes, à pied et à cheval, engagés par les consuls de Cahors ainsi qu' « *un grand nombre de compagnons* »[970]. Certainement moins de 400 hommes en tout qui, selon les dires de l'époque[971], réalisèrent « *le plus beau faits d'armes que*

---

[958] *Ibid.*, f° 15 r°.
[959] *Ibid.*
[960] AM Cajarc, CC 6, f° 146 r°.
[961] *Ibid.*, f° 150 v°.
[962] *Ibid.*, CC 14, reg. I, f° 31, et papier volant inséré entre les f° 31 et 32, contenant les noms des arbalétriers.
[963] AM Martel, EE 1, pièce n°30.
[964] *Ibid.*, pièce n°37.
[965] PATAKI (T.), « Il y a... *Op. cit.*, p.88.
[966] LACOSTE (G.), *Histoire...Op.cit.*, t.III, p.284.
[967] *Ibid.*, p.286.
[968] *Ibid.*, p.298.
[969] *Ibid.*, p.290.
[970] AUSSEL (M.), « Des choses mémorables... *Op. cit.*, pp.110-112.
[971] AM Cahors, *Livre Tanné*, ff° 156 à 162.

l'on ait vu en Quercy depuis plus de cinquante ans » en prenant, au matin du 4 août, le puissant château de Concorès sans avoir à déplorer un seul mort[972].

Les armées en campagne n'avaient pas seulement besoin de soldats : des hommes étaient indispensables pour leur porter le ravitaillement, surtout lorsqu'elles étaient immobilisées par un siège. Pour celui d'Autoire, pendant l'été 1374, le Cajarcois Arnal Dellac le Vieux transporta avec son âne et aux frais de sa ville des vivres pour l'armée assiégeante durant neuf jours[973] ; son concitoyen B. Bessa, quant à lui, fut chargé durant dix jours de mener les bêtes de somme que la municipalité avait prêtées pour cette occasion à Marquès de Cardaillac[974]. De même, l'année précédente, les Martelais s'étaient certainement chargés de porter l'important ravitaillement qu'ils avaient fourni pour le siège de Murat[975]. En décembre 1376, Jean de Bueil, qui se trouvait devant Vers, demanda de la même façon aux Gourdonnais de lui faire porter des vivres[976].

Toutefois, les mentions concernant ces hommes préposés au transport de vivres au profit des troupes du parti français sont peu fréquentes et surtout insignifiantes à côté de ce que donnèrent les municipalités au titre des *patis* : sur les dizaines de transports de vivres qui furent envoyés par les Cajarcois aux Anglais de Corn durant l'année 1379, trois convois se distinguent par leur importance, car le premier comprenait 17 ânes, 4 mules et une jument[977], le second 12 ânes et 3 mules et enfin le troisième 4 ânes et une mule, plus les conducteurs dont le nombre précis est inconnu[978].

Figure 25. Grande arbalète à tour, ou espringale.
(*Machine réalisée par Renaud Beffeyte. Photo R. Beffeyte*).

Dans le domaine du prêt de matériel, les municipalités ne furent pas plus prolixes que dans celui des hommes. Non seulement les machines de guerre étaient indispensables en permanence à la défense des enceintes, mais de plus elles coûtaient cher et les sortir de la ville, c'était les placer dans une situation périlleuse. En effet, elles étaient alors

---
[972] AUSSEL (M.), « Des choses mémorables… *Op. cit.*, p.112.
[973] AM Cajarc, CC 11, reg. I, f° 23 r°.
[974] *Ibid*, f° 64 v°.
[975] AM Martel, CC 5, ff° 16 v°-17 r°.
[976] AM Gourdon (M.A.), CC 20, f° 44 r°.
[977] AM Cajarc, CC 15, reg. I, f° 45 r°.
[978] *Ibid.*, f° 45 v°.

La défense des arrière-pays 181

utilisées intensivement, s'usaient prématurément et surtout risquaient d'être détériorées ou prises par l'ennemi. Déjà en 1353, les consuls de Martel refusèrent de prêter des canons et des arbalètes au doyen de Souillac car « *ils en avaient besoin* »[979]. Vingt ans plus tard, la situation n'était pas meilleure, mais ils consentirent à fournir à l'armée assiégeant Murat un mangonneau et un homme capable de le monter sur place[980] ; il est cependant à préciser que les Martelais étaient intéressés au premier chef par la reprise de cette position. Selon les documents en notre possession, ce mangonneau fut la plus grosse pièce d'artillerie qu'une ville accepta de prêter ; il s'agissait d'un type de machine particulièrement coûteux et difficile à déplacer, car devant être entièrement démonté avant tout transport.

Les espringales, ou grandes arbalètes à tour, étaient plus facilement déplaçables, étaient d'une moindre valeur et surtout existaient en plus grand nombre, mais les consulats ne furent pas plus enclins à les prêter. Les magistrats de Cahors en fournirent bien une au seigneur de Bar lorsqu'il assiégea Roqueblanque, en octobre et novembre 1385[981], mais il ne s'agit que l'une des peu fréquentes exceptions que nous ayons trouvé, avec un autre prêt d'armement fait à l'évêque de Cahors une trentaine d'années plus tard[982].

Le ton était le même dans le domaine du ravitaillement indispensable aux armées françaises assiégeant une place aux mains des Anglo-gascons. Lors du siège de Vers en décembre 1376, les consuls de Gourdon répondirent favorablement à la demande de vivres faite par Jean de Bueil[983], mais n'envoyèrent jamais les denrées promises. Ceux de Cajarc acceptèrent d'aider à la nourriture des troupes assiégeant Autoire en 1374[984], mais ce procédé ne leur était pas habituel, contrairement à leurs homologues cadurciens qui trouvèrent dans les dépenses provoquées par le ravitaillement des seigneurs du voisinage en lutte contre les Anglais un prétexte pour ne pas payer une somme due à l'évêque[985] ; il ne s'agissait certainement que d'une excuse parmi d'autres, vraie sur le fond mais limitée quant à la forme.

Enfin, il était des aides peu contraignantes que les villes étaient en mesure de fournir ponctuellement. Les cours d'eau étaient des coupures infranchissables pour qui ne contrôlait pas les ponts et ne connaissait pas les emplacements des gués. Marquès de Cardaillac demanda ainsi, en janvier ou février 1377, aux consuls cajarcois de lui fournir une barque pour passer le Lot de nuit, afin de pouvoir se rendre à Villefranche-de-Rouergue avec ses cavaliers[986]. Ce genre de service était cependant assez rare et limité à la période hivernale, car la plupart des nobles locaux se battaient pour le roi de France et connaissaient bien la région, y compris les emplacements des gués.

Quelques rares actions offensives autonomes.

Conscients que la défense de la ville, même limitée à son seul périmètre fortifié, nécessitait malgré tout l'existence d'un espace libre de toute compagnie dans les proches alentours, les consulats décidèrent à quelques rares reprises de chasser ou de harceler certaines d'entre-elles, qui s'étaient installées trop près. D'autre part, ils surent à quelques occasions profiter de dissensions entre différents capitaines pour attaquer l'un d'entre eux en particulier et lui faire quitter son repaire, allégeant ainsi la pression anglo-gasconne.

---

[979] AM Martel, BB 5, f° 76 r°.
[980] *Ibid.*, CC 5, f° 16 v°.
[981] LACOSTE (G.), *Histoire…Op.cit.*, t.III, p.284.
[982] CANGARDEL (P.), COMBARIEU (L.), LACOMBE (P.), *Le Te Igitur…Op.cit.*, art. n°463.
[983] AM Gourdon (M.A.), CC 20, f° 14 v°.
[984] AM Cajarc, CC 11, reg. I, f° 50 r°.
[985] LACOSTE (G.), *Histoire…Op.cit.*, t.III, p.237.

Les consuls n'ignoraient pas les méthodes de la guerre de harcèlement. Fin décembre 1369 ou début janvier 1370, ceux de Figeac envoyèrent ainsi 25 sergents d'armes tendre une embuscade aux Anglais installés à Salvagnac[987]. Un an plus tard, afin de contrer la compagnie de Pauco Morit qui menaçait leur ville, les consuls de Martel envoyèrent de même 25 hommes la harceler durant toute une nuit[988]. Ces opérations étaient cependant particulièrement rares, car l'on en trouve que fort peu de traces dans les documents, mais il n'est pas à exclure que des actions plus spontanées et très limitées, car suscitées par une colère subite, aient été plus fréquentes, un peu comme celle qui fut menée par une dizaine d'habitants de Saint-André, dans le comté de la Marche : après avoir subi un pillage de routiers, vu leurs femmes enlevées et violées, ils résolurent de se venger et réussirent à capturer trois Anglais ; ils tuèrent le premier au couteau et noyèrent les deux autres[989].

Quant aux actions de plus grande envergure, il semble qu'il n'y en ait eu que fort peu. L'une d'entre elles se passa début mars 1381, alors que les capitaines anglais Noli Barbe et Peyran lo Malhie se querellaient au sujet des *patis* de Gourdon. Les consuls de cette ville avaient auparavant obtenu par traité l'évacuation de Masclat et projetaient de rendre ce lieu impropre à toute utilisation militaire[990]. En fait, il fut à peine évacué qu'un troisième capitaine, dénommé Bocatort, vint s'y installer avec sa compagnie[991] et opposa une fin de non-recevoir aux Gourdonnais lorsqu'ils lui demandèrent s'il avait l'intention de respecter les *patis* déjà conclus. Déjà inquiets par les gesticulations du Malhie et de Barbe, ils décidèrent de profiter de la diversion créée par leur conflit et de ne pas laisser ce troisième larron aggraver encore leur situation. Ils envoyèrent 80 hommes attaquer Masclat, qui tomba rapidement car, parti le matin, le détachement fut de retour avant le repas du soir[992].

Une autre de ces opérations se déroula quelque quarante-huit ans plus tard, en août 1428. La ville de Cahors était alors depuis deux ans continuellement harcelée par les Anglais retranchés à Mercuès, lorsque les consuls décidèrent de les en chasser ; ils demandèrent des renforts aux Etats et ceux qu'ils reçurent leur furent d'un précieux secours pour entreprendre l'expédition, qui fut déclenchée le trois août. Elle se dirigea d'abord vers Concorès, position dont il convenait de s'emparer pour éviter tout risque de prise à revers une fois le siège posé devant Mercuès. Celui-ci ne fut pas mené à son terme, car la place fut évacuée suite aux négociations faites avec l'armée de secours anglaise venue assister la garnison assiégée[993].

A leur initiative ou à la demande d'officiers du roi de France, les actions réalisées hors les murs urbains par les consulats restèrent forts modestes et peu nombreuses. Leur faible implication dans la guerre menée par les capitaines français était pour une grande part la conséquence des désastreuses premières années de conflit. En fait, qu'elles l'aient souhaité ou non, les différentes municipalités ne purent jamais envisager une participation plus active, car constamment menacées et contraintes à traiter, elles restèrent en permanence sous pression, tant physiquement et moralement que financièrement.

---

[986] AM Cajarc, CC 12, reg. III, f° 106 r° ; reg. II, f° 37 r°.
[987] *Ibid.*, CC 6, f° 147 v°.
[988] AM Martel, CC 5, f° 13 r°.
[989] DOUËT-D'ARCQ (L.C.), *Choix…Op.cit.*, t.2, p.103.
[990] AM Gourdon (M.A.), BB 5, ff° 2 v° et 22 r°.
[991] *Ibid.*, f° 22 v°.
[992] *Ibid.*
[993] AUSSEL (M.), « Des choses mémorables… *Op. cit.*, pp.110-112

Un harcèlement anglo-gascon permanent.

Le soutien apporté aux troupes fidèles au roi de France, aussi modeste soit-il, gênait doublement les Anglo-Gascons : d'une part, les plus déterminés de leurs adversaires disposaient ainsi de facilités pour leur nuire et, d'autre part, ce genre de contacts était à même de rendre confiance aux citadins et de les inciter à prendre une part plus active dans la lutte. Ainsi, si les passages de troupes du parti français dans les villes quercinoises ne furent pas rares, il apparaît sur l'ensemble des documents et au moins en ce qui concerne le XIVe siècle, qu'ils étaient presque anecdotiques à côté de l'omniprésence anglo-gasconne : les capitaines surent se montrer en étalant leur force, de façon à annihiler dans l'œuf toute velléité d'esprit offensif chez les citadins et à les inciter à diminuer le soutien qu'ils pouvaient apporter aux troupes du roi de France. Les visites d'intimidation reçues par Cajarc durant certaines périodes des années 1370 sont assez évocatrices à ce sujet : en 1376, le capitaine Algay, qui commandait à Balaguier-d'Olt et avec qui avait été conclu un *pati*, vint avec ses hommes en armes s'exhiber devant la ville les 13[994] 15[995] et 29 septembre[996] ; son neveu s'y présenta de même les 31 octobre[997] et 6 novembre suivants[998] ; Arnauto de Laffita, capitaine de Corn lui aussi lié par un *pati*, se montra devant l'enceinte avec sa troupe pour des motifs divers les 24[999] et 28 juin 1379[1000], puis le premier août suivant[1001] ; il envoyait parfois des subordonnés diriger ces démonstrations, comme le firent un de ses connétables ou son neveu[1002].

Les périodes d'entre-deux ou avant *pati* étaient celles où les compagnies montraient le plus d'agressivité : après plusieurs mois de tranquillité, il importait de rappeler aux populations urbaines ce qu'elles risquaient si elles ne traitaient pas. Cela se faisait de manière particulièrement intense : au mois de juin 1376, la compagnie qui tenait Vers commença à s'intéresser à Gourdon ; le 30, elle était embusquée à Loumenat, pratiquement aux portes de la ville[1003], et le lendemain se déplaça du côté de Milhac[1004] ; le 9 juillet, elle était revenue s'embusquer au Vigan[1005] et le 16 elle alla menacer Saint-Cirq-Bel-Arbre[1006]. Une semaine plus tard, scindés en plusieurs groupes, ses hommes tenaient des embuscades en divers points autour de la ville[1007]. Divaguant de ci, de là pendant plusieurs jours, ils revinrent sur leurs pas et encerclèrent à nouveau Saint-Cirq-Bel-Arbre le 8 août[1008]. Le 11, ils étaient en route vers Roc-de-Rouge[1009], puis le 22 attaquèrent Clermont-le-Gourdonnais[1010]. Début septembre, enfin, le but de ces divagations militaires, jusque là confus, apparut clairement lorsque leur chef proposa un *pati* aux consuls de Gourdon[1011].

La même année et vers la même époque, les Anglais de Balaguier-d'Olt procédèrent d'une façon identique avec Cajarc. Le 6 juin, peu de temps après la prise du château de Balaguier-d'Olt, la compagnie qui en était maîtresse vint

---

[994] AM Cajarc, CC 12, reg. III, f° 90 v°.
[995] *Ibid.*, f° 104 v°.
[996] *Ibid.*, f° 97 v°.
[997] *Ibid.*, f° 105 r°.
[998] *Ibid.*, f° 105 v°.
[999] *Ibid.*, CC 15, reg. I, f° 44 v°.
[1000] *Ibid.*, f° 43 v°.
[1001] *Ibid.*, f° 49 r°.
[1002] *Ibid.*, reg. II, f° 58 r°.
[1003] AM Gourdon (M.A.), CC 20, f° 31 r°.
[1004] *Ibid.*, f° 31 v°.
[1005] *Ibid.*, f° 32 v°.
[1006] *Ibid.*, f° 33 v°.
[1007] *Ibid.*, f° 34 r°.
[1008] *Ibid.*, f° 35 r°.
[1009] *Ibid.*, f° 35 v°.
[1010] *Ibid.*, f° 36 r°.

faire une démonstration de force dans les faubourgs de Cajarc ; faisant mine de vouloir s'emparer de la ville, les routiers cessèrent en fait rapidement le combat et repartirent, non sans emporter les soixante pains et les quatre barils de vin que leur firent donner les consuls pour les amadouer[1012]. Moins de trois semaines après, alors même qu'une *sufferta* était entrée en vigueur et que l'on négociait les termes du futur *pati*, ils revinrent et attaquèrent les faubourgs, ne cessant le combat que pour se faire à nouveau livrer soixante pains et quatre barils de vin, plus deux setiers d'avoine, deux livres de chandelles et six fagots de foin[1013]. Cinq ans plus tard, Peyran lo Malhie n'eut même pas besoin de longuement chevaucher pour impressionner les Gourdonnais : il vint simplement se montrer devant la ville le 17 décembre 1380[1014], puis les 9 janvier[1015] et 25 février 1381[1016] pour décider les consuls à signer un traité.

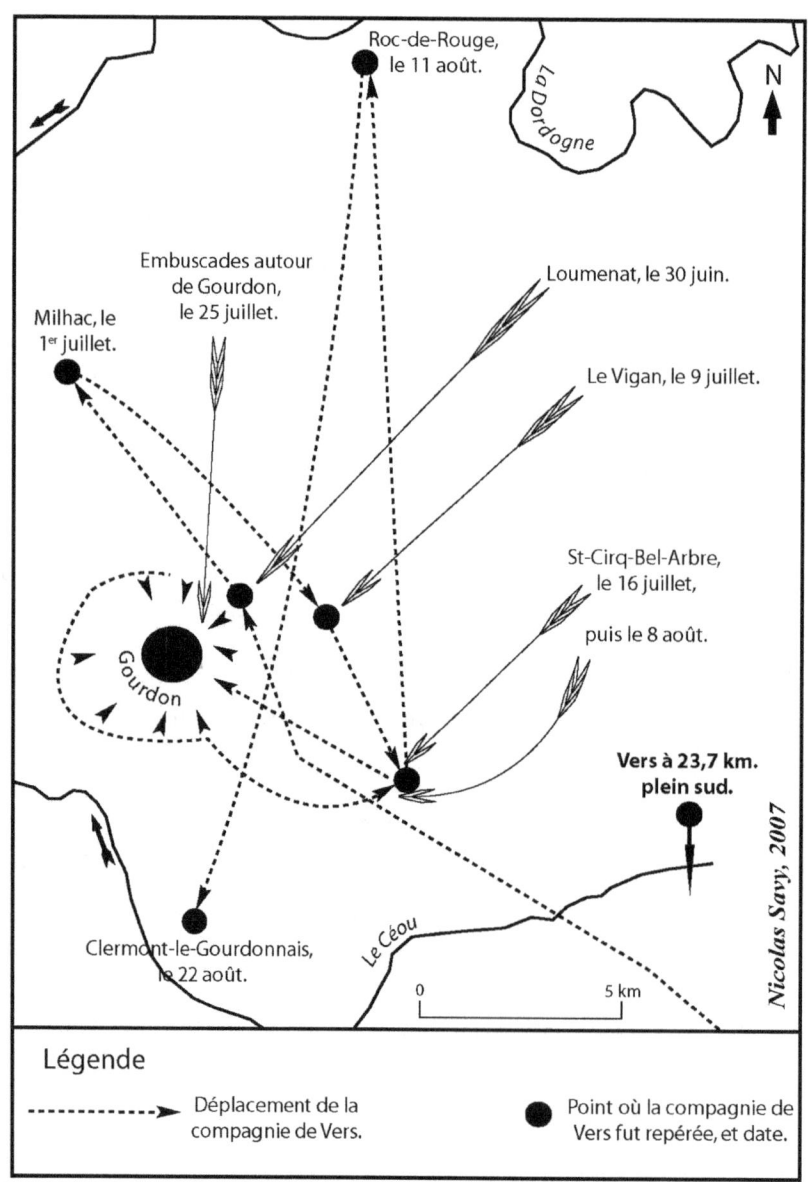

Carte 16. La compagnie de Vers dans les environs de Gourdon (30 juin-22 août 1376).

[1011] *Ibid.*, f° 11 v°.
[1012] AM cajarc, CC 12, reg. III, f° 80 v°.
[1013] *Ibid.*, f° 82 r°.
[1014] AM Gourdon (M.A.), BB 5, f° 30 r°.
[1015] *Ibid.*, f° 30 v°.
[1016] *Ibid.*, f° 32 v°.

De nombreuses petites forteresses semi-trogloditiques, construites à flanc de falaise, sont connues en Quercy sous le nom de « châteaux des Anglais », bien qu'elles soient généralement bien antérieures à la guerre de Cent Ans. Construites à flanc de falaise, faciles à défendre, elles représentaient des repaires de choix pour des troupes aux effectifs restreints et pour cette raison furent largement utilisés par les Anglo-Gascons. Comme celui de Vers ici, ils faisaient parfois partie d'ensembles plus importants.

Figure 26. Le château des Anglais à Vers.

Les démonstrations de force militaire faisaient certes un grand effet sur les populations urbaines, mais hormis les cas peu fréquents où l'on en venait à se battre devant les portes ou devant les murs, les citadins n'étaient pas souvent en confrontation physique directe avec les routiers. En effet, les guetteurs et écoutes placés aux alentours suffisaient à alerter et faire rentrer les habitants dans l'enceinte rapidement à la moindre alerte. Bien plus traumatisants étaient les rapts avec mises à rançons. Dans ce cas, il ne s'agissait pas pour les Anglo-Gascons de faire prisonnier un ennemi après l'avoir vaincu, mais de capturer des hommes ou des femmes désarmés et dont les occupations n'avaient rien de militaire. En 1370 et 1371, les hommes de Johan Vassal, capitaine de Belcastel, prirent ainsi vingt-neuf Martelais et deux Martelaises. Le prix des rançons variait suivant la richesse de chaque individu, que les routiers devaient estimer à son apparence : le fils de Guilhem de Vimoret s'en tira avec deux paires de bottines[1017], tandis que celui de Johan d'Obazine dut payer l'équivalent de 41 journées de salaire de manœuvre[1018] ; G. Daneble, quant à lui, dut leur abandonner une selle

---

[1017] AM Martel FF 1, f° 2 r°.
[1018] *Ibid.*, f° 1 r°.

garnie, un jupon et une paire de bottines, le tout valant l'équivalent du salaire de 125 journées de manœuvre[1019]. De plus, il était souhaitable de ne pas se rebeller lorsque l'on était pris, car les routiers n'hésitaient pas à se montrer brutaux[1020].

Si la plupart des rencontres que faisaient les citadins avec les Anglo-Gascons se soldaient par le paiement d'une rançon, il arrivait aussi que la mort soit au rendez-vous. En 1355 à Martel, un homme perdit la vie en s'opposant à des gens d'armes anglais qui volaient du bétail[1021] ; un autre Martelais, P. Delforn, fut lui aussi tué par des routiers l'année suivante[1022], tout comme un autre de ses concitoyens ayant eu affaire aux hommes de la garnison de Bétaille en juin 1357[1023]. Ces mentions d'individus tués par les routiers sont cependant assez peu fréquentes, ce qui se comprend aisément : d'une part, les Anglo-Gascons n'avaient aucun intérêt à tuer ceux ou celles qui, vivants, pouvaient leur rapporter le prix d'une rançon, mais qui morts n'avaient plus de valeur marchande ; d'autre part, bien peu nombreux étaient ceux prêts à risquer leur vie pour empêcher le vol d'une paire de bœufs ou de quelques pugnières de grains. Ceci était d'autant plus vrai que le sort réservé aux quelques hommes qui tentèrent de le faire était connu et dissuadait certainement la majorité de tenir tête aux routiers.

Il est visible que pour entretenir la crainte, il n'était nullement nécessaire aux Anglo-Gascons de se montrer continuellement en armes dans les environs des villes. Certes, il convenait de le faire régulièrement, mais la fréquence de leurs sorties d'intimidation pouvait être quelque peu ralentie pour peu que leurs capitaines sachent utiliser la rumeur. Villes et bourgs avaient mis en place des systèmes de renseignements assez performants qui les tenaient informés des faits et gestes des compagnies anglo-gasconnes de la région. Toutefois, sur le nombre important de messages qui leur parvenait, il semble qu'une portion non-négligeable contenait des informations fausses. Les Cajarcois furent ainsi alertés d'attaques imminentes les 19 avril[1024] et 10 mai[1025], le 23 juillet[1026] puis le lundi 25 août[1027] 1376, sans qu'aucune n'ait lieu. Les nouvelles fallacieuses se répandaient rapidement et il suffisait aux Anglo-Gascons de laisser filtrer quelques informations plausibles pour que la *vox populi* fasse le reste. Lorsque c'était possible, les consulats faisaient vérifier les renseignements qui provenaient de ce que « *l'on avait entendu* » : en mai 1376, afin de confirmer certains dires d'origine imprécise concernant la présence de détachements ennemis à Roquépine et à Pauillac, les consuls de Gourdon envoyèrent Ramon de Pempeolh à Salviac et à Belvès, à plus de trente kilomètres[1028].

Les vérifications étaient longues et ne pouvaient se multiplier autant que les informations qui parvenaient au consulat, c'est pourquoi les municipalités furent particulièrement sévères avec ceux qui propageaient des nouvelles fallacieuses. En 1354 déjà, B. Marbot, de Martel, fut enfermé pour ce motif en attendant qu'une enquête plus complète sur son cas soit effectuée[1029]. Décelées ou non, ces fausses indications propagées par les Anglo-Gascons participèrent, à côté des actions militaires proprement dites, à accentuer la pression psychologique qui pesait sur les citadins.

Il serait loisible d'énumérer toutes les opérations militaires ou psychologiques menées par les compagnies anglo-gasconnes durant le conflit, mais ce catalogue fastidieux n'apporterait pas une connaissance plus élargie des modes

---

[1019] *Ibid.*, f° 2 r°.
[1020] *Ibid.*, f° 1 r°.
[1021] *Ibid.*, BB 5, f° 91 r°.
[1022] *Ibid.*, f° 95 v°.
[1023] *Ibid.*, f° 110 r°.
[1024] AM Cajarc, CC 12, reg. III, f° 77 r°.
[1025] *Ibid.*, f° 78 v°.
[1026] *Ibid.*, f° 87 v°.
[1027] *Ibid.*, f° 90 r°.
[1028] AM Gourdon (M.A.), CC 20, f° 25 r°.

opératoires que nous avons déjà dégagés *supra*, car seuls apparaîtraient quelques détails conjoncturels. Au mieux, dans l'étude qui nous intéresse, il ne ferait que renforcer l'impression de permanence de ces activités dans la province, tout comme il mettrait en évidence la part peu active prise par les villes dans les combats en rase-campagne et, surtout, le fait qu'elles cédèrent très souvent aux exigences anglo-gasconnes pour l'établissement des traités.

Le glissement sémantique qui fit disparaître la *sufferta* en tant que telle au début du XVe siècle, le mot ne désignant plus alors qu'un traité identique au *pati*, est assez révélateur. En effet, durant la première partie de la guerre, la *sufferta* avait son utilité, faisant cesser les combats afin de permettre les négociations pour l'établissement du *pati*, aussi sa disparition montre que la mise en place des traités de paix prit progressivement un caractère habituel et presque automatique : les uns succédaient aux autres sans qu'il soit forcément besoin pour les compagnies de bloquer le pays, la menace d'une intervention armée étant devenue largement suffisante. Cela est d'autant plus frappant qu'à cette époque, les bandes armées furent de moins en moins nombreuses à opérer depuis le Haut-Quercy même, le plus grand nombre d'entre elles étant basé dans le proche Périgord.

Dès le début de la guerre, les consulats urbains durent prendre en compte l'incapacité des officiers royaux à empêcher les Anglo-Gascons de ravager les arrière-pays. Après quelques déconvenues militaires, ils choisirent de traiter, seule solution pour maintenir l'approvisionnement de leurs localités par les campagnes. Gardant cependant leur fidélité à leur roi, ils ne défendirent pratiquement plus que leurs fortifications ; celles-ci devinrent dans une certaine mesure des lieux de refuge et d'approvisionnement pour les troupes royales, occupant localement, d'une certaine façon, le rôle dévolu à la grande métropole toulousaine sur le plan régional[1030].

Sur la partie du conflit qui s'est déroulée au XIVe siècle dans la province, un fait paradoxal apparaît quant à l'évolution de la situation des villes et des bourgs. En effet, ils ne participèrent que faiblement aux opérations militaires, et celles des armées françaises furent assez peu nombreuses, tandis que les troupes anglo-gasconnes trouvèrent toujours dans le pays le soutien logistique que leur donnait les traités. Or, à la fin du siècle, ces dernières avaient massivement quitté la province. Certes, cela ne signifiait pas l'arrêt de leurs incursions et n'empêchait pas leur présence ponctuelle sur plusieurs mois voire plusieurs années dans un quelconque point fort quercinois, mais il suffit de prendre l'exemple de Cajarc pour voir que leur étau s'était considérablement desserré : en 1379 par exemple, cette communauté était aux prises avec les compagnies de Calvignac[1031], la Garénie[1032] et Corn[1033], localités toutes trois situées à moins de 25

[1029] AM Martel, BB 5, f° 82 r°.
[1030] SOLON (P.), « Toulouse as… *Op. cit.*, pp.291-292.
[1031] AM Cajarc, CC 15, reg. I, f° 37 r°.
[1032] *Ibid.*, f° 42 r°.
[1033] *Ibid.*, reg. II, f° 68 r°.

kilomètres du bourg, tandis que vers 1412[1034]-1413[1035], elle avait alors principalement affaire aux garnisons de Castelnaud-de-Berbiguières et de Belvès, respectivement éloignées de 66 et 73 kilomètres. Il est possible que cet éloignement des garnisons ennemies ait été un peu plus ancien que ne le suggèrent les documents cajarcois : Figeac eut affaire aux mêmes garnisons et, déjà vers 1400, elle ne subissait principalement plus que les agissements de la compagnie de Castelnaud-de-Berbiguières[1036]. Cette évolution ne peut se comprendre que vue avec un axe d'approche beaucoup plus large, permettant de comprendre de quelle manière les officiers royaux réussirent à donner une cohésion défensive à l'ensemble de la province, qu'il s'agisse des consulats urbains ou des seigneurs ruraux.

[1034] AM Cajarc, EE sup.16.
[1035] LACOSTE (G.), *Histoire…Op.cit.*, t.III, p.355.
[1036] FOUCAUD (G.), « Un cadastre de 1400 à Figeac (2e partie) », dans *BSEL* t.CXV (4e fasc.1994), pp.259-280, p.268.

Chapitre IV

Les villes, bases de l'action royale

Si l'on se focalise sur la situation militaire des villes et des bourgs et sur les seules actions armées entreprises par les troupes royales en Haut-Quercy, l'évacuation progressive de la région par les compagnies anglaises reste incompréhensible : continuellement forcés à traiter par un ennemi qu'ils jugeaient imbattable, les consulats maintinrent leurs défenses campées sur leurs fortifications et, même aidés par les armées royales, ils ne furent que rarement en mesure de s'opposer aux capitaines anglo-gascons dans leurs proches environs. Pourtant, dès le début du XVe siècle, leur puissance se réduisit considérablement et, s'ils réussirent de nombreuses incursions depuis le proche Périgord, le nombre des points forts qu'ils occupaient ne leur permettait plus d'exercer la même pression que durant les années 1370-1390. L'explication de ce qu'il faut bien appeler une victoire remportée contre les Anglo-Gascons, certes peu éclatante et fort longue à venir, est à chercher dans le processus de fortification non seulement des villes, mais aussi des villages, ainsi que dans les réseaux de relations qui les liaient et enfin dans l'action des officiers royaux qui réussirent à donner une réelle cohésion défensive à l'ensemble.

On ne peut détacher la conjoncture typiquement quercinoise de la situation générale du conflit. Toutefois, certains faits paradoxaux montrent qu'elle eut sa spécificité : alors que les armées de Charles V repoussaient celles du Plantagenêt toujours plus loin vers Bordeaux, le Haut-Quercy, pourtant loin derrière le « front »[1037] des combats, était toujours la proie de compagnies se réclamant du roi anglais. A l'inverse, alors que les armées françaises entamaient en 1415 une nouvelle période de revers, la province se trouvait dans une situation beaucoup moins désastreuse qu'à la fin du règne de Charles V.

Nous n'étudierons ce chapitre que du point de vue quercinois, car l'envisager au niveau supérieur impliquerait une recherche beaucoup plus large, englobant les provinces de tout le Sud-Ouest, pour comprendre comment les partis pris des uns et des autres amenèrent finalement la victoire française. Notre but, plus modeste, implique de rester concentré sur les villes quercinoises ; toutefois, les éléments extérieurs intéressant le cadre étudié sont naturellement pris en compte.

[1037] Ce mot n'est ici employé que pour imager l'avancée des armées de Charles V et non pour représenter une ligne de front continue.

1. Villes et bourgs fortifiés, centres économiques auto-protégés.

Si les consulats quercinois ne participèrent qu'assez peu aux opérations militaires actives et à leur soutien logistique, leurs localités n'en furent pas moins, excepté durant la période de Brétigny, parmi les rares zones de la province où l'Anglais n'imposait pas sa loi. Certes, on payait *patis* et *suffertas*, mais pour l'essentiel, dès lors que l'on franchissait les portes, on se retrouvait à l'abri de la violence des routiers et l'on pouvait vivre sans risque. Mis en œuvre par les municipalités, le renforcement et la construction des fortifications devaient cependant beaucoup au pouvoir royal. En effet, de Philippe VI à Charles VII, les rois de France se préoccupèrent toujours de donner aux villes les moyens de tenir leurs enceintes en état. Pour Albert Rigaudière, « *Le but poursuivi était parfaitement clair. Il s'agissait de transformer le royaume en une vaste place hérissée de forteresses* »[1038].

L'intérêt du pouvoir royal pour les fortifications.

L'intérêt porté par les rois de France aux fortifications urbaines était visible, d'une part, à travers les ordres ou incitations qu'ils donnaient pour leurs réfections et entretiens, mais aussi, d'autre part, dans les autorisations de levées d'impôts spécifiques. La principale taxe dont le produit était affecté aux ouvrages fortifiés était le droit de souquet. Il s'agissait d'un impôt indirect, perçu sur tout ou partie des marchandises entrant en ville ou vendues en icelle. A côté de ce souquet, l'aide royale consistait ensuite en toute une gamme de dons irréguliers, constitués par des prêts ou des abandons de produits fiscaux divers, dont le produit était toujours spécifiquement destiné aux fortifications[1039]. Cet intérêt royal pour les enceintes fut constant, y compris durant les périodes de crises intérieures : en octobre 1416, alors que l'unité du royaume commençait à s'ébrécher sur un fond de défaite militaire, Jean d'Armagnac, capitaine-général en Languedoc et Guyenne, vint à Cahors inspecter les enceintes et donna des directives pour faire réparer ce qui devait l'être[1040], tandis que trois ans plus tard, le régent Charles ordonna aux consuls figeacois de faire « *fortifier et réparer les murs, les tours et autres fortifications nécessaires* »[1041]. Dans le même temps, les villages se dotèrent aussi d'infrastructures défensives et, au XVe siècle, ceux qui n'avaient pas été désertés disposaient quasiment tous d'un réduit fortifié[1042].

Dans une région proche des territoires aquitains du Plantagenêt puis du Lancastre, « *en frontière de noz ennemis* », comme le disait Charles VI à propos de Gourdon en 1396[1043], le maintien d'un nombre important de sanctuaires fortifiés fut particulièrement utile. En effet, autant les compagnies purent ravager l'arrière-pays et soumettre les localités au paiement de traités, jamais la région dans son ensemble ne fut neutre sur un plan militaire ; elle fut encore moins conquise et organisée comme terre de conquête, excepté durant la période du traité de Brétigny qui constitue cependant un temps à part. A côté des armées royales proprement dites, qui furent si peu présentes en Haut-Quercy, les villes et les bourgs fortifiés ne doivent pas être regardés comme de simples éléments infrastructurels sur lesquels on pouvait éventuellement s'appuyer lors des opérations de grande envergure. Il ne s'agissait pas non plus de simples refuges

---

[1038] RIGAUDIERE (A.), *Gouverner… Op. cit.*, pp.418-419.
[1039] Cette façon de faire n'était pas propre à l'administration royale française, car les duc de Bourgogne procédaient de la même façon. A ce sujet, voir en particulier SCHNERB (B.), « La politique des ducs de Bourgogne Philippe le Hardi et Jean Sans Peur en matière de fortifications urbaines (1363-1419) », dans BLIECK (G.), CONTAMINE (P.), FAUCHERRE (N.), MESQUI (J.), *Les enceintes… Op. cit.*, pp.345-352.
[1040] LACOSTE (G.), *Histoire…Op.cit.*, t.III, p.360.
[1041] AM Figeac, CC 5.
[1042] LARTIGAUT (J.), *Les campagnes…Op.cit.*, pp.213-223.

propres à fournir un abri sûr lorsque l'on refusait le combat en rase campagne : en fait, ces localités autonomes, tant du point de vue militaire qu'économique, furent la principale force militaire présente en Quercy, la seule qui empêcha une mainmise totale des Anglo-Gascons.

La multiplication des places fortes a ainsi empêché la neutralisation économique de la province par les Anglais. Edouard III et ses successeurs ont privilégié des stratégies visant à mettre les finances du royaume de France à genoux et la présence continuelle de compagnies qui leur étaient plus ou moins subordonnées, mais qui œuvraient toujours à leur profit, se comprend dans ce cadre. Face à elles, les villes et bourgs fortifiés constituèrent le seul rempart protégeant la province d'une ruine totale. En effet, la fortification des villes et des bourgs d'importance mit à l'abri les fonctions économiques typiquement urbaines et, de plus, alla de pair avec celle des petits centres de production, principalement agricoles, qui les alimentaient. Progressivement, toutes les activités humaines permanentes se retrouvèrent protégées et seuls les territoires de productions agricoles et les chemins du commerce restèrent ouverts.

Des traités finalement efficaces.

Si jusqu'en 1355-56, la guerre que menèrent les compagnies en Haut-Quercy ne fut pas véritablement entravée par les problèmes logistiques, il en fut tout autrement ensuite. En effet, durant les premières années du conflit, il était encore aisé de trouver du ravitaillement peu ou pas protégé en surprenant des villages ouverts où il n'y avait qu'à prendre ce dont on avait besoin. Après plusieurs années d'opérations et de pillages, et le passage de la peste, les récoltes furent moins abondantes et mieux protégées. C'est à cette époque que furent conclus les premiers traités, nés il est vrai du besoin des villes de protéger leurs arrière-pays, mais aussi de celui des compagnies d'être ravitaillées. Ce système contenait ainsi initialement les germes de son échec futur : il grevait certes les budgets urbains mais, pour exister, il impliquait qu'il y ait toujours des cultures et des infrastructures économiques à protéger ; pour les capitaines anglo-gascons, cela excluait logiquement la possibilité de mettre le pays à feu et à sang en le ruinant de fond en comble. En effet, le roi d'Angleterre les payait généralement par avance avec ce qu'ils prendraient en terre ennemie[1044], aussi devaient-ils penser à leur avenir : tout anéantir en quelques mois, pour une compagnie aux moyens d'existence somme toute très précaires, c'était se condamner l'année suivante à repartir pour une errance guerrière incertaine afin de trouver ailleurs de quoi subsister.

Si l'on se penche d'un peu plus près sur les manières de faire des Anglo-Gascons, il apparaît qu'après 1370 leurs procédés tenaient plus du grand banditisme organisé que d'une sauvage furie destructrice. Ainsi, durant les deux années où la compagnie de Johan Vassal hanta les environs de Martel, ses hommes volèrent nombre de têtes de bétail et de setiers de blé et rançonnèrent trente et une personnes, mais ils ne détruisirent rien que les consuls jugèrent suffisamment important pour être répertorié[1045]. Vers la même époque, si les magistrats cajarcois notèrent sur leurs registres que des sergents d'armes de la garnison anglaise de Sénaillac essayèrent de s'emparer du bétail de leur ville alors aux pâtures[1046], ils ne consignèrent en revanche aucune dégradation d'infrastructure survenue du fait de ces mêmes ennemis. Peyran lo

---

[1043] AM Gourdon, CC 2.
[1044] *Foedera… Op. Cit*, (1344-1377), p. 874.
[1045] AM Martel, FF 1.
[1046] AM Cajarc, CC 6, f° 148 r°.

Malhie procédait lui aussi de la sorte avec les Gourdonnais, volant du bétail et rançonnant les citadins qu'il capturait[1047] plutôt que dévastant systématiquement cultures et constructions non protégées. Là comme ailleurs, le vol de bétail et « *des autres biens meubles* »[1048] était, la capture exceptée, ce que l'on avait le plus à craindre des routiers. Tout ceci ne signifie pas que les Anglo-Gascons répugnaient à dévaster et à piller mais, sur le plan documentaire, il reste que d'une façon générale les mentions de vols et de rançons sont bien plus fréquentes que celles concernant les destructions, ces dernières étant certaines années totalement anecdotiques.

Figure 27. Vue de Costeraste depuis le sud.

Les dirigeants des villes quercinoises prirent rapidement conscience que, s'ils avaient beaucoup à craindre des compagnies, ces dernières avaient grandement besoin d'eux. En effet, les routiers ne pouvaient faire ni leur pain, ni leur vin, avaient besoin d'avoine et de foin pour leurs chevaux, etc. Les citadins, collectivement en la personne des consulats pour les traités, individuellement pour leurs propres rançons, essayèrent dès les années 1350 de ne pas payer ou de régler en retard ce qu'ils devaient aux Anglais. Ceux-ci réagirent en levant des « marques » : il s'agissait de se saisir de biens appartenant à des membres de la même communauté que le débiteur, afin que la pression collective le force ensuite à payer. C'est ainsi que le 15 mai 1357, les Anglais de Nadaillac prirent du bétail à certains Martelais pour forcer leurs concitoyens G. Laygua et Vinagre à verser les sommes qu'ils leur devaient[1049]. Quelques mois plus tard, à la mi-septembre, les routiers de Costeraste capturèrent les Gourdonnais Guilhem la Bana et Guiral Descros parce qu'un de leur concitoyen, nommé Péri lo Coc, n'avait pas payé trois florins dont il était censé s'acquitter[1050]. Après 1370, ces prises de marques devinrent de plus en plus courantes. On observe qu'elles ne furent jamais démesurées : des mules

---

[1047] AM Gourdon (M.A.), BB 5, f° 4 v°.
[1048] *Ibid.*, f° 7 v°.
[1049] AM Martel, BB 5, f° 108 v°.
[1050] AM Gourdon (M.A.), CC 19, f° 19 v°.

et un âne en 1376[1051], un homme l'année suivante[1052], deux setiers d'avoine[1053] et un âne deux ans plus tard[1054]. Elles étaient d'ailleurs beaucoup plus souvent brandies comme menace que réellement mises en pratique.

Les enceintes, garantes de la vie économique.

Le processus de fortification généralisé des villes, bourgs et villages rendit les captures plus difficiles, qu'il s'agisse d'hommes ou de bétail. En effet, en plus des systèmes de veille mis en place pour protéger les activités se déroulant à l'extérieur immédiat des localités, la multiplication des points forts augmenta d'autant le nombre de refuges sur lesquels pouvait compter le voyageur sur son trajet. En 1376 par exemple, un marchand de Belvès pouvait aller acheter du bétail à Gramat et le ramener chez lui en faisant, entre autres, étape à Gourdon[1055]. Une vingtaine d'années plus tard, les consuls de Capdenac n'hésitaient pas à envoyer un convoi comprenant six mules chargées de châtaignes à Rodez, ville distante de 47 kilomètres à vol d'oiseau[1056]. Les risques n'étaient cependant pas les mêmes sur la totalité des parcours, car les marchands étaient parfois protégés de toute agression dans les zones couvertes par un traité, à la condition, il est vrai, de s'acquitter du paiement d'un sauf-conduit.

Quant aux parties de trajet situées dans des zones à risques, il était certes difficile de les franchir sans encombre, mais cela n'avait rien d'impossible : durant les années 1370-1380, un Gourdonnais souhaitant rejoindre Cahors, en partant par l'est pour éviter la garnison de Costeraste, pouvait suivre l'itinéraire ponctué par les villages fortifiés ou châteaux suivants : Saint-Cirq-Bel-Arbre, Clermont-le-Gourdonnais, Peyrilles, Uzech puis, obliquant vers l'ouest pour contourner Boissières, Salvezou, Catus, Espère et enfin Mercuès. A vol d'oiseau, le parcours faisait une trentaine de kilomètres et la distance maximale entre deux étapes était de sept kilomètres, la minimale de moins de deux. On peut ainsi considérer qu'un marchand, accompagné des bêtes de somme portant ses marchandises, se retrouvait à proximité immédiate d'un refuge au moins toutes les trois heures environ et parfois beaucoup plus fréquemment. Avec leurs effectifs réduits, les compagnies n'étaient pas en mesure de surveiller la totalité des chemins, et ce d'autant plus que pour une même destination, les variations de parcours et les itinéraires de traverse étaient innombrables. Ces quelques considérations ne doivent cependant pas masquer le fait que de tels voyages, au milieu de tant d'embuches et de dangers, relevait plus du périple aventurier que du paisible déplacement d'affaire et qu'il fallait un minimum de courage pour les entreprendre : par peur des Anglais, l'abbé de Conques en Rouergue par exemple, resta durant quatre ans et quatre mois cloîtré dans son château de Lunel sans jamais s'en éloigner plus loin qu'un jet de flèche, sauf pour se rendre à Rodez, et ce à deux reprises seulement et sous bonne et forte escorte[1057].

La violence ne disparut jamais totalement mais, entre *suffertas*, *patis* et marques, les rapports villes / compagnies se normalisèrent progressivement, laissant une part de plus en plus réduite aux destructions. Si les opérations d'intimidation, entre ravages de cultures et mises à rançon, portèrent de rudes coups à l'économie locale et la désorganisèrent profondément sur le long terme, ils ne la détruisirent pas. Cahors avait certes perdu la moitié de ses

---

[1051] AM Cajarc, CC 12, reg. III, f° 20 r°.
[1052] *Ibid.*, CC 13, f° 34 v°.
[1053] *Ibid.*, CC 15, reg. I, f° 36 r°.
[1054] *Ibid.*, reg. II, f° 49 v°.
[1055] AM Gourdon (M.A.), CC 20, f° 3 v°.
[1056] AM Capdenac, CC 3.
[1057] NOEL (R.P.R.), *Town Defence... Op. cit.*, p.12.

habitants en 1395[1058], mais une grande partie des recettes de la municipalité provenait toujours, vers 1408, d'impôts indirects levés sur les marchandises, blé et vin en particulier[1059]. Les Cajarcois furent quant à eux toujours en mesure d'entretenir un cheptel composé de bovins, d'ovins, de caprins et d'équidés. D'un effectif total de 4730 têtes durant l'hiver 1343, il n'en comptait plus que 233 pendant l'hiver 1376[1060], mais bien que faible, ce nombre fut suffisant pour permettre une reprise de l'activité pastorale pendant l'embellie des années 1390-1400 : à cette époque, le cheptel augmenta jusqu'à compter plus de 2500 têtes[1061]. En règle générale, l'existence même d'échanges économiques après plusieurs décennies de guerre montre que l'effondrement ne fut jamais aussi total qu'on a pu le croire auparavant.

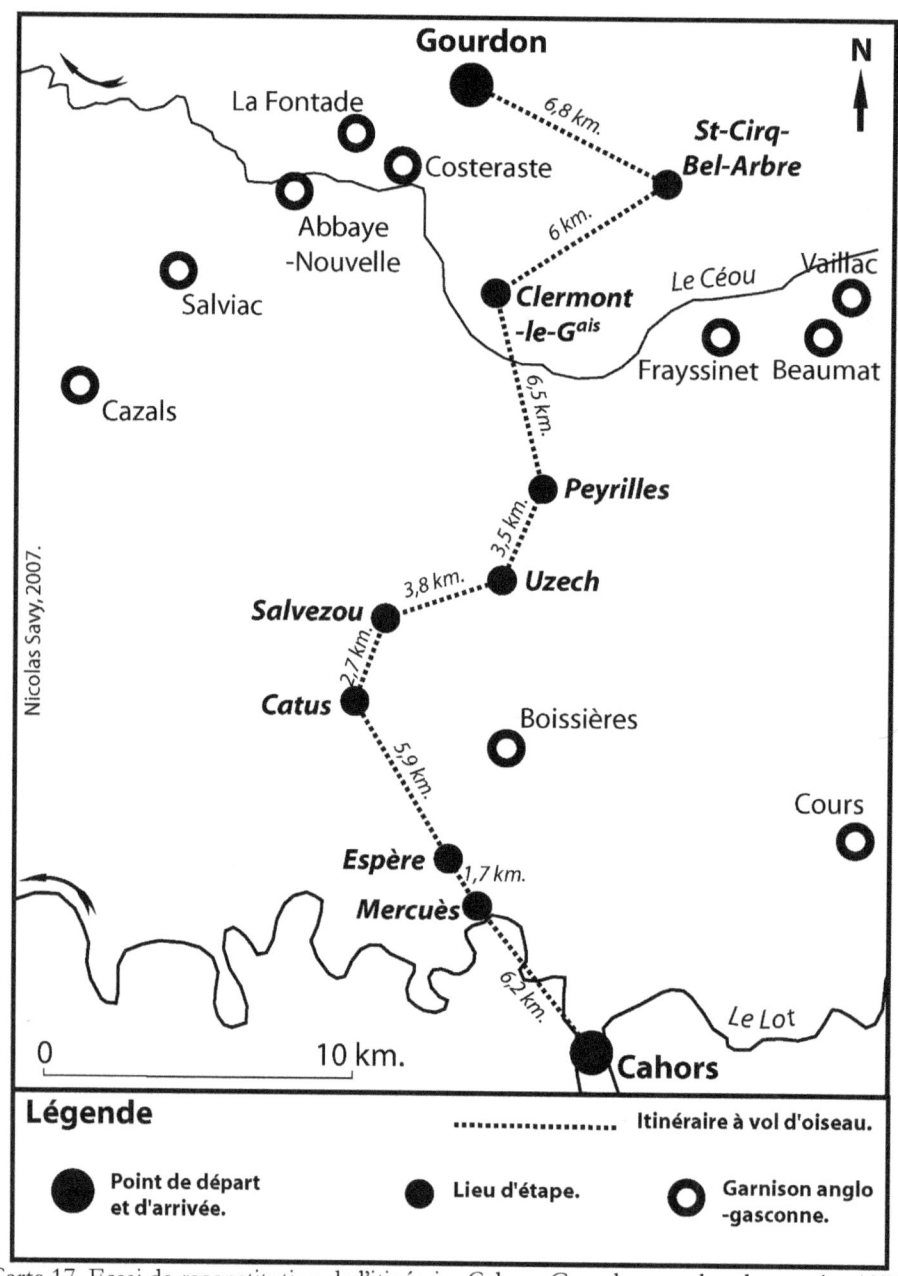

Carte 17. Essai de reconstitution de l'itinéraire Cahors-Gourdon pendant les années 1370.

[1058] SCELLES (M.), *Cahors…Op.cit.*, p.37.
[1059] ALBE (E.), « Inventaire…*Op.cit.*, 3e partie, p.11.
[1060] CLAVAUD (F.), *Cajarc…Op.cit.*, t.II, p.116.
[1061] *Ibid.*

Sans leurs fortifications et celles des villages qui les alimentaient, les villes n'auraient jamais pu amener les capitaines routiers à composer. En effet, c'est parce qu'elles eurent toujours des richesses à l'abri et que, sans elles, ce que tenaient les routiers était inexploitable, qu'elles purent les entraîner à limiter leurs actions destructrices. La normalisation des rapports qu'ils entretinrent ne fut cependant possible que parce qu'elles constituaient un ensemble homogène. Cette cohésion trouvait son origine dans l'allégeance commune au Valois, mais elle était mise en pratique de façon intense par un réseau de correspondance particulièrement performant.

2. Un élément capital : la correspondance.

Les différents consulats de la province entretenaient des contacts suivis depuis fort longtemps, bien avant les premières années du XIVe siècle. Déjà en 1230, ils avaient conclu une entente pour chasser des bandes de routiers désœuvrés qui, pendant la guerre opposant les comtes de Toulouse au roi de France, étaient parvenus jusqu'en Quercy[1062]. D'autre part, à côté de leur progressive émancipation qui les amena à correspondre plus activement entre eux et avec les autres autorités, la réussite commerciale des Cahorsins intensifia et augmenta la sphère des correspondants. En effet, on trouvait au XIIIe siècle des marchands et banquiers quercinois de Gênes à Londres, en passant par Montpellier, Bordeaux, la Champagne et la Flandre[1063] ; en 1260, le consulat de Figeac entretenait déjà des relations politiques très suivies avec ses homologues de Périgueux, Sarlat et Brive, avec lesquels il avait conclu une sorte de confédération dans le but de protéger en commun leurs privilèges et libertés[1064]. Vers 1330, les réseaux de correspondance étaient toujours aussi étendus et diversifiés et, sur le plan local, les échanges dépassaient largement le cadre de la province : pour faire annoncer leurs foires, les consuls de Gourdon envoyaient des crieurs publics les annoncer dans les villes de toute la province ainsi que dans celles qui en étaient limitrophes : Cahors, Castelnau-Montratier, Castelsarrasin, Figeac, Lauzerte, le Montat, Moissac, Montauban, Martel, Souillac, Brive, Beaulieu, Sarlat, Belvès, Montignac, mais aussi dans des localités plus éloignées comme Aurillac, Limoges, Périgueux ou Rodez[1065]. Plus loin, ce consulat avait des correspondants à Paris[1066] et à Rome[1067].

L'entrelacement des chaînes relationnelles nouées depuis des décennies par les municipalités quercinoises constituèrent la base du circuit de renseignement qui se mit en place dès les premières années du conflit. Grâce à lui, l'ensemble des acteurs du parti français de la province fut en permanence informé des événements concernant l'ensemble du royaume, mais aussi des moindres faits et gestes regardant plus spécifiquement la guerre dans la région. Se basant sur ces réseaux de correspondance d'ordres divers, les officiers du roi de France purent progressivement renforcer la cohésion de l'ensemble du parti français et surtout faire participer tous les consulats urbains à des actions de défense commune.

[1062] AM Cahors, Fonds Greil, n°321.
[1063] SAVY (N.), *Cahors…Op.cit.*, p.16.
[1064] MONTEGUT (M.-H.), « Un traité de confédération passé entre Périgueux, Brive, Sarlat et Figeac en 1260 », dans *Bulletin de la Société Historique et Archéologique du Périgord*, t.II (1875), p.368.
[1065] AM Gourdon (M.A.), BB 1, f° 12 r°.
[1066] *Ibid.*, BB 2, f° 36 r°.
[1067] *Ibid.*, f° 11 v°.

Le réseau de correspondance.

Nous n'étudions ici que les relations entretenues par les consulats entre eux et avec les autres acteurs subordonnés au roi de France, les moyens et les modes opératoires utilisés par chaque municipalité pour recueillir et échanger le renseignement dans son aire d'influence étant étudiés au chapitre suivant.

L'essor des échanges d'informations.

Les correspondances officielles qu'entretenaient les consulats avant-guerre n'étaient pas des plus soutenues : en 1330-31, les consuls de Gourdon reçurent quatre messagers et en envoyèrent sept[1068] ; sept ans plus tard, les chiffres étaient de trois et dix-sept[1069], tandis qu'en 1340-41, ils étaient respectivement de neuf et vingt-six[1070]. La différence importante entre les nombres de courriers reçus et envoyés s'explique certainement par le fait que les hommes portant les lettres originaires de Gourdon devaient à leur retour ramener celles qui leur faisaient réponses. Sur les tableaux 2 et 3, on remarque que si les correspondants étaient essentiellement situé à moins de 53 kilomètres, soit une grosse journée de marche, cela n'excluait pas l'envoi ou la réception de courrier à des distances beaucoup plus grandes.

Provenances des lettres reçues (et distances à vol d'oiseau)	Domme (15 Km)	Sarlat (21 Km)	Cahors (32 Km)	Figeac (53 Km)	Montréal (128 Km)
Nombre	2	1	3	1	1

Tableau 2. Courriers reçus par le consulat de Gourdon en 1340-1341.

Les premières années de guerre virent le nombre de lettres échangées augmenter quelque peu : en 1350-51, les consuls de Gourdon en envoyèrent plus de vingt-cinq et en reçurent plus de douze ; cette légère hausse était spécifiquement due à l'arrivée du conflit dans la province, car huit au moins de ces courriers concernaient l'activité des troupes anglo-gasconnes[1071]. Celle-ci n'était cependant pas encore assez intense pour bloquer les communications habituelles : durant l'année 1348, les consuls de Cajarc envoyèrent ainsi à de nombreuses reprises des émissaires à Cahors pour traiter de problèmes fiscaux ; il est vrai cependant que les déplacements entre Cajarc et cahors étaient grandement facilités par l'utilisation du Lot comme voie de communication[1072] ; ils envoyèrent aussi des courriers par route terrestre, à Villefranche-de-Rouergue notamment[1073], dont une fois pour un problème spécifiquement militaire[1074], ainsi qu'à Figeac à plusieurs occasions[1075].

[1068] *Ibid.*, BB 1.
[1069] *Ibid.*, BB 2.
[1070] *Ibid.*, BB 7.
[1071] *Ibid.*, CC 17.
[1072] AM Cajarc, CC 4, ff° 89 r° et v°, 90 r° et v°, 91 r° et v°, 103 v°, 104 r°, 105 v°, 106 v°, 108 r°, 110 v°, 111 v°, 112 r° et v°.
[1073] *Ibid.*, f° 91 v°,
[1074] *Ibid.*, f° 155 r°.
[1075] *Ibid.*, ff° 90 r°, 91 v°, 92 v°, 105 v°, 107 v°, 110 v°, 155 v°.

En 1349, les magistrats de Martel firent porter de fortes sommes d'argent à Cahors[1076] et à Sarlat[1077] par des équipes composées de deux personnes seulement et sans aucune escorte. D'ailleurs, d'une façon générale, les députations martelaises de cette époque n'étaient pas escortées[1078]. Ces quelques faits montrent bien que les bandes armées alors présentes en Haut-Quercy, par ailleurs essentiellement localisées dans l'ouest de la province, n'étaient pas encore assez nombreuses pour totalement perturber les communications.

Destination des courriers	Dégagnac (9 Km)	Masclat (10 Km)	Salviac (11 Km)	Nadaillac (12 Km)	Domme (15 Km)	Montfaucon (15 Km)	Labastide-Ft (17 Km)
Nombre	1	1	1	1	4	1	1
Destination des courriers	Rocamadour (20 Km)	Sarlat (21 Km)	*Orliac* (24 Km)	Cahors (32 Km)	Lagardelle (32 Km)	Figeac (53 Km)	Bergerac (71 Km)
Nombre	1	1	1	6	1	2	1
Destination des courriers	Montauban (79 Km)	Paris (464 Km)					
Nombre	1	2					

Tableau 3. Courriers envoyés par le consulat de Gourdon en 1340-1341.

Tout changea à partir de 1355, lorsque les Anglo-Gascons accentuèrent significativement leur effort dans la région. De mars 1355 à mars 1356, la correspondance des consuls de Gourdon se développa de manière importante : ils envoyèrent 79 courriers et en reçurent 53, soit une augmentation de 72 % par rapport à l'année consulaire 1350-51 ; cette hausse était, d'une façon générale, due à la situation militaire qui s'aggravait et plus particulièrement au besoin de se procurer des renseignements sur les troupes ennemies. En effet, 65 % de cette correspondance avait spécifiquement trait à l'échange d'informations d'ordre militaire. Si l'on exclut les communications entretenues par les consuls de Gourdon avec les villages et châteaux situés à moins de dix kilomètres de leur ville, on constate que la solidarité inter-municipale jouait à plein dans ces échanges, car 70 % des correspondants étaient d'autres consulats de la région ; par ordre d'importance, les autres étaient des particuliers liés à la ville mais installés ailleurs, puis des seigneurs locaux et enfin des officiers royaux comme le sénéchal ou le comte d'Armagnac, lieutenant du roi en Languedoc[1079]. Cette intensification des échanges locaux n'était pas un phénomène spécifique au Haut-Quercy, car on le retrouvait dans des régions soumises aux mêmes fléaux, comme l'illustre en Provence l'exemple de Tarascon[1080].

[1076] AM Martel, CC 3-4, f° 4 v°.
[1077] *Ibid.*
[1078] *Ibid.*, ff° 5, 6 v°, 7 v°.
[1079] Chiffres obtenus à partir de AM Gourdon (M.A.), CC 18.
[1080] HEBERT (M.), *Tarascon au XIVe siècle, histoire d'une communauté urbaine provençale*, Aix-en-Provence, Edisud, 1979, pp.85-86.

La structure du réseau.

Le nombre des correspondants était proportionnel à la taille de la ville ou du bourg concerné, Gourdon en ayant par exemple plus que Martel, cette ville en ayant elle-même plus que Cajarc, comme nous pouvons l'observer sur la carte 19. L'exemple du circuit constitué par ces trois villes est significatif de la densité des communications de l'époque. En effet, pour ces trois localités, les seules dont les archives nous permettent de reconstituer la correspondance, nous voyons déjà apparaître un réseau bien réparti et aux multiples recoupements ; il ne fait nul doute que dans la province, Cahors et Figeac, ou encore Brive, dont les relations précises sont inconnues, avaient bien plus de correspondants que Gourdon ; au niveau inférieur, nombreuses étaient les localités qui devaient posséder un réseau propre de la taille de celui de Cajarc. On s'aperçoit alors que les informations étaient transmises et relayées particulièrement rapidement : le moindre mouvement de chaque compagnie anglo-gasconne était décelé et le renseignement transmis, si besoin était, à l'ensemble de la province et même au-delà en moins de deux journées.

Quant aux recoupements, ils étaient innombrables, comme lorsque les consuls de Martel reçurent des nouvelles des Anglais qui avaient pris Fons par leurs homologues d'Aurillac, eux-mêmes tenant l'information des magistrats de Cardaillac[1081] : ils avaient dû aussi la recevoir de leurs autres correspondants habituels et quasi-quotidiens, les consulats de Figeac ou Rocamadour en particulier. N'imaginons cependant pas un flux d'informations circulant de façon continue au sein de ce réseau, car il pouvait se passer des semaines entières sans courrier, tandis qu'en période d'activité intense, la municipalité de Gourdon ne recevait au maximum que quatre lettres par jour en provenance de ses correspondants éloignés de plus de dix kilomètres[1082].

Le réseau ne s'arrêtait pas aux frontières de la province, car le système était fortement décentralisé. En 1356, Gourdon entretenait des contacts soutenus avec ses voisins périgourdins de Sarlat et de Domme, mais aussi avec le consulat auvergnat d'Aurillac[1083], ce dernier étant aussi en relation avec Martel[1084]. Hormis Figeac, les correspondants les plus réguliers des consuls de Cajarc étaient les municipalités de Villeneuve et de Villefranche-de-Rouergue qui, bien que rouergats, n'en étaient pas moins très proches[1085]. Au nord, il en allait de même pour les Martelais, dont une grande partie des correspondants étaient situés soit en Limousin, avec Brive en particulier, soit en Périgord avec Sarlat et Domme [1086].

En Bas-Quercy, les consuls de Caussade étaient de la même façon reliés aux Rouergats de Saint-Antonin-Noble-Val, tout comme ceux de Montpezat[1087]. En fait, ce réseau de correspondance se diluait dans celui, bien plus large, du royaume dans son ensemble : les consuls de Saint-Antonin-Noble-Val étaient en contact avec leurs homologues de Verfeuil, dans le Toulousain[1088], et de Lavaur, en Albigeois[1089] ; de courrier en courrier, le circuit des informations était pratiquement infini.

[1081] AM Martel, EE 1, pièce n°18.
[1082] AM Gourdon (M.A.), CC 18 et CC 20.
[1083] *Ibid.*, CC 18, ff° 58 v°, 70 r°, 80 r°, 104 v°, 106 r°.
[1084] AM Martel, CC 3-4, ff° 64 r°, 71 v°.
[1085] AM Cajarc, CC 8.
[1086] AM Martel, BB 5.
[1087] *Comptes consulaires de Saint-Antonin*, édités par la *Société des Amis du Vieux Saint-Antonin*, CC44.
[1088] *Ibid.*, f° 10 r°, par exemple.
[1089] *Ibid.*, f° 8 v°, notamment.

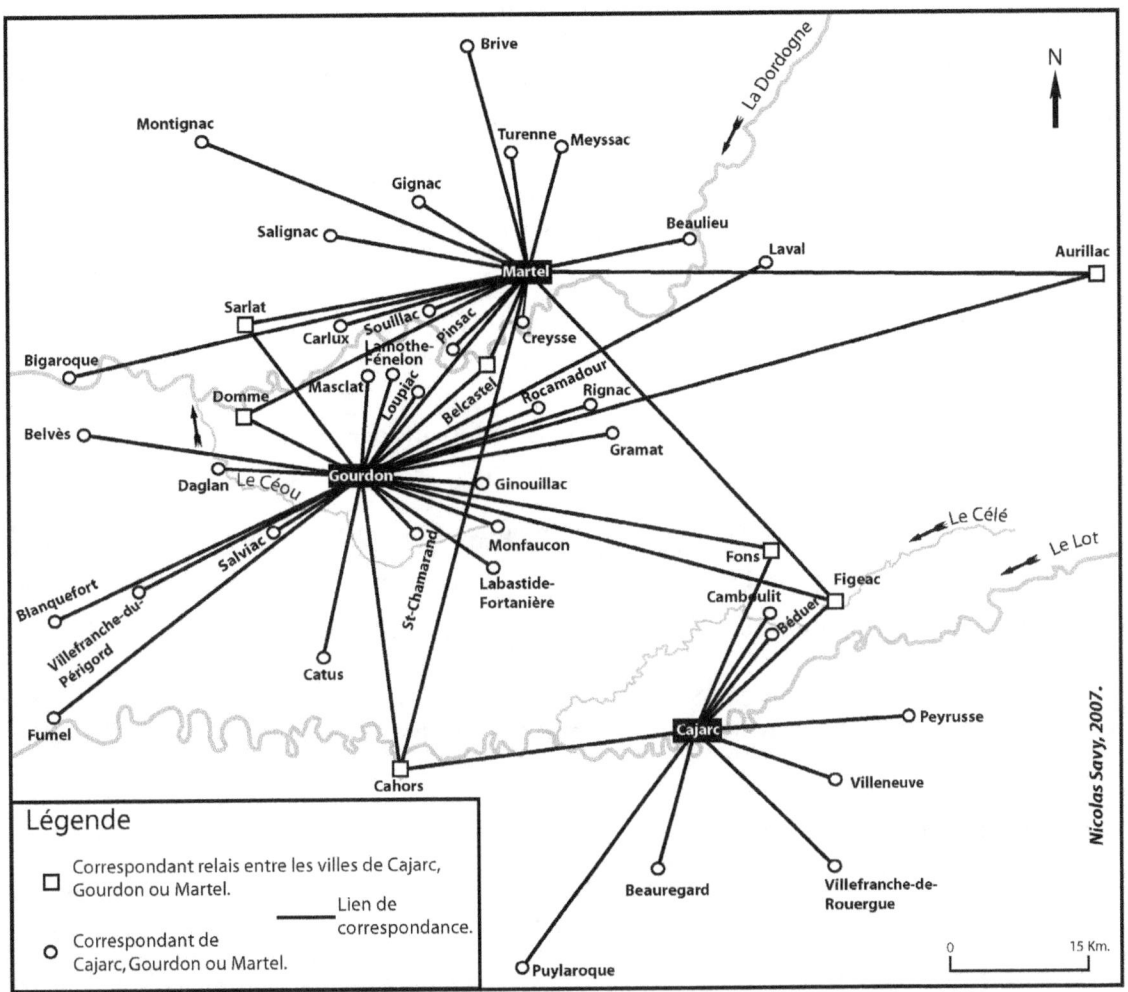

Carte 18. La correspondance des consulats de Cajarc, Gourdon et Martel en 1356.

La répartition des correspondants de Cajarc, Gourdon et Martel montre que la région était entièrement couverte par leur réseau d'échange d'informations. Croisés au niveau des « correspondants relais », les renseignements étaient suffisement recoupés pour être vérifiés et précisés. On peut imaginer la densité atteinte par ce réseau si l'on pouvait incorporer à cette carte les correspondants de Cahors, Figeac et des bourgs plus modestes, que nous ne connaissons pas pour la plupart faute de documents.

Le réseau était en premier lieu structuré en fonction de l'importance et de la richesse de chaque ville ou bourg : certains consulats avaient les moyens d'envoyer des demandes de renseignements régulièrement et un peu partout : celui de Figeac pouvait ainsi le faire plusieurs fois en une dizaine de jours[1090], celui d'Aurillac tout autant et à des distances assez importantes. D'autres avaient des moyens plus modestes, mais reliés à l'ensemble, ils restaient néanmoins fort correctement informés. Les consuls de Cajarc étaient au courant de ce qui se passait dans l'ouest et le nord de la province par ce que pouvaient leur en dire leurs homologues de Figeac ou de Fons, eux-mêmes étant en contact avec les consulats de Gourdon et de Martel ; au sud et à l'est, ils correspondaient avec les municipalités de Villefranche-de-Rouergue et de Villeneuve, elles-mêmes en relation suivie avec celle de Saint-Antonin-Noble-Val[1091].

La guerre ne fit pas disparaître la position hiérarchique que chaque ville avait avant le conflit. Même les plus modestes, petits centres économiques comme Cajarc par exemple, furent confirmés dans l'attraction qu'ils exerçaient dans un rayon d'une dizaine de kilomètres par le système des échanges d'information qu'ils centralisèrent. Au niveau

---

[1090] AM Gourdon (M.A.), CC 18, cf° 88 r°, 89 r°, 98 r°.

supérieur, Cahors, ville la plus importante et siège de la sénéchaussée, concentrait des correspondances venant de toutes les localités quercinoises, qu'elles soient adressées à ses consuls, à l'évêque ou aux officiers royaux[1092]. Surtout, alors que chaque municipalité était accaparée par ses problèmes locaux et traitait pour son seul compte avec les compagnies du voisinage, le développement de la correspondance fut prépondérant pour créer une véritable cohésion entre tous les acteurs du parti français en général, et entre villes et bourgs à consulat en particulier.

La valeur des informations.

Le fait que des informations sur l'ennemi aient circulé en abondance d'un consulat à un autre ou entre deux châtelains ne signifie pas qu'ils étaient bien informés. En effet, la valeur d'un renseignement dépendait certes de sa rapidité de transmission, mais aussi et surtout de sa précision et de sa pertinence. Pour bien saisir de quelle façon les municipalités urbaines concevaient le renseignement, il faut dans un premier temps s'intéresser à la façon dont ils demandaient des informations, puis comment ils envoyaient celles qu'on leur réclamait.

Informer ses alliés des positions et mouvements anglo-gascons.

Le premier type de demande était celui où, sachant vaguement que des opérations anglo-gasconnes se préparaient, on envoyait tous azimuts des messagers pour demander « *à être averti* [des mouvements anglais] »[1093], ou savoir si le correspondant « *ne savait rien des Anglais* »[1094]. Si les inquiétudes étaient en rapport avec l'éventualité d'une présence ennemie dans une zone donnée, il pouvait arriver que ces messages ne servent qu'à se rappeler « au bon souvenir » du correspondant le plus à même de transmettre immédiatement toute nouvelle information : en 1355-56, les consuls de Figeac ne cessèrent ainsi d'envoyer à leurs homologues de Gourdon des missives les priant de les avertir de tout élément nouveau concernant les Anglais[1095]. Partant de rien, ne disposant d'aucune indication sur les bandes armées, l'expéditeur du courrier comptait, grâce aux renseignements ainsi obtenus, pouvoir brosser un tableau rapidement dégrossi de la situation militaire dans la province et déceler les menaces éventuelles le concernant directement. Ce type de demande n'était cependant fait qu'à longue distance, la volonté d'anticiper les mouvements ennemis apparaissant ainsi clairement. En effet, on trouve des messages de ce genre envoyés depuis Figeac vers Gourdon, soit à environ 53 kilomètres, ou encore depuis Aurillac vers Martel, ces deux villes étant séparées par 65 kilomètres[1096].

Les autres demandes, plus courantes, concernaient des détachements dont on connaissait ou soupçonnait fortement la présence, mais dont on souhaitait préciser la situation, la position et tous autres éléments utiles. En 1352, les Martelais envoyèrent des messagers à Larche et à six autres localités des alentours pour savoir si des Anglais étaient

---
[1091] *Comptes consulaires de Saint-Antonin… Op. cit.*, CC44, f° 3 r°, entre autres.
[1092] Ceci est visible dans tous les comptes de Cajarc, Gourdon ou Martel faisant état d'échanges avec Cahors.
[1093] AM Gourdon (M.A.), CC 18, f° 62 v°.
[1094] AM Cajarc, CC 8, f° 148 v°.
[1095] AM Gourdon (M.A.), CC 18, ff° 62 v°, 69 v°, 71 v°, 75, 76 r°.
[1096] AM Martel, EE 1, pièce n°18.

tout récemment passés à proximité d'eux[1097] : une réponse affirmative signifiait un grand danger pour la ville. Quatre ans plus tard, les consuls de Cajarc questionnèrent de la même façon leurs homologues de Beauregard afin de savoir si les différentes bandes anglaises repérées les jours précédents n'étaient pas en train de se regrouper dans la forêt de Marcigaliet[1098], auquel cas il y avait tout lieu de s'inquiéter car leur objectif risquait fort d'être Cajarc.

Bien plus que les positions de stationnement, il importait de connaître les directions prises par les détachements ennemis durant leurs déplacements ; pour cela, disposer d'un contact dans une localité aux mains de l'ennemi était un atout non négligeable. En 1376, les consuls gourdonnais surent par exemple utiliser les contacts qu'ils avaient à Payrac, village alors occupé par les Anglo-Gascons : une troupe en déplacement y ayant été logée une nuit, ils y envoyèrent un courrier le lendemain pour qu'on lui indique vers où elle s'était dirigée après son départ[1099]. Cette sorte de message était principalement envoyée à des correspondants situés à moins d'une journée de marche, soit environ 45-50 kilomètres. Il ne s'agissait plus alors d'anticiper face à une menace potentielle, mais de surveiller au plus près les éléments ennemis capables, grâce à leurs montures, d'être aux pieds des murailles en quelques heures[1100].

Si les localités n'avaient pu compter que sur les informations qu'elles obtenaient sur demande, elles n'auraient jamais été suffisamment renseignées pour faire face aux bandes armées de façon efficace. En fait, les nouvelles ainsi obtenues ne servaient qu'à compléter celles que l'on recevait spontanément de la part d'alliés, qu'il s'agisse de consulats, d'officiers royaux ou de châtelains de la région ; ceux-ci ne faisaient d'ailleurs souvent que redistribuer des renseignements reçus de tiers : le premier mai 1356 par exemple, apprenant de l'abbé de Marcilhac qu'un fort détachement anglais se trouvait à Labastide-Fortanière, les consuls cajarcois relayèrent l'information en direction de Villeneuve et de Villefranche-de-Rouergue[1101]. Les données étaient transmises de façon directe à ceux qu'elles concernaient au premier chef, comme lorsque le 8 juin 1376, les consuls de Labastide-Fortanière informèrent leurs homologues gourdonnais de la présence d'ennemis à Saint-Martin[1102]. Il serait possible de faire un décompte complet des courriers envoyés par les uns et les autres, la documentation le permet, mais cela serait parfaitement inutile tant la fréquence des mentions d'archives et leur contenu montrent avec insistance que, pour chaque action ennemie connue par un consulat donné, un compte-rendu était fait par ce dernier à tous ceux que cette action pouvait concerner, directement ou non. Ce « réflexe informatif » n'était pas désintéressé : en informant son voisin, proche ou lointain, on espérait bien que celui-ci rendrait la pareille lorsque ce serait nécessaire.

La rapidité et la précision des communications.

Transmettre les informations que l'on récoltait ne suffisait pas pour correctement renseigner le destinataire, car encore fallait-il que ces nouvelles soient utiles et exploitables. En premier lieu, pour être profitables, elles devaient être transmises rapidement, de façon à être exploitées en temps et en heure. Les consulats l'avaient parfaitement compris et l'envoi des renseignements importants était toujours rapide. Entre autres, citons ici comme exemple les indications sur

---

[1097] AM Martel, CC 3-4, f° 40 v°.
[1098] AM Cajarc, CC 8, f° 134 v°.
[1099] AM Gourdon (M.A.), CC 20, f° 22 r°.
[1100] SAVY (N.), « Le renseignement à Martel au début de la guerre de Cent Ans », dans *BSEL* t.CXXIV (3e fasc. 2003), pp.194-196.
[1101] AM Cajarc, CC 8, ff° 134 v°, 135 r°.
[1102] AM Gourdon (M.A.), CC 20, f° 29 r°.

les Anglais que l'abbé de Marcilhac envoya aux consuls de Cajarc et que ceux-ci redirigèrent immédiatement vers Villeneuve et Villefranche-de-Rouergue[1103] ; les Martelais, quant à eux, faisaient partir sur l'heure, y compris de nuit, les courriers chargés d'avertir les voisins concernés par une opération ennemie se déroulant dans les environs[1104]. On aperçoit ainsi au fil des registres de nombreux passages concernant des messagers envoyés nuitamment porter des missives importantes. Que l'expéditeur soit un châtelain, un noble ou un officier royal, comme le seigneur de Thémines[1105], Marquès de Cardaillac[1106], Bernat Pélegry[1107] ou le capitaine français de Brengues[1108], ou bien un consulat comme ceux de Cajarc[1109], de Figeac[1110] ou de Brive[1111], voire encore un simple particulier, comme le dénommé Gisbert de Rasials en 1376[1112], il avait toujours à l'esprit le soucis de faire rapidement parvenir les informations aux personnes concernées.

Aujourd'hui, dans l'armée de terre française, un renseignement sur l'ennemi est jugé correct s'il comporte trois éléments : sa nature, son volume et, enfin, son attitude. Force est de constater que, pour les deux premiers, les renseignements émis par les consulats étaient loin de correspondre aux standards militaires actuels. En effet, durant l'année 1356 où les Anglo-Gascons furent particulièrement actifs dans la région, les consuls cajarcois ne désignèrent jamais leurs détachements que par « *les Anglais* », sans jamais distinguer les hommes d'armes des sergents de pied[1113]. Les Martelais n'étaient pas plus précis, ne nommant pas leurs agresseurs par autre chose que les termes « *Anglais* » ou « *ennemis* »[1114]. La précision la plus importante pouvant figurer dans ces messages était l'indication d'un « amas », type de rassemblement qui précédait toujours une attaque. On en trouve de fort nombreuses mentions, comme ceux qui se déroulèrent à Nadaillac, à Ischideuil et à Comborn et qui furent signalés par les consuls de Brive à leurs homologues de Martel[1115]. Hormis ceci, l'imprécision des courriers n'était pas l'apanage des consulats, car les officiers royaux et seigneuriaux, ainsi que l'ensemble des correspondants, n'étaient pas plus méticuleux[1116].

On trouve pourtant ici et là quelques chiffres, mentions montrant que les expéditeurs essayaient parfois de détailler au mieux les informations qu'ils transmettaient. Toutefois, durant les premières années du conflit, lorsqu'une précision était donnée, elle était généralement fausse ou inexploitable : au printemps 1356, une femme de la famille des Gourdon envoya aux Cajarcois un message faisant état de la prise de Goujounac par 1 500 archers anglais[1117], alors même que les archers n'opéraient jamais seuls et qu'un tel effectif était à lui-seul impossible ; quelque temps plus tard, Marquès de Cardaillac essaya lui aussi d'envoyer aux Cajarcois un renseignement précis, en estimant à cent cavaliers un renfort que venait de recevoir la garnison de Fons[1118], mais qui croire ? Les consuls de Figeac envoyèrent eux-aussi un courrier à ce sujet, mais en évaluant le renfort à 2000 hommes[1119].

[1103] AM Cajarc, CC 8, ff° 134 v°, 135 r°.
[1104] AM Martel, CC 3-4, f° 40 r°.
[1105] AM Gourdon (M.A.), CC 19, f° 29 r°.
[1106] AM Cajarc, CC 12, reg. III, f° 90 r°.
[1107] AM Gourdon (M.A.), CC 20, f° 47 r°.
[1108] AM Cajarc, CC 6, f° 137 v°.
[1109] *Ibid.*, CC 11, reg. I, f° 66 r°.
[1110] *Ibid.*, CC 14, reg. II, f° 34 v°.
[1111] AM Martel, CC 3-4, f° 40 r°.
[1112] AM Gourdon (M.A.), CC 20, f° 26 v°.
[1113] AM Cajarc, CC 8.
[1114] AM Martel, CC 3-4 et BB 5.
[1115] *Ibid.*, EE 1, pièce n°11.
[1116] *Ibid.*, le panel des lettres conservées le met bien en évidence.
[1117] AM Cajarc, CC 8, f° 145 r°.
[1118] *Ibid.*, f° 155 r°.
[1119] *Ibid.*, f° 136 r°.

Cette tendance à exagérer les effectifs n'était pas volontaire. Cinquante ou cent restaient des chiffres dans la norme, presque habituels, mais ils ne correspondaient pas à ce que voyaient les contemporains, peu habitués aux choses de la guerre : pour eux, c'était une nuée malfaisante qui s'abattait sur le pays et le contenu de leurs messages ne faisait que retranscrire cette impression. Ainsi, ce n'était pas deux ou trois cents hommes qui avaient pris un village ou qui s'apprêtaient à attaquer[1120], mais une multitude que seuls des chiffres très élevés pouvaient quantifier. Bref, la substance du message était : « attention, ils sont très nombreux ».

Quant aux précisions sur la nature des troupes anglo-gasconnes ainsi signalées, elles étaient pratiquement inexistantes. A travers certains messages, il était possible de déduire que la troupe mentionnée était principalement composée de cavaliers, étant donné qu'il était parfois précisé qu'elle « *chevauchait* »[1121], mais cela restait aléatoire et peu sûr. Les renseignements que s'échangeaient les consulats étaient ainsi d'une valeur fort inégale au début du conflit : ils permettaient certes une mise en alerte rapide de l'ensemble des correspondants, mais leur imprécision faisait que quels que soient la nature et le volume de l'ennemi, les mesures conservatoires prises étaient les mêmes ; que l'on ait affaire à trente piétons ou à cent cavaliers, tous les habitants rentraient des champs pour se réfugier en ville, tous les hommes en armes allaient prendre leur poste sur les murailles.

Avec le temps, la présence anglo-gasconne devint habituelle aux Quercinois. Moins enclins à s'affoler devant un fort détachement, les observateurs se laissèrent de moins en moins aller aux exagérations d'effectifs que l'on pouvait observer au début du conflit. Durant les années 1370, les estimations étaient devenues beaucoup plus réalistes : les Figeacois estimèrent ainsi à deux cents les Anglais qui se trouvaient aux environs de Cajarc au soir du 21 juillet 1374[1122] ; trois mois plus tard, Marquès de Cardaillac en signala cent-vingt qui passaient à proximité de Montbrun[1123].

Même pour des contingents élevés, on ne parlait plus inconsidérément de milliers d'hommes : en 1376, le Bourg de Corsac informa les Cajarcois que le Bourg de Monsac était à Labastide-Fortanière avec cinq cents cavaliers[1124], volume qui vingt ans auparavant aurait été largement surestimé, tellement il était important et inhabituel. D'ailleurs, en 1369 déjà, l'armée anglaise la plus importante que connut le Haut-Quercy fut dénombrée assez justement par les consuls de Cahors ; en effet, ils l'estimèrent à environ quatre mille hommes[1125], chiffre qui se rapprochait des 3500 cavaliers et piétons donnés par Froissart[1126] ; même si ce dernier put faire une erreur d'appréciation, ses sources étant indirectes, il reste que la similitude des deux évaluations autorise à penser que la marge d'erreur du chiffre cadurcien ne devait pas être excessivement élevée. Un recoupement d'informations de l'année 1376 montre que les effectifs transmis étaient relativement fiables : une troupe anglo-gasconne, estimée à 700 hommes par les consuls de Gourdon, le fut à 500 par le Bourg de Corsac[1127].

On en vint aussi parfois à préciser la nature des ennemis signalés, mais cela resta très peu fréquent. Le Bourg de Corsac souligna ainsi que les cinq cents hommes qu'il avait repérés à Labastide-Fortanière, le 25 juin 1376, étaient des

---

[1120] AM Gourdon (M.A.), CC 18, f° 94 r°.
[1121] AM Cajarc, CC 8, f° 164 v°; AM Gourdon (M.A.), CC 18, ff° 58 r°, 84 r°
[1122] *Ibid.*, CC 11, reg. I, f° 66 r°.
[1123] *Ibid.*, f° 73 v°.
[1124] *Ibid.*, CC 12, reg. III, f° 78 r°.
[1125] AM Cahors, *Livre Tanné*, f° 79 r°.
[1126] FROISSART (J.), *Chroniques…Op.cit.*, T.VII, p.370.
[1127] AM Cajarc, CC 12, reg. III, f° 78 r°.

cavaliers[1128] ; parlant de la même troupe, les consuls de Gourdon spécifièrent même qu'il s'agissait d'hommes d'armes[1129]. Il reste que ce type de détail était exceptionnel, alors qu'il est évident que l'on aurait pu les transmettre : les consuls de Gourdon avaient bien observé, le 12 juin 1376, que la compagnie de Bos de Commarque était composée d'hommes d'armes à pied et à cheval[1130], tandis que trois ans plus tard leurs homologues de Cajarc remarquèrent que des détachements étaient exclusivement formés de cavaliers[1131], mais force est de constater que dans la majorité des cas, ils estimaient inutile de mentionner ces précisions dans les messages d'alerte habituels. En fait, ces détails étaient certainement superflus la plupart du temps, la majeure partie des détachements étant de composition et de valeur semblables ; on ne les mentionnait certainement que lorsque cela pouvait avoir une véritable incidence sur les dispositions à prendre.

La valeur intrinsèque des renseignements échangés augmenta ainsi avec le temps. Après une trentaine d'années de guerre, on avait appris qu'il était important de dénombrer l'ennemi, de le préciser autant que possible afin que le destinataire des informations puisse prendre les mesures les plus appropriées. Il ne s'agissait pas encore d'un réflexe systématique, car de nombreux messages parlaient encore simplement « d'Anglais » ou « d'ennemis », mais on avait cependant compris que donner des effectifs symboliques ne servait à rien, sinon à affoler celui que l'on souhaitait avertir.

Malgré leurs graves imperfections des premières années, les informations échangées permirent aux villes et aux autres entités subordonnées au roi de France d'être toujours informées des positions tenues par les Anglo-Gascons ainsi que de leurs faits et gestes. En effet, les messages qui circulaient spécifiaient toujours, en premier lieu, l'attitude statique ou dynamique du détachement qui en était l'objet, et ce même au début du conflit : en 1357 par exemple, les Gourdonnais n'ignoraient rien des déplacements et opérations de la garnison anglaise de Fons, car ils étaient renseignés à ce sujet par les Figeacois[1132] ou par leurs propres marchands en déplacement[1133]. Vingt ans plus tard, lorsqu'ils demandaient des renseignements sur un détachement, c'est toujours sa position[1134] ou ses mouvements[1135] qu'on leur donnait en priorité.

Après quelques années, oublié le réflexe d'affolement qui prévalait lorsque l'on était informé d'une chevauchée anglaise, les indications sur les compagnies furent de mieux en mieux exploités ; le réseau de correspondance devint particulièrement bien rodé, car chacun sut utiliser les intermédiaires les mieux placés pour avertir les destinataires concernés par une information importante : le 8 août 1369 par exemple, les consuls de Cahors avertirent leurs homologues de Cajarc que la garnison de Castelnau-Montratier projetait de prendre quelque localité de la vallée du Lot et leur demandèrent de relayer l'information vers Figeac, qui risquait aussi d'être menacée[1136] ; de la même façon, pour que Larnagol, Cénevières et Calvignac puissent se mettre en alerte face à une descente anglaise, Marquès de Cardaillac utilisa le consulat de Cajarc comme relais le 14 avril 1380[1137].

[1128] *Ibid.*, f° 79 r°.
[1129] *Ibid.*, f° 78 r°.
[1130] AM Gourdon (M.A.), CC 20, f° 29 v°.
[1131] AM Cajarc, CC 15, reg. I, ff° 44 v° et 49 r°, reg. II, ff° 54 v°, 55 r°, 58 r°.
[1132] AM Gourdon (M.A.), CC 19, f° 20 r°.
[1133] *Ibid.*, f° 22 v°.
[1134] AM Gourdon (M.A.), CC 20, f° 22 v°, 23 r°.
[1135] *Ibid.*, f° 24 r°.
[1136] AM Cajarc, CC 6, f° 141 r°.
[1137] *Ibid.*, CC 16, reg. I, f° 69 v°.

En règle générale, toutes les informations permettant de déjouer les actions anglaises étaient transmises. Lorsqu'on l'apprenait, on annonçait ainsi de quelle façon les ennemis comptaient s'emparer d'une localité, misant sur la trahison d'un citadin[1138] ou sur une faiblesse de l'enceinte, comme cette fenêtre par laquelle une bande espéraient, fin novembre 1381, pouvoir s'infiltrer dans Nadaillac[1139]. Ce réseau de correspondance, particulièrement efficace, faisait de tous ses membres un ensemble soudé par des intérêts communs, chacun pouvant espérer en retour une aide de la même valeur que celle qu'il donnait aux autres. C'est là-dessus que les officiers royaux s'appuyèrent pour renforcer la cohésion des villes et des bourgs, de façon à les faire résister ensemble aux Anglais et leur faire abandonner l'individualisme de mise avant Brétigny.

3. Les consulats et le pouvoir royal.

Les premières années du conflit montrèrent de façon criante, nous l'avons vu, l'incapacité des troupes royales à empêcher les détachements anglo-gascons de ruiner les campagnes quercinoises. Prenant acte, les consulats réduisirent leurs participations humaines et matérielles aux opérations militaires menées par les officiers du roi ; ils traitèrent alors indépendamment avec les capitaines anglais pour sauvegarder leurs arrières-pays, dont la ruine amenait irrémédiablement l'écroulement des économies urbaines.

L'établissement de traités séparés allait totalement à l'encontre des intérêts du roi de France. En effet, ils neutralisaient totalement des zones entières et permettaient aux troupes anglo-gasconnes de s'y ravitailler ; enfin, ils amoindrissaient les capacités fiscales des localités qui les signaient, ce qui était autant de manque à gagner pour un fisc royal aux difficultés alors chroniques. Pour les officiers royaux, il importait ainsi, d'une part, de faire cesser l'établissement de traités séparés et, d'autre part, de maintenir active la lutte contre les Anglais. Il ne purent y parvenir qu'en associant les élites urbaines à leurs actions.

L'intégration au gouvernement royal.

Dans un mouvement dont les racines remontaient au XIIe siècle[1140], le pouvoir royal associait de plus en plus ses bonnes villes au gouvernement du royaume. A partir du milieu du XIIIe siècle, sous l'impulsion de Saint-Louis, elles devinrent des points d'appui essentiels de la politique royale. Pour le roi, les laisser donner leurs avis dans des conseils de concertations à côté des prélats et des barons, c'était faire participer le troisième ordre aux affaires du royaume[1141], mais cet intérêt du roi se traduisait aussi par les très lourdes charges financières qu'il leur imposait[1142]. Il plaçait toute sa confiance à leur endroit, mais attendait en retour une fidélité sans faille ; elles pouvaient d'ailleurs

---
[1138] AM Martel, EE 1, pièce n°11; AM Gourdon (M.A.), CC 18, f° 116 v°.
[1139] AM Gourdon (M.A.), BB 5, f° 29 v°.
[1140] RIGAUDIERE (A.), *Gouverner… Op.cit.*, pp.56-58.
[1141] *Ibid.*, pp.59-60.
[1142] *Ibid.*, pp.76-77.

difficilement faire autrement, car à partir du premier quart du XIVe siècle, la royauté ne cessa de proclamer leur loyauté, quitte à la leur rappeler si besoin était[1143].

A l'époque où le conflit centenaire débuta vraiment, vers 1340, il était devenu normal pour les principales municipalités quercinoises d'être convoquées à des réunions pour s'associer, seules ou à côté des nobles et des prélats, aux prises de décisions. Les villes les plus importantes, comme Cahors ou Figeac, participaient aux assemblées d'Etats du royaume, mais l'on y trouvait aussi des localités plus modestes, comme Cardaillac ou Salviac[1144].

L'intérêt du pouvoir royal pour les villes quercinoises n'était pas particulièrement ancien, mais il n'était pas non plus une nouveauté, car il manifestait sa volonté de réaffirmer sa position dans les provinces méridionales depuis la croisade des Albigeois[1145]. Alphonse de Poitiers, le frère de Saint-Louis qui avait reçu le comté de Toulouse à la mort de Raymond VII, dernier comte de la famille des Saint-Gilles, contribua largement à ce mouvement : en 1252, il fonda la bastide de Villefranche-de-Rouergue, aux portes du Quercy et à la croisée des routes de Cahors, Figeac, Moissac et Rodez ; cinq ans plus tard, il s'associa avec le seigneur de Montpezat pour fonder une autre bastide à partir du vieux castrum de Montpezat. En 1269, par un traité de pariage avec le seigneur de Durfort, il créa encore une nouvelle bastide quercinoise, celle de Castelsagrat. A sa mort, le comté de Toulouse fut rattaché à la couronne de France.

Le pouvoir royal n'eut dès lors de cesse de s'introduire dans les affaires opposant les communautés urbaines à leurs seigneurs, afin d'affaiblir ces derniers. En 1298, le roi de France défendit au bayle de Montfaucon pour le roi d'Angleterre, pourtant seigneur du lieu, de faire comparaître en justice les habitants de cette bastide[1146]. A cette époque, ses officiers avaient déjà avancé leurs pions en soutenant les consulats de Cahors[1147] et de Figeac[1148] en lutte depuis des années contre leurs seigneurs, respectivement l'évêque de Cahors et l'abbé du monastère bénédictin. Acculés, plus ou moins ruinés, ces derniers signèrent des traités de pariage avec le roi, en 1302 à Figeac[1149], puis cinq ans plus tard à Cahors[1150]. Ces actes, censés leur préserver la moitié de leurs anciennes seigneuries, ne firent en fait que les écarter de la gestion des affaires urbaines.

L'homme du roi, l'officier qui depuis des années incarnait la bienveillance royale à l'égard des municipalités, c'était le sénéchal de Périgord et de Quercy. Depuis la fin du XIIIe siècle, il faisait figure d'interlocuteur privilégié et habituel des consulats, qu'il appelait d'ailleurs à siéger au sein d'un conseil aux compétences toujours plus élargies[1151]. Il était secondé par d'autres officiers de rangs subalternes, lieutenants, viguiers ou encore juges-mages, qui l'aidaient à affirmer l'autorité royale dans la province. Au milieu du XIVe siècle, alors que la guerre n'en était encore qu'à s'installer en Haut-Quercy, il était vraiment le seul interlocuteur permanent avec lequel les villes entretenaient des relations fécondes ; il était le plus puissant moteur des structures associant les gouvernements urbains[1152], parmis lesquelles les Etats du Quercy figuraient en première position[1153].

[1143] *Ibid.*, pp.78-79.
[1144] GLORIES (C.), « Une « grille d'urbanité »… *Op. cit.*, p.123.
[1145] RIGAUDIERE (A.), *Gouverner*… *Op.cit.*, pp.59-60.
[1146] ALBE (A.), *Monographies*… *Op. cit.*, p.191.
[1147] SAVY (N.), *Cahors*…*Op.cit.*, pp.19-25.
[1148] CALMON (Ph.), FOISSAC (S.), FOUCAUD (G.), *Op. cit.*, p.21.
[1149] *Ibid.*
[1150] SOUYET (D.), « Le pariage de Cahors (février 1307) : un acte inévitable », dans *B.SEL* t.CXXII (2001), p.195.
[1151] FLANDIN-BLETY (P.), *Essai*…*Op. cit.*, t.I, p.334.
[1152] *Ibid.*, p.378.
[1153] GLORIES (C.), « Une « grille d'urbanité… *Op.cit.*, p.100.

Au niveau supérieur, les convocations aux assemblées du Royaume ou du Languedoc[1154] faisaient prendre conscience aux membres des consulats urbains qu'ils appartenaient à un ensemble bien plus vaste que leur petite province, aux problèmes et aux besoins sans commune mesure avec ceux de leurs localités. Une des raisons principales présidant la convocation de ces assemblées était les demandes fiscales émanant du pouvoir royal. Ces exigences contribuèrent énormément à resserrer les liens unissant les municipalités, car pour mieux résister à cette pression fiscale, ils tissèrent un réseau de relation leur permettant d'exprimer unanimement leur volonté dans ce domaine[1155].

Au milieu du XIVe siècle, le sénéchal et ses officiers n'avaient plus affaire à une diversité de communautés sans aucune cohésion, mais à ce que l'on pourrait appeler un corps politique en devenir. Leur solidarité n'allait pas sans rivalités ni oppositions, mais déjà l'entente l'emportait lorsqu'il fallait défendre des intérêts politiques communs et faire entendre des opinions homogènes devant les assemblées du roi[1156]. D'autre part, ce dernier conféra par tolérance à cet ensemble de communes une autonomie suffisante pour qu'elles puissent agir dans l'intérêt du pays tout en défendant leurs intérêts particuliers[1157].

Lorsque les Anglais déferlèrent sur la province, le premier réflexe fut de convoquer des assemblées pour s'y concerter sur les modalités de la résistance qu'il fallait leur opposer. Plus localement, des consulats assez peu éloignés les uns des autres, comme ceux de Martel, Beaulieu, Brive et Aurillac, furent encouragés par le sénéchal à se réunir pour s'accorder à ce sujet ; on note à cette occasion que les ordres de l'officier donnés en ce sens aux Martelais furent doublés par des lettres d'une même substance émanant des consuls de Cahors[1158], dont le rôle de relais de l'autorité royale apparaît ainsi clairement[1159].

Alors que la guerre n'avait pas encore atteint son niveau d'intensité maximum en Haut-Quercy, l'obéissance des consulats aux officiers royaux ne fut pas remise en cause. Les Cajarcois payèrent ainsi le subside que leur demandait le sénéchal Le Galois de la Baume en 1348[1160] et fournirent l'année suivante les hommes demandés pour le siège de Montcuq [1161]. Mais déjà, il apparaissait que les mesures prises pour contrer les Anglais étaient bien insuffisantes ; il faut dire que les communes, ayant pris l'habitude de lutter pour limiter le montant des impôts royaux, continuèrent naturellement à le faire, y compris pour les subsides dont le produit était destiné à donner des hommes au sénéchal pour combattre dans la province. Cela se ressentait directement sur le nombre d'hommes mis à la disposition des officiers royaux : Jourdain de l'Isle, capitaine pour le roi en Quercy, n'obtint en 1347 du Haut-Quercy que de quoi entretenir deux hommes d'armes et cinquante-deux sergents[1162] : c'était bien léger pour faire face aux Anglo-Gascons.

La situation n'allant pas en s'améliorant, l'impôt royal devint de plus en plus contesté. En 1354, les plaintes des consuls de Cahors et des autres municipalités du Haut-Quercy contre le sénéchal Arnaud d'Espagne provoquèrent la venue du comte d'Armagnac pour apaiser les tensions ; les citadins quercinois prenaient fort mal le manque de modération de l'officier dans l'établissement des impositions, alors que les Anglais ravageaient la province sans entraves malgré les hommes d'armes qu'elles servaient à payer[1163].

[1154] *Ibid.*
[1155] FLANDIN-BLETY (P.), *Essai…Op.cit.*, t.I, p.502.
[1156] *Ibid.*, p.470.
[1157] *Ibid.*, p.429.
[1158] AM Martel, BB 5, f° 28 r°.
[1159] SAVY (N.), *Cahors…Op.cit.*, p.103.
[1160] AM Cajarc, CC 8, ff° 155 r°, 156 r°, 165 r°, 166 v°.
[1161] *Ibid.*, f° 13 v°.
[1162] LACOSTE (G.), *Histoire…Op.cit.*, t.III, p.116.
[1163] *Ibid.*, p.145.

Essoufflement et ruptures.

Les coups de boutoirs anglais de 1355 et 1356 finirent de fractionner les efforts défensifs des uns et des autres. Alors que la région de Figeac-Cabreret-Beauregard était parcourue en tous sens par des bandes armées de plus en plus nombreuses, le viguier de Figeac essaya d'unir les forces vives de la zone pour les contrer. Il convoqua ainsi le 10 mai 1356 les consulats et les barons à Figeac pour leur faire décider la levée de cent hommes d'armes[1164] ; c'était encore une fois bien insuffisant pour lutter à armes égales contre les Anglais. Face à l'impossibilité de les arrêter, les consuls de Cajarc décidèrent de traiter avec eux. Cette décision n'était pas choquante en soit, car il ne leur restait plus de solutions militaires pour faire cesser les ravages ; leurs homologues gourdonnais les avaient d'ailleurs déjà devancé dans ce domaine [1165]. Ils n'en informèrent pas les autorités royales, ce qui était compréhensible car ils savaient qu'elles n'accepteraient pas ce traité. En revanche, il est plus surprenant qu'ils n'aient pas averti leurs voisins figeacois, avec lesquels ils collaboraient étroitement pour la défense de la zone depuis 1347[1166]. La réaction du comte d'Armagnac, plus haute autorité de la région, ne se fit pas attendre : sitôt qu'il apprit la conclusion du traité, il en blâma fortement les Cajarcois, leur rappelant qu'ils se devaient de combattre vigoureusement[1167].

Au niveau subalterne, les officiers royaux se montrèrent moins intransigeants et, très rapidement, participèrent aux négociations pour l'établissement des *patis* et des *suffertas*. Guisbert de Domme, capitaine de Domme et de Gourdon pour le roi de France, négocia ainsi dès 1355 des *patis* au profit de Gourdon avec les garnisons anglaises de Nadaillac et de Lamothe-Fénélon[1168]. Les grands seigneurs locaux et leurs officiers, de la même façon, furent consultés pour les négociations : en quête de conseils, les consuls de Martel firent ainsi part de leur intention de traiter aux seigneurs de Turenne et de Pons, dont ils dépendaient. Il est à noter que les démarches et les accords faits tant par les seigneurs que par les officiers royaux n'étaient pas désintéressés, car ils se faisaient largement payer ces services[1169].

Les campagnes anglaises de 1355 et 1356, vivement et efficacement menées, se conclurent par la terrible défaite des armées de Jean II à Poitiers. Dès lors, le royaume de France fut la proie du désordre. Le régent Charles avait affaire à d'importantes difficultés de gouvernement, entre Etienne Marcel et la révolte des Jacques. En Haut-Quercy, les bandes armées s'installèrent un peu partout et tinrent totalement le pays de 1356 à 1359. Prenant en compte l'incapacité des officiers français à les protéger contre les Anglais et s'appuyant juridiquement sur la trêve à laquelle le roi d'Angleterre avait souscrit après Poitiers, certains consulats n'hésitèrent pas à s'adresser directement à ses officiers. Les consuls de Gourdon écrivirent ainsi en avril 1357 au sénéchal de Gascogne et à Hélie de Pommiers, sénéchal de Périgord et de Quercy pour le roi d'Angleterre, pour leur demander de faire cesser les agissements de Bertrucat d'Albret, de Nicolas d'Osserain et d'Aymar d'Ussel, chefs de bandes anglo-gascons qui se montraient peu soucieux des trêves[1170]. Les Martelais procédèrent de façon identique à partir du mois suivant, en écrivant à leur tour à Hélie de Pommiers[1171]. En juillet, alors que Guillaume Vassal, lieutenant du sénéchal de Périgord et de Quercy pour le roi de France, se rendait

---

[1164] AM Cajarc, CC 8, f° 148 v°.
[1165] AM Gourdon (M.A.), BB 4, f° 12 v°.
[1166] AM Cajarc, CC 8, on ne trouve aucune mention d'information donnée à Figeac dans ce registre très complet.
[1167] LACOSTE (G.), *Histoire…Op.cit.*, t.III, pp.153-154.
[1168] AM Gourdon (M.A.), CC 18, f° 94 v°.
[1169] AM Martel, BB 5, ff° 90 v°, 96 v°.
[1170] AM Gourdon (M.A.), CC 19, ff° 7 v°, 17 v°, 18 r° et v°, 21 r° et v°, 22 r°, 25 v°, 26 r°, 32 v°, 40 r°.
[1171] AM Martel, BB 5, f° 109 r°.

à Bergerac pour discuter des trêves avec son homologue anglais de Gascogne, les Martelais lui associèrent d'office un député pour participer aux débats[1172].

Profitant de l'aubaine que lui donnaient les villes quercinoises de venir voir sur place de quoi il en retournait, et certainement par la même occasion nouer des contacts qu'il espérait fructueux, le sénéchal anglais de Gascogne s'empressa de saisir la balle au bond. Il est cependant à noter que si les plaintes émanaient des consulats, l'invitation venait du vicomte de Turenne, qui entendait d'ailleurs se défausser des frais engendrés par cette venue sur les villes de son domaine : il leur demanda un fouage de deux sous par feu à cet effet[1173]. Les Martelais ne souhaitaient toutefois pas être incommodés par cette visite : ils précisèrent bien à leur vicomte qu'ils paieraient leur part comme les autres, mais que si le sénéchal de Gascogne ou ses gens venaient loger à Martel, ils ne débourseraient pas un seul denier[1174]. Les Gourdonnais se montrèrent moins intransigeants, car ils reçurent l'officier anglais chez eux et payèrent toutes ses dépenses[1175].

Quant aux officiers royaux français, leur rôle durant cette période fut particulièrement effacé : tout juste les consulta-t-on pour faire établir les saufs-conduits indispensables aux délégations anglaises[1176]. Sur le plan militaire, il est évident que lorsque le traité de Brétigny entra en vigueur, au début de 1362 en ce qui concerne le Haut-Quercy, les officiers français représentaient bien peu de choses pour les consulats. On avait pris l'habitude de traiter sans trop se soucier de leur avis, requérant leur aide à l'occasion, mais leur approbation importait bien peu.

Ils n'oublièrent cependant pas de se manifester aux Quercinois, mais pas toujours dans le sens espéré par ces derniers : dès le mois d'octobre 1356, le comte d'Armagnac convoqua les Etats du Languedoc à Toulouse au sujet du paiement de la rançon du roi Jean II, prisonnier à Londres[1177] ; vers mai-juin 1358, le comte de Poitiers fit de même pour la levée d'une troupe de plus de 2000 hommes, mais dont l'action ne devait pas dépasser deux mois[1178]. Tous ces impôts n'amélioraient en rien la situation de la province, aussi une certaine lassitude commença à se manifester face à cette façon de gouverner : la sénéchaussée n'envoya pas un seul député aux Etats de Languedoc réunis à Montpellier pour délibérer une fois de plus de la rançon du roi[1179].

A la même époque, les négociations pour le traité de paix allaient bon train entre Paris et Londres. Le Quercy était sur la sellette car, réclamé par Edouard III, il risquait fort d'être sacrifié par le régent Charles si cela permettait de garder la Normandie à la couronne de France, seule solution pour celle-ci de garder une ouverture maritime[1180]. Cette situation obscure sur le plan international n'empêcha pas le sénéchal français de Périgord et de Quercy, Géraud de Jaulin, de faire de fort louables efforts pour rendre un peu de normalité à la vie quercinoise. Le comte de Poitiers l'encouragea dans son action, lui demandant d'empêcher les ennemis de dévaster les environs de Cahors, d'y favoriser le transport des grains et d'en libérer ses accès ; il plaça aussi les Cadurciens sous une sauvegarde juridique spéciale, interdisant de les citer à comparaître en justice hors du Quercy et, de plus, les dispensa du paiement de la gabelle[1181].

[1172] *Ibid.*, f° 110 v°.
[1173] *Ibid.*, f° 115 r°.
[1174] *Ibid.*, f° 115 v°.
[1175] AM Gourdon (M.A.), CC 19, f° 2 r°.
[1176] AM Martel, BB 5, f° 117 r°.
[1177] LACOSTE (G.), *Histoire…Op.cit.*, t.III, p.155.
[1178] *Ibid.*, p.160.
[1179] *Ibid.*, p.161.
[1180] FAVIER (J.), *La guerre…Op.cit.*, pp.268-269.
[1181] LACOSTE (G.), *Histoire…Op.cit.*, t.III, p.163.

Mais l'officier laissait souvent sa juridiction livrée à elle-même, pris par ses obligations qui l'amenaient au loin ; les consulats demandaient son retour avec insistance, mais toujours sans succès[1182]. En octobre 1359, les Etats du Languedoc furent à nouveau convoqués à Carcassonne : les Quercinois durent être quelque peu exaspérés de participer à la levée de cent mille florins d'or qui y fut décrétée[1183], sachant que le versement de cette somme n'améliorerait pas vraiment la situation de leurs villes.

Les espoirs déçus de Brétigny.

La conclusion du traité de Brétigny plaça les Quercinois dans une situation nouvelle : ils seraient désormais Anglais. Il est difficile d'apprécier leur état d'esprit vis-à-vis de ce nouvel ordre des choses, mais quelques éléments peuvent nous en donner une idée. Guillaume Lacoste nous dit que lors de la livraison de leur ville au roi d'Angleterre, les consuls de Cahors affirmèrent en pleurant que ce n'étaient « pas eux qui abandonnaient le roi, mais lui qui les livrait à un maître étranger »[1184]. D'autres documents nous montrent cependant un autre aspect de l'état d'esprit cadurcien à cette époque : les magistrats, avertis vers 1360 qu'ils auraient bientôt à prêter serment à Edouard III, s'empressèrent tout d'abord de collationner les privilèges et libertés de leur ville en vue de les faire confirmer par leur nouveau maître[1185] ; d'autre part, ils préparèrent toute une série de revendications qu'ils avaient l'intention de lui présenter sitôt qu'il viendrait prendre possession de la vieille cité épiscopale. Les Gourdonnais firent de même, bien que d'une façon moins élaborée[1186]. La plupart des consulats quercinois, y compris les plus modestes, envisagèrent ainsi d'essayer de profiter de leur changement de seigneur pour améliorer leur situation : les consuls de Cajarc, par exemple, reçurent le 13 février 1362 l'ordre de l'évêque de Cahors de faire le serment au roi d'Angleterre[1187], mais ils ne le prêtèrent finalement, après moult pourparlers, que le 7 novembre de l'année suivante[1188].

Les fortes attentes des consulats.

Les revendications cadurciennes sont celles qui nous éclairent le plus sur les attentes des citadins quercinois vis-à-vis du pouvoir royal. Ayant durement constaté les insuffisances de l'administration souveraine pendant les dix premières années de guerre, les consuls essayèrent d'amener les Anglais, comme nouveaux maîtres, à y remédier. La première de leur préoccupation était bien sûr l'arrêt des opérations militaires dans la province et la punition des routiers qui la ravageaient sans vergogne[1189], chose que les officiers français n'avaient pu obtenir. De la même façon, la municipalité avait souffert de payer des impôts de guerre qui, employés à d'autres affaires que la défense locale, n'amélioraient pas la situation quercinoise : au 7e item du documents qu'ils présentèrent au représentant d'Edouard III,

---

[1182] *Ibid.*
[1183] *Ibid.*, p.167.
[1184] *Ibid.*, p.171.
[1185] AM Cahors, *Livre Tanné*, f° 40.
[1186] AUSSEL (M.), « Conditions sous lesquelles Cahors accepte la domination anglaise (janvier 1362) », dans *BSEL* t.CXIX (1998), (pp.189-197), p.189.
[1187] BN, *collection de Languedoc, Doat*, vol.137, f° 432.
[1188] *Ibid.*, f° 433.
[1189] AUSSEL (M.), « Conditions…*Op.cit.*, p.191.

ils affirmaient ne vouloir payer aucun subside au roi d'Angleterre pour ses guerres hors du Quercy, qu'elles soient menées contre le roi de France ou dans le Languedoc[1190].

Sur un plan purement organisationnel, ils avaient aussi éprouvé l'incapacité du sénéchal de Périgord et de Quercy à remplir sa tâche sur un territoire aussi vaste, comprenant les deux provinces nommées ainsi qu'une partie du Limousin ; ils demandaient à ce que le Quercy et le Périgord soient érigés en deux sénéchaussées distinctes[1191]. Enfin, ils estimaient que les offices du baillage, du ressort et des vigueries ne devaient plus être vendus, mais confiés à des « honnêtes hommes »[1192] ; il s'agissait peut-être d'une réaction au fait que nombre d'officiers royaux subalternes s'étaient servis des traités passés avec les compagnies pour réaliser des profits financiers ; ils accusaient d'ailleurs les bayles de cupidité et d'incompétence[1193] et demandaient avec insistance des juges-mages compétents et intègres[1194]. Conscients que le népotisme des seigneurs locaux avait contribué à la dégradation de la situation, ils demandaient aussi à ce que le sénéchal qui serait institué n'ait aucun lien de parenté dans la province[1195].

Incompétence, insuffisance, cupidité, les Cadurciens -et les autres citadins quercinois à travers eux- avaient de nombreux griefs contre les représentants de l'administration royale française. Une contradiction flagrante montre cependant que ces reproches étaient avant tout de circonstance : dans leurs revendications, les Cadurciens demandaient aussi à ce que le sénéchal de Périgord et de Quercy pour le roi de France, Géraud de Jaulin, chevalier originaire de la proche ville de Villeneuve, soit confirmé comme sénéchal du Quercy par le roi d'Angleterre. En fait, au-delà des défauts attribués aux officiers, les Cadurciens montraient avant tout leur défiance vis-à-vis de l'administration et du gouvernement du Valois dans son ensemble.

Cela faisait maintenant dix-sept ans que la guerre s'était installée en Haut-Quercy et il avait aussi fallut endurer la peste, qui avait commencé à frapper en 1348 et venait encore de sévir en 1361. Les gens étaient las de ces calamités et souhaitaient un rapide retour à la normale, dusse-t-il se faire sous l'autorité du roi d'Angleterre. Finalement, la fidélité au roi de France n'avait apporté que chagrins et destructions : Philippe VI et Jean II n'avaient su que mener leur royaume à la ruine ; extraordinairement élevées, les levées d'impôts qu'ils avaient exigées pour la défense du royaume n'avaient pas empêché leurs armées de subir défaites sur défaites face à un ennemi pourtant toujours inférieur en nombre. Pour les Quercinois, nul doute que la royauté française était lourdement ébranlée. Le traité de Brétigny permettait de repartir sur de bonnes bases, dans une direction différente certes, mais qui ne pouvait pas être plus mauvaise que la précédente. Et puis… Edouard III d'Angleterre n'était-il pas le petit-fils de Philippe IV, le roi de France qui avait conclu le pariage permettant au consulat cadurcien de gagner son combat séculaire face à l'évêque ? Son grand-père, Edouard Ier, avait même été seigneur d'une grande partie du Haut-Quercy. A bien y regarder, le Plantagenêt, duc d'Aquitaine, était certes un monarque lointain mais il n'était pas un étranger.

[1190] *Ibid.*, p.192.
[1191] *Ibid.*, p.193.
[1192] *Ibid.*
[1193] *Ibid.*
[1194] *Ibid.*, p.194.
[1195] *Ibid.*, p.195.

Les erreurs d'Edouard de Woodstock, prince d'Aquitaine.

Le prince Edouard de Galles, héritier d'Angleterre, put transformer le duché d'Aquitaine en principauté indépendante du royaume de son père. Les Quercinois attendaient beaucoup de lui dans les domaines évoqués ci-dessus par les revendications cadurciennes. Sur le plan de la sécurité, Edouard III avait déjà demandé en novembre 1361 à ses officiers de faire cesser les agissements de ses sujets incontrôlés qui continuaient à ravager les anciens théâtres de guerre continentaux[1196], mais lutter contre les bandes armées qui stationnaient encore en Quercy n'était pas facile. Le nouveau sénéchal anglais s'y essaya dès 1362, mais sans succès, car en août de cette année des routiers se saisirent encore de Duravel et de Fumel[1197]. Les guerres d'Espagne donnèrent un peu de calme à la province, car de nombreuses compagnies quittèrent le pays pour y participer, mais l'accalmie ne fut que de courte durée : parties en nombre à partir de 1365[1198], les premières revinrent dès 1367[1199]. Pour le Haut-Quercy, la période de Brétigny fut toutefois plus calme que la précédente, mais ce n'est pas ce que les Quercinois attendaient : ce qu'ils espéraient, c'était l'arrivée pure et simple de la paix.

Ils avaient particulièrement peu apprécié de payer des impôts pour financer les guerres des Valois sans que la province en retire une quelconque amélioration de sa situation sur le plan militaire. Le prince de Galles suscita le même mécontentement en leur demandant de participer au soutien de ses expéditions d'Espagne en fournissant hommes, chevaux et deniers[1200]. De plus, à partir de 1367, il fit de nouveau percevoir les taxes destinées aux fortifications afin de préparer ses villes à une éventuelle reprise des hostilités avec le royaume de France : les consuls de Gourdon recommencèrent pour cela à lever le souquet en 1367[1201], tandis que l'année suivante le prince ordonna à leurs homologues cadurciens de continuer la fortification de leur ville[1202]. Lorsque, courant 1368, il imposa aux Etats de Guyenne un fouage de vingt sous par feu[1203] pour renflouer ses finances mises à mal par ses expéditions et sa vie de cour dispendieuse, les murmures protestataires se firent de plus en plus forts.

Sur le plan administratif, le changement de souverain n'avait pas amené la reprise en profondeur espérée par les élites municipales quercinoises. A peine les territoires cédés à Brétigny en sa possession, Edouard III avait pourtant consulté ses nouveaux sujets sur le lieu qu'ils estimaient le plus profitable pour installer le siège du ressort du duché[1204], mais cette volonté réformatrice avait fait long feu. En fait, rien ne changea vraiment et, au moins pour le Quercy, l'administration anglaise se contenta de se calquer sur la française qui l'avait précédée. La nomination en 1365 d'un étranger, l'Anglais Thomas de Walkafera, à l'office de sénéchal de Périgord et de Quercy[1205] correspondait certes à la volonté des élites municipales d'écarter les nobles quercinois des offices royaux, mais parmi ses adjoints se trouvaient nombre de nobles de la région, comme son lieutenant qui n'était autre que Ratier de Belfort, seigneur de Caussade[1206].

[1196] *Foedera…Op.cit.*, (1344-1377), p.630.
[1197] LACOSTE (G.), *Histoire…Op.cit.*, t.III, pp.176-177.
[1198] *Ibid.*, p.182.
[1199] *Ibid.*, p.193.
[1200] *Ibid.*, pp.183-184.
[1201] AM Gourdon, CC 2.
[1202] AM Cahors, *Livre Noir*, f° 46 v°.
[1203] LACOSTE (G.), *Histoire…Op.cit.*, t.III, p.197.
[1204] *Foedera…Op.cit.*, (1344-1377), p.683.
[1205] AM Cahors, *Livre tanné*, f° 74 r°.
[1206] AM Cajarc, CC 9, f° 111 r°.

En 1362, les Quercinois espéraient certes la paix, mais aussi la reprise économique. Le gouvernement du prince de Galles en tint compte et prit quelques mesures dans ce sens : il permit dans un premier temps, en 1364, aux vins de la région de descendre à Bordeaux en payant des taxes à un taux préférentiel[1207] ; l'année suivante, il fit établir deux nouvelles foires à Cahors, l'une à Pentecôte et l'autre à la Saint-Simon et saint-Jude[1208]. Enfin, bien tardivement, il fit en mai 1368 donner cours à la monnaie de Cahors[1209], alors que les Cadurciens le demandaient avec insistance depuis six ans. La seule action significative réellement engagée par les autorités ducales pour améliorer la situation économique de la région n'intéressa qu'une partie de la province : en 1367, le prince donna des ordres à son sénéchal de Périgord et de Quercy pour qu'il fasse travailler à l'amélioration de la navigabilité du Lot[1210] ; l'année suivante, il donna d'autres directives dans le même sens et fit même pour cela lever un impôt non seulement en Quercy, mais aussi en Rouergue et en Agenais[1211]. Les travaux avancèrent cependant lentement et, en juin 1368, on en était encore à faire rompre des roches du côté de Penne d'Agenais, à une trentaine de kilomètres à l'ouest de Puy-l'Evêque[1212].

La rébellion.

Insécurité, fiscalité omniprésente, rien n'avait vraiment changé depuis 1362 et la reprise économique se faisait attendre. L'imposition du fouage de vingt sous par feu finit d'exaspérer les consulats quercinois, et ce d'autant plus que sa levée fut particulièrement surveillée par les officiers du duc, qui contrôlèrent minutieusement les listes de contribuables que leur fournirent les municipalités[1213]. Les nobles quercinois allèrent se plaindre de cet impôt au roi de France : il se trouvait toujours souverain de droit des territoires concédés à son rival anglais à Brétigny en 1360.

Le traité de Brétigny précisait que les deux souverains devraient faire des renonciations bilatérales pour entériner définitivement les échanges de territoires prévus. En fait, Edouard III n'imaginait alors pas entrer en possession de ses nouvelles provinces autrement qu'en pleine souveraineté : il laissa passer les dates planifiées pour les renonciations et la situation resta telle quelle sur le plan juridique. Charles V n'avait donc pas à se prévaloir d'un quelconque événement nouveau pour pouvoir s'affirmer souverain des territoires cédés en 1360[1214].

Les appels faits à Charles V par les nobles des provinces soumises aux Anglais à propos du fouage lui permirent d'avancer ses pions. Une intense opération de propagande en sa faveur fut orchestrée dans tous les territoires cédés. Le duc d'Anjou envoya en Quercy l'archevêque de Toulouse Gaucelin de Vayrols, originaire de Cahors, qui à partir de février 1369 gagna au roi de France Cahors et une soixantaine d'autres lieux, villes et châteaux, parmi lesquels Figeac, Gramat, Rocamadour et Capdenac, tous jurant fidélité et obéissance[1215]. Cette promptitude à se rallier ne fut pas générale : en juin, les consuls de Cajarc demandaient encore conseil à leur seigneur sur l'attitude à adopter face aux événements[1216] ; bien qu'ouvertement hostiles aux Anglais[1217], ils n'étaient pas encore prêts à ouvrir grand leurs portes

---

[1207] LACOSTE (G.), *Histoire…Op.cit.*, t.III, p.181.
[1208] *Ibid.*
[1209] BN, *collection de Languedoc, Doat*, vol. 119, f° 231.
[1210] *Ibid.*, f° 225.
[1211] *Ibid.*, ff° 227, 229, 233.
[1212] AM Cajarc, CC 10, f° 46 r°.
[1213] *Ibid.*, f° 67 v°.
[1214] FAVIER (J.), *La guerre…Op.cit.*, pp.312-314.
[1215] FROISSART, *Chroniques…Op.cit.*, T.VII, p.340.
[1216] AM Cajarc, CC 6, f° 139 v°. D'autres furent beaucoup plus longs à se rallier, malgré des déclarations purement formelles en faveur du roi de France : les consuls de Sarlat ne soumirent leur ville que le 3 février 1370, sous des menaces non déguisées et après avoir longuement tergiversé. A ce sujet, voir MARMIER (G.), « Gilbert de Domme, sénéchal du Périgord », dans *Bulletin de la Société Historique et Archéologique du Périgord*, t.V (1878), pp.247-272.

aux troupes envoyées par le duc d'Anjou[1218]. D'autre part, certaines adhésions étaient fragiles, car même ralliés précocement, beaucoup de consulats n'entendaient pas subir la guerre qui reprenait plus qu'ils ne l'avaient déjà fait par le passé : il ne fallut que quelques démonstrations de force à l'armée de Johan Chandos pour faire ouvrir les portes de Gramat, Rocamadour et Fons, et obtenir de leurs municipalités un nouveau serment d'allégeance au roi d'Angleterre[1219].

Les officiers royaux perçurent la réticence - ou la prudence - des élites urbaines quercinoises face à un ralliement sans réserve au parti de Charles V. Certes, elles ne souhaitaient plus être maintenues sous le joug du duc d'Aquitaine : après sept ans, la situation était loin de s'être améliorée comme elles l'espéraient et elle s'était même par certains aspects dégradée, sur le plan fiscal notamment. Pour autant, ils voulaient que leur retour dans le camp français se fasse avec plus de garanties qu'il ne leur avait été données lors du précédent changement.

Le renouveau de l'action administrative royale.

Charles V ne s'était pas lancé à l'aventure dans la reprise des hostilités avec l'Angleterre. Il avait préparé cette affaire minutieusement à tous points de vue. Concernant le Quercy, il était évident que le ralliement devait être suivi de mesures fortes si l'on voulait que les municipalités se maintiennent solidement dans l'orbite française. Ce que voulaient les Quercinois était connu : n'ayant pas été exaucés, les souhaits émis par les Cadurciens en 1362 étaient toujours valables. Les consulats furent rapidement rassurés sur l'essentiel, le roi reconnaissant et confirmant leurs privilèges et libertés dès les premiers mois de 1369[1220]. Ce n'était cependant qu'un minimum, car les attentes des citadins étaient nombreuses.

Depuis maintenant près de vingt-cinq ans, la ruine poursuivait son œuvre. En plus de la guerre, la peste et la famine venaient régulièrement alourdir le sort des Quercinois. Quant aux villes, elles étaient particulièrement représentatives de l'état de déliquescence de la province : Cajarc, qui comptait 880 feux en 1344, n'en dénombrait plus que 380 en 1368[1221] ; la ville avait vu son cheptel passer, de l'hiver 1343 à l'hiver 1366, de 105 à 22 bovins et de 4575 à 407 chèvres et moutons[1222]. Vers 1368, la situation était cependant en voie d'amélioration suite au calme relatif de la période de Brétigny[1223], mais elle appelait de nouvelles mesures pour véritablement relancer l'économie.

Les encouragements de Charles V.

Les consuls cadurciens, premiers ralliés, furent les premiers servis : alors que les habitants de Montcuq se maintenaient du côté anglais, Charles V décida en 1369 de donner tous les droits et appartenance de leur juridiction aux Cadurciens[1224]. Quant à leurs homologues figeacois, ils furent la même année à nouveaux maîtres de l'atelier monétaire

---

[1217] AM Cajarc, CC 6, f° 138 r°.
[1218] *Ibid.*, f° 139 r°.
[1219] FROISSART (J.), *Chroniques…Op.cit.*, T.VII, pp.370-373.
[1220] AM Capdenac, AA 5.
[1221] CLAVAUD (F.), « Un rôle…*Op.cit.*, p.15.
[1222] CLAVAUD (F.), *Cajarc…Op.cit.*, t.II, p.116.
[1223] *Ibid.*
[1224] AM Cahors, *Livre Noir*, f° 47 v°.

de leur ville[1225]. Ces mesures étaient censées redonner un peu de vigueur aux finances municipales, mais il fallait avant tout que les échanges commerciaux puissent reprendre : toujours en 1369, les Capdenacois furent autorisés à acheter et posséder des biens nobles sans avoir à payer de taxe[1226], tandis que l'année suivante en juillet, on donna la liberté des taux de change aux Cadurciens[1227], ainsi que le pouvoir de suspendre toutes leurs dettes durant dix ans[1228] ; le mois suivant, on leur accorda le droit de commercer dans tout le royaume sans payer aucune imposition, qu'il s'agisse de gabelle, leude ou péage, en récompense des services rendus lors du ralliement[1229].

Alors que la province restait parcourue par de nombreuses bandes anglo-gasconnes, l'effet de ces mesures dut être très mitigé, et ce malgré les troupes que le roi envoya pour soutenir les défenses locales[1230]. Elles montraient toutefois la bonne volonté du pouvoir royal vis-à-vis des villes, notamment quand elles se trouvaient en difficulté. Ce fut tout particulièrement le cas de Figeac, lorsque cette ville, prise en octobre 1371, fut au pouvoir des capitaines gascons Bertrucat d'Albret et Bernard de la Salle pendant deux ans. En effet, bien qu'occupés, les Figeacois reçurent en 1372 des encouragements de la part du pouvoir royal, sous la forme d'une nouvelle confirmation par le roi des privilèges et libertés de leur ville[1231] ; peu après le départ des Anglais, ils reçurent de nouveaux privilèges, dont en particulier celui de ne pas payer leurs dettes durant une année entière[1232]. Suivant le cours des événements, Charles V sut ainsi distiller des avantages ou des privilèges fiscaux aux moments les plus opportuns.

Le rapprochement de l'administration royale.

Comme cela était apparu au moment de la prise de possession de la province par les Anglais, les municipalités attendaient une plus grande proximité de l'administration royale : les consuls de Cahors avaient demandé sans succès au roi d'Angleterre de leur donner un sénéchal pour le seul Quercy. Ils furent entendus par Charles V, qui avait lui-même tout intérêt à renforcer cette proximité pour mieux contrôler des villes dont l'autonomie s'était grandement développée. En 1373, la sénéchaussée de Périgord et de Quercy fut démantelée : il y aurait désormais une sénéchaussée pour le Périgord, une autre pour le Quercy et les villes de Brive et d'Uzerche seraient rattachées à celle du Limousin[1233].

Le rapprochement de l'autorité royale fut très rapidement perceptible : alors qu'en 1356 les Cajarcois n'avaient pas eu affaire une seule fois à leur sénéchal, correspondant uniquement avec le viguier de Figeac qu'ils ne voyaient d'ailleurs que peu fréquemment[1234], ils le rencontrèrent à au moins trois reprises en 1374 ; ils eurent aussi des contacts directs avec son lieutenant et avec son fils, qui était chargé de certaines missions[1235]. En 1355-56, les Gourdonnais avaient eu, eux aussi, fort peu de contacts avec les officiers royaux[1236], mais il est visible qu'en 1375-76 ils n'hésitaient pas à recourir directement à eux dans de nombreux domaines, qu'ils soient militaires, fiscaux ou judiciaires[1237]. La reprise

---

[1225] AM Figeac, AA 2.
[1226] AD Lot, F 127.
[1227] ALBE (E.), « Inventaire…*Op.cit.*, 2ᵉ partie, p.76.
[1228] BN, *collection de Languedoc, Doat*, vol.122, f° 187.
[1229] ALBE (E.), « Inventaire…*Op.cit.*, 2ᵉ partie, p.76.
[1230] NOEL (R.P.R.), *Town Defence… Op. cit.*, p.180.
[1231] AD Lot, F 127 et F 207.
[1232] *Ibid.*, F 127.
[1233] FLANDIN-BLETY (P.), *Essai…Op.cit.*, p.70.
[1234] AM Cajarc, CC 8.
[1235] *Ibid.*, CC11.
[1236] AM Gourdon (M.A.), CC 18.
[1237] *Ibid.*, CC20, ff° 4 v°, 17 r°, 19 v°

en main administrative n'était cependant qu'une étape dans le processus qui visait à sécuriser durablement la région à l'aide des villes.

Les efforts royaux pour sécuriser la province.

A la fin septembre 1356, lorsque les consuls de Cajarc conclurent leur premier traité avec Pierre de Gontaut, capitaine installé à Gréalou[1238], ils en furent immédiatement blâmés par le comte d'Armagnac, qui les incitait à mieux se défendre en combattant et leur promettait des secours pour ce faire ; en fait, les Cajarcois ne furent pas dupes de cette aide qui ne dépasserait pas le stade de vœu pieu : dans le même courrier, le comte dévoilait ses difficultés en leur demandant de payer rapidement les sommes indispensables à la subsistance des troupes royales[1239]. À l'opposé et au rang inférieur, les nobles possessionnés dans la région étaient d'autant plus réalistes et compréhensifs que leurs terres étaient aussi ravagées par les Anglais. C'est ainsi qu'en juin 1356, les consuls de Martel demandèrent conseil à leurs seigneurs de Turenne et de Pons pour les négociations du *pati* qu'ils projetaient de passer[1240], tandis que les Gourdonnais profitèrent la même année de celui pris par leur seigneur, Guilhem de Thémines, avec la garnison de Nadaillac[1241].

A cette époque, il y avait déjà bien longtemps que les Quercinois ne comptaient plus sur les grandes trêves négociées au niveau des deux royaumes pour empêcher les bandes armées de dévaster la région. Durant celle établie pour un an à compter du 1er août 1350[1242], des détachements anglo-gascons ne se privèrent pas de voler et de rançonner ceux qui pouvaient tomber entre leurs mains[1243] ; celle qui la prolongea d'une année[1244] ne fut pas plus observée, étant donné que la ville de Souillac fut prise durant cette période[1245]. Les exemples de traités violés sont légion : celui allant du 22 juillet 1375 au 30 juin 1376 le fut en Haut-Quercy à au moins cinq reprises, en ne comptant que les attaques d'importance notable, les petites actions ayant été innombrables[1246]. Il est à noter que cette inobservation des trêves royales n'était pas exclusivement le fait des Anglo-Gascons : les consuls de Cahors attaquèrent les garnisons qui tenaient les châteaux de Cours, Vers et Galessie durant cette même suspension d'armes[1247].

Des consulats prêts à agir de concert.

Au sein de la province, certaines localités conclurent entre elles des traités d'entraide militaire mutuelle, ce que le pouvoir royal naturellement encouragea. Les consulats de Figeac et de Cajarc se promirent ainsi, le 26 avril 1347, une aide bilatérale pour leur défense face aux ennemis du roi, aide qui prendrait la forme de fournitures d'hommes ou d'argent suivant les besoins[1248] ; huit ans plus tard, cette alliance fut renforcée par le comte d'Armagnac qui, lors de l'assemblée des villes quercinoises à Moissac, réaffirma l'obligation qu'avaient les deux communautés de se prêter

---

[1238] AM Cajarc, CC 8, f° 161 v°.
[1239] SAVY (N.), « La prise de Fons…*Op.cit.*, p.37.
[1240] AM Martel, BB 5, f° 99 v°.
[1241] AM Gourdon (M.A.), CC 18, f° 91 r°.
[1242] *Foedera…Op.cit.*, pp.197-198.
[1243] AM Martel, BB 5, f° 57 v°.
[1244] *Foedera…Op.cit.*, p.232.
[1245] AM Martel, CC 3-4, f° 38 v°.
[1246] AM Gourdon, CC 20, ff° 28 v° et 29 r°; AM Cajarc, CC 12, reg. III, ff° 77 v°, 80 v°.
[1247] LACOSTE (G.), *Histoire…Op.cit.*, t.III, pp.257-259.

mutuellement assistance[1249]. Elle fut mise à l'épreuve dès l'année suivante, lorsque suite à la prise de Fons les consuls de Figeac demandèrent le renfort d'une compagnie aux Cajarcois pour les aider à reprendre ce bourg ; l'expédition eut lieu mais fut un échec cuisant, le détachement figeaco-cajarcois étant mis en déroute[1250]. Tout comme ailleurs, cette défaite face aux Anglo-Gascons atténua fortement les velléités offensives des deux municipalités, mais ne rendit pas pour autant caduc le traité d'alliance mutuelle. Les Figeacois envoyèrent ainsi, fin 1369, vingt-cinq sergents renforcer la défense de Cajarc, alors menacé par la garnison de Salvagnac et, bien qu'il ne se passa rien, les Cajarcois payèrent les frais de la troupe[1251]. Pour le reste, les deux municipalités ne coopérèrent pas dans plus de domaines que les autres, mais étant particulièrement proches, leurs rapports furent naturellement plus intenses. Il est probable que les Figeacois passèrent une alliance similaire avec Capdenac, mais aucun document n'y fait clairement référence.

Si leur collaboration en matière d'action militaire offensive ne dépassa pas les premières années du conflit, les consulats de Figeac, Cajarc et Capdenac se concertèrent régulièrement dans un domaine particulièrement important : l'établissement des *patis*. Après une période de flottement où chacun d'entre eux négocia pour son propre compte sans tenir compte de la situation des deux autres, leurs magistrats comprirent très vite qu'ils avaient tout intérêt à savoir ce que payaient leurs voisins afin de ne pas accepter de donner aux Anglais plus que de raison. Bien plus qu'un argument de négociation, il s'agissait aussi pour les municipalités de présenter une sorte de front uni aux exigences anglo-gasconnes en fixant ensemble les sommes au-delà desquelles elles n'accepteraient pas d'aller. C'est pourquoi en septembre 1377 par exemple, les consuls de Cajarc[1252] et de Capdenac[1253], alors en pourparlers avec le capitaine de Balaguier-d'Olt au sujet de l'établissement de leurs *pati* respectifs, envoyèrent des messagers à leurs homologues figeacois pour savoir de quelle manière ils négociaient le leur.

Pour faire cesser l'établissement des traités, il aurait fallu que les officiers royaux soient en mesure de chasser les bandes armées. Il est évident que la simple option militaire leur était d'avance interdite, leurs moyens étant par trop réduits, aussi ne leur restait-il alors qu'un moyen, et encore à condition que les municipalités apportent leur concours : le rachat des places prises par l'ennemi. En 1356 déjà, les seigneurs de Turenne avaient fait participer les localités de leur vicomté au rachat de Souillac[1254]. Cette pratique se poursuivit ensuite et en 1374 par exemple, le siège posé devant Autoire ne fut pas mené à son terme car Bernard de la Salle, qui commandait la garnison assiégée[1255], consentit à vider les lieux contre paiement[1256]. Ce type de guerre prudente dans laquelle on ne s'egageait jamais à fond, ou si peu, dans des opérations offensives, cadrait parfaitement avec la stratégie mise en œuvre par Charles V.

Le renforcement de la présence militaire royale.

Charles V tira les leçons des erreurs de ses père et grand-père. C'en était fini de poursuivre l'Anglais en grande chevauchée et de risquer le sort du royaume sur une bataille de rencontre, comme on en avait fait l'amère expérience à

[1248] AM Cajarc, EE 11.
[1249] LACOSTE (G.), *Histoire…Op.cit.*, t.III, p.146.
[1250] SAVY (N.), « La prise de Fons…*Op.cit.*
[1251] AM Cajarc, CC6, f° 147 v°.
[1252] AM Cajarc, CC13, f° 57 r°.
[1253] AM Capdenac, EE 2.
[1254] AM Martel, BB 5, f° 100 v°.
[1255] AM Cajarc, CC 11, reg. I, ff° 48 r°, 50 v° 54 r°, 64 r° et v°.

Crécy en 1346 ou à Poitiers dix ans plus tard. Au contraire, méthodique, le jeune roi s'employa à se donner les moyens de ses objectifs en faisant mieux lever les impôts et prescrivit, suivant l'expression de Jean Favier, une « véritable « nationalisation » des places fortes » ; elles devaient toutes être mises en état de supporter un siège, pourvues en artillerie, vivres et munitions, ou être rasées si elles étaient indéfendables[1257]. Les utilisant comme bases pour attaquer le Plantagenêt progressivement, château par château et ville par ville, ses armées reconquérirent les territoires laissés aux mains des Anglais à Brétigny en 1360 ; en 1374, le front de cette reconquête avait déjà largement dépassé le Quercy[1258], mais des bandes armées étaient restées en arrière et tenaient toujours de nombreux points forts.

Durant les premières années du conflit, de 1345 à 1356, le pays comptait quelques garnisons royales positionnées ici et là. En 1347, celle de Cahors était commandée par Hugues de Cardaillac-Bioule et comprenait cinquante hommes d'armes[1259] ; cinq ans plus tard, celle de Martel, sous l'autorité de Guilhem Vassal, avait un effectif de dix hommes d'armes et dix sergents[1260], tandis que la compagnie de Dorde de Lentillac, affectée à la garde de Capdenac, était composée de dix-huit cavaliers et douze arbalétriers[1261]. Il est probable que la plupart des villes et bourgs d'importance aient ainsi été dotés de petites troupes soldées par le roi, mais pour les villages et les châteaux, la chose était beaucoup moins fréquente. On trouve cependant quelques mentions ici et là : Bernard de Guiscard était capitaine du château de Lacoste, qu'il défendait avec six hommes d'armes et douze sergents en 1348[1262], tandis qu'en 1352, une troupe royale tenait la Maynada, un réduit fortifié des environs de Martel[1263].

Le nombre de ces garnisons augmenta significativement avec l'arrivée de Charles V. On en dissémina un peu partout pour quadriller efficacement le pays et ainsi empêcher les bandes armées de se saisir de lieux pouvant leur servir de bases d'opérations. On trouve ainsi des mentions de capitaines au service du roi de France à Brengues, Montbrun et Larnagol dès 1369[1264], Dégagnac en 1371[1265], ainsi que Salviac, Caniac, Saint-Chamarand et Carlux en 1376[1266]. Sans être extraordinaire, l'installation de ces garnisons contribua à multiplier les lieux sûrs pour les détachements français et à gêner les Anglo-Gascons.

Sur le plan offensif, la province n'a pas fait l'objet de projets importants de la part des armées royales. En 1369, la défense cadurcienne fut certes renforcée par le duc d'Anjou pour contrer une attaque éventuelle des armées ennemies rassemblées à Montauban et à Agen mais, répondant aux mouvements de celles-ci, l'effort changea ensuite rapidement d'objet et fut porté sur Duravel[1267] ; tout aussi ponctuelle fut, quatre ans plus tard, la venue d'une partie de l'armée de Bertrand du Guesclin, destinée à contrer la chevauchée de Lancastre qui se dirigeait vers la région[1268]. En fait, les seules actions militaires d'importance menées en Haut-Quercy par les troupes royales le furent peu après : l'armée de Louis de Bourbon vint en juillet 1374 chasser les détachements ennemis installés dans la région de Brive et se rendit maître de

---

[1256] *Ibid.*, f° 74 r°.
[1257] FAVIER (J.), *La guerre…Op.cit.*, p.327-331.
[1258] *Ibid.*, p.346-359.
[1259] ALBE (E.), « Inventaire…*Op.cit.*, 2ᵉ partie, p.48.
[1260] AM Martel, BB 5, f° 71 v°.
[1261] LACOSTE (G.), *Histoire…Op.cit.*, t.III, pp.136-137.
[1262] *Ibid.*, p.118.
[1263] AM Martel, BB 5, f° 72 r°.
[1264] AM Cajarc, CC 6, ff° 77 r°-156 v°.
[1265] AUSSEL (M.), « Dégagnac menacé d'excommunication (décembre 1371) », dans *BSEL* t.CXX (2ᵉ fasc. 1999), pp.93-96.
[1266] AM Gourdon (M.A.), CC 20.
[1267] FROISSART (J.), *Chroniques…Op.cit.*, T.VII, p.370.
[1268] PATAKI (T.), « Il y a…*Op.cit.*, p.95.

Martel, qui avait été pris quelques mois auparavant[1269] ; celle de Bertrand du Guesclin la releva dans cette zone et reprit la forteresse de Lostanges le 24 ou le 29 octobre suivant[1270]. Quant à Jean de Bueil, il était déjà venu en Haut-Quercy en 1374, alors qu'il faisait partie de l'armée du duc de Bourbon[1271] ; deux ans plus tard, capitaine de la province pour le duc d'Anjou[1272], il s'attaqua sérieusement aux repaires anglo-gascons de Beaumat[1273] et de Vers[1274]. Toutes ces opérations étaient certes bénéfiques pour la province, mais leur caractère ponctuel faisait qu'elles n'étaient que de passagères bouffées d'oxygène pour la défense du pays.

Les officiers du roi étaient d'autre part bloqués par les trêves générales qu'ils étaient normalement tenus d'observer et de faire observer. Entre 1375 et 1377 courut la trêve de Bruges[1275], durant laquelle on put voir de grands officiers royaux, comme le duc d'Anjou, sermonner vertement ceux qui, placés sous leur autorité, enfreignaient ce traité sans vergogne[1276]. Il est ainsi probable que les garnisons de Beaumat et de Vers, attaquées par Jean de Bueil durant cette trêve, n'étaient pas reconnues comme sous l'autorité du roi d'Angleterre et n'étaient ainsi pas couvertes par la trêve.

Les rachats de places.

En Haut-Quercy, les moyens militaires des officiers royaux étaient de toute façon insuffisants pour contrer les compagnies sur une large échelle. Jean de Bueil, pour assiéger le modeste château de Vers, comptait pour arriver à ses fins sur l'aide en hommes et en vivres des villes de la région[1277], car ses propres troupes étaient trop peu nombreuses pour mener seules cette entreprise à bien. L'option purement militaire était de toute façon en recul : trois ans auparavant, en faisant racheter Figeac par les Etats du Quercy[1278], Jean d'Armagnac avait montré que, pour insuffisant qu'il était à financer des armées locales capables de lutter contre les Anglo-Gascons, l'argent que l'on pouvait tirer de la province permettait de payer le rachat des places tenues par l'ennemi. En 1374, on racheta ainsi Autoire, tandis que deux ans plus tard, Marquès de Cardaillac, probablement sous l'autorité de Jean d'Armagnac, œuvra activement pour faire participer les villes et bourgs du Figeacois au rachat de Balaguier-d'Olt[1279], dont la garnison était très active ; il travailla de la même façon à l'évacuation de l'ensemble du Quercy[1280].

Les opérations de rachat sur une telle échelle n'allaient pas sans difficulté : si les Figeacois, Cajarcois et Capdenacois étaient au premier chef intéressés par le rachat du château de Balaguier-d'Olt, situé en Rouergue mais à quelques kilomètres seulement de leurs trois villes, il en allait tout autrement des habitants de Gourdon qui, pour ne rien subir de Balaguier-d'Olt, avait d'autres garnisons à affronter. En mai 1376, leurs consuls signifièrent au comte d'Armagnac et à Ratier de Belfort, lieutenant du sénéchal de Quercy, qu'ils n'accepteraient de contribuer au rachat de

---

[1269] *Ibid.*, p.98.
[1270] *Ibid.*
[1271] LACOSTE (G.), *Histoire...Op.cit.*, t.III, p.250.
[1272] AM Gourdon (M.A.), CC 20, f° 17 r°.
[1273] *Ibid.*, f° 43 v°.
[1274] *Ibid.*, f° 44 r°.
[1275] FAVIER (J.), *La guerre...Op. cit.*, pp.359-360.
[1276] LACOSTE (G.), *Histoire...Op.cit.*, t.III, pp.257-259.
[1277] AM Gourdon (M.A.), CC 20, f° 44 r°.
[1278] LACOSTE (G.), *Histoire...Op.cit.*, t.III, p.238.
[1279] AM Cajarc, CC 12, reg. III, f° 78 v°.
[1280] *Ibid.*, ff° 80 r°, 81 r°.

places rouergates que s'ils contribuaient aussi à celui des places périgourdines et quercinoises[1281], alors qu'aucune opération de rachat n'était en cours pour ces provinces : les Gourdonnais voulaient bien payer et être solidaires avec les Rouergats, mais ils ne comptaient pas faire les frais d'un procédé à sens unique. Ce genre d'ergotage n'était pas spécifique aux consulats quercinois, car le sénéchal de Provence éprouva le même genre de difficultés pour faire participer financièrement les communautés provençales à des actions d'ensemble visant à chasser les routiers de Raymond de Turenne[1282].

Les négociations entre le comte d'Armagnac et les capitaines anglo-gascons durèrent longtemps et se focalisèrent sur le Rouergue, où le comte avait de nombreuses possessions ; les consuls de Gourdon demandèrent encore en février 1377 à Marquès de Cardaillac, chargé de négocier avec les capitaines, d'inclure le Quercy dans le traité[1283], mais celui-ci ne fut pas conclu et les bandes installées dans la province y restèrent ; Marquès de Cardaillac réussit toutefois à racheter Camboulit avec l'aide, entre autres, de Cajarc[1284], mais le Figeacois resta malgré tout infesté par les bandes[1285]. Tout ceci montre que les consulats quercinois étaient favorables aux rachats et étaient prêts à suivre les initiatives des officiers royaux dans ce domaine, mais pour peu que leurs communautés en soient réellement bénéficiaires.

La fin de la trêve de 1375-77 autorisa les officiers royaux à reprendre la guerre les armes à la main. Marquès de Cardaillac alla ainsi assiéger Fons dès qu'elle se termina[1286], tandis qu'en septembre suivant le duc d'Anjou convoqua les Etats du Quercy pour obtenir d'eux la levée d'un subside destiné à financer la lutte armée contre les compagnies[1287]. Les mesures prises dans ce cadre furent largement insuffisantes, car peu de temps après les consuls de Cahors levèrent à leur frais un détachement pour protéger les alentours de leur ville[1288], tandis que les Cajarcois, pratiquement livrés à eux-mêmes, n'eurent pas d'autre solution que de payer *pati* sur *pati* aux garnisons alentours, dont celles de Balaguier-d'Olt et de Palaret en particulier[1289]. La reprise des actions armées ne permettant pas à elle-seule de venir à bout du danger anglo-gascon, la politique des rachats ne fut pas abandonnée : en 1379, Jean II d'Armagnac racheta une grande partie des localités tenues par les Anglo-Gascons[1290], rachat pour lequel les villes quercinoises furent mises à contribution[1291], et ce peut-être sur leur demande[1292].

La mort de Charles V vint mettre un terme à ces opérations de guerre menées à coup de livres, sous et deniers. En effet, en supprimant les fouages sur son lit de mort, il enleva à son successeur la plus grande partie de ses possibilités d'action[1293]. Localement, le résultat ne se fit pas attendre et en peu de temps, toutes les places précédemment rachetées furent réoccupées[1294] : en 1383, Figeac subissait les agissements d'une quinzaine de compagnies anglo-gasconnes, dont

---

[1281] AM Gourdon (M.A.), CC 20, f° 6 v°.
[1282] HEBERT (M.), *Tarascon… Op. cit.*, pp.175-176.
[1283] AM Gourdon (M.A.), CC 20, f° 49 r°.
[1284] AM Cajarc, CC 14, reg. I, ff° 29 r° et 33 v°.
[1285] AM Figeac, CC 5.
[1286] AM Cajarc, CC 14, reg. II, f° 32 v°.
[1287] AM Figeac, CC 2.
[1288] LACOSTE (G.), *Histoire…Op.cit.*, t.III, p.262.
[1289] AM Cajarc, CC 14, nombreuses mentions dans les trois registres.
[1290] LACOSTE (G.), *Histoire…Op.cit.*, t.III, pp.265-266.
[1291] AM Cajarc, CC 15, reg. II, f° 53 v°, 57 v°, 58 r°, 69 v°.
[1292] Les Etats du Gévaudan firent à la même époque une demande au comte d'Armagnac pour qu'il les aide à faire évacuer les places de Carlat, Bénévent et Château d'Anzo, tenues par les Anglais ; ils s'engagèrent à lui fournir les six mille francs nécessaires à l'opération ; ce document est dans BN, *collection de Languedoc*, DOAT, vol. 200, ff° 226-235. Il est possible que les Etats quercinois aient de la même façon sollicité le comte.
[1293] FAVIER (J.), *La guerre…Op.cit.*, p.363.
[1294] LACOSTE (G.), *Histoire…Op.cit.*, t.III, pp.269-282.

neuf étaient installées en Quercy, trois en Rouergue et enfin les trois dernières en Auvergne. Ce retour des bandes armées se fit d'autant plus facilement que les garnisons françaises installées par le comte d'Armagnac avaient progressivement quitté leurs postes, faute de percevoir leurs soldes[1295]. Cette situation n'était pas propre au Haut-Quercy : dans le proche Agenais, les habitants se plaignaient du fait que les gens d'armes du roi établis dans la région étaient si mal payés qu'ils vendaient leurs équipements pour subvenir à leurs besoins, tant et si bien qu'ils étaient incapables d'assurer la moindre défense au pays[1296].

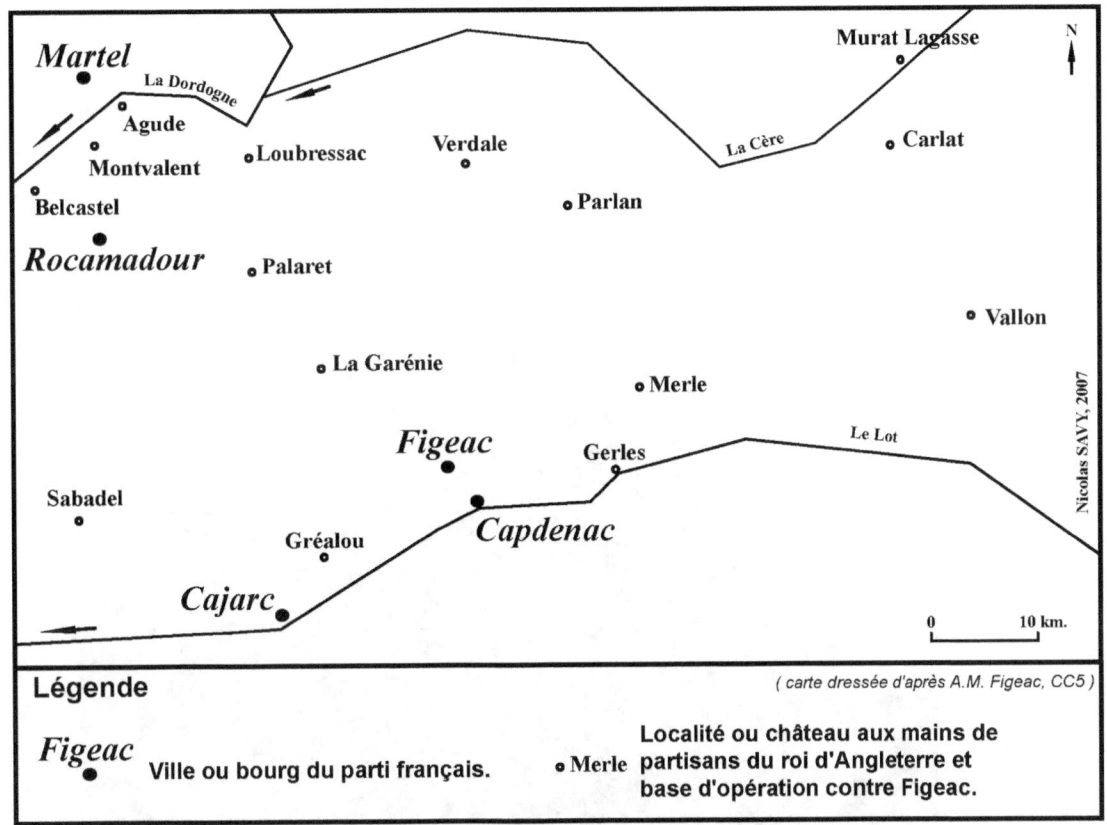

Carte 19. Les compagnies opérant contre Figeac en 1383.

Durant cette période, il y eut cependant quelques opérations menées contre les Anglo-Gascons par les sénéchaux de Toulouse[1297] et du Quercy[1298], mais elles ne furent que des coups d'épée dans l'eau : leurs moyens étaient limités car la province ne payait pas les sommes nécessaires à l'entretien du maigre contingent de cent hommes d'armes auquel elle était tenue[1299]. Ce n'est qu'en juillet 1387 qu'une nouvelle grande opération de rachats fut effectuée par Jean III d'Armagnac, capitaine général en Languedoc ; elle concernait le Quercy, le Rouergue, l'Auvergne et le Velay[1300].

Bien que ne faisant pas cesser les activités des Anglo-Gascons et encore moins leurs incursions sur tout le territoire quercinois, les rachats amenaient progressivement les capitaines anglais à abandonner durablement certains secteurs ; en effet, les places rachetées étaient ensuite pourvues en défenseurs de façon à empêcher toute nouvelle prise

---

[1295] *Ibid.*, p.287.
[1296] TAMISEY DE LARROQUE (P.), *Documents inédits pour servir à l'histoire de l'Agenais*, Paris et Bordeaux, édité par la Société d'Agriculture, Sciences et Arts d'Agen, 1875, pp.62-63.
[1297] LACOSTE (G.), *Histoire…Op.cit.*, t.III, pp.282-283.
[1298] *Ibid.*, pp.284, 286.
[1299] *Ibid.*, p.287.
[1300] *Ibid.*, p.289.

d'assaut. On observa ainsi, durant cette période où Charles VI, désormais majeur, venait de prendre les rênes du pouvoir à ses oncles, une amélioration de la situation sur le plan militaire, les bases des compagnies étant alors principalement cantonnées dans les parties nord et ouest du Quercy. Cajarc, qui avait auparavant affaire à des bandes armées installées sur des points forts très peu éloignés, traitait en 1388 avec celles tenant garnison à Lacapelle-Marival, le Bourg, et Anglars, lieux situés entre 25 et 28 kilomètres[1301] ; Capdenac, en 1390, avait un *pati* en cours avec Noli Barbe[1302], capitaine du Sorp et de Pinsac, deux localités respectivement sises à 72 et 53 kilomètres. Il faut cependant remarquer que si ce recul sensible des Anglo-Gascons vers le nord de la province était bénéfique à toutes les localités du sud, il ne faisait qu'accentuer la pression sur les autres.

Figure 28. Vue de Montbrun depuis le sud-est.

La situation variait cependant énormément d'une année, voire d'un mois sur l'autre car les Anglo-Gascons faisaient régulièrement des retours offensifs vers le sud : les troupes de Bertrand de Basserat furent en 1389 présentes dans toute la vallée du Célé[1303], tandis que l'année suivante Montbrun, Larroque-Toirac et Cadrieu furent pris malgré la trêve générale alors en cours[1304].

[1301] *Ibid.*, pp.290-291.
[1302] AM Capdenac, EE 3.
[1303] LACOSTE (G.), *Histoire…Op.cit.*, t.III, p.293.
[1304] *Ibid.*, p.295.

Fait notable de cette période, le comte d'Armagnac tenta de réduire le danger que représentaient les compagnies en donnant la seigneurie de Gourdon à Ramonet del Sort, qui se disait jusqu'alors au service du roi d'Angleterre[1305]. Ce capitaine mercenaire avait en 1379 exercé ses talents aux côtés d'Aymerigot Marchès en Limousin et en Auvergne[1306] et se trouvait en Quercy depuis au moins 1381, année où il avait obtenu un *pati* de Cahors[1307] ; trois ans plus tard, il était l'un des chefs anglais les plus puissants du Haut-Quercy, tenant de nombreuses garnisons entre Saint-Céré et Cardaillac[1308]. Le comte d'Armagnac espérait probablement que, pourvu d'une ville importante comme Gourdon, Ramonet del Sort la défendrait et participerait à réduire l'action des routiers qui sévissaient dans le nord quercinois. En fait, le projet fut un échec total : trois ans après avoir reçu Gourdon, il sévissait encore contre les localités quercinoises malgré l'engagement qu'il avait pris de ne causer aucun préjudice au roi de France[1309] ; tout juste accepta-t-il, en 1390, de respecter la trêve en cours[1310], mais il ne dirigea ses armes contre ses anciens compagnons à aucun moment. Parmi eux se trouvait notamment Noli Barbe, qui tenait une grande partie de la région et avec qui il avait longuement chevauché par le passé[1311] : bien plus que de servir le roi de France, il était difficile de briser un vieux lien de fraternité d'armes. A contrario, les habitants de Gourdon avaient beaucoup à se plaindre des exactions de leur nouveau seigneur[1312].

Le reflux des Anglais vers le Périgord.

En juin 1390 apparut pour la première fois depuis le début du conflit la volonté clairement affichée d'un roi d'Angleterre de faire respecter une trêve en cours. En effet, tout comme Charles VI, Richard II souhaitait la paix. Le roi de France envoya alors un commissaire, Jean de Blaisy, qui avec le comte d'Armagnac décida d'imposer au Quercy et aux provinces limitrophes la somme de 24 000 francs afin de payer le départ des bandes armées qui sévissaient encore dans la région. Dans le même temps, une assemblée pour l'observation des trêves se tint à Cahors avec des représentants du roi d'Angleterre[1313]. Menacés de sévères poursuites franco-anglaises qui risquaient de les conduire à l'échafaud, certains capitaines routiers, tels Ramonet del Sort, se soumirent et consentirent à cesser leurs exactions pour un temp [1314]. Il faut dire qu'un événement récent contribua certainement à calmer leurs ardeurs pillardes et rebelles : sur ordre du duc de Berry, le château de Mont-Ventadour, situé à 53 kilomètres au nord-est de Brive et dont la garnison terrorisait les environs, fut attaqué et pris par une armée royale ; les deux frères qui commandaient cette puissante forteresse furent capturés et amenés à Paris avant d'y être rapidement jugés. Condamnés, ils furent écartelés et décapités sur la place des Halles[1315].

Ceux qui restèrent insoumis n'avaient certainement pas perçu que la volonté de paix affichée par Richard II était réelle, tout comme la détermination des grands féodaux à faire cesser leurs agissements dans leurs zones d'influence. Les routiers se retrouvèrent ainsi hors-la-loi : leurs exactions n'étaient plus des entorses aux traités, mais du brigandage

---

[1305] AM Gourdon, AA 2.
[1306] FROISSART (J.), *Chroniques...Op.cit.*, T. IX, p.141.
[1307] LACOSTE (G.), *Histoire...Op.cit.*, t.III, pp.270-271.
[1308] *Ibid.*, p.279.
[1309] AD Lot, F 122.
[1310] LACOSTE (G.), *Op.cit.*, t.III, pp.297-298.
[1311] *Ibid.*
[1312] AM Gourdon, FF 7.
[1313] LACOSTE (G.), *Histoire...Op.cit.*, t.III, pp.297-298.
[1314] *Ibid.*
[1315] FROISSART (J.), *Chroniques...Op.cit.*, T. XIV, pp.89-105.

relevant du droit commun et donc des affaires regardant uniquement le royaume de France. Leur donner la chasse les armes à la main n'était de ce fait pas une infraction aux trêves.

Un grand nombre de places rachetées, la situation clarifiée avec le roi d'Angleterre, les officiers du roi purent commencer à attaquer les compagnies qui entendaient encore mener la guerre à leur guise. En octobre 1390, le maréchal de Sancerre et le sénéchal du Quercy entamèrent une expédition durant laquelle ils s'emparèrent des Junies et de Frayssinet-le-Gélat avant de poursuivre vers le nord de la province[1316] ; cette première entreprise d'envergure fut financée par un subside d'un franc par feu levé sur trois sénéchaussées, dont celle du Quercy en particulier[1317]. Profitant de ce mouvement, les seigneurs de la région attaquèrent à leur tour les compagnies qui subsistaient, aidés financièrement par les consulats, dont celui de Cahors qui débours à lui seul plus de 3300 livres à cet effet[1318].

Fin 1392, le maréchal de Sancerre et le sénéchal de Quercy, Guichard Dulphe, repartirent en campagne à la tête de leurs troupes et de celle fournies par les consulats du Haut-Quercy. Il chassèrent Ramonet del Sort de Gourdon, où sa présence n'avait été que néfaste[1319], puis assiégèrent Domme, qui tomba en mars de l'année suivante[1320]. Les mois qui suivirent se passèrent sur le même ton et suite à ces actions, le nombre des bandes armées diminua certainement de manière significative, car durant cette période les documents contiennent de moins en moins de mentions les concernant. Certains événements montrent que leur situation se dégradait fortement et que leur cohésion en pâtissait : deux compagnies allèrent même jusqu'à s'affronter violemment à Saint-Cirq-Lapopie[1321]. Sur un plan général, malgré la maladie mentale du roi de France et les problèmes de politique intérieure liés aux princes, les tensions avec l'Angleterre s'apaisèrent encore, car Richard II, qui se maria en 1396 avec une fille de Charles VI, menait une active politique de rapprochement avec la France[1322].

La consolidation de la situation militaire.

Des bandes réussirent à se maintenir dans la province, mais leur puissance n'avait plus rien de commun avec ce qu'elle était vingt ans plus tôt. Les indices montrant que le pays avait gagné en sûreté sont nombreux : à partir de 1394, des seigneurs essayèrent d'attirer des colons pour repeupler les terres désertées à cause de la calamités[1323], tandis que quatre ans plus tard, les municipalités de Figeac et de Capdenac entamèrent un procès au sujet de leurs limites territoriales communes : avec la guerre, on les avait quelque peu oublié, mais il était nécessaire de les repréciser avec la reprise économique qui s'annonçait[1324].

[1316] LACOSTE (G.), *Histoire…Op.cit.*, t.III, pp.298-299.
[1317] AM Toulouse, AA 46 / 27.
[1318] LACOSTE (G.), *Op.cit.*, t.III, pp.299-300.
[1319] BULIT (R.), *Gourdon-en-Quercy…Op cit.*, livre II, p.21.
[1320] LACOSTE (G.), *Histoire…Op.cit.*, t.III, pp.308-309.
[1321] *Ibid.*, p.307.
[1322] MAUROIS (A.), *Op.cit.*, p.190.
[1323] LARTIGAUT (J.), *Le Quercy…Op.cit.*, p.61.
[1324] AM Capdenac, DD 3.

L'accalmie (1394-1400).

Il est visible que le pouvoir royal pensait les guerres terminées et soldait les comptes du passé. Les villes et les bourgs avaient tant de fois désobéi au roi ou à ses officiers en signant des traités avec les compagnies anglaises pour assurer leur tranquillité et leur ravitaillement, que ces désobéissances ne pouvaient être passées sous silence ; mais d'un autre côté il fallait convenir que les municipalités n'avaient alors pas vraiment eu le choix : la punition n'aurait de toute façon pu être que symbolique, mais le roi pencha plutôt pour le pardon, rappelant cependant bien aux consulats qu'ils étaient « *coupables d'avoir fait plusieurs pactes et d'avoir traité avec les Anglais, de leur avoir donné des vivres, des marchandises* »[1325]. L'exemple avait d'ailleurs été montré par les princes durant leur régence, le duc de Berry ayant déjà, en 1384, fait grâce aux Figeacois du commerce qu'ils avaient eu avec les Anglais et de ce qu'ils leur avaient donné[1326].

Profitant de l'embellie, on essaya de revenir à un minimum de normalité dans la vie quotidienne. Depuis 1340 et 1345, on n'avait cessé d'encourager les Quercinois à s'armer de façon suffisante[1327] pour pouvoir assurer eux-mêmes la défense de leur localité, mais alors que tout danger semblait écarté, ces épées, haches ou marteaux que l'on portait librement étaient des dangers pour la paix publique. A l'orée du XVe siècle, on peut ainsi penser que la situation fut particulièrement calme en Quercy, car l'évêque de Cahors fit limiter le port des armes sur tout le territoire de son temporel[1328] ; la conjoncture était certainement similaire dans les provinces voisines, et notamment en Auvergne où les années 1392-1394 marquèrent la fin d'une période de désastres et de périls continus et permanents[1329].

La période 1394-1400 marqua une rupture dans la guerre telle qu'elle fut subie par les villes quercinoises. Les efforts des décennies précédentes portèrent leurs fruits et la reprise, par les armes ou par l'argent, de la plupart des places ennemies et le départ d'une grande partie des bandes armées put être exploité malgré la conjoncture politique instable du royaume. Profitant d'une situation assainie, les localités ou points fortifiés, dont on continuait à améliorer les défenses[1330], furent pourvus de garnisons à qui il était notamment interdit de quitter leurs postes pour courir la campagne[1331]. Estimant toutefois la période suffisamment tranquille, certains consulats se firent dispenser de l'entretien de turbulentes garnisons de gens de guerre[1332].

Les compagnies maintenues en Périgord.

L'abdication de Richard II et l'accession d'Henri Bolingbroke au trône d'Angleterre sonna la fin de cette période de rémission. Le pouvoir mal assuré du nouveau roi et les révoltes intérieures auxquelles il dut faire face ne lui permirent pas de relancer la guerre, mais c'en était fini du rapprochement avec la France et l'hostilité fut à nouveau de mise[1333]. Elle se matérialisa très rapidement en Haut-Quercy, car les quelques bandes armées qui étaient encore dans la région, se sentant à nouveau libres côté anglais, recommencèrent à s'agiter et prirent Salviac en 1401. Le comte d'Armagnac

---

[1325] AM Figeac, FF 1.
[1326] BN, *Collection de Languedoc*, DOAT, vol.125, n°337.
[1327] AM Cajarc, FF 100, EE 8.
[1328] AM Cajarc, document disparu, mais figurant sur l'inventaire du XVIIIe siècle sous le n°226.
[1329] TEYSSOT (J.), *Riom... Op. cit.*, pp.150 et 152.
[1330] AM Capdenac, CC 4 ; Albe (E.), « Inventaire...*Op.cit.*, 3e partie, pp.11, 20.
[1331] AM Figeac, EE 1.
[1332] AM Cajarc, EE sup.15.
[1333] FAVIER (J.), *La guerre...Op.cit.*, p.409.

voulut alors lever un subside pour payer leur départ, mais il se heurta à l'opposition des consulats qui lui affirmèrent préférer employer l'argent prévu à leurs fortifications[1334].

Lorsque deux ans plus tard le captal de Buch, fils bâtard du célèbre Jean III de Grailly, vint aux portes de Cahors prendre Cessac, le comte d'Armagnac s'empressa de lui proposer une forte somme en échange de l'évacuation du lieu, somme dont les consuls de Cahors firent presser le paiement pour accélérer son départ[1335]. Ce genre de prise étaient cependant devenu sinon exceptionnel, tout au moins peu fréquent, car désormais la plupart des bourgs, villages et châteaux étaient correctement protégés, munis si nécessaires de garnisons à la solde du roi de France ; surtout, le parti français, réunissant les consulats et les seigneurs fonciers derrière les officiers du roi de France, présentait un tout plus cohérent qu'auparavant face aux bandes armées désormais majoritairement repliés en Périgord. Enfin, les armées royales se faisaient plus présentes dans la province : Gaucher de Prayssac et ses cent lances, soit environ 300 hommes[1336], parcouraient le pays en tous sens et l'on vit même, en 1413, le maréchal de France Jean II Boucicaut attaquer les garnisons anglaises du proche Périgord pour donner de l'air à la région[1337].

Figure 29. Le château de Castelnaud-de-Berbiguières.

[1334] LACOSTE (G.), *Histoire…Op.cit.*, t.III, pp.323-324.
[1335] *Ibid.*, pp.325-326, 330.
[1336] CONTAMINE (P.), *La guerre au Moyen-Age …Op.cit.*, p.243.
[1337] LACOSTE (G.), *Histoire…Op.cit.*, t.III, pp.337, 354.

Les villes n'étaient toutefois pas plus à l'abri de la trahison qu'auparavant, comme le montre l'exemple de Puy-l'Evêque, qui fut en 1437 livrée aux Anglais par un seigneur local, Jean de Mauroux, en échange d'une forte somme d'argent[1338].

Les villes et les bourgs haut-quercinois ne traitaient plus qu'avec des bandes armées installées hors de la province : Cahors était aux prises avec celles de Bigaroque, Lavaur et Biron[1339], ainsi qu'avec celle de Castelnaud-de-Berbiguières ; celle-ci avait un rayon d'action particulièrement étendu, car elle traitait aussi avec les consulats de Cajarc[1340] et de Figeac[1341]. Toutefois, si les municipalités négociaient des *patis* avec ces compagnies périgourdines, elles ne pouvaient les laisser s'implanter en Haut-Quercy, sous peine de voir se réinstaller une situation analogue à celle des années 1370-1390. Ainsi, dès lors que des Anglais prenaient une place dans la province, la tentative de reprise ne tardait jamais trop longtemps. Vers 1413-1414 par exemple, les compagnies de Belvès et de Villefranche-de-Périgord s'emparèrent de Marminiac et du château de Péchaurié, aussi afin de contrer cet effort sur l'ouest de la province, l'évêque de Cahors Guillaume d'Arpajon, aidé par le consulat de Cahors et certainement aussi par les autres municipalités de son temporel, reprit le château dès le mois de novembre 1414[1342].

Une province unie face aux Anglais.

Entre 1410 et 1429, la conjoncture politique instable du royaume n'eut que peu de conséquences sur la situation de la province face aux Anglais, car elle se maintint sans discontinuité dans le parti de Bertrand VII d'Armagnac puis du Dauphin Louis. Le conflit reprit avec vigueur en 1415, mais à partir de cette époque les documents manquent pour apprécier pleinement ses effets dans la région. En ce qui concerne la trame générale des événements, nous pouvons cependant nous appuyer sur les pages 359 à 401 du tome III de l'*Histoire générale de la province de Quercy* de Guillaume Lacoste[1343]. Durant ces denières décennies de guerre, les consulats urbains continuèrent à traiter avec les compagnies périgourdines, mais ils participèrent aussi à la lutte armée par le biais des Etats de la province.

La cohésion des consulats avec le pouvoir royal au sein des Etats.

L'action administrative et coordinatrice du pouvoir central sous les règnes de Charles VI puis de Charles VII, tant durant la période du royaume de Bourges qu'après, ne connut pas comme sous Philippe VI et Jean II de véritable fléchissement sur le plan défensif. Comme par le passé, les officiers royaux continuèrent à s'inquiéter des fortifications urbaines : en 1416, le comte d'Armagnac donna des ordres pour que soient faites les réparations nécessaires à celles de Cahors[1344], tandis que trois ans plus tard des consignes similaires furent données aux consuls de Figeac[1345].

[1338] FOISSAC (P.), « Une péripétie de la guerre de Cent Ans en Quercy : rapt et rançon d'un adolescent de Puy-l'Evêque », dans *BSEL* t.CXXVII (3ᵉ fasc. 2006), (pp.161-168), p.164.
[1339] LACOSTE (G.), *Histoire…Op.cit*, t.III, p.353.
[1340] AM Cajarc, EE sup.16.
[1341] FOUCAUD (G.), « Un cadastre… *Op. cit.*, p.268.
[1342] LACOSTE (G.), *Histoire…Op.cit*, t.III, p.355.
[1343] *Ibid.*
[1344] *Ibid.*, p.360.

L'effort continu effectué par les municipalités depuis 1345 avait cependant doté les ensembles urbains de défenses solides qui ne demandaient plus que des travaux d'entretien.

Les consulats des années 1345-59 avaient renâclé à payer des impôts de guerre qui servaient surtout à financer les armées royales combattant ailleurs et n'amélioraient pas la situation militaire de la province. A partir du règne de Charles V un effort avait été fait dans ce domaine et s'était poursuivi ensuite, car il était indispensable que les citadins perçoivent l'utilité des paiements dans leur quotidien. Dans cette optique, des ponctions furent épargnées à certaines villes quercinoises : la communauté figeacoise fut par exemple exemptée du paiement du subside levé pour racheter Clermont et Marvejols aux Anglais, car Charles VII fit observer que ces deux places n'étaient pas sises en Quercy et que leurs garnisons n'y portaient que peu de dommages[1346].

Figure 30. Vue de Puy-l'Evêque.

Sur cette vue, on peut observer le donjon seigneurial du castrum, dont l'enceinte constituait la principale ligne de défense.

Le renforcement de la cohésion des consulats avec le pouvoir royal se poursuivit. Les convocations aux Etats devinrent plus fréquentes et ces assemblées traitèrent de plus en plus des problèmes défensifs. Elles continuèrent à racheter des places aux ennemis, comme Montaigu-de-Quercy en 1419[1347] ou le château de Puycalvel onze ans plus tard[1348], mais prirent surtout des mesures pour organiser la lutte armée : en 1416, les Etats se réunirent à Figeac pour décider des mesures à prendre contre un fort détachement anglais qui se dirigeait vers la province[1349], tandis qu'en 1424 ils firent, entre autres, garnir les places évacuées par l'ennemi[1350] ; trois ans plus tard, ils soutinrent et participèrent aux

---

[1345] AM Figeac, CC 5.
[1346] *Ibid.*, CC 4.
[1347] *Ibid.*, pp.364-365.
[1348] LACOSTE (G.), *Histoire…Op.cit.*, t.III, p.385.
[1349] *Ibid.*, p.359.
[1350] *Ibid.*, pp.372-373.

reprises de Concorès et de Mercuès[1351]. Enfin, en 1441, convoqués par le vicomte de Lomagne, capitaine général, ils décidèrent de charger le routier castillan Rodrigo de Villandrado de chasser les détachements anglais encore présents à Clermont-le-Gourdonnais, Montfaucon, Puy-l'Evêque et Camboulit[1352]. L'envoi de députés consulaires à ces assemblées était devenu normal et le contact entre les municipalités et les officiers royaux n'était jamais rompu. Un phénomène similaire s'était produit en Provence : les villes y avaient accru leur participation aux assemblées d'Etats où les principaux ordres du jour tournaient aussi autour de problèmes défensifs[1353].

Les Etats se réunissaient aussi pour traiter de problèmes divers et les Gourdonnais, par exemple, ne manquèrent pas de se faire représenter aux assemblées d'octobre 1444 à Cahors[1354], de juin 1445 à Caylus[1355] et de février 1446 à Figeac[1356] pour y exposer leurs difficultés économiques.

Le roi comme premier recours face à l'adversité.

Par le biais des Etats, les consulats s'impliquèrent d'autant plus fortement dans la défense de la province qu'ils y décidaient l'affectation d'une grande partie des fonds levés à cet effet. Dans ce domaine, leur rôle ne s'arrêtait cependant pas à la participation aux assemblées, ni au commandement de leurs villes fortifiées. En effet, quelques dispositions prises par le duc de Bedford, régent en France pour Henri VI de Lancastre, contribuèrent à les faire participer plus activement à la guerre les armes à la main. En effet, il ordonna en juin et juillet 1423 que seul son sénéchal de Guyenne, John de Radclyf, pourrait désormais négocier des trêves[1357] et des *patis*[1358] en « *frontière du duché d'Aquitaine* » ; ces ordres furent observés : les bandes armées installées à Lantis et à Carlucet en 1424 n'en signèrent point, tandis que celle de Cessac ne le fit qu'après de longs mois de présence et seulement après en avoir reçu le commandement du capitaine de Domme, une des places anglaises les plus importantes de la région[1359]. Encore en 1440 et 1441, la garnison de Cuzorn refusait toute négociation et venait régulièrement ravager les alentours de Cahors[1360]. En réaction, les Cadurciens organisèrent plusieurs actions offensives dirigées contre ces bandes qui repoussaient toute suspensions d'armes : ils firent attaquer celle de Cessac à plusieurs reprises en 1424[1361], puis celle de Mercuès régulièrement d'août 1427 à août 1428[1362], et enfin celle de Cuzorn en 1440[1363]. Ils envoyaient parfois des patrouilles sur les chemins pour mieux contrôler les alentours, comme cette troupe de 45 hommes qui, rentrant de Calamane, rencontra un parti d'Anglais et le mit en déroute courant 1424[1364].

Les agissements de certains grands seigneurs de la région contribuèrent aussi à renforcer la cohésion des consulats avec le pouvoir royal. Rompant avec la politique familiale de soutien à Charles VII car inquiet de la puissance

---

[1351] AUSSEL (M.), « Des choses...*Op.cit.*, pp.110-111.
[1352] LACOSTE (G.), *Histoire…Op.cit.*, t.III, p.396.
[1353] HEBERT (M.), *Tarascon... Op. cit.*, pp.190-191.
[1354] AM Gourdon (M.A.), BB 7 bis, f° 8 r°.
[1355] *Ibid.*, f° 18 r°.
[1356] *Ibid.*, f° 21 v°.
[1357] « Mandement de Henri VI relatif aux sauf-conduits et aux trêves », publié dans *AHG* t.16 (1878), p.5.
[1358] « Mandement de Henri VI relatif aux *patis* », publié dans *AHG* t.16 (1878), p.6.
[1359] LACOSTE (G.), *Histoire…Op.cit.*, t.III, pp.371-376.
[1360] *Ibid.*, pp.394-396.
[1361] *Ibid.*, p.375.
[1362] *Ibid.*, pp.379-382.
[1363] *Ibid.*, p.394.
[1364] *Ibid.*, p.375.

montante du jeune Valois, Jean IV d'Armagnac s'était éloigné de lui et avait en 1425 reporté son hommage au roi de Castille. L'année suivante, le don de la seigneurie de Gourdon au capitaine André de Ribes, dit le « Bâtard d'Armagnac »[1365], se plaçait-il dans le cadre de cette nouvelle politique d'émancipation ? Il est difficile de le dire. André de Ribes était l'un des routiers les plus actifs de la région, aussi est-il possible que le comte d'Armagnac ait voulu l'amener à cesser ses activités pillardes et à protéger son nouveau domaine contre ses anciens compagnons. Ce faisant, il négligeait totalement l'expérience de son oncle Jean III, qui en 1389 avait donné la même ville de Gourdon au routier Ramonet del Sort pour l'inciter, sans aucun succès, à cesser ses exactions et à rejoindre le parti du roi de France.

André de Ribes resta en possession de Gourdon jusqu'à la révolte ouverte de Jean IV contre le roi, en 1440 ; Charles VII fit alors prononcer la confiscation de ses biens, faisant notamment porter à son passif l'installation du routier à Gourdon[1366]. Les Gourdonnais saisirent la balle au bond pour se débarrasser du pesant André de Ribes, qui n'avait toujours pas cessé ses brigandages[1367] : le 12 octobre 1444, les consuls lui écrivirent fort courtoisement, de la façon « *la plus aimable* » pour reprendre leurs mots, pour l'informer qu'ils avaient prêté serment au roi, et que comme lui-même restait vassal du rebelle Jean IV, il devait les excuser de ne plus lui obéir et ne pas leur en tenir griefs[1368] ; en mai suivant, la politesse n'était plus de mise et ils étaient fermement décidés à laisser les portes closes s'il venait à se présenter pour rentrer en ville[1369]. Le soudard n'apprécia pas. Devant les menaces qu'il proféra, les Gourdonnais appelèrent à leur secours le sénéchal de Quercy et les seigneurs du pays[1370]. André de Ribes disparaît des registres gourdonnais peu après, ce qui ne permet pas de connaître l'épilogue de cette affaire. On remarque cependant à l'occasion de ces événements que les Gourdonnais se rangèrent immédiatement derrière le pouvoir légitime ; il leur garantissait bien plus de sécurité que l'imprévisible Jean IV d'Armagnac.

Les Figeacois eurent tout autant à se réjouir de la disgrâce de Jean d'Armagnac, car le roi les dispensa de payer la rente annuelle et perpétuelle qu'ils devaient aux comtes d'Armagnac depuis que ces derniers les avaient aidés à racheter leur ville à Bertrucat d'Albret et Bernard de la Salle, en 1373[1371]. La justice royale fut tout aussi sévère avec les petits seigneurs locaux qui avaient cru pouvoir prolonger les pillages de guerre plus que de mesure : en 1444, pour avoir causé des violences et volé du bétail aux Cajarcois, Guisbert de Balaguier, seigneur de Salvagnac, se fit confisquer de nombreux biens immobiliers par le parlement, biens qui furent donnés à ses victimes en dédommagement[1372]. Charles VII fut en revanche beaucoup plus modéré avec les consulats qui avaient suivi Jean IV d'Armagnac dans son aventure, car il favorisa leur réintégration en leur accordant des lettres d'abolition, comme celles que reçut Capdenac au mois d'avril 1446[1373].

Perdant progressivement de son intensité à partir de 1435, l'insécurité fut pratiquement résorbée avant 1450, année où la situation autour de Cahors fut suffisamment calme pour que les Consuls consentent à fournir un contingent de quarante arbalétriers et des convois de vivres à l'armée royale qui assiégeait Bergerac[1374]. La progressive disparition

---

[1365] « Lettres patentes du 29 mai 1429 de Jean IV d'Armagnac », dans *AHG* t.16 (1878), p.128.
[1366] BULIT (R.), *Gourdon-en-Quercy… Op. cit*, livre IV, p.6.
[1367] LACOSTE (G.), *Histoire…Op.cit.*, t.III, p.401.
[1368] AM Gourdon (M.A.), BB 7 bis, f° 8 v°.
[1369] *Ibid.*, f° 15 r°.
[1370] *Ibid.*, f° 15 v°.
[1371] AM Figeac, CC 8.
[1372] AM Cajarc, FF 141.
[1373] AM Capdenac, AA 8 et AA 9.
[1374] LACOSTE (G.), *Histoire…Op.cit.*, t.III, p.410.

des problèmes de sécurité se ressentit aussi dans les rapports entretenus par les consulats avec les capitaines royaux qui commandaient leurs garnisons : à partir de 1453, les Capdenacois furent en procès avec leur capitaine, Jacques de Rouvray, qu'ils accusaient de violer les privilèges de la ville et de lever des sommes beaucoup trop élevées pour l'entretien de sa troupe[1375]. Les officiers ayant des commandements militaires commençaient d'ailleurs à prendre leurs aises dans la région, comme nous le montre l'exemple du dénommé Jean de Valperga : en 1446, ce capitaine d'origine italienne, qui commandait les gens d'armes du roi en Quercy, avait pris ses quartiers à Figeac mais il ne comptait pas y vivre comme dans un camp, car il commanda de riches tapisseries pour agrémenter son logement[1376]. En 1450 et 1451, un autre de Valperga, qui appartenait à la même troupe, ne s'occupa pas exclusivement d'affaires militaires car il profita de son séjour figeacois pour faire de nombreux investissements financiers dans le pays alentour[1377]. La guerre se terminait.

Campées derrière leurs murailles, les villes restèrent les seules zones où l'on se trouvait réellement à l'abri des déprédations anglo-gasconnes. Toutefois, isolées militairement durant les premières années du conflit, elles ne purent résister aux exigences des routiers qui tenaient les arrière-pays. Les erreurs et l'impréparation des premiers Valois, associées au dynamisme guerrier anglais, donnèrent un sérieux coup d'arrêt à la participation des consulats aux affaires du royaume et ruinèrent la confiance qu'ils lui portaient mais, malgré cela, ceux-ci maintinrent et même développèrent le réseau de relation qui les unissait entre eux. Après 1369, il fut la base sur laquelle les officiers de Charles V purent s'appuyer pour reprendre le processus d'intégration politique des municipalités et donner une véritable cohésion à la défense de la province. La proximité grandissante de l'administration et la participation des consulats aux prises de décisions locales donna une véritable efficacité aux actions entreprises : malgré les difficultés du règne de Charles VI, la plus grande partie des bandes armées avait déjà quitté la province vers 1395-1400.

Repliées en Périgord, elles continuèrent après 1400 à opérer en Haut-Quercy, mais leur puissance n'avait rien de commun avec ce qu'elle avait été au XIVe siècle. La provincialisation de l'administration, réclamée par les consuls de Cahors en 1362, mise en place par Charles V en 1373 et toujours renforcée ensuite, de pair avec une utilisation plus locale des impôts de guerre, permit d'empêcher tout réel retour offensif des Anglo-Gascons dans le pays.

[1375] AM Capdenac, AA 12 et AA 13.
[1376] LARTIGAUT (J.), « Des Valperga piémontais en Quercy (XIVe et XVe siècles) », dans *BSEL* t.CXXI (1e fasc. 2000), (pp.1-4), p.1.
[1377] *Ibid.*, p.2.

2ᵉ PARTIE

Aspects socio-économiques

« La seule ressource des assiégés consiste à garder à toute heure du jour et de la nuit les murailles et les tours... ».
Végèce, *De re militari*, IV : 25.

Chapitre V

Le renforcement de l'autorité consulaire.

Lorsque la guerre arriva et que les municipalités se retrouvèrent plus ou moins seules face à l'Anglais, le roi et ses officiers ne purent vraiment les aider qu'en leur donnant les moyens d'être autonomes sur le plan défensif ; l'utilisation des moyens alors mis à disposition se fit le plus souvent en suivant à la lettre les ordres royaux, mais l'esprit avec lequel les consuls agirent fut d'abord celui de l'intérêt supérieur de leurs municipalités et, par la même, du leur : forts d'une représentativité accrue et toujours dominés par les groupes homogènes des familles les plus importantes, les conseils consulaires purent gouverner sans avoir à compter avec un quelconque contre-pouvoir intérieur. Il résulta de cette situation une forte augmentation de leurs pouvoirs civils, auxquels s'ajoutèrent de nouvelles et nombreuses compétences militaires, le tout finissant par leur donner une emprise quasi totale sur leurs communautés et une large liberté de gouvernement à l'intérieur de leurs juridictions.

1. L'homogénéité des conseils consulaires.

La guerre, la peste et la récession vidèrent les villes quercinoises de leur population originelle de manière inédite : à Cahors entre 1345 et 1395, on peut estimer que l'effectif des habitants diminua de moitié[1378], tandis qu'à Cajarc l'effondrement fut encore plus marqué, car des 883 feux existant en 1344, il n'en restait plus que 273 en 1382[1379]. D'autre part, l'afflux plus ou moins régulier d'immigrés contribua à changer les sociétés en profondeur. A contrario, les conseils consulaires ne subirent pas de modifications profondes, tant du point de vue des effectifs que sur le plan de leur composition socio-professionnelle.

Stabilité des effectifs et représentativité des conseils.

L'effectif du conseil consulaire de Gourdon avait été considérablement réduit juste avant le début de la guerre, passant de 144 conseillers en 1330 à 96 dix ans plus tard. Cette réduction faisait suite au conflit qui avait opposé les *Majores* aux *Minores* à la fin des années 1320, les seconds se plaignant des excès des premiers et de leur mainmise sur le

---
[1378] SCELLES (M.), *Cahors...Op.cit.*, p.40.
[1379] CLAVAUD (F.), *Cajarc...Op.cit.*, t.I, p.98.

pouvoir municipal[1380] ; une affaire similaire, tant par ses raisons que par ses acteurs, éclata à Cahors en 1338[1381]. Il est ainsi à noter que l'ouverture socioprofessionnelle plus large qui résulta de la résolution de ces problèmes de représentation politique [1382] ne provoqua pas un accroissement du nombre de conseillers mais, bien au contraire, une réduction significative ; les tenants et les aboutissants de celle-ci sont certainement identifiables dans les documents, mais là n'est pas notre propos. Suite à ce mouvement de baisse d'effectif, qui fut peut-être accentué par la peste de 1348, le nombre des conseillers se stabilisa aux alentours de 80 à 85 personnes durant une trentaine d'années avant d'entamer une légère remontée.

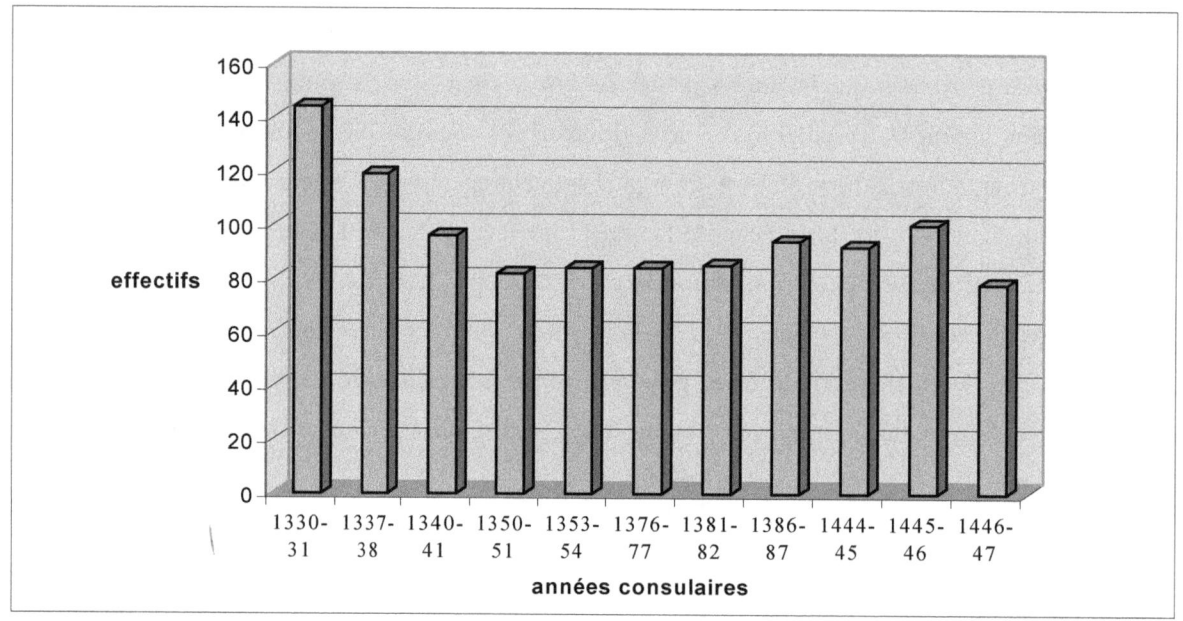

Graphique 2. Les effectifs du conseil consulaire de Gourdon entre 1330 et 1447.

La stabilité d'un effectif important de conseillers alliée à l'ouverture socioprofessionnelle accrue des conseils contribua sans nul doute à leur donner une plus grande représentativité. En effet, non seulement une plus grande partie de la population eut accès aux délibérations mais, surtout, chaque conseiller fut, suivant la chute démographique, élu par un nombre de moins en moins important de personnes. Ce renforcement de la représentativité des institutions consulaires est certainement un facteur à prendre en compte dans le processus qui vit l'autorité des municipalités s'accroître considérablement.

Le renouvellement des élites.

Durant la période précédant la guerre, entre 1300 et 1344, le renouvellement des conseillers se faisait à Cahors suivant le rythme d'environ 1,3 nouveaux conseillers par année, ce qui n'empêchait pas les vieux groupes familiaux de rester en place durablement : sur les 52 familles ayant donné des consuls à la ville entre 1276 et 1299, la moitié au moins

---

[1380] AM Gourdon, BB 20.
[1381] AM Cahors, FF 23 bis, cité dans ALBE (E.), « Inventaire...*Op.cit.*, 2ᵉ partie, p.10.
[1382] *Ibid.*

en donnèrent encore entre 1300 et 1344[1383]. Les chiffres gourdonnais, plus précis, nous indiquent un renouvellement se situant aux alentours de 1,9 conseillers par an entre 1330 et 1340, juste après l'ouverture accrue du consulat aux *Minores*.

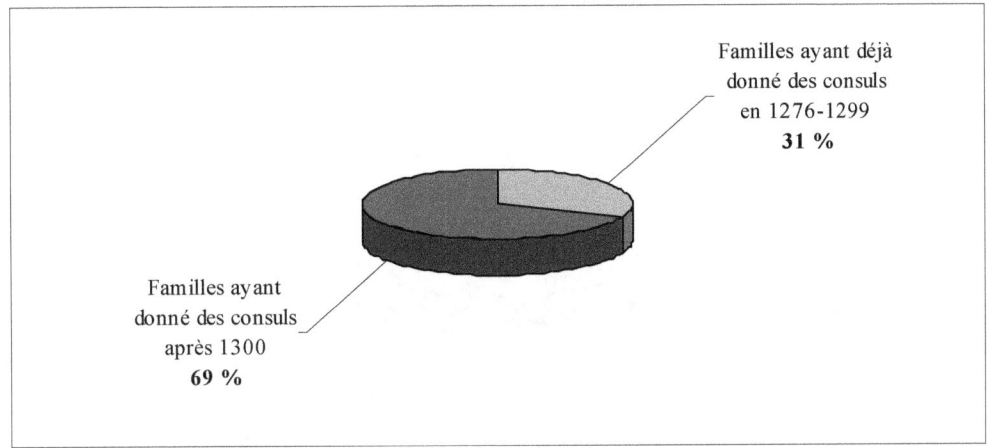

Graphique 3. Les familles ayant donné des consuls de Cahors entre 1300 et 1344.

La guerre, la peste et les fuites en masse augmentèrent le rythme des renouvellements, mais de façon relativement limitée si l'on considère les bouleversements subis par le reste de la population : à Gourdon, il se situait aux environs de 2,4 conseillers par an entre 1340 et 1353 et de 2,6 entre 1353 et 1386. Les chiffres cadurciens, qui nous donnent une valeur similaire de l'ordre de 2,3 individus par an entre 1345 et 1369, sont cependant bien inférieurs pour la période suivante allant jusqu'en 1407, avec 1,4 seulement ; il est probable qu'il ne s'agisse que d'une anomalie : les documents cadurciens sont lacunaires et centrés sur les familles ayant donné des consuls tandis que celles de Gourdon sont beaucoup plus complètes car elles concernent toutes les catégories de membres du conseil.

Les listes de consuls que l'on peut établir entre 1407 et la fin du conflit sont extrêmement incomplètes pour Cahors, totalisant 29 individus seulement pour les années 1431, 1436 et 1437 ; elles sont plus intéressantes à Gourdon, où l'on connaît les 92 membres du conseil de 1444, les 100 de celui de 1445 et enfin 78 parmi ceux qui composèrent celui de 1446[1384]. Suivant les données ainsi recueillies et malgré leur relative indigence, il semble pouvoir être établi que le rythme de renouvellement des membres de ces assemblées se soit ralenti durant la première moitié du XVe siècle, se situant autour de 1,15 conseillers par an à Gourdon et 0,5 à Cahors. Traduisant une fermeture de plus en plus prononcée des conseils aux nouveaux venus, des ralentissements identiques étaient perceptible à Millau[1385] comme à Tarascon[1386]. D'une façon générale, la mainmise de solides noyaux de familles patriciennes sur les consulats était commune à de nombreuses villes, que ce soit dans des régions proches, comme à Saint-Flour[1387] ou Albi[1388], ou plus lointaines comme à Chambéry[1389] ou Poitiers[1390].

[1383] D'après les listes réalisées à l'aide de l'ensemble des documents cadurciens comprenant des noms de consuls.
[1384] D'après le registre AM Gourdon (M.A.), BB 7 bis.
[1385] GARNIER (F.), *Un consulat et ses finances : Millau (1187-1461)*, Paris, Comité pour l'Histoire Économique et Financière de la France, 2006, pp.216-227.
[1386] HEBERT (M.), *Tarascon... Op. cit.*, pp.125-126.
[1387] RIGAUDIERE (A.), *Saint-Flour, ville d'Auvergne au bas Moyen Age : étude d'histoire administrative et financière*, Paris, PUF, 1982, p. 345.
[1388] DEFOLIE (E.), *Albi au bas Moyen Age d'après le registre de délibérations municipales de 1372 à 1382*, mémoire de maîtrise, dactylographié, Université de Toulouse-Le Mirail, 1999, p.77.
[1389] BRONDY (R.), *Chambéry, histoire d'une capitale vers 1350-1560*, Lyon, 1988, pp.51-53.
[1390] FAVREAU (R.), « La condition sociale des maires de Poitiers au XVe siècle », dans *Bulletin Philologique et historique jusqu'en 1610* (1963), (pp.161-177), p.63.

Le rythme de renouvellement des conseillers semble être resté relativement stable durant toute la période étudiée et, si la composition des conseils varia au niveau des individus, elle était finalement assez peu différente à la fin du conflit de ce qu'elle était avant du point de vue des groupes sociaux.

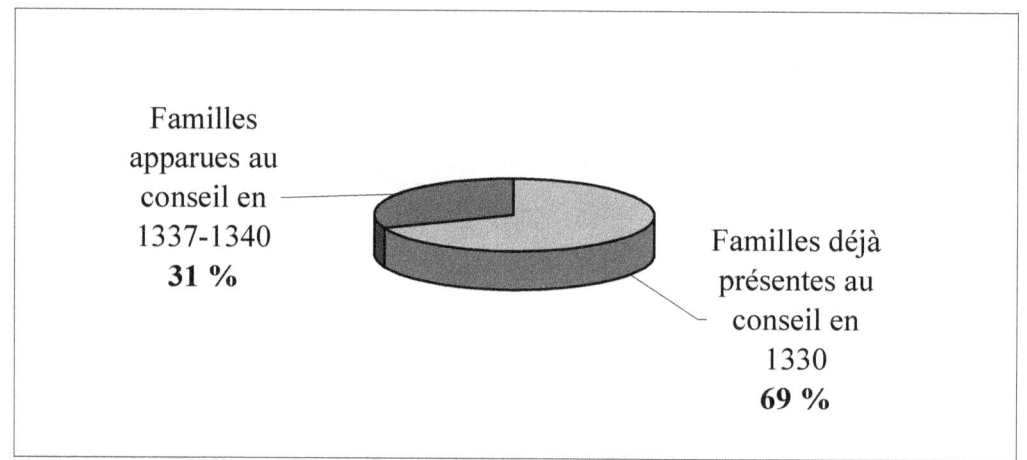

Graphique 4. Les familles ayant donné des conseillers et des consuls de Gourdon entre 1337 et 1340.

Les données concernant Cahors n'expriment qu'une idée imparfaite de cette partie des familles consulaires préservées par le renouvellement car, centrées sur les consuls, elles laissent de côté toutes les familles de conseillers qui n'accédèrent jamais à un siège de magistrat. Les documents gourdonnais permettent de préciser quelque peu ce renouvellement des élites à la marge : elles nous montrent une stabilité beaucoup plus marquée dans la composition des conseils, car les deux tiers des familles qui y furent présentes pendant les années 1337-1340 y étaient déjà en 1330.

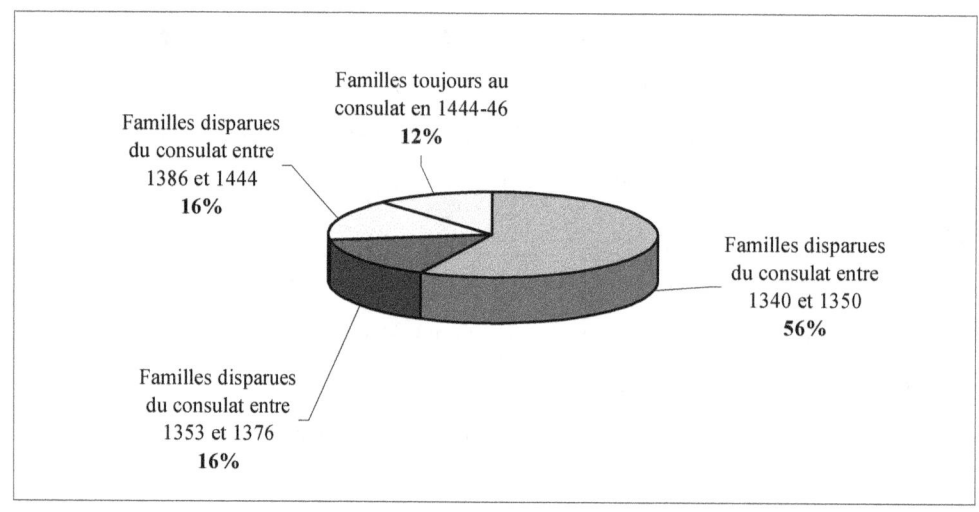

Graphique 5. Situation de 1340 à 1446 des 103 familles de membres des consulats gourdonnais de 1330-40.

Une fois la guerre entamée, les mouvements démographiques et sociaux nés des événements et conjugués à l'ouverture accrue des consulats en direction de toutes les catégories socioprofessionnelles n'entamèrent que difficilement le bastion des vieilles familles consulaires épargnées par le renouvellement habituel des membres, comme nous le montre le graphique suivant.

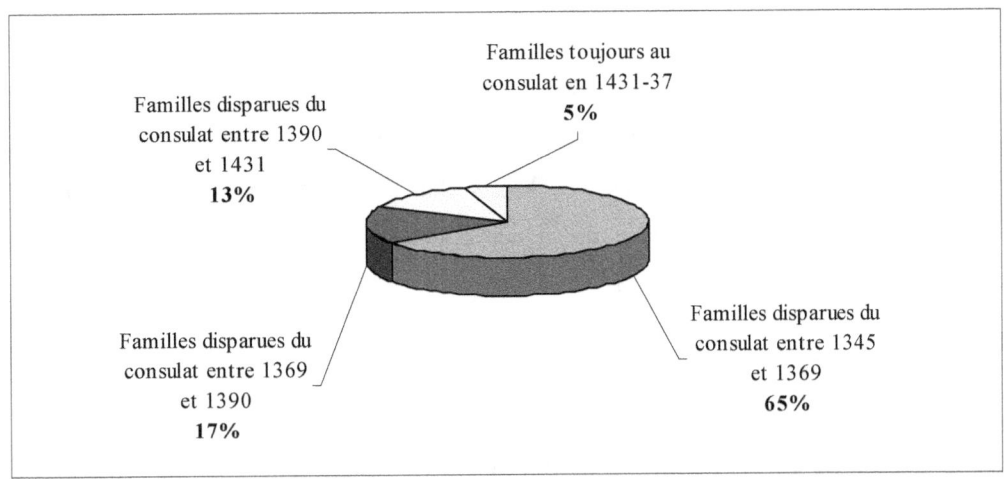

Graphique 6. La situation de 1345 à 1437 des 84 familles de consuls cadurciens des consulats de 1300-1344.

Aussi bien à Gourdon qu'à Cahors, il apparaît que le renouvellement le plus important de membres des conseils consulaires se produisit durant les toutes premières décennies du conflit, le rythme fut certainement accéléré par les grandes épidémies de peste de 1348 et 1361 ; il s'agit aussi de la période où, personne ne s'étant préparé à subir autant de calamités de façon si rapprochée, les patrimoines peu solides furent nombreux à s'effondrer, tandis que les autres eurent ensuite le temps de s'adapter et d'utiliser tous les moyens à leur disposition pour conforter leur position. Malgré cela, de nombreuses familles quittèrent ensuite les instances municipales, soit par choix comme lors d'un départ, soit involontairement après avoir subi un revers de fortune.

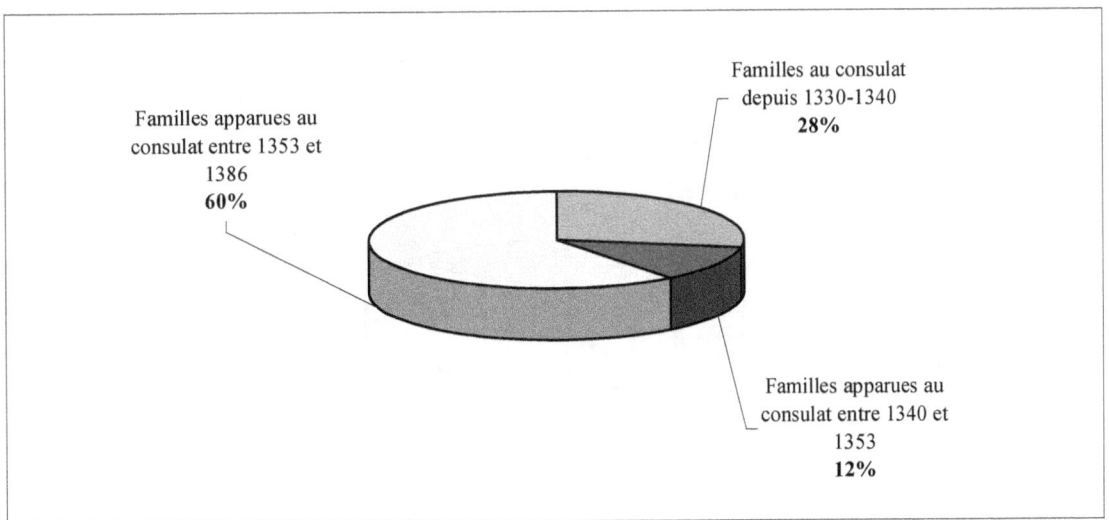

Graphique 7. La composition du conseil consulaire de Gourdon par familles entre 1376 et 1386.

La nouvelle génération de conseillers qui entra à l'assemblée gourdonnaise immédiatement après la première épidémie de peste, entre 1350 et 1353, fut beaucoup moins constante que celle qui l'avait précédé ; en effet, des 31 noms de familles apparus à cette époque, seuls douze se maintinrent jusqu'en 1376 et trois seulement jusqu'en 1444. Le même phénomène s'observe à Cahors, où sur les 56 nouvelles familles consulaires apparues entre 1345 et 1369, pas plus de huit subsistèrent entre 1376 et 1407, le chiffre descendant à 4 entre 1431 et 1437. Ces nouvelles familles qui investirent les consulats en prenant les places des morts et des fuyards de la peste et des ruinés de la crise, par accident en quelque sorte, n'avaient probablement pas des affaires suffisamment solides pour leur permettre de durer dans cette institution ; seules les plus stables et les plus tenaces, en fait celles que le mouvement naturel aurait certainement menées au consulat même sans la guerre, purent réellement s'y implanter. Une tendance identique semble se retrouver durant la période immédiatement suivante : des 26 nouvelles familles de consuls apparues à Cahors entre 1376 et 1390, seules trois étaient encore présentes sur les listes de 1431, 1436 et 1437.

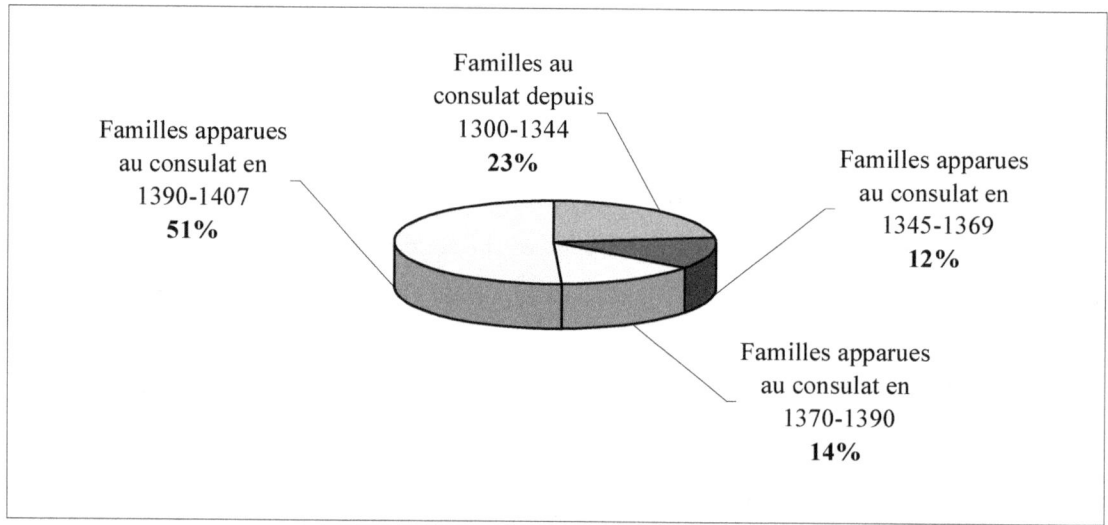

Graphique 8. L'origine des consuls de Cahors par familles entre 1390 et 1407.

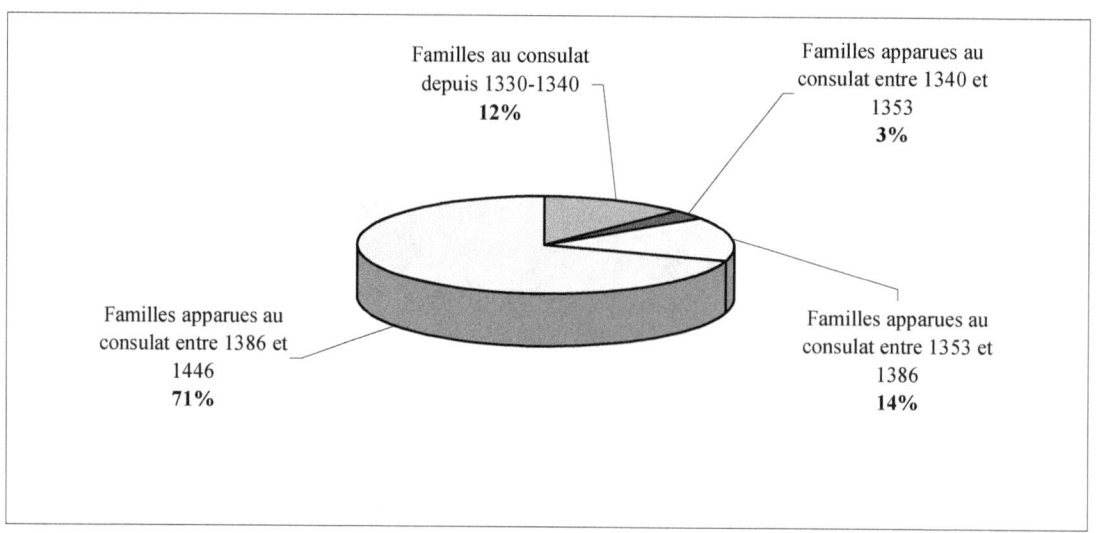

Graphique 9. La composition du conseil consulaire de Gourdon par familles entre 1444 et 1446.

Une stabilisation s'amorça durant la première moitié du XVe siècle : 22 % des familles de conseillers et consuls gourdonnais apparus entre 1376 et 1386 figuraient encore parmi les membres des conseils de 1444 à 1446 ; le pourcentage était semble-t-il plus faible à Cahors, ne dépassant pas 9 % pour 1431, 1436 et 1437 mais, une fois encore, les lacunes de la documentation s'opposent à des vérifications plus poussées.

Durant le conflit, Les consulats cadurciens et gourdonnais apparaissent comme s'étant renouvelés de manière plus profonde qu'avant-guerre, mais sans toutefois remettre en cause la place occupée par les vieilles familles : encore à la fin du conflit, elles entraient pour plus de 10 % dans la composition des conseils et, surtout, comme le montrent les données cadurciennes centrées sur les consuls, ce pourcentage correspondait aux membres les plus éminents de chaque municipalité. Quant aux nouveaux groupes familiaux, ils ne s'y implantèrent qu'assez peu fréquemment de façon durable, régulièrement remplacées par d'autres dans les flux de renouvellement.

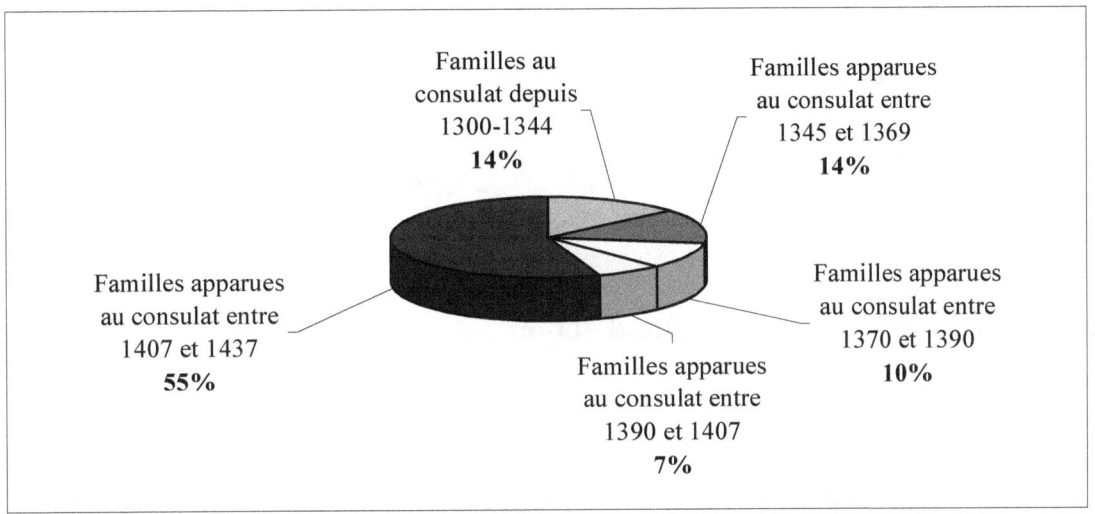

Graphique 10. L'origine des consuls de Cahors par familles entre 1431 et 1437.

Autour du noyau du conseil constitué par des membres des plus vieilles familles venaient chaque année s'agréger de nouveaux individus, remplaçant certes les morts, mais surtout les ruinés et les fuyards. D'emblée, il est aisé d'imaginer le déséquilibre existant entre le pouvoir décisionnel de ceux qui, au fait des affaires de la ville de père en fils ou d'oncle en neveu, formaient un groupe homogène et étaient habitués à gouverner, et celui aux mains de la masse des autres qui, fraîchement et de façon plus ou moins fragile, se tenaient au conseil sans maîtriser tous les aspects de la gestion municipale. Seuls les plus solidement installés devaient pouvoir par la durée ou la richesse s'intégrer réellement au vieux noyau ; ce sont ces familles arrivées au consulat de Gourdon entre 1340 et 1386 que l'on retrouve fournissant, à côté des vieux groupes familiaux présents au consulat depuis bien avant la guerre, 29 % des conseillers et consuls des années 1444-1446 ; à Cahors, leur importance était encore plus marquée, car les familles entrées au consulat entre 1345 et 1407 et qui avaient réussi à s'y maintenir donnaient toujours, en 1431, 1436 et 1437, 45 % des consuls de concert avec celles déjà présentes avant 1344.

En 1400 comme soixante ans plus tôt, il existait toujours, solidement implanté dans chaque conseil, un puissant noyau de vieilles familles et le fait qu'elles y aient été présentes depuis 30, 40 ou 90 ans n'y changeait que peu de choses. Autour de ce cœur faiblement renouvelé, d'autres groupes familiaux apparaissaient au conseil pour 5, 10, parfois 15 ans avant de retomber dans l'anonymat populaire ; leur présence renforçait probablement l'aspect représentatif des institutions consulaires mais, dans les faits, les décisions restaient aux mains de ceux qui, riches de l'homogénéité de leur groupe, de leur expérience et de leur connaissance des affaires, étaient en mesure de parler d'une seule voix. Vers la fin du conflit, ces groupes homogènes tenant en main les rênes de leurs conseils existaient d'un bout à l'autre de l'espace occitanophone[1391] et même au-delà[1392], avec quelques exceptions cependant comme Périgueux, où Arlette Higounet-Nadal note que les vieilles familles ne tenaient qu'une place modeste dans le gouvernement de la ville[1393].

2. Des pouvoirs civils fortement accrus.

L'arrivée de la guerre et le rôle donné par le pouvoir royal aux gouvernements urbains dans la défense de leurs localités les fit aussi bénéficier d'une très forte augmentation de leurs prérogatives civiles. Recevant de nouvelles attributions, ils les utilisèrent d'abord avec la volonté de travailler au bien commun de leurs villes. Partant de là, ils donnèrent une assise solide à leurs pouvoirs juridiques, ce qui leur permit de les accroître encore, bénéficiant en parallèle d'une liberté de plus en plus étendue en matière fiscale.

Autour du bien commun : un large cadre d'action.

Le bien commun.

L'action administrative et normative des consulats avait pour but la satisfaction du bien commun. Cette notion d'utilité publique, empruntée à Aristote puis étudiée par saint Thomas d'Acquin, représentait à la fin du XIIIe siècle la cause finale de la cité : toute organisation politique devait avoir comme but la réalisation du bien commun. Cette idée, affirmée au plus haut niveau, servit de justification à tous les actes royaux pris en matière d'expropriation ou d'autorisation d'exproprier aux XIVe et XVe siècles[1394]. Récupérée aux niveaux inférieurs, elle était un fondement constant des actes des gouvernements consulaires que l'on trouve exprimé à de nombreuses reprises dans les registres de délibérations et de comptes : les ordonnances gourdonnaises étaient ainsi prises pour le *profeg commu*, ou encore pour la *mager utilitat e profeg del comu* [1395], voire encore le *mager profeyh del comu* [1396] ; on retrouve cette importance du *proffieg comu* à Martel[1397], ainsi qu'à Cajarc, ou l'expression *profech del comu* était plutôt employée[1398]. Une variante cadurcienne faisait agir les consuls *per be et utilitat de la cioutat* [1399], mais l'on y trouvait aussi la formule plus habituelle de *profieg comunal* [1400].

Le commun profit était non seulement la justification, mais aussi la limite de l'action consulaire et les termes employés par les consuls dans la rédaction de leurs actes l'associaient à d'autres principes précisant son champ d'action. Ainsi, le *profeg comu* [1401] devenait fréquemment le *profeg del comu* [1402], nuance que l'on retrouve fréquemment, comme on

---

[1391] Notamment à Tarascon, suivant les travaux de HEBERT (M.), *Tarascon... Op. cit*, pp.126-128 ; à Saint-Flour, selon ceux de RIGAUDIERE (A.), *Saint-Flour... Op.cit.*, p. 345 ; Albi, suivant DEFOLIE (E.), *Albi...Op.cit.*, p.77 ; à Chambéry, avec BRONDY (R.), *Chambéry...Op.cit.*, pp.51-53.
[1392] Comme à Poitiers par exemple, suivant FAVREAU (R.), « La condition sociale... *Op.cit.*, p.63.
[1393] HIGOUNET-NADAL (A.), *Périgueux aux XIVe et XVe siècle. Étude de démographie historique*, Bordeaux, Fédération Historique du Sud-Ouest, 1978.
[1394] HAROUEL (J. L.), « L'expropriation... *Op. cit.*, p.48.
[1395] AM Gourdon (M.A.), BB 3, f° 25 r°: « le commun profit » ; « plus grande utilité et profit de la communauté ».
[1396] *Ibid.*, BB 4, f° 22 v°: « le meilleur profit de la communauté ».
[1397] AM Martel, CC 3-4, f° 74 r°: « le commun profit ».
[1398] AM Cajarc, CC 13, f° 19 r° : « profit de la communauté ».
[1399] AM Cahors, *Livre Tanné*, f° 95 r° : « pour le bien et l'utilité de la cité ».
[1400] CANGARDEL (L.), COMBARIEU (L.), LACOMBE (P.), *Le Te Igitur...Op.cit.*, p.304, art.449 : « commun profit ».
[1401] Commun profit.
[1402] Profit du commun, de la communauté.

peut le constater au paragraphe précédent. En occitan médiéval[1403], le terme *comu* pouvait ainsi à la fois être l'adjectif « commun » ou exprimer « le commun », la communauté. Le commun profit ne s'appliquait cependant pas uniquement à la communauté, car il avait aussi pour objet « la ville » ou encore « les habitants », chacune de ces notions permettant de préciser quelque peu le champ d'action des pouvoirs consulaires.

Les termes « ville », « communauté » et « habitants » définissaient des réalités multiples aux contours assez flous. Tout d'abord, la ville était distincte de la communauté, comme le montre l'emploi fréquent à Gourdon de l'expression *de la vila e del comu* [1404] ; elle était tout aussi distincte des habitants, comme nous l'indique une mention martelaise faisant état du *proffieg comu de la vila e dels habitans* [1405].

La ville, entre réalité et abstraction.

La ville, désignée ainsi ou par son nom propre, était avant tout le territoire et l'ensemble des biens immobiliers publics et privés situés à l'intérieur de l'enceinte extérieure, bien que le terme ait aussi parfois désigné le vieux noyau urbain par opposition aux faubourgs[1406]. Les consuls gourdonnais interdisaient ainsi « l'entrée de la ville » à certains individus[1407], tandis que leurs homologues cajarcois recevaient « en ville » les officiers de l'évêque[1408]. Dans le prolongement de cette définition matérielle, tout ce qui avait trait à cet aspect était fait « pour la ville » : on travaillait sur ses ouvrages[1409], on la faisait fortifier[1410], etc.

Dans le vocabulaire consulaire, la ville pouvait aussi avoir une définition beaucoup plus large. Le consulat en lui-même était placé à part de cette entité, sur laquelle il avait autorité et qu'il représentait : à Martel, les consuls faisaient ainsi prêter des serments « au consulat et à la ville »[1411] et parlaient seulement au nom de cette dernière[1412] ; les ordonnances qu'ils prenaient mentionnaient que les choses étaient faites « sans préjudice pour la ville »[1413], « aux garanties de la ville »[1414], ou encore « pour les besognes de la ville »[1415]. Leurs homologues gourdonnais se plaçaient aussi à côté de cette entité, certains ordres étant notés comme donnés par « le consulat et la ville »[1416] ; d'autre part, au conseil consulaire, les formes impliquaient qu'un conseiller demande « au nom de la ville » aux consuls de rendre leurs comptes à la fin de leur mandat[1417]. Tout comme à Martel, les magistrats faisaient pourvoir aux « besognes de la ville »[1418], géraient les « biens appartenant à la ville »[1419] et en achetaient de nouveaux en son nom[1420]. Dans cette optique, la ville était tout ce qui se trouvait sous l'autorité du consulat, qu'il s'agisse de biens, de personnes ou d'activités et dont il ne se voulait que la représentation.

[1403] S'entend ici uniquement pour sa variante dialectale quercinoise.
[1404] Par exemple AM Gourdon (M.A.), BB 5, f° 2 r° : « de la ville et de la communauté ».
[1405] AM Martel, CC 3-4, f° 74 r° : « le commun profit de la ville et des habitants ».
[1406] A Gourdon, on faisait ainsi en 1353 enlever les vivres des faubourgs pour les mettre « *à l'intérieur de la ville* » (AM Gourdon, BB 4, f° 16 v°), tandis qu'à Martel, la vieille ville apparaissait sous le nom « *Dans la ville* » (par exemple AM Martel, CC 3-4, f° 63 r°).
[1407] AM Gourdon (M.A.), BB 4, f° 4 r°.
[1408] AM Cajarc, CC 10, f° 67 v°.
[1409] AM Martel, BB 5, f° 70 r°.
[1410] AM Gourdon (M.A.), CC 18, f° 36 r°.
[1411] AM Martel, BB 5, f° 66 v°.
[1412] *Ibid.*, f° 70 r°.
[1413] *Ibid.*, f° 65 r°.
[1414] *Ibid.*, f° 60 v°.
[1415] *Ibid.*, f° 43 r°.
[1416] AM Gourdon (M.A.), BB 3, f° 12 v°.
[1417] *Ibid.*, f° 17 v°.
[1418] *Ibid.*, CC 18, f° 8 v°.
[1419] *Ibid.*, f° 81 r°.

Enfin, le terme « ville » pouvait définir la communauté sur des plans immatériel et intemporel. Les consuls gourdonnais entrant en fonction juraient par exemple de ne pas provoquer de « perte d'honneur à la ville »[1421] et certaines décisions étaient prises en fonction de cet honneur[1422]. Les Martelais prenaient eux aussi garde à ce qu'aucun « déshonneur » ne frappe leur localité[1423]. Dans les relations avec l'extérieur, c'était pratiquement toujours « la ville » que les magistrats représentaient, et non le seul consulat : on la faisait ainsi excuser[1424], ester en justice[1425], aller au secours du seigneur[1426], etc.

Enfin, contrairement aux hommes et à leurs activités, elle existait sans limites temporelles. Les consuls de Cahors, entrant en 1400 en possession de la tour Dueze, précisèrent sur l'acte d'appropriation que cette tour était retenue à eux-mêmes ainsi qu'à leurs successeurs, marquant ainsi la continuité des générations, et « à la ville », entité intemporelle[1427]. D'une façon similaire, les magistrats gourdonnais entrant en fonction juraient qu'ils rendraient leur charge non seulement « à leurs successeurs », mais aussi « à la ville » à la fin de leur mandat[1428]. Quant au serment de prise de fonction des nouveaux dirigeants martelais, il contenait en filigrane l'expression : « les consuls passent, la ville reste »[1429].

Définissant une entité matérielle et humaine à la fois fixe et grouillante de vie tout autant qu'une abstraction intemporelle, le terme « ville » - ou le nom d'une ville - englobait le passé, le présent et le futur de la communauté citadine organisée et de son territoire. Dès lors, il n'était pas étonnant de voir le profit de la ville distingué de celui de ses habitants[1430], ce dernier étant par essence limité dans le temps et soumis aux contingences du moment. D'autre part, il évoquait les racines anciennes de la communauté, avec ses coutumes, privilèges et libertés en usage « depuis l'Antiquité »[1431]. Enfin, le nom de la localité était l'objet, sinon de fierté, tout au moins d'égards en ce qui regardait son honneur, car c'était une sorte d'étendard derrière lequel tous les habitants se reconnaissaient et étaient reconnus. Par son pouvoir évocateur, il donnait aux textes consulaires une profondeur plaçant la recherche du commun profit à un degré supérieur. C'est ainsi que les officiers recrutés par le consulat de Cahors prêtaient le serment d'être « bons et loyaux aux consuls et à la ville »[1432] et que les magistrats gourdonnais mentionnaient que les ordonnances étaient prises par eux « et la ville »[1433] ; quant aux consuls martelais, ils allaient même jusqu'à s'effacer derrière ce mot, la plupart des ordonnances y étant prises « par la ville »[1434].

[1420] *Ibid.*, CC 20, f° 18 v°.
[1421] *Ibid.*, f° 3 r°.
[1422] *Ibid.*, f° 3 v°.
[1423] AM Martel, BB 5, f° 125 r°.
[1424] *Ibid.*, f° 69 v°.
[1425] *Ibid.*, f° 70 v°.
[1426] *Ibid.*, f° 84 v°.
[1427] AM Cahors, *Livre Tanné*, f° 117 v°.
[1428] AM Gourdon (M.A.), CC 20, f° 3 r°.
[1429] AM Martel, BB 5, f° 59 r° : « *bien et loyalement régir et gouverner pendant leur temps la dite ville de Martel et garder ses privilèges et ses coutumes en vigueur depuis l'Antiquité* ».
[1430] *Ibid.*, CC 3-4, f° 74 r°
[1431] *Ibid.*, BB 5, f° 59 r°
[1432] AM Cahors, *Livre Tanné*, ff° 128 r°-129v°.
[1433] AM Gourdon (M.A.), BB 3, f° 12 v°, par exemple.
[1434] AM Martel, BB 5 et BB 6.

La communauté, sujet d'administration et corps social.

A côté de la ville et du consulat, les consuls édictaient leurs ordonnances au nom d'une troisième entité, la communauté, parfois remplacée par « l'université » ou « le peuple »[1435] : on trouvait ainsi à Gourdon des salaires payés par « la ville et la communauté »[1436], des serments prêtés « à la ville et à la communauté » ou « à l'université »[1437], exactement de la même façon qu'à Martel[1438]. L'association de ces deux termes est suffisamment fréquente pour y voir plus qu'une redondante figure de style. Les textes des serments des consuls gourdonnais apportent un éclaircissement à ce sujet : en 1376, ils juraient « d'être bons et loyaux à l'égard de la ville et de la communauté, d'administrer bien et loyalement (…) les choses communes (…) »[1439], tandis que vingt ans plus tard, le serment, qui avait peu varié, leur faisait promettre « d'être bons et loyaux à la ville et à la communauté, et régir la communauté (…) »[1440] ; il ressort de ces deux textes que si ville et communauté devaient également être sujets de bonté et de loyauté, seule la seconde était administrée. Les Martelais distinguaient eux-aussi le fait « d'administrer les besognes communes » et « la ville » en elle-même[1441]. Tout ceci nous ramène à la ville immatérielle évoquée plus haut, à côté de laquelle la communauté apparaît comme l'objet d'un gouvernement.

La communauté était ainsi le corps politique de la ville et le consulat n'en était que l'émanation. Agissant selon la volonté de la communauté[1442], ses décisions valaient pour celle-ci dans sa totalité[1443]. De fait, c'est sur elle que la taille était levée[1444] car c'est pour ses besoins que le produit était dépensé[1445]. Les affaires d'argent étaient d'ailleurs pratiquement toujours du domaine de la communauté : si la ville était parfois notée comme créancière auprès d'un tiers, les dettes étaient en revanche toujours dues par la communauté, comme le résume bien la mention gourdonnaise « les obligations [d'untel] envers la ville, et celles de la communauté à son égard »[1446]. De la même façon, si les consuls ordonnaient que « la ville se conforme » à certaines monitions royales entraînant des dépenses publiques, ils précisaient que cela se faisait « aux dépens de la communauté »[1447].

Communauté et ville étaient toutefois suffisamment voisines dans l'esprit des consuls pour être fréquemment employées de façon indifférente. Cela devait essentiellement tenir au fait que, dans un réflexe égocentrique, les magistrats identifiaient le corps politique dont ils étaient issus à la ville dans sa globalité ; c'était particulièrement visible à Martel, où les consuls prenaient la plupart du temps leurs décisions « au nom de » et « pour la ville »[1448].

Le corps politique n'était pas uniforme : à Gourdon, les citoyens étaient divisés en deux groupes, les *Majores* et les *Minores*, qui depuis 1331 se partageaient l'élection des consuls[1449] ; les premiers étaient les membres de la bourgeoisie tandis que les seconds représentaient la masse des petits contribuables ; une division similaire entra en vigueur à Cahors

---

[1435] Dans tous les registre en notre possession, les rares emplois des termes « *université* » et « *peuple* » correspondent toujours à celui de « *communauté* ».
[1436] AM Gourdon (M.A.), BB 3, f° 8 v°.
[1437] Ibid., BB 5, f° 1 v°.
[1438] AM Martel, BB 5, f° 94 v°.
[1439] AM Gourdon (M.A.), CC 20, f° 3 r°.
[1440] Ibid., BB 6, f° 10 r°.
[1441] AM Martel, CC 3-4, f° 39 r°, entre autre.
[1442] AM Cajarc, CC 16, reg. I, f° 43 v° ; reg. II, f° 1 r°: « *volonté de la communauté* ».
[1443] AM Gourdon (M.A.), BB 5, f° 33 r°.
[1444] *Ibid.*, BB 3, f° 10 v°.
[1445] AM Cajarc, CC 13, f° 105 v°.
[1446] AM Gourdon (M.A.), BB 5, f° 1 v°.
[1447] *Ibid.*, BB 7 bis, f° 6 v°.
[1448] AM Martel, BB 5, BB 6 et BB 7.

en 1341[1450]. Au-delà des différences sociales, les citoyens étaient des hommes adultes « habitant la ville et taillables »[1451]. Si l'exclusion des femmes tenait uniquement des mœurs de l'époque, l'intégration des étrangers au corps politique montre bien que la capacité contribuable des candidats au titre d'habitant était déterminante : en 1353, les réfugiés provenant de Cougnac, Costeraste et Lafontade qui résidaient à Gourdon mais étaient trop pauvres pour y payer la taille, étaient toujours qualifiés d'étrangers[1452] tandis que ceux qui étaient suffisamment pourvus de biens étaient intégrés à la communauté[1453] et pouvaient immédiatement jouir de ses privilèges et libertés[1454].

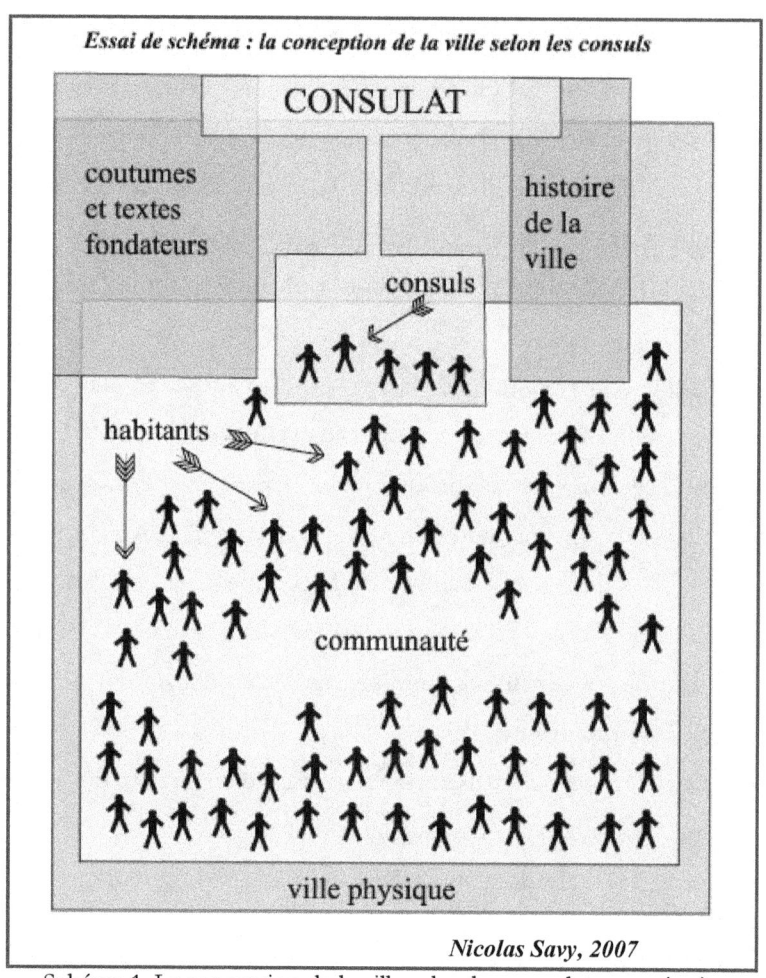

Schéma 1. La conception de la ville selon les consulats quercinois.

La possession d'un domicile citadin et le paiement des tailles communales suffisaient pour faire un « citoyen » ou un « habitant »[1455]. Toutefois, pourvu de biens immobiliers ou mobiliers, il était tenu de participer à leur protection en montant le guet, l'arrière-guet et la garde aux portes[1456], sauf s'il était dans l'incapacité physique de le faire[1457]. L'exécution de cette charge pénible devait particulièrement renforcer l'esprit de corps des habitants, tout comme la

---
[1449] AM Gourdon (M.A.), BB 1, f° 26 v°.
[1450] ALBE (E.), « Inventaire...Op.cit., 2e partie, p.10.
[1451] AM Gourdon (M.A.), BB 4, f° 15 v°.
[1452] Ibid., f° 14 v°.
[1453] AM Martel, BB 5, ff° 77 r° et 101 r°.
[1454] AM Gourdon (M.A.), BB 5, f° 1 r°.
[1455] Les deux termes sont équivalents.
[1456] AM Martel, BB 5, ff° 77 r° et 101 r° ; AM Gourdon (M.A.), BB 5, f° 11 r°.
[1457] AM Gourdon (M.A.), BB 6, f° 10 r°.

prestation des serments de fidélité[1458]. A Cahors, les citoyens « juraient d'être bons et loyaux aux consuls et à la ville, d'être obéissants aux commandements des seigneurs consuls et de leurs successeurs »[1459] ; nous retrouvons dans cette formule la ville immatérielle et intemporelle objet de bonté et de loyauté, à côté des représentants de son corps social : la société organisée ne s'exprimait ainsi que par la voix des consuls, dont le pouvoir était légitimé au niveau supérieur par « la ville ».

Les citoyens étaient individuellement distincts de la communauté[1460] et leur profit était subordonné au sien, suivant la formule que le « profit commun est la somme des profits particuliers ». Ainsi, s'il pouvait arriver que des décisions consulaires soient prises suivant l'intérêt de certains habitants, la finalité était bien celui de la communauté[1461], tout comme l'était celle des mesures contraires à la volonté de certains particuliers[1462]. Cette distinction entre la communauté et les habitants en tant qu'individus se retrouvait dans les formules « à la communauté ou aux habitants »[1463] ou encore « aucun mal à la ville ni aux habitants »[1464].

La ville comme un tout.

Les consuls ne gouvernaient pas un groupe d'habitants, mais une communauté individualisée et indivisible, au sein de laquelle les intérêts particuliers s'effaçaient pour laisser place au commun profit. Celui-ci dépassait largement les contingences du moment, les objectifs à court ou moyen terme : il prenait place dans un espace vécu et une histoire réelle ou légendaire dans lesquels se retrouvaient tous les citoyens. L'action de chaque consulat durant la guerre ne peut se comprendre hors de ces notions qui, bien que floues et de portée difficilement quantifiable, n'en démontrent pas moins que les élites dirigeantes n'étaient pas les jouets des seuls événements du moment. Ces principes étaient particulièrement importants dans les relations de subordination entretenues par chaque ville, comme le met particulièrement en évidence un texte que firent jurer les consuls de Martel à tous leurs citoyens : en effet, ils décidèrent en février 1357 de faire prêter un serment « à la ville et au peuple et à notre seigneur le roi de France »[1465], serment qui fut officiellement prononcé sous la forme suivante : « vous jurez que vous serez bons et loyaux au lieu et aux gens de Martel, à l'honneur du roi de France et des seigneurs, et au profit du pays »[1466]. La première fidélité de la ville allait ainsi au roi, derrière lequel venaient les seigneurs de la ville ; il s'agissait là de liens anciens existant depuis la création de chaque municipalité et particulièrement renforcés, en ce qui regarde l'autorité royale, depuis le siècle précédent. Concernant le roi, si chaque citoyen lui jurait fidélité devant les consuls, il n'en reste pas moins que devant lui, c'est le consulat qui le faisait au nom de toute la ville[1467] : par rapport au pouvoir royal, les habitants n'existaient politiquement qu'à travers leur consulat.

[1458] AM Martel, BB 5, f° 93 v°.
[1459] AM Cahors, *Livre Tanné*, f° 127 v°.
[1460] AM Gourdon (M.A.), BB 4, f° 17 r°.
[1461] AM Martel, BB 5, f° 80 r°.
[1462] *Ibid.*, f° 67 v°.
[1463] AM Gourdon (M.A.), BB 5, f° 2 r°.
[1464] AM Martel, BB 5, f° 101 r°.
[1465] *Ibid.*, f° 93 v°.
[1466] *Ibid.*,
[1467] Cela est particulièrement visible lors des serments qui accompagnèrent les changements de souveraineté de Brétigny, notamment AM Cajarc, AA 11 et 12, ainsi que BN, *Collection de Languedoc, Doat*, vol.137, n°s 432 et 433.

La notion de bien commun couvrait ainsi toutes les facettes de la vie urbaine et elle donnait à chaque consulat un pouvoir potentiellement très étendu. Elle ne devait cependant pas mener à la prise de décisions contraires à l'honneur du roi, à qui on devait loyauté, mais cette idée était lointaine et ne pas atteindre à cette fidélité ne signifiait pas obéissance inconditionnelle : si l'on trouve souvent dans les textes consulaires des mentions d'actions faites par la « volonté du conseil »[1468] ou « de la communauté »[1469], la volonté royale n'est pratiquement jamais citée. Un exemple éloquent montre bien que les ordres royaux n'étaient exécutés de plein gré qu'à la condition qu'ils ne soient pas en opposition avec l'intérêt général de la ville. Début décembre 1376, Jean de Bueil, capitaine pour le Quercy, demanda au consulat gourdonnais une aide en hommes et en vivres pour les besoins du siège de Vers[1470] ; après avoir voulu se conformer à cette demande[1471], les magistrats s'aperçurent que les finances municipales ne pouvaient couvrir une telle dépense et, d'autre part, que des bandes rôdant dans les alentours rendaient indispensable le maintien sur place des combattants initialement prévus pour aller renforcer l'armée assiégeante à Vers. Il décidèrent donc simplement de ne pas apporter leur concours et de s'en excuser auprès de l'officier royal[1472]. En fait, il n'est que par la réunion des Etats que le roi put obtenir des municipalités une subordination relative de leurs communs profits particuliers à celui d'une entité supérieure.

La ville dans son pays.

Pierre Flandin-Bléty a bien démontré que c'est à travers les assemblées d'ordres que les tiers-états quercinois et rouergats acquièrent cohésion et unité[1473]. Sans revenir sur la démonstration qu'il a faite pour mettre ceci en évidence, nous pouvons nous appliquer à insister sur la conscience qu'avaient les élites municipales de leurs « *pays* ». Ceux-ci étaient les pays immédiats, où l'on vivait, commerçait, échangeait, bref des zones géographiques où chaque ville entretenait les relations nécessaires à sa vie. Ces territoires, individualisés suivant la vision de chaque ville, ne prenaient que rarement le nom de la province, bien qu'on le trouve dans une lettre écrite par les députés du tiers-état, réunis à Cahors en février 1372, pour entretenir les consuls de Martel à propos de « l'union et de la sécurité du pays de Quercy »[1474]. En fait, cette appellation avait une forte connotation administrative s'appliquant d'abord à la province royale et à ses officiers, comme le sénéchal de Périgord et de Quercy. Pour le commun, les contours de ce Quercy étaient assez flous car, à l'échelle d'un homme, il était particulièrement étendue et certains faits administratifs n'étaient pas pour clarifier ses limites : la création de l'évêché de Montauban avait ainsi séparé l'ancien évêché de Cahors, dont le territoire correspondait jusque là à celui de la province, de sa partie sud, tandis que certaines zones n'étaient qu'en partie quercinoises, comm Capdenac par exemple, qui dépendait à la fois de l'évêché de Cahors et de la sénéchaussée de Rouergue. Enfin, localement, les relations se jouaient des limites provinciales, une localité comme Gourdon entretenant pratiquement autant de rapports avec ses voisins du Périgord qu'avec ceux du Quercy, tout comme Martel avec les proches consulats du Bas-Limousin.

[1468] AM, Cajarc, CC 9, f° 105 v°, par exemple.
[1469] *Ibid.*, CC16, reg. I, f° 43 v°.
[1470] AM Gourdon (M.A.), CC 20, f° 44 r°.
[1471] *Ibid.*, f° 14 v°.
[1472] *Ibid.*, f° 15 r°.
[1473] FLANDIN-BLETY (P.), *Essai…Op.cit.*

Le pays correspondant à chaque ville se définissait géographiquement par des limites palpables qui conditionnaient la vie urbaine à un degré ou un autre. Les cours d'eau et leurs vallées n'étaient pas des moindres : les consuls de Martel connaissaient ainsi leur pays comme celui « d'entre les deux eaux », entre Dordogne et Vézère, mais ils se sentaient aussi fortement impliqué dans « l'autre pays d'entre les deux eaux », celui situé entre Dordogne et Lot[1475]. Le pays des consuls de Gourdon se trouvait lui aussi entre ces deux « eaux », bien qu'ils ne le mentionnaient pas clairement : en 1353, ils prirent l'avis des consulats de Figeac, Fons, Rocamadour et Gramat, toutes villes situées entre ces deux rivières, avant d'envoyer une délégation au roi pour l'entretenir du « pays »[1476], tandis que deux ans plus tard, c'est à Cahors qu'ils envoyèrent un député y discuter des mesures qui lui étaient nécessaires[1477]. Les rivières constituaient des limites marquantes mais non hermétiques : le pays des Gourdonnais par exemple, allait vers l'ouest jusqu'à Domme[1478] et même un peu au-delà en dépassant la Dordogne.

Les magistrats de Cajarc, ville fluviale par excellence, entretenaient des relations de part et d'autre de la vallée du Lot, qui constituait l'épine dorsale de leur pays : le terme *ribiera*[1479] qu'ils employaient souvent couvrait la rivière, sa vallée et toutes les communautés implantées sur ses abords[1480] ; au-delà de ce relief structurant, les contours du pays étaient plus flous, les documents concernant les négociations pour le rachat des places de 1376[1481] permettant toutefois de déterminer des limites approximatives correspondant au réseau des relations entretenues, au maximum, jusqu'à une journée de marche.

L'idée que chaque consulat avait de son pays était imprécise et l'on sent bien que les frontières géographiques ne le définissaient qu'imparfaitement. Cela est aisément compréhensible car cette notion, avant tout basée sur les échanges humains, commerciaux ou militaires de la ville était par essence fluctuante et presque infinie ; à l'image de ces relations, elle était intense dans les proches alentours puis déclinait au fur et à mesure que l'on s'éloignait. Dans cette optique, les cours d'eau la définissaient plus dans le sens où, en son centre ou sur ses marges, ils canalisaient les échanges pour les porter au loin.

Les élites municipales avaient conscience que le bien commun de leur ville passait par celui de leur pays : aussi protégée qu'aurait pu être une quelconque localité et ses abords, elle n'aurait pu survivre sans les apports et les débouchés commerciaux de l'extérieur. Comme nous l'avons vu plus haut, les consuls martelais faisaient prêter à leurs citoyens le serment « d'être loyal (…) au profit du pays »[1482], marquant bien en cela l'importance qu'ils accordaient à cette entité qu'ils définissaient mal mais envers laquelle leur sentiment d'appartenance était réel. La volonté des différentes municipalités d'agir à son profit se retrouve dans les documents à de nombreuses occasions : en 1352, le seigneur d'Uzech négocia le rachat de Souillac à la requête des Martelais qui le lui avaient demandé « pour le profit de leur ville et du pays »[1483] ; les consuls de Gourdon, quant à eux, notaient régulièrement que certaines de leurs décisions avaient pour but d'éviter tout « dommage pour le pays »[1484]. Cette sensibilité était connue des officiers royaux qui

---

[1474] AM Martel, CC 1 bis, pièce n°3.
[1475] *Ibid.*, BB 5, f° 123 v°.
[1476] AM Gourdon (M.A.), BB 4, f° 19 v°.
[1477] *Ibid.*, CC 18, f° 42 v°.
[1478] *Ibid.*, CC 20, f° 49 r°.
[1479] Rivière.
[1480] AM Cajarc, CC 6, f° 139 v°; CC 16, reg. I, f° 51 v°; reg. II, f° 62 v°.
[1481] *Ibid.*, CC12, reg. III.
[1482] AM Martel, BB 5, f° 93 v°.
[1483] *Ibid.*, CC 3-4, f° 45 r°.
[1484] AM Gourdon, (M.A.), CC 20, f° 10 v°, par exemple.

savaient pouvoir compter dessus, comme Marquès de Cardaillac qui, en janvier 1377, demanda aux consuls de Cajarc, s'ils voulaient « le profit de leur conseil et du pays », de lui envoyer une embarcation afin qu'il puisse traverser le Lot avec ses gens d'armes[1485].

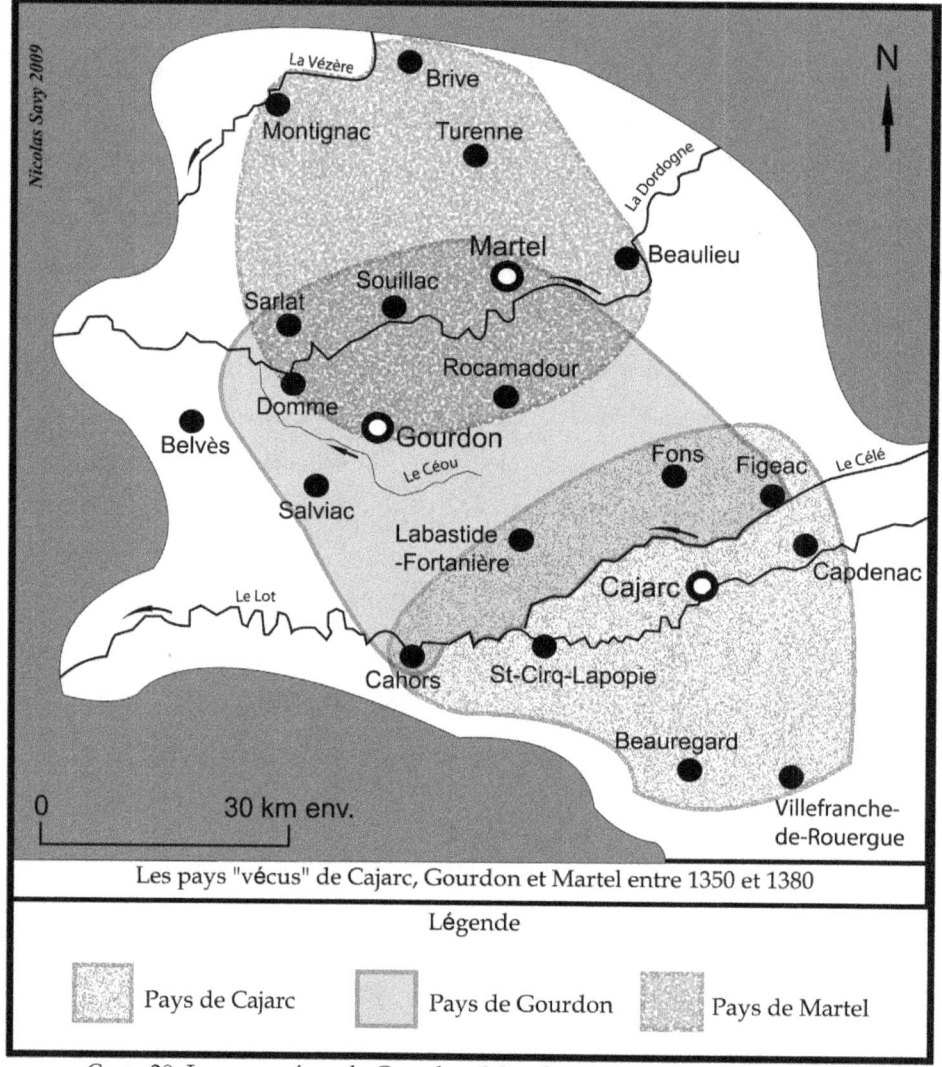

Carte 20. Les pays vécus de Gourdon, Martel et Cajarc entre 1350 et 1380.

La notion de commun profit donnait une large base juridique à l'action des gouvernements urbains, aussi bien dans leurs localités qu'en dehors de celles-ci. Elle fut particulièrement importante durant le conflit centenaire, où diriger une ville demandait des décisions énergiques ayant souvent pour conséquences des atteintes à la propriété et aux libertés dont on avait eu l'habitude de jouir auparavant. Ce souci de l'intérêt général n'était cependant pas uniquement focalisé sur la ville elle-même, car tout comme cette dernière, il s'intégrait au pays, au sein duquel on trouvait des partenaires confrontés aux mêmes maux et aux mêmes difficultés. Avec les événements de la guerre, un pouvoir royal qui laissa ses villes se défendre quasiment seules et des cadres sociaux ruraux qui sombrèrent en pleine déliquescence, ce concept d'intérêt général urbain n'a pu que s'affirmer.

[1485] AM Cajarc, CC 12, reg. III, f° 106 r°.

Un pouvoir juridique renforcé.

Les coutumes initiales et, plus souvent, les procès gagnés contre leurs seigneurs avaient donné aux consulats un pouvoir juridique tant sur les habitants que sur certains biens immobiliers. Celles de Cahors mentionnaient notamment que la quasi-totalité des fortifications, avec le droit de les améliorer, appartenaient à la municipalité, tout comme la responsabilité de leur garde[1486] ; il y était aussi mentionnée l'obligation pour les citoyens d'obéir à l'appel des magistrats[1487]. L'octroi de nouveaux impôts par le pouvoir royal, avec l'impératif d'employer leur produit aux infrastructures défensives, acheva de fait d'établir leur possession par les municipalités. Ce fut le grand facteur initial du renforcement du pouvoir juridique consulaire.

La reprise en main du domaine public.

Durant la période précédant le début des hostilités, les consulats n'avaient exercé leur propriété sur les fortifications qu'en matière de mise à rente ou à cens, sans se préoccuper outre-mesure de leur entretien. On trouve ici et là quelques mentions qui montrent que ces mises en location provoquèrent de nombreuses dégradations sur les infrastructures. Pour y remédier, les consuls cadurciens prirent en 1305 une ordonnance pour le dégagement des fossés, qui étaient encombrés de constructions et de débris divers, mais elle ne visait certainement qu'à réaffirmer les droits de la municipalité sur ces ouvrages et ne fut suivie d'aucun effet[1488]. Vingt-cinq ans plus tard, le caractère relatif de la propriété consulaire sur les fortifications apparaît clairement à travers une délibération : alors que les améliorations que le Gourdonnais Diode de Migo faisait à sa maison étaient visiblement néfastes à l'enceinte, les consuls se contentèrent d'exprimer le souhait qu'il modifie quelque peu ses plans[1489].

L'arrivée de la guerre mit rapidement fin au laisser-aller des dirigeants municipaux dans ce domaine. Déjà en 1340, alors que les combats n'avaient pas encore vraiment débordé vers la province, les consuls de Gourdon firent raser la construction que G. Trépas était en train d'édifier sur un espace public touchant la porte de la Salvayria[1490], tandis que l'année suivante, leurs homologues martelais ordonnèrent expressément le nettoyage des fossés de la ville[1491].

Très rapidement, les consulats se mirent en quête de recouvrer leurs droits sur les ouvrages fortifiés. S'il fut probablement assez aisé de faire déguerpir ceux qui habitaient les peu nombreuses tours, il fut plus difficile de faire accepter la libération des fossés, couverts d'édifices divers et de jardins, car elle concernait beaucoup plus de monde. A Martel, l'effort dans ce domaine fut particulièrement soutenu et il est probable que les fossés aient été entièrement libérés dès 1348[1492] étant donné l'intensité des travaux dont ils furent l'objet durant les deux années précédentes ; en 1348 aussi, ceux de Cajarc furent l'objet d'importantes réfections[1493] qui se poursuivirent l'année suivante avec

---

[1486] AM Cahors, *Livre Tanné*, ff° 49 r° et 50 r°.
[1487] DUFOUR (E.), *La commune... Op. cit.*, p.239.
[1488] SAVY (N.), *Cahors...Op.cit.*, p.67.
[1489] AM Gourdon (M.A.), BB 1, f° 5 r°.
[1490] *Ibid.*, BB7, ff° 3 v° et 9 r°.
[1491] AM Martel, BB 3, f° 32 v°.
[1492] *Ibid.*, BB 5, ff° 1 r°-28 v°.
[1493] AM Cajarc, CC 4.

notamment la destruction de nombreuses maisons qui les encombraient[1494]. A Gourdon, si certaines constructions gênantes furent épargnées par les chantiers des toutes premières années de guerre, elles n'échappèrent pas à la démolition lors des travaux de 1355-1356[1495]. Malgré tout, certains édifices implantés sur les fossés subsistèrent quelques années : à Cajarc, les derniers furent démolis en 1376 ; il s'agissait de deux masures de bois et d'une maison en pierre[1496].

A côté de l'utilisation abusive des fossés, les consuls remirent en cause les aménagements que les particuliers avaient réalisés sur les enceintes pour leurs besoins privés : les consuls martelais furent assez précoces dans ce domaine, étant donné qu'ils ordonnèrent dès 1345 à ceux qui avaient percé des portes dans les murailles de les condamner[1497]. Il ne fallut ainsi que très peu de temps aux consulats pour retrouver une totale et quelque peu nouvelle propriété sur les fortifications : jusque là, ils ne l'avaient souvent exercé qu'à travers la perception des cens, les locataires faisant à peu près ce qu'ils voulaient des espaces publics qu'ils occupaient.

Le retour des antiques ouvrages défensifs dans le giron municipal s'accompagna de la réaffirmation de l'autorité consulaire sur l'ensemble du domaine public, dont les rues en premier lieu. Elles étaient certes faites pour circuler, mais il importait aussi de limiter les voies de pénétration dont pouvait profiter un éventuel assaillant ayant réussi à franchir les murailles : certaines devaient être pourvues d'obstacles, voire même dans certains cas fermées. On fit ainsi murer nombre de ruelles à Gourdon en 1350[1498] et 1355[1499], puis à nouveau en 1357[1500] et 1376[1501]. Les Cajarcois firent quant à eux obstruer certaines parties de leur artère principale en 1356[1502] ; ils firent de même avec quelques petites rues treize ans plus tard[1503]. Les Martelais procédèrent de manière identique en 1359 en faisant clôturer les grands abreuvoirs situés derrière l'église Saint-Maur et murer les venelles qui y menaient[1504].

Figure 31. L'église Saint-Maur de Martel.

[1494] *Ibid.*, CC 5, endroit, f° 13 r°, envers, f°43 r°.
[1495] AM Gourdon (M.A.), CC 18.
[1496] AM Cajarc, CC 12, reg. III, ff° 92 r° et 99 r°.
[1497] AM Martel, BB 5, f° 15 v°.
[1498] AM Gourdon (M.A.), BB 3, ff° 13 r° et 16 v° ; CC 17, f° 14 r°.
[1499] *Ibid.*, CC 18, ff° 5 v°, 13 r° et 109 r°.
[1500] *Ibid.*, CC 19, ff° 28 r°, 29 r°, 30 et 42 v°.
[1501] *Ibid.*, CC 20, f° 44 v°.
[1502] AM Cajarc, CC 8, f° 157 r°.
[1503] *Ibid.*, CC 6, f° 136 v°.
[1504] AM Martel, BB 5, f° 130 v°.

L'état de nécessité et les mesures d'exception.

La mise en œuvre des programmes de fortification consulaires demandait autre chose que la reprise en main du domaine public existant, qu'il soit militaire ou civil. En effet, nous l'avons vu plus haut, la configuration des villes avait beaucoup changé depuis l'édification des vieilles enceintes, car désormais des faubourgs débordaient largement les vieux centres et il était nécessaire de les doter de protections. Or, les consulats ne possédaient pas les terrains où devaient être édifiées les défenses faubouriennes, bien que quelques exceptions aient existé : à Martel, il s'agissait des emplacements de portes marquant l'entrée de la ville étendue aux nouveaux quartiers[1505], tandis qu'à Cahors, c'était la ligne de fortifications sommaire qui avait été édifiée au nord de la ville[1506]. Pour le reste, les faubourgs n'étaient délimités à l'extérieur que par les maisons installées à leurs périphéries, entre lesquelles subsistaient souvent de larges secteurs non bâtis. La mise en place d'enceintes dans ces zones ne semble pas avoir posé de grandes difficultés, alors même que les aménagements réalisés empiétaient fortement sur les propriétés privées : les façades des maisons donnant sur l'extérieur étaient murées[1507], tandis que tous les espaces anciennement ouverts étaient fermés par des palissades de pieux[1508]. On ne trouve aucune mention de procès ou de résistance quelconque de la part des habitants concernés par ces mesures et si des réclamations furent faites, elles restèrent discrètes, probablement parce que personne ne pouvait contester le bien fondé de ces aménagements : la nécessité pour le commun profit.

L'état de nécessité.

L'état de nécessité était une notion de droit connue depuis fort longtemps au Moyen Age et l'idée que « nécessité n'a point de loi » était fort répandue[1509]. Beaumanoir, dans ses Coutumes de Beauvaisis, appliquait cette idée de nécessité aux questions d'expropriation : il posait le principe que « nul usage ne peut ni ne doit être donné sur la propriété d'autrui sans la volonté de celui à qui la propriété est, et sans l'accord de qui la propriété dépend », mais il prévoyait des exceptions en cas de nécessité : « cas de nécessité est celui où l'on ne peut souffrir sans subir de trop grande perte ou dommage ; ainsi lorsqu'une rivière a emporté le chemin qui était sur la rive et que ma maison ou ma vigne est adjacente au chemin détérioré, il convient que l'on prenne une portion de mon bien pour la convertir en chemin afin que celui-ci soit rétabli »[1510]. Une fois la propriété sur les anciennes fortifications réaffirmée, cet état de nécessité fut la justification de toutes les décisions consulaires lorsque la construction, la réfection ou le réaménagement des ouvrages défensifs impliquaient une atteinte à la propriété privée.

S'il répondait à un besoin local et immédiat, le renforcement des défenses tenait aussi des ordres royaux qui l'avaient initié et permettaient de prendre les mesures d'exception afférentes. En ce sens, les consuls ne faisaient finalement que répercuter à leur niveau l'idée royale que « les situations exceptionnelles permettaient un élargissement temporaire des compétences royales dans les domaines de la fiscalité, du pouvoir normatif et de l'atteinte à la

---

[1505] Communiqué par madame Marguerite Guély, historienne de Martel.
[1506] SAVY (N.), *Cahors…Op.cit.*, p.24.
[1507] AM Martel, BB 5, f° 15 v°.
[1508] *Ibid.*, f° 67 r°.
[1509] HESSE (J.-Ph.), « Un droit fondamental vieux de 3000 ans : l'état de nécessité. Jalons pour une histoire de la notion », dans *Droits fondamentaux*, n°2 (jan.-déc. 2002), (pp.125-149), p.128.
[1510] *Ibid.*, p.128.

propriété »[1511]. L'invocation de ce pouvoir royal et de l'état de nécessité leur permit de disposer de tout ce qui touchait, au sens premier du verbe, aux fortifications. Ainsi, à Martel, de simples ordonnances suffisaient pour faire fermer les issues des maisons donnant sur la muraille[1512] ou pour faire démolir les bâtiments qui gênaient la circulation entre les différents ouvrages fortifiés[1513]

Expropriations et atteintes à la propriété privée.

Le nombre d'édifices concernés par les programmes de mise en défense était relativement important : on devait purement et simplement démolir ceux qui étaient dangereux pour les fortifications existantes et ceux dont l'emplacement était nécessaire pour la construction de nouveaux ouvrages. Au début du conflit, pour se saisir de ces bâtiments, les consulats privilégièrent l'achat et l'expropriation indemnisée : en 1347 à Cahors, les consuls souhaitant revoir l'ensemble des défenses avancées du pont Vieux acquièrent au préalable les maisons d'un dénommé Pons Delherm[1514], tandis qu'en 1352 les Martelais exproprièrent Gary Vidal[1515], les héritiers de Gui Porchier[1516] et Guilhem de Malboycho[1517] de leurs maisons, qui formaient le groupe dit de « la Clau » et étaient dangereusement situées à proximité des murailles. Encore en 1376, les consuls de Cahors exproprièrent, sur ordre royal, les propriétaires des édifices longeant de trop près le Grand Fossé[1518]. Cette façon de procéder présentait de nombreux inconvénients, dont le coût qui, en cette période de difficultés financières, n'était pas des moindres. D'autre part, concernant les maisons à détruire, le consulat payait au propriétaire le prix d'un terrain bâti pour finalement, après avoir financé la démolition, se retrouver en possession d'un simple espace vide ; si celui-ci était nécessaire pour l'instant, il n'aurait toutefois aucune utilité une fois la paix revenue et il serait de plus impossible de le revendre au prix qu'il avait coûté.

La propriété de toutes les zones touchées par l'organisation de la défense n'étant pas utile, les consulats multiplièrent les ordonnances visant à obliger les particuliers concernés à mettre leurs biens immobiliers en conformité avec les exigences de la tactique défensive. Début 1356, les consuls martelais décidèrent ainsi la démolition de toutes les maisons sises autour et trop près des deux murs d'enceinte, ainsi que la mise en creux de certaines autres[1519]. Si les matériaux issus de ces destructions étaient ensuite réemployés aux fortifications, les propriétaires recevaient une indemnité[1520], ce qui donnait à ces opérations le caractère d'expropriations limitées aux éléments constitutifs des bâtiments ; la perte de l'usage du terrain n'était quant à elle pas indemnisée.

L'application d'ordonnances privant des citoyens de la propriété ou de l'usage de leurs biens devait être particulièrement difficile et susciter de nombreuses résistances. A Martel en 1352, la révolte du conseiller Guilhem de Malboycho suite à son expropriation[1521] fit prendre conscience aux consuls que leur pouvoir normatif dans ce domaine épineux approchait ses limites, aussi se tournèrent-ils vers le sénéchal pour bénéficier de son appui dans le règlement de ce problème[1522].

[1511] SAINT-BONNET (F.), *L'état d'exception. Histoire et théorie. Les justifications de l'adaptation du droit public en temps de crise*, Thèse pour le doctorat en droit (Histoire du droit), soutenue en 1996 à l'Université de Paris II-Panthéon-Assas, résumé.
[1512] AM Martel, BB 5, ff° 95 v° et 100 r°.
[1513] *Ibid.*, CC 3-4, ff° 33 r° et 81 v°.
[1514] CANGARDEL (L.), COMBARIEU (L.), LACOMBE (P.), *Le Te Igitur...Op.cit.*, pp.55-56, art. n°68.
[1515] AM Martel, BB 5, f° 62 r°.
[1516] *Ibid.*, f° 65 r°.
[1517] *Ibid.*, f° 66 r°.
[1518] AM Cahors, *Livre Noir*, f° 53 v°.
[1519] AM Martel, BB 5, f° 93 r°.
[1520] AM Martel, BB 5, ff° 65 r°, 71 r° et 72 r°; AM Gourdon (M.A.), CC 18, ff° 16 r°, 22 r° et 37 r°.
[1521] AM Martel, BB 5, f° 66 r°.
[1522] *Ibid.*, f° 66 v°.

Après une période plus ou moins calme, la guerre reprit de plus belle en 1355 et 1356. Les édifices voués à la destruction, mais qui avaient été épargnés jusque là, ne purent cette fois échapper aux démolisseurs ; les consuls n'exigeaient cependant plus une totale mise à terre, mais une simple mise en creux. Les propriétaires concernés reçurent un ordre écrit précisant bien que cette mesure avait été conseillée et autorisée par le lieutenant du sénéchal[1523]. Toutes les ordonnances relatives à ce domaine n'atteignaient pas aussi fortement la propriété privée, mais elles étaient toutes durement ressenties par l'inconfort qui en découlait, comme le fut certainement l'ordre donné par le consulat de Martel à ses habitants des faubourgs d'enlever toutes les portes, planches et fenêtres de leurs demeures[1524].

Les expropriations et autres atteintes à la propriété privée immobilière permettaient aux consulats de faire mettre les ouvrages fortifiés et leurs abords en conformité avec les nécessités de la défense, tandis que la récupération des matériaux libérés par les démolitions alimentait les chantiers à un coût intéressant : leur prix étant déduit des tailles à venir, il constituait en quelque sorte un emprunt gratuit. Les avantages de ce système furent très rapidement cernés par les municipalités, car ils généralisèrent les réquisitions de matières employables aux fortifications. Elles apparurent dès les premiers grands chantiers consécutifs à l'arrivée des bandes anglaises : en août 1345, les consuls de Martel ordonnèrent que tous les hommes devaient d'une part être obéissants à ceux qui étaient chargés de mener les travaux et, d'autre part, devaient leur fournir tout ce qui leur était nécessaire ; la valeur de ce qui leur serait pris à cette occasion serait déduit sur leur taille de l'année[1525]. Cet arrangement fut cependant rapidement réaménagé à cause des difficultés financières auxquelles la municipalité dut faire face : moins de deux mois plus tard, les magistrats suspendirent ces remises de tailles et les reportèrent à une date indéterminée[1526].

Le principe des réquisitions contre remises de tailles, à terme fixe ou flou, était particulièrement avantageux et fut appliqué un peu partout : en 1356, les dirigeants gourdonnais obtenaient de cette façon des éléments de serrurerie[1527], des planches[1528], etc., bref tout ce que réclamait l'édification des murailles. Une fois le plus gros des travaux effectués, ce système fut beaucoup moins utilisé, mais il resta un recours appréciable lorsque d'importantes réparations durent être réalisées de manière inattendue, comme celles qui furent faites à Cajarc en 1376[1529].

L'ensemble des décisions prises dans le cadre des programmes de fortification montre que les consulats essayèrent d'éviter les confrontations, autant pour éviter les longues procédures judiciaires que pour épargner les finances communales, et pour cela privilégièrent des mesures souples plus facile à mettre en œuvre et au caractère moins tranché et définitif que les expropriations pures et simples. Dans ce cadre, la faiblesse des oppositions apparaît plus comme résultant de l'habileté politique des dirigeants quercinois que comme l'expression d'une acceptation des sacrifices *pro bono publico* comme celle que l'on pouvait observer dans la France du Nord[1530]

[1523] *Ibid.*, f° 93 v°.
[1524] *Ibid.*, f° 93 r°.
[1525] *Ibid.*, f° 15 v°.
[1526] *Ibid.*, f° 17 v°.
[1527] AM Gourdon (M.A.), CC 18, f° 37 r°.
[1528] *Ibid.*
[1529] AM Cajarc, CC 12, reg. III, ff° 6 r°, 9 v°, 15 v°, 22 r°, 51 r°, 54 r°, 55 v°, 64 v°.
[1530] WOLFE (M.), « Siege Warfare and the *Bonnes Villes* of France during the Hundred Years War », dans CORFIS (I. A.), éd., WOLFE (M.), éd., *The Medieval City Under Siege* (pp.49-68), Woodbridge, Boydell & Brewer, 1999, p.62.

La réquisition du travail.

Les biens matériels ne furent pas les seuls touchés par les réquisitions, car le travail le fut aussi par le biais de la corvée. Elle était due par tous les habitants et les différents consulats surent, au début du conflit, l'utiliser pour édifier rapidement des ouvrages d'urgence : elle constitua l'essentiel de la main-d'œuvre employée à l'édification des fortifications cadurciennes élevées en 1345-1347[1531], tandis que les textes martelais l'évoquent clairement pour les travaux de 1345 ; ils montrent que cette servitude se faisait en dehors de toute réglementation, car tous les habitants, hommes comme femmes, devaient travailler autant que nécessaire tant que les ouvrages ne seraient par terminés[1532].

Composée de personnes sans qualification, la corvée était cependant impropre à la réalisation d'ouvrages de qualité et les municipalités durent pour cela se tourner vers les professionnels du bâtiment. Les besoins étaient si importants que ces derniers furent probablement, certaines années, totalement accaparés par les travaux de fortifications. A Cajarc, on recourut dès 1348 aux services de maçons, de charpentiers et de forgerons et, suivant la même logique, on loua des bêtes de somme, des embarcations, des comportes et des bâts[1533], bref tout ce qui était nécessaire à la mise en œuvre des chantiers. On trouve les mêmes services utilisés en masse à Gourdon[1534] et à Martel[1535] pour les grands travaux de 1356. Cette mainmise sur l'offre de travail se produisit aussi lorsque des réparations importantes et urgentes furent à faire, comme ce fut le cas en 1376 à Cajarc pour la réédification d'une muraille écroulée[1536].

La forte reprise en main de la propriété publique effectuée par les consulats dès les premières années du conflit fut la première étape du processus qui amena un renforcement inédit de leur autorité juridique ; ensuite, de mesures d'exception envers les biens matériels en mesures d'exception touchant les prestations de services, ils disposèrent assez vite d'un pouvoir normatif très élargi ; celui-ci se justifiait par la notion de commun profit face aux nécessités de l'heure et bénéficiait par ailleurs du soutien de l'autorité royale. Ce pouvoir consulaire, déjà singulièrement renforcé, fut d'autant plus affermi qu'il s'accompagna d'une liberté largement accrue en matière fiscale.

L'augmentation du pouvoir fiscal.

La hausse du nombre des impositions.

De 1285 à 1355, la pression fiscale des princes et des grands féodaux, qui avait provoqué la naissance d'une fiscalité particulièrement désordonnée, céda le pas à celle de l'Etat moderne en gestation, qui la rendit initialement plus lourde et plus fréquente. Les campagnes de Philippe IV contre les Flamands, sa guerre contre Edouard Ier d'Angleterre, les conflits répétés pour l'Aquitaine ensuite puis l'ouverture de la guerre de Cent Ans en 1337 furent la cause de toutes les improvisations fiscales[1537]. En Quercy, cela se traduisit tout particulièrement, à partir de 1342, par l'accord donné à

[1531] MESQUI (J.), *Op.cit.*, t.I, p.292.
[1532] AM Martel, BB 5, f° 15 v°.
[1533] AM Cajarc, CC 4.
[1534] AM Gourdon (M.A.), CC 18.
[1535] AM Martel, CC 3-4, ff° 78 r°-88 v°.
[1536] AM Cajarc, CC 12, reg. III, f° 84 v°.
[1537] CHEVALIER (B.), « Genèse de la fiscalité urbaine en France », dans *Revista d'Historia Medieval* n°7 (1996), *La gènesi de la fiscalitat municipal (segles XII-XIV)*, (pp.21-38), pp.34-35.

certaines municipalités de percevoir de nouveaux impôts extraordinaires afin de leur donner les moyens financiers de mettre leurs villes en état de résister aux Anglais. Il s'agissait en premier lieu du droit de souquet, taxe levée sur les marchandises vendues en ville : en 1342 à Cahors, il ne concernait que le blé et le vin[1538], mais il fut trois ans plus tard étendu aux viandes[1539], tandis qu'à Gourdon vers la même époque il s'appliquait à tout ce qui était vendu dans la localité[1540]. Tous les consulats ne furent pas autorisés à le lever en même temps : encore en 1345, les consuls martelais firent spécialement lever une taille afin de pouvoir financer les travaux de fortifications[1541], mais ils eurent cependant la possibilité d'imposer le souquet assez rapidement ensuite[1542]. En 1347, leurs homologues de Cahors obtinrent même de pouvoir l'étendre aux vins qui transitaient sur le Lot[1543]. Les ordres du pouvoir royal étaient clairs : ces nouvelles impositions ne devaient pas être employées à autre chose qu'à l'amélioration et la construction d'ouvrages de défense.

Alors que loin de s'apaiser, la guerre prenait un nouvel élan en 1355, les différents consulats s'aperçurent que leurs fortifications devaient de nouveau être renforcées. Cela demandait des crédits importants qui ne pouvaient être trouvés que par de nouvelles impositions. Les consuls de Martel, qui venaient de commencer un important chantier[1544], demandèrent ainsi en septembre 1355 au sénéchal de Périgord et de Quercy de leur donner l'autorisation de lever de nouvelles taxes, souquet ou gabelle, au profit de la municipalité[1545]. Ces levées n'étaient habituellement accordées que pour une période bien déterminée : le souquet fut par exemple octroyé à Cahors pour trois ans en 1349[1546] et 1352[1547], puis pour cinq en 1359[1548], mais cette limitation gênait les consuls car elle interdisait la mise en place de plans à moyens et longs termes ; d'autre part, baillés à ferme, ces impôts étaient des sources de revenus non négligeables pour ceux qui s'en rendaient acquéreurs, parmi lesquels se trouvait une majorité de membres du monde consulaire[1549] qui souhaitaient les pérenniser autant que possible. C'est certainement les raisons pour lesquelles les consuls de Martel envoyèrent, en mai 1356, un député à la cour du roi de France pour qu'il obtienne des autorisations de perception pour la durée la plus longue possible[1550].

Après 1355, toutes les villes du royaume se retrouvèrent peu ou prou dans la même situation que les localités quercinoises, à savoir avec des besoins de liquidités énormes que l'on espérait satisfaire par une hausse de la fiscalité : ceci explique que la généralisation des impositions extraordinaires observable en Haut-Quercy ne lui fut pas spécifique[1551]. Quant à l'autorisation royale préalable à toute nouvelle levée, bien qu'accordée sans difficulté, elle procédait d'un fait de droit public désormais bien établi et qu'il n'était pas question de remettre en cause[1552].

[1538] AM Cahors, CC 20.
[1539] *Ibid.*, CC 21.
[1540] AM Gourdon, CC 1.
[1541] AM Martel, BB 5, f° 15 v°.
[1542] *Ibid.*, f° 22 v°.
[1543] AM Cahors, *Livre Nouveau*, t.II, p.185.
[1544] SAVY (N.), « Un chantier…*Op.cit.*, p.254.
[1545] AM Martel, BB 5, f° 90 r°.
[1546] AM Cahors, CC 25.
[1547] *Ibid.*, CC 26.
[1548] *Ibid.*, CC 28.
[1549] Par exemple à Gourdon en 1353, mentionné dans AM Gourdon (M.A.), BB 4, f° 17 r°, ou à Martel de 1355 à 1359, mentionné dans AM Martel, BB 5, ff° 85 v° à 134 v°.
[1550] AM Martel, BB 5, f° 98 r°.
[1551] CHEVALIER (B.), « Genèse… *Op. cit.*, pp.35-38.
[1552] *Ibid.*, pp.33-36.

L'élargissement de la base contribuable.

Le pouvoir royal aida les consuls à lever les nouvelles taxes que les populations étaient réticentes à payer : en décembre 1345 par exemple, les consuls de Cahors furent appuyés par le sénéchal pour contraindre leurs habitants à le faire[1553]. Surtout, l'autorité royale donna plus de portée à chaque nouvelle imposition en augmentant le nombre de contribuables. Au début du conflit, beaucoup d'individus échappaient à l'impôt pour des raisons diverses, mais leur effectif se réduisit à partir de 1342, année où les consuls de Cahors furent autorisés à faire contribuer les marchands forains aux fortifications[1554]. Toutefois, c'est envers les religieux que l'action royale fut déterminante : en septembre 1345, le sénéchal et les bayles royaux reçurent l'ordre de faire payer le droit de souquet à tous les ecclésiastiques de Cahors, y compris l'évêque, qui jusqu'alors s'y refusaient[1555]. L'année suivante, les consuls de Martel furent eux aussi confrontés au refus des religieux de contribuer à l'effort commun et firent appel à l'aide royale pour les y contraindre[1556] ; l'intervention des officiers du roi fut certainement efficace car, en 1347, c'est directement à l'official de l'évêque de Cahors que la municipalité en appela pour forcer les clercs martelais récalcitrants[1557].

Les religieux ne cessèrent cependant pas de lutter pour éviter de payer les impôts qu'on leur réclamait ou pour limiter l'effet des nouvelles mesures. L'évêque de Cahors Begon de Castelnau autorisa ainsi les consuls de Capdenac à lever la taille sur les biens appartenant aux ecclésiastiques, mais à la condition extrêmement limitative que ces biens aient été taillables avant leur achat par des clercs[1558]. Cette attitude négative face au fisc fut assez constante : en 1392, les ecclésiastiques cadurciens reçurent à nouveau un ordre de Charles VI les obligeant à payer le souquet sur le vin qu'ils vendaient au détail[1559], tandis que trois ans plus tard ils furent une nouvelle fois en procès avec la municipalité parce qu'ils refusaient de payer les tailles[1560]. L'appui du pouvoir royal fut aussi constant que les oppositions du clergé : en 1413, Charles VI rappela encore que tous les ecclésiastiques possédant des biens-fonds à Gourdon devaient participer à toutes les charges communales[1561], puis fit de même pour Figeac en 1419 ; une trentaine d'années plus tard, son fils Charles VII réitéra le même ordre[1562].

L'augmentation de l'effectif des contribuables s'obtint aussi par l'agrandissement du territoire de perception. Ce mouvement commença en 1347, lorsque Philippe VI obligea les habitants du plat-pays de Gourdon à contribuer aux fortifications de la ville[1563], mais toutes les petites communautés villageoises n'acceptèrent pas facilement d'être soumises aux impôts urbains. Le consulat de Capdenac était ainsi déjà en procès depuis 1320 avec les paroisses de Sonnac, du Vernet, de Saint-Julien et de Lieucamp au sujet des tailles que leurs habitants refusaient de payer[1564] et, malgré l'arrivée de la guerre et les ordres royaux, ceux de Sonnac par exemple ne participèrent totalement à la fiscalité

[1553] BN, *Collection de Languedoc, Doat*, vol.119, f° 165.
[1554] AM Cahors, CC 19.
[1555] AM Cahors, *Livre Nouveau*, t.II, p.126.
[1556] AM Martel, BB 5, f° 26 r°.
[1557] *Ibid.*, f° 30 r°.
[1558] AM Capdenac, CC 39.
[1559] AM Cahors, *Livre Noir*, f° 54 v°.
[1560] ALBE (E.), « Inventaire…*Op.cit.*, 2ᵉ partie, p.96.
[1561] AM Gourdon, CC 2.
[1562] AM Figeac, CC 1.
[1563] AM Gourdon, CC 1.
[1564] AM Capdenac, CC 44 et CC 45.

capdenacoise qu'à partir de 1394[1565]. Le consulat cadurcien, quant à lui, bénéficia en 1370 de l'attitude du bourg de Montcuq, qui persistait dans sa fidélité au Prince de Galles ; en effet, le territoire juridictionnel de la petite ville rebelle fut, sur ordre de Charles V, adjoint à la sienne à titre de représailles[1566].

La prise de libertés pour l'utilisation des produits fiscaux.

A côté du processus qui vit leurs bases fiscales s'élargir considérablement, les consulats prirent d'eux-mêmes de plus en plus de libertés tant dans l'établissement des impôts que dans l'utilisation de leurs produits. La faiblesse du pouvoir de Jean II durant les années 1350 fut à ce sujet déterminante, car c'est durant cette période que les désobéissances manifestes des municipalités dans le domaine de l'utilisation des ressources municipales apparurent. Les consuls de Gourdon furent semble-t-il les premiers, en 1353, à lever un emprunt forcé pour financer une *sufferta* conclue avec les Anglais de Nadaillac[1567] ; trois ans plus tard, leurs homologues cajarcois affectèrent eux aussi des deniers municipaux au paiement du traité qu'ils passèrent avec le capitaine anglais Pierre de Gontaud[1568]. Ils en furent vertement tancés par le capitaine-général en Languedoc, qui leur rappela qu'ils devaient avant tout combattre les ennemis[1569], mais cette remontrance, dans le climat de déliquescence qui suivait la défaite de Poitiers et la capture du roi de France, fit probablement hausser les épaules aux consuls. En effet, l'incohérence de certaines décisions avaient de quoi provoquer, sinon un sentiment d'injustice, tout au moins une certaine indifférence. Ainsi, alors que Mage de Pons, dame de Turenne et épouse du coseigneur de Martel, avait en novembre 1356 obtenu l'autorisation de conclure un *pati* pour ses terres, Martel en avait été exclu sur ordre royal[1570]. Les magistrats pouvaient légitimement se poser la question : si les nobles avaient le droit de traiter pour protéger leurs biens, pourquoi les consulats ne l'avaient-ils pas ?

Les événements de la décennie suivante contribuèrent encore à renforcer l'autonomie des consulats en matière fiscale, avec les deux changements d'administration royale de 1362 et 1369, consécutifs au traité de Brétigny puis à sa rupture. Le retour dans le giron français des municipalités quercinoises s'accompagna de nombreuses mesures destinées à les récompenser de leur fidélité et surtout à leur montrer qu'elles avaient fait le bon choix : en plus d'une avalanche de confirmations des privilèges et libertés existants[1571], elles reçurent de nouveaux avantages fiscaux comme, pour les Cadurciens, l'autorisation « d'imposer, lever, augmenter, diminuer les droits à payer sur les denrées, vivres et marchandises, entrant ou sortant de la ville, qu'il s'agisse de barres, souquets ou péages durant 40 ans sans avoir à rendre compte »[1572]. Il n'en fallut certainement pas plus pour que les magistrats se sentent quelque peu indispensables au pouvoir royal et, de là et des libertés nouvellement acquises, développent encore ce sentiment d'autonomie que les événements n'avaient cessé de favoriser depuis bien avant le début du conflit.

Les consulats affectèrent ainsi, malgré la volonté royale, une part croissante de leurs ressources au paiement des différents traités locaux passés avec les Anglo-Gascons. Durant le mandat 1376-1377, les consuls de Cajarc ne levèrent

---

[1565] *Ibid.*, CC 52.
[1566] LACOSTE (G.), *Histoire…Op.cit.*, t.III, p.213.
[1567] AM Gourdon (M.A.), BB 4, f° 12 v°.
[1568] AM Cajarc, CC 8, ff° 136 v°, 161 v°.
[1569] LACOSTE (G.), *Histoire…Op.cit.*, t.III, pp.153-154.
[1570] AM Martel, BB 5, f° 102 v°.
[1571] AM Cahors, HH 4 ; AM Figeac, AA 1 ; AM Gourdon, AA 1 ; AM Capdenac, AA 5.
[1572] AM Cahors, CC 33.

pas moins de cinq tailles pour payer *patis* et *suffertas*[1573], et firent de même durant la législature suivante[1574]. En 1379-1380, ils décidèrent d'au moins trois levées dans le même but[1575], ainsi que deux en 1380-1381[1576]. De la même façon, le consulat martelais fit procéder à des ponctions fiscales dont le produit était spécialement destiné au paiement des traités passés avec les capitaines anglais de la région ; on en trouve de nombreuses traces dès le début des années 1370[1577], puis en 1378[1578], 1381[1579] et 1382[1580]. Une mention montre que l'on procédait aussi à ces impositions spécifiques de manière habituelle à Capdenac[1581]. Vers le milieu des années 1380, les Gourdonnais agissaient de même[1582], mais surtout n'hésitaient pas à employer le produit des souquets pour les besoins des traités[1583], que ce soit pour le règlement des sommes dues[1584] ou pour payer les cadeaux faits aux capitaines anglais Peyran lo Malhié et Bertrucat d'Albret afin de s'attirer leurs bonnes grâces[1585]. Rappelons-le, le souquet était une taxe accordée par le roi uniquement dans le but de financer les fortifications.

Après 1370, le renforcement de l'administration du royaume n'empêcha pas les consulats de procéder de plus en plus librement en matière fiscale. A Cahors, le contrôle royal sur ces affaires fut même à l'origine d'une rationalisation de leur gestion[1586], mais les officiers du souverain ne purent empêcher la ville de poursuivre l'établissement de *patis* et de *suffertas* avec les Anglo-Gascons. Ce cas était loin d'être unique et, encore en 1385, le duc de Berry demanda au comte d'Armagnac de s'opposer aux sujets du roi en Languedoc et en Guyenne lorsqu'ils voulaient établir des trêves avec les ennemis[1587]. L'année suivante, la situation dans ce domaine était telle que le conseil du roi en Languedoc s'alarma : il affirmait alors que « tout le pays de Quercy était en voie de perdition pour s'être par trop appatissé[1588] avec les ennemis »[1589], mais il n'avait pas de réelle alternative à proposer pour ramener la sécurité dans la province, si ce n'est de poursuivre sa politique de rachat des places tenues par les Anglo-Gascons.

Les consulats gardaient leurs villes au roi et payaient les impôts qu'il leur demandait, c'était là la chose importante du moment. Leur demander de renoncer aux traités locaux équivalait à les ruiner rapidement et, de là, signifiait prendre le risque de voir leur confiance s'amenuiser fortement et surtout provoquer à court terme leur incapacité à payer les subsides. Dans une période où les finances du royaume faisaient flèche de tout bois, la fermeté aurait été malvenue : plutôt que de prendre des mesures ineptes dans ce domaine, le pouvoir royal ferma quelque peu les yeux et même, conscient des difficultés des villes, leur accorda nombre de remises d'impôts, comme à Gourdon en 1374, 1376 et 1396[1590] ; les Gourdonnais furent même déchargés de tout ce qu'ils devaient au fisc royal en 1443[1591].

[1573] AM Cajarc, CC 12, reg. III, ff° 84 r°, 88 v°, 90 v°, 100 r°, 106 r°.
[1574] *Ibid.*, CC 13, ff° 1 r°, 38 r°, 60 r° ; CC 14, reg. I, f° 1 r° et reg. III, f° 11 r°.
[1575] *Ibid.*, CC 15, reg. I, f° 1 r°; reg. II, ff° 1 r°, 29 r°.
[1576] *Ibid.*, CC 16, reg. I, f° 53 r°; reg. II, f° 1 r°.
[1577] AM Martel, CC 5, ff° 5 v°, 10 v°, 37 r°.
[1578] *Ibid.*, BB 6, f° 1 r°.
[1579] *Ibid.*, f° 8 r°.
[1580] *Ibid.*, CC 6, ff° 6 v°, 7 r°, 11 r°.
[1581] AM Capdenac, EE 2.
[1582] AM Gourdon (M.A.), BB 5, ff° 14 r°, 31 r°, 33 r°.
[1583] Vers 1405, on pouvait observer des détournements identiques du souquet par les capitouls de Toulouse : WOLFF (P.), DURLIAT (M.), « L'épreuve... *Op. cit*, p.215.
[1584] AM Gourdon (M.A.), BB 5, f° 15 v°.
[1585] *Ibid.*, f° 15 r°.
[1586] SAVY (N.), *Cahors...Op.cit.*, pp.36-39. Dans ce domaine, la fiscalité cadurcienne suivit une tendance observable à l'échelle du royaume ; à ce sujet, voir : CHEVALIER (B.), « Genèse... *Op. cit*, pp.37-38.
[1587] LACOSTE (G.), *Histoire...Op.cit.*, t.III, p.284.
[1588] Ce mot est un dérivé de « *pati* ».
[1589] LACOSTE (G.), *Histoire...Op.cit.*, t.III, p.287.
[1590] AM Gourdon, CC 2.
[1591] *Ibid.*

La souplesse politique du souverain n'empêcha toutefois pas les formes d'être maintenues et, pour tous les impôts de guerre ou remises accordés aux consulats, il fut toujours spécifié que l'utilisation de leur produit devait se faire au profit des défenses[1592].

Disposant du droit de lever des tailles et, sur autorisation royale expresse, de quelques taxes indirectes pour des besoins bien définis, les consulats n'avaient finalement avant 1340 qu'un pouvoir fiscal relativement limité ; il s'accrut considérablement à partir du début des hostilités, accroissement consécutif à la volonté des autorités royales de leur donner les moyens de défendre leurs villes face aux armées anglaises. Les nouvelles impositions qui leur furent alors accordées, tout comme l'élargissement de leur base fiscale, multiplièrent leurs moyens d'action de manière inédite. D'autre part, profitant des désordres des années 1360-1369 et soucieux de pérenniser la levée des nouveaux impôts initialement temporaires, ils surent les maintenir jusqu'à leur donner un caractère quasi permanent : nous percevons là les caractères spécifiquement quercinois d'une évolution qui fut générale au niveau du royaume [1593]. Enfin et surtout, les besoins financiers pour l'établissement des traités demandaient d'importantes sommes qu'ils trouvèrent par l'impôt, en opposition totale avec la volonté du roi, premier détenteur pourtant du pouvoir d'imposer. Bien plus, ils n'hésitèrent pas à dénaturer des taxes comme le souquet, qu'on leur avait accordé uniquement pour se défendre militairement, en utilisant leurs produits pour payer ces *patis* et *suffertas* condamnés par leur souverain. Celui-ci finit par s'apercevoir qu'il n'avait aucun intérêt à se montrer intransigeant en la matière, aussi laissa-t-il cette situation de fait comme elle était en se contentant de préserver les formes.

3. Commander la ville forte.

En Haut-Quercy, un des nouveaux aspects de la guerre qui commença en 1345 fut que les villes fortifiées se retrouvèrent dirigées non par leurs seigneurs, mais par des municipalités issues de leurs populations. Qu'ils soient consuls ou conseillers, bien peu nombreux étaient ceux qui avaient au début de la guerre une quelconque expérience militaire pouvant les aider dans leur tâche. Les années passant, les élites se formèrent de façon empirique, mais ils sentirent très tôt que pour pouvoir contrer les entreprises anglo-gasconnes, il était indispensable d'être correctement informés sur leurs faits et gestes : le renseignement devint ainsi rapidement une de leurs préoccupations majeures. Cet intérêt n'était cependant utile que si la ville était réellement en mesure de résister aux ennemis, ce à quoi ils s'attachèrent en organisant la cohue des habitants pour en faire un outil militaire au service de la communauté. Enfin, ils élargirent le champ d'action de leurs structures judiciaires pour que les fautes relatives à la protection commune puissent être sanctionnées avec vigueur. Tout ceci en fit les maîtres d'un système défensif particulièrement cohérent.

[1592] AM Figeac, CC 5 ; AM Gourdon, EE 1 ; Am Capdenac, CC 26.
[1593] CHEVALIER (B.), « Genèse… *Op. cit.*, p.38.

Le renseignement.

Depuis les temps les plus reculés, le renseignement est apparu nécessaire à tous les chefs militaires pour mener à bien les opérations dont ils étaient responsables ; le rôle qu'il tint durant les campagnes gauloises de Jules César apparaît clairement au fil des pages de *la Guerre des Gaules* ; peu après, Frontin, écrivain militaire romain du Ier siècle, soutint dans son *stratagemata* l'importance des méthodes d'information « en sous main », tandis que trois siècles plus tard Végèce souligna la nécessité, pour un général en campagne, d'être toujours en mesure de maîtriser l'évolution de la situation[1594]. Si l'œuvre de Frontin n'a pas été traduite en français avant le XVe siècle, il en fut autrement des écrits de Végèce, conservés dans de nombreux manuscrits et objets de nombreuses traductions, certainement lues par beaucoup à la fin du Moyen Age[1595]. Définir le renseignement d'ordre militaire, en 1350 ou aujourd'hui, ne pouvait et ne peut être fait à l'aide d'une formule trop précise, aussi adopterons-nous par commodité une phrase du célèbre théoricien de la guerre moderne, Carl von Clausewitz, qui le définissait comme « l'ensemble de la connaissance que l'on a de l'ennemi et de son pays, le fondement donc de nos plans et de nos opérations »[1596] ; nul anachronisme ici car le concept est universel, dans le temps et dans l'espace : le maître chinois Sun Tzu ne disait-il pas, au VIe siècle avant J.C., qu'un général qui n'était pas au fait de la situation réelle de son adversaire ne méritait pas de commander, tandis qu'un capitaine avisé devait se procurer des informations sur l'ennemi[1597] ? Quant à son utilité pratique, on peut la résumer, quelle que soit l'époque, à ce triptyque mis en exergue dans le très contemporain manuel du sous-officier de l'armée française : « Etre renseigné, c'est éviter d'être surpris. Etre renseigné, c'est pouvoir assurer sa sécurité. Etre renseigné, c'est être à même de prendre des décisions permettant de porter des coups efficaces à l'adversaire »[1598]. Ne pas être surpris par le cours des événements, assurer la sécurité des biens et des personnes et prendre les décisions nécessaires pour contrer les entreprises des compagnies anglo-gasconnes : c'est ce que les consulats quercinois ont essayé de faire en s'appuyant sur leurs systèmes de collecte du renseignement.

Durant les premières années du conflit, les municipalités se rendirent progressivement compte que les échanges de courriers et de messagers étaient insuffisants pour leur fournir toutes les informations dont ils avaient besoin. En 1348 par exemple, les consuls de Cajarc recevaient encore la majeure partie de leurs informations militaires par message et n'estimaient pas indispensable d'organiser leur propre collecte de renseignement, car durant toute cette année où les mouvements anglais furent importants, ils n'envoyèrent qu'un seul homme à la recherche de nouvelles les concernant[1599] ; l'année suivante, l'intérêt de ce genre d'informations ne leur était toujours pas apparu, étant donné qu'ils ne commanditèrent que trois missions de renseignement[1600]. Ce n'est semble-t-il qu'à partir de 1350 qu'ils utilisèrent de véritables espions pour s'informer, mais le faible nombre de mentions concernant ces opérations[1601] montre qu'ils n'avaient pas encore saisi l'importance de ce type de sources. Deux ans plus tard, le nombre d'espions envoyés était encore faible[1602], ce qui laisse penser qu'ils comptaient surtout sur leur réseau de correspondance pour rester informés.

[1594] ALLMAND (C.T.), « Les espions au Moyen Age », dans *L'histoire* n°55 (avril 1983), (pp. 35-41), p.36.
[1595] *Ibid.*.
[1596] CLAUSEWITZ (C. von), *De la Guerre*, Perrin, 1999, p.82.
[1597] SUN TZU, *L'art de la guerre (traduit du chinois et présenté par Jean Levi)*, coll. *Pluriel*, Paris, Hachette, 2001, p. 89.
[1598] *Manuel du sous-officier (TTA 150)*, imp. Charles Lavauzelle, 1994, titre VI, p.5.
[1599] AM Cajarc, CC 4, f° 164.
[1600] *Ibid.*, CC 5, envers, ff° 68 v°, 70 r°, 72 r°.
[1601] *Ibid.*, CC 6, f° 53 v°.
[1602] AM Cajarc, CC 7, ff° 95 v°, 96 r°.

Il en allait tout autrement à Martel et à Gourdon, où la recherche du renseignement s'était développée plus précocement, certainement en raison du fait que ces deux villes furent plus exposées aux divagations anglo-gasconnes durant les toutes premières années du conflit. En 1349, les consuls martelais envoyèrent ainsi des espions courir le pays à au moins seize reprises[1603], tandis que leurs collègues gourdonnais le firent quatre-vingt-quatorze fois l'année suivante[1604]. Pour tous, le développement des activités militaires anglaises en 1355 provoqua une hausse significative des besoins en renseignement et les Cajarcois rattrapèrent leur retard dans ce domaine : en 1356, leurs consuls envoyèrent des hommes chercher des informations sur les détachements ennemis à plus de vingt-cinq reprises[1605]. C'est ainsi de manière empirique et en réaction aux activités anglo-gasconnes que les élites municipales prirent conscience du besoin qu'elles avaient d'être correctement informées sur le plan militaire.

Les consulats savaient leurs villes au centre des préoccupations de chaque capitaine ennemi et, responsables de la défense, ils devaient prendre toutes les mesures nécessaires sans pour autant paralyser la vie urbaine : des dispositions insuffisantes ou inadaptées pouvaient entraîner la chute de la cité, tandis que trop d'hommes immobilisés sur les enceintes privaient de bras les activités de production et de services, situation nuisant directement à la santé économique de la ville et, indirectement, à la capacité fiscale de la communauté. Seule une bonne connaissance de la situation générale, mais aussi et surtout des faits particuliers concernant leur « théâtre d'opérations »[1606], permettait aux conseils urbains de prendre des précautions justes et adéquates. Les informations recueillies à cet effet relevaient de trois domaines distincts : le premier concernait la place de la ville par rapport à l'ensemble des événements de la guerre, tandis que le second avait trait à la situation tactique en cours dans la province ; enfin, en dernier lieu, on cherchait à déceler les actions hostiles imminentes de façon à déclencher l'alarme le plus tôt possible.

La connaissance de la situation générale.

Malgré le caractère limité dans le temps et dans l'espace de la majeure partie des opérations militaires, au Moyen Age en général[1607] et pendant la guerre de Cent Ans en particulier, il importait que les décisionnaires municipaux puissent situer leur action au sein du mouvement d'ensemble suivi par le conflit. Or, les relations entretenues avec le pouvoir central étaient assez distendues : les municipalités ne recevaient généralement leurs directives que des officiers royaux en poste dans la région[1608] qui, du fait de la lenteur des moyens de communication et de l'incertitude des chemins en temps de guerre, ne disposaient que d'informations limitées sur les activités militaires et diplomatiques concernant l'ensemble du royaume.

D'autre part, le roi et ses principaux officiers ne pouvaient envoyer des messagers informant toutes les villes et officiers du royaume sur leurs intentions ou les victoires de l'ennemi, etc., pour d'évidentes raisons de sûreté, de propagande et plus simplement d'insuffisance de moyens. Les renseignements concernant la situation générale qui aboutissaient à Martel, par exemple, étaient de provenances diverses : en premier lieu arrivaient ceux fournis par les

---

[1603] AM Martel, CC 3-4, ff° 4 v°, 5 v°, 6.
[1604] AM Gourdon (M.A.), CC 17.
[1605] AM Cajarc, CC 8.
[1606] Ce terme contemporain est ici convenable : le théâtre des opérations des consulats était la zone où se déroulaient les opérations qui les concernaient directement.
[1607] CONTAMINE (P.), *La guerre au Moyen-Age… Op. cit.*, p. 365.
[1608] On trouve plusieurs mentions de ces rapports dans les registres AM Martel, CC 3-4 et BB 5.

officiers royaux de la province, que l'on imagine orientés suivant les besoins du pouvoir, les consuls ne devant certainement être tenus au courant que des principales opérations militaires menées par le roi de France[1609]. Venaient ensuite les rumeurs colportées par les marchands, les pèlerins ou les simples vagabonds, informations dont le fond de vérité -lorsqu'il existait- devait souvent se perdre dans le pathétique ou le merveilleux au fur et à mesure du parcours de bouches à oreilles qu'il avait suivi ; les bruits faux ne devaient parfois rien au hasard, car il s'agissait de manœuvres d'intoxication mises en œuvres par les différents protagonistes[1610].

Les dirigeants quercinois devaient nécessairement avoir recours à d'autres sources pour démêler les écheveaux de données contradictoires, incertaines et incomplètes qui leur parvenaient régulièrement. L'élaboration de ce que l'on pourrait appeler le panorama stratégique de la situation s'appuyait principalement sur les informations obtenues par différents envoyés qui se rendaient pour les besoins généraux de la ville à Paris, Avignon, Toulouse ou Limoges ; ils avaient alors l'occasion de s'approcher des entourages de personnes de haut rang et de là s'enquérir des derniers événements. Ainsi, après avoir rencontré à Toulouse le secrétaire du comte d'Armagnac durant l'été 1356, le Martelais Guilhem Lespinassa dépêcha un valet vers ses consuls pour leur transmettre les nouvelles qu'il venait d'obtenir[1611]. Les émissaires consulaires pouvaient aussi compter sur leurs concitoyens expatriés dans les grands centres urbains, car ils étaient en mesure non seulement d'apporter une aide pour présenter et négocier les affaires de la ville, mais aussi de donner des éclaircissements sur des nouvelles plus fraîches que celles qui aboutissaient en Quercy. Ces contacts pouvaient être des marchands, dont les activités et la mobilité donnaient un accès plus aisé aux informations d'ordre militaire, ou des religieux, qui se révélaient parfois d'une grande utilité en raison du caractère international de leur vocation[1612]. Les consuls de Martel savaient se servir de ces relations : à la mi-août 1358, lorsqu'ils envoyèrent Aymar de Cahors à Paris pour présenter l'état de la ville devant le parlement, ils lui donnèrent la consigne de requérir l'aide de tous les compatriotes présents sur place[1613]. Le tableau dressé à l'aide des renseignements recueillis au plus près du roi de France, de ses grands officiers et plus généralement issus de sources « françaises » était complété par des données en provenance de la Guyenne anglaise et de ses alentours : durant les années 1350, les magistrats martelais recevaient des nouvelles depuis Libourne[1614], qui était aux mains des Anglais, mais aussi depuis la ville française de La Rochelle[1615].

Il serait certainement inexact de parler d'une volonté toujours délibérée, de la part des consulats quercinois, d'employer des hommes et des moyens spécifiques à la collecte de renseignements dans le but de connaître la situation générale du conflit : seule, la mention du paiement d'un valet martelais envoyé à Libourne en 1356 précise qu'il alla y chercher « *totas noelas dels enemixz* »[1616]. La recherche d'informations devait en revanche être partie intégrante de tous les types de voyages, missions et députations habituelles qui amenaient des citoyens à se rendre loin de la région pour le compte de leurs municipalités, en particulier dans les grandes cités où les activités économiques et diplomatiques étaient intenses. Ces déplacements étaient relativement fréquents et leurs destinations particulièrement diverses : les Cajarcois

---

[1609] RIGAUDIERE (A.), *Gouverner… Op.cit.*, p.80.
[1610] AM Martel BB 5 f° 82r°: les fautifs colportant de fausses nouvelles étaient sévèrement sanctionnés.
[1611] *Ibid.*, CC 3-4, f° 78v°.
[1612] ALLMAND (C.T.), « Les espions… *Op.cit.*, p.36.
[1613] AM Martel, BB 5, f° 123r°.
[1614] *Ibid.*, CC3-4, f° 80v°.
[1615] *Ibid.*, f° 79r°.
[1616] *Ibid.*, f° 80v°.

envoyèrent par exemple des députations à Paris en 1348[1617], à Avignon en 1350[1618], 1352[1619] et 1379[1620], à Toulouse en 1352[1621] et à Bordeaux en 1367[1622] ; le consulat de Gourdon, quant à lui, envoya des hommes à Paris en 1350[1623], 1353[1624], 1355[1625] et 1357[1626], à Bordeaux en 1357[1627] et à Toulouse en 1376[1628]. Les données recueillies lors de ces voyages aidaient les consuls à se fabriquer une « représentation mentale » de l'étendue du conflit relativement proche de la vérité ; elle leur était nécessaire pour conduire la défense de la ville dans une guerre dont les limites spatiales et nombre d'aspects politiques devaient leur échapper.

Les députés qui partaient au loin appartenaient généralement au monde consulaire[1629], car les missions dont ils étaient chargés nécessitaient des hommes qui, sinon instruits, étaient tout au moins au fait des affaires de la ville. Matio de Bessac était conseiller consulaire lorsqu'il se rendit à Paris pour le compte du consulat de Cajarc en 1348[1630], tandis que quatre ans plus tard ce fut le bayle qui fut envoyé à Avignon[1631]. Quant au Gourdonnais Guilhem Bonal, qui fut chargé de représenter sa municipalité devant le sénéchal de Guyenne en 1357[1632], c'était un vieux conseiller en place depuis plus de ving-cinq ans[1633]. Certains parcouraient le royaume sur de grandes distances, comme Gary Vidal, notable habitué du conseil martelais, qui voyagea en Avignon et en Saintonge en 1352[1634] et séjourna à Libourne quatre ans plus tard[1635]. Composées d'hommes au fait des affaires de leurs communautés et d'une culture générale plus élevée que la moyenne, les députations étaient en mesure de ramener des informations de premier ordre sur la situation générale.

Depuis des villes lointaines telles que Paris ou Avignon, il semble que la règle ait été de transmettre les nouvelles récoltées par lettres. En revanche, sur des distances plus courtes, les messagers devaient parfois apprendre par cœur le contenu du message qu'ils devaient transmettre, afin d'éviter le risque qu'il tombe entre de mauvaises mains : en 1356, un valet chargé par le Martelais Guilhem Lespinassa de porter des nouvelles obtenues à Toulouse à ses consuls, fut complètement détroussé en chemin et le compte qui nous rapporte l'incident ne fait pas état du vol d'une quelconque lettre[1636] ; les magistrats apprirent pourtant la substance du message, probablement transmise oralement par le valet. Dans la missive qu'ils adressèrent aux consuls de Martel depuis Bordeaux à propos de leur rencontre avec le duc de Lancastre, Aymar del Riu et Ponset Guibert, députés de la ville, restaient très généraux mais précisaient que des explications supplémentaires seraient données par le porteur de la lettre[1637]. Les valets utilisés pour ces missions ne devaient pas être de simples hommes à tout faire, mais des garçons doués d'une certaine intelligence ou tout au moins

---

[1617] AM Cajarc, CC 4, f° 92 r°.
[1618] *Ibid.*, CC 6, f° 61 r°.
[1619] *Ibid.*, CC 7, f° 94 v°.
[1620] *Ibid.*, CC 15, reg. II, f° 71 r°.
[1621] *Ibid.*, CC 7, f° 102 r°.
[1622] *Ibid.*, CC 10, f° 49 r°.
[1623] AM Gourdon (M.A.), BB 3, f° 7 r°.
[1624] *Ibid.*, BB 4, f° 20 v°.
[1625] *Ibid.*, CC 18, f° 48 v°.
[1626] *Ibid.*, CC 19, f° 8 v°.
[1627] *Ibid.*, f° 7 v°.
[1628] *Ibid.*, CC 20, f° 4 r°.
[1629] On les retrouve tous dans les listes, consuls ou conseillers du consulat martelais dans le registre AM martel, CC 3-4, durant les années 1350.
[1630] AM Cajarc, CC 4, f° 93 v°.
[1631] *Ibid.*, CC 7, f° 94 v°.
[1632] AM Gourdon (M.A.), CC 19, f° 17 v°.
[1633] *Ibid.*, BB 1, f° 2 v°.
[1634] AM Martel, BB 5 f° 66v°.
[1635] *Ibid.*, CC 3-4, f° 80v°.
[1636] *Ibid.*, f° 78v°. En général, les objets volés sont énumérés précisément.
[1637] *Ibid.*, BB 1, 2e série, n°23.

d'une bonne mémoire. Ces qualités étaient aussi nécessaires pour voyager sur de longues distances : il fallait trouver sa route, éviter les traquenards de sortie d'auberge, etc.

La recherche directe de l'information sur le plan local.

Le renseignement tactique.

Bien plus que la connaissance de la situation générale, celle de la conjoncture locale était primordiale pour mettre en sécurité les biens et les personnes de façon efficace. Le grand souci des consuls était d'être en mesure de déceler les actions hostiles suffisamment tôt afin de pouvoir mettre en œuvre les dispositifs de préservation et de défense : il fallait battre le rappel des paysans habitant villages et hameaux alentours en leur laissant le maximum de temps pour mettre bétail et récoltes à l'abri derrière les murailles ; simultanément, il était nécessaire de renforcer, au moins sommairement, les fortifications légères faites de palissades ou d'épineux, de mettre en place les barricades mobiles, réviser et parer rapidement toute l'artillerie à balancier et préparer la poudre des canons[1638]. Force est de constater que plusieurs heures étaient indispensables pour mettre entièrement la ville en état de défense. Pour se donner ce délai, les édiles municipaux essayaient d'obtenir le maximum d'informations leur permettant d'anticiper au mieux les manœuvres des détachements anglo-gascons opérant dans la région.

Le recueil des renseignements n'était pas effectué au hasard, car à chaque homme envoyé courir le pays correspondaient des lacunes à combler dans la connaissance qu'avaient les consuls de l'ennemi. Lorsque la présence d'une troupe ennemie dans une zone était soupçonnée, voire attestée mais que l'on ne savait rien d'elle, on envoyait un espion chargé de rapporter des précisions afin de savoir à quoi s'en tenir : il devait en premier lieu confirmer la présence de l'ennemi[1639], puis chercher à connaitre son effectif, ses mouvements en cours et ses intentions[1640]. Quant aux compagnies installées depuis quelque temps dans les parages, elles étaient surveillées en permanence : on s'inquiétait de leur « état » du moment[1641], de leurs allées et venues[1642], de leurs éventuels préparatifs de chevauchée[1643] et, enfin, on suivait pas à pas le déroulement de leurs opérations[1644].

Des recherches aux objectifs plus détaillés correspondaient parfois à une crainte des dirigeants fondée non sur l'ennemi, mais sur l'état de leurs propres défenses : en 1355, alors que les fortifications martelaises étaient dégarnies suite à l'envoi de nombreux habitants au siège de Lostanges, les consuls s'inquiétèrent de savoir si aucun regroupement d'Anglais n'était en train de s'opérer en vue de profiter de cette faiblesse momentanée[1645]. De la même façon, en avril 1376, alarmés par le fait qu'une énorme portion de leur enceinte était en train de s'écrouler alors que les Anglais venaient de s'emparer des proches bourgs de Puylagarde et de Saint-Projet[1646], les consuls de Cajarc envoyèrent rapidement un homme espionner « tout ce qu'il aurait le courage de faire » dans ces deux nouvelles garnisons ennemies[1647].

[1638] On évitait de stocker de grandes quantités de poudre, car elle prenait rapidement l'humidité.
[1639] AM Cajarc, CC 8, f° 134 v°.
[1640] AM Gourdon (M.A.), CC 20, f° 5 v°.
[1641] AM Martel, CC 3-4, f° 32 r°.
[1642] AM Gourdon (M.A.), CC 19, f° 20 r°
[1643] AM Cajarc, CC 11, reg. I, f° 72 r°; AM Gourdon (M.A.), CC 20, f° 25 r°, par exemple.
[1644] AM Cajarc, CC 8, f° 135 r° ; AM Gourdon, CC 20, ce registre contient toutes les observations faites par les Gourdonnais sur les opérations de la compagnie anglaise de Vers.
[1645] AM Martel, CC3-4 f° 65r°.
[1646] AM Cajarc, CC12, reg. III, f° 75 v°.
[1647] *Ibid.*

Le renforcement de l'autorité consulaire

L'exemple de Martel entre 1349 et 1356 montre de quelle façon les recherches étaient réparties géographiquement. La zone couverte par les investigations était assez étendue, des espions étant parfois envoyés jusqu'à Excideuil, à plus de 62 kilomètres, mais la répartition des missions montre cependant que les investigations n'étaient pas également distribuées dans un cercle d'autant de kilomètres de rayon ayant Martel pour centre. En effet, la collecte se déroulait principalement sur l'arc ouest de la ville, qui recevait plus de 40 % des espions et autres collecteurs d'informations, dont 27 % pour la seule région de Sarlat. Le nord était la deuxième direction de recherche, car plus de 22 % de ces individus y étaient envoyés, dont environ 8,5 % à destination de Brive. Durant cette période, le sud et l'est ne reçurent respectivement qu'une seule et huit missions de renseignement. Ces nombreuses données ne doivent pas masquer le point essentiel, c'est à dire la prédominance des missions en direction de l'ouest et de Sarlat en particulier, ce qui s'explique aisément car c'est principalement par la vallée de la Dordogne qu'arrivaient les troupes en provenance de la Guyenne anglaise. La zone où l'intensité des recherches était la plus grande se situait dans un espace compris entre vingt et cinquante kilomètres, distances correspondant respectivement à une demi-journée et à une journée de marche, car plus de 57 % des espions y étaient envoyés. La zone en-deçà n'en recevait quant à elle que 37 %. Les documents des consulats cajarcois et gourdonnais ne permettent pas d'établir la répartition de leurs aires de recherche avec autant de précision qu'à Martel, mais ils mettent cependant clairement en évidence l'attention particulière que portaient les Gourdonnais à la vallée de la Dordogne, ainsi que la surveillance vigilante à laquelle les Cajarcois soumettaient celles du Lot et du Célé, ainsi que leurs débouchés[1648].

Tous les individus employés par les consulats pour les missions de renseignement n'opéraient pas de la même façon. Certains étaient désignés dans les comptes par le terme espion, ou leur fonction qualifiée par le verbe espionner : derrière ces mots semble principalement se trouver une manière de procéder où l'homme se dissimulait physiquement aux vues de l'ennemi pour l'observer à son insu. La majorité des mentions concernant ces missions sont vagues, les espions étant généralement envoyés « savoir l'état des ennemis »[1649], sans plus de précisions, tandis que d'autres permettent de clarifier un peu l'idée que nous pouvons nous faire de ces activités : à Martel, des espions « allèrent plusieurs fois entre les ennemis à Beaulieu et à Souillac », villes alors aux mains des Anglais[1650], tandis que des valets furent envoyés « espionner les Anglais qui passaient » à plusieurs endroits[1651]. Enfin, ces individus pouvaient parfois être postés à proximité de lieux tenus par l'ennemi pour surveiller ses allées et venues[1652].

Une autre façon d'opérer se rapprochait plus de notre conception moderne de l'espion : des hommes étaient ainsi envoyés dans un lieu donné pour « savoir des nouvelles des ennemis » ; ils devaient probablement poser des questions, peut-être acheter des réponses, bref glaner çà et là toute information utile. Leur activité devait cependant différer notablement selon qu'ils agissaient dans une localité acquise au parti français ou dans une aux mains des partisans du roi d'Angleterre : des Martelais étaient aussi bien envoyé à Sarlat ou à Gourdon, villes françaises, qu'à Costeraste où commandait le célèbre routier Aymar d'Ussel. Si dans les premières il est probable qu'ils ne prenaient pas la peine de se dissimuler sous un quelconque déguisement, ils devaient en revanche pénétrer dans la seconde avec l'habit du manœuvre en quête d'embauche, voire avec celui du pèlerin ou du vagabond : en ces temps de guerre et de

---

[1648] Ceci est particulièrement vrai pour l'année 1356 à travers les registres AM Cajarc, CC 8, et AM Gourdon (M.A.), CC 18.
[1649] AM Martel, CC 3-4, f° 12 r°.
[1650] *Ibid.*, f° 73r°.
[1651] *Ibid.*, f° 57v°.

déplacements de population, il était assez aisé de passer inaperçu parmi la masse des réfugiés et autres déracinés. L'activité de ces espions était risquée, car pour obtenir les renseignements voulus, ils n'hésitaient pas à se mêler aux soldats ennemis pour leur soutirer ce qu'ils savaient[1653]. Certains allaient même jusqu'à rejoindre une compagnie afin de mieux l'observer de l'intérieur : en 1376, les consuls gourdonnais avaient ainsi « un ami qui traînait avec les Anglais et leur faisait connaître leurs mouvements vers Gourdon »[1654]. Quel que soit le mode opératoire choisi, les espions quercinois travaillaient seuls, parfois à deux mais très rarement plus.

Les Anglais dont les textes font état étaient plutôt, en fait, des Gascons, voire même des Quercinois, comme le tristement célèbre Aymar d'Ussel[1655], aussi n'était-il pas surprenant que des citadins de la région aient des liens de parenté ou d'amitié avec certains d'entre eux et en profite pour leur soutirer des informations : Aymar Ros, juge-mage de Turenne, fut informé par certaines de ses relations, « qui avaient été sept jours avec les Anglais qui sont leurs parents et amis », que Martel allait être attaqué et en informa rapidement ses consuls[1656]. Ce n'était pas de l'espionnage proprement dit, mais cela y ressemblait beaucoup.

Les distances séparant la ville des lieux d'investigation et les différentes façons d'opérer des espions permettent de déduire que la durée de la plupart des missions était relativement courte : la majeure partie des objectifs se trouvait entre une demie et une journée de marche et les méthodes de récolte de renseignements n'impliquaient pas une longue immersion parmi les ennemis, les couvertures étant aisées à fabriquer : un déguisement, des dires quasi invérifiables suffisaient. Cette impression est confirmée par quelques mentions trouvées dans les registres, qui font effectivement état de missions courtes : le lundi 9 mai 1356, les espions envoyés par les consuls de Cajarc vers Lacapelle-Balaguier-d'Olt, Cadrieu et Gréalou ne furent dehors que le temps d'une journée[1657], tandis qu'un peu plus tard les dénommés Toelho et Thomas Molenier furent dirigés vers Béduer et Camboulit pour savoir où se trouvaient les Anglais et s'acquittèrent de leur tâche en deux jours seulement[1658] ; en 1373, le Martelais G. la Vaichaque fut envoyé à Beaulieu espionner les hommes d'armes du duc de Lancastre et s'acquitta de sa tâche en quatre jours[1659], tandis que quelque temps plus tard il effectua la même mission en une journée de moins[1660] ; quant aux Cajarcois envoyés épier les garnisons de Puylagarde et Saint-Projet en avril 1376, ils exécutèrent leur mission en moins d'une journée[1661]. Quant aux consuls de Gourdon, ils envoyaient souvent des espions courir le pays pour la durée d'une nuit, après avoir pris soin de les faire sortir de la ville de façon particulièrement discrète[1662].

Le renseignement d'alerte.

La connaissance de la situation tactique de la province était indispensable pour connaître l'ennemi, prévoir ses actions, et de là prendre des dispositions d'ordre général pour la défense proprement dite. Celle-ci ne pouvant être

---

[1652] AM Gourdon (M.A.), CC 18, f° 47 v° et CC 19, f° 38 r°.
[1653] AM Martel, BB 5 f° 30r°.
[1654] AM Gourdon (M.A.), CC 20, f° 42 v°.
[1655] AUSSEL (M.), « Entre Lys…Op.cit., pp.31-32.
[1656] AM Martel, EE 1, pièce n°22.
[1657] AM Cajarc, CC 8, f° 135 v°.
[1658] Ibid., CC 8, f° 135 r°.
[1659] PATAKI (T.), « Il y a…Op. cit., p.91.
[1660] Ibid.
[1661] Ibid., CC 12, reg. III, f° 75 v°.
[1662] AM Gourdon, CC 17, ff° 4 r°, 6 v°, 8 v°, 9 v°, 10 r°, 10 v°, 11 r°, 11 v°, entre autres.

laissée en permanence à son degré maximum de mobilisation, il était primordial de ne sonner le tocsin pour faire monter l'ensemble des combattants sur les fortifications qu'au moment opportun : celui-ci correspondait à l'instant où des ennemis se trouvaient à environ une heure de course des murs d'enceinte, car si une troupe progressait en deçà de cette distance, il devenait évident que le risque couru par la ville était majeur. Ainsi, lorsque parvenait aux consuls une information indiquant l'imminence d'un assaut anglo-gascon, ils envoyaient des espions pour obtenir des renseignements complémentaires, comme par exemple la direction suivie par les assaillants[1663] afin de savoir de quel côté ils allaient aborder l'enceinte.

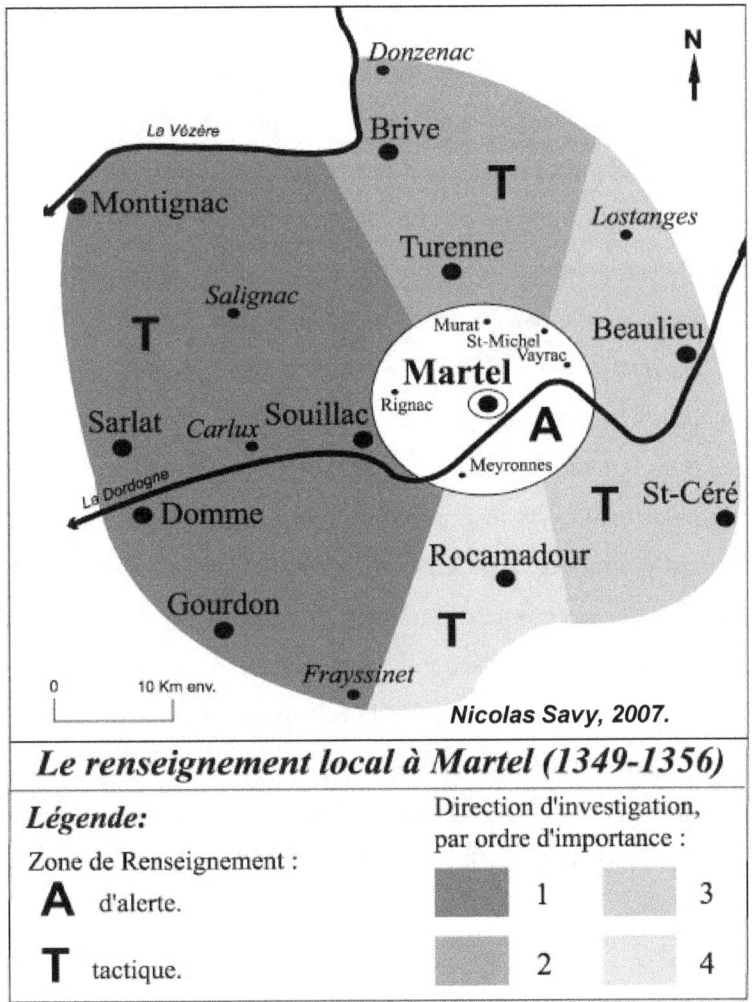

Carte 21. Le renseignement local à Martel.

Les espions chargés des missions de proximité étaient généralement notés dans les comptes comme envoyés « hors de la ville »[1664], sans plus de détails. Dans ces cas précis, les documents mentionnent l'emploi simultané de plusieurs hommes : en 1355 par exemple, les registres martelais indiquent un paiement de 4 sous « pour 3 espions qui furent envoyés hors de la ville, quand nous vinrent des nouvelles que les Anglais étaient autour de nous »[1665] ; l'année suivante, quatre Cajarcois furent de la même façon dirigés vers le proche bois de Semberot où des Anglais avaient été

[1663] AM Martel, CC 3-4 f° 64r°.
[1664] « foras la vila ».
[1665] AM Martel, CC 3-4 f° 64r°.

signalés[1666], tandis qu'en mai 1386, averti que des ennemis devaient venir vers leur ville pour y « faire du dommage », les consuls de Gourdon dépêchèrent une dizaine d'hommes surveiller les chemins d'accès[1667]. Dans ce cadre, à chaque espion devait être affecté une partie du pourtour de la ville comme zone de recherche.

Quel que soit le nombre d'hommes envoyés, ils opéraient tous dissimulés physiquement aux yeux de l'ennemi, ainsi que le suggère l'emploi très fréquent dans les comptes du terme « espion » pour désigner les hommes chargés de ce type de mission. Cela correspondait à la spécificité de leur tâche, car elle consistait essentiellement à fournir aux consuls des informations pouvant aider à la conduite immédiate de la défense : déguisements et autres subterfuges du même registre n'étaient pas employés, les missions étant trop courtes pour cela. Nombre d'entre elles se déroulèrent de nuit, moment favorable s'il en est pour la dissimulation, mais ce n'était cependant qu'une adaptation à la façon de procéder des compagnies, car elles essayaient régulièrement de profiter des avantages procurés par la surprise d'une attaque conduite de nuit ou à l'aube[1668]. Les hommes lancés dans l'obscurité pour déceler les mouvements d'une troupe ennemie rôdant près de la ville ne devaient déambuler que quelques heures, car pour être utiles les informations recueillies devaient être transmises aux consuls le plus rapidement possible.

La recherche active du renseignement mise en œuvre par les différents consulats procédait de trois buts distincts : le premier servait à situer la ville dans l'espace et le temps par rapport aux grands mouvements du conflit, tandis que le second consistait à acquérir la connaissance la plus complète possible de l'ennemi local afin d'anticiper ses manœuvres hostiles ; enfin, une fois ces dernières engagées, le dernier type d'informations recueillies permettait d'ajuster au mieux les dispositifs défensifs en tenant compte des articulations et des plans de l'assaillant. De ces trois niveaux de besoins en renseignements découlaient un certain nombre de méthodes opératoires dans le recueil des informations : celles glanées au plus loin n'étaient pas vitales, aussi leur collecte n'a généralement jamais été qu'une mission secondaire des divers envoyés qui voyagèrent pour le compte des municipalités ; plus près, il n'était pas nécessaire aux espions de s'infiltrer de longues semaines au milieu d'une place ennemie pour récolter des données satisfaisantes, une à quatre journées étant souvent suffisantes ; de surcroît, on pouvait d'ordinaire apprendre l'essentiel des faits et gestes de chaque compagnie implantée dans les parages en musardant simplement dans les campagnes ou en vagabondant aux alentours des bourgades. Enfin, lorsque l'ennemi attaquait, des hommes étaient postés dans les environs immédiats de la ville pour observer et suivre ses mouvements et en informer les consuls, afin qu'il ne puisse pas prendre la défense en défaut sur un point de l'enceinte.

La collecte indirecte et le partage du renseignement.

La collecte inhérente aux activités habituelles.

Chaque consulat disposait d'informations qui s'avéraient souvent utiles à l'ensemble de ses homologues ; il en allait de même avec les capitaines commandant les garnisons françaises ainsi qu'avec les divers châtelains. L'intérêt que tous ces acteurs trouvaient à échanger les données en leur possession est évident : ils multipliaient leurs connaissances sur la situation et sur l'ennemi, ce qui augmentait considérablement leur capacité à se protéger et ce pour un rapport

---
[1666] AM Cajarc, CC 8, f° 152 v°.
[1667] AM Gourdon (M.A.), BB 6, f° 3 v°.

efficacité / prix extrêmement intéressant. La manière dont les informations étaient échangées correspondait schématiquement à la manière dont elles étaient recueillies : les renseignements concernant la situation générale, les éléments tactiques et enfin les alertes n'étaient naturellement échangées ni au même moment, ni au même endroit, ni dans les mêmes conditions.

Les informations recueillies à Paris, Toulouse où dans les autres grandes villes du royaume étaient complexes et, une fois rassemblées, pouvaient représenter des déroulements longs difficiles à transmettre par oral ou par écrit. L'occasion la plus favorable de les échanger était constituée par les convocations aux Etats. Hormis celle de 1343 qui eut lieu à Paris et où les bonnes villes quercinoises furent convoquées[1669], elles eurent ensuite généralement lieu à Toulouse, lorsqu'il s'agissait des Etats du Languedoc, et à Cahors, Figeac ou Caylus pour les seuls Etats du Quercy. Que le but des réunions ait été spécifiquement militaire ou non, comme la décision d'un subside, les députés ne devaient pas manquer de discuter et de s'entretenir en marge des séances, chaque conversation apportant son lot de nouveautés ou de précisions. Les consulats recevaient quelques éléments de ces informations par lettres[1670] en attendant les comptes-rendus oraux que faisaient les députés au moment de leur retour.

D'une façon générale, les déplacements habituels effectués pour le compte d'une municipalité vers d'autres villes de la région représentaient des occasions particulièrement favorables à la collecte de renseignements, qu'il s'agisse des allées et venues nécessaires pour régler les affaires juridiques auprès des cours compétentes, discuter de questions fiscales avec un officier royal, ou bien encore demander conseil à des hommes expérimentés dans un domaine quelconque. Toutefois, si plusieurs villes abritaient hommes et administrations compétentes pour satisfaire l'un ou l'autre de ces besoins, voire plusieurs d'entre eux, seule Cahors les centralisait tous. Les autres consulats quercinois y envoyaient le produit de certains impôts, y menaient des procès devant le sénéchal ou l'official et y consultaient des conseillers. La capitale quercinoise drainait ainsi vers elle des envoyés de toutes les communautés de la province, ainsi que des nobles et des ecclésiastiques, chacun d'eux arrivant en possession d'informations qu'il laissait selon les circonstances aux consuls cadurciens, à un avocat, à un notaire, à un prêteur ou encore certainement à quelque aubergiste. Dans une moindre mesure que Cahors, Figeac attirait aussi nombre de députations, y compris depuis Martel et Gourdon, la viguerie y centralisant les assises locales et des fonctions militaires[1671]. Il n'était donc point besoin pour les mandataires des différentes municipalités de s'entretenir systématiquement avec les consuls cadurciens ou figeacois pour apprendre une grande partie de ce qu'ils savaient : rencontrer quelques personnages-clés suffisait pour être mis au courant de l'essentiel. Il était cependant difficile de consulter ces sources d'informations sitôt que les activités des compagnies anglaises interdisaient toute circulation sur de grandes étendues ; la peur de la capture, du vol et de la rançon devaient dissuader les bourgeois de courir les chemins. Le risque était réel, le Martelais Guilhem Agulhie s'en était aperçu le 23 avril 1350 : rentrant de Cahors où il avait représenté sa ville dans le procès qui l'opposait à son ancien recteur, il s'était fait dépouiller de son cheval et de son valet par des Anglais au bois des Dames ; le consulat le dédommagea des 8 livres 16 sous 10 deniers que cela lui avait coûté[1672], mais il est probable que cette expérience le rendit plus prudent.

[1668] Les mentions d'activités nocturnes anglo-gasconnes sont nombreuses dans tous les registres.
[1669] LACOSTE (G.), *Histoire…Op.cit.*, t.III, p.101.
[1670] AM Martel, CC 1 bis, lettre n°3.
[1671] AM Cajarc, CC 4, ff° 94 r° ; CC 5, endroit, f° 8 r° ; CC 7, f° 96 r° ; CC 8, f° 148 v°.
[1672] AM Martel, BB 5, f° 57 v°.

Au cours des périodes d'intense activité des bandes anglo-gasconnes, un cas de figure permettait cependant aux villes de s'échanger sans risque des renseignements par voie de députés : lorsqu'un point fort important avait été pris par l'ennemi et que l'on souhaitait le racheter au capitaine qui l'occupait. Les chefs de bandes accordaient des sauf-conduits aux envoyés consulaires chargés des négociations et, dans ce cadre, à ceux qui partaient parcourir la province pour trouver les fonds nécessaires aux rachats : les Anglo-Gascons avaient tout intérêt à ce que ces allées et venues se passent bien. Se rendant sans entrave dans des localités amies, les délégués pouvaient alors obtenir des informations de première importance, fraîches et non déformées par les intermédiaires alors que les circonstances étaient critiques. Pour le rachat de Souillac en 1352, le consulat de Martel envoya ainsi des représentants demander des fonds jusqu'à Figeac[1673] ; les Gourdonnais firent de même trois ans plus tard pour le rachat de Nadaillac, et leur député put parcourir la région figeacoise durant vingt-trois jours[1674] ; ensuite et toujours dans le même but, un autre homme fut à nouveau député vers Figeac, mais il se rendit aussi à Rocamadour et à Aurillac[1675]. Tous les émissaires n'étaient cependant pas envoyés aussi loin et nombre de contacts restaient relativement locaux : en 1353, les consuls de Martel envoyèrent une délégation à Brive, où le jeune seigneur de Pons organisait la levée indispensable au rachat du château de Pelvezy[1676], tandis qu'en 1376, c'est à Figeac, où se déroulaient les tractations pour l'évacuation de Balaguier-d'Olt, que les Cajarcois envoyèrent un député[1677]. Ce genre de négociations pour les rachats ou pour les traités furent très fréquentes et parfois continues durant la période étudiée, ce qui permet de penser que malgré les activités anglaises, les informations ne furent jamais bloquées durant de trop longues périodes.

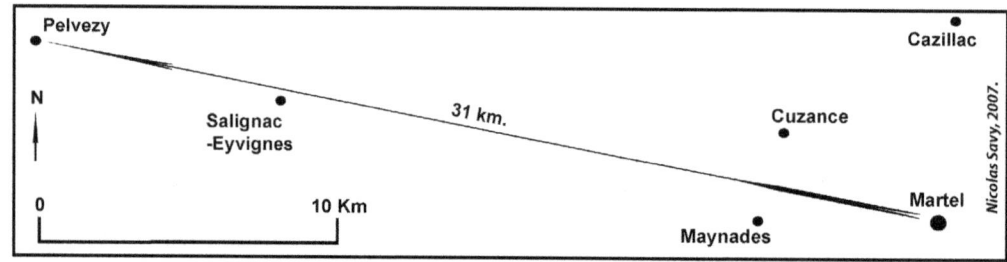

Carte 22. Situation de Pelvezy par rapport à Martel.

La collecte indirecte.

Consulats, châtelains et officiers royaux avaient tout intérêt à partager les renseignements qu'ils possédaient, que ce soit de façon spontanée ou en réponse à une demande : on entretenait ses voisins sur la situation des ennemis et sur les actions qu'ils menaient ou étaient sur le point de mener, espérant en retour être mis au courant de la même façon lorsque cela serait utile. Il en résultait un système réciproque auquel la participation de tous donnait une redoutable efficacité. Les échanges se faisaient par messager interposé, un même homme apportant la demande, écrite ou orale, et ramenant la réponse à l'expéditeur.

Pour la correspondance militaire, tout comme pour la correspondance générale dont elle n'était qu'une partie, les consulats avaient pour principaux partenaires leurs homologues de la région. Pour Martel par exemple, il s'agissait principalement de Sarlat, Brive, Gourdon, Figeac et Beaulieu, mais aussi d'Aurillac, ville auvergnate plus lointaine avec

---
[1673] *Ibid.*, f° 42r°.
[1674] AM Gourdon (M.A.), CC 18, f° 75 r°.
[1675] *Ibid.*, f° 104 v°.
[1676] AM Martel, CC 3-4, f° 53 r°.

laquelle ses rapports étaient constants[1678] ; venaient ensuite les nobles et les capitaines du roi de France tenant des châteaux ou des forts situés dans un voisinage plus ou moins proche, comme Turenne, Belcastel, Castelnau, Rignac ou Maynades. Enfin, les consuls faisaient appel aux connaissances de leurs concitoyens expatriés pour un temps dans une autre localité : en 1352, ils demandèrent par exemple des informations d'ordre militaire à un Martelais qui se trouvait à Domme[1679], tandis que trois ans plus tard c'est à un concitoyen installé à Carlux que l'on s'adressa pour obtenir des données sur l'ennemi[1680].

Distance de Martel ==>	20 km ou moins	21 à 50 km	51 à 90 km	Total
Nombre de messagers	46	45	3	94
%	48,93	47,87	3,19	100
Nombre de lieux	19	9	2	30
%	63,33	30	6,66	100

Tableau 4. Destination des messagers porteurs de renseignements envoyés par Martel (1349-1356).

Distance de Martel ==>	20 km ou moins	21 à 50 km	51 à 90 km	Total
Nombre de messagers	9	21	5	35
%	25,71	60	14,28	100
Nombre de lieux	4	6	3	13
%	30,76	46,15	23,07	100

Tableau 5. Provenance des messagers porteurs de renseignements reçus à Martel (1349-1356).

Le nombre de messagers affectés à la correspondance entretenue par les consuls martelais entre 1349 et 1356, ainsi que la localisation des différents destinataires et expéditeurs permettent de préciser quelque peu la façon dont fonctionnait leur système d'échange d'informations. Sur les tableaux 4 et 5, on peut observer qu'au-delà de 51 kilomètres, soit une très grosse journée de marche, les rapports entretenus étaient peu soutenus, s'intensifiant ensuite au fur et à mesure que l'on se rapprochait de la ville, d'abord au-delà d'une demi-journée de marche (21 km), puis en deçà, où le nombre de sources était multiplié par deux, ce qui permettait non seulement de diversifier l'origine des renseignements, mais aussi de mettre en place une sorte de maillage de l'espace.

La municipalité martelaise ne correspondait pas avec la même assiduité avec tous ses partenaires : le consulat envoyait 36 % de ses messagers en direction du nord, principalement vers Turenne (plus de 15 %) et Brive (13 %). Chef-lieu de la puissante seigneurie du même nom, Turenne constituait naturellement un centre d'information notable, auprès duquel les Martelais, qui en dépendaient, venaient naturellement chercher des renseignements. En revanche, on note que les courriers en provenance du nord ne représentaient que 17 % des messagers reçus. En fait,

---

[1677] AM Cajarc, CC 12, reg. III, f° 78 v°.
[1678] Les rapports entretenus par Aurillac dans le cadre de sa défense ont été étudiés par M. Tibor PATAKI, « Notes sur Aurillac… *Op. Cit.*
[1679] AM Martel, CC 3-4, f° 41v°.
[1680] *Ibid.*, f° 73r°.

la correspondance la plus suivie se faisait en direction de l'arc ouest, qui recevait 37 % des émissaires envoyés et se trouvait à l'origine de 65 % de ceux qui y étaient réceptionnés : on retrouve ici l'importance accordée par les consuls à la connaissance de la situation en Périgord et plus particulièrement dans la vallée de la Dordogne, principale voie d'accès des compagnies anglo-gasconnes vers le nord du Quercy. Pour le reste de la correspondance, l'arc est recevait 25 % des envois et était la zone de départ de 11% des courriers reçus, tandis que le sud occupait une place marginale, n'étant la destination que de moins de 1 % des courriers envoyés.

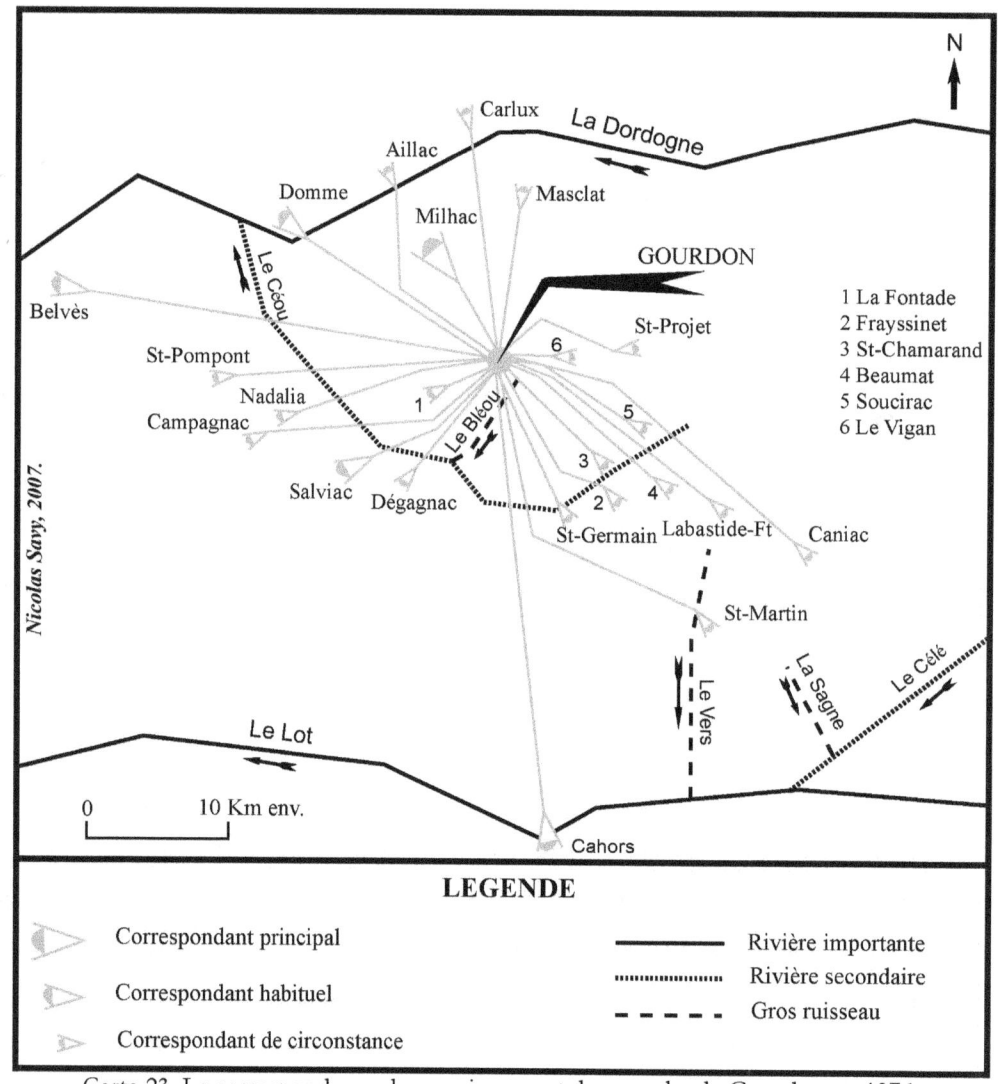

Carte 23. La correspondance de renseignement du consulat de Gourdon en 1376.

La correspondance militaire de la municipalité de Gourdon en 1376[1681] montre qu'elle avait mis en place un maillage de ses alentours similaire à celui de Martel. D'une façon identique, on y retrouvait le souci de surveiller plus intensément la vallée de la Dordogne, dont l'importance en tant que voie de pénétration est évoquée à plusieurs reprises, notamment dans des mentions des années 1376 et 1377 où il est fait état d'Anglais remontant vers la ville *per la rebiera*[1682]. Au-delà, c'est l'intérêt des longues vallées en tant que pénétrantes militaires qui apparaît dans les documents

---

[1681] D'après AM Gourdon (M.A.), CC 20.
[1682] AM Gourdon (M.A.), CC 20, ff° 35 v°, 36 v°, 52 v°: « *par la rivière* », ici en l'occurrence la Dordogne.

gourdonnais et celle du Céou en particulier, car elle longeait Gourdon sur tout son arc sud et permettait même d'arriver au pied des défenses en suivant le Bléou, un de ses affluents. La façon dont les consuls de cette ville faisaient surveiller leurs alentours en 1376 est éloquente à ce sujet et se révèle clairement sur la carte 24 : la vallée du Céou y apparaît en effet comme une sorte de limite de sécurité focalisant leur attention ; quant aux débouchés de la vallée du Vers, ils étaient l'objet d'une vigilance toute particulière en raison de la garnison anglaise installée au village de Vers, qui fut très active durant cette année 1376 ; en effet, depuis son repaire, elle n'avait qu'à remonter la vallée du Vers jusqu'à Labastide-Fortanière pour, de là, rejoindre rapidement la vallée du Céou si dangereuse pour la défense gourdonnaise.

L'importance de la vallée du Lot comme compartiment d'opérations pour les bandes anglo-gasconnes apparaît dans les documents cajarcois : en juin 1369, les consuls de Cajarc furent avertis par leurs homologues de Figeac que le chef de bande Aymar d'Ussel avait l'intention de prendre « un lieu sur la rivière du Lot »[1683], tandis qu'en novembre suivant, les Anglais de Castelnau-Montratier se préparaient à prendre un lieu sur l'*aygua d'Olt*[1684]. En 1380, avertis par Marquès de Cardaillac que les ennemis avaient l'intention de prendre un lieu quelconque du secteur, ils envoyèrent deux hommes relayer l'information vers Calvignac et Larnagol afin « que toute la rivière soit avertie »[1685]. La même année, ils envoyèrent encore une fois un homme vers Calvignac pour « aviser la rivière » que Nougayrac avait été pris[1686].

Figure 32. Vue de Calvignac depuis le nord.

La collecte du renseignement par les municipalités ne peut se comprendre hors des relations qui les unissaient entre elles et avec les capitaines des lieux fortifiés de la région. Si les données générales sur le conflit recueillies au plus loin, à Paris, la Rochelle ou Toulouse s'échangeaient aux cours des multiples allées et venues occasionnées par le fonctionnement habituel de chaque ville, il n'en allait pas de même pour les informations d'ordre tactique : leur recherche, organisée par chaque consulat, se déroulait principalement à moins d'une journée de marche et rayonnait quelque peu au-delà, tandis qu'elles étaient échangés dans une zone s'étalant entre une demi et une journée de marche. La plupart des correspondants devaient disposer d'un système analogue, ce qui permettait à chacun d'être informés de

---

[1683] AM Cajarc, CC 6, f° 139 v°. Le terme rivière doit être compris dans son sens large, qui englobe la vallée.
[1684] *Ibid.*, f° 141 r° : « sur l'eau du Lot ».
[1685] *Ibid.*, CC 16, reg. I, f° 51 v°.

façon précise et rapide sur ce qui se passait dans un espace s'étalant jusqu'à 2 jours de marche, espace les mettant tous largement à l'abri d'attaques inopinées opérées depuis des bases assez éloignées. Cette connaissance des activités anglo-gasconnes dans un tel rayon était d'autre part précieuse pour toutes les activités économiques se déroulant en dehors des enceintes.

Au-delà de ses aspects purement pratiques et utilitaires, la collecte du renseignement permettait aux consuls de chaque ville d'être en permanence imprégnés par la situation militaire. En effet, entre envois et réceptions de messagers et distributions de missions aux espions, leurs esprits restaient constamment au contact des activités ennemies : 87 des 535 dépenses inscrites sur le compte gourdonnais de l'année consulaire 1376-1377, soit environ 16 %, ont trait à une action en rapport direct avec la recherche d'informations ; ce chiffre ne reflète d'ailleurs qu'imparfaitement la réalité, car un grand nombre des missions d'espionnage réalisées ne furent pas consignées dans ce document[1687].

Conscients de l'importance que le renseignement avait pour eux-mêmes, les magistrats municipaux comprirent naturellement l'intérêt que les Anglo-Gascons devaient aussi lui porter. C'est pour cela qu'ils ne se contentèrent pas de récolter des informations, mais qu'ils prirent aussi des dispositions pour limiter la connaissance que leurs ennemis pouvaient avoir de leurs propres dispositifs.

Le contre-espionnage.

Les bandes anglo-gasconnes qui envisageaient la prise d'un lieu donné faisaient précéder leurs opérations d'une phase de renseignement et les citadins quercinois découvrirent assez tôt leurs activités dans ce domaine : en 1348 déjà, la capture d'un espion à Balaguier-d'Olt mit tout Cajarc en émoi[1688]. Il était primordial de se prémunir contre ces tentatives d'espionnage : trop faibles pour espérer assiéger ou mener un assaut frontal contre de quelconques murailles urbaines, les capitaines anglo-gascons ne pouvaient compter que sur une faiblesse momentanée de la garde sur une porte ou un point d'enceinte pour y mener un coup de main avec succès ; dans cette optique, il importait de recueillir toutes les informations permettant de mener l'assaut sur le lieu le plus adéquat et au moment le plus favorable. Même les villes importantes pourvues de systèmes défensifs au-dessus de la moyenne ne pouvaient échapper à ce danger, à l'exemple de Figeac qui fut prise en 1371 par Bertrucat d'Albret et Bernard de la Salle grâce aux indications recueillies par un de leurs espions[1689].

La peur suscitée par les espions anglais et l'importance accordée à leur capture est visible dans l'attitude que les consuls de Cajarc eurent dans ce domaine. En 1348, lors de la capture à Balaguier-d'Olt de l'espion cité *supra*, ils dépêchèrent à Villefranche-de-Rouergue pour participer à son interrogatoire une délégation composée d'un consul, du bayle et de deux conseillers consulaires[1690]. Deux ans plus tard, ils arrêtèrent à leur tour trois espions et en informèrent immédiatement Figeac, Fons, Saint-Sulpice, le prieur de Villeneuve à Larnagol ainsi que l'abbé de Marcilhac. Durant l'internement des trois individus, la garde de la ville fut renforcée tandis que le lieutenant du viguier de Figeac et un sergent royal vinrent tout spécialement pour les questionner : il était indispensable de les interroger avec soin pour

---
[1686] *Ibid.*, reg. II, f° 62 v°.
[1687] D'après AM Gourdon (M.A.), CC 20. Les missions d'espionnage proprement dites sont regroupées sous une mention globale au f° 5 v°.
[1688] AM Cajarc, CC 4, f° 155 r°.
[1689] LACOSTE (G.), *Histoire…Op.cit.*, t.III, p.223.

Le renforcement de l'autorité consulaire

savoir ce qu'ils avaient appris et sur qui afin de prendre des dispositions en fonction. Une fois que l'on estima qu'ils en avaient assez dit, ils furent pendus sans autre forme de procès[1691].

La crainte des espions fit souffler un vent de suspicion qui frappa naturellement les étrangers et tout particulièrement ceux qui étaient identifiés comme anglais : en 1348, les consuls de Cajarc firent enfermer deux hommes qui venaient d'arriver en ville pour ce motif[1692], tandis que huit ans plus tard, leurs homologues gourdonnais firent de même avec un pèlerin espagnol soupçonné d'espionner au profit des Anglais installés dans les alentours[1693]. Cette attention dont étaient l'objet les étrangers fut certainement fort néfaste aux échanges, mais elle permit l'arrestation de véritables espions : à Cahors, quatre hommes d'Aymar d'Ussel, qui avaient réussi à s'introduire en ville, furent capturés en 1372[1694] tandis que 19 ans plus tard, deux autres observateurs ennemis y furent découverts sous des déguisements d'ermites venant de France[1695].

Pour contrer ces tentatives d'espionnage, les consulats prirent de nombreuses mesures. A Cahors, un « garde de jour » fut recruté en 1385 ; nommé Peyre Boni, il devait surveiller les lieux publics et rendre compte de ce qu'il y remarquait de spécial aux consuls[1696]. On ne trouve pas d'autres indications de ce genre, mais il est probable que cette tâche incombait habituellement aux sergents consulaires : on trouve dans les documents de Martel plusieurs mentions où il est dit que des consuls firent « passer les sergents par la ville » sans but particulier[1697]. D'autre part, on imagine sans peine que les habitants devaient d'eux-mêmes signaler tout individu au comportement suspect. Les étrangers n'étaient cependant pas totalement à la merci de la délation car les consuls s'informaient de la véracité des dires des uns et des autres tout autant que dans d'autres domaines : en 1356 par exemple, les consuls de Figeac demandèrent à leurs homologues martelais si certains mendiants, originaires de Martel mais étant venus séjourner à Figeac, étaient « bons » afin qu'ils ne soient pas tenus en suspicion[1698].

Afin de limiter autant que possible le risque d'espionnage à l'intérieur des enceintes, il était nécessaire de contingenter l'entrée en ville des individus potentiellement suspects. La restriction d'accès pouvait être très large et à la diligence des gardes des portes, comme à Gourdon où les consuls prescrirent en 1353 aux gardiens des portes des faubourgs de ne laisser entrer « aucun homme suspect »[1699] ; par trop limitative et laissant trop d'initiative aux portiers, cette mesure ne pouvait que nuire à des échanges déjà moribonds, aussi trente ans plus tard la retrouve-t-on atténuée, les gardes ne devant laisser aucun étranger suspect pénétrer en ville « sans la permission des consuls ou du capitaine »[1700]. Ce regard des consuls et du capitaine sur les interdictions d'accès prononcées par les gardiens fut réaffirmé à plusieurs reprises[1701] car il était la seule garantie contre des excès de zèle particulièrement contre-productifs.

A quelques variantes près, les mêmes mesures de sécurité étaient appliquées partout : en 1356 et 1357, aucun étranger ne pouvait entrer dans Martel sans autorisation des consuls[1702], tandis qu'à Gourdon, lorsqu'un suspect ne connaissait personne en ville pour l'accréditer mais que sa présence y semblait justifiée, on lui accordait de droit d'y

---

[1690] AM Cajarc, CC 4, f° 155 r°.
[1691] *Ibid.*, CC 6, f° 54.
[1692] *Ibid.*, CC 4, f° 134 v°.
[1693] AM Gourdon (M.A.), CC 18, f° 95 r°.
[1694] LACOSTE (G.), *Histoire…Op.cit.*, t.III, pp.232-233.
[1695] *Ibid.*, p.309.
[1696] AM Cahors, *Livre Tanné*, f° 75 v°.
[1697] Notamment dans AM Cajarc, CC 13, f° 127 v°.
[1698] AM Martel, BB 5, f° 95 v°.
[1699] AM Gourdon (M.A.), BB 4, f° 4 r°.
[1700] *Ibid.*, BB 5, f° 10 v°.
[1701] *Ibid.*, ff° 11 v°, 20 r°.
[1702] *Ibid.*, ff° 93 v°, 108 r°.

entrer pour régler ses affaires en moins d'une journée[1703]. Enfin, lorsque les compagnies de la région étaient plus actives qu'à l'accoutumée, l'entrée de Martel était interdite à toute personne ne pouvant justifier d'une connaissance parmi les habitants[1704] ; cette mesure était cependant parfois circonscrite à l'enceinte de la vieille ville, l'entrée vers celle des *barri*s étant alors un peu plus libre[1705]. Durant ces temps troublés, la généralisation de ces dispositions dépassait naturellement le cadre du seul Haut-Quercy[1706].

D'autres restrictions d'accès touchaient certaines catégories bien précises d'individus. Il s'agissait en premier lieu des Anglais, c'est-à-dire, pour la plupart, des personnes originaires des territoires aquitains du Plantagenêt. Déjà, nous l'avons vu, la qualité d'Anglais suffisait en 1348 pour être immédiatement arrêté[1707], mais les nécessités du commerce firent que cette interdiction ne fut pas toujours appliquée. Elle était en revanche remise en vigueur sitôt que la situation militaire se dégradait, comme le firent les consuls gourdonnais le 19 mars 1386 en étendant même la précaution à ceux qui disposaient de sauf-conduits[1708].

Le Haut-Quercy était une importante voie de passage sur la route de Saint-Jacques-de-Compostelle et nombre de pèlerins, qu'ils soient en route vers l'Espagne ou non d'ailleurs, se rendaient au pèlerinage local de la Vierge Noire à Rocamadour. Il était particulièrement aisé de se dissimuler au milieu de cette population bigarrée venant de tous les horizons, ce qui en faisait une catégorie à risque sur le plan de la sécurité. Ce n'était pas suffisant pour interdire en permanence l'entrée des villes aux pèlerins, mais des mesures étaient prises à leur encontre sitôt que la situation s'aggravait : l'entrée de Martel leur fut par exemple interdite en avril 1356 pour une durée d'un mois ; on les laissa toutefois rentrer pour se ravitailler, mais sous escorte, par groupes de deux et pour un maximum de six individus en même temps[1709]. Prolongées le 6 mai suivant pour une durée identique, ces dispositions furent néanmoins quelque peu allégées : les pèlerins se présentant aux portes à « l'heure de dormir » pouvaient passer la nuit en ville, à condition toutefois qu'ils n'arrivent pas à plus de trois ensemble et dans la limite totale de six[1710]. La même mesure fut prise trois ans plus tard, mais sans aucune exception cette fois[1711]. Les craintes vis-à-vis de cette population étaient fondées : à Gourdon, un pèlerin fut arrêté pour espionnage en 1356[1712] et deux autres l'année suivante[1713], tandis qu'en 1362 des routiers déguisés en pèlerins essayèrent de pénétrer dans Cahors[1714].

D'autres limitations visaient les habitants des localités voisines prises par les Anglo-Gascons. Maîtres d'un village ou d'un *castrum*, les routiers pouvaient sans problème faire pression sur les habitants pour qu'ils se rendent ici ou là glaner des informations. Il convenait donc de se prémunir contre ce danger, mais bloquer l'entrée de la ville à des voisins, qui plus est en difficulté, était une décision lourde sur les plans humains et commerciaux ; c'est pourquoi, après la prise de Souillac en 1356, les Martelais prirent le soin de réunir un conseil plénier afin de délibérer s'ils pouvaient encore laisser les Souillaguais entrer dans Martel[1715]. En mars 1386, le village de Costeraste étant aux mains

---

[1703] *Ibid.*, BB 4, f° 4 r°.
[1704] AM Martel, BB 5, ff° 115 v°, 131 v°.
[1705] *Ibid.*, f° 93 v°.
[1706] Une réglementation similaire existait à Tarascon à la même époque. A ce sujet, voir HEBERT (M.), *Tarascon... Op. cit.*, pp.171-172.
[1707] AM Cajarc, CC 4, f° 134 v°.
[1708] AM Gourdon (M.A.), BB 6, f° 11 r°.
[1709] AM Martel, BB 5, f° 96 v°.
[1710] *Ibid.*, f° 98 r°.
[1711] *Ibid.*, f° 130 v°.
[1712] AM Gourdon, CC 18, f° 95 r°.
[1713] *Ibid.*, CC 19, f° 7 v°.
[1714] LACOSTE (G.), *Histoire...Op.cit.*, t.III, p.177.
[1715] AM Martel, BB 5, f° 94 v°.

des Anglais, les consuls de Gourdon ne prirent pas de demi-mesure et interdirent l'accès de leur enceinte à tous ses habitants sans exception[1716]. Au XVe siècle, une fois que la guerre commença à s'éloigner, de semblables dispositions continuèrent à être prises, mais elles ne frappèrent plus que des habitants de localités relativement lointaines, les bandes anglaises ayant déserté la province ; c'est ainsi qu'en 1446, les consuls interdirent l'entrée de Gourdon non seulement aux habitants de Bergerac, mais aussi à tous ceux qui pour une raison ou une autre y avaient séjourné[1717].

La présence prolongée des bandes anglo-gasconnes dans la province amena certains citadins à nouer des relations commerciales avec elles ; ce type de contacts était évidemment néfaste à la sécurité des villes, les individus fréquentant les Anglais pouvant, même sans le vouloir, leur donner une foule d'informations cruciales. C'est pourquoi en décembre 1357 les consuls de Martel interdirent à leurs concitoyens Peyre Faure et Aymeric Delpeyret de ne plus fréquenter les Anglais ni traiter aucune affaire avec eux car, disaient-ils, ils pourraient « méfaire »[1718]. Deux ans plus tard, ils prirent une nouvelle ordonnance interdisant à tous de leur vendre ou acheter quoi que ce soit, ainsi que de parlementer avec eux[1719]. Dans le même but, ils défendaient à leurs habitants de se rendre dans les localités aux mains des Anglais, comme à Souillac par exemple en 1356[1720].

Elles-mêmes intensément renseignées, les élites municipales faisaient parer aux tentatives d'espionnage des Anglo-Gascons et s'efforçaient de limiter les risques de fuite d'information. Cela impliquait notamment de ne laisser filtrer des conseils, où la consigne du secret des délibérations était strictement respectée[1721], que des informations dont la divulgation à la population présentait une quelconque utilité. Lorsque la conjoncture militaire se détériorait, les habitants inquiets n'avaient d'autre recours que de se pendre aux lèvres des consuls pour espérer combler quelque peu l'ignorance qui les tenaillait. En ce sens, les magistrats avaient un véritable ascendant sur leurs concitoyens, car eux seuls ou presque étaient en mesure de satisfaire leur besoin impérieux de savoir. Sur le plan strictement militaire, la connaissance de la situation et le recul ainsi obtenus donnaient surtout aux municipalités des éléments indispensables pour commander et organiser les milices urbaines avec un minimum d'efficacité.

Diriger et organiser la cohue.

Pour défendre leurs villes, les consulats ne pouvaient pratiquement compter que sur leurs habitants. Certes, ils furent parfois renforcés par des garnisons royales, mais elles ne furent jamais à demeure et leurs effectifs étaient généralement réduits : la défense quotidienne devait s'organiser sans elles. Face aux bandes anglaises qui provoquèrent l'effroi en arrivant dans la province, on songea en priorité à empêcher les prises d'assaut, comme celle qui venait de se produire à Bergerac le 16 août 1345. Il fallait aussi organiser un système de garde efficace et faire en sorte que chaque citoyen en âge de porter les armes soit correctement équipé.

Les consuls, pour la plupart marchands nantis et artisans, pouvaient compter sur les officiers royaux et quelques nobles pour les aider dans cette tâche spécifiquement militaire, mais les hommes qu'ils avaient à diriger étaient, au début

---

[1716] AM Gourdon (M.A.), BB 6, f° 11 r°.
[1717] *Ibid.*, BB 7 bis, f° 24 r°.
[1718] AM Martel, BB 5, f° 108 v°.
[1719] *Ibid.*, f° 122 r°.
[1720] *Ibid.*, f° 98 r°.
[1721] AM Martel, BB 5, f° 25 r° ; AM Gourdon (M.A.), BB 5, ff° 1 v°, 3 r° ; AM Cahors, *Livre Tanné*, f° 131 r°.

du conflit tout au moins, de paisibles citadins bien peu au fait des choses du combat. C'est cette cohue de marchands, de boutiquiers, d'artisans et de valets qu'il fallut encadrer pour obtenir des milices capables de défendre les enceintes.

Des capitaines sous influence.

Il était impensable de laisser au hasard la répartition des hommes sur les différentes zones des fortifications. Celles-ci présentaient des points plus faibles que d'autres dont il importait de tenir compte et, d'autre part, des priorités devaient être définies entre les différents secteurs car on ne disposait pas des ressources humaines suffisantes pour les garnir tous de manière égale. Pour pallier ce déficit, le commandement devait être efficace et correctement dévolu.

L'organisation collégiale des consulats se prêtait mal au commandement militaire. En effet, celui-ci demandait une grande rapidité tant dans la conception des actions que dans leur mise en pratique face à l'ennemi et parfois dans la fureur d'un assaut ; ceci était particulièrement vrai pour la défense d'une ville assiégée. Au début du conflit, les municipalités n'étaient que peu concernées par ce commandement car il leur échappait totalement ou en partie. A Cahors, il était exercé par un officier du roi, le pouvoir des consuls dans ce domaine se résumant à proposer préalablement un candidat pour le poste[1722], tandis qu'à Cajarc la fonction était tenue par un chevalier nommé par le sénéchal de Périgord et de Quercy[1723]. Les magistrats martelais pouvaient en revanche nommer le leur, mais sous la tutelle et le consentement des seigneurs de Turenne et de Pons[1724]. Les consulats devaient mal accepter le fait que le commandement effectif de la défense leur échappe, alors même que la responsabilité de cette dernière leur incombait : c'est à eux qu'il revenait de construire et d'entretenir les fortifications, tout autant que d'organiser leurs citoyens en milices. La nomination d'un capitaine par un pouvoir supérieur les ravalait systématiquement dans une position subordonnée, étant donné qu'ils étaient tenus de mettre à sa disposition tout ce dont il avait besoin.

L'émancipation des consulats pour la désignation des capitaines.

Au début du conflit, le capitaine de Cahors fut souvent amené à s'absenter et les consuls de la ville furent chargés par ordre royal d'assurer sa suppléance. Cela dura jusqu'en 1351, année où Charles de Navarre, alors lieutenant du roi en Languedoc, abandonna la nomination du capitaine au consulat[1725] ; les documents ne nous permettent pas de voir pourquoi et comment cette nouvelle compétence fut obtenue, contrairement à Martel où il est particulièrement intéressant de voir comment les consuls s'en emparèrent. En 1351, ils s'inquiétèrent de savoir, vraisemblablement auprès de juristes, si selon leurs privilèges ils pouvaient nommer leur capitaine sans le consentement de leurs seigneurs avec qui ils avaient un différent[1726] ; la réponse fut certainement négative car ils désignèrent finalement Aymar de Bessa avec l'accord seigneurial. Dans ce climat d'opposition larvée, sa place était particulièrement inconfortable, ou tout au moins essaya-t-il de le faire croire : affirmant qu'on ne lui obéissait pas, il demanda rapidement à être démis de ses

---

[1722] SAVY (N.), *Cahors…Op.cit.*, p.44.
[1723] VAYSSIERES (Y.), *Histoire populaire de Cajarc, des origines à 1800*, Tour-De-Faure, Ateliers du Causse, 1988, p.55.
[1724] AM Martel, BB 5, f° 59 r°.
[1725] SAVY (N.), *Cahors…Op.cit.*, p.44.
[1726] AM Martel, BB 5, f° 59 r°.

fonctions[1727] ; membre du conseil consulaire, il était certainement complice des consuls dans le coup de force qui se préparait. Ces derniers en appelèrent alors aux officiers royaux à Cahors afin qu'ils confirment le commandement d'Aymar de Bessa car, selon eux, seul un écrit royal pouvait lui permettre de tenir son office avec l'autorité nécessaire[1728]. Malgré sa démission, les magistrats le laissèrent en fonction le temps que les officiers royaux aient pu statuer, mais le suspendirent avant que leur réponse arrive. Ils supprimèrent alors purement et simplement sa charge sous le prétexte qu'il était impossible d'avoir un capitaine dépendant à la fois des consuls et des seigneurs sans causer de préjudice grave à la ville ; les fonctions du capitaine leurs seraient désormais dévolues[1729].

Arrivèrent alors de Cahors les lettres royales confirmant Aymar de Bessa comme capitaine. Sa fonction ayant été supprimée avant qu'elles ne soient émises, elles la recréaient de fait mais elle était désormais une création royale et non seigneuriale : les consuls, bien entendu, remirent le dit Aymar en charge pour qu'il use de son office selon les lettres de capitainerie du roi, auxquelles ils adjoignirent celles du consulat pour marquer leur partenariat avec l'autorité royale dans ce domaine. Les seigneurs en étaient tout simplement évincés et les magistrats leur firent rendre les lettres de capitainerie qu'ils avaient auparavant octroyées[1730] : elles étaient désormais sans objet[1731]. Débarrassés des seigneurs, ils purent l'année suivante nommer seuls un nouveau capitaine, Guilhem Vassal[1732], qui reçut même le commandement de dix hommes d'armes et de dix sergents lorsque sa charge fut confirmée par le roi[1733]. Désigné pour un an, il fut reconduit par les seuls consuls à la fin de son premier mandat[1734]. En 1355, ils désignèrent de la même façon le nouveau capitaine, Peyre Barrau, et se chargèrent eux-même de l'évaluer durant une période d'essai d'un mois[1735].

Le libre choix des magistrats en matière de désignation du capitaine n'était cependant pas entier, malgré la première impression donnée par les documents martelais. En effet, Guilhem Vassal, chevalier nommé par le roi capitaine de Martel sur proposition des consuls, était un proche de la famille de Pons, à qui appartenait une grande partie de la coseigneurie de la ville. Il fut notamment désigné par Renaud V de Pons administrateur des biens de son fils mineur en 1356[1736] ; sa nomination comme capitaine de Martel ne pouvait être indépendante de ces relations.

On ne sait pas de quelle façon le capitaine de Gourdon était désigné. En 1353, cette fonction était tenue par Pons Ricard, chevalier et seigneur de Ginouillac[1737], qui était proche de la famille des Gourdon, coseigneurs de la ville, dont il épousa une fille[1738]. Deux ans plus tard, les consuls demandèrent au comte d'Armagnac, lui aussi coseigneur, la nomination d'un capitaine : l'appel à ce grand feudataire devait certainement se comprendre, tout comme à Martel, par la volonté consulaire de s'émanciper de la tutelle des seigneurs locaux dans ce domaine. Jean d'Armagnac avait récemment été lieutenant du roi en Languedoc et sa puissance était sans commune mesure avec celle des autres coseigneurs ; d'autre part, occupé par ses fonctions royales et la gestion de ses importantes seigneuries réparties dans tout le Sud-Ouest, il était un seigneur lointain, beaucoup moins embarrassant que les familles très locales de Thémines

---

[1727] *Ibid.*, f° 60 r°.
[1728] *Ibid.*
[1729] *Ibid.*, f° 60 v°.
[1730] *Ibid.*, f° 61 r°.
[1731] La communauté de Tarascon, en Provence, utilisa une intrigue dans le même esprit pour s'approprier la nomination de son capitaine. Les détails de cette affaire sont dans HEBERT (M.), *Tarascon... Op. cit.*, p.103.
[1732] *Ibid.*, f° 70 r°.
[1733] *Ibid.*, f° 71 v°.
[1734] *Ibid.*, f° 71 v°.
[1735] *Ibid.*, f° 90 v°.
[1736] « Un quercinois célèbre au XIV° siècle : Guillaume de Vassal », dans *Moi Géné... ?!*, n°48 (déc. 2003).
[1737] AM Gourdon (M.A.), BB 4, f° 7 r°.

ou de Gourdon. Les Gourdonnais obtinrent certainement gain de cause ; toujours est-il que vers 1380, leur capitaine était Bertrand de Cazalis[1739], un chevalier béarnais appartenant à la mouvance des comtes d'Armagnac. A Luzech en 1374 et 1378, le capitaine du bourg était un prêtre nommé par l'évêque et pour cela certainement très proches de ce dernier[1740] ; il est à noter que Luzech était au cœur du temporel de l'évêque et situé à peu de distance d'Albas où il tenait sa résidence habituelle : la mainmise qu'il semble y avoir exercé s'explique certainement par cette proximité.

Les capitaines n'étaient ainsi qu'en partie des créatures des consulats et s'ils avaient une fonction primordiale, ils n'avaient toutefois pas de place réservée au conseil consulaire. Aymar de Bessa, capitaine de Martel en 1351, n'y était appelé qu'au bon vouloir des consuls, comme n'importe quel autre notable[1741], et il en fut de même avec son successeur Guilhem Vassal[1742]. En 1353, Pons Ricard assistait au conseil gourdonnais avec rang de conseiller et non comme capitaine, tandis qu'une trentaine d'années plus tard, son successeur ne participa qu'à quelques reprises au conseil de la ville, en tant que capitaine cependant et non comme conseiller[1743]. Qu'ils aient été comptés parmi les notables de la ville ou non, les capitaines ne dépendaient pas de la seule autorité consulaire et avaient un lien de subordination extérieur, qu'il s'agisse du roi ou du comte d'Armagnac : les affaires internes de la ville ne les regardaient pas et leur place au conseil était celle de conseillers extérieurs pour les problèmes de défense. Cette place quelque peu écartée des prises de décision les mettait en état de subordination par rapport aux consulats, qui seuls pouvaient leur donner les moyens nécessaires à leur action.

Figure 33. Luzech et son donjon.

[1738] BULLIT (R.), *Gourdon-en-Quercy…Op.cit.*, pp.171-173.
[1739] AM Gourdon (M.A.), BB 5, f° 5 v°.
[1740] LARTIGAUT (J.), « Coup d'oeil sur Luzech en 1375 », dans *BSEL* t.C (1979), p.252.
[1741] AM Martel, BB 5, f° 63.
[1742] *Ibid.*, f° 70 r°.
[1743] AM Gourdon (M.A.), BB 5, ff° 5 r° et v°, 9 v°, 10 r°, 11 r° et v°, 12 r°.

L'ascendant des consuls sur les capitaines.

Ayant su écarter les seigneurs locaux ou, tout au moins, fortement réduire leur influence dans la nomination des capitaines au profit de seigneurs lointains comme le comte d'Armagnac ou le roi, les consulats prirent de plus en plus d'ascendance sur ces officiers qui, sans leur concours, étaient dépourvus de tout. Ceci est toutefois à nuancer pour les petits bourgs qui, comme Luzech par exemple, restèrent sous la coupe de leur seigneur originel installé à proximité. Les consulats plus puissants et plus isolés avaient de quoi inciter ces officiers à se montrer coopérants : ceux de Martel[1744] et de Gourdon[1745] leur donnaient une rente mensuelle et une partie du produit des amendes levées pour fautes à la garde et au guet ; ils étaient aussi intéressés dans la conclusion de *patis* et *suffertas*, ces traités tant blâmés par l'autorité royale, car ils percevaient des droits sur ceux qu'ils aidaient à négocier[1746]. Ainsi, si en 1353 le capitaine de Gourdon Pons Ricard forçait encore en termes stricts les consuls à prendre certaines mesures relatives à la garde[1747], une trentaine d'années plus tard son successeur Bertrand de Cazalis travaillait en véritable symbiose avec eux[1748]. Les magistrats lui étaient gré de cette fructueuse collaboration et lui offraient des présents en reconnaissance[1749].

Les capitaines n'étaient toutefois que sous très forte influence et non véritablement subordonnés : leur volonté était prise en compte par le conseil[1750] et, s'ils y proposaient parfois leurs services[1751], ils n'agissaient jamais sur ordre formel des consuls ; ces derniers pouvaient cependant les inciter fortement à exécuter telle ou telle action[1752]. D'autre part, des différents les opposaient parfois à la municipalité : ce fut notamment le cas à Capdenac, de façon bénigne en 1395[1753], mais aussi plus gravement à la fin de la guerre, en 1454 ; la raison de ce conflit est significative des relations entretenues par les deux parties, car elles ne se querellaient pas pour un problème défensif ou politique quelconque, mais au sujet de certaines taxes que l'officier, selon les consuls, levait abusivement[1754].

Les capitaines ne furent cependant pas de simples conseillers cantonnés au seul domaine militaire. Nobles, ils avaient de nombreux contacts qui pouvaient se révéler utiles aux municipalités. Guilhem Vassal, capitaine de Martel de 1352 à 1354 ou 1355, avait des relations dans toute la province[1755] ; il possédait notamment un hôtel à Cahors, où il avait pour voisin un éminent membre du conseil consulaire de cette ville[1756]. Pons Ricard, capitaine de Gourdon en 1352, avaient des accointances avec la plupart des nobles de la région. Quant à Pierre de Malaterra, capitaine de Capdenac vers 1391-1395, il faisait souvent partie des délégations envoyées auprès du comte d'Armagnac[1757] ; lui devant certainement sa place et faisant partie de sa clientèle, il était utile aux Capdenacois pour obtenir son audience.

Initialement dépourvus du réel pouvoir de commander militairement leurs villes, les consulats surent mettre les offices de capitaines sous influence. Généralement favorables aux élites urbaines qui avaient permis leurs prises de fonctions, incités financièrement par ces dernières à œuvrer dans le même sens qu'elles, les capitaines ne menèrent

---

[1744] AM Martel, BB 5, f° 76 v°.
[1745] AM Gourdon (M.A.), BB 5, f° 11 v°.
[1746] *Ibid.*, f° 3 v°.
[1747] *Ibid.*, BB 4, f° 7 r°.
[1748] *Ibid.*, BB 5.
[1749] *Ibid.*, f° 2 v°.
[1750] *Ibid.*, f° 6 v°.
[1751] *Ibid.*, f° 3 r°.
[1752] *Ibid.*, f° 11 r°.
[1753] AM Capdenac, CC 3.
[1754] *Ibid.*, FF 12.
[1755] « Un quercinois célèbre… *Op. cit.*
[1756] ALBE (E.), *monographies…Op.cit.*, p.160.

finalement que la politique défensive qu'elles leur permettaient. En effet, bien que sous l'autorité théorique d'une puissance supérieure, ils ne pouvaient rien faire sans l'assentiment des consuls, qui seuls avaient les moyens financiers, l'autorité suffisante et le personnel pour encadrer les habitants. Il est intéressant de constater que les communautés urbaine provençales qui se trouvaient, comme Tarascon, dans une situation similaire à celles de leurs homologues quercinoises, entre faiblesse du pouvoir central et prééminence des affaires militaires, eurent aussi le soucis d'accaparer la nomination de leurs capitaines, tout comme elles firent le nécessaire pour les placer sous influence[1758]. Les luttes opposant les municipalités et leurs seigneurs au sujet de la nomination des capitaines furent d'ailleurs courantes dans tout le Midi[1759].

La mainmise du monde consulaire sur les commandements militaires.

L'histoire fourmille d'exemple de localités ou de châteaux pris grâce à la trahison d'un habitant appâté par le gain, aussi mettre la garde sous l'autorité d'hommes ayant plus à perdre qu'à gagner si la ville tombait aux mains de l'ennemi était un moyen de limiter ce risque. La plupart des conseillers consulaires correspondaient à ce profil et, de plus, possédaient une certaine légitimité issue de la désignation dont ils avaient fait l'objet dans leurs quartiers pour les représenter au conseil de la ville. C'est ainsi naturellement que les municipalités puisèrent dans ce réservoir d'hommes de confiance pour trouver l'encadrement nécessaire à la population en armes. Déjà en 1337, il existait à Gourdon une patrouille du guet qui circulait en ville de façon aléatoire deux fois par semaine[1760] ; elle était commandée par un consul[1761] et vraisemblablement composée de sergents consulaires[1762], mais ne s'agissait pas encore d'une patrouille de surveillance militaire, ses missions concernant essentiellement la tranquillité et la sécurité publiques.

Le besoin de cadres pour la population en armes.

En 1345, le terme guet reprit toute sa connotation militaire et on remit la garde en place suivant des schémas anciens[1763]. Les consuls de Martel ordonnèrent ainsi, un mois avant la prise de Bergerac, que le guet soit fait : il s'agissait de placer chaque nuit un corps de garde à chaque porte, chacune de ces équipes étant composée de cinq ou six hommes placés sous l'autorité de deux notables[1764]. Après la prise de Bergerac, cette garde fut aussi montée de jour, devenant ainsi permanente, et un guet fut de la même façon mis en place sur l'ensemble des fortifications[1765]. Il fallut attendre septembre 1346 pour que l'organisation se précise un peu par le regroupement des habitants en dizaines suivant leur quartier d'habitation[1766], disposition que l'on retrouvait un peu partout dans le Sud-Ouest[1767] ; quatre capitaines, un par

---
[1757] AM Capdenac, CC 3.
[1758] HEBERT (M.), *Tarascon... Op.cit.*, pp.101-104.
[1759] NOEL (R.P.R.), *Town Defence... Op. cit.*, p.86.
[1760] AM Gourdon (M.A.), BB 2, f° 4 v°.
[1761] *Ibid.*, ff° 7 r°, 8 v°.
[1762] *Ibid.*, f° 35 v°.
[1763] Le guet et ses composantes avaient déjà été organisés militairement fort longtemps auparavant, lorsque des guerres avaient touché la province aux époques précédentes.
[1764] AM Martel, BB 5, f° 14 r°.
[1765] *Ibid.*, f° 15 v°.
[1766] *Ibid.*, f° 24 v°.
[1767] HIGOUNET-NADAL (A.), *Les comptes... Op. cit.*, pp.11-12.

faubourgs, avaient autorité sur ces dizaines[1768], eux-mêmes étant sous les ordres du capitaine du quartier central, qui commandait aussi l'ensemble du guet ; B. Marti, qui tint ce poste le premier, était naturellement un notable habitué du conseil[1769]. A Gourdon quatre ans plus tard, le service de guet se répartissait aussi entre guet monté sur les murailles et garde particulière des portes[1770] ; à la différence de ce qui se faisait à Martel, les habitants de tous les faubourgs étaient regroupés sous l'autorité d'un seul capitaine, dénommé Sicart Vassal et par ailleurs conseiller consulaire[1771]. A Cajarc en 1349, les habitants étaient aussi répartis en dizaines[1772], tandis que la ventilation des tours de garde était faite par des notables aidés du bayle de l'évêque[1773].

Afin de s'adapter au danger constitué par les bandes anglaises qui ne cessaient de se renforcer, les systèmes de gardes furent progressivement augmentés. A côté du guet, veille effectuée de jour sur l'enceinte extérieure et de nuit sur l'enceinte intérieure[1774], il fut rapidement mis en place un arrière-guet, dont le rôle consistait à garder de nuit l'enceinte extérieure et à effectuer des rondes diverses[1775]. Les premières mentions de l'arrière-guet datent de 1349 à Cajarc[1776], de 1350 à Gourdon[1777] et de 1352 seulement à Martel, mais il y existait vraisemblablement auparavant[1778]. Une autre composante appelée contre-guet fut ensuite ajoutée aux précédentes ; réserve d'intervention, son personnel effectuait parfois des rondes nocturnes sur les enceintes et à l'intérieur de la ville, peut-être en partie pour contrôler les autres veilleurs ; il est mentionné à Gourdon et à Martel à partir, respectivement, de 1353[1779] et 1356[1780]. Enfin, des veilleurs furent installés durant la journée sur les points hauts alentours. Ce renforcement et cette diversification du service de guet entraîna une forte demande en encadrement : il fallait, en plus des cadres cités aux paragraphes précédents, un capitaine chargé de surveiller l'exécution des gardes nocturnes[1781], un autre pour surveiller les gardes de jour[1782] et d'autres spécialement chargés des gardes sur les hauteurs alentours[1783], ainsi que de nombreux dizainiers ; enfin, il fallait un responsable par porte[1784], placé sous l'autorité d'un capitaine de toutes les portes[1785]. Cette multiplication des offices *ad hoc*, conséquence de la guerre et de l'autonomie des consulats en matière défensive, se retrouvait partout où une administration urbaine avait à faire face à une situation similaire comme le montre l'exemple provençal de Tarascon[1786].

[1768] En Poitou, seul celui qui commandait la ville entière ou le château était appelé capitaine, ses subalternes étant généralement qualifiés de sergents ; à ce sujet, voir JAROUSSEAU (G.), « Le guet…*Op. cit.*, pp.185-187. En Quercy, on utilisait indifféremment le titre de capitaine pour toutes les fonctions de commandement, du chef de la défense de ville jusqu'au dizainier, ce dernier exclu.
[1769] AM Martel, BB 5, f° 25 v°.
[1770] AM Gourdon (M.A.), BB 3, f° 11 v°.
[1771] *Ibid.*, f° 12 v°.
[1772] AM Cajarc, CC 5, envers, f° 66 v°.
[1773] *Ibid.*, endroit, f° 15 r°.
[1774] Le guet se montait depuis les *gachiels*, ouvrages de flanquement tirant leur nom du guet, *gach* en occitan.
[1775] AM Martel, BB 5, ff° 91 r°, 94 v°, 96 r°,
[1776] AM Cajarc, CC 5, envers, f° 52 r°.
[1777] AM Gourdon (M.A.), CC 17, f° 3 v°.
[1778] AM Martel, CC 3-4, f° 41 v°.
[1779] AM Gourdon (M.A.), BB 4, f° 10 v°.
[1780] AM Martel, BB 5, f° 94 v°.
[1781] *Ibid.*, f° 65 r°.
[1782] *Ibid.*, f° 96 v°.
[1783] *Ibid.*, f° 100 r°.
[1784] *Ibid.*, ff° 100 v°, 102 r°.
[1785] *Ibid.*, f° 102 r°.
[1786] HEBERT (M.), *Tarascon… Op.cit*, pp.112-114.

L'intense présence des élites urbaines au sein de l'encadrement.

La présence des membres du monde consulaire dans l'encadrement du guet fut d'autant plus marquante qu'ils devaient tous, à tour de rôle, tenir la plupart des fonctions ; d'autre part, lorsqu'ils ne remplissaient aucune de ces charges, ils étaient astreints au guet comme les simples citoyens, situation qui dut toutefois se raréfier avec l'augmentation du nombre des postes à responsabilités. A Gourdon, cette rotation des cadres ne toucha qu'assez peu les fonctions les plus élevées : Sicart Vassal, responsable du guet des faubourgs en 1350, ne fut nommé que pour deux mois[1787], mais les temps de commandement étaient généralement beaucoup plus longs : en 1355, les capitaines chargés de la mise en place des factions du matin et du soir étaient en fonction pour l'année, tout comme le chef ayant autorité sur l'ensemble du service de guet[1788] ; ces offices étaient rémunérés et les durées assez longues mentionnées ci-dessus s'expliquent par leur professionnalisation. Celle-ci ne dura cependant quelques années : en 1376, elle avait disparu et les capitaines du guet étaient alors désignés parmi les conseillers pour des périodes variables et plutôt courtes[1789].

Cet édifice, aujourd'hui appelé tour Tournemire, était auparavant désigné tour de Cazillac ; les consuls martelais des XIVe et XVe siècles la nommaient simplement « *la tour* ». Implantée sur la face nord de l'enceinte du XIIe siècle, elle servit de point central au système de guet durant la guerre de Cent Ans.

Figure 34. La tour Tournemire à Martel.

[1787] AM Gourdon (M.A.), BB 3, f° 12 v°.
[1788] *Ibid.*, CC 18, ff° 47 r°, 54 v°, 66 v°, 70 v°, 74 v°, 77 v°, 79 r°, 82 r°, 83 r°, 85 r° ; CC 19, ff° 4 v°, 11 r°, 17 v°, 19 v°, 28 v°, 35 v°, 44 v°, 46 r°.
[1789] *Ibid.*, CC 20, f° 5 v°.

Les capitaines de tous niveaux percevaient durant leur temps de commandement une grande partie des amendes versées par les veilleurs pris en faute avec le réglement ; il faut croire qu'elles étaient particulièrement rémunératrices : en 1386, le Gourdonnais Guilhem Vidal s'offrit de faire le contrôle du guet chaque soir et à deux reprises, y compris les dimanches et jours de fêtes, sans rien demander à la ville si en échange on lui confiait la garde des portes[1790]. A Martel, le système fut réformé en 1356 et tous les capitaines, du plus haut placé, chargé de l'ensemble du guet, jusqu'au dernier en charge d'une simple portion d'enceinte, ne furent plus nommés que pour une semaine[1791].

En 1352 à Martel, alors que le système du guet n'avait pas encore connu son développement maximum, dix-huit capitaines assistaient l'homme désigné comme chef de l'ensemble du guet[1792]. Durant les années qui suivirent, le besoin en cadres s'accrut encore, car en plus des nouveaux commandements créés, la plupart des postes furent doublés. En effet, si dans les premiers temps les capitaines n'étaient pas astreints à demeurer en permanence avec leur garde, se contentant de mettre les veilleurs en place et de contrôler leur travail de temps à autre[1793], ils furent à partir de 1356 obligés de s'y tenir en permanence durant la nuit[1794] ; trop longues pour un seul homme, les douze heures de veille nocturne furent alors partagées entre deux responsables pour chaque poste.

Suivant le schéma 2, établit pour une période de crise moyenne, l'encadrement d'une journée de garde à Martel impliquait 31 personnes, soit environ 8,5 % des 362 chefs de feu masculins de 1356[1795]. D'une semaine, d'un mois, voire d'une année sur l'autre, les membres du monde consulaire changeaient de fonction, tel Aymar Guisbert qui fut quelque temps capitaine de la ville en 1353 pour remplacer le titulaire de la charge qui s'était absenté[1796], puis gardien de la tour Tournemire en février 1356[1797], chef des gardiens de la porte intérieure en avril suivant[1798], capitaine des gardes de toutes les portes en juin[1799] et à nouveau gardien de la tour Tournemire début juillet[1800]. Nous le retrouvons plus tard capitaine du guet « *sur les murs* »[1801] puis, une fois de plus, responsable de toutes les portes[1802] avant de reprendre à nouveau le poste de capitaine du guet « *sur les murs* »[1803] ; début 1359, il fut derechef responsable de l'ensemble du guet[1804] ; son expérience et son habitude des hautes responsabilités ne l'empêchèrent cependant pas de se retrouver une nouvelle fois simple capitaine de la porte intérieure en septembre suivant[1805]. La multitude des fonctions tenues, qu'elles soient diurnes ou nocturnes, particulières ou générales, firent qu'à l'instar du Martelais Aymar Guisbert, les membres des mondes consulaires devinrent des chefs très bien connus des autres habitants, qui furent par la même habitués à leur obéir. D'autre part, entre les capitaineries générales, de faubourgs, de guet ou tout simplement de porte, chaque notable avait tôt fait d'accroître ses compétences en matière de commandement[1806].

[1790] *Ibid.*, BB 6, f° 18 v°.
[1791] AM Martel, BB 5, f° 102 r°.
[1792] *Ibid.*, f° 65 r°.
[1793] *Ibid.*, ff° 96 v°, 99 r°.
[1794] *Ibid.*, ff° 100 v°, 104 v°, 109 r°.
[1795] *Ibid.*, f° 93 v°.
[1796] *Ibid.*, f° 76 v°.
[1797] *Ibid.*, f° 94 v°.
[1798] *Ibid.*, f° 96 v°.
[1799] *Ibid.*, f° 104 r°.
[1800] *Ibid.*, f° 100 r°.
[1801] *Ibid.*, f° 121 r°.
[1802] *Ibid.*, f° 122 r°.
[1803] *Ibid.*, f° 123 r°.
[1804] *Ibid.*, f° 126 v°.
[1805] *Ibid.*, f° 133 v°.
[1806] Contrairement à Bernard CHEVALIER dans son étude sur « L'organisation militaire à Tours au XVe siècle », dans *Bulletin Philologique et Historique* (année 1959), p.445, nous n'avons pas trouvé de hiérarchisation du guet, de l'arrière-guet de la garde aux portes en fonction de la richesse des guetteurs : les plus pauvres au guet et les plus aisés à la garde. Toutefois, les villes dont nous avons tiré nos informations (principalement Cajarc, Gourdon et Martel) sont beaucoup plus petites que Tours

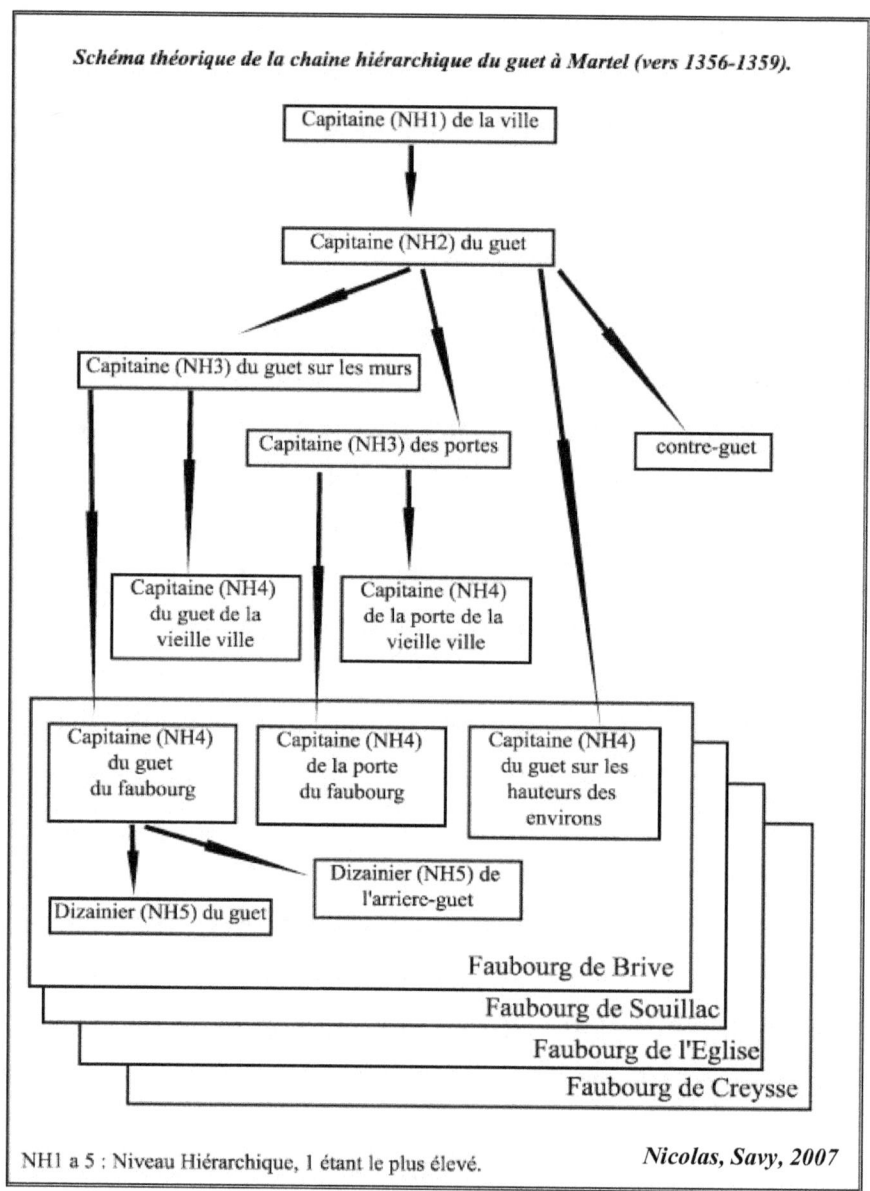

Schéma 2. La chaîne hiérarchique du guet à Martel.

Les systèmes de garde n'étaient pas toujours à leurs niveaux maximum, mais ils étaient permanents et les périodes de tensions pouvaient les faire monter en puissance durant plusieurs mois : les citoyens ne perdaient jamais l'habitude d'être commandés. Si pour les hommes qui avaient connu la paix, la lourdeur du guet fut un fait nouveau, ceux nés après le début des hostilités n'y virent certainement qu'une charge habituelle. Pour tous, ce fut un lieu de sociabilité particulière ou se créa forcement un puissant esprit de corps réunissant le peuple et ses élites. En effet, toutes les conditions étaient réunies pour qu'apparaisse ce qu'aujourd'hui les psychologues appellent un effet Janis ou « phénomène de pensée groupale », à savoir : la forte cohésion du groupe concerné, son isolement par rapport à d'autres groupes, une autorité très directive, une absence de définition de la méthode de travail et enfin une situation globale anxiogène et stressante[1807]. De toutes ces conditions, l'absence de définition de la méthode de travail était la plus relative,

---

et nous manquons de documents pour Cahors et Figeac, villes qui auraient pu être des sujets de comparaison adaptés ; il convient donc de ne pas tirer de conclusions hâtives sur cette possible différence nord – sud du royaume.
[1807] BLANCHET (A.), TROGNON (A.), *La psychologie des groupes*, Paris, Armand Colin, 2005.

car le guet était organisé, mais cette organisation était variable et se modifiait considérablement suivant les événements inopinés de la guerre. Cet effet Janis avait pour conséquence de réduire les prises d'initiatives individuelles et d'amener les individus à se soumettre volontairement aux solutions adoptées par la masse, l'esprit de corps tendant de plus à étouffer toute pensée critique[1808].

L'influence affermie du monde consulaire sur la population.

Les rapports du chef et de « la foule » ont été étudiés du point de vue psychologique par Gustave Le Bon[1809] et Sigmund Freud[1810], ce dernier ayant notamment accentué une partie de ses recherches sur les populations militaires[1811]. Sans entrer dans le détail de leurs recherches, nous pouvons en retenir que tout homme placé à la tête d'un groupe humain exerce sur celui-ci une forte influence ne tenant pas uniquement de l'autorité qui lui est dévolue : son prestige et sa volonté sont primordiaux ; surtout, dans ces rapports entrent des notions plus difficiles à saisir, l'affectivité par exemple. Comme l'affirmait Hugues de Cardaillac, si le capitaine n'avait pas la confiance de ses hommes, la défense du fort ne valait pas grand'chose[1812] : nul doute que l'on devait préférer monter le guet avec un capitaine sympathique qui, bien que point trop pointilleux, n'en remplissait pas moins sa fonction avec brio, plutôt qu'avec un individu connu pour être un couard incapable et désagréable, mais dans l'ensemble tout contribua à accentuer la cohésion des habitants avec leurs élites. Cette unité était d'autant plus forte que monter le guet ne se traduisait pas toujours par de longues nuits d'ennui, les tentatives ennemies étant fréquentes et la menace permanente.

L'organisation de base de la garde était naturellement le support de son extension, l'ordonnance de mise en défense de la ville. Sitôt qu'un détachement ennemi était aux portes de la ville, chacun rejoignait son poste au son du tocsin. A Cahors, les habitants étaient groupés par quartier pour former des compagnies[1813] et les seuls échelons hiérarchiques qui subsistaient alors étaient les suivants : capitaine de la ville, capitaine de compagnie et dizainier[1814]. Chacune de ces compagnie, et au sein de celle-ci chaque dizaine, avait un emplacement bien déterminé sur les fortifications[1815], leur répartition correspondant au plan de défense élaboré par le consulat et ses conseillers[1816]. C'est durant ces moments intenses et difficiles que les citoyens tournaient leurs regards apeurés vers leurs capitaines, attendant que leur tenue et leur exemple les aident à tenir au mieux leur serment de ne pas « désemparer leur place durant le combat, même par peur de la mort »[1817] : pour le moins, cela signifiait en faire assez pour ne passer pour un couard, tandis que pour le mieux, c'était faire ce que l'on pouvait pour passer pour un homme courageux auprès de ses pairs et de son chef. Au sein de chaque compagnie et au-delà pour toute la ville, ces dangers affrontés ensemble ne pouvaient que renforcer encore la cohésion et l'effet Janis, accentuant par la même l'influence des élites dirigeantes.

Les formations mises sur pied afin de mener des opérations hors les murs ne contribuèrent pas peu à affirmer l'esprit de corps que l'organisation défensive avait fait naître et consolidé. Les hommes désignés pour constituer ces

---

[1808] *Ibid.*
[1809] LE BON (G.), *Psychologie des foules*, Paris, PUF (rééd.), 1963.
[1810] FREUD (S.), « Psychologie collective et analyse du moi », dans *Essais de psychanalyse*, Paris, Payot (rééd.), 1968, pp.83-176.
[1811] *Ibid.*, pp.32-34.
[1812] NOEL (R.P.R.), *Town Defence... Op. cit.*, p.92.
[1813] LACOSTE (G.), *Histoire...Op.cit.*, t.III, pp.241-243.
[1814] *Ibid.*
[1815] AM Martel, BB 5, f° 92 v°.
[1816] SAVY (N.), *Cahors...Op.cit.*, pp.82-92.

détachements se retrouvaient alors, en rase campagne, dans une situation de guerre dans laquelle leur manque de connaissance du métier des armes les plaçaient en flagrante infériorité. On était alors dans un contexte bien différent de l'habituelle défense des murailles, où l'on se battait certes, mais de loin, à l'arbalète et protégé par la hauteur des courtines. Alors que les professionnels de la guerre anglo-gascons étaient partout, les citadins armés dont le groupe progressait dans les bois et la campagne devaient donner valeur d'odyssée à leur expédition. Ils y étaient comme à l'accoutumée dirigés par leurs notables : les 70 Gourdonnais envoyés ravager les alentours de Monpazier vers la fin du mois de juin 1350 pour aider le sénéchal de Périgord et de Quercy furent commandés par le conseiller consulaire Bernat del Mespolet[1818] ; de même, les Cadurciens qui prirent part au siège de Domme en mars 1393 furent dirigés par le dénommé Ramoundou, bourgeois de son état[1819].

Lors de la défaite subie en juin 1356 par le détachement cajarco-figeacois à Fons, et probablement durant la débandade qui suivit l'affrontement[1820], un bourgeois de Cajarc, maître Huc de Mirabel, perdit tout son équipement militaire[1821] ; tous les notables envoyés au combat ne furent pas aussi malchanceux que lui, car force est de constater que certains surent payer de leurs personnes pour conduire vaillamment les citoyens placés sous leurs ordres. Ainsi, parmi les 80 Gourdonnais envoyés à la fin du mois de mars 1381 attaquer Masclat, où s'était retranchée une compagnie anglo-gasconne, quatre furent récompensés pour avoir été les premiers à s'engouffrer dans la brèche faite dans la muraille à l'aide d'une mine[1822] ; sur ces quatre hommes, l'un était conseiller consulaire[1823] tandis que deux autres le furent cinq ans plus tard[1824]. En 1386, le conseiller gourdonnais Guilhem Miquel fut blessé en défendant vigoureusement le moulin Nouveau[1825] au cours d'un affrontement qui coûta aussi la vie à l'un de ses concitoyens[1826]. Ce compagnonage guerrier au-delà des murs, avec ses exploits mais aussi ses peurs et ses fuites vécus en commun fut sans aucun doute un puissant facteur de cohésion.

Tout en mettant les capitaines de leur ville sous forte influence, les consuls quercinois surent s'appuyer sur le monde dont ils étaient issus pour étroitement encadrer les habitants. Ces derniers se retrouvèrent non seulement cernés par l'autorité, mais de plus conditionnés par un phénomène de groupe qui en fit des hommes dévoués au bien commun de leur communauté et prêts à braver pour lui, s'il le fallait, la « *peur de la mort* »[1827]. Tout ceci n'aurait cependant pas été possible si les consulats n'avaient pas adapté leurs appareils judiciaires aux besoins défensifs.

Un appareil judiciaire au service de la défense.

L'exercice de la justice était l'une des fonctions habituellement détenues par la plupart des consulats avant le début du conflit. Toutefois, ce pouvoir était en règle générale fortement restreint et les municipalités ne disposaient que d'une part minime des droits afférents. La volonté d'augmenter leurs prérogatives dans ce domaine les opposait à leurs

---

[1817] AM Martel, BB 5, f° 93 v°.
[1818] AM Gourdon (M.A.), CC 17, f° 7 v°.
[1819] LACOSTE (G.), *Histoire…Op.cit.*, t.III, p.308-309.
[1820] SAVY (N.), « La prise de Fons… *Op.cit.*, p.29.
[1821] AM Cajarc, CC 8, f° 137 v°.
[1822] AM Gourdon (M.A.), BB 5, f° 22 v°.
[1823] *Ibid*, il s'agissait de Bernat Bernoy.
[1824] *Ibid*, BB 6, il s'agissait de Guilhem Andenos et de Bernat del Forn.
[1825] Nous n'avons pu localiser ce moulin.
[1826] *Ibid.*, f° 5 r°.
[1827] AM Martel, BB 5, f° 93 v°.

seigneurs depuis le XIIIe siècle, car ces derniers n'entendaient pas facilement leur céder ces importantes sources de revenus. Les consuls gourdonnais étaient ainsi en lutte à ce sujet depuis la fin du XIIIe siècle[1828], tout comme le furent leurs homologues cajarcois entre 1310 et 1319[1829]. Ils furent toutefois soutenus par le pouvoir royal dans leurs revendications, tout comme les consuls de Saint-Cirq-Lapopie en 1326[1830].

Les prérogatives judiciaires des consulats augmentèrent plus aisément à partir du début du conflit, notamment grâce à l'appui que continuait toujours de leur donner le roi face aux seigneurs. L'exemple de Cahors est à ce sujet marquant : en 1344, les consuls se virent attribuer l'ensemble de la justice civile par Philippe VI[1831] ; deux ans plus tard, ils purent aussi exercer la justice criminelle, bien que conjointement avec le bayle de l'évêque[1832] selon une indivision qui fut confirmée en 1349[1833] et 1351[1834] ; en 1369, Charles V rattacha la juridiction de Montcuq à celle de leur ville et ils purent alors y exercer l'ensemble des droits qu'ils possédaient[1835]. A Gourdon, les magistrats et le principal coseigneur de la ville, Guillaume de Thémines, finirent en 1361 par trouver un compromis qui laissa aux premiers une très grande liberté dans l'exercice de la justice, qu'elle soit civile ou criminelle[1836] ; un peu moins d'une vingtaine d'années plus tard, le nouveau principal coseigneur, Jean II d'Armagnac, conclut un nouvel accord permettant au consulat d'exercer certains droits judiciaires seigneuriaux[1837]. Toutefois, bien plus que ces arrangements, c'est la pratique de la justice réclamée par la situation de guerre qui renforça le plus l'emprise des municipalités dans ce domaine.

L'inflation normative qui toucha tout ce qui regardait le service général de la défense contribua sans commune mesure à étendre le nombre des infractions relevant de la justice civile. C'est tout d'abord les absences ou manquements au service de guet qui furent punis d'amendes pécuniaires[1838] ; les fautifs avaient peu de chances d'échapper à leur paiement, car les consuls surent fortement impliquer les guetteurs et leurs chefs dans leurs perceptions : en 1352, les Martelais qui ne se présentaient pas à leur poste devaient payer une amende de cinq sous pour les simples citoyens et du double pour les capitaines ; la moitié du produit de ces punitions étant ensuite partagé entre les autres guetteurs ou les autres capitaines selon le cas[1839]. Quatre ans plus tard, les responsables de chaque garde de porte touchaient aussi le produit des amendes infligées à leur niveau : à chaque chef revenait ainsi la constatation des fautes commises dans sa sphère de commandement et la perception des amendes afférentes[1840], dont une partie cependant revenait au consulat[1841]. Avec le temps, la permanence de la guerre et les difficultés économiques amenèrent un certain assouplissement du système : en 1376 par exemple, les consuls de Gourdon se réservèrent, en cas de manquement de la part d'un veilleur, la possibilité d'apprécier le bien fondé de son excuse s'il en avait une[1842] ; toutefois, en déléguant aux officiers de la garde aussi bien l'appréciation de la faute que la perception des amendes afférentes, les magistrats leur donnèrent des moyens exceptionnellement forts pour se faire obéir.

[1828] BULIT (R.), *Gourdon-en-Quercy…Op.cit.*, pp.95-97.
[1829] ALBE (E.), *Monographies…Op.cit.*, pp.79-80.
[1830] *Ibid.*, p.270.
[1831] AM Cahors, *Livre Tanné*, ff° 18 à 29.
[1832] *Ibid., Livre Noir*, f° 3 r°.
[1833] *Ibid.*, f° 32 r°.
[1834] *Ibid.*, f° 13 v°.
[1835] *Ibid.*, f° 47 v°.
[1836] BULIT (R.), *Gourdon-en-Quercy…Op.cit.*, pp.161-163.
[1837] *Ibid.*, p.177.
[1838] AM Gourdon (M.A.), BB 3, ff° 8 r° et 12 r°, par exemple.
[1839] AM Martel, BB 5, f° 65 r° ; AM Gourdon (M.A.), BB 4, f° 8 r°, notamment.
[1840] AM Martel, BB 5, f° 102 r°.
[1841] AM Gourdon (M.A.), BB 4, f° 20 r°.
[1842] *Ibid.*, CC 20, f° 3 r°.

Au-delà du guet et d'une manière générale, la multiplication des ordonnances consulaires eut pour conséquence naturelle l'augmentation de la liste des infractions civiles. Des amendes étaient ainsi appliquées à ceux qui refusaient de mettre leurs vivres à l'abri[1843] ou encore jetaient des ordures dans les fossés[1844]. Les consuls luttèrent aussi contre les effets économiques néfastes de la guerre en sanctionnant ceux qui augmentaient les loyers au-delà du seuil autorisé pour profiter de l'afflux des réfugiés[1845], ou vendaient du pain à un prix trop élevé par rapport à ce que les ordonnances spécifiaient[1846]. Il ne s'agissait certes là que d'ordonnances d'un niveau habituel pour les municipalités, correspondant à des amendes d'un montant relativement peu élevé, mais leur nombre ne fit que s'accroître durant le conflit.

Malgré les sommes inouïes dépensées pour doter les villes d'enceintes efficaces, on était toujours à la merci d'un habitant acceptant de trahir et d'ouvrir les portes aux Anglais pour de l'argent. Ce danger était bien réel : vers 1358, les consuls de Martel furent avertis que leur ville risquait une trahison au profit des Anglo-Gascons qui se rassemblaient à Nadaillac, Excideuil et Comborn[1847] ; le 11 octobre 1369, les magistrats cajarcois furent à leur tour prévenus que leur bourg devait être pris par la compagnie du Bordat de Balaguier-d'Olt avec la complicité d'un de leurs habitants[1848]. Certains de ces traîtres furent parfois arrêtés : Johan Langles, de Martel, le fut en 1358 car il avait eu le projet de faire entrer les Anglais dans l'enceinte au cours d'une nuit[1849].

La trahison était un forfait perpétré contre toute la communauté[1850] et dont les conséquences étaient les plus graves qui soient, car une ville prise était pillée et ses habitants molestés voire tués. Non seulement le crime en lui-même réclamait les sanctions les plus graves, mais les tentatives devaient aussi être punies avec la dernière sévérité ; il s'agissait aussi que les peines infligées aient valeur d'exemple. La mort attendait ainsi tous les convaincus de trahison, mais seulement après un jugement dans les règles ayant établi leur culpabilité : en 1368, quatre Gourdonnais furent soupçonnés par la rumeur publique de vouloir livrer leur ville, alors sous domination anglaise, aux Français ; les consuls demandèrent alors conseil au juriste Pierre de Cazeton et au juge de Cahors pour savoir de quelle manière ils devaient procéder ; il leur fut répondu de mener normalement l'enquête et de laisser les accusés en paix si leur culpabilité n'était pas établie, ce qui fut le cas[1851]. Dans le cas inverse, ils auraient probablement été exécutés, comme le furent deux véritables traîtres démasqués à Martel, le premier en 1352[1852] et le second en 1358[1853].

Dès le début du conflit, l'éventail des cas relevant de la trahison fut singulièrement élargi. Il n'était plus seulement question d'agir délibérément au profit de l'ennemi, car désormais certaines infractions aux ordonnances consulaires tombaient aussi sous le coup de ce chef d'accusation. Ainsi en août 1345, alors que suite à la prise de Bergerac des bandes anglaises approchaient de Martel, les consuls firent accélérer la mise en défense de la ville ; pour obtenir la contribution de chacun sans exception ni restriction, ils ordonnèrent que tous ceux qui refuseraient leur concours aux hommes chargés de conduire les réparations des fortifications seraient purement et simplement déclarés

---

[1843] AM Martel, BB 5, f° 93 r°.
[1844] *Ibid.*, f° 77 r°.
[1845] *Ibid.*, f° 42 v°.
[1846] *Ibid.*, f° 105 v°.
[1847] *Ibid.*, EE 1, pièce n°11.
[1848] AM Cajarc, CC 6, f° 144 v°.
[1849] PATAKI (T.), « Lettres des consuls de Martel aux consuls de Brive, 1318-1372 », dans *Bulletin de la Société Historique de Corrèze*, t.96 (1974), (pp.71-73.), p.72.
[1850] Sur le concept de trahison au bas Moyen Age, voir en particulier CUTLER (S. H.), *The Law of Treason and Treason Trials in Later Medieval France*, Cambridge, Cambridge University Press, 2003.
[1851] MONZAT (A.), *Gourdon en Quercy, du milieu du XIIIe à la fin du XIVe siècle, naissance et développement d'un consulat*, thèse de l'Ecole des Chartes, dactylographié, 1970, p.253.
[1852] AM Martel, BB 5, f° 72 r°.

traîtres[1854] : alors que la localité était dans une situation critique, soustraire sa peine ou ses biens à la mise en place de la protection commune, c'était ainsi déjà trahir.

De la même façon, il fallait empêcher les habitants de partir trop longtemps et trop loin, car en cas d'attaque, ce serait toujours autant de bras sur lesquels on ne pourrait compter ; cela fut d'autant plus important après 1348, tant à cause des morts que des fuites provoquées par l'épidémie de peste, mais aussi suite aux très nombreux départs définitifs vers des régions moins exposées à la guerre. C'est pour cette raison que les consuls de Martel interdirent en 1351 à leurs habitants de quitter la ville plus d'une journée sans leur autorisation, sous peine d'être inculpé de trahison[1855] ; leurs homologues gourdonnais prirent une ordonnance similaire deux ans plus tard, précisant que les coupables seraient mis à mort et leurs biens confisqués[1856] : s'absenter, c'était affaiblir la défense de la ville et donc trahir. Suivant la même logique, le crime de trahison fut parfois appliqué à ceux qui montaient mal leurs gardes alors que les Anglais étaient proches, mais cela resta cependant exceptionnel car nous n'en avons trouvé qu'une seule mention pour la période étudiée[1857].

La trahison appelait la vindicte populaire. Comment ne pas regarder avec horreur celui qui, par cupidité, faisait fi du serment qu'il avait prêté avec ses concitoyens « d'être tous unis et de se garder l'un l'autre »[1858] ? A Gourdon, d'autres crimes étaient passibles de mort : les voleurs récidivistes étaient pendus, tandis que les meurtriers étaient dans certains cas ensevelis vivant sous les cadavres de leurs victimes[1859]. Un châtiment supérieur devait donc être appliqué à cette infamie : ce fut l'écartèlement[1860]. Un exemple montre bien l'aversion que suscitaient les traîtres auprès de leurs concitoyens : le sergent consulaire martelais Ramon de Cassinhac fut requis pour exécuter un individu convaincu de traîtrise en 1352 ; volontaire pour accomplir cette besogne, il demanda cependant aux consuls de s'engager à ne pas lui faire faire d'autres exécutions sauf, précisait-il, celles en rapport avec le crime de trahison[1861].

Les consuls étaient aussi conscients que le bon état d'esprit de la population devait être maintenu et donc, de là, surveillé. La chose est aisément compréhensible : il suffisait qu'une nouvelle alarmante se propage pour voir la peur s'installer et certains habitants s'enfuir. Il devint alors du ressort de la justice d'empêcher les colporteurs de fausses informations d'agir. C'est ainsi que le Martelais B. Marbot, qui avait propagé des nouvelles fallacieuses sur la venue des Anglais, fut enfermé préventivement en mai 1354 sur ordre des consuls, qui ensuite firent diligenter une enquête en bonne et due forme[1862]. Dans ce cadre mais de façon plus étendue, il est probable que le système judiciaire consulaire permettait aux magistrats d'exercer un véritable contrôle sur l'opinion.

Une adaptation de l'appareil judiciaire était nécessaire pour couronner et renforcer l'ensemble des efforts faits par les consulats en matière de défense. La création ou recréation d'une nouvelle activité sociale, le guet et ses dérivés où les habitants passèrent de plus en plus de temps, impliquait une extension de la justice pour que les nouvelles règles qui en découlaient soient respectées. Il ne s'agissait cependant là que de simples adaptations fonctionnelles, alors que la

---

[1853] PATAKI (T.), « Lettres…Op.cit., p.72.
[1854] AM Martel, BB 5, f° 15 v°.
[1855] Ibid., f° 60 r°.
[1856] AM Gourdon (M.A.), BB 4, f° 21 v°.
[1857] Ibid., f° 20 r°.
[1858] AM Cajarc, CC 6, f° 150 r°.
[1859] BULIT (R.), Gourdon-en-Quercy…Op.cit., pp.186-187.
[1860] PATAKI (T.), « Lettres…Op.cit., p.72.
[1861] AM Martel, BB 5, f° 72 r°.
[1862] Ibid., f° 82 r°.

façon dont le crime de trahison fut traité et utilisé montre bien que la communauté était particulièrement consciente d'elle-même. En effet, trahir, c'était remettre en cause son existence, ce qui appelait un jugement bien plus sévère que les forfaits commis envers les particuliers. Il se plaçait même dans une sphère à part, car exécuter un traître ne faisait pas un véritable bourreau, si l'on en croit ce que disait le Martelais Ramon de Cassinhac en acceptant d'écarteler l'un de ses concitoyens.

Au sein de chaque consulat existait un noyau composé de membres issus des plus vieilles familles consulaires de chaque ville. Durant le conflit, sa puissance politique ne fit qu'augmenter, entre un renouvellement des élites qui l'épargnait en grande partie et la représentativité accrue des assemblée. La conception qu'avaient celles-ci du bien commun était égocentrique et focalisée sur leurs villes : en appliquant les ordonnances royales dans cet esprit, elles surent les utiliser pour renforcer leurs autorités, étendre leurs assises juridiques et fiscales et rendre habituel le gouvernement par mesures d'exception. A côté de ces pouvoirs civils fortement augmentés et consolidés, les besoins de la guerre leur donnèrent la maîtrise de l'organisation défensive : ce fut d'abord leur réseau de correspondance, qu'ils surent adapter et développer pour en faire un système de renseignement performant, mais aussi la distribution des commandements et l'encadrement de la population capable de porter les armes. Au final, sous la houlette d'une autorité royale favorable, chaque municipalité se retrouva maîtresse en sa ville de la plus grande partie des pouvoirs, notamment sur le plan normatif. Quant au commandement militaire, il complétait d'autant plus cette globalité du gouvernement urbain que la justice avait été adaptée au service de la défense.

Chapitre VI

Le guet et ses conséquences

Avec l'arrivée des Anglo-Gascons, établir un système de garde permanent devint une nécessité vitale pour chaque localité du royaume en général[1863] et du Haut-Quercy en particulier. Déjà vers 1340-1342, alors que les combats se rapprochaient de la province et que des bandes de « malfaiteurs » armés commençaient à la parcourir[1864], on recommença à faire garder les portes[1865] et à maintenir quelques hommes sous les armes en permanence, afin de parer à toute éventualité[1866]. A l'exemple de Martel, le guet ne fut certainement réactivé un peu partout qu'en juillet 1345, à l'annonce du débarquement de l'armée de Derby[1867] ; il n'était alors monté que la nuit mais, un peu plus d'un mois plus tard, il devint permanent devant la menace anglaise qui se précisait suite à la prise de Bergerac[1868]. Dès lors, il resta constamment en place jusqu'à la fin de la guerre, y compris durant les périodes de calme relatif : en effet, contrairement à d'autres régions, la période de Brétigny fut un peu plus paisible en Haut-Quercy, mais cela n'empêcha pas les gardes d'être montées comme auparavant, gardes clairement mentionnées en 1364 à Martel[1869], ainsi qu'en 1367[1870] et 1368[1871] à Cajarc ; même durant l'embellie des années 1395-1405, il est fort peu probable que la situation ait été détendue au point de permettre la désactivation totale du guet, car des compagnies toujours présentes dans la province sont mentionnées de 1395[1872] à 1401[1873], en 1402[1874], et de 1403 à 1406[1875]. De la même façon, en 1445, alors que le Haut-Quercy était de moins en moins touché par les raids anglais, le guet était encore continuellement mis sur pied à Gourdon[1876].

N'imaginons pas le guet bourgeois comme un groupe de gardiens armés à la diable et astreints à monter débonnairement la garde aux portes quelquefois dans l'année. En effet, assurer la sécurité d'une ville nécessitait une organisation poussée et bien pensée pour être, autant que faire se peu, infaillible sur le plan théorique. La façon dont le guet était encadré et son commandement réparti, que nous avons étudiée au chapitre précédent, donne déjà une idée de l'importance d'un tel système. Ce dernier, avec toutes ses composantes, était particulièrement gourmand en effectifs alors même que tous les habitants ne pouvaient y être astreints pour d'évidentes raisons de sécurité : celui qui

---

[1863] JAROUSSEAU (G.), « Le guet, l'arrière-guet et la garde en Poitou pendant la guerre de Cent Ans », dans *Bulletin de la Société des Antiquaires de l'Ouest*, T.VIII (4ᵉ série, 3ᵉ trimestre 1965), pp.159-202. Le guet existait depuis les débuts de l'époque féodale, mais, en Poitou notamment, son utilité fut moins flagrante durant le XIIIᵉ siècle car les efforts conjugués de la royauté et de l'Eglise réussirent à faire diminuer les guerres privées. Il en fut globalement de même en Quercy après la croisade des Albigeois, et même si les tensions entre rois de France et d'Angleterre eurent des conséquences parfois importantes dans la province, celle-ci ne se retrouva pratiquement jamais en état de guerre. C'est ainsi que tout comme en Poitou, la remise en place du guet constitua un fait relativement nouveau.
[1864] AM Cajarc, FF 100.
[1865] AM Martel, BB 4, ff° 8r°, 9 v°.
[1866] *Ibid.*, f° 10 r°.
[1867] *Ibid.*, BB 5, f° 14 r°.
[1868] *Ibid.*, f° 15 v°.
[1869] *Ibid.*, BB 1, f° 14 r°.
[1870] AM Cajarc, CC 9, ff° 49 v°, 104 et 108 r°.
[1871] *Ibid.*, CC 10, ff° 46 v°, 52 r°, 65 v°, 66 r° et 68 v°.
[1872] LACOSTE (G.), *Histoire…Op.cit.*, t.III, p.313.
[1873] *Ibid.*, pp.323-324.
[1874] *Ibid.*, p.325.
[1875] *Ibid.*, pp.326-330.
[1876] AM Gourdon (M.A.), BB 7 bis, f° 18 r°.

avait en charge une partie de la protection de la ville devait avoir la confiance de ses concitoyens. De plus, le nombre de ceux qui remplissaient ainsi les conditions pour être éligible au guet ne cessa de se réduire, conséquence de la dépopulation générale qui frappa le pays sous les coups des différents fléaux. Déjà fort importante initialement, la charge de la garde ne cessa ainsi de s'accroître au fil des ans et les conséquences économiques et sociales de cet état de fait furent loin d'être négligeables, tant sur le plan individuel que d'un point de vue général.

1. Des systèmes de guet nécessairement élaborés.

Pour que la garde d'une localité soit efficace, il était nécessaire d'activer sur le pourtour de son enceinte un nombre suffisant de points de surveillance de façon à pouvoir déceler les approches ennemies le plus tôt possible et à sonner le tocsin rapidement. La solution retenue pour assurer la transmission rapide des alertes depuis ces postes de guet fut la mise en place d'un point de garde central. A Cajarc, il se trouvait sur le clocher, où deux hommes se relayaient jour et nuit pour veiller[1877] ; les Martelais utilisaient quant à eux l'édifice le plus haut de leur ville, la tour Tournemire[1878], tandis que les consuls de Gourdon se servaient naturellement du château qui dominait la localité[1879]. A Cahors, la tour Duèze dut certainement être affectée au même usage, et ce bien avant son achat officiel par la ville en 1400[1880]. Des indices indiquent que cette organisation de la garde urbaine autour d'un point central était probablement assez commune, comme par exemple la surélévation du clocher de la cathédrale de Nîmes qui fut faite pour les besoins du guet[1881] ; d'autre part et d'une façon générale, ce système simple et efficace pouvait s'adapter à la majorité des localités fortifiées[1882].

La fonction des points de garde centraux était primordiale car ils étaient les clés des systèmes de guet. Ils étaient munis d'une cloche[1883] afin de sonner les relèves[1884] et surtout de communiquer avec les guetteurs. A Gourdon, une transmission de contrôle se faisait ainsi régulièrement entre le gardien du château et les veilleurs de l'enceinte principale : pour ce faire, le premier faisait sonner sa cloche et les seconds devaient lui répondre à tour de rôle[1885]. Les signaux campanaires étaient relayés par les sons de cors et de trompes placés ici et là soit pour les besoins des relèves[1886], soit pour donner l'alerte[1887]. A Martel, la présence de quatre cors en terre[1888] à côté de la cloche en haut de la tour Tournemire autorise à penser qu'il devait exister une gamme de signaux sonores correspondant aux différentes informations à transmettre.

En tant que postes de surveillance, l'utilité de ces points centraux était très limitée sinon nulle, car de jour ils n'avaient qu'une vue restreinte sur les abords immédiats des murailles, tandis que de nuit ils étaient non seulement

---

[1877] AM Cajarc, CC 9, f° 49 v°.
[1878] AM Martel, BB 5, f° 75 r°.
[1879] AM Gourdon (M.A.), BB 3, f° 8 r°.
[1880] AM Cahors, *Livre Tanné*, f° 117 v°.
[1881] POTAY (C.), « Chronologie des transformations urbaines depuis l'Antiquité », dans FICHES (J.L.), dir., VEYRAC (A.), dir., *Carte archéologique de la Gaule, Nîmes* (30/1), (pp.112-130), p.112.
[1882] Voir notamment les plans de villes dans SALCH (C.L.), *L'Atlas des villes et villages fortifiés en France*, Strasbourg, Publitotal, 1978.
[1883] AM Gourdon (M.A.), BB 3, f° 8 r°; AM Cajarc, CC 10, f° 46 v° ; AM Martel, BB 5, f° 95 r°.
[1884] AM Martel, BB 5, f° 95 r° ; AM Gourdon (M.A.), BB 3, f° 8 r°.
[1885] AM Gourdon (M.A.), BB 3, f° 8 r°.
[1886] AM Cajarc, CC 12, reg. III, f° 97 r° ; AM Cahors, *Livre Tanné*, f° 133 r°; AM Gourdon (M.A.), CC 18, f° 68 r° ; AM Martel, BB 5, f° 69 v°.
[1887] AM Martel, BB 5, f° 100 r°.

aveugles, mais de plus sourds car trop éloignés des enceintes pour permettre une écoute efficace ; or, dans l'obscurité, l'ouïe est bien plus utile que la vue pour détecter les mouvements. Le maintien de gardes nocturnes sur ces postes éloignés des enceintes ne peut se comprendre que par leur rôle centralisateur. S'il est probable que pendant la journée ils participaient aussi à l'observation des alentours, leur rôle nocturne était quant à lui uniquement de communiquer avec les différents guetteurs et de recueillir leurs signaux d'alerte.

Figure 35. Le clocher de l'église de Cajarc.

Cette église diffère sensiblement de ce qu'elle était au XIVe siècle car elle fut incendiée durant les guerres de religion. Le clocher marque cependant toujours l'emplacement du point central du guet.

Le travail sur les points de gardes centraux fut rapidement professionnalisé, sans doute à cause de son importance vitale et des techniques de communication et circuits d'alerte qu'il fallait connaître parfaitement, en particulier la nuit. D'autre part, une douzaine d'heures de veille nocturne d'affilée étaient trop pour un seul individu dont on attendait une attention de tous les instants, aussi ce poste fut-il habituellement doublé de façon à ce que les nuits de veille puissent être partagées. En août 1350, les consuls de Gourdon recrutèrent ainsi leur premier guetteur professionnel pour le poste du château pour une durée de deux mois[1889] et le renforcèrent chaque nuit par un autre veilleur qui était soit ponctuellement engagé pour l'occasion, soit désigné par le tour du guet[1890]. Cinq-six ans plus tard,

---

[1888] *Ibid.*, CC 3-4, f° 63 v°.
[1889] AM Gourdon (M.A.), BB 3, f° 17 r°.
[1890] *Ibid.*, CC 17, ff° 7 v°, 10 r°, 12, 14 r°, 17 r°.

il semble que les deux gardiens en place étaient des professionnels[1891], mais l'année suivante on était revenu au système précédent, avec un seul homme de métier aidé par un habitant désigné[1892], dispositif attesté en 1376[1893] et 1381[1894]. A Martel en 1353, les consuls choisirent d'affecter deux de leurs sergents à cette garde[1895] mais, deux ans plus tard, ils prirent le parti d'embaucher à l'année un seul guetteur salarié[1896] et de lui adjoindre, tout comme à Gourdon, soit un individu payé à la journée, soit un citadin désigné par le tour du guet[1897]. A Cajarc, la solution retenue à la fin des années 1360 était celle des deux gardiens professionnels exclusivement chargés des gardes nocturnes : les contrats annuels établis en 1367[1898] et 1368[1899] spécifiaient qu'ils devaient dormir dans le clocher de l'église et se partager les veilles équitablement[1900].

Pour que le système de garde soit réellement efficace, il fallait que de jour tous les abords de l'enceinte soient sous les vues de postes de guet, tandis que de nuit ces derniers devaient être assez nombreux pour pouvoir déceler toute approche ou tentative d'escalade ennemie. Etant donné la permanence de la présence anglo-gasconne, ces possibilités du dispositif de garde ne purent qu'être constantes, car même durant une période de calme relatif, les routiers aux aguets se seraient très rapidement aperçus d'une baisse de vigilance de la part des citadins : ils n'auraient alors pas manqué de profiter d'une zone peu ou pas surveillée pour essayer de s'introduire en ville et opérer un coup de main. En l'absence d'autre possibilité, chaque localité, de la plus importante à la plus modeste, se devait ainsi d'impliquer ses habitants dans la protection commune et les documents nous montrent que les effectifs concernés étaient particulièrement conséquents.

Les composantes du guet.

La garde des portes.

Le travail des portiers était particulièrement pénible car il demandait bien plus qu'une simple surveillance des abords de la porte : il fallait contrôler les charettes et leurs contenus, désarmer les étrangers et faire preuve de physionomie pour déceler les individus suspects. Leur poste était d'autre part particulièrement sensible, car les portes attiraient naturellement les tentatives de coups de main ennemies. Afin de réduire ce risque, les consuls de Martel trouvèrent en 1345 une solution provisoire en réduisant le nombre des issues : ils firent ainsi condamner toutes les portes de l'enceinte extérieure, hormis celle de Souillac et de Brive, ainsi que toutes celles de l'enceinte intérieure, sauf celle de Sers[1901] ; elles ne furent réouvertes qu'après avoir été suffisamment équipées et renforcées, sauf les plus petites qui furent définitivement condamnées, comme celles de la Vera Crotz et de la Fontanella[1902].

[1891] *Ibid.*, CC 18, nombreuses mentions.
[1892] *Ibid.*, CC 19, nombreuses mentions.
[1893] *Ibid.*, CC 20, nombreuses mentions.
[1894] *Ibid.*, BB 5, ff° 1 r° et 33 r°.
[1895] AM Martel, BB 5, f° 75 r°.
[1896] *Ibid.*, f° 89 r° et 91 r°.
[1897] *Ibid.*, CC 3-4, nombreuses mentions.
[1898] AM Cajarc, CC 9, f° 49 v°.
[1899] *Ibid.*, CC 10, f° 52 r°.
[1900] *Ibid.*
[1901] *Ibid.*, BB 5, f° 18 r°.
[1902] *Ibid.*, f° 20 v°.

Après 1356, il restait huit portes en service sur les deux enceintes de Martel : sur l'extérieure, il s'agissait de celles de la Vidalia, de l'Agulharia, de Sers et de l'Eglise et, sur l'intérieure, de celles de Brive, de Souillac, de Creysse et Peinche. Elles n'étaient jamais ouvertes simultanément et leurs tours d'ouverture, par jour ou par semaine, étaient tenus secrets par les consuls. On trouvait habituellement deux portes ouvertes sur l'enceinte extérieure pour une sur l'intérieure ; il pouvait cependant arriver que l'on en ouvre une de plus si la situation était calme ou, au contraire, qu'elles soient toutes fermées si elle était tendue. L'ouverture des portes à tour de rôle était certainement une façon de faire généralisée, car on la retrouvait mise en œuvre de la même manière en Provence[1903].

A Martel, la garde minimum des portes en période d'ouverture normale, c'est-à-dire avec une ouverte sur l'enceinte intérieure et deux sur l'extérieure, était habituellement constituée de quatre hommes pour la première et de deux pour chacune des secondes[1904], soit un total de huit personnes ; l'effectif pouvait être porté à sept[1905], huit[1906] ou douze gardiens[1907] par issue, mais il ne s'agissait là que de mesures temporaires correspondant à une situation tendue. Les portiers tenaient leurs postes uniquement du matin jusqu'au soir ; en effet, les accès étaient normalement fermés la nuit et s'il advenait qu'on les ouvre de manière exceptionnelle, cela entraînaient systématiquement la mise en place de gardes supplémentaires spécifiques[1908].

Le même système était appliqué à Gourdon : suivant un tour tenu secret, une porte était ouverte sur l'enceinte intérieure pour deux sur l'extérieure avec des effectifs de garde identiques[1909]. A Cajarc les documents sont beaucoup plus imprécis, mais ils permettent toutefois d'identifier trois portes : celles de la Peyre et du *Barri* Nuo, dont les emplacements sur l'enceinte intérieure sont connus, et celle de la Carriera Nova[1910], ou rue Neuve en français, qui selon nous se trouvait dans le quartier neuf, le *Barri* Nuo, son issue donnant sur l'enceinte extérieure de ce faubourg ; nous n'avons en revanche pas trouvé trace d'une porte pour l'autre important faubourg de la ville, celui de la Peyre. Quelques indices permettent de penser que le système de garde cajarcois fonctionnait de la même façon que dans les autres villes de la province : l'expression « la porte » était employée à Gourdon[1911] et à Martel[1912], quelle que soit la porte effectivement ouverte, pour indiquer la sortie de la localité alors activée et non une issue en particulier ; après 1370 à Cajarc, quelques mentions documentaires font elles aussi état de « la porte », sans plus de détails, pour localiser des activités se déroulant aux sorties de la ville[1913], ce qui laisserait penser que les Cajarcois pratiquaient aussi la fermeture alternative des portes. Leur bourg étant plus petit, seules deux issues étaient ouvertes en même temps, la première de la vieille ville avec soit celle de la Peyre, soit celle du *Barri* Nuo, et la seconde d'un faubourg, avec soit celle de la Carriera Nova au *Barri* Nuo, soit une autre au faubourg de la Peyre, bien que nous n'ayons pas trouvé de mention concernant cette dernière.

A Cahors, où les documents sont beaucoup moins nombreux que dans les localités évoquées aux paragraphes précédents, seule une hypothèse peut être évoquée : pour desservir la ville, il était nécessaire d'avoir un accès au moins

---

[1903] HEBERT (M.), *Tarascon... Op. cit.*, p.171.
[1904] *Ibid.*, ff° 87 v°-134 v°.
[1905] *Ibid.*, ff° 95 v°, 96 r°.
[1906] *Ibid.*, ff° 77 r°, 99 r°, 102 r°.
[1907] *Ibid.*, f° 101 r°.
[1908] *Ibid.*, f° 122 r°.
[1909] D'après AM Gourdon (M.A.), BB 3, BB 4 et BB 5.
[1910] AM Cajarc, CC 12, reg. III, f° 46 r°.
[1911] AM Gourdon (M.A.), BB 5, f° 1 r°, par exemple.
[1912] AM Martel, BB 5, f° 94 r°, notamment.

sur chaque rive du Lot ; au nord, sur l'enceinte extérieure, il s'agissait soit de la porte de la Barre, soit de la porte Saint-Michel, tandis qu'au sud le passage se faisait vraisemblablement par le pont Vieux[1914]. Sur la vieille enceinte, on devait de la même façon retrouver une issue au nord et une autre au sud, tandis que la porte Bulhière devait probablement être ouverte de manière habituelle pour assurer la desserte du port et du pont Neuf ; du côté opposé, la circulation sur le pont Valentré ne devait aussi qu'être rarement condamnée. Contrairement à la plupart des autres villes, Cahors possédait une enceinte extérieure assez solide, mais les flux qu'elle drainait étaient importants et ne permettaient pas vraiment l'alternance de l'ouverture des portes, ce qui devait rendre la présence d'un nombre de gardiens aux portes, extérieures comme intérieures, supérieur à celui que l'on trouvait à Gourdon ou à Martel.

Cette porte fut édifiée durant la campagne de chantiers de 1345-47 sur l'emplacement d'un ouvrage plus sommaire.

Figure 36. La porte Saint-Michel à Cahors.

Seuls les éléments les plus sûrs de la population étaient initialement astreints à la garde des portes. A Martel en 1349, elles devaient toutes être gardées par de « bons hommes »[1915], tandis que trois ans plus tard les consuls précisèrent que celles de l'enceinte intérieure devaient se voir affecter les « meilleurs hommes de la ville »[1916]. De la même façon, les magistrats gourdonnais ordonnèrent à deux reprises que la garde des issues soit confiée à des « bons hommes » :

[1913] *Ibid.*, f° 84 r°, par exemple.
[1914] Afin d'éviter un trafic trop important dans la vieille ville, ou éviter que n'y passent des éléments indésirables, il était possible, depuis l'une des portes du nord, de rejoindre directement le pont Vieux sans avoir à entrer dans la vieille enceinte.
[1915] AM Martel, BB 5, f° 43 r°.
[1916] *Ibid.*, f° 65 r°.

en 1349 pour celles de la muraille intérieure[1917] et quatre ans plus tard pour celles de l'enceinte des faubourgs[1918]. La population astreinte à la garde des portes fut certainement élargie assez vite à l'ensemble des chefs de feux contribuables masculins, les femmes ayant la même qualité n'y étant toutefois pas astreintes. En effet, dans ce domaine si sensible, il n'était pas question de risquer quoi que ce soit en accordant une trop grande confiance aux femmes, censées être légères, volages et incapables de discernement dans les affaires graves. Cette méfiance apparaissait clairement à travers certaines décisions : en 1356, les consuls de Martel ordonnèrent aux propriétaires des maisons accolées à l'enceinte de veiller à ce que leurs portes soient toujours verrouillées, puis leur firent jurer de garder les clés sur eux en permanence et de ne jamais les confier à leurs femmes[1919].

Avec la dépopulation, la charge du guet en général et de la garde des portes en particulier devint de plus en plus lourde, reposant sur le groupe de plus en plus réduit des chefs de feux masculins. La tentation fut alors grande de faire appel aux femmes pour alléger quelque peu cette servitude et certains hommes essayèrent probablement de se faire remplacer par leurs épouses, ce qui explique pourquoi, encore en 1389, les magistrats martelais réitérèrent l'interdiction faite aux femmes de ne pas monter la garde aux portes[1920]. Abstraction faite de la mysogynie des mœurs de l'époque, ceci met clairement en évidence le fait que les municipalités n'ont jamais perdu de vue l'importance de la sécurité des accès et qu'elles n'ont jamais transigé sur ce point.

Le guet.

Les portiers n'étaient pas seulement chargés de la garde de leur porte en elle-même car, celle-ci étant aussi un emplacement de guet[1921], ils devaient aussi surveiller une portion des fortifications ; à ces postes s'en ajoutaient d'autres en nombre suffisant pour couvrir l'ensemble du pourtour des deux enceintes. Cette couverture était naturellement mise en place de façon différente le jour et la nuit. De jour, la vue était le principal sens sollicité par les gardiens et il importait alors que chaque partie des environs immédiats de l'enceinte extérieure puisse être observée ; la surveillance des approches des murailles intérieures n'était quant à elle pas primordiale en temps normal, car les accès y menant étaient sécurisés par le filtrage des individus opéré aux portes extérieures. A Cahors, Martel et Cajarc, la mise en place d'un tel système impliquait, en plus des portes, l'activation de quatre postes de guet ; en comptant que deux hommes étaient affectés à chacun d'entre eux, c'est ainsi huit hommes qui venaient dans chacune de ces villes s'ajouter aux gardes des portes pour compléter le système de surveillance. On peut ainsi compter que le guet de Cahors immobilisait quotidiennement une quarantaine de personnes, celui de Martel environ seize et celui de Cajarc un peu moins, certainement aux alentours de quatorze.

On pourrait être surpris de la relative faiblesse des effectifs chargés de la garde diurne de ces localités : qu'auraient pu faire, à Cajarc par exemple, une quinzaine d'hommes dispersés sur tout le périmètre extérieur face à l'assaut impromptu d'une cinquantaine d'individus sur un point précis de l'enceinte ? Peu de choses certes, mais en fait repousser les attaques n'était pas leur mission principale, celle-ci consistant avant tout à donner l'alerte au premier

---

[1917] AM Gourdon (M.A.), BB 3, f° 5 v°.
[1918] Ibid., BB 4, f° 4 r°.
[1919] AM Martel, BB 5, f° 100 r°.
[1920] Ibid., BB 7, f° 6 r°.

danger décelé ; pour contrer les coups de main ennemis, on comptait sur une mobilisation rapide de tous les citadins, que l'on maintenait sous les armes en permanence de façon à ce qu'ils soient toujours en mesure d'intervenir. Cette obligation faite aux hommes de rester toujours armés se trouve mentionnée à Martel à partir de 1352[1922] et à Gourdon à partir de l'année suivante[1923] ; ces ordonnances ne toléraient aucune exception, que l'on soit « dans l'ouvroir, à l'atelier, ou marchant par la ville ou en toute autre manière » [1924]. Ce système pourrait au premier abord paraître quelque peu aléatoire, mais en fait il semble qu'il ait eu une certaine efficacité, notamment parce que chaque homme connaissait la place qu'il devait rejoindre en cas d'attaque[1925], place vraisemblablement située à peu de distance de son domicile ou de son lieu de travail. En février 1370 à Cajarc, ce dispositif permit de rassembler rapidement une trentaine de citoyens et de les envoyer déloger une petite troupe ennemie qui venait de s'embusquer aux portes de la ville[1926] ; six ans plus tard, les Anglais de la garnison de Balaguier-d'Olt lancèrent une attaque contre la porte de la Peyre, mais les hommes rassemblés à la hâte pour les contrer les obligèrent à cesser le combat et à vider les lieux, en échange de 60 pains et de quatre barils de vin il est vrai[1927]. A Cahors, la même méthode permit de faire face avec succès à de nombreux coups de mains[1928].

Obliger les hommes à rester armés en permanence était la seule solution donnée aux consulats pour disposer d'un élément capable de repousser une agression durant la journée : louer constamment des mercenaires à cet effet était au-delà de leurs possibilités financières, tandis qu'immobiliser sous les armes, en plus du guet, une partie non-négligeable de la force de travail sur des postes d'alerte permanents était économiquement impensable.

La nuit, le nombre des emplacements de garde augmentait singulièrement. Le guet, dénommé comme tel, devenait alors la partie de la garde chargée de l'enceinte intérieure, tandis que l'arrière-guet prenait en compte l'enceinte extérieure. Quant au contre-guet, il constituait une réserve d'intervention en cas d'attaque[1929], remplaçant ainsi les citoyens armés partis se coucher, et était par ailleurs chargé du contrôle des autres composantes de la garde.

A Cajarc, les 550 mètres de la vieille enceinte étaient surveillés par treize postes de guet nocturnes, soit un tous les 42 mètres en moyenne[1930]. Cela concorde avec notre expérience qui nous a effectivement appris qu'un écart de 40 à 50 mètres entre deux emplacements de garde est un maximum si l'on veut qu'une surveillance de nuit soit efficace : au-delà, l'ouïe ne permet plus de déceler les bruissements de végétaux et autres menus bruits qui seuls trahissent la progression discrète d'un individu dans l'obscurité. Cette distance d'une quarantaine de mètres existant entre chaque poste de guet montre que les élites urbaines, avec ou sans conseils extérieurs, avaient bien perçu la nécessité de mettre chaque zone de muraille à portée des oreilles d'un veilleur. Certes, cela imposait d'en désigner un nombre important, mais en affecter moins aurait rendu la garde perméable et donc inutile.

[1921] *Ibid.*, BB 5, f° 100 v°.
[1922] *Ibid.*, f° 66 r°.
[1923] AM Gourdon (M.A.), BB 4, f° 4 v°.
[1924] AM Martel, BB 5, f° 51 r°.
[1925] SAVY (N.), *Cahors…Op.cit.*, pp.87-90.
[1926] AM Cajarc, CC 6, f° 148 v°.
[1927] *Ibid.*, CC 12, reg. III, ff° 80 v° et 81 r°.
[1928] SAVY (N.), *Cahors…Op.cit.*, pp.82-86.
[1929] AM Martel, BB 5, ff° 69 v°, 76 v°, 94 v° ; AM Gourdon (M.A.), BB 4, f° 7 r°.
[1930] D'après AM Cajarc, CC 11.

Afin de renforcer les possibilités de chaque guetteur en matière de détection d'intrusion, les consuls gourdonnais firent installer une douzaine de chiens entre les deux enceintes ; ils avaient chacun leur niche[1931] et y étaient certainement attachés afin de toujours rester à l'emplacement qu'ils devaient garder. Il est probable que des chiens aient été employés de la même façon dans les autres villes, bourgs ou châteaux de la région, comme cela se faisait un peu partout en Europe depuis l'Antiquité[1932] ; toutefois, si ces animaux apportaient une aide ô combien précieuse aux veilleurs, ils ne pouvaient en aucun cas les remplacer ou permettre une réduction de leur effectif : vulnérables car installés en avant des murailles intérieures, on ne pouvait dégarnir ne serait-ce qu'une partie des murs en postulant qu'ils suffiraient seuls à prévenir toute intrusion. Il n'est pas à exclure que d'autres systèmes de fortune aient été utilisés dans ce même but d'aider les guetteurs mais, tout comme les chiens, ils ne pouvaient en aucun cas s'y substituer. Ainsi, quel que soit le cas de figure et les moyens annexes déployés, la protection de la ville imposait obligatoirement un important effectif de garde nocturne ; l'ignorer et passer outre aurait fait planer le risque de subir le sort de Carcassonne et des autres villes prises par le Prince Noir en 1355, qui furent toutes ruinées et incendiées, ou celui de Duras où *fu la ville prise et pillie, et chil tout mort qui dedens furent trouvet* lors d'une attaque de l'année 1377[1933].

Parmi les treize postes de guet de Cajarc, il y avait trois portes et dix postes simples ; ces derniers était chacun tenus par deux veilleurs qui se partageaient la nuit[1934], tandis que les portes, même fermées, se voyaient toujours affecter au moins trois[1935] ou quatre hommes[1936] : le nombre total minimum des guetteurs oscillait ainsi entre 29 et 32 hommes. En appliquant à l'enceinte de Martel le coefficient « métrage d'enceinte / nombre de postes de guet » trouvé à Cajarc, on obtient un total de 19 emplacements de guet, dont quatre portes importantes, ce qui impliquait ici la présence de 42 à 46 guetteurs chaque nuit. Selon ce même coefficient, on devait trouver environ 23 postes, dont trois portes, sur les mille mètres de développement de la vieille enceinte gourdonnaise, ce qui permet d'estimer entre 47 et 51 le nombre des veilleurs qui prenaient la garde chaque nuit.

Suivant la même méthode, les enceintes intérieures de Cahors et de Figeac devaient être respectivement garnies par 58 et 42 postes, bien qu'il ait été possible que la première en ait compté moins, le Lot couvrant pratiquement toute sa partie orientale. Elle comptait onze portes et ponts contre sept ou huit pour Figeac, ce qui permet d'établir qu'elle avait chaque nuit besoin de 127 à 138 guetteurs, alors que le guet figeacois n'en nécessitait que de 91 à 100.

Arrière-guet, contre-guet et guet des puys.

De jour, seuls la garde des portes et le guet étaient activés car l'arrière-guet n'était en place que du soir au matin[1937]. Il s'agissait d'une garde essentiellement mobile, plus particulièrement chargée de faire des patrouilles pour prévenir et déceler les intrusions à l'intérieur de l'enceinte extérieure : pour ce faire, il se déplaçait en suivant un circuit

---

[1931] AM Gourdon (M.A.), BB 4, f° 18 v°.
[1932] Voir notamment à ce sujet : BURNS (R.I.), «Dogs at War in Thirteenth-Century Valencian Garrisons», dans *The Journal of Medieval Military History*, vol. IV (2006), Woodbridge, Boydell Press, 2004, pp.164-170.
[1933] FROISSART (J.), *Chroniques...Op. cit.*, T.I, chap. 382 et 385 ; T.IX, chap. 23, cité dans BOUTRUCHE (R.), *La crise...Op. cit.*, p.166.
[1934] D'après AM Cajarc, CC 11.
[1935] AM Cajarc, CC 11, reg. I, f° 52 r°.
[1936] AM Cahors, *Livre Tanné*, f° 76 v°.
[1937] AM Gourdon (M.A.), BB 4, f° 7 v° ; CC 18, ff° 41, 47 v° ; AM Martel, BB 5, f° 91 r°, 94 v°.

allant de porte en porte[1938] entre les deux enceintes[1939], en empruntant les douves[1940], ou encore en longeant la face extérieure de l'enceinte des faubourgs[1941].

L'arrière-guet était une garde plus sensible que le guet : à Martel en 1355, les amendes pour absence étaient par exemple de dix sous pour le premier contre cinq seulement pour le second[1942]. D'autre part, si au début de la guerre il régnait une certaine latitude en matière d'échange de tours de garde pour raisons personnelles, cette liberté ne s'appliquait qu'au seul guet et non à l'arrière-guet, où l'obligation de veiller en personne était régulièrement réitérée[1943].

L'application de fortes amendes aux manquements à l'arrière-guet était nécessaire pour inciter les hommes à ne pas essayer de s'y soustraire. En effet, plus que pour le guet qui la nuit restait positionné sur l'enceinte intérieure, à l'abri en quelque sorte, les hommes chargés de l'arrière-guet opéraient dans la zone la moins sûre de la ville, celle où les ennemis pouvaient pénétrer plus ou moins facilement en profitant de la faiblesse des infrastructures du périmètre extérieur. Il s'agissait ainsi d'une corvée particulièrement pénible moralement, chacun gardant au ventre la peur de tomber sur une embuscade.

Sur le plan pratique, cette garde se répartissait partout de la même façon, avec deux rotations se partageant la nuit de manière égale : l'arrière-guet du soir et l'arrière-guet du matin[1944] ; le premier prenait son poste de la nuit tombante jusqu'à la relève, qui avait lieu à minuit, tandis que le second finissait son service au petit matin[1945]. A Martel en 1356, les 365 chefs de famille de la ville devaient chacun monter, en temps normal, un arrière-guet chaque semaine[1946] ; ils étaient ainsi 52 à être désignés chaque jour, 26 du soir et autant du matin. Pour surveiller une zone aussi étendue que les faubourgs martelais, force est de constater que cet effectif était loin d'être excessif. Au début du conflit, les veilleurs prenaient leurs factions d'arrière-guet dans leur quartier et sur les murailles attenantes[1947], mais cette façon de procéder présentait des failles sur le plan de la sécurité car l'on craignait toujours la trahison possible d'un habitant connaissant bien les faiblesses des infrastructures défensives de son quartier ; pour éviter ce risque, on fit ensuite permuter les arrière-guets entre les quartiers[1948], mais ce système ne put perdurer : en effet, dès 1353 et pour ne parler que de Gourdon, certains faubourgs furent trop dépeuplés pour s'auto-suffire du point de vue du guet[1949], ce qui amena certainement la centralisation au niveau de la ville entière de la gestion des différents éléments de la garde.

Autre composante de la garde, le contre-guet fut mis en place assez rapidement après le début du conflit, car on le trouve mentionné en 1353 à Gourdon[1950] et en 1356 à Martel[1951]. Tout comme l'arrière-guet, il n'était monté que la nuit et était lui aussi divisé en deux rotations, la première de la fin de la journée à minuit et l'autre de là jusqu'au matin[1952]. Le contre-guet était une servitude encore plus sensible que l'arrière-guet, car l'obligation faite aux hommes désignés de s'y présenter en personne était encore plus forte que pour ce dernier[1953] ; les amendes pour absence qui y

---

[1938] AM Gourdon (M.A.), BB 4, f° 16 v°.
[1939] Ibid., CC 18, f° 47 v°.
[1940] Ibid., CC 18, ff° 41 r°, 98 v° ; CC 19, f° 32 v°.
[1941] AM Gourdon (M.A.), CC 18, f° 79 v° ; AM Martel, BB 5, f° 94 v°.
[1942] AM Martel, BB 5, ff° 89 r° et 91 r°.
[1943] AM Gourdon (M.A.), BB 3, f° 20 r° ; BB 4, f° 2 r°.
[1944] AM Martel, BB 5, f° 94 v°.
[1945] AM Martel, BB 5, ff° 91 r°, 126 r° ; AM Gourdon (M.A.), BB 4, f° 5 v°.
[1946] AM Martel, BB 5, f° 93 r°.
[1947] AM Martel, BB 5, f° 113 v° ; AM Gourdon (M.A.), BB 4 f° 4 v°.
[1948] AM Martel, BB 5, f° 103 r°.
[1949] AM Gourdon (M.A.), BB 4, f° 7 r°.
[1950] Ibid., f° 10 v°.
[1951] AM Martel, BB 5, f° 94 bv°.
[1952] Ibid., f° 94 bv°.
[1953] Ibid., f° 121 v°.

étaient appliquées étaient plus élevées que celles qui l'étaient aux portes, points importants s'il en était ; en 1358, les consuls martelais appliquaient le barème d'amendes suivant : 10 sous pour défaillance au contre-guet, 5 à la garde des portes et à l'arrière-guet et enfin 2 sous 6 deniers au guet[1954].

Les effectifs du contre-guet étaient à priori équivalent à ceux de l'arrière-guet[1955] ; tout comme ce dernier, il fut initialement organisé par quartier[1956], mais les lacunes documentaires ne permettent pas de savoir de quelle façon il a évolué ensuite. Bien qu'au regard des quelques mentions qui le concernent, il ait été comme nous l'avons vu une garde sensible, on ne trouve paradoxalement trace d'aucune fourniture lui étant destinée, comme des torches par exemple, alors qu'elles sont légions pour les autres composantes du guet. Cette garde ne devait que très peu se déplacer et nous supposons qu'il s'agissait en fait d'une réserve se tenant prête à intervenir ici ou là au profit du guet ou de l'arrière-guet ; en second lieu, ses hommes étaient aussi chargés de contrôler l'ensemble du système de garde. Les hommes qui y étaient affectés étaient répartis en plusieurs locaux[1957] proches des points sensibles et devaient s'y tenir habillés et armés. Il n'est pas improbable qu'ils aient pu y dormir et que cette garde leur ait ainsi semblé, en l'absence d'alertes régulières, comme inutile ; or, en cas d'attaque, la défense reposait totalement sur leurs épaules. Ceci tendrait à expliquer les fortes amendes infligées à ceux qui tentaient d'esquiver ce qui leur apparaissait avant tout comme une nuit inutilement inconfortable.

Enfin, la dernière composante de la garde était constituée par une veille installée sur différents points des alentours de chaque ville, de façon à y déceler d'éventuelles approches ennemies. Elle prenait le nom de « *guet des puys* » à Gourdon[1958] et de « garde aux puys » à Martel[1959], tandis qu'à Cajarc l'appellation de chaque poste était individualisée : on trouvait ainsi la « garde du puy de la Vieille Pendue »[1960], celle de Calvairosa[1961] ou encore celle du puy de Saint-Marcel[1962]. Montée de manière très ponctuelle au tout début du conflit[1963], cette garde fut ensuite progressivement organisée et mise en place de façon permanente. Ce fut le cas à Martel dès les années 1356-1359[1964] et il en fut certainement de même dans les autres villes, bien que les seules mentions que nous possédons les concernant soient plus tardives : le guet des puys est attesté comme fonctionnant normalement à Cajarc en 1374[1965] et à Gourdon deux ans plus tard[1966]. Cette veille n'était généralement activée que le jour, mais il pouvait arriver qu'elle le soit aussi la nuit, mais de façon très ponctuelle et dans des contextes bien particuliers[1967] ; en effet, les espaces séparant les différents emplacements étaient bien trop vastes pour permettre une surveillance nocturne efficace. Sur chacun d'entre eux, une personne était désignée pour assurer une faction se déroulant du matin au soir.

[1954] *Ibid.*, f° 122 r°. Gérard JAROUSSEAU, pour les villes du Poitou, a vu dans cette différence des taux d'amendes une conséquence des différences sociales qui existaient entre les guetteurs du guet, de l'arrière-guet et de la garde, mises en évidence par Bernard CHEVALIER pour la ville de Tours. Cette distinction sociale existait peut-être en Quercy, mais nous n'en avons trouvé aucune mention ni indice explicite, aussi ne l'avons-nous pas prise en compte. Il reste que les écarts entre les taux d'amendes s'expliquent aisément par les caractéristiques propres à chaque garde.
[1955] *Ibid.*, ff° 113 v°, 122 v°.
[1956] AM Gourdon (M.A.), BB 4, f° 10 v° ; AM Martel, BB 5, ff° 113 v°.
[1957] AM Martel BB 5, f° 115 v°.
[1958] AM Gourdon (M.A.), CC 20, f° 5 v°.
[1959] AM Martel, BB 5, f° 100 r°.
[1960] AM Cajarc, CC 8, f° 154 r°.
[1961] *Ibid.*, CC 11, reg. I, f° 69 r°.
[1962] *Ibid.*
[1963] On n'en trouve aucune trace durant les premières années de guerre.
[1964] AM Martel, BB 5, ff° 100 r°, 112 r°, 126 v°, 127 r°, 130 r°.
[1965] AM Cajarc, CC 11, reg. I, ff° 65 bis v°, 69 r°, 73.
[1966] AM Gourdon (M.A.), CC 20, f° 5 v°.
[1967] AM Martel, BB 5, ff° 100 r°, 112 r°, 130 r°.

Le nombre de postes de guet des puys était fonction de la configuration géographique des alentours de chaque ville car ils étaient installés sur des points choisis parmi les plus hauts des environs. Il y en avait ainsi quatre à Martel[1968], dont les puys de Treobaio[1969], de Montignac et Manolh[1970], tandis que les Cajarcois en avaient choisis trois, cités au paragraphe précédent. A Gourdon, localité située sur une butte dominante, les besoins étaient moindres et seuls deux postes étaient activés, le premier au Mont-Saint-Jean et le second à Roquemeyrine[1971]. Dans une configuration opposée car entourée de hautes collines, la cité de Cahors nécessitait un nombre plus important d'emplacements : on en trouvait sept, installés sur les pechs d'Aguassous, de Fargues, de Beilhes et de Gagautier, ainsi que sur le Mont-Saint-Cirq, au Falhal et à Lacapelle[1972].

La population astreinte au guet.

Par des calculs simples, il est possible d'estimer la charge individuelle du guet nocturne pour les villes où nous disposons d'une connaissance suffisante de la population, même si les contours des groupes astreints au guet sont parfois un peu flous. A la base, il s'agissait de « tous les habitants », ou « toutes manières de gens », expressions ciblant les personnes *estans levans et couchans* dans la ville et y ayant leurs manses[1973], mendiants exceptés[1974]. Il s'agissait principalement d'hommes âgés entre quinze ou seize et soixante ans, mais les femmes ne furent pas toujours exclues de la population des guetteurs, aussi leur présence en son sein reste-t-elle le principal facteur d'imprécision.

La présence des femmes.

Les documents laissent planer ambiguïté et incertitudes en ce qui concerne la présence des femmes au guet, car il est nulle part affirmé qu'elles y étaient normalement affectées alors que certains textes les présentent ici ou là comme tenant naturellement des postes de veille. Plusieurs faits prêchent en faveur du caractère atypique et auxiliaire de leur emploi aux besognes de garde : d'une part, on ne leur faisait pas prêter le serment habituellement demandé aux hommes affectés à la défense de la ville[1975] et, d'autre part, certaines mentions font clairement état de l'interdiction faites aux femmes de prendre les plus sensibles des fonctions de garde, comme par exemple celle des portes[1976], ce qui montre que la confiance qu'on leur accordait, dans ce domaine comme dans les autres, était limitée.

Confiance limitée ne signifiait cependant pas absence totale de confiance et d'autres passages montrent qu'elles pouvaient être affectées au guet ou à l'arrière-guet : le Martelais P. Delforn fut tué par les Anglais en mars 1356, mais il s'était avant cela offert de remplacer certains de ses concitoyens au guet et à l'arrière-guet contre rémunération, pratique assez courante à l'époque ; sa veuve hérita de ces « dettes de gardes » et devait normalement s'en acquitter, mais les

---

[1968] *Ibid.*, f° 126 v°.
[1969] *Ibid.*, CC 5, f° 1 v°.
[1970] *Ibid.*, f° 11 r°.
[1971] AM Gourdon (M.A.), CC 18, nombreuses mentions.
[1972] ALBE (E.), « Inventaire…*Op.cit.*, 3e partie, p.11.
[1973] JAROUSSEAU (G.), « Le guet…*Op. cit.*, p.177.
[1974] *Ibid.*
[1975] AM Martel, BB 5, f° 93 v°.
[1976] *Ibid.*, BB 7, f° 6 r°.

consuls décidèrent de ne pas l'accabler en lui faisant tenir les engagements de son défunt mari[1977] ; les magistrats ne prirent pas cette décision parce que sa féminité lui interdisait de monter une quelconque faction, mais « pour cause de la perte » de son époux[1978].

La dépopulation qui toucha les localités de la région alourdissait progressivement mais significativement la charge de guet, car chaque année qui passait voyait se réduire le nombre des hommes en âge de porter les armes. Il semble normal que l'on ait pensé alléger quelque peu le fardeau des gardes en y faisant participer les femmes. Initialement, cette participation fut probablement le fait de particuliers qui prirent la liberté de se délester d'une partie de cette servitude en confiant quelques factions à leurs épouses, filles ou sœurs, tout comme ils le firent pour la garde des portes malgré les interdictions consulaires[1979].

De façon plus officielle, certaines habitantes furent incitées, voire obligées à guetter par les autorités. Deux mentions cajarcoises, l'une de 1374[1980] et l'autre de 1377[1981], montrent que des femmes pouvaient être intégrées aux tours de guet exactement de la même façon que les hommes ; il est cependant à noter que ces deux années furent particulièrement tourmentées : durant la première, une forte épidémie de peste frappa la ville et perturba durablement l'ensemble du service de guet[1982], tandis que pendant la seconde celui-ci dut être constamment renforcé à cause de l'intense activité que déployèrent les bandes anglo-gasconnes voisines durant plusieurs mois. Au cours de ces deux périodes, la ressource disponible en guetteurs masculins dut être sollicitée à l'excès et seul l'appel aux femmes put les soulager quelque peu.

Un autre exemple, bien qu'annexe au service de garde proprement dit mais y étant étroitement lié, semble aussi montrer que les femmes étaient employées aux besognes générales de la défense lorsque les hommes ne pouvaient plus en supporter la charge. Le « désembusquement » des faubourgs consistait à faire une reconnaissance matinale des quartiers périphériques pour s'assurer qu'aucune embuscade ennemie n'y avait été posée durant la nuit ; cette opération était réalisée chaque matin par un ou plusieurs hommes employés ou désignés à cet effet ; une Cajarcoise, *na* Ramonda Guitarda, en fut chargée début 1370[1983], époque où les bandes anglaises accentuaient fortement leur pression sur la province et où les hommes devaient être fortement sollicités par une garde très certainement doublée. Toutefois, plus que tout le reste, ce sont les ordonnances consulaires qui nous renseignent sur le caractère normalement masculin de la qualité de guetteur ou de gardien : concernant le personnel affecté aux différents guets, ces textes font généralement toujours état d'« hommes » et, s'ils emploient parfois le terme « personnes », les « femmes » en tant que telles ne sont jamais citées[1984].

Il est difficile de savoir sur quels critères les consuls ou leurs représentants se basaient pour juger une femme digne de confiance et apte à monter le guet. Ramonda Guitarda, citée ci-dessus, voyait toujours son nom paré du titre *na* dans les documents, ce qui traduisait un niveau social, passé ou présent, la situant au moins au-dessus de la pauvreté ; certes, elle ne figurait pas parmi les plus gros taillables de Cajarc mais, vivant seule depuis au moins 1352, elle fut chef de

---

[1977] *Ibid.*, BB 5, f° 95 v°.
[1978] *Ibid.*, f° 95 v°.
[1979] *Ibid.*, BB 7, f° 6 r°.
[1980] AM Cajarc, CC 11, reg. I, f° 54 r°.
[1981] *Ibid.*, CC 14, reg. II, f° 33 v°.
[1982] *Ibid.*, CC 11, reg. I.
[1983] *Ibid.*, CC 6, f° 148 v°.

feu jusque vers 1370, année où elle disparaît des documents[1985]. Il s'agissait d'une personne honorable payant ses impôts et que tout le monde en ville connaissait : on pouvait lui accorder confiance. Quant à la femme de Guilhem Valensa, qui figurait sur les rôles du guet de 1374[1986], elle ne faisait certainement que remplacer un mari trop vieux ou incapable physiquement de tenir sa place : elle gérait déjà une partie des affaires du ménage[1987] et son époux mourut moins de deux ans plus tard[1988]. Enfin, la veuve de Guiral Delmas, mentionnée au guet de Cajarc en 1377[1989], avait perdu son mari un ou deux ans auparavant ; celui-ci avait été un bon contribuable, même s'il n'était pas parmi les plus riches, ainsi qu'un bon charpentier dont les services avaient été utilisés par la municipalité durant plusieurs années[1990] ; sa respectabilité s'était naturellement étendue à sa veuve.

Les femmes n'apparurent certainement sur les rôles du guet qu'après les premiers ravages de la guerre, de la peste et de la famine, lorsque le poids des factions fut ressenti comme beaucoup trop lourd pour les seuls hommes. Toutefois, il ne fut pas décidé de toutes les y astreindre mais de le faire suivant les mêmes critères que les hommes : il s'agissait principalement d'être chef de feu contribuable, mais une épouse pouvait exceptionnellement être portée sur les listes de garde en tant que suppléante de son mari absent ou incapable ; comme pour les hommes, la possession de biens notables en ville offrait seule la garantie qu'un individu n'irait pas contre ses propres intérêts en trahissant ou en remplissant mal son office. Ainsi, si en l'absence de mentions on peut penser qu'avant 1356 les femmes ne montaient pas le guet, il est probable qu'ensuite l'accentuation des événements néfastes ait amené la participation des chefs de feux féminins à la protection commune. Cette implication des femmes dans la défense devint certainement de plus en plus en plus marquée au fil des ans, la dépopulation se poursuivant sans cesse. Après quelques années, elle devint probablement normale.

Les étrangers, les ecclésiastiques et les villageois.

Une population urbaine ne se composait pas uniquement de ses citoyens taillables ; on y trouvait aussi des mendiants, non astreints au guet car jugés peu dignes de confiance, ainsi que de nombreux étrangers qui possédaient des biens en ville, y résidaient de façon intermittente et y payaient certains impôts. Bénéficiant eux-aussi de la protection commune, il était en quelque sorte logique qu'ils participent à sa mise en œuvre. Vers 1352, les consuls de Martel faisaient la distinction entre les étrangers taillables et les autres en ce qui concernait certaines affaires de défense, sauf pour le guet auquel aucun d'entre eux n'était encore astreint par obligation[1991]. Durant les premières années du conflit, il resta ainsi toute une population plus ou moins aisée qui échappa à la charge du guet, mais face à l'hémorragie qui frappa les communautés, les municipalités se tournèrent vers ces étrangers possessionnés afin de les faire entièrement participer aux charges de la défense. Début 1356, les consuls de Martel tranchèrent brutalement la question quant à savoir s'ils devaient ou non monter le guet : tous les étrangers qui ne payaient pas de tailles ou qui n'avaient pas

---

[1984] Ainsi à Gourdon en 1350 (AM Gourdon (M.A), BB 3, f° 7 v°), en 1376 (AM Gourdon (M.A.), CC 20, f° 3 r°), ainsi qu'en 1385, (AM Gourdon (M.A.), BB 6, f° 11 r°), mais aussi à Martel en 1351 (AM martel, BB 5, f° 59 v°), et en 1378 (AM Martel, BB 6, f° 1 r°).
[1985] AM Cajarc, CC 7, CC 9, CC 10 et CC 11.
[1986] *Ibid.*, CC 11, reg. I, f° 54 r°.
[1987] *Ibid.*, f° 43 r°.
[1988] *Ibid.*, CC 12, reg. III, f° 15 r°.
[1989] *Ibid.*, CC 14, reg. II, f° 33 v°.
[1990] *Ibid.*, CC 9 et CC 10.

prêté le serment commun et qui, de là, ne montait ni guet ni arrière-guet devaient quitter la ville ; l'obligation qui leur était ainsi faite de participer à la garde était fortement sous-entendue, mais elle ne fut pourtant clairement énoncée qu'en mai suivant[1992].

Il faut croire que le seul fait de payer ses tailles à Martel ne suffisait pas pour faire un homme sûr, ou que le brutal commandement fait à certains de prendre part au guet fut suivi avec une certaine mauvaise volonté, car quelques mois plus tard les consuls martelais se ravisèrent et soumirent l'enrôlement des étrangers à leur autorisation préalable[1993]. Peu de documents quercinois traitent de leur présence au sein du guet et elle est à cause de cela impossible à évaluer, car de plus ceux qui étaient inscrits sur les rôles de tailles n'étaient que fort rarement distingués des autres contribuables. En fait d'étrangers montant le guet, il ne s'agissait probablement que des plus aisés, ayant des attaches solides avec la ville et dont les biens qu'ils y possédaient étaient suffisamment importants pour présenter une réelle garantie de loyauté ; tous les autres étaient avant tout des individus potentiellement dangereux dont il convenait de se méfier au plus haut point, comme en témoignent nombre d'ordonnances consulaires les concernant[1994]. Encore une fois, les documents nous ramènent aux listes de chefs de feux contribuables comme base de la population astreinte à la garde, que ces chefs de feux soient étrangers ou non.

Les clercs représentaient une catégorie préservée en ce qui regardait le guet. Suivant le même mouvement qui les poussa à forcer les ecclésiastiques à contribuer à l'effort financier commun, les municipalités essayèrent aussi d'exiger leur participation à la garde : début 1356, le recteur de Martel fut soumis à la prestation du serment de défense de la ville comme n'importe quel autre habitant[1995], tandis qu'en septembre suivant les consuls ordonnèrent à tous les clercs et chapelains de monter le guet comme tout un chacun[1996] ; les seconds furent semble-t-il réticents à cette ordonnance, ce qui obligea les magistrats à la réitérer spécialement à leur intention deux ans plus tard[1997]. Quant aux Gourdonnais, ils essayèrent de résoudre le problème posé par la mauvaise volonté des ecclésiastiques en faisant appel à une autorité supérieure : ils envoyèrent ainsi un émissaire à Cahors, au sénéchal probablement, dans le but d'obtenir une monition obligeant les chapelains à monter la garde[1998]. Quel qu'ait été le résultat effectif des différentes démarches consulaires, la rareté des mentions relatives au guet des ecclésiastiques autorise à penser que leur participation était, sinon exceptionnelle, tout au moins limitée, leur mauvaise volonté dans ce domaine trouvant sa place dans la même logique que leur réticence à contribuer aux charges financières de la défense[1999].

La participation des habitants des villages alentours à la garde de la ville n'allait pas de soi. Les documents manquent pour apprécier ce phénomène, mais on note cependant que le consulat de Capdenac fut en procès avec les habitants de trois villages de sa juridiction, Sonnac, Le Vernet et Saint-Julien, au sujet des gardes qu'ils devaient monter à Capdenac. Non seulement les procédures se succédèrent durant plusieurs dizaines d'années[2000], mais de plus le résultat

---

[1991] AM Martel, BB 5, f° 68 v°.
[1992] Ibid., f° 98 v°.
[1993] Ibid., f° 101 r°.
[1994] Notamment AM Gourdon (M.A.), BB 5 et BB 6 ; AM Martel, BB 5.
[1995] AM Martel, BB 5, f° 94 v°.
[1996] Ibid., f° 101 v°
[1997] Ibid. f° 122 v°.
[1998] AM Gourdon (M.A.), CC 18, f° 45 r°.
[1999] Cette volonté de faire participer les ecclésiastiques aux charges du guet se retrouvait certainement dans toutes les régions confrontées à la guerre et à la dépopulation. Comme en Quercy, le pouvoir royal appuyait les municipalités dans ce but. Le fait est notamment attesté en Poitou : à ce sujet, voir JAROUSSEAU (G.), « Le guet… Op.cit., p.177, note 55.
[2000] AM Capdenac, CC 48 à 53.

fut mitigé : en novembre 1385, le sénéchal de Rouergue n'obligea les villageois qu'à exécuter les gardes ordinaires et les exempta des extraordinaires[2001]. Il est probable que la plupart des villes et des bourgs rencontrèrent de telles difficultés, car les habitants des petites localités devaient en priorité penser à défendre leurs propres lieux d'habitation.

La distribution des tours de guet.

Il est difficile de déterminer qui, au sein d'un feu et hormis son chef, était astreint au guet. En effet, derrière le terme désignant un foyer fiscal se cachaient de nombreuses réalités différentes, couples avec enfants, fratries, célibataires, ce qui rend cette question assez complexe. Des documents martelais nous indiquent cependant que la garde fut répartie par foyer fiscal dès les premières années du conflit : en effet, à partir des années 1350, les consuls exigeaient une participation uniforme au guet de tous les contribuables, y compris de ceux qui partageaient le même logement[2002]. La cohabitation de plusieurs chefs de feu sous le même toit était d'autant plus normale que l'époque était difficile : le gendre accueillait son beau-père esseulé[2003], deux frères s'arrangeaient pour loger dans le même *hostal*[2004], de jeunes hommes restaient demeurer auprès de leur mère ou marâtre veuve depuis longtemps[2005]. Un document des archives de Gourdon daté de 1386 pourrait laisser penser que dans cette ville le guet fut longtemps réparti par maison et non par feu, car il précisait que les chefs de feu qui occupaient une maison à deux devaient monter le guet chacun pour leur compte[2006], mais en fait cette ordonnance tardive n'était probablement qu'un rappel visant à empêcher les fraudes.

Aucun rôle de guet ne nous étant parvenu, il est impossible d'être catégorique quant à savoir si la répartition des factions se faisait effectivement par feu, mais la plupart des indices vont dans le sens de cette hypothèse[2007]. En 1352 par exemple, tout Martelais désigné pour le guet pouvait se faire remplacer, mais uniquement par un homme de son *hostal*[2008] et à l'exclusion de tout autre[2009]. A Tarascon, ville provençale dont les traits communs avec les agglomérations quercinoises étaient nombreux, le guet était aussi réparti d'après les listes de feux[2010].

Ayant la responsabilité fiscale de son foyer, il apparaît logique que chaque chef de feu ait aussi été garant de la quote-part du guet qu'il devait fournir à la communauté. C'est ainsi que bien que responsable, il n'était pas tenu de monter la garde en personne et pouvait se faire remplacer par un homme placé sous son autorité ou par un individu loué pour l'occasion[2011], charge à lui de payer l'amende si ce remplaçant manquait à ses obligations[2012] : ce qui importait avant tout, c'est que les postes de veille soient garnis. Les élites municipales furent toutefois amenées à limiter ces remplacements : certains citadins en faisaient une activité salariée complémentaire et compromettaient la fiabilité du système, car en assurant un nombre excessivement élevé de tours de guet, ils étaient trop fatigués pour veiller efficacement ; c'est pourquoi en 1356 à Martel, les consuls décidèrent que chaque individu ne pourrait pas prendre plus de deux tours par cycle, à savoir le sien et celui d'un autre[2013].

[2001] *Ibid.*, CC 51.
[2002] AM Martel, BB 5, f° 89 v°.
[2003] *Ibid.*, f° 89 v°.
[2004] AM Cajarc, CC 13, f° 67 r°.
[2005] Par exemple AM Cajarc, CC 12, reg. III, f° 40 v°, ou encore CC 10, f° 7 v°.
[2006] AM Gourdon (M.A.), BB 6, f° 15 r°.
[2007] Pour le Poitou, Gérard JAROUSSEAU, dans « Le guet… *Op. cit.*, p.177, fait état de cette répartition par feu.
[2008] « *Hostal* » doit être ici compris comme « foyer », de la même façon que « *cap d'hostal* » désignait un « chef de foyer fiscal ».
[2009] AM Martel, BB 5, f° 69 v°.
[2010] HEBERT (M.), *Tarascon… Op.cit.*, p.172.
[2011] On trouve des remplaçants du guet loués par des particuliers dans tous les registres.
[2012] AM Martel, BB5, f° 89 r°, par exemple.
[2013] *Ibid.*, f° 101 v°.

Pour les chefs de famille trouvant la charge de la garde trop élevé, il devait être tentant de se faire remplacer par leurs enfants : cela permettait d'économiser le salaire d'un remplaçant, la perte d'une de leurs journées de travail était un moindre mal à côté de celle d'un adulte et, enfin, on pouvait leur accorder une relative confiance. Ici encore, les autorités municipales intervinrent et ordonnèrent aux capitaines de bien veiller à ce qu'aucune personne de moins de quatorze ans[2014] ne soit présente sur un poste de garde[2015]. Les possibilités de remplacement à l'intérieur de chaque famille étaient de toute façon assez limitées : un rôle de capitation cajarcois daté de 1382 montre que sur 273 ménages, 70 n'étaient constitués que par une seule personne et que seuls 49 couples avaient un ou des enfants de plus de dix ans[2016], sans qu'il soit permis de savoir combien parmi ces derniers étaient capables de monter le guet. Il apparaît ainsi que la charge du guet reposait essentiellement sur les chefs de feux.

2. La répartition individuelle des tours de guet.

Entre garde des portes, guet, arrière-guet, contre-guet et guet des puys, chaque chef de feu sacrifiait un nombre important de ses journées à la protection commune. Pour essayer d'apprécier les répercussions économiques de cette contrainte, il est nécessaire dans un premier temps de chiffrer la charge minimum supportée par chaque guetteur durant les périodes les moins tourmentées ; cette base déterminée, il convient d'y ajouter le poids additionnel représenté par les renforcements ponctuels rendus indispensables par les événements.

La charge minimum.

Pour certaines années, les documents permettent d'établir des estimations précisant ce que fut le poids réel de la garde. Pour ce faire, les informations issues des différents fonds d'archives ont été mises en parallèle avec les conclusions sur les besoins des différents guets exposées supra ; une série de règles de trois a permis d'obtenir un certain nombre de chiffres estimatifs, ces derniers ayant ensuite été confrontés d'une part avec les documents, afin d'en vérifier la cohérence, et d'autre part avec le terrain, afin d'en évaluer le réalisme. 1356 a été choisie comme année de référence, car les documents la concernant sont les plus complets et les plus nombreux ; d'autre part, c'est vers cette époque que les différentes composantes des systèmes de guet prirent leur place quasi définitive.

Les chiffres inscrits dans les tableaux ci-dessous sont particulièrement élevés. Trop pourrait-on croire à leur simple lecture, mais ils sont pourtant sans aucun doute possible particulièrement réalistes. Il convient avant tout de ne pas perdre de vue le fait que tous ces hommes ne montaient pas la garde au même moment, comme le montre la distinction faite entre les rotations nocturnes allant du soir à minuit et celles se déroulant de minuit au matin ; de plus, à l'intérieur de ces dernières, le temps était encore divisé entre les différents veilleurs, car chacun d'entre eux ne pouvait veiller six heures d'affilée, notamment durant les froides nuits hivernales.

[2014] *Ibid.*, f° 98 v°.
[2015] Par exemple : AM Martel, BB 5, f° 95 v°.
[2016] CLAVAUD (F.), « Un rôle… *Op. Cit.*, p.24.

Enfin, la fatigue, la peur, le froid ou la chaleur n'étaient pas ressentis de la même façon suivant le poste auquel on était affecté : il n'y avait rien de comparable entre une faction de nuit d'hiver, où l'on gelait sur place durant plusieurs heures, et un contre-guet d'été où l'on somnolait en attendant la relève. Afin de mieux percevoir ce qu'était le poids réel de la garde, il faut ramener la charge générale de celle-ci, telle qu'elle apparaît dans les tableaux ci-dessous, au niveau de chaque individu.

MARTEL (1356)	Garde des portes	Guet de jour	Guet de nuit	Arrière-guet	Contre-guet	Guet des puys	TOTAL
Jour	8	8				4	20
Nuit, faction soir-minuit			23	26	26		75
Nuit, faction minuit-matin			23	26	26		75
TOTAL QUOTIDIEN	8	8	46	52	52	4	170

Tableau 6. Estimation de l'effectif quotidien du guet à Martel vers 1356.
(Effectif concerné : chefs de feu masculins).

GOURDON (1356)	Garde des portes	Guet de jour	Guet de nuit	Arrière-guet	Contre-guet	Guet des puys	TOTAL
Jour	8	12				2	22
Nuit, faction soir-minuit			25	29	29		83
Nuit, faction minuit-matin			25	29	29		83
TOTAL QUOTIDIEN	8	12	50	58	58	2	188

Tableau 7. Estimation de l'effectif quotidien du guet à Gourdon vers 1356.
(Effectif concerné : chefs de feu masculins).

CAJARC (1356)	Garde des portes	Guet de jour	Guet de nuit	Arrière-guet	Contre-guet	Guet des puys	TOTAL
Jour	6	8				3	17
Nuit, faction soir-minuit			15	25	25		65
Nuit, faction minuit-matin			15	25	25		65
TOTAL QUOTIDIEN	6	8	30	50	50	3	147

Tableau 8. Estimation de l'effectif quotidien du guet à Cajarc vers 1356.
(Effectif concerné : chefs de feu masculins).

Charge annuelle du guet pour un individu.		
MARTEL (1356)	Périodicité	Total annuel
Gardes diurnes		
Garde des portes	1 / 45 jours	8
Guet de jour	1 / 45 jours	8
Guet des puys	1 / 91 jours	4
Total		*20*
Gardes nocturnes		
Arrière-guet	1 / semaine	52
Contre-guet	1 / semaine	52
Guet de nuit	1 / 8 jours	45
Total		*149*
Total général des gardes		**169**

Tableau 9. La charge du guet pour un individu à Martel en 1356.
(Effectif concerné : chefs de feu masculins).

Charge annuelle du guet pour un individu.		
GOURDON (1356)	Périodicité	Total annuel
Gardes diurnes		
Garde des portes	1 / 50 jours	7
Guet de jour	1 / 33 jours	12
Guet des puys	1 / 202 jours	1,8
Total		*20,8*
Gardes nocturnes		
Arrière-guet	1 / 7 jours	52
Contre-guet	1 / 7 jours	52
Guet de nuit	1 / 8 jours	45
Total		*149*
Total général des gardes		**169,8**

Tableau 10. La charge du guet pour un individu à Gourdon en 1356.
(Effectif concerné : chefs de feu masculins).

Charge annuelle du guet pour un individu.		
CAJARC (1356)	Périodicité	Total annuel
Gardes diurnes		
Garde des portes	1 / 59 jours	6
Guet de jour	1 / 44 jours	8
Guet des puys	1 / 118 jours	3
Total		*17*
Gardes nocturnes		
Arrière-guet	1 / 7 jours	52
Contre-guet	1 / 7 jours	52
Guet de nuit	1 / 11 jours	33
Total		*137*
Total général des gardes		**154**

Tableau 11. La charge du guet pour un individu à Cajarc en 1356.
(Effectif concerné : chefs de feu masculins).

Les tableaux 9, 10 et 11, tout comme les 6, 7 et 8, présentent une cohérence incontestable, ce qui indique que les recoupements d'informations qui ont permis leur réalisation sont judicieux. Suivant la même méthode et à l'aide des nombreux rôles de taille contenus dans les archives cajarcoises, il est possible de mettre en évidence l'alourdissement de la charge du guet entre 1356 et 1382, comme le montre le tableau suivant.

Années	1356		1374		1377		1382	
Types de guet	Périodicité	Total annuel	Périodicité	Total annuel	Périodicité	Total annuel	Périodicité	Total annuel
Gardes diurnes								
Garde des portes	1 / 59 j.	6	1 / 60 j.	6	1 / 50 j.	7	1 / 45 j.	8
Guet de jour	1 / 44 j.	8	1 / 45 j.	8	1 / 37 j.	10	1 / 33 j.	11
Guet des puys	1 / 118 j.	3	1 / 120 j.	3	1 / 101 j.	3,5	1 / 90 j.	4
Total		*17*		*17*		*20,5*		*23*
Gardes nocturnes								
Arrière-guet	1 / 7 j.	52	1 / 7 j.	52	1 / 6 j.	60	1 / 5,5 j.	66
Contre-guet	1 / 7 j.	52	1 / 7 j.	52	1 / 6 j.	60	1 / 5,5 j.	66
Guet de nuit	1 / 11 j.	33	1 / 12 j.	30	1 / 10 j.	36,5	1 / 9 j.	40,5
Total		137		134		156,5		172,5
Total des gardes		***154***		***151***		***177***		***195,5***
Base du nombre de guetteurs	Chefs de feu masculins		Tous chefs de feu		Tous chefs de feu		Tous chefs de feu	

Tableau 12. Evolution de la charge individuelle du guet à Cajarc (1356-1382).

Sur le tableau précédent, la similitude existant entre les chiffres de 1356 et 1374 n'est pas une anomalie et s'explique par le fait que, limitée aux hommes en 1356, la charge de la garde fut progressivement étendue aux chefs de feu féminins de façon à maintenir la charge individuelle à un niveau constant. Les conséquences de la dépopulation apparaissent ensuite clairement, chaque individu voyant son nombre de factions annuel passer de 154 à 195,5, soit un accroissement de presque 27 %. Toujours à Cajarc, en appliquant de manière artificielle la base des décomptes utilisée ci-dessus à l'année 1344, dont les effectifs correspondent à ceux des premières années de guerre précédant la peste noire de 1348, il est possible de mesurer l'augmentation de la charge depuis le début de la guerre ; les chiffres ainsi obtenus et inscrits au tableau ci-dessous ne correspondent à rien de vraiment sûr quant aux composantes décrites, étant donné que le guet ne s'est vraiment organisé qu'ensuite, mais les effectifs engagés devaient être similaires, quel qu'en soit le cadre.

Charge annuelle du guet pour un individu.		
CAJARC (1344-1347)	Périodicité	Total annuel
Gardes diurnes		
Garde des portes	1 / 119 jours	3
Guet de jour	1 / 89 jours	4
Guet des puys	1 / 238 jours	1,5
Total		8,5
Gardes nocturnes		
Arrière-guet	1 / 14 jours	26
Contre-guet	1 / 14 jours	26
Guet de nuit	1 / 23 jours	15
Total		67
Total général des gardes		**75,5**

Tableau 13. La charge annuelle du guet pour un individu à Cajarc entre 1344 et 1347.
(*Calque de l'effectif des chefs de feu masculins de 1344 sur la base de la répartition du guet de 1356 à Cajarc*).

Le total général des gardes inscrit au tableau ci-dessus, bien que calculé selon la base de 1356, doit se situer aux alentours de la réalité, car les toutes premières années de guerre furent particulièrement violentes et, même si les organisations de guet n'étaient pas finalisées, les villes consacrèrent énormément de moyens humains à leur protection. Il apparaît ainsi que la charge individuelle de la garde à Cajarc doubla entre 1345 et 1356, doublement en rapport avec la forte baisse d'effectif qui frappa la population. Ce phénomène fut sans aucun doute observable dans les villes des provinces voisines qui furent frappées d'une façon similaire par les calamités : on note ainsi qu'à Périgueux l'effectif des chefs de feu, après la peste de 1348, était environ deux fois moins élevé que ce qu'il était en 1335[2017]. Pour les décennies suivantes, un simple regard sur les chiffres du guet à Cahors en 1394 montre à quel point le poids de cette astreinte augmenta : forte d'une quinzaine de milliers d'habitants au début du XIVe siècle, la ville avait perdu tant d'habitants en une cinquantaine d'années que chaque chef de feu devait annuellement monter aux environs de 248 gardes, tant diurnes que nocturnes.

Charge annuelle du guet pour un individu.		
CAHORS (1394)	Périodicité	Total annuel
Gardes diurnes		
Garde des portes	1 / 21 jours	17
Guet de jour	1 / 84 jours	4
Guet des puys	1 / 96 jours	4
Total		25
Gardes nocturnes		
Arrière-guet	1 / 5 jours	73
Contre-guet	1 / 5 jours	73
Guet de nuit	1 / 5,5 jours	66
Total		223
Total général des gardes		**248**

Tableau 14. La charge annuelle du guet pour un individu à Cahors en 1394.
(Effectif concerné : tous chefs de feux).

Si le nombre de tours de guet par individu, tel qu'il apparaît pour Cajarc au début de la guerre, peut sembler relativement modéré, celui qui ressort des chiffres cadurciens pour les années 1390 est particulièrement impressionnant. Ils ne sont pourtant issus que de documents irréfutables confrontés à la logique et à la pratique de la surveillance. Ils correspondent aussi à ceux que Gérard Jarousseau à mis en évidence pour les châteaux de Bressuire et Clisson[2018] ; certes, les effectifs y étaient moins élevés en nombre, mais les ensembles à garder étaient d'une part beaucoup plus modestes et il s'agissait d'autre part de forteresses particulièrement puissantes et construites selon des impératifs strictement militaires[2019], contrairement aux villes quercinoises.

L'ensemble des évaluations exposées *supra*, si elles précisent la permanence de la charge du guet qui pesa sur les habitants, n'en donnent cependant qu'une idée incomplète car elles ont été établies pour des périodes où la tension était normale. Ce service minimum était considérablement renforcé durant les moments où les risques étaient jugés comme majeurs, aussi ces estimations doivent-elles être complétées par d'autres évaluations concernant les dispositifs de consolidation des gardes.

Les renforcements ponctuels.

Il n'était pas possible de laisser en permanence le système de garde à son niveau maximum et les évaluations données *supra* révèlent déjà à quel point la charge minimum du guet était lourde : en 1356, un Martelais montait annuellement 169 factions tant diurnes que nocturnes, un Gourdonnais à peu près autant, un Cajarcois 154 et enfin un Cadurcien plus de 133. C'était considérable. Les élites municipales en avaient conscience et essayaient, lorsque c'était possible, de maintenir le guet au minimum afin que « *les gens ne soient pas grevés* »[2020]. Toutefois, si ce niveau de garde permettait de faire face aux tentatives d'intrusions d'éléments isolés, voire éventuellement de parer l'attaque d'un groupe

---

[2017] HIGOUNET-NADAL (A.), *Périgueux… Op. cit.*.
[2018] JAROUSSEAU (G.), « Le guet…*Op.cit.*, pp.191-192.
[2019] Voir notamment SALCH (C.-L.), FINO (J.-F.), *Atlas des châteaux forts en France*, Strasbourg, Publitotal, 1977, pp.442 (Clisson) et 738-739 (Bressuire).
[2020] AM Martel, BB 5, ff° 110 v°, 115 v°.

peu important, il restait largement insuffisant pour contrer un classique et brutal coup de main mené par une importante compagnie ou par l'amas de plusieurs d'entre-elles. Renforcer la guet pour être en mesure de se garantir face à ces éventualités devenait alors vital.

Dans les archives se trouvent nombre de passages concernant ces renforcements. Une mention martelaise précoce, car datée de septembre 1346, fait état d'une ordonnance consulaire ayant obligé tous les habitants à se réunir en deux groupes devant veiller une moitié de la nuit chacun ; il semble cependant que cette mesure excessive ait été commandée dans l'affolement résultant des premières incursions anglaises, les consuls ayant noté qu'elle avait été prise à cause de « la peur qu'ils avaient eu des Anglais qui, disait-on, était à proximité pour leur donner du dommage »[2021]. Une fois la guerre bien installée dans la région, il apparaît plutôt que le renforcement maximum habituel consistait à doubler la garde dans son ensemble, hormis le guet des puys, mais ce doublement ne concernait le plus souvent que l'arrière-guet, qui était le plus exposé durant la nuit. On trouve assez souvent mention de ces guets doublés à Cahors[2022], Cajarc[2023], ou Martel[2024].

Seules les archives de Martel montrent à quelques reprises et de façon relativement précise dans quelles situations les consulats ordonnaient le doublement de leurs gardes. Le 19 janvier 1356 par exemple, les consuls ordonnèrent qu'à compter de ce jour et jusqu'à nouvel ordre l'arrière-guet serait doublé[2025] pour se prémunir contre la menace que faisaient peser les Anglais, qui tenaient Souillac et assiégeaient Beaulieu depuis quelques jours[2026] : les Martelais étaient en quelque sorte pris en étau et l'activité virulente de l'ennemi avait tout pour les inquiéter : le doublement du guet répondait ici à une menace imminente, constante et bien définie.

Toujours à Martel, l'ensemble de la garde fut doublé de la deuxième quinzaine d'octobre 1357[2027] jusqu'au 24 juin suivant[2028], avant de l'être de nouveau deux mois plus tard[2029] pour une durée que nous n'avons pas pu déterminer. A ces deux occasions, les événements montrent que les Martelais avaient appris à analyser les menaces : les Anglo-Gascons tenaient de nombreux points assez peu éloignés de la ville, dont Cressensac et Bétaille[2030], lorsque le premier octobre la garnison de Fons se porta dans la région de Gramat[2031] et fut suivie les jours suivants par de nombreuses autres troupes montant vers le nord du Quercy[2032]. Bien qu'importants, ces déplacements ne provoquèrent pas de changements dans le système de garde martelais et son doublement n'intervint que quelques jours après pour répondre à des périls encore plus immédiats et précis : le 3 novembre, les consuls apprirent que les Anglais projetaient de prendre la toute proche borie de Guillaume Vassal[2033], tandis que trois jours plus tard un grand rassemblement ennemi eut lieu à Fajoles et à Loupiac[2034], avant que les détachements qui en étaient issue ne s'installent partout où ils le pouvaient dans les alentours et menacent Martel directement et constamment. Nous voyons ici que le doublement du guet n'était décidé

[2021] *Ibid.*, f° 25 v°.
[2022] LACOSTE (G.), *Histoire…Op.cit.*, t.III, pp.309, 359.
[2023] *Ibid.*, p.155.
[2024] AM Martel, BB 5, ff° 93 r°, 113 v°, 115 r°, 122 v°.
[2025] *Ibid.*, f° 93 r°.
[2026] *Ibid.*, CC 3-4, f° 69 v°.
[2027] *Ibid.*, BB5, f° 113 v°.
[2028] *Ibid.*, f° 121 v°.
[2029] *Ibid.*, f° 122 v°.
[2030] *Ibid.*, ff° 112 r°-113 v°.
[2031] AM Gourdon (M.A.), CC 19, f° 22 v°.
[2032] *Ibid.*, f° 25 v°.
[2033] AM Martel, BB 5, f° 113 v°.
[2034] AM Gourdon (M.A.), CC 19, f° 29 r°.

que lorsque la situation particulière du pays environnant et des renseignements irréfutables donnaient à croire que la ville courrait un risque immédiat.

Les passages concernant ces doublements de guet sont trop peu fréquents pour établir un décompte estimatif du nombre de jours qu'ils concernèrent, ne serait-ce que sur deux années entières. Il reste que même sans cela, la quantité des journées de garde auxquelles semblent avoir dû sacrifier les guetteurs chaque année est impressionnant. Il l'est plus encore si l'on pense au fait que monter le guet, c'était passer des journées à cuire au soleil ou des nuits à geler sur place ; c'était aussi la peur qui tordait l'estomac lorsque, marchant en patrouille nocturne, une branche venait à craquer ou, les yeux fatigués après des heures de veille, l'imagination faisait s'animer des buissons et leur donnait des formes humaines. Tout cela était usant : une demi-nuit passée à l'arrière-guet fatiguait pour une journée, mais deux, parfois trois ou plus par semaine durant des années épuisaient complètement et durablement, tant physiquement que moralement. Quant aux jours de guet, ils étaient autant de journées de travail perdues, de manque à gagner que rien ne viendrait indemniser.

3. Le guet, où la vie économique et sociale minée.

Le travail perdu.

Par bien des aspects, les conséquences du guet furent avant tout économiques. Si chaque jour de garde était pour l'artisan, l'ouvrier ou le valet une perte sèche, les nuits passées à veiller causaient aussi un grave préjudice économique. Ce n'est qu'en prenant cet ensemble d'activités en compte que l'on peut se faire une véritable idée des dommages que fit le guet aux économies urbaines.

Le manque à gagner individuel.

Le temps normal du travail se déroulait essentiellement pendant la journée : si l'une d'entre elles était passée à la garde, son produit était naturellement perdu en totalité. Les Cajarcois perdaient ainsi environ dix-sept jours annuels au milieu des années 1350 et vingt-trois une trentaine d'années plus tard, sans compter les doublements de guet ; à cause de ces derniers, c'est certainement quarante journées, plutôt que vingt, que chaque Martelais passa au guet diurne d'octobre 1357 à octobre 1358. Toutefois, les documents ne nous permettant pas de délimiter précisément les périodes où le guet fut doublé dans quelque ville que ce soit sur l'ensemble de la période, l'évaluation du préjudice économique ne sera faite qu'à minima, avec quelques estimations cependant concernant les moments où la garde fut renforcée.

Tous les jours passés à la garde n'étaient pas obligatoirement des journées de travail perdues, car certains étaient des dimanches ou des fêtes chômées. Seuls les dimanches peuvent toutefois être comptabilisés comme journées de guet sans préjudice économique, car les fêtes pouvaient être travaillées : à de nombreuses reprises, on trouve des mentions faisant état d'ouvriers travaillant durant les jours de fêtes et percevant un supplément de rémunération pour cette raison[2035] ; partant de là, il est logique de les considérer comme des journées de travail potentiellement perdues, et ce d'autant plus qu'avec l'appauvrissement général nombreux furent ceux qui souhaitèrent profiter des salaires plus élevés auxquels ils donnaient droit. Concernant les dimanches, suivant une règle de proportionnalité, il est par hypothèse convenu qu'un jour sur sept passé à la garde en était un. Suivant cela et en se basant sur les résultats obtenus *supra*, le minimum des jours de travail perdus par individu astreint au guet devient quantifiable de manière assez précise.

Années	1344	1356	1374	1377	1382
jours de travail perdus	7	15	15	17	20

Tableau 15. Evolution du nombre de jours de travail perdus annuellement au guet par individu à Cajarc.

1356	jours de travail perdus
Martel	17
Gourdon	18

Tableau 16. Jours de travail perdus par individu au guets de Martel et de Gourdon en 1356.

Il existe une certaine similitude entre les chiffres de l'année 1356 pour Cajarc, Gourdon et Martel. Elle persiste si l'on compare les 18 jours de travail que perdirent chaque Gourdonnais en 1376 avec les 17 que les Cajarcois passèrent au guet l'année suivante ; de la même façon, les 20 jours que ces derniers y laissèrent en 1382 sont à rapprocher des 21 que les Cadurciens donnèrent douze ans plus tard. Il apparaît ainsi que les guetteurs des différentes villes eurent à supporter une charge à peu près équivalente, même si une différence de trois ou quatre jours, qui peut nous apparaître mineure sur un plan statistique, était en fait importante sur le plan humain.

Pour l'ouvrier ou le manœuvre payé à la journée, le calcul du préjudice n'était pas difficile à établir : il suffit de multiplier son salaire quotidien par le nombre de jours passés au guet, dimanches exclus, pour connaître la perte annuelle. Sur le plan humain, il ne saurait toutefois être trop question d'annualiser, surtout pour les plus modestes qui vivaient avec un horizon temporel restreint à la semaine, sinon au mois.

En 1377, un manœuvre cajarcois touchait une paye journalière tournant aux alentours de vingt deniers[2036], soit le prix d'une dizaine de pains[2037] ou de chandelles[2038], de 6,8 litres de froment[2039] ou 6,6 de vin[2040], mais seulement le tiers de celui d'une paire de galoches[2041]. A cette époque, un repas normal servi à l'auberge coûtait aux alentours de cinq deniers[2042], un autre plus fourni treize[2043] et le loyer d'une maison modeste avoisinait les 8 à 10 deniers par jour[2044]. Le manœuvre ne vivait pas dans l'opulence, surtout si son salaire faisait vivre une famille entière. Au début des années 1350, en faisant perdre une journée tous les mois en période calme, le guet n'était pas une charge exorbitante, mais trente ans plus tard et à raison d'une garde diurne toutes les deux semaines hors dimanches, la perte de salaire

---

[2035] AM Cajarc, CC 12, reg. III, f° 87 r°, par exemple.
[2036] *Ibid.*, CC 13.
[2037] *Ibid.*, f° 58 r°.
[2038] *Ibid.*, f° 32 v°.
[2039] *Ibid.*, f° 33 v°.
[2040] *Ibid.*, CC 14, reg. II, f° 33 r°.
[2041] *Ibid.*, CC13, f° 26 r°.
[2042] *Ibid.*, CC 14, reg. II, f° 31 v°.
[2043] *Ibid.*, f° 29 r°.
[2044] *Ibid.*, CC13, f° 32 v°.

prenait de l'importance, approchant les 8,3 % sur une quinzaine ; pour notre manœuvre cajarcois, cela revenait à ne plus disposer que de 15,7 deniers quotidiens au lieu de 17,1, et encore en considérant qu'il ait trouvé de l'embauche chaque jour.

Le problème se posait dans les mêmes termes pour les artisans indépendants. Un forgeron fabriquait, suivant son expérience, de 25 à 40 clous par heure[2045], chacun d'entre eux se vendant une maille[2046]. En considérant un artisan moyennement expérimenté forgeant 30 clous à l'heure durant cinq heures d'une journée, il perdait 75 deniers s'il la passait au guet ; la fabrication de clous n'était toutefois pas quotidienne car la demande n'était pas pléthorique : en 1376, le consulat de Gourdon en acheta moins de mille pour l'ensemble de ses opérations de remise à niveau et de construction d'édifices publics[2047]. Plus ponctuellement, une réparation simple ou un entretien pouvant être rapidement effectué sur des mécanismes d'arbalètes lui rapportait douze deniers[2048], tandis qu'une opération plus poussée, comme le maintien en condition d'une porte fortifiée, avec réparation des serrures, des battants et du pont, lui était payée trente deniers[2049].

Comme le mettent en évidence les exemples du manœuvre et du forgeron ci-dessus, le guet en tant qu'impôt de la défense payé en travail pouvait d'une part s'apparenter à une capitation, la quantité de garde due étant la même pour le pauvre comme pour le riche, mais, d'autre part, il avait beaucoup de la taille, les sommes perdues par le fait d'une faction étant proportionnelles aux salaires et gains professionnels habituels. Pour l'économie urbaine dans son ensemble, les journées de travail passées au guet, quelles qu'elles soient, étaient un manque à gagner d'ordre général étant donné que, chaque jour, des disfonctionnements se produisaient à l'intérieur des différents secteurs d'activité, ainsi qu'entre eux, à cause du manque de personnel.

Les pertes pour l'économie urbaine.

A Martel en 1356, on peut estimer la force de travail masculine consacrée annuellement au guet à 6205 jours (17 jours x 365 chefs de feu masculins) ; cela équivalait à perdre pratiquement vingt travailleurs (6205 / (365 jours - 52 dimanches)), soit 5,5 % de leur effectif. Cette évaluation, bien qu'importante, est en deçà de la réalité, car le guet fut renforcé à de nombreuses reprises durant cette année. Celle qui courut d'octobre 1357 à octobre 1358, où la garde fut doublée en permanence sauf durant les mois de juillet et d'août, est un exemple extrême qui permet de mettre en évidence les conséquences économiques directes d'une telle disposition défensive. Durant les 303 jours environ où la garde fut augmentée, chaque homme dut effectuer 14 gardes diurnes supplémentaires, l'ensemble se chiffrant pour l'économie à 5110 jours de travail perdus, soit l'équivalent de presque 17 hommes. On peut ainsi considérer que durant cette période, l'économie martelaise fonctionna avec environ 37 travailleurs de moins par rapport à la façon dont elle aurait dû fonctionner en temps de paix ; elle fut ainsi amputée d'un peu plus de 10 % de sa principale force de travail masculine.

[2045] Données aimablement communiquées par M. Gaël FABRE, forgeron traditionnel spécialisé dans la recherche des techniques médiévales.
[2046] AM Gourdon (M.A.), CC 20, f° 40 v°.
[2047] *Ibid.*, données du registre entier.
[2048] *Ibid.*, f° 27 r°.
[2049] *Ibid.*, f° 37 r°.

Toujours durant l'année 1356, Cajarc perdit l'équivalent de plus de 17 travailleurs, soit 4,9 %, et Gourdon plus de 24, soit 4,1 %. Ces deux villes ayant été soumises aux mêmes impératifs défensifs que Martel, il est probable que ces chiffres soient à doubler ou peu s'en faut, comme le furent certainement leurs systèmes de guet durant une grande partie de cette période.

Au milieu des années 1350, la force de travail perdue se montait ainsi aux alentours de 4 à 5 % du nombre des chefs de feu masculins de chaque ville, chiffre déjà considérable mais qui ne cessa d'augmenter au fur et à mesure que la charge de la garde fut répartie sur des guetteurs de moins en moins nombreux. En 1376 à Gourdon, cette perte n'est estimée qu'à 4,4 %, mais la base de référence est ici constituée par tous les chefs de feu, et non uniquement des masculins comme vingt ans auparavant ; à Cajarc, elle se montait à 6,7 % en 1382, tandis que, douze ans plus tard, elle était toujours assez faible à Cahors, se situant aux alentours de 2 % : ce faible pourcentage s'explique par la configuration topographique de la ville, qui permettait une surveillance diurne avec des effectifs réduits par rapport au nombre total d'habitants.

Qu'il ait été doublé ou pas, le guet se traduisait économiquement par de la perte pure en force de travail. Or, parallèlement, ce potentiel était continuellement amenuisé suite aux morts de la guerre, de la peste ou de la famine, mais aussi et surtout aux départs de celles et ceux qui fuyaient vers des régions moins exposées. 5 % de travailleurs en moins sur une année dans un bourg en situation normale, c'était déjà une source de disfonctionnements multiples ; 5 % en permanence avec des pointes à 10 % dans une ville pratiquement ruinée et perdant des habitants chaque année, c'était accentuer et enraciner la désorganisation économique chaque jour plus profondément.

Pour tous les guetteurs, les heures passées dans la chaleur étouffante de l'été ou dans le froid glacial de l'hiver étaient génératrices d'une importante fatigue nerveuse. En effet, durant les gardes, en plus d'avoir en permanence conscience de porter sur leurs épaules une partie de la sécurité de leur ville, c'est-à-dire ici très concrètement leurs familles, leurs amis, leurs biens et leurs activités, ils passaient leurs factions à scruter les alentours avec une attention de tous les instants. Or, cette fatigue nerveuse « intervenant après une tâche mentale ou psychosensorielle (…) » est, selon le professeur Hervé Allain, « liée à une baisse de fonctions telle la vigilance, l'attention soutenue »[2050] : ainsi, plus on montait la garde, plus il devenait dur de le faire. Nul doute que la lassitude ainsi emmagasinée eut des conséquences sur la vie professionnelle des habitants astreints au guet.

Aussi importantes que puissent paraître les pertes dues au guet diurne, elles ne sont pourtant que la partie visible de l'immense préjudice causé à la vie sociale et économique par les systèmes de surveillance. En effet, les gardes de jour étaient en nombre beaucoup plus restreint que celles effectuées la nuit et, si ces dernières n'empiétaient qu'assez peu sur les horaires de travail, elles eurent des conséquences très marquantes sur la vie quotidienne.

Le repos perdu et la fatigue continuelle.

Une journée de travail passée au guet pouvait, à la rigueur, être rattrapée en travaillant plus les jours suivants. Ainsi, à raison de onze heures quotidiennes d'ouvrage, un artisan pouvait compenser en dix journées la perte d'un jour

---

[2050] ALLAIN (H.), *La fatigue : de la biologie à la pharmacologie*, Rennes, 1999.

de travail habituel de dix heures. La seule limite à ce système se trouvait dans la résistance physique propre à chaque individu ; en fait, avec des journées à rattraper à répétition et des nuits de veille se succédant chaque semaine, elle était assez vite atteinte même pour les plus résistants, et ce sans qu'il soit besoin de se trouver en période de doublement du guet.

Le dérèglement du sommeil.

En 1356, les Martelais et les Gourdonnais astreints au guet devaient environ 169 gardes nocturnes à l'année, les Cadurciens n'en faisant quant à eux qu'aux alentours de 153 et les Cajarcois 154. Suivant ces chiffres, chaque individu avait à monter une faction tous les 2,1 à 2,3 jours en moyenne et il en résulta pour eux un déficit de sommeil qui ne fit que s'accentuer avec les années : au début des années 1380 à Cajarc, le nombre annuel de factions nocturnes par veilleur était passé à plus de 195, soit une tous les 1,8 jours en moyenne, tandis qu'à Cahors douze ans plus tard, il se montait approximativement à 210, soit une tous les 1,7 jours.

Toutes les factions de nuit n'étaient pas également pénibles. Celles effectuées durant les froides nuits hivernales étaient autrement éprouvantes que celle se déroulant dans la tiédeur estivale. D'autre part, au début de la guerre, les premières étaient plus longues que les secondes car les heures de relève correspondaient aux sonneries religieuses, elles mêmes étant calquées sur le jour solaire, qui varie considérablement d'une saison à l'autre ; à cause de ses désavantages, ce système ne subsista cependant que peu de temps : en 1354 à Cahors[2051] et 1355 à Martel[2052], les relèves avaient des horaires et des signaux spécifiques, ce qui permet de penser que la durée des factions hivernales était alors égale à celle des estivales et qu'elles se situaient toutes aux alentours d'un quart de journée, soit 6 heures. Les gardiens devaient ensuite se répartir les temps de veille effectifs à l'intérieur de ce laps de temps, chaque poste comptant en général au moins deux hommes.

CAHORS	1356		1394	
Gardes nocturnes	Périodicité	Total annuel	Périodicité	Total annuel
Arrière-guet	1 / 7 jours	52	1 / 5 jours	73
Contre-guet	1 / 7 jours	52	1 / 5 jours	73
Guet de nuit	1 / 7,4 jours	49,3	1 / 5,6 jours	64
Total		153,3		210

Tableau 17. Essai d'évaluation du nombre annuel de factions montées par un individu à Cahors en 1356 et 1394.
(Tableau obtenu par croisement des chiffres cadurciens de 1394 avec les données et estimations concernant Cajarc).

Il existait une autre différence, celle existant entre les gardes effectuées du crépuscule à minuit et les autres, accomplies de minuit à l'aube. Les premières ne prenaient en fait qu'en partie sur le temps passé à dormir, les dernières heures du jour et les premières du soir étant habituellement consacrées à terminer la journée de travail, se restaurer ou veiller en famille ; quant aux secondes, elles prenaient uniquement sur les heures habituellement consacrées au sommeil. Enfin, les factions faites au contre-guet étaient beaucoup moins éprouvantes que celles faites au guet où à l'arrière-guet,

---
[2051] SAVY (N.), *Cahors…Op.cit.*, p.53.
[2052] AM Martel, BB 5, f° 91 r°.

puisque cette garde consistait essentiellement à rester en réserve, prêt à intervenir au profit des autres composantes du système de sécurité.

	semaine 1			semaine 2			semaine 3			semaine 4	
jour	garde	horaires	jour	garde	Horaires	Jour	garde	horaires	jour	garde	horaires
LU 1	GN	0 h - 6 h	LU 2		0 h - 6 h	LU 3	P	0 h - 6 h	LU 4	GJ	0 h - 6 h
		6 h - 12 h			6 h - 12 h			6 h - 12 h			6 h - 12 h
		12 h - 18 h			12 h - 18 h			12 h - 18 h			12 h - 18 h
		18 h - 24 h			18 h - 24 h			18 h - 24 h			18 h - 24 h
MA 1		0 h - 6 h	MA 2		0 h - 6 h	MA 3		0 h - 6 h	MA 4		0 h - 6 h
		6 h - 12 h			6 h - 12 h			6 h - 12 h			6 h - 12 h
		12 h - 18 h			12 h - 18 h			12 h - 18 h			12 h - 18 h
		18 h - 24 h		GN	18 h - 24 h			18 h - 24 h			18 h - 24 h
ME 1		0 h - 6 h	ME 2		0 h - 6 h	ME 3	GN	0 h - 6 h	ME 4		0 h - 6 h
		6 h - 12 h			6 h - 12 h			6 h - 12 h			6 h - 12 h
		12 h - 18 h			12 h - 18 h			12 h - 18 h			12 h - 18 h
		18 h - 24 h			18 h - 24 h			18 h - 24 h			18 h - 24 h
JE 1		0 h - 6 h	JE 2	CG	0 h - 6 h	JE 3		0 h - 6 h	JE 4	CG	0 h - 6 h
		6 h - 12 h			6 h - 12 h			6 h - 12 h			6 h - 12 h
		12 h - 18 h			12 h - 18 h			12 h - 18 h			12 h - 18 h
	CG	18 h - 24 h			18 h - 24 h		CG	18 h - 24 h		GN	18 h - 24 h
VE 1		0 h - 6 h	VE 2		0 h - 6 h	VE 3		0 h - 6 h	VE 4		0 h - 6 h
		6 h - 12 h			6 h - 12 h			6 h - 12 h			6 h - 12 h
		12 h - 18 h			12 h - 18 h			12 h - 18 h			12 h - 18 h
		18 h - 24 h			18 h - 24 h			18 h - 24 h			18 h - 24 h
SA 1	AG	0 h - 6 h	SA 2		0 h - 6 h	SA 3	AG	0 h - 6 h	SA 4		0 h - 6 h
		6 h - 12 h			6 h - 12 h			6 h - 12 h			6 h - 12 h
		12 h - 18 h			12 h - 18 h			12 h - 18 h			12 h - 18 h
		18 h - 24 h		AG	18 h - 24 h			18 h - 24 h		AG	18 h - 24 h
DI 1		0 h - 6 h	DI 2		0 h - 6 h	DI 4		0 h - 6 h	DI 4		0 h - 6 h
		6 h - 12 h			6 h - 12 h			6 h - 12 h			6 h - 12 h
		12 h - 18 h			12 h - 18 h			12 h - 18 h			12 h - 18 h
		18 h - 24 h			18 h - 24 h			18 h - 24 h			18 h - 24 h

GN : guet de nuit   **GJ : guet de jour**   **CG : contre-guet**

AG : arrière-guet   **GP : guet des puys**   **P : garde des portes**

Tableau 18. Les tours de garde d'un individu sur un cycle de 4 semaines en 1356.
(*Exemple d'une ville de type Martel en 1356*).

Des études actuelles indiquent qu'il faut dormir entre 7 heures 30 et 8 heures 30 par nuit pour obtenir un repos parfait, ce temps de sommeil trouvant son rendement maximum entre minuit et 6 heures du matin[2053]. Les factions « minuit-aube » du guet et de l'arrière-guet prenaient entièrement place sur cette plage horaire ; vers 1356, elles revenaient approximativement tous les six jours en moyenne, puis augmentèrent de plus en plus jusqu'à atteindre la fréquence d'une tous les quatre à cinq jours environ. Prendre une telle garde signifiait perdre sa nuit, nuit qui n'était alors rattrapable qu'une fois le dimanche venu, à condition toutefois que l'on ne soit pas de guet diurne ce jour-là ; dans ce cas, il fallait encore attendre pour récupérer un déficit de sommeil qui ne faisait qu'aller en s'alourdissant. En effet, entre ces guets « minuit-aube » s'intercalaient ceux de « soir-minuit », qui étaient aussi générateurs de fatigue, bien qu'à

[2053] Source : Centre Canadien d'Hygiène et de Sécurité au Travail.

une moindre échelle ; quant aux factions de contre-guet, si elles consistaient souvent à passer une partie de la nuit dans une salle de garde en restant équipé, ce qui n'était déjà pas particulièrement agréable, elles pouvaient aussi être occupées à patrouiller, contrôler la garde et éventuellement la renforcer.

	semaine 1			semaine 2			semaine 3			semaine 4	
jour	garde	horaires	jour	garde	Horaires	jour	garde	horaires	jour	garde	horaires
LU 1	GN	0 h - 6 h	LU 2		0 h - 6 h	LU 3		0 h - 6 h	LU 4		0 h - 6 h
		6 h - 12 h			6 h - 12 h			6 h - 12 h			6 h - 12 h
		12 h - 18 h		GP	12 h - 18 h			12 h - 18 h			12 h - 18 h
		18 h - 24 h			18 h - 24 h		CG	18 h - 24 h		AG	18 h - 24 h
MA 1		0 h - 6 h	MA 2		0 h - 6 h	MA 3		0 h - 6 h	MA 4		0 h - 6 h
		6 h - 12 h			6 h - 12 h			6 h - 12 h			6 h - 12 h
		12 h - 18 h			12 h - 18 h			12 h - 18 h			12 h - 18 h
	AG	18 h - 24 h			18 h - 24 h		GN	18 h - 24 h			18 h - 24 h
ME 1		0 h - 6 h	ME 2	CG	0 h - 6 h	ME 3	AG	0 h - 6 h	ME 4		0 h - 6 h
		6 h - 12 h			6 h - 12 h			6 h - 12 h		GJ	6 h - 12 h
		12 h - 18 h			12 h - 18 h			12 h - 18 h			12 h - 18 h
		18 h - 24 h			18 h - 24 h			18 h - 24 h			18 h - 24 h
JE 1		0 h - 6 h	JE 2	GN	0 h - 6 h	JE 3		0 h - 6 h	JE 4		0 h - 6 h
		6 h - 12 h			6 h - 12 h			6 h - 12 h			6 h - 12 h
		12 h - 18 h			12 h - 18 h			12 h - 18 h			12 h - 18 h
		18 h - 24 h			18 h - 24 h			18 h - 24 h		CG	18 h - 24 h
VE 1	CG	0 h - 6 h	VE 2		0 h - 6 h	VE 3		0 h - 6 h	VE 4		0 h - 6 h
		6 h - 12 h			6 h - 12 h			6 h - 12 h			6 h - 12 h
		12 h - 18 h			12 h - 18 h			12 h - 18 h			12 h - 18 h
		18 h - 24 h		AG	18 h - 24 h			18 h - 24 h		GN	18 h - 24 h
SA 1		0 h - 6 h	SA 2		0 h - 6 h	SA 3	CG	0 h - 6 h	SA 4	AG	0 h - 6 h
		6 h - 12 h			6 h - 12 h			6 h - 12 h			6 h - 12 h
		12 h - 18 h			12 h - 18 h			12 h - 18 h			12 h - 18 h
	GN	18 h - 24 h			18 h - 24 h			18 h - 24 h			18 h - 24 h
DI 1	AG	0 h - 6 h	DI 2		0 h - 6 h	DI 4	GN	0 h - 6 h	DI 4		0 h - 6 h
		6 h - 12 h			6 h - 12 h			6 h - 12 h			6 h - 12 h
		12 h - 18 h			12 h - 18 h			12 h - 18 h			12 h - 18 h
		18 h - 24 h			18 h - 24 h			18 h - 24 h			18 h - 24 h

GN : guet de nuit **GJ : guet de jour** **CG : contre-guet**
AG : arrière-guet **GP : guet des puys** **P : garde des portes**

Tableau 19. Les tours de garde d'un individu sur un cycle de 4 semaines en 1394.
(*Exemple d'une ville du type de Cahors en 1394*).

Le tableau 18 ci-dessus met bien en évidence le poids que faisait peser le guet, toutes composantes confondues, sur les épaules de ceux qui y étaient astreints. Il ne comporte qu'une seule faction de guet de jour, car leur périodicité était bien au-delà du mois en 1356. On note par ailleurs que la régularité propre à chaque type de factions nocturnes provoquait parfois d'importantes augmentations de la charge sur quelques jours.

Un regard sur le nombre de nuits entièrement passées à dormir permet de se faire une idée sur l'état de fatigue du guetteur concerné par ce tableau. En effet, sur les 28 nuits de la période ici représentée, 16 seulement ne furent pas troublées par une quelconque garde et, de plus, les aléas de la répartition des tours de veille firent qu'il dut à quatre reprises enchaîner des factions deux nuits de suite, tandis que le jeudi « 4 » le hasard des rotations l'amena à monter deux tours nocturnes le même jour. Les officiers du guet, même avec la meilleure volonté du monde, n'auraient jamais pu faire en sorte que chaque individu monte des factions régulières entrecoupées de repos tout aussi équilibrés.

La progressive augmentation de la charge du guet après la peste de 1348 amena certainement de nombreux habitants à essayer de s'y soustraire, ce qui dès 1355 obligea les consulats à multiplier les contrôles et à sévèrement faire lever les amendes [2054]. Le poids de la garde n'était pourtant pas encore ce qu'il devint quelques décennies plus tard.

Le tableau 19 ci-dessus, synthétisant schématiquement une répartition sur quatre semaines des tours de garde d'un Martelais vers 1356, comporte douze factions de nuit et une de jour. Prenant l'exemple type d'un Cadurcien vivant une quarantaine d'années plus tard, le tableau 19 comprend quant à lui 17 gardes de nuit et deux de jour. Les rotations les plus éprouvantes étaient celles du guet et de l'arrière-guet se déroulant entre minuit et six heures du matin ; sur le tableau 18, on peut voir que le guetteur martelais des années 1350 en montait environ six durant un mois, tandis que le tableau 19 montre qu'un Cadurcien en devait neuf vers 1394. De plus, commes les autres gardes, elles ne pouvaient pas être réparties de manière absolument égale : les deux tableaux mettent en évidence le fait que, si parfois plusieurs jours séparaient deux de ces factions, il arrivait assez souvent, d'une part, qu'elles se suivent d'un jour sur l'autre et, d'autre part, quelles soient immédiatement précédées ou suivies par un autre temps de veille, inconvénients qui se produisaient beaucoup plus fréquemment lorsque la garde était doublée.

Les périodes où un guetteur voyait ses nuits de sommeil perdues s'enchaîner les unes immédiatement après les autres l'épuisaient totalement, et ce d'autant plus qu'il avait ensuite du mal à vraiment récupérer, étant donné qu'il avait encore d'autres veilles à assurer pendant les jours qui suivait. Qu'elles aient eu lieu de minuit à l'aube ou du crépuscule à minuit, toutes les factions de nuit désorganisaient l'horloge biologique interne qui règle les périodes d'éveil et de sommeil chez chaque individu [2055] ; non seulement elles le privaient d'heures de repos, mais de plus elles fractionnaient les moments où il pouvait prendre celles qui lui restaient. Ces dérèglements étaient d'autant plus marqués qu'ils se conjuguaient avec d'autres types d'épuisement, dont en premier lieu la fatigue musculaire due à la malnutrition chronique des individus[2056].

Autre fatigue qui touchait fortement les citadins du guet, celle que l'on nomme aujourd'hui la fatigue écologique et qui se définit comme « l'état résultant d'interférences entre les rythmes biologiques et sociaux qui sont imposés tant par la nature que par la société. Ce type de fatigue entraîne une hypersensibilité à la fatigue musculaire et nerveuse ainsi qu'une propension à éviter la vie en société. On pourrait inclure ici les sensations de fatigue au niveau d'un groupe ou d'une population lors de situations d'effort collectif se pérennisant, voire lors de perte collective de motivation »[2057]. Cette définition s'applique totalement aux activités du guet.

Les effets de la peur.

Aux différents types d'épuisements cités ci-dessus s'en ajoutait un autre, directement issu de l'objet de la garde, à savoir prévenir tout risque d'agression : la fatigue nerveuse[2058]. Certaines factions étaient certes moins génératrices de peur que d'autres, car le guet nocturne, par exemple, se faisait en haut des solides murailles de l'enceinte principale alors que les patrouilles de l'arrière-guet se déplaçaient dans des zones beaucoup moins sûres, mais l'attente de l'attaque ou du

---

[2054] AM Gourdon (M.A.), CC 18, et AM Martel, BB 5.
[2055] Source : Centre Canadien d'Hygiène et de Sécurité au Travail.
[2056] ALLAIN (H.), *La fatigue…Op.cit.*
[2057] *Ibid.*

coup de main anglais était en revanche présente à tous les postes. De plus, la nuit était un moment suscitant peurs et angoisses qui, bien qu'essentiellement subjectives, n'en étaient pas moins réelles pour celui qui les ressentait[2059].

Il existe deux principaux types de peur : la peur intense tout d'abord, provoquée par un stimulus de danger ou un phénomène tel qu'un événement très bruyant et brutal, qui se dissipe presque toujours rapidement une fois le facteur déclenchant disparu ; la peur chronique ensuite, qui n'est pas forcément liée à une cause concrète et immédiate, étant plutôt d'ordre psychologique[2060]. Quel qu'en soit le type, les effets de la peur sont les suivants : accélérations du rythme cardiaque, élévation de la pression sanguine, vasoconstrictions, sueurs, hérissements des poils et des cheveux, arrêts des sécrétions, en particulier la salive, et augmentations de la diffusion d'adrénaline[2061]. Les situations où les guetteurs furent soumis à la peur par fait direct des Anglais sont en fait peu nombreuses par rapport aux fois où ils le furent en croyant avoir affaire à eux, mais dans tous les cas ce sentiment fut leur compagnon permanent durant les longues heures de veille.

Il ne saurait être ici question d'établir un catalogue des situations provoquant la peur chez un homme montant la garde dans l'obscurité, mais un bref aperçu de celles-ci ne peut qu'éclairer utilement le sujet. La nuit, en l'absence de toute pollution sonore, les bruits les plus anodins prennent des proportions hors de propos avec celles qu'ils ont le jour ; les bruissements provoqués par un mulot courant par à-coups sous des feuilles mortes ou par un merle voletant de branche en branche dans un taillis se transforment dans l'oreille du guetteur en pas feutrés d'un ennemi approchant doucement pour le surprendre. De façon indépendante ou concomitante à ce phénomène, il arrive très souvent que lorsqu'un veilleur fixe un objet, rocher, arbre ou ombre quelconque, son imagination l'anime de mouvements qui, pour avoir l'air imperceptibles, n'en paraissent pas moins réels ; plus l'individu le fixera pour vérifier s'il bouge vraiment, plus il aura l'impression qu'il s'agit d'une forme humaine en train de se mouvoir discrètement[2062]. Quelle qu'en soit l'intensité, ces phénomènes sont tous générateurs de peur et l'on ne saurait les négliger lorsque l'on parle d'une tension qui se produisait plusieurs fois par nuit, plusieurs nuits par mois, toutes les années d'une vie.

Pour chaque guetteur placé face à une menace, réelle ou non, il n'aurait pu être question de céder à la peur. Les Martelais juraient ainsi en 1356 qu'ils ne quitteraient pas leur poste durant un combat « par peur de la mort »[2063]. Or, faire face à la peur, la maîtriser, impose une réaction sans laquelle elle peut provoquer une panique totale[2064]. D'autre part, la peur chronique n'était pas uniquement intermittente, apparaissant seulement pendant les factions, car elle engendrait de l'angoisse entre chacune d'entre-elles, les veilleurs anticipant les dangers et l'inconfort des gardes à venir. Les conditions génératrices du « stress pathologique » étaient ici réunies : en effet, il y avait pendant une période prolongée une situation comportant une pression psychique à laquelle les individus réagissaient de façon inadéquate[2065] ; par inadéquate, nous entendons ici que la réaction naturelle face à la peur était la fuite, alors que pour répondre aux impératifs moraux, sociaux et autres auxquels ils étaient soumis, les individus inhibaient cette réaction naturelle soit en atténuant son intensité, soit en la contrôlant complètement, voire même encore en la dissimulant pour essayer de rester

---

[2058] *Ibid.*
[2059] DELUMEAU (J.), *La peur en Occident (XIVᵉ-XVIIIᵉ siècles)*, Paris, Fayard, 1978, pp.87-97.
[2060] HORN (B.), « La peur et le courage au combat », dans *Revue Militaire Canadienne*, 2005.
[2061] *Dictionnaire encyclopédique*, Paris, Hachette, 1999.
[2062] Ces phénomènes sont bien connus dans les armées.
[2063] AM Martel, BB 5, f° 93 v°.
[2064] HORN (B.), « La peur…*Op. cit.*
[2065] GARNEAU (J.), « Le stress : causes et solutions », dans *La lettre du psy*, vol.2, n°8 (1998).

inexpressifs ; cette inhibition, dont les motifs peuvent être comme dans le cas qui nous intéresse forts pertinents, transforme en tension, en malaise, en angoisse et en effets physiques négatifs l'énergie qui aurait dû servir à la réaction naturelle[2066]. Les conséquences que peut avoir un stress intense sur la santé sont aujourd'hui bien connues : hypertension, infarctus, troubles du rythme cardiaque, ulcères, maux de tête, douleurs dorsales, insomnie, irritabilité, anxiété, troubles dermatologiques ou psychiques et, corollaire de cet ensemble, fatigue importante[2067]…

Une lassitude générale.

Sur un plan général, la fatigue des individus se traduisait par des symptômes tels que la lassitude, l'irritabilité et, cas extrême, la dépression[2068], ce qui ne devait pas manquer d'affecter les rapports sociaux ; elle entraînait aussi une perte d'appétit, des troubles digestifs et une prédisposition accrue aux maladies[2069], ce qui ne fit qu'accentuer les dommages des famines et des disettes et prépara encore mieux le terrain pour la peste. Enfin, elle provoquait des somnolences intempestives et des étourdissements[2070], dont les conséquences sur l'activité professionnelle des individus ne purent être mineures ; des études actuelles ont clairement montré ce qu'une fatigue excessive pouvait produire chez un individu dans le cadre de son travail :

- Réduction de la capacité de prendre des décisions.
- Réduction de la capacité de mener des activités de planification complexes.
- Réduction de la capacité à communiquer.
- Baisse de la productivité et du rendement.
- Baisse du niveau d'attention et de vigilance.
- Réduction de la capacité de gérer son stress au travail.
- Réduction du délai de réaction, tant physique que mental ; selon certaines études, l'effet serait semblable à l'état d'ébriété.
- Perte de mémoire ou réduction de la capacité à se rappeler des détails.
- Omission de tenir compte des changements dans l'environnement ou dans l'information fournie.
- Incapacité à rester éveillé.
- Tendance accrue à prendre des risques.
- Distractibilité accrue.
- Augmentation des erreurs de jugement.

Un tel catalogue d'implications négatives[2071] ne peut que laisser perplexe lorsque l'on prend en compte le fait qu'elles ne concernaient pas un seul individu, mais la plus grande partie des travailleurs. Ces effets ne s'ajoutèrent pas les

---

[2066] *Ibid.*
[2067] « Communiqué du 2 février 2006 », dans *InterEst, journal de la délégation Ile-De-France Est du CNRS.*
[2068] Source : Centre Canadien d'Hygiène et de Sécurité au Travail.
[2069] *Ibid.*
[2070] *Ibid.*
[2071] Source : Centre Canadien d'Hygiène et de Sécurité au Travail.

uns aux autres suivant les personnes qu'ils touchaient, mais se multiplièrent de bûcheron en charpentier, de tanneur en corroyeur, de tisserand en marchand, bref de domaine d'activité en domaine d'activité.

Déjà en 1356, avoir effectué une garde nocturne suffisait à un conseiller pour être excusé à une réunion du consulat si elle avait lieu le matin suivant[2072] : si suite à une telle faction on estimait que suivre une assemblée du conseil était de trop, il est probable que travailler l'était aussi, comme s'en plaignaient ces paysans poitevins en affirmant que, montant la garde la garde toute la nuit, ils perdaient leurs labours du lendemain[2073]. Ainsi, si généralement les heures de veille nocturnes n'empiétèrent pas directement sur les horaires de travail, leurs conséquences sur l'économie furent certainement très importantes.

Il est impossible de chiffrer les pertes économiques occasionnées par les gardes de nuit, mais il ne fait nul doute qu'elles furent probablement bien plus importantes que celles causées par les gardes diurnes : les travailleurs, continuellement fatigués, ne pouvaient avoir qu'un rendement médiocre. En revanche, on saisit peut-être un peu mieux l'effet de cette fatigue continuelle sur la santé des individus, dont elle aggrava les effets du déficit calorique dû à la sous-alimentation et, de là, la vulnérabilité aux maladies. Quant au reste, l'irritabilité générale consécutive à la fatigue et au stress contribua certainement à fortement dégrader les rapports sociaux. Ceux-ci eurent certainement aussi à pâtir de certaines situations grivoises que les absences régulières et obligatoires des maris tendirent à favoriser, mais s'il s'agit là de choses impossibles à quantifier[2074].

Le coût de l'équipement individuel.

Disposer des guetteurs sur les murailles n'offrait une garantie de sécurité suffisante qu'à la condition qu'ils soient correctement armés. Les municipalités en avaient clairement conscience, aussi prirent-elles des mesures dans ce sens.

Au début du conflit, les consulats ne souhaitaient pas supporter le financement de l'armement individuel, les finances municipales étant déjà sollicitées à l'extrême par la remise en condition des fortifications. En août 1345, les magistrats martelais se contentèrent d'ordonner « que l'on ait des armes, chacun selon ce qu'il pourra », et obligèrent les habitants à se présenter armés au guet[2075] ; ce genre de forte sollicitation ne fut toutefois pas suffisant pour amener l'ensemble des habitants à s'armer correctement : nombreux devaient être ceux qui arguaient de leurs difficultés financières pour ne pas investir dans ce domaine et se contenter d'un minimum insuffisant.

Au début des années 1350 se précisa la composition du harnois, équipement exigé pour tous les hommes en âge de porter les armes : les mentions de « plates »[2076] présupposent un vêtement support, le haubert de mailles de fer, mais il est probable que les citadins, principalement fantassins, aient utilisé des haubergeons de cuir ou des gambisons de tissu rembourré sur lesquels étaient fixées des plaques de métal, l'ensemble devant certainement se rapprocher de la

---

[2072] AM Martel, BB 5, f° 100 v°.
[2073] JAROUSSEAU (G.), « Le guet…*Op.cit.*, p.192.
[2074] Les situations d'adultère frappaient bien entendu tous les milieux. Un document de novembre 1415 fait ainsi état de la mésaventure arrivée à Guillaume Bricard, maire de Chauny : le 20 octobre 1415 vers 4 ou 5 heures du matin, alors qu'il veillait à mettre en place et à contrôler le guet, un averse survint et l'obligea à rentrer chez lui, vraisemblablement pour y chercher un manteau ; il trouva alors sa femme couchée avec un jeune homme, tous deux nus ; selon sa déclaration, « *il crut que ce jeune homme était venu la violer* », aussi le frappa-t-il immédiatement de son arme, d'un seul coup qui fut suffisant pour le tuer. Ce document est contenu dans DOUËT-D'ARCQ (L.-C.), *Choix…Op.cit.*, t.2, pp.212-213.
[2075] AM Martel, BB 5, f° 16 r°.

brigantine ; l'armement de base proprement dit se composait d'une épée et d'un dard, sorte de lance ou javelot de fantassin[2077]. Les consuls gourdonnais frappèrent d'amendes ceux qui ne disposaient pas de toutes ces pièces d'équipement à partir de 1353[2078]. Apparurent alors les revues de troupe, dont une des premières, tenue à Martel en février 1356, permit aux consuls de faire répertorier par écrit le harnois de chacun ; c'est à cette occasion qu'ils intimèrent à nouveau l'ordre d'acheter et de compléter le leur à ceux qui tardaient encore à le faire[2079].

Une épée commune coûtait aux alentours de douze sous en 1369[2080], soit l'équivalent de presque cinq jours de travail de manœuvre[2081] ; il s'agissait d'armes de piéton assez courtes, mesurant environ 80 centimètres de longueur[2082]. Nous n'avons pas trouvé de prix de dard ou de javelot mentionné dans les registres, mais étant établi que la fabrication d'une pointe de lance nécessitait une heure de travail[2083], il ne devait pas dépasser quelques deniers. De la même façon, aucun document n'évoque le coût de l'espèce de brigantine grossière portée par les guetteurs, mais il est probable que les moins aisés devaient pouvoir en fabriquer avec des matériaux de récupération sans trop avoir recours à des achats coûteux , tandis que pour les plus riches, l'acquisition d'un matériel de qualité devait être fonction de leurs possibilités. La valeur de l'équipement d'un homme modeste ne devait ainsi pas dépasser la valeur d'une quinzaine de jours de travail de manœuvre. Peu importante ramenée sur plusieurs années, il s'agissait cependant d'une dépense considérable sur le court terme, mettant en déséquilibre le budget familial sur plusieurs semaines, voire plusieurs mois.

Risquant fréquemment d'avoir à combattre, chaque homme avait probablement à cœur d'améliorer, selon ses moyens, sa protection par l'achat de pièces d'équipement supplémentaires. Des bourgeois portaient ainsi une côte de maille plutôt qu'un haubergeon pour supporter leurs plates, ainsi qu'un bassinet, type de casque assez courant[2084] ; ils utilisaient aussi des boucliers[2085], des guisarmes[2086] et des glaives[2087]. Enfin, certains d'entre eux, par la possession de l'arme correspondante, se retrouvaient archers ou arbalétriers ; l'acquisition d'une arbalète était un investissement important, car un modèle simple coûtait l'équivalent d'environ treize jours de travail de manœuvre[2088].

A condition d'être correctement entretenus, ce qui était certainement le cas, une épée, un casque ou une arbalète avaient une durée de vie relativement importante, pour peu qu'ils ne soient pas brisés ou perdus dans un combat. Ces équipements se transmettant de génération en génération, il n'est pas insensé de penser que certains d'entre eux virent plusieurs décennies du conflit, si ce n'est celui-ci dans son entier. Il reste que le problème de l'achat se posait souvent et celui de l'entretien régulièrement. Les dépenses afférentes à celui-ci n'étaient certes pas très importantes prises individuellement, mais elles ajoutaient encore au coût global que la défense faisait peser sur chaque ménage.

[2076] Pièces d'armure en acier.
[2077] AM Gourdon (M.A.), BB 4, f° 8 r°.
[2078] *Ibid.*, f° 20 r°.
[2079] AM Martel, BB 5, f° 94 r°.
[2080] AM Cajarc, CC 6, f° 146 v°.
[2081] *Ibid.*, f° 152 r°.
[2082] VIOLLET LE DUC (E.), *Encyclopédie médiévale*, 2 tomes, Bibliothèque de l'Image, t.2, p.307.
[2083] Données aimablement communiquées par M. Gaël FABRE, forgeron traditionnel spécialisé dans la recherche des techniques médiévales.
[2084] AM Martel, BB 5, f° 94 r° ; AM Gourdon (M.A.), CC 17, f° 22 r°.
[2085] AM Martel, BB 5, f° 94 r° ; AM Gourdon (M.A.), CC 17, f° 22 r°.
[2086] AM Gourdon (M.A.), CC 17, f° 22 r°.
[2087] AM Martel, CC 5, f° 17 r°.

Le guet d'une ville était nécessairement un système élaboré. Sur le plan organisationnel, il permettait par son dispositif centralisé une mise en alerte rapide en cas d'attaque ; sur le plan pratique, il ne laissait aucune zone sans surveillance. Son efficacité reposait avant tout sur le fait que chaque poste soit occupé par un homme capable, condition impliquant la mobilisation d'un effectif important qui ne pouvait être réduit sous peine de le rendre inopérant, ce dont les compagnies anglaises, pratiquant activement le renseignement, n'auraient pas manqué de tirer profit. On reste certes perplexe devant le nombre de guetteurs indispensables à la garde d'une ville, mais les chiffres sont là, ainsi que la réalité tactique. Il est possible que durant les accalmies de 1361-68 et 1395-1405, le guet ait été quelque peu allégé, tout comme durant certaines périodes des années 1430-1450, qui virent les Anglais refluer progressivement ; toutefois, encore à la fin de la guerre, il fut régulièrement réactivé à son niveau maximum, comme le montrent les ordonnances gourdonnaises des 18 juin[2089], 4 juillet[2090] et 20 septembre[2091] 1445, ainsi que celle du 14 décembre 1446[2092].

Le guet fut en permanence une lourde charge pour tous ceux qui y étaient astreint. Ses seules composantes diurnes absorbèrent ainsi annuellement de cinq à dix pour cent de la force de travail constituée par les chefs de famille, proportion particulièrement importante à mettre en rapport avec un effectif des personnes en âge de travailler toujours en chute. Il fut surtout bien plus qu'une perte économique calculable en nombre de journées de labeur perdues : en épuisant les hommes tant physiquement que moralement, il leur fit perdre leur rendement au travail, mina leur santé et détériora leur humeur quotidienne. Dans ce contexte, les petites dépenses que les citadins faisaient pour l'entretien courant de leur équipement devaient avoir un tout autre relief que les quelques deniers qu'elles représentaient. Ainsi, si activer le guet était une nécessité vitale, il fallait y sacrifier une part importante de la vie économique et, certainement, la quiétude des rapports sociaux. Dans ce domaine, la stratégie anglaise apparaît comme ayant rempli une partie de ses objectifs.

[2088] AM Cajarc, CC 14, reg. I, ff° 13 v° et 29 r°.
[2089] AM Gourdon (M.A.), BB 7 bis, f°18 r°.
[2090] *Ibid.*, f°18 v°.
[2091] *Ibid.*, f°20 r°.
[2092] *Ibid.*, f°24 r°.

Chapitre VII

Une société en guerre

L'implication de toute la société dans la défense allait bien au-delà des seules journées sacrifiées au guet : il y avait tout d'abord un esprit particulier, qui baignait l'ensemble de la population et la maintenait en quelque sorte attentive à tout ce qui touchait sa sécurité, tandis que toute une partie des activités économiques était tournée vers les besoins nés de l'insécurité.

1. La guerre dans les esprits.

Si l'on peut considérer qu'en 1345 la violence était d'abord le fait des troupes anglo-gasconnes qui déferlaient sur la province, elle ne resta pas leur apanage longtemps : après quelques mois, les citadins continuaient non seulement à se défendre, mais surtout ils n'hésitaient plus à prendre l'initiative du combat lorsqu'une occasion favorable se présentait. Ainsi, avec la guerre qui durait et durait encore, lutter devint pour eux un état d'esprit, prégnant et continuel, et ce d'autant plus que les municipalités s'évertuaient à l'entretenir.

La généralisation de l'état militaire.

Au Moyen Age, la guerre se caractérisait par une prédominance du combat rapproché. Certes, le combat habituel des citadins, qui se faisait depuis les murailles, leur en épargnait les plus grosses difficultés, mais les situations impliquant leur engagement dans de véritables corps à corps ne manquaient pas. Les combattants urbains du début du conflit furent certainement ceux pour qui l'adaptation à cette violence fut la plus difficile : ils avaient connu la paix et, même si les occasions de se battre n'augmentèrent que progressivement, la réalité du combat dut leur apparaître bien difficile.

Tous n'y furent pas confrontés simultanément et, au début, seuls quelques-uns y goûtèrent. En effet, lorsque les officiers royaux regroupaient des armées en demandant aux communes de fournir des contingents, certaines municipalités n'y envoyaient que quelques hommes tandis que d'autres s'en faisaient tout simplement dispenser : fin 1338 par exemple, Cajarc dépêcha une troupe forte d'une vingtaine de sergents aux armées royales en campagne[2093], tandis que Gourdon n'eut pas à en fournir un seul[2094]. Les quelques citadins qui participèrent ainsi aux premières batailles du conflit le firent à l'extérieur de la province et, jusqu'en 1345, celle-ci n'eut à déplorer que les rapines de « *malfaiteurs* » échappés des armées opérant dans le proche Agenais[2095]. Pour la majorité des Quercinois, la guerre et ses affres restaient inconnus.

Une fois que les troupes du comte de Derby eurent pris Bergerac et que les bandes déferlèrent sur le Haut-Quercy, plus personne ne fut épargné par la violence. Ce furent les habitants des villages non protégés qui subirent les premiers coups, mais ceux des châteaux et localités fortifiés ne furent pas épargnés : Domme et Belcastel tombèrent peu après Bergerac[2096], tandis que dans le courant de l'année suivante deux nobles quercinois ayant pris le parti du Plantagenêt, Bertrand de Pestillac et Philippe de Jean, s'emparèrent des Arques, Lherm, Castelfranc, Duravel, Pontcirq et Belaye[2097].

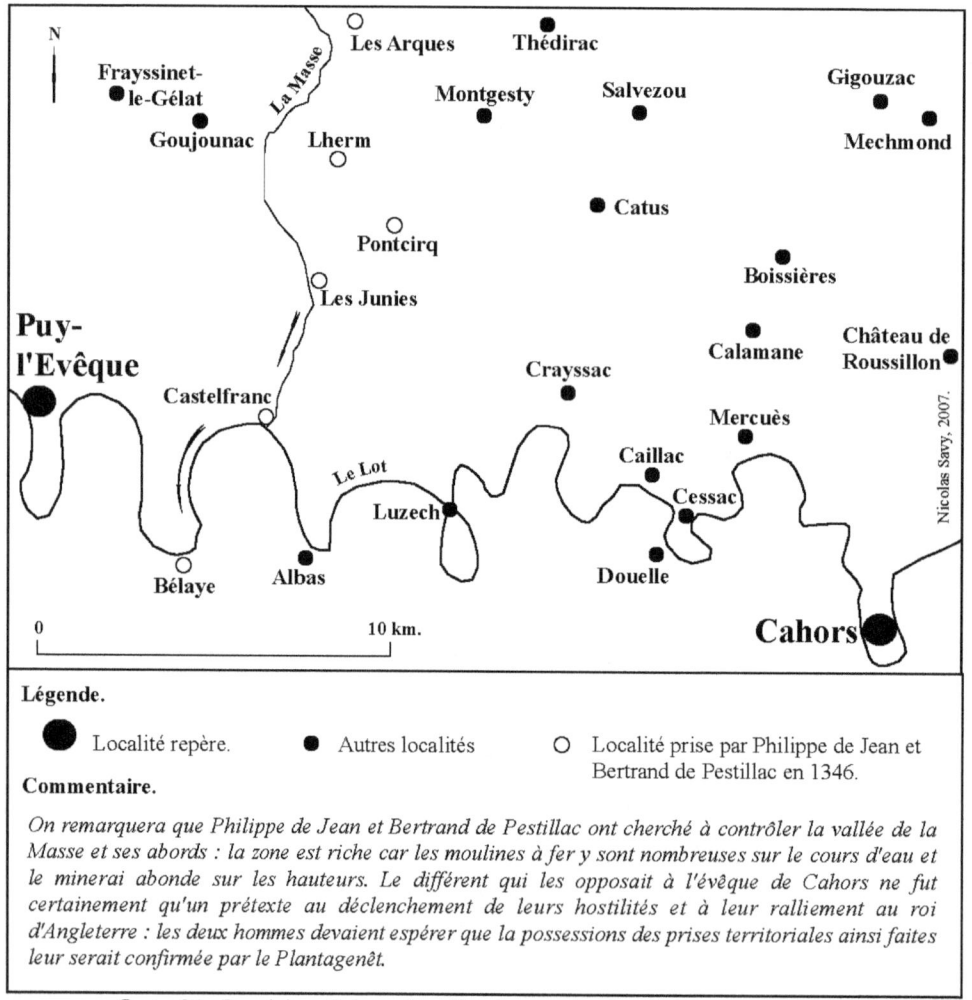

Carte 24 . La région Cahors-Puy-l'Evêque et les localités prises en 1346.

[2093] AM Cajarc, EE sup.6.
[2094] AM Gourdon, CC 1.
[2095] AM Cajarc, FF 100.
[2096] LACOSTE (G.), *Histoire…Op.cit.*, t.III, p.108.
[2097] AURICOSTE (F.), *Histoire de la seigneurie et du monastère des Junies*, Les Junies, éd. A.A.A.S.C.C.J, 2001, p.18.

Les citadins se retrouvèrent acculés au combat par les attaques continuelles, mais leur rôle militaire ne s'arrêta pas aux actions défensives : en 1346, Cahors envoya un détachement d'arbalétriers renforcer la défense de Lauzerte[2098], tandis que l'année suivante tous les hommes de la sénéchaussée âgés de quinze à soixante ans participèrent à la reprise de Domme sous les ordres du sénéchal[2099] ; un an plus tard, c'est sous le commandement de leur évêque qu'ils chassèrent les Anglais de Belaye[2100].

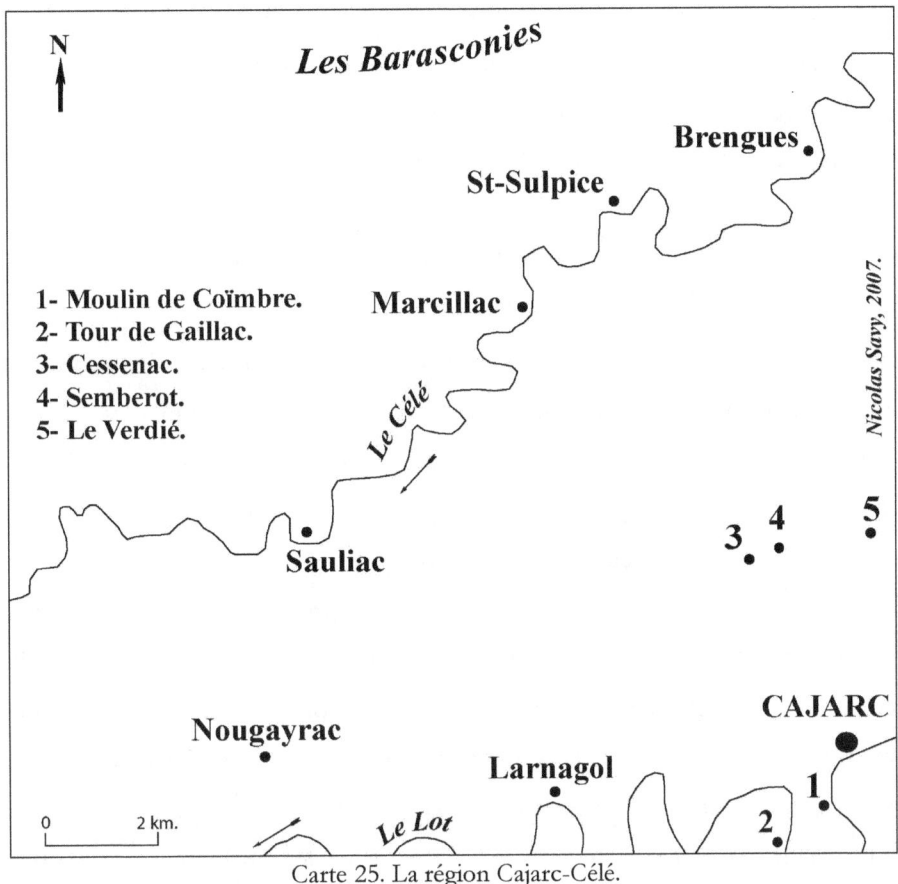

Carte 25. La région Cajarc-Célé.

Chaque homme dut ainsi devenir un tant soit peu guerrier. Le Cajarcois Guilhem Lacalmeta, par exemple, se spécialisa dans l'espionnage : il fut envoyé à plusieurs reprises en mission aux Barasconies en avril 1348[2101], puis, l'année suivante, à Marcilhac, Saint-Sulpice[2102], Caniac et Labastide-Fortanière[2103] ; il retourna surveiller les Barasconies en 1350[2104]. Ses activités habituelles étaient bien éloignées de la chose militaire : durant l'hiver 1352, il possédait quatorze moutons en propre[2105] et dix-neuf en association avec deux autres habitants[2106], ainsi que quinze chèvres[2107], tandis que l'été suivant son cheptel comprenait 25 moutons, une vache et un cheval[2108] ; la différence entre

---

[2098] LACOSTE (G.), *Histoire…Op.cit.*, t.III, p.112.
[2099] *Ibid.*, p.115.
[2100] *Ibid.*, p.119.
[2101] AM Cajarc, CC 4, f° 164.
[2102] *Ibid.*, CC 5, endroit, f° 14 r°.
[2103] *Ibid.*, f° 48 v°.
[2104] *Ibid.*, CC 6, f° 53 v°.
[2105] *Ibid.*, CC 7, f° 69 r°.
[2106] *Ibid.*, f° 69 r°.
[2107] *Ibid.*, f° 70 r°.

les deux saisons indiquent vraisemblablement qu'il pratiquait l'élevage à des fins commerciales. A la même époque, les Martelais employaient beaucoup de valets pour effectuer ces missions de renseignement[2109], mais ils utilisèrent aussi un chirurgien[2110], ainsi qu'un de leurs sergents consulaires surnommé Bilhabau[2111], qui dut ainsi ajouter des compétences militaires à ses savoirs-faire habituels.

De la même façon, sur les six arbalétriers que les consuls de Cajarc envoyèrent le premier février 1352 participer au siège de Saint-Antonin[2112], trois sont connus et rien dans leurs professions ne les prédisposaient aux actions guerrières : P. Rocas était berger[2113], Galhard de Galhac sergent consulaire[2114] et B. Lhufa maçon[2115]. Tous ces citoyens sans prédestination pour l'état guerrier se plièrent un minimum à l'indispensable discipline de la *re militari*, tant et si bien qu'en 1356, il suffisait de quelques heures aux consuls cajarcois pour rassembler et mettre en route une compagnie formée d'habitants et destinée à attaquer un point situé à plus de trente kilomètres[2116].

De la même façon que dans de nombreuses autres communautés urbaines méridionales[2117], l'état militaire permanent des habitants masculins fut entériné par l'obligation qui leur fut faite de rester armés continuellement : les consuls de Martel en décidèrent ainsi en 1352[2118] et leurs homologues gourdonnais l'année suivante[2119]. Pour ceux qui naquirent à cette époque, la violence devint quelque chose d'habituel, car ils furent baignés dès l'enfance dans un climat délétère : la peur leur était familière, ils grandissaient entourés d'armes et ils connaissaient le combat et ses affres, tant par les récits de veillées que par les spectacles brutaux qui furent donnés à voir à certains d'entre eux. A partir des années 1370, l'adolescent qui vers quatorze ans recevait son premier harnois avait probablement le sentiment d'une chose absolument normale ; s'en servir n'en était que la suite logique.

Limité aux hommes au début du conflit, l'état militaire se propagea petit à petit à tous les membres de la communauté. Les femmes tout d'abord, non seulement à partir du moment où certaines d'entre-elles furent astreintes au guet, mais aussi lorsqu'on les chargea de missions comme la reconnaissance des lieux possibles d'embuscades. Quant aux ordonnances interdisant aux enfants de se trouver au guet, comme celle que l'on trouve à Martel en 1356[2120], elles ne font que montrer qu'ils devaient s'y trouver de façon plus ou moins occasionnelle, l'ordre venant en réaction d'une pratique jugée anormale et surtout néfaste pour la sécurité. Pour les autorités, il devait être d'autant plus difficile de faire respecter ces interdictions que, par ailleurs, elles n'hésitaient pas à employer des enfants pour d'autres besognes en rapport avec la défense : en 1355 par exemple, les consuls martelais les utilisaient habituellement pour garder la tour Tournemire et, même s'ils les faisaient remplacer par des adultes durant les foires[2121], périodes où les risques étaient maximum, il n'en reste pas moins qu'ils participaient activement à la protection commune. Cette utilisation militaire concernait les jeunes des deux sexes, comme en témoigne une mention cajarcoise qui nous apprend que les filles d'un

---

[2108] *Ibid.*, f° 71 r°.
[2109] AM Martel, CC 3-4, ff° 15 r°, 31 v°, 32 v°, 33 r°, 40 r°, 41 v°, 49 v°, 51 r°, 71 r°, 72 r° et suiv.
[2110] *Ibid.*, f° 28 v°.
[2111] *Ibid.*, f° 5 v°.
[2112] AM Cajarc, CC 7, f° 96 v°.
[2113] *Ibid.*, f° 69 v°.
[2114] *Ibid.*, f° 110 v°.
[2115] *Ibid.*, CC 4, ff° 127 v°, 136 r°.
[2116] *Ibid.*, CC 8, f° 151.
[2117] Notamment à Tarascon, dans HEBERT (M.), *Tarascon... Op. cit.*, p.172, et dans le Midi en général, dans NOEL (R.P.R.), *Town Defence... Op. cit.*, pp.277-278.
[2118] AM Martel, BB 5, f° 66 r°.
[2119] AM Gourdon (M.A.), BB 4, f° 4 r°.
[2120] AM Martel, BB 5, f° 95 v°.
[2121] *Ibid.*, f° 87 v°.

dénommé P. Lagarda firent office de courriers alors que les Anglais étaient partout. On trouve ici et là des passages concernant ces petits messagers, comme celui que les habitants de Gréalou envoyèrent aux consuls de Cajarc pour les avertir de la progression d'une troupe ennemie durant l'année 1376[2122].

Une volonté de résistance entretenue.

Les consulats ne se contentèrent pas d'impliquer physiquement l'ensemble de leurs citoyens et de leurs familles dans la défense commune, car ils veillèrent aussi à ce que leurs esprits soient pénétrés par la volonté de résistance face à l'envahisseur anglo-gascon. Pour ce faire, ils utilisèrent d'une part leurs moyens propres et, d'autre part, eurent largement recours les ressources de la religion.

Les serments.

Utilisés par les consulats dans des domaines divers depuis fort longtemps, les serments furent, comme partout dans le Midi languedocien[2123], adaptés aux nécessités du moment. Leurs textes revisités, ils étaient différents de ceux que l'on exigeait des habitants avant-guerre, où l'on se contentait de faire jurer loyauté et obéissance aux institutions communales[2124]. Celui que prêtèrent les Martelais à partir de 1356 résumait les allégeances auxquelles ils étaient soumis et une règle générale de conduite : « Vous jurez que vous serez bons et loyaux au lieu et aux gens de Martel, à l'honneur du roi de France et des seigneurs, et au profit du pays ; et promettez et jurez être en votre garde quand besoin sera et ne pas partir d'icelle, ni icelle désemparer par peur de la mort pendant le combat sans autorisation ; et serez obéissants aux consuls pour les choses qui relèveront de la garde et de la défense du lieu de Martel »[2125]. Cette prestation était un acte particulièrement important et il n'était pas question de s'y soustraire : ceux qui montaient le guet le jour où leurs concitoyens jurèrent dans l'église Saint-Maur eurent droit un peu plus tard à une cérémonie particulière[2126], tandis que d'autres furent ensuite organisées pour les nouveaux arrivants accédant à la citoyenneté[2127]. Durant les décennies qui suivirent, le serment resta une condition *sine qua none* pour demeurer en ville, condition toujours clairement attestée à Gourdon en 1445[2128].

Les serments marquaient et renforçaient la cohésion des habitants face à l'adversité. A Martel, on était « du serment » comme on était « de la communauté »[2129], tandis qu'en faisant jurer à leurs concitoyens début 1370 d'« être unis et de se garder l'un l'autre »[2130], les consuls de Cajarc n'avaient d'autre objectif que de rendre leur communauté plus soudée pour faire face aux orages de la reprise de la guerre. Ces serments étaient prêtés sous les auspices de Dieu : la spiritualité touchant tous les aspects de la vie, il apparaît normal que les consuls aient fait appel à la religion pour les aider face aux épreuves.

[2122] AM Cajarc, CC 12, reg. III, f° 93 r°.
[2123] NOEL (R.P.R.), *Town Defence... Op. cit.*, p.195.
[2124] CANGARDEL (L.), COMBARIEU (L.), LACOMBE (P.), *Le Te Igitur...Op.cit.*, p.69.
[2125] AM Martel, BB5, f° 93 v°.
[2126] *Ibid.*, f° 94 r°.
[2127] *Ibid.*
[2128] AM Gourdon (M.A.), BB 7 bis, f° 17 r°.
[2129] AM Martel, BB 5, f° 94 v°.

L'aspect religieux et moral.

Les municipalités comprirent – ou redécouvrirent – très vite l'utilité de la religion pour renforcer le moral de la population. En 1351, les consuls de Martel payèrent les Frères Mineurs de la ville pour qu'ils organisent une procession et disent un sermon afin que « Dieu garde la ville et les bonnes gens »[2131] et quatre ans plus tard organisèrent eux-mêmes des célébrations pour que « Dieu garde [la ville] de tous périls et de la main des ennemis » et pour qu'il ramène la paix[2132]. En 1357, les processions étaient devenues régulières : elles avaient lieu chaque dimanche et les magistrats admonestaient les habitants à les « suivre (…) avec dévotion pour que Dieu (…) donne une bonne paix »[2133] ; une vingtaine d'années plus tard, toute la population gourdonnaise était tenue d'assister aux messes et processions organisées par le consulat et dédiées à la garde et à la sécurité de la ville[2134]. Les habitants n'oubliaient d'ailleurs pas de remercier le « Seigneur-Dieu » lorsqu'il intervenait en leur faveur, comme le firent les Martelais en décembre 1380 pour lui rendre grâce d'avoir fait échouer une attaque anglaise le 30 novembre précédent[2135].

L'instauration de la paix était une demande récurrente[2136], certainement celle qui tenait les plus au cœur des citadins, mais il ne s'agissait pas de n'importe quelle paix, au moins au début du conflit. En effet, ce que l'on voulait, c'était la « bonne paix », celle qui suit la défaite de l'adversaire, comme en témoignent notamment les célébrations organisées par les Gourdonnais en octobre 1355 et par lesquelles ils imploraient Dieu de leur donner la victoire[2137].

Il ne devait faire nul doute aux citadins quercinois que la guerre contre les Anglais était légitime : la notion de guerre juste telle qu'elle se définissait au XIVe siècle ne laissait subsister aucun doute. Selon le juriste italien Pierre Baldo de Ubaldis, le juste conflit était celui où l'on se battait par nécessité pour défendre la patrie[2138] ; Jean de Legnano, quant à lui, distinguait sept types de guerre, quatre justes et trois injustes[2139] : parmi les premières, on trouvait la guerre judiciaire, menée par un juge détenteur du pouvoir pur pour imposer l'ordre judiciaire aux rebelles qui s'opposaient à sa légitime autorité ; or, la déclaration de guerre faite par Edouard III à Philippe VI en 1337 était aussi celle d'un vassal à son souverain, ce qui pour les Quercinois devait placer le droit du côté de leur roi ; d'ailleurs, pour Jean de Legnano, une guerre menée par des rebelles à l'encontre du droit était obligatoirement injuste.

Enfin, le juriste estimait, naturellement pourrait-on dire, que l'action de ceux qui se défendaient contre les agressions injustes était nécessaire et licite car « s'opposer à la force par la force, toutes les lois et tous les droits le permettent »[2140]. Ayant le droit pour eux, on comprend mieux pourquoi les Quercinois sollicitèrent Dieu avec ferveur, ce dernier ne pouvant, selon leur logique, qu'intervenir en leur faveur : durant l'année 1376, les consuls gourdonnais

---

[2130] AM Cajarc, CC 6, f° 150 r°.
[2131] AM Martel, CC 3-4, f° 34 v°.
[2132] *Ibid.*, BB5, f° 90 r°.
[2133] *Ibid.*, f° 112 r°.
[2134] AM Gourdon (M.A.), CC 20, f° 42 r°.
[2135] SOL (E.), *L'église de Cahors au temps de la lutte contre les anglais*, Paris, Gabriel Beauchesne et fils, 1943, p.140.
[2136] Par exemple : AM Martel, BB 5, f° 121 r°.
[2137] AM Gourdon (M.A.), CC 18, f° 111.
[2138] CONTAMINE (P.), *La guerre au Moyen-Age…Op.cit.*, p.450.
[2139] *Ibid.*, p.451.
[2140] *Ibid.*, p.452.

organisèrent de grandes messes ou processions générales les 6 avril[2141], 12 juin[2142], 10 juillet[2143], 3, 6[2144] et 10 août[2145], 1er novembre[2146] et 26 décembre[2147], ainsi que le 6 janvier suivant[2148] pour s'attirer ses bonnes grâces.

Dieu, visiblement, fut sourd à leurs requêtes : les compagnies anglaises s'installèrent durablement dans la province et les rois de France subirent de nombreux revers, entre Crécy en 1346, Poitiers dix ans plus tard et Azincourt en 1415, pour ne parler que des défaites les plus désastreuses. A cela il faut ajouter les ravages des épidémies de peste et les désordres climatiques qui aggravèrent encore la situation. Les citadins avaient pourtant crié leur foi et leur espérance, à l'instar des consuls gourdonnais traduisant, le 3 août 1376, l'attente générale par l'exclamation « que Dieu nous envoie de l'eau ! »[2149], qui pour être écrite n'en est pas moins, aujourd'hui encore, éclatante de douleur. En 1445 pourtant, les Gourdonnais ne criaient plus : le registre consulaire des comptes de l'année ne contient aucune dépense relative au paiement de la moindre messe ou d'une quelconque procession[2150].

A la seule vue des attentes déçues des Quercinois, on comprend mieux pourquoi, dans tout le royaume que touchaient les mêmes fléaux, l'espérance régressa et la foi se teinta de découragement. L'intérêt que le peuple manifesta à partir du début du XVe siècle pour des thèmes religieux jusque là délaissés, comme le Chemin de Croix ou le Jugement dernier[2151], traduisait l'obsession du trépas et la hantise du salut[2152]. La mort, personnifiée par le squelette, devint un élément récurrent de la décoration des édifices religieux, en particulier sous la forme de danses macabres[2153] ; des représentations de ce type se trouvent en Haut-Quercy, à Rocamadour et à Carennac tout particulièrement.

Ainsi, après avoir longtemps espéré, les citadins quercinois, tout comme leurs voisins périgourdins, agenais, auvergnats, rouergats, toulousains et même français des régions fortement touchées par la guerre en général, se laissèrent gagner par le désespoir, sans toutefois que ce sentiment occulte l'attente de l'aide divine. Suivant ce mouvement général, les consulats s'impliquèrent beaucoup moins dans l'organisation des messes et processions publiques, mais sans se désintéresser de la vie religieuse. En 1408, les magistrats de Capdenac prenaient encore des mesures en faveur des chapellenies et des clercs afin que « Dieu soit mieux servi »[2154] et faisaient toujours référence à « l'amour de Dieu » dans certaines de leurs décisions[2155] mais, cette année-là comme treize ans auparavant[2156], ils ne dépensèrent pas un denier pour organiser la moindre célébration publique extraordinaire.

L'épisode de Jeanne d'Arc montre pourtant que si en 1429 les citadins ne demandaient plus la victoire à Dieu avec autant d'assiduité qu'une cinquantaine d'années auparavant, ils n'avaient pas complètement cessé d'espérer son intervention : la Pucelle n'avait pas encore pris la tête de son armée, encore moins dégagé Orléans, que déjà les consuls de Cahors notaient dans leur *Livre Tanné* : « environ à la mi-Carême de l'an dessus, vers le 8 mars 1429 donc, vint au roi

---

[2141] AM Gourdon (M.A.), CC 20, f° 23 v°.
[2142] *Ibid.*, f° 29 v°.
[2143] *Ibid.*, f° 32 v°.
[2144] *Ibid.*, f° 35 r°.
[2145] *Ibid.*, f° 35 v°.
[2146] *Ibid.*, f° 42 r°.
[2147] *Ibid.*, f° 45 r°.
[2148] *Ibid.*, f° 45 r°.
[2149] *Ibid.*, f° 35 r°.
[2150] *Ibid.*, BB 7 bis.
[2151] FAVIER (J.), *La guerre…Op.cit.*, pp.174-175.
[2152] PRIGENT (C.), « Sculpture et dévotions : les grands thèmes iconographiques », dans PRIGENT (C.), dir., *Art et société en France au XVe siècle* (pp.232-248), Maisonneuve et Larose, Paris, p.232.
[2153] *Ibid.*, p.241.
[2154] AM Capdenac, CC 4, « *a fi que Dieus fos mielhs servit* ».
[2155] *Ibid.*, « *per amor de Dieu* ».
[2156] *Ibid.*, CC 3.

de France notre seigneur une pucelle qui se disait être envoyée par Dieu du Ciel pour jeter les Anglais du royaume de France »[2157].

Le scribe du *Livre Tanné* affirmait que la pucelle était envoyée par « Dieu du Ciel ». Or, dans les textes cadurciens du XIVe siècle, on nommait Dieu sans autre précision que son nom, tant ce mot ne pouvait désigner d'autre personne que lui ; ici, la localisation « du ciel » renforçait encore l'identité de celui dont on parlait, comme si sa présence pouvait apparaître improbable. Cette façon de le nommer traduisait certainement un soulagement et une espérance à laquelle on n'osait plus croire.

Les Cadurciens ont bien noté que la Pucelle avait été envoyée « à notre seigneur le roi de France », ce qui montre de suite la fidélité de la ville au petit roi de Bourges. Déjà en 1369, le consulat de Cahors avait été parmi les premiers à rejoindre Charles V lors de la rupture du traité de Brétigny, qui l'avait placé sous la domination anglaise durant plus de sept ans. Plus tard, il s'était tenu à l'écart des premières secousses du conflit entre Armagnacs et Bourguignons, n'entendant pas se placer d'un côté ou de l'autre de la légitimité du pouvoir. Celle-ci, pour eux, ne fut d'ailleurs pas modifiée par le traité de Troyes en 1420, lorsque Charles VI déshérita le Dauphin au profit d'Henri V d'Angleterre : le roi de France ne pouvait être que son fils aîné, malgré les soupçons de bâtardise que répandait sa mère Isabeau de Bavière. S'il subsistait un doute, l'arrivée de cette pucelle le balayait, Dieu montrant à tous qui était le souverain légitime du royaume. D'ailleurs, à Cahors, il était difficilement envisageable d'avoir à se placer sous l'autorité des rois d'Angleterre, par qui tant de malheurs étaient arrivés. Tout récemment encore, il avait fallu chasser à prix d'or les Anglais qui avaient pris Mercuès, aux portes de la ville, et semé durant deux ans la désolation sur les terres alentours.

Car c'était bien de cela qu'il s'agissait, « jeter les Anglais du royaume de France » ; le texte occitan utilise le verbe *gitar*, qui signifiait ici jeter, chasser d'un endroit au sens militaire. Point de traité, on n'en avait que trop signé, tant au niveau des plus hautes instances que localement, entre *patis* et *sufferta*s. Il fallait en finir et définitivement chasser les ennemis à grands coups d'épée. Les récentes défaites des armées de Charles VII à Crevant-sur-Yonne et à Verneuil, ainsi que la désastreuse « Journée des Harengs » du 12 février, où les Français ne purent empêcher le ravitaillement destiné aux assiégeants d'Orléans de passer, ne poussaient pourtant pas à l'optimisme dans ce domaine.

On attendait véritablement un miracle et l'on voulut y croire au premier signe annonciateur que fut l'arrivée de Jeanne auprès de Charles. L'événement attendu se produisit tout juste quelques semaines plus tard, le 8 mai, lorsque la Pucelle délivra Orléans après trois jours de furieux combats.

L'épisode de Jeanne d'Arc fut cependant particulièrement bref à l'échelle du conflit et il fut à nouveau suivi de revers. Localement, il n'influa pas, ou si peu, sur la situation militaire. Dans tous les cas, il ne fut pas assez puissant pour remettre d'actualité grandes messes et processions pour demander victoire et protection à Dieu. Dans ceux des registres consulaires gourdonnais des années 1444 à 1446 qui nous sont parvenus, on ne trouve même aucune référence au divin[2158]. Il est probable que la surenchère de célébrations religieuses publiques faite par les municipalités pendant la première partie du conflit participa à rendre plus criant encore ce que l'on considérait comme un abandon de Dieu face aux fléaux. Les consuls, en tant qu'individus, étaient eux-aussi touchés par le désespoir général et dès lors, il semble normal que l'organisation de manifestations religieuses publiques ne leur ait pas semblé comme utile et nécessaire, l'attente ayant pour tous remplacé l'espérance.

[2157] AM Cahors, *Livre Tanné*, f° 162 r°.

Les valeurs guerrières.

Devenues de fait et en quelque sorte des états-majors de guerre, les consulats essayèrent de mettre à l'honneur parmi leurs citoyens les valeurs guerrières propres au milieu combattant. Le serment que prêtait les Martelais en 1356 leur ordonnait de ne pas céder à la peur de la mort au combat[2159] : implicitement, il leur commandait d'être forts. Or, la force était l'une des quatre vertus cardinales héritées de l'Antiquité et elle recouvrait en bonne partie la notion de courage. En effet, pour Saint Thomas d'Aquin, la force était la vertu qui rendait l'homme intrépide face à tout danger, y compris le danger de mort, pour l'amener à le braver sans faiblesse et à l'affronter avec un courage exempt de témérité[2160].

Le serment, par son arbitraire, ne pouvait faire obtenir des citoyens qu'un courage obligé, subit plutôt que voulu ; il assurait tout juste les consuls que leurs habitants ne se débanderaient pas à la première escarmouche. Les magistrats utilisèrent alors plusieurs méthodes pour susciter volontairement courage et ardeur guerrière chez leurs concitoyens. L'une d'entre elle était le défi, la mise en balance de la réputation de l'individu concerné : en 1376, alors que les Anglais étaient partout, les consuls de Cajarc envoyèrent un de leurs sergents les espionner, en lui précisant de faire « tout ce dont il aurait le courage »[2161]. Ce subterfuge n'était cependant valable que dans certains cas particuliers et avec des personnes sensibles à la question de leur honneur personnel.

Pour susciter l'ardeur d'un ensemble important, on eut plutôt recours à l'appât du gain. C'est ainsi que projetant d'attaquer et de prendre Masclat en mars 1381, les consuls gourdonnais promirent un franc aux quatre premiers hommes qui rentreraient par la brèche que l'on avait prévue de faire à l'aide d'une mine dans la muraille ennemie[2162]. Les occasions ne manquèrent pas pour mettre le courage des citadins à l'épreuve : si les grandes actions offensives organisées par les villes furent assez peu nombreuses, les embuscades et les renforts effectués au profit d'armées ou de garnisons amies éprouvèrent ces guerriers de circonstance tout autant que les attaques ennemies, comme en témoigne l'importante correspondance de guerre du consulat de Martel qui nous est parvenue[2163].

A côté des incitations faites aux citoyens pour qu'ils combattent vigoureusement, les consulats firent en sorte qu'ils soient rassurés quant à ce qui pouvait advenir d'eux ou de leur famille en cas de blessure ou de décès. Tout d'abord, les soins des hommes blessés au combat étaient pris en charge par les municipalités : début mars 1355, les consuls de Gourdon payèrent ainsi à un barbier les services qu'il avait rendus aux hommes blessés lors d'une attaque ennemie[2164] ; deux mois plus tard, ils donnèrent à leur concitoyen Guilhem Landa de quoi s'acheter des onguents pour soigner la blessure que lui avaient faite des Anglais alors qu'il se trouvait en mission pour la ville[2165] ; ces traitements étant semble-t-il inefficaces, ils lui payèrent le mois suivant les frais du médecin qui réussit à le guérir[2166]. La même année, ils déboursèrent aussi l'importante somme de quarante sous pour payer le barbier qui réussit à soigner Senhoret,

---

[2158] AM Gourdon (M.A.), BB 7 bis.
[2159] AM Martel, BB 5, f° 93 v°.
[2160] CONTAMINE (P.), *La guerre au Moyen-Age…Op.cit.*, p.407.
[2161] AM Cajarc, CC 12, reg. III, f° 75 v°.
[2162] AM Gourdon (M.A.), BB 5, f° 22 v°.
[2163] AM Martel, EE 1.
[2164] AM Gourdon (M.A.), CC 18, ff° 42 r° et 113 r°.
[2165] AM Gourdon (M.A.), CC18, f° 60 r°.
[2166] *Ibid.*, f° 66 r°.

un de leur sergents qui avait été blessé alors qu'il se battait aux défenses du faubourg de la Magdeleine[2167]. En 1381, ils firent de façon identique payer au praticien Ramon de Domme les soins et les onguents qu'il donna à Garabuo et à G. Nègré, deux citoyens qui avaient été blessés lors de la prise de Masclat évoquée au paragraphe précédent[2168] ; ils lui payèrent aussi, en février 1387, « le travail et les médecines qu'il avait faits à certains qui avaient été blessés au combat de Costeraste »[2169].

Les assurances que les municipalités donnaient aux hommes prenant des risques pour elles allaient au-delà de la seule prise en charge des soins : vers 1355, les consuls de Martel assuraient les députés qu'ils envoyaient ici ou là en traversant des zones dangereuses que la ville prendrait à sa charge « tous les périls qui pourraient leur advenir »[2170] ; ils s'engageaient par là à rembourser ce qui pourrait leur être volé, à payer leur éventuelle rançon s'ils étaient capturés, ainsi qu'à les indemniser en cas de blessure. Les Gourdonnais agissaient de façon identique en 1381[2171].

Le souci d'assurer les risques pris au service de la communauté s'appliquait aussi aux hommes qui combattaient pour elle. Les blessures reçues au combat étaient ainsi l'objet d'indemnisations lorsqu'elles entraînaient une incapacité : Johan Rodet par exemple, cordier martelais blessé au siège de Lostange en octobre 1356, reçut la somme de vingt sous de dédommagement, soit l'équivalent de treize jours de travail de manœuvre, pour son pouce qu'il ne pouvait plus ouvrir[2172] ; cette somme peut sembler peu élevée, mais elle était peut-être en rapport avec la durée de l'invalidité. Quelque temps plus tard, il reçut trente sous de froment comme solde de tout compte pour cette blessure[2173]. Garabuo et G. Nègré, les deux Gourdonnais blessés au siège de Masclat en 1381, reçurent chacun une vingtaine de litres de froment et entre cinq et dix litres de vin[2174], ce qui constituait certainement une aide substantielle pour ces hommes dont la capacité de travail devait être considérablement amoindrie, au moins pour quelques jours. Il est probable que ces indemnités aient aussi quelque peu eu le caractère de récompenses, car Guilhem Miquel, un Gourdonnais qui fut blessé en 1386 en défendant l'un des moulins de la ville, reçut pour sa conduite un pourpoint à la place des habituelles denrées[2175].

Le paiement d'une rançon attendait tous ceux qui tombaient entre les mains des Anglo-Gascons, que ce soit ou non suite à un combat. Rançonner était un procédé de guerre des plus habituels et les consulats furent contraints à le prendre assez tôt en compte : après la sérieuse défaite subie par leur compagnie contre les Anglais de Fons en juin 1356, les consuls de Cajarc se préoccupèrent en premier lieu de savoir lesquels de leurs hommes étaient prisonniers et quels étaient les montants de leurs rançons[2176] ; ce renseignement était important, car il est probable que tout comme leurs homologues de Martel, ils prenaient à leur charge les frais relatifs aux négociations des rançons de leurs concitoyens fait prisonniers[2177]. Les magistrats Gourdonnais procédaient aussi de la sorte : l'année suivante, ils payèrent ce que coûtèrent les pourparlers en vue de la libération de leurs habitants retenus prisonniers à Frayssinet[2178]. Toutefois, si les

---

[2167] *Ibid.*, f° 92 v°.
[2168] *Ibid.*, BB 5, f° 22 v°.
[2169] *Ibid.*, BB 6, f° 8 r°.
[2170] AM Martel, BB 5, ff° 95 r°, 99 v°.
[2171] AM Gourdon (M.A.), BB 5, ff° 5 v° et 11 r°.
[2172] AM Martel, CC 3-4, f° 72 v°.
[2173] *Ibid.*, f° 74 r°.
[2174] AM Gourdon (M.A.), BB 5, f° 22 v° et BB 6, f° 5 r°.
[2175] *Ibid.*, BB 6, f° 5 r°.
[2176] AM Cajarc, CC 8, f° 154 v°.
[2177] AM Martel, CC 3-4, f° 74 r°.
[2178] AM Gourdon (M.A.), CC 19, f° 5 v°.

municipalités s'impliquaient fortement pour obtenir des Anglo-Gascons des rançons aussi raisonnables que possible, elles ne participaient qu'en partie au paiement des sommes convenues. En octobre 1376 par exemple, les Gourdonnais ne payèrent que deux francs sur les six de la rançon que devait leur concitoyen G. la Olmiera aux Anglais de Beaumat[2179].

Enfin, bien plus qu'une grave qu'une blessure ou qu'une rançon, la mort pouvait être au rendez-vous de l'affrontement, et il importait que chaque combattant soit conscient que sa famille ne serait pas abandonnée s'il venait à décéder. Il n'y a que peu d'éléments concernant l'aide que les municipalités pouvaient apporter aux veuves et aux orphelins des hommes tués au combat ou en mission. Toutefois, tout comme cette veuve que les consuls de Martel déchargèrent de certaines dettes héritées de son mari tué par les Anglais[2180], ils devaient recevoir des secours de la part de leurs communautés. La municipalité cajarcoise prit en charge les enfants sans ressources dont les parents étaient morts de la peste en 1348[2181], aussi est-il vraisemblable qu'ils s'occupèrent également de ceux dont le père était mort au service de la ville, mais les mentions sont trop insuffisantes pour l'affirmer formellement.

La situation rendait l'adoption des valeurs guerrières souhaitable pour des citoyens devant se battre pour défendre leur ville : les consulats en prirent conscience et s'en firent les promoteurs en utilisant les moyens à leur disposition. Il était tout autant nécessaire que les combattants sachent qu'ils ne seraient pas livrés à eux-mêmes en cas de blessure ou de capture, ce à quoi les municipalités s'attachèrent en prenant en compte les soins donnés aux blessés et une partie des rançons de ceux qui avaient la malchance d'être faits prisonniers. Au-delà, l'aide fournie aux veuves et orphelins des hommes morts en se battant n'était certainement pas spécifique, mais tout comme les autres nécessiteux, ils devaient recevoir une aide de la municipalité si besoin était. Même si dans les faits ces mesures furent mises en place progressivement en suivant les événements, il reste qu'elles firent pénétrer dans tous les foyers ce que l'on pourrait certainement appeler un véritable esprit combattant.

Pratiquement toute la société fut impliquée dans la défense, que ce soit physiquement, par le guet et les actions militaires, ou moralement, par les incitations et mesures consulaires. Ainsi baigné dans une atmosphère de violence présente aussi bien à l'intérieur qu'à l'extérieur des enceintes, l'état d'esprit des Quercinois se teinta d'une brutalité de plus en plus marquée au fil des années : à la fin des années 1430, des particuliers s'attaquaient sans vergogne à des routiers isolés pour leur voler chevaux et équipements, puis n'hésitaient pas à les noyer de sang froid pour s'en débarrasser[2182].

Parallèlement à cette implication générale des individus, la défense généra de nombreux besoins dont la satisfaction eut de profondes conséquences sur l'ensemble des économies urbaines, conséquences particulièrement importantes en ce qui concerne certains domaines.

[2179] *Ibid.*, CC 20, ff° 13 v° et 42 v°.
[2180] AM Martel, BB 5, f° 95 v°.
[2181] AM Cajarc, CC 4, f° 104 v°.
[2182] AUSSEL (M.), « Trois lettres … *Op. cit.*, p.183.

2. L'économie de défense.

La première des conséquences de la guerre sur les économies urbaines fut l'affirmation du rôle central des municipalités. A titre d'exemple, le budget de dépenses du consulat de Gourdon était de 129 040 deniers durant l'année consulaire 1330-1331[2183], tandis que six-sept ans plus tard, au début du conflit mais avant que la guerre ne touche directement le Haut-Quercy, l'augmentation des impositions royales ainsi que les fournitures faites aux armées en campagnes avaient fait monter le chiffre des débours à 225 718 deniers annuels, soit un accroissement de 74,9 %.

La hausse des ponctions royales sur les budgets municipaux eut sans nul doute des effets sur la vie économique, bien qu'il soit difficile de les percevoir faute de documents. Il est en revanche certain que l'exaspération face à cette fiscalité fut particulièrement forte, comme le montrent les brutalités faites aux commissaires royaux et le saccage du siège de la sénéchaussée par les Cadurciens en 1336[2184]. Ce mécontentement était compréhensible, car si les prélèvements augmentaient, les prix et les salaires restaient relativement stables : le setier de vin, qui coûtait entre 150 et 172 deniers en 1331[2185], se vendait encore 160 deniers sept ans plus tard[2186], tandis que le prix d'une livre de cire plafonnait à 30 deniers[2187]. Le salaire des trompettes consulaires cadurciens resta lui aussi inchangé durant cette période, stagnant à 10 sous annuels[2188].

Les éléments sont cependant trop peu nombreux pour être catégorique en ce qui concerne une probable stabilité des prix et des salaires entre 1331 et 1338, mais il reste qu'elle est fort possible, car les municipalités n'ont répercuté qu'une partie du paiement des impositions royales sur leurs contribuables. Pour pouvoir satisfaire tant ses dépenses de fonctionnement que le paiement des impôts royaux, le consulat de Gourdon par exemple, aliéna une partie du domaine public plutôt que multiplier les levées fiscales : en 1337-1338, il récolta 184 livres tournois en vendant quelques terres[2189], somme qui lui permit de couvrir 19,5 % des dépenses de l'année ; dans le même but, il emprunta en anticipant les prélèvements de tailles de certaines personnes et il piocha dans les fonds destinés à la construction de l'église Saint-Pierre, dégageant ainsi 12 livres 13 sous[2190]. Enfin, les consuls eurent recours au paiement différé de certains biens ou services[2191], sorte d'emprunts gratuits qui leur permirent de débloquer 130 livres, 108 sous et 4 deniers, soit de quoi assurer 17,9 % des débours annuels. On retrouve en 1344 à Cahors ces aliénations du domaine public faites pour subvenir aux dépenses liées à l'augmentation de la fiscalité royale[2192]. Par ces moyens, les municipalités reportaient dans le futur l'essentiel de l'impact des impositions royales, mais la partie payée par les contribuables suffisait déjà à susciter leur fort mécontentement. Or, même avec une situation politique et économique stabilisée, ce système ne pouvait perdurer longtemps.

[2183] AM Gourdon (M.A.), BB 1.
[2184] LACOSTE (G.), *Histoire…Op.cit.*, t.III, p.86.
[2185] AM Gourdon (M.A.), BB 1, ff° 31 v° et 37 v°.
[2186] *Ibid.*, BB 2, f° 66 v°.
[2187] *Ibid.*, BB 1, f° 32 v° ; BB 2, f° 52 r°.
[2188] *Ibid.*, f° 39 r° ; BB 2, f° 52 v°.
[2189] *Ibid.*, BB 2, f° 112.
[2190] *Ibid.*, f° 67 v°.
[2191] *Ibid.*, ff° 68 r°-69 v°.
[2192] AM Cahors, *Livre Nouveau*, t.III, pp.126 et 128.

La situation économique se dégrada rapidement après 1336 et la livre tournois, qui représentait encore 82 grammes d'argent fin cette année là, n'en valut plus que 16,6 six ans plus tard[2193]. Bien que les dévaluations aient été en quelque sorte bénéfiques dans un premier temps pour les municipalités fortement débitrices, elles les mirent en fait en grande difficulté en amenuisant toutes leurs rentrées d'argent alors que les besoins en fonds de fonctionnement et d'investissement connaissaient une croissance sans précédent. C'est ainsi avec une base financière malsaine et déséquilibrée, dans un climat économique général qui l'était tout autant, que chaque consulat dut faire face aux premières bandes anglaises et trouver les sommes indispensables pour mettre en œuvre sa politique de défense.

Année	Ville	Total des dépenses	Dépenses civiles (1)	% du total	Dépenses de guerre (2)	% du total	Fonctionnement (3)	% dépenses de guerre	Infrastructures (4)	% dépenses de guerre
1348-49	CAJARC*	132 430	96 819	73,1	35 611	26,9	4 827	13,6	30 784	86,4
1349-50	CAJARC	122 211	82 823	67,8	39 388	32,2	10 811	27,4	28 577	72,6
1350-51	GOURDON	154 987,5	101 450,5	65,5	53 537	34,5	36 722	68,6	16 815	31,4
1350-51	CAJARC	67 208	56 670	84,3	10 538	15,7	5 995	56,9	4 543	43,1
1352-53	CAJARC	102 624	57 126	55,7	45 498	44,3	28 938	63,6	16 560	36,4
1355-56	GOURDON*	497 555,5	208 464	41,9	289 091,5	58,1	170 729,5	59,1	118 362	40,9
1356-57	CAJARC*	117 277	86 744	74,0	30 533	26,0	17 623	57,7	12 920	42,3
1357-58	GOURDON*	295 765	73 052	24,7	222 713	75,3	211 419	94,9	11 294	5,1
1367-68	CAJARC	76 495	68 347	89,3	8 148	10,7	5 853	71,8	2 295	28,2
1368-69	CAJARC*	106 812	99 584	93,2	7 228	6,8	3 982	55,1	3 246	44,9
1369-70	CAJARC	75 608,5	48 677,5	64,4	26 931	35,6	23 975	89,0	2 956	11,0
1374-75	CAJARC	69 084,5	54 991	79,6	14 093,5	20,4	13 823,5	98,1	1 270	9,0
1376-77	GOURDON	145 452	89 943,5	61,8	55 508,5	38,2	50 667,5	91,3	4 841	8,7
1376-77	CAJARC*	131 196,5	17 450	13,3	113 746,5	86,7	93 988	82,6	19 758,5	17,4
1377-78	CAJARC*	141 577	50 252	35,5	91 325	64,5	88 351	96,7	2 974	3,3
1379-80	CAJARC*	113171	22699	20,1	90472	79,9	90248	99,8	224	0,2
1380-81	CAJARC	38149,5	27156	71,2	10993,5	28,8	9241,5	84,1	1752	15,9
1381-82	GOURDON*	145491,5	23010	15,8	122481,5	84,2	119973	98,0	2508,5	2,0
1381-82	CAJARC	9422	2048	21,7	7374	78,3	4261,5	57,8	3112,5	42,2
1386-87	GOURDON	65175	15758	24,2	49417	75,8	48220,5	97,6	1196,5	2,4
1395-96	CAPDENAC	22777	19388	85,1	3389	14,9	3365	99,3	24	0,7
1408-09	CAPDENAC	23000	18270	79,4	4730	20,6	1484	31,4	3246	68,6
	moyennes 1348-58			60,9		39,1		55,2		44,8
	moyennes 1369-1409			62,9		37,1		62,5		37,5

*Ce tableau a été réalisé à l'aide des comptes ou parties de comptes de dépenses de Cajarc et de Gourdon qui sont parvenus jusqu'à nous. La colonne (1) contient les sommes des dépenses non directement liées à la guerre, avec police, justice, impôts royaux, infrastructures civiles, achats de papier, etc. ; la (2) tout ce qui a été directement dépensé pour la guerre, et est divisé en deux parties : la colonne (3) totalise les dépenses de fonctionnement, avec l'achat et l'entretien de l'armement, le paiement des hommes envoyés se battre, les frais du guet, les salaires des messagers et des espions, la participation aux assemblées de coordination et le paiement des traités conclus avec les Anglo-Gascons ; la colonne (4) contient les dépenses relatives aux infrastructures défensives, qu'il s'agisse de construction ou d'entretien. Les noms de ville suivis de « * » signalent une année où les comptes pour cette localité sont complets ou quasi complets. Les sommes sont exprimées en deniers tournois constants.*

Tableau 20. Les dépenses de défense et leur répartition entre dépenses de fonctionnement et dépenses d'infrastructure.

[2193] FAVIER (J.), *La guerre...Op.cit.*, p.141.

Le tableau 20 met en évidence la part prise par les dépenses liées à la guerre au sein des budgets municipaux ; si l'on exclut les années où la province bénéficia d'un calme relatif (1367 à 1368 et 1395-96), il apparaît qu'elles représentèrent toujours au moins 15 % des dépenses totales ; ce minimum était cependant le cas le moins fréquent car, bien qu'elles aient souvent dépassé les 65 %, elles se situaient généralement dans une fourchette allant de 20 à 40 %. Ces chiffres correspondent aux grandes tendances observées à la même époque dans les provinces voisines : en utilisant une classification des débours différente de la notre, Florent Garnier a déterminé que la ville rouergate de Millau consacrait seulement 20,3 % de ses dépenses à sa défense en 1375, 2,63 % en 1385, 4,64 % en 1395 et 0,7 % en 1404[2194], mais en ajoutant à ces chiffres les dépenses liées à l'entretien de troupes royales et aux rachats de places tenues par les Anglais, sommes que nous avons comptabilisées dans les dépenses liées directement à la guerre, on obtient les pourcentages de 23 % en 1375, 35 % en 1385 et 20 % en 1404, nettement plus proches que ceux que nous avons trouvé en Haut-Quercy. Plus loin, à Tarascon, les dépenses de défense atteignaient aussi des sommets, se montant à 50,4 % du total en 1382-1383, à 48,7 % en 1387-1388, à 51,4 % l'année suivante[2195] et enfin de 60 à 70 % durant la dernière décennie du XIVe siècle[2196]. D'autres villes provençales consacraient ainsi des parts énormes de leurs budgets à la défense : les trois quarts pour Aix en 1396-97 et de 40 à 90 % pour Brignoles entre 1385 et 1390[2197] ; on note au passage que les régions du Sud-Est ne semblent pas avoir connu la même période de calme que le Haut-Quercy après 1395. Sortant de l'espace méridional, il convient de faire un constat logique : chaque communauté confrontée au conflit prenait les mesures nécessaires pour se protéger et investissait en conséquence. Au début du XVe siècle, Rennes, Nantes et Moncontour consacraient parfois plus de 50 % de leurs budgets annuels à la construction de fortifications[2198] ; plus au nord, la ville de Douai mit même ses finances en grandes difficultés en 1416, ses dépenses ayant à cause des frais de construction des ouvrages fortifiés dépassé ses recettes de plus de 37 %[2199].

Bien qu'elle n'ait pas été spécifique aux villes quercinoises, l'importance des sommes ainsi allouées à la défense et aux dépenses de guerre était nouvelle ; elle eut d'importantes conséquences sur les économies urbaines en créant de nouveaux courants de redistribution des deniers communautaires. Liées aux infrastructures ou relatives au fonctionnement, toutes les dépenses consulaires participèrent à cette mutation, qu'elles aient été faites pour subvenir aux besoins courants, pour payer les traités de paix locaux ou pour soutenir directement les armées royales.

Le secteur du bâtiment.

« A coup sûr le réflexe de se défendre par des moyens artificiels est aussi ancien que la guerre et l'homme a cherché sa protection contre l'assaut des autres hommes dès les premiers âges du monde »[2200] : en évoquant ainsi un réflexe de fortification, le colonel Rocolle employait une expression correspondant totalement à l'attitude des consulats quercinois pendant le conflit centenaire. Au sein de ce mouvement général qui vit toutes les villes de la province se doter

---

[2194] GARNIER (F.), « Les dépenses consulaires millavoises de 1375 à 1415 : « ni paix ni guerre » », dans *La fiscalité des villes au Moyen Age (occident méditerranéen), t.3 La redistribution de l'impôt* (pp.147-153), Toulouse, Privat, 2002, p.153.
[2195] HEBERT (M), « Les dépenses de Tarascon (1382-1391) », dans *La fiscalité des villes au Moyen Age (occident méditerranéen), t.3…Op.cit.* (pp. 169-174), p.174.
[2196] HEBERT (M.), « Le système fiscal des villes de Provence (XIVe-XVe siècles) », dans *La Fiscalité… Op.cit.*, t.2, *Les systèmes fiscaux*, p.63.
[2197] *Ibid.*
[2198] LEGUAY (J.P.), « L'approvisionnement des chantiers bretons », dans BENOIT (P.), CHAPELOT (O.), *Pierre et Métal dans le bâtiment au Moyen Age* (pp.27-79), Paris, éd. de l'EHESS, 1985 et 2001, pp.30-31.
[2199] SALAMAGNE (A.), *Construire au Moyen Age. Les chantiers de fortification de Douai*, Lille, Septentrion, 2001, p.133.

de fortifications nouvelles ou renouvelées, il convient de distinguer deux grands types de chantiers : d'une part les initiaux, réalisés entre 1345 et 1356 lorsque les municipalités firent un effort inédit pour donner ou redonner à leurs fortifications les capacités défensives nécessaires et, d'autre part, les travaux d'entretien qui permirent de garder celles-ci à niveau. Les premiers peuvent être illustrés par l'exemple de Martel en 1355-56, les seconds par celui de Cajarc en 1376.

L'exemple d'un chantier initial : Martel en 1355-56.

Les Martelais décidèrent dès la fin du mois d'août 1345 de « fermer » leur ville : le programme était ambitieux, car en plus de la remise en état des vieilles murailles du XIIe siècle, appelées les *murs vielhs* ou *murs de dins la vila*, il impliquait la construction d'une nouvelle clôture, les *murs noels* [2201], destinée à englober les faubourgs qui s'étaient développés durant la période de prospérité précédente, et qui se faisant quadruplait la surface urbaine protégée. La technique choisie pour l'édifier fut la plus simple et la moins onéreuse : il s'agissait de condamner solidement toutes les issues extérieures des maisons situées à la périphérie de la ville, puis de les relier entre elles par des murs ou des haies de pieux de façon à obtenir une ligne défensive continue.

Figure 37. Vue intérieure de la Raymondie à Martel.

Après ce premier effort, où l'on travailla nuit et jour, les chantiers se poursuivirent sur un rythme plus réduit mais ne cessèrent pas : en 1349, on relève notamment les travaux effectués à la Raymondie[2202] et l'achat du pâté

[2200] ROCOLLE (P.), *2000 ans de fortification française*, 2 tomes, Paris, Lavauzelle, 1972, p.XIII.
[2201] AM Martel, BB 5, f° 15 v°.
[2202] *Ibid.*, f° 45 v°.

de maison de la Clau, destiné à être détruit car dangereux pour la défense[2203] ; quant aux entreprises plus communes comme le creusement des fossés et la surélévation de murs, elles étaient presque permanentes[2204]. On peut ainsi affirmer que Martel fut un chantier permanent entre 1349 et 1354. En juin 1355, une nouvelle campagne de travaux fut lancée pour compléter ce qui avait déjà été fait.

L'élaboration des fortifications.

Les décisions relatives aux fortifications étaient de trois types : amélioration d'ouvrages existants, construction de nouveaux bâtiments et destruction d'édifices dangereux ou gênants pour la défense. Les plans généraux et les travaux communs étaient décidés par le collège consulaire : il ordonnait le creusement des fossés, le crénelage des murs, le renforcement des portes et des barbacanes, etc. Dans deux domaines précis en revanche, les consuls s'appuyaient sur des conseillers extérieurs pour prendre leurs décisions : il s'agissait de la maîtrise d'œuvre et de ce que l'on pourrait aujourd'hui appeler la conception tactique.

Le premier expert consulté fut un maître-maçon nommé Guilhem de Peyra-Mola, à qui les consuls demandèrent de venir « voir l'œuvre »[2205], c'est-à-dire examiner le chantier dans son ensemble. Plus loin qualifié de « maître de l'œuvre »[2206], il est probable qu'il fut entre-temps engagé pour superviser les travaux. Son logement fut alors à la charge de la municipalité qui remboursa les frais de ceux qui l'hébergèrent : la première semaine à Guilhem Miquel[2207], puis les six autres à Peyre Faure[2208].

Pendant ce séjour de presque deux mois, maître de Peyra-Mola ne fut pas uniquement occupé par son travail de maître d'œuvre et d'expert, car il consacra six jours à la taille de blocs de pierre, puis passa trois jours de plus à les appareiller. Le maître d'œuvre des fortifications était ainsi un simple maître artisan dont les compétences et l'expérience reconnues lui permettaient de conseiller les consuls sur la conduite des travaux à assez grande échelle.

En temps de guerre, les bâtiments construits trop près des murailles devenaient particulièrement dangereux, car ils étaient autant de masques et d'abris derrière lesquels un assaillant éventuel pouvait effectuer ses manœuvres d'approche ; ils devaient, autant que faire se peut, être détruits. Généralement, les consuls et le conseil décidaient eux-mêmes des édifices qu'il convenait de démolir[2209] en se rendant *in situ* pour correctement estimer les besoins[2210]. A plusieurs reprises, ils firent pourtant appel à des personnes extérieures, les dénommés Bertrand de Casnac[2211] et Johan de Borma[2212], pour préciser et confirmer leurs jugements : partout en France, la construction de fortifications était précédée d'un arpentage relativement précis des zones à bâtir ; il était généralement effectué par des arpenteurs, souvent maîtres maçons, dont les connaissances en géométrie étaient assez étendues[2213]. D'autre part, alors que les destructions devaient susciter de nombreuses résistances de la part des propriétaires, l'appel à des consultants extérieurs servait aussi à renforcer l'autorité des consuls dans ce domaine grâce à l'aura de leur savoir.

[2203] *Ibid.*, f° 65 r°.
[2204] Nombreuses mentions dans AM Martel BB 5 et CC 3-4.
[2205] AM Martel, CC 3-4, f° 67 v°.
[2206] *Ibid.*, f° 68 r°.
[2207] *Ibid.*
[2208] *Ibid.*
[2209] *Ibid.*, BB 5, f° 93 r°.
[2210] *Ibid.*, f° 93 v°.
[2211] *Ibid.*, CC 3-4, f° 70 v°.
[2212] *Ibid.*, BB 5, f° 94 v°.

La construction des fortifications était ainsi sous l'autorité directe du consulat, qui ne s'entourait du conseil de personnes extérieures que dans les deux domaines bien précis que nous venons de voir ; cette mainmise consulaire montre l'importance accordée par les édiles municipaux à la réalisation et à l'entretien du bouclier fortifié de la ville.

Les coûts.

Les sommes dépensées pour les travaux de fortification durant l'année consulaire s'élèvent à 971 livres et 5 deniers ; cette somme ne tient cependant pas compte de la variation de la monnaie, dont on connaît les proportions grâce aux mentions concernant la valeur de l'écu. Ainsi, en prenant pour base artificielle un écu constant à 18 sous, on obtient une dépense s'élevant à 139 968 deniers, soit 583 livres et 4 sous. Bien que précise, cette somme ne reflète qu'une partie de la réalité, car toute une tranche des travaux réalisés nous échappe, car effectués par la corvée[2214] ; il semble toutefois que les travaux qui incombaient à cette partie de la main-d'œuvre étaient bien spécifiques et doivent pour cela être classés à part.

Types de dépenses	Sommes en deniers	pourcentage du total
Matériaux	57 229	41,12
Dont charpenterie	27402	19,69
Dont maçonnerie	18184	13,06
Dont transport et manutention	11642	08,36
Main-d'œuvre	50 657	36,40
Dont extraction et démolition	3298	02,37
Dont maçonnerie	25894	18,60
Dont charpenterie	21463	15,42
Fournitures en matériel	6 690	4,80
Contrats à prix-faits	16 886	12,13
Maîtrise de l'œuvre	1 968	01,41
Divers (échelles, portes, nourriture…)	5723	04,11
total	139156*	100

Tableau 21. Répartition des dépenses du chantier de Martel en 1355-56.
Sur les 139 968 deniers réellement dépensés, nous n'avons pris en compte que les données exploitables statistiquement, ce qui ne modifie que de façon minime le résultat final.

Un premier regard sur le tableau ci-dessus permet de dégager quelques observations simples : équilibre relatif des dépenses de main-d'œuvre et de matériaux et, à l'intérieur de ces catégories, entre dépenses liées à la maçonnerie et à la charpenterie ; la part réservée aux contrats à prix-faits était réduite, ainsi que celle de la maîtrise d'œuvre. Le matériel acheté par la municipalité était assez peu important, de la même façon que les matériaux finis ou semi-finis comme

---

[2213] SALAMAGNE (A.), *Construire…Op. cit.*, pp.63-65.
[2214] AM Martel, BB 5, f° 93 r°.

portes et échelles, en nombre trop peu important pour être classés à part : on les trouve ici inscrits sous la rubrique « divers », à côté de dépenses accessoires comme le pain et le vin fournis aux travailleurs à certaines occasions.

Organisation et répartition du travail.

Il a été vu *supra* que l'élaboration et la conception de l'ensemble fortifié que constituait l'enceinte urbaine étaient du ressort du collège consulaire, conseillé dans les domaines de la conduite des travaux et de la réflexion tactique. Sur le terrain, les magistrats étaient relayés par un « gouverneur des ouvrages des murs de la ville » ; le dénommé Peyre Lacosta occupait cette fonction en 1355[2215] et c'est à lui qu'incombait l'organisation générale des chantiers. Pour l'exécution de certaines ordonnances, les consuls pouvaient lui donner un adjoint : ce fut le cas lorsqu'il fut décidé de détruire quelques maisons autour de l'enceinte et d'en récupérer portes et poutres[2216], Galhart Tondut devant l'aider pour ce travail[2217].

Sous l'autorité des gouverneurs, maîtres-artisans, ouvriers et manœuvres étaient désignés pour composer des équipes correspondant à la réalisation de tâches précises ; on trouvait ainsi, pour les travaux de charpenterie, des groupes de travail comprenant deux ouvriers et deux manœuvres, huit ouvriers et quatre manœuvres, cinq ouvriers et trois manœuvres, etc. Travaillant sous les ordres des ouvriers et des maîtres-artisans, une des principales tâches des manœuvres charpentiers consistait à leur faire passer les matériaux qu'ils allaient chercher sur les lieux de stockage. Il en allait de même pour leurs homologues de la maçonnerie, à la différence près que les matériaux étaient souvent déplacés à l'aide de bestiaux. Enfin, des femmes furent employées sur les chantiers de maçonnerie, mais exclusivement utilisées à porter l'eau nécessaire à l'élaboration du mortier.

La majeure partie des salaires était payée à la journée. Toutes les catégories de travailleurs et de travaux n'étaient bien entendu pas rémunérés de la même façon : Me de Peyra-Mola, lorsqu'il travaillait comme conseiller du consulat pour la conduite des travaux, touchait 18 sous par jour férié non-chômé, tandis qu'employé à tailler des blocs de pierre durant une journée ordinaire, son salaire n'était plus que de 5 sous quotidiens, soit la même chose qu'un simple ouvrier exécutant une tâche identique[2218] ; on lui reconnaissait en revanche un surplus de savoir-faire pour l'appareillage de ces blocs, étant donné qu'il touchait un sou de plus par jour par rapport à un ouvrier ordinaire employé au même travail[2219].

Les manœuvres qui secondaient les maîtres ou les ouvriers pour les travaux de maçonnerie n'étaient payés que 2 sous par jour, deux et demi pour ceux qui effectuaient le difficile travail d'extraction de la pierre. On retrouve les mêmes valeurs pour les travaux de charpenterie : un ouvrier était payé 5 sous par jour et un manœuvre de 2 à 2,5 ; il est à noter que les fils de maîtres n'étaient pas considérés comme des ouvriers mais comme des manœuvres, dont ils percevaient le salaire. Notable exception, il semble que les forgerons n'étaient pas payés à la journée, mais à la tâche lorsqu'ils étaient employés directement par la ville.

Le mouvement des salaires eut une importance toute particulière durant le chantier, car il se déroula durant une période de forte inflation et de pénurie de main-d'œuvre. Les consuls durent ainsi compter avec une hausse constante des rémunérations qui dépassa le taux d'inflation : entre mai 1355 et février 1356, l'inflation fut de 150 %, tandis que l'augmentation des salaires de manœuvres se monta à 175 %.

[2215] *Ibid.*, CC 3-4, f° 85 v°.
[2216] *Ibid.*, f° 93 r°.
[2217] La désignation d'un adjoint répondait peut-être aussi à d'autres préoccupations, car la maison de Pierre Lacoste faisait partie de celles que l'on devait détruire.
[2218] AM Martel, CC 3-4, f° 68 v°.

Avec plus de 50 600 deniers, soit plus de 36 % du total, les rémunérations constituaient le second poste des dépenses. A l'intérieur de ce celui-ci, on remarque l'équilibre existant entre les dépenses de main-d'œuvre de charpenterie et de maçonnerie, mais en prenant en compte le fait que 69 % des travaux d'extraction et de démolition étaient liés aux travaux de maçonnerie, on s'aperçoit que les dépenses liées à ces derniers étaient un peu plus importantes.

Augmentation du salaire	Salaire quotidien en deniers	Valeur de l'écu en sous	Inflation
Base 100 %	24	26	Base 100 %
+ 25 %	30	28	+ 7,7 %
+ 25 %	30	29	+ 3,8 %
+ 8,3 %	32	31	+ 7,7 %
+ 16,6 %	36	40	+ 34,6 %
+ 100 %	60	65	+ 96,1 %
Total : + 175 %			Total : + 150 %

Tableau 22. Augmentation du salaire des manœuvres et inflation à Martel en 1355-56.
(Période : mai 1355 à février 1356).

Enfin, il convient de se pencher sur les fournitures de pain et de vin faites au personnel employé aux murs ; leur part était négligeable, représentant un cinquième des dépenses diverses, elles-mêmes correspondant à un peu plus de 4 % du total. Ces denrées servaient à encourager[2220] ou à récompenser[2221] l'exécution d'un travail pénible ou urgent.

Sur le tableau 21, on remarque la place réduite réservée aux contrats à prix-faits, dont le coût s'éleva à 12,13 % des dépenses totales. 84 % des sommes allouées à ces contrats servirent à faire réaliser des travaux de maçonnerie sans aucune spécificité : creusement de fossés, condamnation de portes ou encore construction de barbacane. Parmi ceux qui furent conclus pour la réalisation d'ouvrages de charpente, le principal concerna la construction de 100 brasses de hourds, tâche qui n'avait rien d'inhabituel, tandis qu'un autre fut signé pour la construction d'un gachiel, travail qui était tout aussi commun. On trouve par ailleurs une mention faisant état d'un mur construit pour partie à prix-fait et pour partie en régie[2222], ce qui met bien évidence le fait que les travaux concernés par ces contrats n'avaient rien de spécifique.

Les prix-faits étaient attribués le même jour aux différents artisans, maçons et charpentiers, suivant la traditionnelle procédure d'enchères[2223]. L'ensemble des éléments les concernant semble montrer qu'il s'agissait de contrats d'appoint permettant de réaliser rapidement des travaux nécessaires, mais peut-être jugés secondaires, alors que le système de régie tournait déjà à plein régime.

L'organisation des chantiers peut ainsi être résumée : suivant un plan élaboré par le consulat et sous l'autorité du gouverneur des ouvrages, le travail était réparti entre les différents maîtres-artisans et ouvriers, auxquels étaient ensuite adjoints des manœuvres en nombre suffisant. L'échelle des salaires répondait aux proportions suivantes : pour un salaire de 100 points habituellement donné aux ouvriers et aux maîtres, ces derniers se voyaient gratifiés de 25 points

---
[2219] *Ibid.*
[2220] *Ibid.*, CC 3-4, f° 67 v°, par exemple.
[2221] *Ibid.*, notamment.
[2222] *Ibid.*, f° 73 r°.
[2223] *Ibid.*, f° 70 v°.

supplémentaires pour l'exécution de travaux spécifiques à leur état, tandis que les manœuvres ne touchaient que 50 à 60 points. Lorsque la totalité de la main-d'œuvre était employée, on baillait à prix-fait les ouvrages restants aux maîtres et ouvriers qui le souhaitaient, charge à eux de les exécuter sur le temps libre dont ils disposaient, ce qui permettait d'accélérer l'avancée des travaux.

A travers la répartition de la main-d'œuvre sur les différents types de chantiers, il est possible de saisir l'importance qui était accordée à chacun d'eux. Le personnel se divisait en quatre grandes catégories : le transport et la manutention (8,3 % des dépenses totales), qui utilisaient 80 % de main-d'œuvre humaine ; la main-d'œuvre d'extraction des matériaux et de démolition (2,4 % des dépenses totales) ; les mains-d'œuvre de charpenterie et de maçonnerie (respectivement 15,4 et 18,6 % des dépenses totales). On constate que les effectifs affectés à l'extraction et à la démolition étaient particulièrement rentables : représentant moins de 2,5 % des dépenses totales, ils fournissaient une très grande partie des matières premières indispensables aux chantiers.

Main-d'œuvre de maçonnerie	Somme en deniers	%
Manœuvres	1044	4,03
Ouvriers	1234	4,76
Ouvriers et manœuvres indifférenciés	12351	47,69
Main-d'oeuvre des fossés	7111	27,46
Maîtres-maçons	2968	11,46
Main-d'œuvre féminine	220	0,85
Autre main-d'œuvre	964	3,72
Total	25894	100

Tableau 23. Répartition des dépenses relatives aux différents types de main-d'œuvre de maçonnerie.

La location des bêtes de somme était particulièrement onéreuse, ce qui explique pourquoi plus de 80 % des sommes affectées au transport et à la manutention étaient destinées à payer des hommes de peine ; les déplacements à dos de bestiaux étaient réservés aux lourdes charges de sable et de pierres destinées aux maçonneries : la location de ces animaux absorbait 20 % de ce poste de dépenses. La part la plus importante était prise par la manutention des matériaux de charpenterie, car ceux-ci étaient en quantité plus importante que les matières premières de maçonnerie et l'on devait aller les chercher dans des endroits divers : maisons détruites et lieux d'entrepôts situés hors de la ville, dont le nombre était plus élevé que celui des carrières.

Les comptes ne distinguaient les ouvriers maçons de leurs manœuvres qu'assez peu fréquemment, ce qui autorise à penser qu'ils étaient moins considérées que leurs collègues des métiers de la charpente, qui étaient quant à eux généralement inscrits à part. D'autre part, une différence du niveau général de technicité entre ces deux types de métiers apparaît dans les portions des dépenses réservées aux maîtres-artisans, car elle se montaient à 11,46 % pour les maçons, mais atteignaient presque le double, avec 20,14 %, pour les charpentiers. Cet effet est renforcé par la présence, dans la catégorie de la maçonnerie, des terrassiers sans qualifications chargés de creuser les fossés, ainsi que la faible mais néanmoins existante part des femmes, dont la tâche consistait à porter l'eau nécessaire à la confection du mortier. Côté charpente, le niveau se trouve encore élevé par la présence des forgerons, tous artisans qualifiés au savoir-faire recherché, et par la part réduite des manœuvres affectés à autre chose qu'au transport et à la manutention.

Main-d'œuvre de charpenterie	Somme en deniers	%
Manœuvres	470	2,19
Ouvriers	9734	45,35
Maîtres-charpentiers	4324	20,14
Forgerons	2905	13,53
Autres dépenses de main-d'œuvre	4029	18,77
Total	21463	100

Tableau 24. Répartition des dépenses relatives aux différents types de main- d'œuvre de charpenterie.

Reste la question de la main-d'œuvre réquisitionnée, dont on ne trouve que très peu de mentions dans les comptes de l'année consulaire 1355. Les réalisations normalement rémunérées concernèrent principalement la première enceinte, celle du XIIe siècle : pour les maçonneries, ce fut le secteur de la Vidalia, avec ses murs et sa porte, et la porte de Creysse, tandis que pour les charpenteries, ce fut essentiellement le hourdage et les flanquements installés ici et là sur tout le pourtour de l'enceinte. Suivant cela, il est fort probable que la main-d'œuvre corvéable fut chargée de travailler sur les nouveaux murs, dont l'édification ne nécessitait pas autant de soins que la vieille muraille, dernier rempart de protection du cœur urbain.

Certaines mentions de dépenses imprécises, ne correspondant pas à des salaires mais relatives à ce que coûtèrent certains travaux, cachent peut-être l'emploi de ces travailleurs réquisitionnés, telle celle rapportant une somme de 17 livres et 4 sous dépensée pour la collecte de planches dans les faubourgs et pour leur transfert vers les murs de la vieille ville[2224]. Quoi qu'il en soit, il paraît improbable, alors que les Anglais manifestaient une agressivité et un dynamisme guerrier toujours croissant, que les consuls n'aient pas fait appliquer l'ordonnance du 13 décembre 1355 concernant la réquisition de la population. La simplicité technique de la tâche des corvéables était exprimée dans les textes, où il était seulement dit qu'hommes et femmes devaient « mettre de la pierre sur les murs et fermer les créneaux »[2225] ; le résultat devait être à l'avenant.

Les matériaux.

En observant le tableau 25 ci-dessous, il apparaît tout d'abord quelques éléments logiques et cohérents : l'achat de bois de charpente constituait le poste le plus important des dépenses avec plus de 45 % ; il devait s'agir d'une quantité très importante, car pour les 2 123 deniers (7.6 %) de la ligne suivante, il fut possible d'acheter 33 poutres dont on peut penser qu'elles étaient d'un prix largement supérieur, car vendues à l'unité. Il est à noter qu'une quantité importante de matériaux ne figure pas sur ce tableau : celle qui fut récupérée dans les maisons détruites sur ordre des consuls[2226].

[2224] *Ibid.*, f° 74 r°.
[2225] *Ibid.*, BB 5, f° 93 r°.
[2226] *Ibid.*, f° 93 r°.

Matériaux de Charpenterie	Somme en deniers	%
Bois de charpente	12 665	**45,91**
Poutres	2 123	**7,69**
Planches	1 734	**6,28**
Lattes	1 092	**3,95**
Clous	4 113	**14,91**
Clous à lattes	158	**0,57**
Clous de 4 ongles	27	**0,09**
Chevilles	299	**1,08**
Clous et chevilles indifférenciés	2 019	**7,32**
Fer brut	2 590	**9,39**
Ferrures	577	**2,09**
Divers matériaux de charpenterie	180	**0,65**
Total	**27 582**	**100**

Tableau 25. Répartition des dépenses relatives aux différents matériaux de charpenterie.

Les sommes consacrées à l'achat de planches et de lattes n'étaient pas particulièrement importantes : d'une part ces matériaux étaient peu onéreux et, d'autre part, on en récupérait, de la même façon que pour les poutres, des quantités non négligeables dans les maisons détruites pour les besoins de la défense[2227] : en 1355, au moins neuf maisons furent mises à bas, ainsi qu'une partie du couvent des Frères Mineurs.

Le problème se présentait sur une forme différente pour les ferrures. Il est probable qu'on n'en récupérait qu'assez peu dans les maisons détruites, d'abord parce qu'il n'y en avait que peu initialement, et ensuite parce que ce qui en subsistait devait généralement être impropre à toute nouvelle utilisation sans refonte. Entre achats de clous, de chevilles et de ferrures diverses, le consulat dépensa 7196 deniers, soit 26 % des sommes allouées à l'acquisition des matériaux de charpenterie. Les forgerons étaient parfois employés directement par la municipalité, qui leur fournissait la matière première et les payait à la tâche pour l'utiliser : les consuls achetèrent ainsi pour 2590 deniers de fer brut, qu'ils firent transformer en objets par des artisans dont les salaires se montèrent à 2905 deniers, l'opération dans son ensemble revenant à 5495 deniers. Entre fabrication en régie et achats, le prix des ferrures s'éleva à 12 691 deniers, soit plus de 46 % des dépenses de charpenterie.

Dans les comptes, on ne trouve que très peu d'acquisitions de tuiles et aucune mention de fabrication. Or, elles étaient nécessaires à la couverture d'au moins une partie des ouvrages : on peut en conclure que la réutilisation de celles provenant des bâtiments démolis était suffisante ou peu s'en faut. Elles passaient parfois directement d'un toit à l'autre : après avoir été démontées, celles de la maison de Guilhem Lagarda par exemple, furent directement stockées au pied de la tour Tournemire avant d'être employées à la couvrir[2228].

[2227] *Ibid.*
[2228] *Ibid.*, CC 3-4, f° 64 v°.

Il en va de même pour un élément qui, bien que pouvant être considéré comme étant de finition, n'en était pas moins important : il s'agissait des portes en bois desservant des ouvertures quelconques. On ne trouve que deux mentions d'achats les concernant pour un total de six pièces[2229], alors que le nombre nécessaire était supérieur, ce qui implique ici encore le recours aux éléments de récupération. En revanche, on acheta neuves les vingt-sept échelles nécessaires pour accéder aux *gachiels* [2230] et au chemin de ronde[2231].

Il est indispensable de mettre en parallèle le tableau des achats de matériaux de maçonnerie avec celui de la main-d'œuvre employée à l'extraction et à la démolition pour bien comprendre la façon dont les consuls faisaient approvisionner les maçons qu'ils employaient.

En ce qui concerne la pierre, le consulat ne fut en tout et pour tout acquéreur que de soixante-quinze blocs de granit taillés[2232], alors que les besoins pour l'ensemble du chantier étaient sans commune mesure avec une quantité aussi réduite. En fait, étant donné le prix relativement élevé de ces pierres, il est évident que leur production en régie était beaucoup plus intéressante et qu'elle fut le principal mode d'approvisionnement des travaux. Au sein de cette régie, les matériaux issus de l'extraction ne devaient pas être aussi rentables que ceux provenant des démolitions, malgré les sommes plus importantes qui y furent dévolues. En effet, sur le tableau 27, récapitulant les dépenses de main-d'œuvre de la régie d'extraction et de démolition, les coûts indiqués ont été calculés par rapport aux jours de travail qui y ont été consacrés, mais il est évident qu'une journée d'homme employée à l'extraction, même avec un excellent rendement, ne pouvait pas fournir autant de matériaux prêts à l'emploi qu'une autre consacrée à la démolition de bâtiments : la majeure partie des pierres et des moellons utilisés pour l'édification des fortifications devait provenir du réemploi des matériaux récupérés sur les édifices détruits.

Matériaux de maçonnerie	Somme en deniers	%
Pierre de truffre (granit)	363	1,99
Chaux vive	3 500	19,25
Chaux morte	3 408	18,74
Chaux indifférenciée	7 028	38,64
Sable	3 884	21,36
Total	18 184	100

Tableau 26. Répartition des dépenses relatives aux différents matériaux de maçonnerie.

Mis en rapport avec la longueur totale des deux enceintes mises bout à bout, soit 2400 mètres, la quantité des matériaux de maçonnerie ainsi obtenus semble faible. Plusieurs hypothèses peuvent être formulées, mais nous retiendrons la suivante : d'une part, l'enceinte intérieure du XIIe siècle ne nécessitait qu'une forte remise en état et, d'autre part, la nouvelle muraille n'était pas vraiment une édification *ex-nihilo*, car sa construction s'appuyait sur les maisons faisant face à l'extérieur, dont on murait les issues avant de fermer les intervalles non bâtis qui les séparaient ;

[2229] *Ibid.*, f° 66 v°.
[2230] *Ibid.*, f° 65 r° et 70 v°.
[2231] *Ibid.*, f° 68 r° et 73 r°.
[2232] *Ibid.*, f° 68 r°.

les besoins étaient donc importants, certes, mais sans être pléthoriques. Par ailleurs, les travaux sur le périmètre extérieur furent menés avec célérité en utilisant des solutions techniques privilégiant le bois, plus rapides à mettre en œuvre ; les ouvrages de base charpentés ne furent maçonnées qu'ensuite, en fonction des besoins et des moyens de la municipalité, comme à Cahors par exemple, où la levée de terre du Pal, édifiée en 1345-47, ne fut remplacée par une muraille qu'une soixantaine d'années plus tard[2233].

Main d'œuvre d'extraction et de démolition	Somme en deniers	%
Extraction matériaux maçonnerie	1 901	57,62
Démolition maçonnerie	1 037	31,45
Démolition charpenterie	149	4,53
Démolition indifférenciée	210	6,38
Total	3 298	100

Tableau 27. Répartition des dépenses de main-d'œuvre de démolition et d'extraction des matériaux.

D'importantes quantités de chaux furent achetées : plus de 649 quintaux et 27 saumées, que l'on peut estimer entre 27,8 et 31,7 tonnes pour les premiers et aux alentours de 2106 litres pour les secondes. La vieille enceinte, où furent concentrés les travaux de maçonnerie, fut ainsi réparée et améliorée avec des structures de qualité, liées au mortier chaulé et non avec de la simple argile, pratique fort répandue à l'époque dans la région. Les achats de chaux représentèrent plus de 76 % des dépenses effectuées en matériaux de maçonnerie ; achetée vive ou éteinte dans des proportions sensiblement égales, elle était plus chère dans le premier cas, ce qui paraît logique si l'on considère que la chaux éteinte contenait une part non négligeable d'eau. La plus grande partie était fabriquée en ville, mais les quantités indispensables aux chantiers imposèrent parfois d'en acheter à l'extérieur : on alla ainsi se fournir chez Guilhem Lacasanha, à Saint-Sozy[2234], et chez Peyre Da Marial, à Nespouls[2235].

L'analyse du chantier de construction des fortifications de Martel réalisé en 1355-1356 laisse apparaître le souci constant d'économie émanant de la gestion consulaire. Dès la conception du projet, on limita l'appel aux conseillers extérieurs au strict nécessaire, que ce soit pour l'élaboration et la conduite du programme, ou pour appuyer les choix consulaires concernant la mise en défense, choix qui impliquaient démolitions et expropriations de biens privés. De la même façon, les magistrats préférèrent administrer le chantier en régie car cette solution, favorisant l'emploi du personnel à la journée et parfois à la tâche, permettait de serrer les dépenses au plus près ; cela se fit au détriment des contrats à prix-faits, plus rémunérateurs pour les maîtres-artisans qui pouvaient en dégager des marges plus importantes[2236], car ils ne furent utilisés que comme appoints ponctuels.

[2233] Lors des travaux de mise en défense réalisés dans l'urgence en 1345-47, l'isthme fermant le méandre de Cahors ne fut fermé par des ouvrages maçonnés que sur les deux tiers environ de sa longueur ; le reste, dans la plaine du Pal, fut muni d'un simple merlon de terre garni de pieux ; il ne fut remplacé par une courtine maçonnée qu'en 1407.
[2234] *Ibid.*, f° 67 v°.
[2235] *Ibid.*
[2236] Un contrat à prix-fait était le fruit d'une négociation entre un maître-artisans et un commanditaire, qui fixait le prix d'une réalisation donnée tout compris, matériaux et main-d'oeuvre. Tous les bénéfices et les éventuelles économies se faisaient donc au bénéfice du maître-artisan; de plus, si ce dernier estimait que le prix-fait avait été minoré au départ, il pouvait demander sa réévaluation.

Dans les comptes, l'équilibre apparent des dépenses de maçonnerie et de charpenterie cache en fait une autre réalité : à somme dépensée égale, le volume linéaire de fortifications charpentées construit était bien supérieur à celui des maçonnées. Celles-ci furent ainsi essentiellement réalisés dans le secteur est de la vieille ville, tandis que la mise en place de hourds et la construction de *gachiels* concerna l'ensemble des murs du XIIe siècle. Le bois représenta ainsi une solution à la fois pratique et économique pour les renforcer et les améliorer rapidement. Enfin, la place importante tenue par les matériaux de récupération suffirait à elle seule à illustrer le souci d'économie manifesté par le consulat. Cette volonté de réduire les dépenses ne fit que s'accentuer au fil des années, les ressources financières devenant de plus en plus réduites. Nous la retrouvons ainsi encore plus marquée dans une importante opération d'entretien que les consuls de Cajarc furent obligés de réaliser au cours de l'année 1376.

L'exemple d'un chantier d'entretien : Cajarc en 1376.

Au début du conflit, les Cajarcois avaient dû considérablement investir pour doter leur ville de fortifications efficaces. En effet, il semble que les vieilles murailles léguées par les siècles précédents étaient alors dans un tel état de délabrement que l'on pouvait qualifier la ville de « sans murs ni fossés »[2237]. La rapidité avec laquelle la clôture fortifiée fut remise en état fut à l'origine d'une certaine faiblesse de l'ensemble, ce qui rendit les opérations d'entretien particulièrement importantes pendant les décennies suivantes. Le 2 avril 1376, étant donné l'état de certaines parties de l'enceinte, le conseil consulaire fut d'avis qu'il fallait entreprendre d'indispensables réparations[2238] et décidèrent le lancement d'un programme. Il fut grandement perturbé avant d'arriver à son terme : le 20 juillet suivant, toute une portion de muraille s'écroula du côté de la maison Lamartinia[2239], rendant encore plus criante la déliquescence galopante des ouvrages fortifiés. Les Anglais étant alors particulièrement actifs, établis à Balaguier-d'Olt[2240], Puylagarde[2241] et Vers[2242], il était primordial de terminer rapidement tous les travaux d'entretien et surtout de refermer la brèche qui venait de s'ouvrir.

Répartition des dépenses.

Presque la moitié des dépenses du chantier furent faites en faveur du *pal*, la palissade de pieux qui entourait les faubourgs. Seule ou plantée sur un merlon de terre, il s'agissait de l'ensemble le plus sensible aux éléments atmosphériques et, de ce fait, la partie la plus dégradée des fortifications : cela explique la part du budget qui y fut affecté. Le second poste de dépenses fut celui relatif à la réfection du mur de Lamartinia, écroulé le 20 juillet ; nous y reviendrons. Venait ensuite l'entretien des flanquements en superstructure, *gachiels* et hourds, particulièrement nombreux et tous en bois, ce qui nécessitait ici encore un maintien en condition particulièrement suivi. La maintenance de la principale porte de la ville, celle de la Peyre, absorba plus de 6 % des dépenses, car son fonctionnement quotidien avait dû provoquer son usure prononcée ; il en allait certainement de même, mais à une moindre échelle, avec l'ensemble

---

[2237] AM Cajarc, FF 113.
[2238] *Ibid.*, CC 12, reg. III, f° 75 v°.
[2239] *Ibid.*, f° 84 v°.
[2240] *Ibid.*, f° 27 r°.
[2241] *Ibid.*, f° 76 r°.

porte et pont dits « de Guilhem Peirier ». L'entretien des murailles proprement dites n'était pas jugé comme primordial par les consuls, étant donné que seuls 5,95 % des dépenses y furent affectés. Enfin, quelques opérations diverses et peu importantes furent faites soit sur l'ensemble des fortifications, soit plus spécifiquement aux portes.

Dépenses relatives au(x) :	Prix en deniers	% du total
Pal	7 044	47,32
Mur effondré de Lamartinia	3 223	21,65
Flanquements en superstructure	1 056,5	7,10
Porte de la Peyre	912	6,13
Murs, hormis celui de Lamartinia	886	5,95
Porte et pont de Guilhem Peirier	724	4,86
Opérations diverses générales	868	5,83
Opérations diverses aux portes	203,5	1,36
TOTAL	**14 917**	**100**

Tableau 28. Répartition des dépenses du chantier de 1376 à Cajarc.
(Les dépenses relatives aux achats de matériaux usagés dont la destination était indéterminée ne sont pas prises en compte ; il s'agissait de matériaux de charpenterie pour 2592 deniers et de maçonnerie pour 180).

	Répartitions des dépenses entre :		
Dépenses relatives au(x) :	Charpenterie	Maçonnerie	Divers
Pal	100 %	0 %	0 %
Mur effondré de Lamartinia	27,58 %	72,42 %	0 %
Flanquements en superstructure	100 %	0 %	0 %
Porte de la Peyre	100 %	0 %	0 %
Murs, hormis celui de Lamartinia	12,64 %	87,36 %	0 %
Porte et pont de W. Peirier	100 %	0 %	0 %
Opérations diverses générales	17 %	73,50 %	9,50 %
Opérations diverses aux portes	82,31 %	17,69 %	0 %
% des dépenses totales	**76,29 %**	**23,70 %**	**2,58 %**

Tableau 29. Répartition des dépenses entre charpenterie et maçonnerie (chantier de Cajarc en 1376).

Contrairement au chantier martelais des années 1355-56, les dépenses de maçonnerie et de charpenterie étaient loin de s'équilibrer dans celui réalisé à Cajarc une vingtaine d'années plus tard : les travaux relatifs à la charpente y absorbaient plus de 76 % du budget à eux seuls. Il est à noter que cette part aurait été encore plus élevée si l'écroulement du mur de Lamartinia n'avait pas obligé les consuls à le faire reconstruire. Si, à l'image du budget de 1376, les magistrats n'avaient pas consacré beaucoup d'argent à l'entretien des murailles durant les années précédentes, il n'était pas vraiment

[2242] *Ibid.*, f° 81 v°.

surprenant de les voir s'écrouler par pans entiers, surtout si l'on se souvient qu'elles avaient été construites dans la précipitation du début de la guerre.

Organisation et répartition du travail.

Sur un plan général, il semble que la répartition des tâches entre les professionnels et la corvée soit restée la même qu'au début de la guerre : aux artisans les travaux sur les ouvrages importants, à la corvée ceux des défenses secondaires. C'est ainsi que la majorité des opérations effectués au *pal* des faubourgs le furent par des personnes réquisitionnées qui furent chacune quotidiennement indemnisées par 2 pains et une quarte de vin[2243] ; de la même façon, on appela toute la population disponible pour dégager les fossés dans lesquels s'était écroulée la muraille de Lamartinia et on distribua du vin pour inciter les gens à rester au travail[2244]. En ce qui concerne les opérations confiées à des professionnels, les travaux étaient directement attribués aux artisans et à leurs aides par les consuls qui géraient la majeure partie des chantiers en régie. Les prix-faits avaient alors tendance à disparaître : durant toute l'année 1376, un seul fut conclu et il à noter que ce fut dans le cadre exceptionnel de la réfection du mur écroulé de Lamartinia[2245].

Opérations de maçonnerie	Composition de l'équipe de travail	Durée des travaux
Faire un passage dans un mur	1 maître maçon	2 jours
Fermer des issues privées	1 maître maçon, 2 manœuvres	1 jour
Redresser des contreforts	1 maître maçon, 2 manœuvres	1 jour
Redresser des contreforts	1 maître maçon, 2 manœuvres	1 jour
Redresser des contreforts	1 maître maçon, 1 manœuvre	1 jour
Réparer le portanel du *barri* Nuo	1 maître maçon	1 jour
Travail au mur de Lamartinia	1 maître maçon	2 jours
Travail au mur de Lamartinia	1 maître maçon	2 jours

Total des journées de maître maçons : 11
Total des journées de manœuvres : 7

Tableau 30. Opérations de maçonnerie et composition des équipes de travail (chantier de Cajarc en 1376).

[2243] *Ibid.*, ff° 78 v°-79 r°.
[2244] *Ibid.*, f° 85 r°.
[2245] *Ibid.*, f° 87 r°.

Opérations mixtes, charpenterie et maçonnerie	Composition de l'équipe de travail	Durée des travaux
Travail au mur de Lamartinia	1 maître maçon 1 ouvrier charpentier 2 manœuvres	10 jours
Travail au mur de Lamartinia	1 maître maçon 1 maître charpentier 1 ouvrier maçon 2 ouvriers charpentiers 4 manœuvres	1 jour
Travail au mur de Lamartinia	1 maître maçon 1 ouvrier charpentier 3 manœuvres	1 jour
Faire un passage à une porte	1 maître maçon 1 maître charpentier 2 ouvriers charpentiers	4 jours
Travail au mur de Lamartinia	1 maître maçon 2 ouvriers charpentiers	2 jours
Redresser un mur	1 maître maçon 2 ouvriers charpentiers 1 manœuvre	1 jour

Total des journées de maîtres maçons : 19
Total des journées de maître charpentier : 5
Total des journées d'ouvriers maçons : 1
Total des journées d'ouvriers charpentiers : 27
Total des journées de manœuvres : 28

Tableau 31. Opérations mixtes et composition des équipes de travail (chantier de Cajarc, 1376)

Opérations de charpenterie	Composition de l'équipe de travail	Durée des travaux
Faire le *pal*	6 manœuvres	1 jour
Faire le *pal*	25 manœuvres	1 jour
Faire le *pal*	32 manœuvres	1 jour
Faire le *pal*	43 manœuvres	1 jour
Faire le *pal*	28 manœuvres	1 jour
Faire le *pal*	42 manœuvres	1 jour
Faire le *pal*	33 manœuvres	1 jour
Faire le *pal*	31 manœuvres	1 jour
Faire le *pal*	28 manœuvres	1 jour
Faire le *pal*	10 manœuvres	1 jour
Faire le *pal*	8 manœuvres	1 jour
Faire le *pal*	7 manœuvres	1 jour
Faire le *pal*	5 manœuvres	1 jour
Faire le *pal*	2 manœuvres	1 jour
Faire le *pal*	1 maître charpentier / 2 manœuvres	2 jours
Faire le *pal*	1 manœuvre	1 jour
Faire le *pal*	1 maître charpentier	3 jours
Faire le *pal*	9 manœuvres	1 jour
Fermer des issues privées	2 ouvriers charpentiers / 2 manœuvres	1 jour
Fermer des issues privées	1 ouvrier charpentier / 1 manœuvre	1 jour
Réparer la porte de Blanquet	1 maître charpentier	1 jour
Réparer la porte de la Hugonia	1 maître charpentier	1 jour
Réparer les *gachiels*	1 maître charpentier / 1 ouvrier charpentier / 1 manœuvre	10 jours
Réparer les *gachiels*	1 ouvrier charpentier / 1 manœuvre	1 jour
Travail à la porte de Guilhem Peirier	1 maître charpentier / 1 ouvrier charpentier	5 jours
Travail au mur de Lamartinia	1 maître charpentier / 1 ouvrier charpentier / 7 manœuvres	1 jour
travail au mur de Lamartinia	3 ouvriers charpentiers / 2 manœuvres	1 jour
travail au mur de Lamartinia	1 maitre charpentier	2 jours
travail au pont de la Peyre	2 ouvriers charpentiers	6 jours
travail au pont de la Peyre	1 maître charpentier / 1 ouvrier charpentier / 1 manœuvre	2 jours

Total des journées de maîtres charpentiers : 27 *Total des journées de manœuvres : 339*
Total des journées d'ouvriers charpentiers : 37

Tableau 32. Opérations de charpenterie et composition des équipes de travail (chantier de Cajarc, 1376).

Au-delà du déséquilibre existant entre les dépenses de maçonnerie et de charpenterie, il apparaît clairement que les deux corps de métiers fonctionnaient de manière différente. Celui des maçons, beaucoup moins varié socialement, ne laissait que peu de place aux ouvriers, alors que dans celui des charpentiers ils avaient d'une part une position professionnelle équivalente à celle des maîtres et étaient, d'autre part, deux fois plus nombreux que ces derniers. Ainsi, si aucune opération ne fut confiée à la direction d'un ouvrier maçon, nombre d'entre-elles le furent à leurs collègues de la charpente ; il est cependant à noter que le nombre d'ouvriers maçons ne permettait peut-être pas une telle dévolution des opérations : un seul d'entre eux fut employé sur le chantier, tandis que les ouvriers charpentiers furent nombreux à y travailler.

Catégorie	Nombre total des journées de travail
Maîtres maçons	30
Maîtres charpentiers	32
Ouvriers maçons	1
Ouvriers charpentiers	64
Manœuvres	374

Tableau 33. Nombre de journées de travail par catégories professionnelles (chantier de Cajarc, 1376).

Contrairement au chantier martelais de 1355-56, il ne ressort pas de l'ensemble des documents cajarcois de 1376 que les maçons étaient moins considérés que les charpentiers. D'une part, ils étaient beaucoup moins nombreux et étaient pratiquement tous des maîtres, tandis que d'autre part, dans les chantiers mixtes, il arrivait fréquemment que des ouvriers de la charpente travaillent sous la direction de l'un d'entre eux ; l'inverse n'arrivait jamais. Enfin, le niveau du corps des charpentiers était encore abaissé du fait que de très nombreux manœuvres issus de la corvée furent employés pour les besoins du pal.

Une nuance de taille doit cependant être posée à cette impression de déclassement des charpentiers : les maîtres de la profession étaient payés 40 deniers quotidiens au lieu des 36 que recevaient leurs collègues de la maçonnerie ; les ouvriers charpentiers touchaient moins, avec un salaire de trente deniers par jour. Quant aux manœuvres, qu'ils aient été employés pour les besoins d'opérations de maçonnerie, de charpenterie ou encore de démolition et d'extraction ne changeait rien à leur rémunération, qui oscillait toujours entre 18 et 20 deniers quotidiens.

Si maçons et charpentiers étaient principalement payés à la journée, il en allait autrement des forgerons dont le mode principal de rémunération était la tâche lorsqu'ils étaient employés en régie et que la matière première leur était fournie. Contrairement aux autres corps de métiers, leur participation au chantier se faisait surtout par la vente d'objets finis tels que clous, chevilles, serrures ou cadenas, de la même façon que dans les grands chantiers du début du conflit.

La prédominance des charpentiers met surtout en évidence le fait que l'on ne faisait plus d'améliorations substantielles sur les fortifications. Au mieux, de nouveaux *gachiels* pouvaient être édifiés, mais plus aucun ouvrage maçonné n'était ajouté aux structures existantes : les finances urbaines étaient trop justes pour cela ; elles étaient d'ailleurs presque aussi insuffisantes pour permettre un entretien de qualité.

Consulat de Cajarc	Achat d'objets finis	Fabrication en régie	
		Achat de matière première	Œuvre
Somme en denier	830,5	232	118
Total	830,5	350	
%	70,35	29,65	

Tableau 34. La provenance des ferrures, entre achat et fabrication en régie (chantier de Cajarc, 1376).

Les matériaux.

Si au début du conflit certaines portions de murailles étaient construites au mortier chaulé, cette façon de procéder tendait à se faire plus rare vingt ans plus tard. Il n'est d'ailleurs même pas sûr que l'on utilisa de la chaux lors des opérations d'entretien de la muraille décidées au mois d'avril 1376. En effet, si l'on trouve mention de l'eau nécessaire à la construction[2246], il n'y en a aucune concernant la chaux : il est ainsi possible, sinon fort probable, que l'on se soit contenté de lier la pierre avec un mélange d'argile. Quoi qu'il en soit, lorsque l'enceinte s'écroula du côté de chez Lamartinia, on n'envisagea pas de la reconstruire à l'aide de chaux, mais plutôt d'utiliser une technique sans mortier en édifiant un « mur de pierre sèche »[2247]. Toutes les réparations effectuées après 1375 ne furent pas aussi légères, étant donné que quatre ans plus tard les Cajarcois firent reconstruire une autre portion de muraille écroulée, celle dite du Cadran, avec du mortier chaulé[2248], mais il est évident que leurs moyens n'en permettaient plus une utilisation systématique.

Dans les chantiers martelais de 1355-56, les bâtiments détruits fournirent une grande partie des matières premières indispensables. Cette façon de se procurer des matériaux fut encore plus intensément utilisée durant les opérations cajarcoises de 1376 où, pour treize personnes employées à extraire de la pierre d'une carrière, cinquante le furent à détruire des maisons dont les débris servirent tant aux maçons qu'aux charpentiers ; il est ainsi à noter que si les premiers chantiers reçurent des matériaux neufs en provenance des carrières, les seconds n'utilisèrent quasi-exclusivement que des éléments de récupération : six maisons, peut-être huit, furent ainsi sacrifiées en 1376 à Cajarc, dont quatre uniquement pour les besoins du pal[2249]. Une autre donnée montre clairement que les ouvrages nouvellement construits étaient loin d'être de la même qualité que ceux édifiés au début du conflit : les ferrures, qui représentaient 38 % des dépenses de charpenterie à Martel en 1355-56, n'en constituaient plus que 8,74 % à Cajarc en 1376.

S'il ressort des chantiers du début du conflit, comme celui de Martel en 1355-56, une impression générale d'économie, il émane de celui de Cajarc en 1376 une idée de pauvreté et d'impossibilité à maintenir les fortifications dans un état acceptable : entretien limité aux structures les plus éprouvées, reconstructions à l'économie, emploi quasi-exclusif de matériaux de récupération.

[2246] *Ibid.*, f° 93 v°.
[2247] *Ibid.*, f° 80 r°.
[2248] *Ibid.*, CC 16, reg. I, f° 72 v°.
[2249] *Ibid.*, CC 12, reg. III, ff° 57 r°, 64 v°, 90 v°, 92 r°.

Le maintien des activités du bâtiment.

Si dès les premiers temps les consulats marquèrent leur souci de construire leurs fortifications de façon économique, il ne fut cependant pas question de faire jouer cette économie sur la qualité des ouvrages les plus importants sur le plan de la tactique défensive. Or, ceux-ci étaient particulièrement nombreux à l'échelle de la province et le problème de la pénurie des personnels qualifiés pour les construire se posa rapidement : en 1348 à Cajarc, les consuls confrontés au manque de maîtres maçons locaux, durent faire appel à cinq hommes qualifiés de Villeneuve[2250], tandis que quatre ans plus tard, c'est vers trois maîtres de Figeac qu'ils se tournèrent[2251]. Cajarc n'était pas la seule localité dont les besoins en personnel du bâtiment ne pouvaient être satisfaits par la main-d'œuvre locale : le 22 août 1350, les consuls de Gourdon décidèrent d'envoyer une douzaine d'hommes, tant maçons que charpentiers et manœuvres, à Villefranche-de-Périgord pour y aider à la remise en état des fortifications[2252], tandis que les Martelais firent aussi appel à un maçon de Labastide[2253] et à un spécialiste en creusement de fossés de Sarrazac dans le courant de l'année suivante[2254].

Il en allait de même avec la plupart des corps de métiers impliqués dans la construction ou la remise en état des ouvrages défensifs : toujours en 1348 à Cajarc, la production de clous était insuffisante et l'on alla en acheter de grandes quantités à un forgeron de Varaire, village situé à 17 kilomètres[2255]. De la même façon mais l'année suivante, ils firent appel à un forgeron de Figeac pour effectuer certains travaux de ferronnerie[2256]. L'industrie métallurgique figeacoise était assez développée et, en 1352, elle approvisionnait en clous jusqu'aux chantiers de Martel[2257] ; trois ans plus tard cependant, Martelais n'allaient plus aussi loin pour se fournir en ferrures, les achetant plutôt aux artisans de Souillac[2258]. A la même époque, c'est à un forgeron de Nabirat que les consuls gourdonnais firent appel pour pallier les insuffisances de la production de leur ville[2259].

Le déséquilibre entre l'offre et la demande du travail dans le domaine du bâtiment était ainsi patent au début du conflit. La situation fut ensuite plus inégale : les besoins en travaux de fortifications n'étaient plus aussi importants et les sommes qui y étaient allouées variaient considérablement d'une année sur l'autre. Pour ne prendre que l'exemple de Cajarc, la moitié des 19 758,50 deniers du budget 1376-77 consacrés aux infrastructures permettait le paiement de dix manœuvres durant 49 jours, tandis que la totalité des 2974 de l'exercice suivant auraient tout juste permis de les faire travailler quatorze jours. Il reste que l'excès de la demande arrivait vite : en 1376, les Cajarcois furent obligés de faire appel à un maître-maçon de Larroque-Toirac[2260] et en envoyèrent chercher d'autres à Promilhanes et à Beauregard[2261] afin de pouvoir faire rapidement reconstruire le mur de Lamartinia qui venait de s'écrouler ; quatre ans plus tard, il firent venir un maître maçon de Corn pour les travaux de la muraille dite du Cadran[2262] et firent renforcer les équipes locales par quatre ouvriers venant de l'extérieur[2263].

[2250] *Ibid.*, CC 4, f° 131.
[2251] *Ibid.*, CC 7, f° 100 v°.
[2252] AM Gourdon (M.A.), BB 3, f° 18 r°.
[2253] AM Martel, CC 3-4, f° 15 r°. Nous n'avons pu identifier cette localité, plusieurs Labastide existant dans la région.
[2254] *Ibid.*, f° 33 r°.
[2255] AM Cajarc, CC 4, f° 134.
[2256] *Ibid.*, CC 5, envers du registre, f° 56 v°.
[2257] AM Martel, CC 3-4, f° 45 r°.
[2258] *Ibid.*, ff° 65 v°, 66 r°.
[2259] AM Gourdon (M.A.), CC 18, ff° 26 r°, 27 v°, 29 r°, 116 r°.
[2260] AM Cajarc, CC 12, reg. III, f° 84 v°.
[2261] *Ibid.*, f° 85 r°.
[2262] *Ibid.*, CC 16, reg. I, f° 48 r°.
[2263] *Ibid.*, f° 47 v°.

Le maçon cajarcois Peyre Robert profita sans nul doute des chantiers lancés en 1348. Si l'on ne trouve pas trace de lui au début des travaux[2264], il y fut intensément présent dès 1349, murant ici une porte[2265], édifiant là une ligne de merlons-créneaux[2266], ou encore construisant à prix-fait une portion entière de muraille[2267] ; l'année suivante, il fut chargé de choisir les ouvriers employés par la ville[2268] et fut toujours aussi actif sur les chantiers[2269]. En 1348, sa participation aux tailles, dans la moyenne, se montait aux environs de 0,46 % du total levé sur la communauté, mais elle passa à 1,28 % l'année suivante, alors qu'il agrandissait son patrimoine immobilier à l'intérieur de la vieille enceinte : profitant certainement de la manne naissante que représentaient les chantiers, ses revenus étaient en constante augmentation. En 1350, ils furent tellement importants que sa participation à la première taille de l'année représenta 14 % de la levée. En fait, la flambée des revenus de Peyre Robert fut de courte durée, sa participation aux impôts directs descendant à 0,28 % en 1352 ; le déclin se poursuivit ensuite, car en 1369, il ne participait plus qu'à hauteur de 0,13 % et s'était séparé d'une partie de ses propriétés[2270].

Les frères B. et Huc Andrio étaient charpentiers et travaillèrent aux premiers chantiers cajarcois avec lui. En 1350, leur activité quasi-constante sur les fortifications leur dégagea des revenus suffisamment importants pour généreusement participer aux tailles à hauteur de 2,37 et 2,03 %. Ils disparurent avant 1369 et ce qu'ils laissèrent à leurs familles était pourtant bien maigre : la veuve de Huc et la fille de B. ne participaient plus aux impositions directes qu'aux alentours de 0,01 % chacune. Le charpentier Bernat Petit en revanche, qui participa aux chantiers de Gourdon en 1356-57[2271], légua à sa veuve une situation financière saine, étant donné que sa participation aux tailles de 1376 la situait dans la première moitié des contribuables[2272]. A l'opposé, les revenus de Peyre la Garrigua, qui travailla avec Bernat Petit en 1356-57, n'avaient vingt ans plus tard rien d'exceptionnels, car il payait ses fouages en retard[2273].

D'une manière générale, il ne semble pas que les gens des métiers du bâtiment se soient enrichis grâce aux travaux de fortifications, ceux-ci étant certainement insuffisants pour se substituer à des chantiers civils considérablement raréfiés avec la crise. Entre 1376 et 1381, le maître maçon cajarcois G. Lagreza ne participait le plus souvent qu'entre 0,15 et 0,19 % du total de chaque taille, avec parfois des hausses à 0,31 ou 0,38 %[2274], ce qui le situait toujours en dessous de la moyenne. Le maître charpentier B.B. était à peine mieux loti : en 1350, profitant des grands chantiers de l'époque, il y participa pour 3 %, mais à partir de 1376 ses contributions restèrent situées aux alentours de la valeur médiane, oscillant entre 0,30 et 0,62 %[2275]. Toutefois, en assurant une activité minimum aux hommes du bâtiment tout au long du conflit, les consulats leur permirent de se maintenir et, finalement, de moins souffrir de la crise que les autres catégories socioprofessionnelles : en 1344, le bâtiment employait 26 Cajarcois et, 38 ans plus tard, il en faisait toujours travailler 25[2276] alors que durant le même temps la population avait baissé de moitié[2277].

[2264] Il n'y a pas de trace de paiement le concernant dans le registre AM Cajarc, CC4.
[2265] AM Cajarc, CC 5, envers du registre, f° 41 r°.
[2266] *Ibid.*, f° 42 r°.
[2267] *Ibid.*, f° 50 r°.
[2268] *Ibid.*, CC 6, f° 54 v°.
[2269] *Ibid.*, f° 57 r°.
[2270] Données issues du recoupement de tous les rôles de tailles de Cajarc (exceptés ceux du registre CC 8 de 1356).
[2271] AM Gourdon (M.A.), CC 18, ff° 26 v°, 36, 37 v°.
[2272] *Ibid.*, CC 20, f° 70 r°.
[2273] *Ibid.*, f° 56 v°.
[2274] Données issues du recoupement de tous les rôles de tailles de Cajarc (exceptés ceux du registre CC 8 de 1356).
[2275] *Idem.*
[2276] CLAVAUD (F.), « Evolution et structure de la population à Cajarc, consulat du Haut-Quercy, au XIVe siècle : un exemple du cas des petites villes », dans *Démographie médiévale, Actes du 118e congrès national des Sociétés historiques et scientifiques*, Pau 1993, (pp.51-83), p.66. Nous avons exclu les charbonniers et les tourneurs comptabilisés par F. Clavaud avec « les métiers du bâtiment et du travail du bois ».

La composition de cette catégorie socioprofessionnelle connut cependant des modifications d'importance, témoignant d'une adaptation à la demande qui fit suite aux restrictions budgétaires entraînées par l'appauvrissement des budgets municipaux. Ainsi en 1382, sur les trois métiers du bâtiment présents à Cajarc en 1344, à savoir couverture, maçonnerie et chapenterie, le premier avait disparu tandis que les deux autres avaient accru leurs effectifs et que deux nouvelles activités étaient apparues. La disparition des quatre couvreurs correspondait certainement à un partage de leurs compétences entre les autres groupes, qui purent ainsi élargir les leurs : les maçons et les charpentiers passèrent ainsi respectivement de 6 à 7 et de 15 à 16, tandis qu'un homme exerça nouvellement le métier de tuilier. A Gourdon, nous pouvons voir l'éventail élargi des compétences de Mᶜ Johan Belet, charpentier de son état mais capable de réparer des mécanismes d'arbalètes[2278], ou encore de remettre une maison en état sans avoir recours ni aux services d'un maçon, ni à ceux d'un couvreur[2279].

Un phénomène identique semble s'être produit dans les métiers du métal : Cajarc comptait six artisans de trois métiers différents en 1344 ; 38 ans plus tard, ils n'étaient plus que cinq pour deux types d'activités, les deux serruriers ayant disparu alors que l'effectif des forgerons était passé de 3 à 4. L'élargissement des compétences des forgerons fut cependant moins flagrant dans des villes plus grandes comme Gourdon, où en 1381 la demande nécessitait encore l'existence spécifique de serruriers, qui travaillaient d'ailleurs de concert avec les autres artisans du métal[2280]. Toujours au sein des métiers du bâtiment, l'apparition en 1382 à Cajarc d'un *valadier* [2281], professionnel spécialisé dans le creusement et l'entretien des fossés, est certainement à mettre en parallèle avec la généralisation de ces ouvrages de défense.

Malgré les changements qui les touchèrent, les métiers du bâtiment se maintinrent avec un effectif relativement stable. Ce maintien est sans nul doute en rapport avec le travail, parfois maigre mais globalement constant, qui leur fut fourni par les municipalités pour satisfaire leurs besoins en fortifications. Les artisans maçons, charpentiers et forgerons partagèrent là un avantage rare avec leurs homologues de l'armement.

Le secteur de l'armement.

En obligeant leurs citoyens à s'équiper d'un harnois individuel et en achetant de l'armement en importantes quantités, les consulats créèrent une demande qui devait d'autant plus être rapidement satisfaite que la sécurité de chaque ville en dépendait. Initialement important, ce besoin fut ensuite moins élevé car la production ne visa plus qu'à entretenir quantitativement et qualitativement le parc existant. Les métiers concernés par l'armement individuel étaient peu nombreux, contrairement à ceux en rapport avec l'artillerie, car elle nécessitait des savoirs-faire techniques plus poussés.

[2277] *Ibid.* : les métiers de 16,52 % (1344) et 34,37 % (1382) des chefs de feu ont pu être identifiés.
[2278] AM Gourdon (M.A.), CC 20, f° 27 r°.
[2279] *Ibid.*, BB 5, f° 29 v°.
[2280] *Ibid.*, f° 30 r°.
[2281] Toujours selon les données de CLAVAUD (F.), *Evolution…Op.cit.*, p.66.

L'armement individuel.

Si l'on se réfère aux documents, l'armement individuel -ou harnois- était essentiellement constitué, sur le plan offensif, d'armes blanches, de hast et de jet. Pour les premières, il s'agissait essentiellement de gros couteaux[2282] et d'épées[2283] ; les secondes comprenaient les épieux[2284] et les guisarmes[2285], tandis que les troisièmes étaient les arcs et arbalètes. Du point de vue défensif, les hommes pouvaient être équipés de plastrons[2286], de côtes de mailles[2287], de bassinets et de boucliers[2288]. Au début du conflit, la fabrication de la plupart de ces armes pouvait être réalisée par les forgerons locaux sauf celle, plus technique, des arbalètes qui ne devaient pouvoir s'acheter que dans quelques villes, où des artisans spécialisés devaient en offrir un choix principalement destiné à la chasse.

Durant les premières années de guerre, les artisans locaux ne furent souvent pas en mesure de fournir une offre suffisante et il fallut parfois aller au loin chercher les armes dont on avait besoin. En 1352, les consuls de Martel, qui ne possédait six ans plus tôt que de quoi équiper seize arbalétriers[2289], allèrent acheter une partie de leurs armes et de leurs munitions à Toulouse[2290]. Les besoins en carreaux d'arbalètes étaient importants, car ils s'en procurèrent 700 unités[2291]. Le manque de munitions pour arbalètes était récurrent : à Cajarc en 1348, les consuls furent obligés d'aller en faire acheter à Villefranche-de-Rouergue[2292] ; huit ans plus tard, l'offre locale était toujours insuffisante, car sur les 2550 unités qu'ils acquirent[2293], seules 1450 furent fabriquées sur place, les autres provenant de Cahors pour un millier[2294] et d'un forgeron de Beauregard pour une centaine[2295]. En 1356, les magistrats martelais essayèrent de régler ce problème en favorisant l'installation dans leur ville de deux forgerons « capables de faire des carreaux et toutes autres artilleries »[2296], mais cela fut insuffisant car moins de six mois plus tard ils demandèrent avec insistance au vicomte de Turenne de leur avancer un millier de carreaux[2297] ; confronté lui aussi à des difficultés d'approvisionnement, il ne leur en accorda que la moitié[2298].

Durant la première décennie du conflit, il était assez difficile de trouver du personnel qualifié en matière de fabrication et d'entretien d'arbalètes : en février 1350, les consuls cadurciens durent par exemple faire appel à un artisan rouergat pour entretenir leur parc, qui comportait alors 300 unités de tous modèles[2299]. Après 1355 cependant, l'installation de professionnels étrangers et la mise à la page des artisans locaux permirent dans les villes les plus importantes de faire réaliser sur place les opérations d'entretien des arbalètes. Début 1356 à Martel[2300] et à Gourdon[2301] par exemple, l'offre locale suffisait pour les maintenir en condition.

[2282] AM Cajarc, CC 8, f° 137 v°, entre autre.
[2283] AM Gourdon (M.A.), BB 4, f° 20 r°, entre autre.
[2284] *Ibid.*, ff° 20 r°, 22 r°, notamment.
[2285] *Ibid.*, CC 17, f° 22 r°, entre autre.
[2286] *Ibid.*, BB 4, f° 5 v°.
[2287] AM Martel, BB 5, f° 94 r°, par exemple.
[2288] *Ibid.*
[2289] *Ibid.*, f° 25 r°.
[2290] *Ibid.*, f° 71 r°.
[2291] *Ibid.*, CC 3-4, f° 42 r°.
[2292] AM Cajarc, CC 4, f° 154 r°.
[2293] *Ibid.*, CC 8, ff° 147 v°-148 r°, 160 r°, 163 v°.
[2294] *Ibid.*, f° 163 v°.
[2295] *Ibid.*, f° 160 r°.
[2296] AM Martel, BB 5, f° 93 r°.
[2297] *Ibid.*, ff° 99 v°, 100 r°.
[2298] *Ibid.*, f° 100 r°.
[2299] AM Cahors, *Livre Tanné*, f° 30 r°.
[2300] AM Martel, CC 3-4, ff° 74 v°, 76 v°.

Les municipalités plus modestes ne disposaient pas d'artisans suffisamment nombreux ou qualifiés pour satisfaire leur demande aussi facilement : à la fin des années 1360, si les consuls cajarcois parvenaient malgré tout à faire réparer quelques-unes de leurs armes sur place[2302], ils avaient néanmoins toujours recours à des forgerons ou armuriers de Figeac[2303]. Il est probable que dans cette ville, de la même façon qu'à Cahors, des maîtres arbalétriers avaient été recrutés par la municipalité et que leur capacité de travail dépassait les seuls besoins locaux, rendant possible l'entretien des matériels détenus dans les bourgs avoisinants.

En octobre 1369, les consuls de Cahors recrutèrent un nouveau maître arbalétrier. Son principal travail consistait à maintenir en condition toutes les armes du consulat, mais il était aussi tenu d'en fabriquer de nouvelles, avec en particulier 24 arbalètes à pied la première année, ainsi que des mécanismes et des munitions[2304] ; l'homme ne dut pas faire l'affaire, ou abandonna son office, car le six mai suivant un nouveau maître fut recruté sous des conditions quasi identiques ; initialement pris à l'essai, il fut confirmé à son poste six mois plus tard. Ses émoluments annuels comprenaient deux setiers de froment, autant de barils de vin et une robe identique à celle des consuls ; on lui accordait aussi l'usage d'une maison avec un lit garni, ainsi qu'un atelier pour exercer son office communal mais qu'il pouvait utiliser pour vendre ses services aux particuliers, qu'il s'agisse de faire des arbalètes neuves ou de réparer celles qu'on pouvait lui amener[2305].

La fabrication et l'entretien de l'armement individuel reposaient essentiellement sur les forgerons urbains et les maîtres-arbalétriers. Les mentions sont trop rares pour donner des statistiques fiables, mais l'impression qui prévaut est celle d'une demande initialement supérieure à l'offre, cette dernière arrivant ensuite à satisfaire les besoins à partir des années 1350 dans les villes grandes et moyennes, un peu plus tard au niveau des gros bourgs : ce n'est qu'à partir de 1376 que le consulat cajarcois fit réparer toutes ses arbalètes sur place sans avoir recours aux services des Figeacois. Dans ce cadre, le travail fourni aux forgerons par les besoins en matière d'armement dut contribuer à leur maintien de manière non négligeable. C'est ainsi que l'augmentation de nombre d'artisans de la forge à Cajarc entre 1344 et 1382[2306] ne doit pas être regardé comme résultant seulement des travaux de fortifications, car ils furent aussi largement bénéficiaires de la fabrication et de la réparation d'armements de toutes sortes.

Quant au travail des maîtres arbalétriers, il ne s'arrêtait pas aux seules arbalètes individuelles, car comme leurs contrats le précisaient, ils devaient généralement s'occuper de « tenir (…) appareillées suffisamment et en état toutes les artilleries du consulat et les arbalètes « de un pied » et « à tour »[2307]. Par artillerie, les consuls entendaient tous les types d'armes ainsi que les munitions et non uniquement les grosses pièces collectives. Leur construction et leur entretien étaient d'ailleurs loin d'être du seul ressort des corps de métiers de l'armurerie ou de la forge.

[2301] AM Gourdon (M.A.), CC 18, ff° 7 r°, 37, 107 r°.
[2302] AM Cajarc, CC 9, f° 106 r°; CC10, f° 49 r°.
[2303] *Ibid.*, CC 6, f° 146 v°.
[2304] AM Cahors, *Livre Tanné*, f° 83 r° et v°.
[2305] *Ibid.*, f° 84 r°.
[2306] CLAVAUD (F.), *Evolution…Op.cit.*, p.66.
[2307] AM Cahors, *Livre Tanné*, f° 84 r°.

L'artillerie.

Durant la seconde moitié du XIVe siècle, l'artillerie était principalement composée de pièces à balancier, comme les mangonneaux ou les trébuchets, ou à ressorts comme les espringales. A côté de ces systèmes déjà anciens était apparue depuis la fin du siècle précédant une arme nouvelle, la bouche à feu, mais elle n'en était encore qu'à ses débuts et ne se développa vraiment qu'après 1400. Elle n'occulta finalement les anciennes machines qu'au XVIe siècle[2308].

Les machines à balancier et à ressort.

La conception des machines d'artillerie à balancier était complexe et faisait appel à des connaissances en géométrie, en équilibre des forces et en résistance des matériaux. Peu nombreux, les techniciens capables de construire et régler trébuchets et mangonneaux formaient une sorte de corporation et transmettaient difficilement leur savoir[2309]. Ainsi, lorsqu'en 1356 les consuls de Martel voulurent équiper leur défense d'un puissant trébuchet, ils durent faire appel à un maître *bridier* qu'ils allèrent chercher à Brive[2310]. Ils avaient eu de la chance en le trouvant dans une ville aussi voisine : en 1368, les consuls de Rodez durent aller jusqu'à Argentat, en bas Limousin, pour trouver un artilleur capable de construire le leur[2311].

Le travail de ces spécialistes ne consistait pas à réaliser eux-mêmes les armes qui leur étaient commandées, mais uniquement à les concevoir et à diriger le travail du personnel qui était mis à leur disposition. Sur les trois mois que dura la construction du trébuchet de Martel en 1356, Me Tréfolh, le maître *bridier* recruté par les consuls, ne passa ainsi que 45 jours à en diriger la réalisation[2312] ; il eut alors à conduire le travail de maçons, de charpentiers, de cordonniers et d'un fabricant de bât. La mise en place d'une de ces puissantes machines représentait un apport de travail non négligeable pour certains artisans locaux : afin de dégager et d'aplanir l'emplacement de l'engin, 33 journées de travail d'hommes furent nécessaires[2313], tandis que la fabrication du bâti maçonné procura 25 jours d'ouvrage à un maître maçon[2314]. Ensuite, huit charpentiers se partagèrent 109 journées de travail, soit plus de 13 et demi chacun en moyenne. Enfin, des manœuvres furent ponctuellement employés pour des tâches de manutention diverses, tout comme des bêtes de somme pour, par exemple, transporter la terre nécessaire au contrepoids[2315].

Bien que participant activement à la construction des pièces d'artillerie, il ne semble pas que les artisans locaux aient pu facilement faire leur les savoirs des maîtres bridiers : trois ans après l'achèvement du trébuchet cité au paragraphe précédent, les consuls martelais ne disposaient toujours pas de personnel suffisemment qualifié pour l'entretenir et devaient pour cela encore faire appel à Me Trefolh, le spécialiste de Brive qui en avait dirigé la

---

[2308] BEFFEYTE (R.), *L'art...Op.cit.*, p.80.
[2309] *Ibid.*, pp.101-102.
[2310] AM Martel, CC 3-4, f° 80 v°. Le mot « bridier » vient de « brida », trébuchet en occitan.
[2311] BEFFEYTE (R.), *L'art… Op. cit.*, p.102.
[2312] AM Martel, BB 5, f° 96 v°; CC3-4, f° 71 v° - 85 r°. Décidée à la mi-avril et commencée peu de temps après, la construction du trébuchet s'acheva vers la fin juillet.
[2313] *Ibid.*, CC 3-4, ff° 71 v°, 81 r° et 82 r°. Il peut tout autant s'agir de 33 hommes employés une journée que d'un homme employé 33 jours.
[2314] *Ibid.*, f° 82 r°.
[2315] *Ibid.*, f° 79 v°.

réalisation[2316]. Les Gourdonnais avaient quant à eux favorisé l'installation en ville de Bernat Lestroa qui, bien que n'étant nulle part qualifié de maître artilleur, possédait indubitablement des savoirs-faire certains dans le domaine de l'artillerie : lorsqu'il s'installa à Gourdon, en août 1350, il bénéficia des largesses de la municipalité et obtint notamment la mise à disposition gratuite d'une maison[2317]. En 1356, c'est lui qui dirigea la main-d'œuvre affectée aux réparations de l'un des deux trébuchets de la ville[2318], touchant pour cela un salaire supérieur à celui de ceux qui travaillèrent sous ses ordres[2319].

Les machines devaient régulièrement être remises en état pour rester opérationnelles et les travaux pouvaient parfois être importants. En 1356 par exemple, soit environ deux ans après sa construction[2320], les réparations du trébuchet gourdonnais évoquées supra furent loin d'être de simples opérations de maintenance : sans compter les manœuvres qui aidèrent à porter les matériaux, deux hommes y travaillèrent de façon continue durant huit jours et un autre durant six ; il fallut aussi acheter trois grosses poutres, six planches, 225 clous, 3 cordes de bonne qualité et faire compléter le remplissage du contrepoids[2321]. La fréquence de ces travaux de maintien en condition permit toutefois aux artisans locaux de se familiariser avec les machines et, progressivement, d'être en mesure d'en assurer eux-même l'entretien : en 1369, tous les artisans qui participèrent à la remise en état d'un mangonneau de Cajarc venaient de la ville même et ne furent aidés par aucune personne extérieure[2322].

Au-delà du simple entretien, s'il est probable que la conception et la réalisation des engins resta généralement hors de portée des artisans communs, le démontage et le remontage de pièces déjà construites et éprouvées devinrent des compétences habituelles chez certains d'entre eux ; le charpentier martelais Johan *le Fustier* [2323] par exemple, était en 1373 capable de diriger seul le remontage et la mise en batterie d'un mangonneau[2324].

Les espringales, ou grandes arbalètes à tour, étaient des machines de conception beaucoup moins scientifiques que les trébuchets ou les mangonneaux. Pour assurer leur entretien et leurs réparations, les maîtres arbalétriers furent secondés par les simples forgerons de la même façon que pour les modèles portables. Dans les textes, il est assez difficile de distinguer les arbalètes portables à moufle des espringales, car les deux types étaient désignés de la même façon *balestas de torn* ; toutefois, si les forgerons étaient capables d'intervenir sur les petits modèles, il ne fait aucun doute qu'ils l'étaient aussi sur les plus grands fonctionnant selon le même principe, comme le montrent quelques exemples où des espringales sont clairement identifiées : en 1368, le Cajarcois P. de Sanh China savait réparer leurs mécanismes[2325], tandis que 8 ans plus tard son concitoyen et collègue Peyre Gari était en mesure de fabriquer des mâchoires métalliques pour ceux-ci[2326].

A côté des professionnels de l'armement, les textes font apparaître plusieurs corps de métiers impliqués dans l'entretien des machines de guerre, au premier rang desquels figuraient les forgerons et les charpentiers. Les premiers étaient présents tant dans le secteur de l'armement léger que dans celui de l'artillerie ; leurs compétences ne s'arrêtaient d'ailleurs pas aux pièces à balanciers ou à ressort.

[2316] *Ibid.*, BB 5, f° 131 r°.
[2317] AM Gourdon (M.A.), BB 3, f° 17 v°.
[2318] *Ibid.*, CC 18, f° 35 r°.
[2319] *Ibid.*, f° 34 v° et 35 r°. Il touchait 6 sous par jour au lieu des 4 donnés à un simple ouvrier.
[2320] *Ibid.*, BB 4, f° 16 v° : la construction fut décidée le 14 novembre 1353.
[2321] *Ibid.*, CC 18, f° 34 v° et 35 r°, 37 r°, 44 r°.
[2322] AM Cajarc, CC 6, ff° 138 v°, 139 r°, 155 v°.
[2323] « le Charpentier ».
[2324] AM Martel, CC 5, f° 16 v°.
[2325] AM Cajarc, CC 10, f° 49 r°.

Figure 38. Espringale, ou grande arbalète à tour, exposée au château de Castelnaud-la-Chapelle.
(*Machine réalisée par Renaud Beffeyte. Photo Renaud Beffeyte*).

L'artillerie à poudre.

L'artillerie à poudre est apparue vers la fin du XIIIe siècle en Occident, mais elle n'y fut semble-t-il utilisée pour la première fois qu'en 1324, lors du siège de la Réole[2327]. En ce qui concerne les villes quercinoises, la première mention la concernant date de 1346, lorsque le duc de Normandie installa un arsenal à Cahors[2328]. Elle n'apparaît qu'en 1352 dans les documents de Martel[2329] et quatre ans plus tard seulement dans ceux de Gourdon[2330] et de Cajarc[2331] ; en fait, ces trois villes devaient posséder des canons depuis plus longtemps, car les premières mentions correspondent à des achats de poudre. Une dizaine d'années avait ainsi suffi, sinon à vulgariser, tout au moins à rendre plus commune cette arme encore extraordinaire quelques années plus tôt. Les pièces utilisées, peu nombreuses, devaient être de calibres relativement modestes, car les quantités de poudre achetées ne furent jamais importantes : en 1346, pour faire tirer les 19 canons qu'ils venaient de fabriquer et de mettre en service, les consuls de Cahors n'achetèrent pas de quoi produire plus d'une quarantaine de kilos de poudre[2332] ; six ans plus tard, leurs homologues de Martel ne se procurèrent que 8 livres de soufre dans l'année[2333], soit à peine de quoi élaborer quelques kilos d'explosifs. A Gourdon, les quantités acquises étaient parfois très réduites : en 1356, les consuls firent notamment acheter une demi-livre de poudre[2334],

---

[2326] *Ibid.*, CC 12, reg. III, f° 76 v°.
[2327] BEYFFETE (R.), *L'art… Op. cit.*, p.114.
[2328] LACOSTE (G.), *Histoire…Op.cit.*, t.III, pp.112-113.
[2329] AM Martel, CC 3-4, f° 42 v°.
[2330] AM Gourdon (M.A.), CC 18, f° 95 r°.
[2331] AM Cajarc, CC 8, f° 147 v°.
[2332] LACOSTE (G.), *Histoire…Op.cit.*, t.III, pp.112-113.
[2333] AM Martel, CC 3-4, f° 42 v°.
[2334] AM Gourdon (M.A.), CC 18, f° 95 r°.

tandis que vingt ans plus tard, l'unique mention d'achat dont nous disposons concerne l'acquisition d'une seule livre[2335] ; cet ordre de grandeur est cependant conforme à ce que l'on peut trouver à Cajarc, où à la même époque les consuls ne faisaient jamais acheter plus de deux livres à la fois, pour un total qui par exemple ne dépassa pas cinq en 1376[2336].

La rapidité avec laquelle les artisans quercinois s'adaptèrent aux besoins de la nouvelle artillerie illustre bien leur capacité à intégrer de nouvelles techniques et à élargir leurs domaines de compétences traditionnels. En 1356, alors que les canons, bien que présents dans la plupart des villes, n'étaient pas des armes encore très répandues, les forgerons cajarcois Peyre de Sanh-China[2337] et Johan da Frecoina étaient déjà en mesure de les réparer[2338] ; vingt ans plus tard, c'était chose banale pour leur collègue P. Gari, à qui il arrivait de s'occuper de quatre pièces à la fois[2339]. Toutefois, si les forgerons étaient capables d'assurer leur entretien courant, de les réparer ou encore de les fixer sur des affûts[2340], il ressort de l'absence de mentions relatives que la plupart d'entre eux restèrent incapables de les fabriquer jusqu'à la fin du XIVe siècle. De la même façon que pour les très techniques machines à balancier, les armuriers et autres artilleurs retardaient la diffusion des techniques et gardaient jalousement leurs savoirs secrets afin de pouvoir continuer à se faire payer leurs services au prix fort[2341].

Figure 39. Bouche à feu. Fauconneau du XVe siècle.
(*Canon réalisé par Renaud Beffeyte. Photo Renaud Beffeyte*)

[2335] *Ibid.*, CC20, f° 48 v°.
[2336] AM Cajarc, CC 12, reg. III, ff° 75 v°, 78 r°.
[2337] *Ibid.*, CC 8, f° 148 r°.
[2338] *Ibid.*, f° 151 r°.
[2339] *Ibid.*, CC 12, reg. III, f° 77 v°.
[2340] AM Martel, CC 3-4, f° 76 v°.
[2341] BEFFEYTE (R.), *L'art...Op. cit.*, p.102.

Le cas de la poudre à canon illustre bien la lenteur avec laquelle se répandaient les connaissances sur la nouvelle artillerie et met encore plus en valeur les savoirs techniques que les artisans locaux acquérirent certainement seuls, glanant ici et là les peu nombreuses informations que laissaient filtrer les maîtres artilleurs. La fabrication du mélange explosif ne nécessitait aucune infrastructure ou outillage spécialisé particuliers, si ce n'est un local à l'abri de l'humidité, un récipient de bois et un mélangeur de la même matière. Aujourd'hui connu sous le nom de poudre noire, ce composé était constitué de soufre, de salpêtre et de charbon de bois, trois éléments faciles à trouver mais qui devaient être associés suivant certaines proportions pour pouvoir exploser : le mélange idéal se situait autour de 11,85 % de soufre, 74,64 % de salpêtre et 13,51 % de charbon[2342]. Ce dosage optimal mit cependant du temps avant d'être déterminé : en 1345, la poudre qui était fabriquée à Cahors était très loin de ce standard parfait et devait plutôt fuser que réellement déflagrer[2343] ; trente et un ans plus tard, malgré les améliorations qui avaient certainement été apportées à sa confection, il arrivait encore que des lots entiers soient impropres à toute utilisation[2344].

Quelle que soit la qualité de l'explosif, il était difficile de trouver des gens capables de le fabriquer. La ville de Cajarc, par exemple, resta dans ce domaine dépendante de fournisseurs extérieurs du début de la guerre jusqu'en 1379 au moins : ses consuls s'approvisionnaient toujours dans les localités voisines, à Figeac principalement[2345], mais aussi à Villefranche-de-Rouergue[2346] ou à Villeneuve[2347]. Celui qui possédait le savoir nécessaire à la préparation de la poudre pouvait compter sur des revenus assez élevés : 400 grammes, soit une livre quercinoise environ, coûtaient en 1376 l'équivalent de 4 jours du salaire d'un maître charpentier[2348]. Tout comme les fabricants de canons, les producteurs de poudre étaient assez peu nombreux et les bourgs les plus modestes n'avaient ni les moyens, ni l'utilité d'en entretenir à demeure.

L'armement : un impact économique difficile à saisir.

Seules des villes importantes comme Cahors, Figeac et peut-être Gourdon avaient un parc d'armement suffisamment important pour justifier l'entretien permanent d'un maître armurier. Pour les autres, les artisans locaux étaient suffisants tant pour la fabrication de la plupart des armes individuelles que pour l'entretien courant et les réparations des pièces d'artillerie, qu'elles soient à balancier, à ressort ou à poudre.

Sur le plan de l'ingénierie pure, on peut affirmer que la fabrication des armes lourdes et de la poudre à canon fut une niche technologique particulièrement restreinte qui ne concerna sans doute pas plus d'une quinzaine d'individus sur toute la province. Les artisans locaux ne furent cependant pas totalement écartés de ce secteur, car leur concours était nécessaire tant pour la fabrication de la plupart des pièces à balancier, que pour l'entretien et les réparations indispensables à tous les types de machines.

Toutefois, bien plus que les arbalètes à tour, les trébuchets ou les canons, c'est certainement la fabrication et l'entretien des équipements individuels comme les épées, les guisarmes ou les bassinets qui permit aux forgerons de

---
[2342] CONTAMINE (P.), *La guerre au Moyen-Age...Op.cit.*, p.337.
[2343] SAVY (N.), *Cahors...Op.cit.*, p.50.
[2344] AM Cajarc, CC 12, reg. III, f° 78 v°.
[2345] *Ibid.*, CC 8, f° 147 v°; CC 10, f° 49 v°.; CC 15, reg. I, f° 44 v°.
[2346] *Ibid.*, CC8, f° 161 r°.
[2347] *Ibid.*, CC 12, reg. III, f° 78 r°.

maintenir leurs activités : de trois en 1344, ceux de Cajarc se retrouvèrent à 4 en 1382, mais il n'est cependant pas possible de saisir dans quelle mesure la vente et la réparation des armes individuelles influa sur leurs situations financières, car leurs clients étaient des particuliers et il ne reste aucune trace des transactions.

Pour les artisans du métal, les économies qui furent faites dans la construction des fortifications, en réduisant le nombre de ferrures dans les ouvrages charpentés, furent en quelque sorte compensées par les besoins en armement. Les commandes liées à la défense ne furent ainsi pas étrangères au maintien de leurs activités, de la même façon que pour leurs collègues de la pierre et de la charpente mais, tout comme pour eux, l'enrichissement ne fut pas au rendez-vous : certes, le forgeron cajarcois Godafre Coina participa pour 3,05 % d'une taille en 1350, année de grands chantiers, mais les années suivantes et jusqu'en 1377, sa participation oscilla toujours entre la valeur médiocre de 0,04 et celle, tout juste médiane, de 0,25 %[2349] ; son collègue P. Raynal paya lui-aussi une taille élevée en 1350, équivalente à 3,39 % du total, mais deux ans plus tard sa quote-part était revenue à pourcentage plus commun, de l'ordre de 0,24 %[2350].

L'activité minimum et presque constante générée dans le bâtiment et l'armement par les municipalités fut certainement, pour une grande part, à l'origine du maintien de l'effectif des travailleurs dans certains domaines économiques ; bien plus, cette stabilité peut être vue comme une augmentation en regard de la dépopulation générale : en 1344 à Cajarc, les charpentiers représentaient 1,7 % de l'ensemble des chefs de feux, les maçons 0,68 % et les forgerons 0,34 %, mais 38 ans plus tard ces pourcentages étaient respectivement passés à 5,8 %, 2,5 % et 1,45 %[2351]. Les documents manquent pour apprécier précisément le rôle des commandes publiques dans le maintien de ces métiers, mais alors que les besoins privés se réduisaient considérablement du fait de la dépopulation et de l'appauvrissement général, leur stabilité n'est paradoxale que si l'on fait abstraction du rôle économique de la défense. Que celle-ci ait été un facteur de préservation dans les domaines qu'elle impliquait directement est, dans une certaine mesure, dans l'ordre des choses ; en suivant cette idée, il devrait en être de même pour les activités ayant été sollicitées pour les besoins des traités, moyens de protection financiers se substituant aux défenses militaires.

Les activités de la terre.

Les populations urbaines du bas Moyen Age comprenaient de nombreux travailleurs de la terre. Au XIIIe siècle, ces « laboureurs de la ville » représentaient presque le quart de la population de Montpellier[2352] et une grande partie de celle du Puy-Saint-Front, l'un des deux noyaux urbains constituant la ville de Bergerac[2353]. Partout, les percepteurs accordaient un soin particulier au dénombrement de leurs biens meubles et immeubles, qu'il s'agisse des stocks de céréales et de vin[2354] ou d'animaux de labour et de pacage[2355], témoignant ainsi de l'importance de leurs activités. A Cahors, la partie ouest du méandre était principalement dévolue à l'agriculture, tandis que les alentours de la cité

[2348] D'après les chiffres contenus dans AM Cajarc, CC 12, reg. III.
[2349] Données issues du recoupement de tous les rôles de tailles de Cajarc (exceptés ceux du registre CC8 de 1356).
[2350] *Idem*.
[2351] CLAVAUD (F.), *Evolution…Op.cit.*, p.66.
[2352] FABRE (G.), LOCHART (T.), *Montpellier… Op. cit.*, cité dans CHEDEVILLE (A.), LE GOFF (J.), ROSSIAUD (J.), *Op.cit.*, pp.322-323.
[2353] HIGOUNET-NADAL (A), « L'élan de la vie urbaine », dans HIGOUNET-NADAL (A.), dir., *Histoire du Périgord*, Toulouse, Privat, 1983, (pp.91-110), p.102.
[2354] RIGAUDIERE (A.), *La ville…op.cit*, pp.337-338.
[2355] *Ibid.*, pp.342-344.

étaient couverts de cultures diverses[2356] ; il en allait de même à Figeac[2357] et dans les autres villes quercinoises. Une étude de Jean Lartigaut[2358] montre que le territoire périurbain de Cahors était organisé avec une banlieue urbaine de petit parcellaire s'étalant jusqu'à 4 ou 5 kilomètres de la ville, pour ensuite faire place à des domaines plus vastes et au caractère rural plus marqué. On note que cette organisation de l'espace alentour se retrouvait à Tarascon[2359].

Nous ne connaissons pas quelle proportion de la population vivait exclusivement ou quasi-exclusivement de la terre dans les villes quercinoises. A Cahors, beaucoup d'habitants, artisans, marchands, juristes ou clercs possédaient des terres autour de la cité[2360] ; il en allait de même à Figeac où une grande partie des richesses foncières des alentours appartenait à des bourgeois ou au monastère[2361]. L'étendue des possessions bourgeoisies était parfois très large : en 1312, le notable cadurcien Géraud de Sabanac percevait ainsi des rentes depuis les paroisses de Catus, Salvezou, Thédirac, Montgesty, Pontcirq, Espère et Caillac[2362] ; tout comme lui, nombre de bourgeois de la région possédaient de grosses exploitations agricoles disséminées jusqu'à une vingtaine de kilomètres de la ville ou du bourg où ils résidaient[2363]. Ce phénomène n'était pas spécifiquement quercinois : les juristes sanflorains, par exemple, étaient très souvent d'importants propriétaires terriens[2364].

Une grande partie de la propriété terrienne de l'arrière-pays étant ainsi concentrée dans les centres urbains, ceux-ci drainaient systématiquement vers eux une portion non négligeable des productions rurales. L'activité générée par les flux de marchandises agricoles arrivant en ville était certainement importante : en 1336, l'office de la halle aux blés gourdonnaise fut mis à prix aux enchères à soixante livres, avec 20 livres d'appel[2365], tandis que les poids correspondants le furent à environ 3000 litres de blés, avec des appels à 80 litres[2366] ; à Cajarc, la municipalité organisait les pâtures d'un important cheptel urbain qui, pendant l'hiver 1343, comprenait 105 bovins, 50 chevaux et 4575 chèvres et moutons[2367].

La viticulture était développée, beaucoup moins cependant que dans d'autres régions voisines car au début du XIVe siècle les vins en provenance de Cahors représentaient à peine plus de 3 % des 40 000 tonneaux de vin du haut pays qui quittaient l'estuaire de la Gironde[2368] ; il constituait pourtant le seul vrai produit d'exportation de la province[2369]. Les études manquent pour cerner les circuits d'écoulement des productions agricoles mais, en l'absence de véritables filières d'exportation autres que viticoles, et en tenant compte du fait qu'une grande partie de la propriété rurale était détenue par des citadins, il est fort probable que les villes et les bourgs de la province constituaient le principal débouché des surplus produits dans les campagnes.

[2356] SCELLES (M.), *Cahors…Op.cit.*, p.44.
[2357] NAPOLEONE (A.-L.), *Figeac…Op.cit.*, t.I, p.25.
[2358] LARTIGAUT (J.), « L'approvisionnement immédiat d'une ville : Cahors en 1369 », dans Actes du XLIIe congrès d'études régionales organisées par la Société des Etudes du Lot à Souillac et Martel les 19, 20 et 21 juin 1987, Cahors, imp. Dhiver, 1988, pp.170-180.
[2359] HEBERT (M.), *Tarascon… Op. cit.*, pp.33-34.
[2360] SCELLES (M.), *Cahors…Op.cit.*, p.44.
[2361] NAPOLEONE (A.-L.), *Figeac…Op.cit.*, t.I, p.25.
[2362] AM Cahors, *Fonds Greil*, n°125.
[2363] LARTIGAUT (J.), SERAPHIN (G.), « Les bories des Cahorsins », dans *Le château près de la ville. Actes du second colloque de castellologie de Flaran*, Lannemezan, 1987 (pp.37-53).
[2364] RIGAUDIERE (A.), *La ville…op.cit*, pp.275-318.
[2365] AM Gourdon, BB 2, f° 2 v°. Une paire de chausses de qualité coûtait alors trois sous.
[2366] *Ibid.*
[2367] CLAVAUD (F.), *Cajarc…Op.cit.*, t.II, p.116.
[2368] SCELLES (M.), *Cahors…Op.cit.*, p.48.
[2369] *Ibid.*, p.50.

La ruine des activités agricoles.

Les troupes anglaises qui arrivèrent dans le pays à partir de 1345 provoquèrent de nombreuses destructions de cultures, mais imaginer une sorte de guerre totale serait loin de correspondre à la réalité. Au début du conflit, les seigneurs quercinois Philippe de Jean et Bertrand de Pestillac prirent les armes contre le roi de France et ravagèrent les terres le l'évêque de Cahors, leur vieil ennemi[2370] ; il est fort probable qu'ils furent moins agressifs sur les territoires limitrophes de leurs seigneuries dont ils s'emparèrent : ils n'y avaient aucun intérêt ; d'autre part, l'entente qu'ils firent avec les bandes anglo-gasconnes installées du côté de Montcuq mit leurs propres terres à l'abri de ces dernières[2371]. Ce cas de figure particulier montre bien que les activités de pillage des Anglo-Gascons pouvaient être freinées par des considérations d'ordres divers : l'image d'une horde sauvage brûlant les récoltes et détruisant systématiquement tout ce qui lui tombait sous la main ne correspond en fait ni aux premières opérations anglaises, ni à celles qui vinrent par la suite.

Bien que la stratégie anglaise comptait sur la ruine économique des provinces françaises, il ne fut jamais tenté de détruire en quelques mois la totalité de la capacité de production de l'agriculture quercinoise, pourtant mal défendue : chaque détachement, opérant plus ou moins isolément, pillait ce qui lui était nécessaire et les destructions qu'il opérait n'avaient d'autres buts que de servir ses objectifs immédiats. D'autre part, une fois que le système des *suffertas* et des *patis* se mit en place, durant les années 1350, il est probable que les Anglo-Gascons évitèrent de trop détériorer le potentiel agricole, car son existence justifiait les traités presque à elle seule : durant les grandes opérations du printemps et de l'été 1356, ils ne touchèrent semble-t-il qu'assez peu aux vignes, étant donné qu'une des premières *suffertas* qu'ils établirent en septembre avec les Cajarcois visait à permettre les vendanges[2372] ; une quinzaine d'années plus tard, les consuls de Martel ne relevèrent pas de destructions dans les agissements de la compagnie de Johan Vassal, mais uniquement des vols et des prises d'otages en quantité sur deux ans consécutifs[2373]. Le caractère de bien à préserver que les compagnies donnaient aux terres cultivées apparaît lors des conflits qui opposaient deux capitaines entre-eux, car chacun opérait alors des destructions sur les territoires soumis aux *patis* de son rival afin de lui nuire de la façon la plus efficace possible[2374].

Pour amener les ville à composer, les capitaines comptaient bien plus sur le blocage des axes et l'insécurité générale que sur les destructions d'intimidation. En effet, deux faits peuvent apparaître paradoxaux si l'on imagine la tactique anglo-gasconne uniquement tournée vers le ravage aveugle : d'une part, certes, des campagnes déjà fortement désolées à la fin du XIVe siècle[2375], puis véritablement ruinées à la fin du conflit[2376] mais, d'autre part, des cultures subsistant toujours en nombre, la vigne en particulier ; cet élément doit être tout particulièrement mis en évidence, car il faut plusieurs années à un cep pour arriver à maturité, ce qui suppose qu'il soit préservé des dégradations et travaillé régulièrement durant tout le temps nécessaire. La déduction est très simple : si la production viticole locale fut toujours

---

[2370] LACOSTE (G.), *Histoire…Op.cit.*, t.III, pp.110-111.
[2371] *Ibid.*
[2372] SAVY (N.), « La prise de Fons…*Op.cit.*, p.37.
[2373] AM Martel, FF 1.
[2374] AM Gourdon (M.A.), BB 5, ff° 8 r°, 26 r°, 28 r°, 30 v°.
[2375] LARTIGAUT (J.), *Le Quercy…Op.cit.*, pp.35-57.
[2376] *Ibid.*, pp.536-537.

présente à toutes les époques de la guerre, c'est que l'on épargna de très nombreuses vignes durant de longues périodes ; sur une telle durée, elle ne purent l'être que par la volonté des chefs de bandes[2377].

Même si les Anglo-Gascons ne cherchèrent jamais à dévaster le pays de fonds en comble, leurs agissements habituels suffisent toutefois pour comprendre comment vint sa ruine : les paysans des villages pas ou peu protégés subissaient régulièrement pillages, mises à rançon et destructions d'intimidations[2378] ; si à cela on ajoute les violences typiquement guerrières, les épidémies de peste, les intempéries détruisant les récoltes et la récession générale, le départ en masse des ruraux quercinois à la recherche de cieux plus cléments apparaît bien légitime, tout comme l'état de déliquescence des territoires agricoles semble parfaitement logique après plusieurs décennies à ce régime.

Patis et *suffertas*, sauvegardes et soutiens des activités agricoles.

Les propriétaires terriens et les agriculteurs urbains furent favorisés par rapport à leurs collègues ruraux : si leurs terres étaient sans protection, leurs entrepôts et leurs outils, tout comme leurs personnes, étaient à l'abri derrière les murailles ; d'autre part, la ville leur offrait des débouchés directs d'autant plus importants que l'on était en période de pénurie et que les échanges étaient bloqués. L'importance de la production subsistante est soulignée par les taxes dont elle était l'objet : à Cahors en 1408, elles représentaient encore une des principales recettes municipales, tenant la première place des impôts indirects[2379]. Quant à la viticulture, pour illustrer encore une fois son importance, il suffit de remarquer que sur l'ensemble du corpus de documents à notre disposition bien peu nombreuses sont les pages ne contenant pas le mot « *vi* »[2380]. Tout ceci ne fut rendu possible que par les traités qui permirent la préservation des terres agricoles et dont les effets allèrent bien au-delà de la seule protection physique des territoires ruraux. En effet, ils participèrent directement au maintien économique des activités supportées par les territoires qu'ils protégeaient.

Selon des termes communs à tous les traités, le consulat qui s'accordait avec une compagnie anglo-gasconne était tenu de lui livrer des denrées en nombre important, ce qui l'amenait à se procurer, en particulier, d'importantes quantités de vin : en 1376, les consuls cajarcois en achetèrent plus de 3000 litres, dont la plus grande partie fut donnée au capitaine anglais de Balaguier-d'Olt en vertu des *patis* passés avec lui[2381] ; l'année suivante, leurs homologues capdenacois lui livrèrent environ 2500 litres pour la même raison[2382]. Ces volumes n'étaient cependant que des minima : en 1379, on peut estimer à plus de 10 900 litres la quantité de vin acquise par la municipalité cajarcoise, principalement pour les besoins de ses *patis* [2383] ; l'année suivante, ses comptes, pourtant incomplets, nous donnent un volume acheté se situant aux alentours de 3400 litres[2384]. A Gourdon sept ans plus tard, le consulat s'en procura au moins 4000 litres, la réalité étant certainement bien supérieure mais non chiffrable à cause des lacunes documentaires[2385]. En supposant que chaque pied de vigne cajarcois ait eu un faible rendement, de l'ordre de 0,20 litre par pied, et que les

---

[2377] Concernant le rôle des *patis* dans la préservation des territoires agricoles à long terme, voir aussi : chapitre III, 2 / *Suffertas* et *patis*.
[2378] Enfin, une compagnie s'abattait sur un village, c'était, comme nous l'indique un document de 1419, des soudards logés chez l'habitant pendant trois ou cinq jours, qui « *efforciez femmes, boutez feux en maisons* », battaient les gens et rançonnaient la communauté puis, en partant, emportaient les vêtements et le linge des habitants, et tout spécialement « *les robes, chausses et chaperons* ». Document extrait de DOUËT-D'ARCQ, (L.-C.), *Choix…Op. cit.*, t.2, pp.109-110.
[2379] ALBE (E.), « Inventaire…*Op.cit.*, 3ᵉ partie, p.13.
[2380] « Vin » en occitan.
[2381] AM Cajarc, CC 12, reg. III, chiffres issus de l'ensemble du document.
[2382] AM Capdenac, EE 2, chiffres issus de l'ensemble du document.
[2383] AM Cajarc, CC 15, chiffres issus de l'ensemble du document.
[2384] *Ibid.*, CC 16, chiffres issus de l'ensemble du document.

parcelles aient été plantées sur une moyenne de 4000 pieds à l'hectare[2386], il n'aurait pas fallu moins de treize hectares pour produire en une seule vendange la quantité achetée par les consuls cajarcois en 1379. Ces chiffres, extrapolés à partir de données de la viticulture contemporaine, ne visent qu'à donner un ordre d'idées sur la grandeur des surfaces nécessaires à de telles productions.

La culture de la vigne n'était pas la seule activité favorisée et les cultivateurs de céréales trouvaient aussi dans les achats consulaires des débouchés pour écouler une partie de leurs productions. En 1376, les magistrats cajarcois firent livrer à Alguay, capitaine de la garnison anglaise de Balaguier-d'Olt, environ 1000 litres de froment, 1500 litres d'avoine et 120 litres de seigle[2387] ; trois ans plus tard, la quantité d'avoine qu'ils lui donnèrent se monta à plus de 6500 litres[2388]. Quant au consulat gourdonnais, il fit l'acquisition en 1386 de 700 litres de froment et 1800 d'avoine[2389]. Blé, avoine et seigle étaient les principales productions concernées par le paiement des traités, mais il arrivait aussi que les municipalités aient à fournir du foin, comme le fit celle de Capdenac en 1377 à hauteur d'environ cinq tonnes. Les autres denrées données au routiers étaient achetées dans des quantités négligeables : un fromage ici, une chèvre là, ce qui autorise à penser que les chefs de bandes répartissaient l'ensemble de leurs prélèvements de façon spécifique sur chaque partie de leurs secteurs : les archives que nous possédons ne concernant chaque fois qu'une ville ou qu'un bourg de la zone d'action d'un capitaine[2390], elles ne peuvent nous donnent qu'une vision tronquée du système.

Les élites consulaires, fournisseurs privilégiés des municipalités.

Tous ceux qui possédaient une parcelle de terre dans les environs de la ville, aussi petite soit-elle, purent cultiver de quoi sinon subvenir totalement à leurs besoins, tout au moins améliorer leur quotidien ; en 1369, les terres cadurciennes, qu'elles soient encloses dans le méandre ou situées sur les abords immédiats de la cité, étaient cultivées et plantées de manière à fournir des denrées vivrières variées[2391]. A côté de cette production destinée aux besoins privés existait naturellement un commerce, mais les documents ne permettent pas de cerner sa place dans les économies urbaines ; en revanche, ils montrent clairement que les achats publics de produits agricoles, au premier rang desquels le vin, contribuèrent à le soutenir en permanence. Dans le contexte de crise générale de l'époque, où la capacité de production des terres villageoises se réduisait au fur et à mesure de l'abandon des terroirs par les tenanciers, ce point était capital. Toutefois, seuls quelques propriétaires terriens étaient en position de réellement bénéficier des achats consulaires : il fallait être capable de produire des denrées en quantités suffisantes pour dégager des surplus, surplus pouvant être vendus avec un bénéfice substantiel ; chez les plus pauvres, le but des cultures devait être

---

[2385] AM Gourdon, BB 6, chiffres issus de l'ensemble du document.
[2386] Source : Institut National de l'Origine et de la Qualité. Un pied de Champagne produit 0,5 litre, un de Côtes de Provence de 0.78 à 1,23. Ils sont respectivement plantés par 10 000 à l'hectare et de 4 000 à 7 000. En 1935, la norme se situait entre 7 000 et 12 000 pieds à l'hectare. Elle avait peu varié depuis le XVIIIe siècle en ce qui concerne la culture en ligne. Pour la vigne en foule, les valeurs étaient beaucoup plus élevées. Nous avons choisi une moyenne du nombre de pieds à l'hectare correspondant à la norme minimum en pays de Cahors.
[2387] AM Cajarc, CC 12, reg. III, chiffres issus de l'ensemble du document.
[2388] *Ibid.*, CC 15, chiffres issus de l'ensemble du document.
[2389] AM Gourdon (M.A.), BB 6, chiffres issus de l'ensemble du document.
[2390] Il existe cependant une exception. Pour l'année consulaire 1377-78, nous possédons les comptes des *patis* passés par Cajarc et par Capdenac avec la garnison de Balaguier-d'Olt. Malheureusement, leur examen approfondi n'a pas révélé de quelle façon les ponctions anglo-gasconnes étaient faites, les deux bourgs ayant généralement fourni des denrées identiques. Ces comptes nous montrent toutefois l'étendue de la zone d'action que pouvait avoir une compagnie anglaise en matière de traité : les deux bourgs, distants d'une vingtaine de kilomètres, sont situés dans la vallée du Lot, tout comme Balaguier-d'Olt qui est à peu près à égale distance de chacun d'entre eux.
[2391] LARTIGAUT (J.), « L'approvisionnement...*Op.cit.*, p.180.

l'autosuffisance et, lorsque des excédents pouvaient être dégagés, ils devaient tout juste permettre une amélioration ponctuelle et limitée de la vie quotidienne. A côté des propriétaires terriens, les marchands qui avaient réussi à sauvegarder leur activité commerciale et restaient toujours en mesure de payer leurs fournisseurs pouvaient aussi profiter des achats municipaux.

Beaucoup d'artisans, de juristes ou de marchands qui tenaient en main les consulats possédaient quelques pièces ou de vastes étendues de terre ; lorsque les consuls établirent les premiers traités et qu'ils durent faire les premières livraisons de denrées aux Anglo-Gascons, ils se tournèrent naturellement vers ceux de leurs concitoyens qui étaient capables de les fournir : il s'agissait, la plupart du temps, tout simplement d'eux-mêmes, soit en tant que propriétaires terriens, soit en tant que marchands ; d'autre part, avant la guerre et au début de celle-ci, les municipalités avaient déjà l'habitude d'acheter les fournitures nécessaires à leurs villes auprès de leurs membres : en 1336-37, le consulat de Gourdon acheta la plus grande partie du vin qui lui était nécessaire à son conseiller Arnal de Brivas[2392], tandis qu'en 1349 celui de Martel s'en procura 84 quartes auprès de Peyre de Rozie[2393], pelletier de profession et membre du conseil[2394] ; deux ans plus tard, il en acquit auprès de Me Esteve La Cepeda[2395], notable bien connu qui occupa plus tard les fonctions de bayle[2396]. Alors que du fait des traités les besoins se faisaient croissants, il n'y avait aucune raison pour que les membres des conseils consulaires cherchent à diversifier les fournisseurs de leurs municipalités et, de là, se privent eux-mêmes de rentrées d'argent d'autant plus précieuses que les débouchés se faisaient rares[2397]. Ils tirèrent ainsi doublement parti des traités : en les établissant, non seulement ils protégeaient leurs propres entreprises agricoles, mais ils leur créaient de plus un débouché compensant en partie la disparition d'anciens circuits de consommation. Dans ce cadre, le monopole ou quasi-monopole des familles consulaires sur les achats municipaux ne put que s'accroître.

Dix-neuf fournisseurs de vin du consulat de Cajarc ont pu être recensés pour l'année 1379. Parmi eux, nous trouvons douze membres du monde consulaire et non des moindres, avec sept consuls ou anciens consuls ; il est à noter que ces derniers occupaient quatre des cinq premières places en terme de quantités livrées. A leur côté se trouvaient quatre conseillers, dont les deux plus importants notaires de la ville, ainsi qu'un sergent consulaire.

Le même phénomène s'observe dans les autres villes quercinoises, même si les documents ne permettent pas d'être aussi précis qu'à Cajarc : les fournisseurs de vin du consulat de Gourdon que l'on a pu identifier pour l'année 1386-87 étaient : Guilhem Manha[2398], marchand qui commença à œuvrer pour le consulat comme auditeur des comptes en 1350[2399], avant d'être consul en 1356-57[2400], 1381-82[2401] et enfin 1386-87[2402] ; Bernat Singlie[2403], conseiller depuis au

---

[2392] AM Gourdon (M.A.), BB 2, f° 54 r°.
[2393] AM Martel, CC 3-4, f° 4 v°.
[2394] Ibid., BB 5, f° 14 r° et suiv.
[2395] Ibid., CC 3-4, f° 30 v°.
[2396] Ibid., BB 5, f° 100 v°.
[2397] Il est à noter qu'en plus de l'insécurité, il fallait compter avec les mesures protectionnistes prises par le duc d'Aquitaine et la jurade de Bordeaux pour protéger la viticulture bordelaise. Lorsque les déplacements de marchandises étaient possibles, il est probable qu'entre prix des sauf-conduits et surtaxes bordelaises, il ait été peu rentable d'écouler du vin à Bordeaux. Or, toutes les routes fluviales d'exportation, c'est-à-dire Lot et Dordogne, menaient vers ce port. Déjà peu importante au début du XIVe siècle, la quantité de vin issu du Quercy arrivant dans la capitale de l'Aquitaine fut certainement des plus réduites une fois le conflit entamé, même si elle persista quelques temps, et de façon suffisemment importante jusqu'en 1368 pour amener les consuls de Cahors à demander une réduction des taxes bordelaises pour les vins quercinois. Document dans BN, *Collection de Languedoc*, *DOAT*, f°231. Concernant les problèmes de la viticulture et les relations commerciales du Bordelais pendant la guerre de Cent Ans, voir BOUTRUCHE (R.), *La crise…Op. cit.*, pp.154-161.
[2398] AM Gourdon (M.A.), BB 6, f° 5 v°.
[2399] Ibid., BB 3, f° 17 r°.
[2400] Ibid., CC 19, f° 45 r°.
[2401] Ibid., BB 5, f° 1 r°.
[2402] Ibid., BB 6, f° 1 r°.
[2403] Ibid., f° 5 v°.

moins 1376[2404] et qui fut lui aussi consul en 1386-87[2405] ; quant au marchand Guilhem La Pesa[2406], il suivit probablement un cursus similaire à celui de son collègue Guilhem Manha, étant donné qu'il fut consul en 1356-1357[2407], et donc certainement conseiller auparavant, fonction dans laquelle nous le retrouvons régulièrement ensuite. A Martel en 1373, les principaux fournisseurs de vin étaient Ramon Guisbert[2408] qui, conseiller depuis 1350[2409], fut élu consul en 1352-53[2410] et 1356-57[2411], ainsi que Mᵉ Peyre Cassafort[2412], qui fut occasionnellement présent au conseil en 1350[2413], avant d'être élu conseiller cinq ans plus tard[2414].

Quantité estimée de vin vendu (en litres)	Identité des vendeurs	Fonctions publiques tenues entre 1374 et 1380
27	Bertrand Delsol	conseiller
119	P. Dalbosc	sergent consulaire
184	Huc Delport	
208	Aymeric Dabelha	
208	Arnal Peyrier	consul, conseiller
227	Dona Botoya Daurnhac	
246	G. de Sanh China	consul, conseiller
287	Mᵉ Guilhem Angelbert	conseiller (profession : notaire)
397	Dona Dalborc	
399	Guilhem Obrier	consul, conseiller
416	Ramon Rocas	
446	B. Peirier	conseiller
454	B. Solvielh	
454	Mᵉ Bertholmio Delbles	conseiller (profession : notaire)
454	P. Gari	consul, conseiller
719	Mᵉ Gari Gombert	
719	Mᵉ Ramon Bodo	consul, conseiller
751	Bernat Bru	consul, conseiller
1400	Peyre Cornavi	consul, conseiller

Tableau 35. Les fournisseurs de vin du consulat de Cajarc en 1379 et leurs fonctions municipales.
(Tableau établi à partir de 74 % des quantités de vin acheté par le consulat de Cajarc en 1379).

[2404] *Ibid.*, CC 20, f° 16 r°.
[2405] *Ibid.*, BB 6, f° 1 r°.
[2406] *Ibid.*, f° 6 r°.
[2407] *Ibid.*, CC 19, f° 43 v°.
[2408] AM Martel, CC 5, f° 16 v°.
[2409] *Ibid.*, BB 5, f° 55 v°.
[2410] *Ibid.*, f° 70 r°.
[2411] *Ibid.*, CC 3-4, f° 78 r°.
[2412] *Ibid.*, CC 5, f° 16 v°.
[2413] *Ibid.*, BB 5, f° 53 r°.
[2414] *Ibid.*, CC 3-4, f° 63 r°.

La mainmise des notables sur les marchés publics n'était pas spécifique au vin, car elle apparaît tout ainsi flagrante dans le domaine des céréales. Ainsi, sur les onze personnes ayant vendu de l'avoine au consulat cajarcois en 1379, neuf appartenaient au monde consulaire et, parmi elles, huit étaient consuls ou ancien consuls. De la même façon que pour le vin, le même phénomène s'observait dans les autres villes de la province : le Gourdonnais Guilhem Manha, cité plus haut, fut en 1386 vendeur de plus de la moitié du froment et de l'avoine achetés par sa municipalité[2415] ; Rigal Faure, présent au conseil consulaire martelais depuis 1345[2416] et conseiller à partir de 1355[2417], fut quant à lui un fournisseur habituel de vin et de céréales de son consulat du milieu des années 1350[2418] jusqu'en 1378[2419].

Quantité estimée d'avoine vendue (en litres)	Identité des vendeurs	Fonctions publiques tenues entre 1374 et 1380
61	P. Gari	consul, conseiller
165	Johan Luciana	consul, conseiller
165	Vidal de Lauzeral	conseiller
185	G. de Cardalhac	consul, conseiller
185	Bernat Bru	consul, conseiller
247	Bertranda de la Cajarquia	
247	Ramon de Madilhac	consul, conseiller
247	R. Conduchier	
330	W. Viguier	consul, conseiller
1557	Esteve Peirier	consul, conseiller
2495	P. Cornavi	consul, conseiller

Tableau 36. Les fournisseurs d'avoine du consulat de Cajarc en 1379 et leurs fonctions municipales.
(Tableau établi à partir de 89,5 % des quantités d'avoine achetée par le consulat de Cajarc en 1379).

En reprenant l'exemple cajarcois bien étudié par Florence Clavaud, nous pouvons observer la décrépitude du commerce et de la vie économique en général : alors qu'en 1344 la ville abritait 18 marchands, ils n'étaient plus que la moitié 38 ans plus tard, tandis que les artisans du textile étaient passés de 11 à 6, les bouchers de 5 à 3 et enfin les artisans du cuir de 10 à 3[2420]. Un signe bien visible de la réduction des échanges en général fut la diminution de l'effectif des professionnels du droit : cinq Cajarcois exerçaient la profession de notaire et deux autres celle de juriste en 1344, mais en 1382, la ville ne comptait plus que trois notaires[2421].

Il ne fait nul doute que la volonté de préserver leurs propres terres agricoles de la ruine fut une des motivations qui poussa les consuls à négocier *patis* et *suffertas*. Dans ce cadre et en suivant la même logique, alors que les paiements

---

[2415] AM Gourdon, BB 6, f° 6 r°.
[2416] AM Martel, BB 5, f° 15 v°.
[2417] *Ibid.*, CC 3-4, f° 78 r°.
[2418] *Ibid.*, ff° 61 v°, 62 r°, 75 v°.
[2419] *Ibid.*, BB 6, f° 1 r°.
[2420] CLAVAUD (F.), « Evolution…*Op.cit.*, p.66.
[2421] *Ibid.*

en nature exigés par les routiers provoquaient une augmentation sans précédent des achats consulaires, ils profitèrent des positions qu'ils tenaient au sein de leurs municipalités pour faire acheter leurs productions ou celles dont ils disposaient par le biais des quelques circuits commerciaux encore existants ; ce faisant, ils essayaient de compenser les pertes provoquées par le blocage des axes et surtout par l'appauvrissement général.

On peut légitimement se demander si, dans le climat de déliquescence générale de l'époque, les membres des familles consulaires n'ont pas encouragé l'établissement des traités, qui certes n'assuraient qu'une sécurité relative à leurs terres, mais qui promettaient des débouchés plus ou moins constants ; cela aurait justifié les inquiétudes des officiers royaux, jugeant les Quercinois en perdition pour s'être par trop « *apatissés* » avec les Anglais[2422], et les amnisties royales données à ceux qui étaient accusés d'avoir eu commerce avec les ennemis du roi[2423]. C'est dans une certaine mesure fort possible, mais il ne pouvait s'agir que d'un pis aller, car personne, y compris et surtout les marchands, ne pouvait se satisfaire des ennuis causés par une situation qui amenait les activités commerciales à péricliter chaque jour un peu plus. Il ne s'agissait donc pas de pactiser avec l'ennemi, loin de là, mais simplement d'assurer la survie et la pérennité de leurs activités alors que les traités étaient jugés comme seuls en mesure de préserver la vie économique.

La partie de la production agricole concernée par les *patis* et les *sufferta*s peut ainsi être considérée comme une production de défense à part entière. A côté des travaux de fortification et de la production d'armement, elle participait à combler la demande née des besoins d'une protection globale de la ville schématiquement divisée en deux parties : une défense militaire pour la ville physique et une défense négociée pour le territoire extérieur.

Durant la guerre de Cent Ans, les communautés urbaines quercinoises devinrent véritablement des sociétés guerrières. En effet, les consulats firent appel à tous les moyens dont ils disposaient pour favoriser un état d'esprit qui était sinon guerrier, tout au moins fortement orienté vers la résistance à l'ennemi. Ils se firent ainsi les promoteurs de valeurs typiquement guerrières, notamment en encourageant le mépris du danger face aux ennemis. Ils s'employèrent de la même manière à renforcer la cohésion du corps social face à l'adversité et en appelèrent pour cela à la religion, en multipliant messes et processions : Dieu ne pouvait être que du côté de ceux qui menaient une guerre juste, défensive.

La mobilisation morale de la population n'avait d'utilité que si cette dernière avait d'une part les moyens de se défendre et, d'autre part, des raisons de le faire. Le premier des moyens était les fortifications, qui après avoir été construites furent entretenues tout au long de la guerre ; les travaux qu'elles nécessitèrent permirent à une grande partie des corps de métiers du bâtiment, maçons, charpentiers et forgerons, de se maintenir ; l'activité générée ne fut pas suffisante pour les enrichir, mais leur seul maintien fut déjà exceptionnel au regard de la ruine des autres domaines économiques. Quant à l'armement, il fut loin de dégager autant de profits que le bâtiment : les besoins étaient finalement assez limités et pouvaient la plupart du temps être satisfaits par des artisans locaux ; seule l'ingénierie réclamait un personnel spécifique, mais il était si peu nombreux que l'on peut qualifier ce secteur de niche technologique.

[2422] LACOSTE (G.), *Histoire…Op.cit.*, t.III, p.287.

Fortifications et armes servirent presque exclusivement à la protection du bâti urbain, car à partir des années 1350 l'arrière-pays fut défendu au moyen de traités. Ces derniers, dont les paiements par les consulats créèrent une demande en produits agricoles, permirent à certaines activités de trouver des débouchés quasi permanents. Naturellement aptes à satisfaire ces besoins, les élites consulaires aisées, propriétaires terriens ou marchands, monopolisèrent l'offre puis la maintinrent à leur profit ; en dehors du fait qu'après plusieurs années de guerre ils étaient probablement les seuls à pouvoir répondre à cette demande, la chose est largement compréhensible : du fait des événements, leurs activités commerciales étaient en pleine déliquescence et ils étaient très fortement sollicités par la fiscalité municipale, aussi utiliser les places qu'ils avaient dans leurs conseils pour conforter leurs affaires leur apparut certainement comme particulièrement opportun.

Les domaines économiques directement impliqués dans la défense ne pouvaient exister et n'avaient d'utilité que si le reste de l'économie continuait à vivre. Alors que la crise sévissait, la chose était loin d'aller de soi, aussi les municipalités prirent-elles de nombreuses mesures pour limiter ses effets néfastes.

[2423] AM Figeac, FF 1.

Chapitre VIII

Lutter contre la crise

La récession face à laquelle se retrouvèrent les citadins était multiforme et l'insécurité générée par les compagnies anglo-gasconnes n'en était qu'un aspect. Il se conjugua avec les épidémies de peste et les aléas climatiques, dont il aggrava les effets sans commune mesure. Ces fléaux n'étaient pas spécifiques au Quercy, car ils touchèrent non seulement les provinces limitrophes de façon à peu près identique, mais aussi l'ensemble du royaume, bien que de façon inégale dans le temps et dans l'espace[2424]. Dans un tel contexte, la seule défense des personnes et des biens, qu'elle soit purement militaire ou non, était une réponse incomplète aux problèmes posés par la globalité de la crise. Les consulats le perçurent assez rapidement et essayèrent de prendre les mesures qui leur semblaient réalisables. Elles concernaient les domaines économique, sanitaire et démographique.

1. Les mesures d'ordre économique.

Le Haut-Quercy ne possédait pas de grands circuits économiques et même une ville comme Cahors, qui n'était pas un important centre de production, vivait surtout de ses rapports avec son arrière-pays[2425]. Dans ce cadre, les domaines où les municipalités pouvaient agir étaient assez restreints. Les actions les plus importantes qui furent réalisées sur le plan de la défense économique furent les *patis* et les *sufferta*s, que nous avons étudiés précédemment, mais ils ne firent que se substituer à une protection militaire en échec et n'agirent sur les mécanismes internes de l'économie que de façon indirecte et limitée, visant en premier lieu à assurer la survie de la production agricole. D'autres mesures furent prises : elles prétendirent d'une part à favoriser l'offre locale et d'autre part à maintenir le marché du travail.

Le souci du ravitaillement.

Les principaux axes commerciaux de la province étaient les vallées du Lot et de la Dordogne, rivières qui coulaient en direction des territoires aquitains des Plantagenêt. Avant-guerre, une grande partie des vins quercinois

---
[2424] FAVIER (J.), *La guerre…Op.cit.*, pp.157-180.
[2425] SCELLES (M.), *Cahors…Op.cit.*, pp.49-50.

transitaient ainsi par le Lot en direction de Bordeaux[2426], tandis qu'à la remonte les gabarres en ramenaient des marchandises à destination de la clientèle locale. Le déclenchement des hostilités ne marqua pas un brutal coup d'arrêt pour ces échanges aquitano-quercinois, car les étals des poissonniers de la province restèrent longtemps approvisionnés en produits halieutiques océaniques. La fermeture des axes commerciaux concernés apparaît ainsi comme ayant été très progressive, incomplète et, surtout, relativement tardive : entre 1349 et 1357, des marchands cajarcois[2427] et gourdonnais[2428] étaient encore en mesure de fournir des colins et des harengs pêchés dans l'Atlantique.

Durant la période suivante, celle du traité de Brétigny, qui dura de 1361 à 1368 et donna un peu de calme au Haut-Quercy annexé au duché d'Aquitaine, il semble normal de trouver des poissons pêchés dans le golfe de Gascogne sur les marchés quercinois[2429] ; ce qui l'est moins en revanche, c'est de voir que ces mêmes denrées se vendaient encore à Gourdon en février 1377[2430]. A la même époque, du sel arrivait encore par la vallée de la Dordogne : il était débarqué dans la région de Sarlat puis transporté à dos de bête jusqu'à Gourdon ; un document gourdonnais, faisant état d'une cargaison de sel en provenance du Périgord et saisie par des hommes d'armes, montre cependant bien les difficultés auxquelles ce commerce devait faire face[2431]. Toutes les mentions que nous avons trouvées concernant ce sujet sont énoncées ci-dessus ; peu nombreuses, elles indiquent néanmoins la persistance d'un trafic commercial interrégional faisant fi des limites territoriales franco-anglaises au moins jusqu'à la fin des années 1370 ; il reste qu'il était sans aucun doute fortement diminué et ne pouvait en aucun cas pallier les insuffisances de la production locale en matière vivrière.

La disparition des produits d'importation sur les marchés quercinois n'était finalement pas si importante tant que l'agriculture locale était en mesure de fournir les denrées indispensables à l'alimentation de la population. Or, dans ce domaine, les difficultés existaient déjà durant les années qui précédèrent immédiatement le conflit, comme en témoignent, en 1346 par exemple, les ordres du roi interdisant à ses officiers de prendre du blé, du vin et plus généralement des vivres aux Cadurciens[2432]. La situation alla ensuite de mal en pis, les disettes et les famines étant particulièrement nombreuses sur toute la période étudiée[2433].

L'éventail des solutions dont disposaient les consulats pour limiter la pénurie des vivres était particulièrement restreint. La plus simple consistait à interdire l'exportation et la vente aux étrangers des productions de la ville, mais l'on en trouve que très peu de mentions : en 1356, les consuls de Martel défendirent aux boulangers de vendre plus de dix sous de pain aux « *caminiers* »[2434], terme englobant aussi bien les pèlerins que les déracinés déambulant sur les routes ; vingt ans plus tard, les Gourdonnais interdirent à quiconque de faire sortir du blé de la ville, sinon que ce soit pour un voisin et que cela corresponde à un besoin impérieux[2435]. En fait, entre pénurie et axes bloqués, il est probable que la demande intérieure ait généralement largement suffi à absorber l'offre, offre qui fut par ailleurs très souvent insuffisante.

Lorsque la disette menaçait, il était d'autant plus difficile aux consulats de pallier les manques qu'ils se trouvaient tous dans la même situation et ne pouvaient pas vraiment s'épauler les uns les autres. Chacun pensait d'abord à

[2426] *Ibid.*, p.48.
[2427] AM Cajarc, CC 5, envers du registre, f° 70 v° ; CC 7, f° 100 r°.
[2428] AM Gourdon (M.A.), CC 18, ff° 48 v°, 49 r°, 117 v° ; CC 19, f° 4 v°, 42 v°.
[2429] AM Cajarc, CC 9, f° 21 v°.
[2430] AM Gourdon (M.A.), CC 20, f° 49 r°.
[2431] *Ibid.*, f° 6 v°.
[2432] DUFOUR (E.), *Op.cit.*, p.120.
[2433] Bien entendu, cela dépassait largement le cadre du Quercy et concernait tout le royaume.
[2434] AM Martel, BB 5, f° 105 v°.
[2435] AM Gourdon (M.A.), CC 20, f° 6 v°.

préserver ses intérêts propres et pour tous, il était nécessaire de négocier au mieux pour obtenir un meilleur approvisionnement des marchés ; c'est ce que firent par exemple les consuls de Cajarc durant la difficile année 1348, en essayant de convaincre le bayle de Villeneuve de ne pas arrêter les blés que l'on amenait à la foire de leur ville[2436]. Ce genre de problème était pris en compte par les officiers royaux et, en 1359, c'est le comte de Poitiers qui ordonna au bailli des montagnes d'Auvergne et au sénéchal de Rouergue de faciliter le transport du grain vers Cahors dont les habitants, disait-il, n'avaient pu travailler leurs terres à cause des incursions anglaises[2437]. L'importance du ravitaillement extérieur pour Cahors à cette époque est bien mise en évidence par un document de 1361 : les gens du vicomte de Calvignac ayant saisi des bateaux chargés de blé à destination de la capitale quercinoise, les consuls de Cahors s'en étaient vigoureusement plaint en affirmant que ce vol avait réduit la population cadurcienne à la disette[2438] ; bien que certainement exagérée, cette affirmation est néanmoins parlante.

Malgré les besoins des habitants, les municipalités n'organisaient qu'assez peu fréquemment la recherche de vivres à leur profit. Parmi les rares mentions traitant du sujet, on en trouve par exemple une datée de 1369 : alors que la guerre venait de se rallumer et que l'armée de Johan Chandos parcourait le pays, les consuls de Cajarc prièrent leurs homologues de Villefranche et de Villeneuve de leur fournir du blé[2439], en précisant que c'était « pour les gens »[2440] ; ils envoyèrent ensuite à Villeneuve le dénommé Johan de Salviac pour superviser les achats[2441] et prirent en charge le transport des grains jusqu'à Cajarc[2442]. Un autre document cajarcois, d'avril 1375 celui-ci, fait état de l'acquisition de 29 setiers de froment et de 25 de seigle par la municipalité à Durand dels Clauzels, un habitant de Villeneuve[2443].

La faible implication des instances municipales dans la recherche d'approvisionnements n'est finalement pas très surprenante : que ce soit en Haut-Quercy ou dans les provinces limitrophes, bien peu nombreux étaient les producteurs toujours en mesure d'exporter, aussi vers qui les consulats pouvaient-ils se tourner pour favoriser les importations ? D'autre part, il n'était pas dans la mentalité des élites de l'époque de fortement impliquer leurs municipalités dans ce genre de problèmes : les consulats de Millau[2444] et de Chambéry[2445], par exemple, n'y consacraient qu'une part minime de leurs dépenses . Si l'importation de vivres ne fut pas un domaine de compétence particulièrement développé par les municipalités, il en fut en revanche autrement avec la préservation des économies locales.

L'amorce d'un protectionnisme économique.

Le vin était la seule production quercinoise d'importance, importance toute relative d'ailleurs si l'on en juge par la part réduite qu'elle prenait sur le marché de l'exportation bordelais au début du XIVe siècle[2446]. Il reste qu'il s'agissait certainement de l'unique produit local à disposer de réels circuits commerciaux permanents. Avec l'établissement des nouvelles impositions destinées à financer la défense accordées par le pouvoir royal, le marché vinicole prit une nouvelle

---

[2436] AM Cajarc, CC 4, f° 110 r°.
[2437] AM Cahors, *Livre Noir*, f° 53 r°, cité dans ALBE (E.), « Inventaire…*Op.cit.*, 2e partie, p.48.
[2438] AM Cahors, BB13.
[2439] AM Cajarc, CC 6, f° 137 v°.
[2440] *Ibid.*, f° 138 r°.
[2441] *Ibid.*, f° 138 v°.
[2442] *Ibid.*, f° 138 v°.
[2443] *Ibid.*, FF 127.
[2444] GARNIER (F.), *Un consulat… Op. cit.*, p.601.
[2445] GUILLERE (C.), « Les dépenses de la ville de Chambéry à la fin du XIVe siècle », dans *La fiscalité des villes…Op.cit.*, p.143.

importance, stratégique celle-là. Dans les faits, cela se traduisit par une fiscalité largement accrue qui n'épargna pas un seul litre : droits de souquets et autres barres se multiplièrent, faisant alors du vin le pilier du financement de la fortification[2447]. A son image mais à une moindre échelle, tous les produits furent touchés par cette augmentation des taxes indirectes. Les municipalités réagirent assez rapidement et, pressentant le danger que faisaient courir les nouvelles taxes sur la production locale, prirent les décisions qui s'imposaient à eux pour la favoriser.

Une des solutions données aux consulats pour percevoir les taxes indirectes tout en assurant aux producteurs locaux des débouchés suffisants était d'interdire purement et simplement la vente de produits étrangers à l'intérieur de leurs villes. Il semble que les Cajarcois aient opté très tôt pour cette solution. En effet, le registre des comptes de 1349 contient de nombreuses mentions concernant des problèmes relatifs à un « bannissement des vins et des blés »[2448]. Nous ne savons que peu de choses sur cette affaire, sinon que le bayle fit interdire la présence de certains blés et vins dans la vieille ville et les relégua dans les faubourgs[2449] ; la mesure provoqua des opposition et des réclamations furent portées devant l'évêque de Cahors qui, après force discussions[2450], en demanda la levée[2451]. Bien que les détails nous échappent, nous savons cependant que le bayle fut soutenu par « d'autres personnes » lorsqu'il prit la résolution d'exclure les produits cités du marché cajarcois[2452] : il est possible que ces « autres personnes » aient été des membres de la bourgeoisie locale, propriétaires terriens qui firent pression pour que ces interdictions soient prises, mais il ne s'agit là que d'une hypothèse.

A Gourdon en 1353, les consuls prirent une décision tout aussi radicale et restrictive : seuls les habitants et les étrangers taillables pouvaient désormais introduire du vin en ville, et encore à la condition qu'il soit le produit de leurs propres vignes[2453]. Peu après, les magistrats de Figeac interdirent à leur tour l'importation de vin étranger[2454], tout comme ceux de Martel début 1357, qui limitèrent toutefois la mesure au produit destiné à la vente au détail[2455] ; ils veillèrent à l'application de ces ordonnances et, dès les mois de mai et juin suivant, lancèrent des enquêtes judiciaires contre de présumés fraudeurs[2456]. Ces mentions d'exclusions pures et simples sont cependant particulièrement rares et circonscrites aux premières années du conflit, tout comme les demandes d'aides alimentaires du même type que celles faites par Cajarc en 1348 et 1369 et évoquées supra.

Les documents relatifs aux mesures fiscales protectionnistes sont plus fréquents. Il est à noter que prendre ce genre de mesure ne coulait pas de source : comme le souligne Michel Hébert pour les villes provençales, les impôts indirects étaient destinés à payer les charge d'une communauté, aussi devait-on essayer de ne pas porter préjudice aux étrangers en les établissant[2457] ; ce souci se retrouve chez les consuls de Gourdon, qui en 1381 se renseignèrent pour savoir si les municipalités de Sarlat et de Cahors faisaient participer aux charges communales les étrangers qui portaient des blés à l'intérieur de leurs murailles[2458].

[2446] SCELLES (M.), *Cahors…Op.cit.*, p.48.
[2447] RIGAUDIERE (A.), *Gouverner…Op.cit.*, p.456.
[2448] « *Bandimens dels vis e del blat* ».
[2449] AM Cajarc, CC 5, envers du registre, f° 43 r°.
[2450] *Ibid.*, f° 41 r°.
[2451] *Ibid.*, f° 14 r°.
[2452] *Ibid.*, f° 44 r°.
[2453] AM Gourdon (M.A.), BB 4, f° 15 v°.
[2454] AM Figeac, HH 1.
[2455] AM Martel, BB 5, f° 104 r°.
[2456] *Ibid.*, ff° 108 r°, 109 r° et v°.
[2457] HEBERT (M.), « Le système…*Op.cit.*, p.73.
[2458] AM Gourdon (M.A.), BB 5, f° 6 v°.

A l'exemple de Cahors, villes et gros bourgs quercinois vivaient essentiellement de leurs rapports avec leurs arrières-pays[2459]. Cela ne signifiait pas que leurs vies économiques étaient autarciques, mais on devait certainement approcher l'autosuffisance sur le plan local en ce qui concerne les denrées alimentaires de base : à Gourdon en 1353, on considérait comme étrangers les habitants de villages tout proches comme Cougnac, Costeraste et la Fontade, et il faut certainement voir dans cette considération un signe visible de la rétraction et de la contraction spaciale de l'économie, car c'est principalement à eux qu'étaient destinées les ordonnances concernant les vins étrangers[2460] ; la production viticole provenant d'au-delà de cet espace de quelques kilomètres de rayon autour de la ville devait arriver en quantités assez restreintes sur les marchés gourdonnais et devait être spécifique.

Quelques éléments laissent penser que, pour faire face aux premières chutes de consommation causées par les événements de la guerre et de la peste, les consulats essayèrent de soutenir les producteurs urbains par le biais de la fiscalité indirecte. Pour les favoriser, ils n'avaient que deux solutions fiscales à leur disposition : soit surtaxer les productions extérieures, soit exonérer celles issues de la ville. En 1352, les consuls de Martel commencèrent par appliquer la première : ils exigèrent un écu d'or par muid de vin vendu si le vendeur ne l'avait pas produit lui-même[2461], ce qui revenait en fait à essentiellement taxer le vin étranger par le biais des marchands. Quelque temps plus tard, le 7 octobre 1353, leurs homologues de Gourdon établirent un barème concernant les impositions auxquelles étaient soumises les vendanges et le vin entrant en ville : une charge des unes ou de l'autre amenée par un étranger était ainsi spécialement surtaxée, le taux étant toutefois réduit de moitié s'il était taillable à Gourdon[2462] ; il est à noter que les consuls se ravisèrent rapidement, estimant trop peu élevé le taux appliqué aux étrangers non taillables, car ils le doublèrent une semaine plus tard[2463].

La surimposition des productions extérieures fut ensuite, semble-t-il, appliquée de façon moins systématique, les mesures concernant la fiscalité et les autorisations de vente du vin étant fonction de la conjoncture du moment. En 1376 par exemple, seuls les Gourdonnais taillables pouvaient faire entrer du vin dans leur ville sans restriction autre que temporelle, car ils devaient le faire avant le 1er novembre[2464] ; quant au vin étranger, il n'était pas surtaxé mais son introduction dans la localité était soumise à l'autorisation des consuls et uniquement pour des quantités limitées : ils accordèrent ainsi l'entrée d'environ 500 litres à Me Bernat la Sudria, pour son vin en provenance de Loupiac, et autant à Bertrand de Sanh-Clar pour celui qu'il produisait à Soucirac[2465].

Cinq ans plus tard, la souplesse et le pragmatisme avec lesquels les magistrats de Gourdon utilisaient la fiscalité indirecte apparaissent clairement à travers les trois ordonnances sur le vin prises entre octobre et décembre 1381 : le 7 octobre, il fut ordonné que tout homme, Gourdonnais ou étranger, qui apporterait du vin en ville paierait deux sous six deniers de taxe par sommée. Il précisaient en outre qu'ils se réservaient la possibilité d'exonérer leurs habitants[2466] ; cette précision n'apparaissait plus lorsque l'ordonnance fut réitérée le 19 décembre suivant[2467], mais quatre jours plus tard, un nouveau texte la mettant implicitement en œuvre fut promulgué ; il montre que les consuls avaient attendu de

---

[2459] SCELLES (M.), *Cahors…Op.cit.*, pp.49-50.
[2460] AM Gourdon (M.A.), BB 4, f° 14 v°.
[2461] AM Martel, BB 5, f° 69 v°.
[2462] AM Gourdon (M.A.), BB 4, ff° 13 r°, 14 v°.
[2463] *Ibid.*, f° 15 r°.
[2464] *Ibid.*, CC 20, f° 14 r°.
[2465] *Ibid.*, f° 14 r°.
[2466] *Ibid.*, BB 5, f° 11 v°.

connaître le montant des taxes perçues depuis l'ordonnance du 7 octobre, soit plus de deux mois auparavant, pour décider de l'imposition définitive : « … il est que tout homme ou toute femme qui aura mis ou mettra du vin à Gourdon, du huitième jour d'octobre dernier à la prochaine fête du nouvel an et à partir de là pendant une année, ce vin venant du dehors, paiera 2 sous 6 deniers tournois par grosse charge de vin, à l'exception des habitants de Gourdon qui paieront, seulement jusqu'au jour présent, 20 deniers pour toute la dite durée, tandis que les étrangers à la ville paieront 2 sous 6 deniers tournois »[2468] ; il n'était cependant pas indiqué comment les Gourdonnais, qui avaient payé le prix fort depuis le 8 octobre, pouvaient se faire rembourser les quatorze deniers de trop-perçu qu'on leur devait pour chaque sommée.

La plupart des mentions relatives aux mesures de protection économique sont évoquées dans les paragraphes précédents. Elles sont peu nombreuses, trop peu pour tirer des conclusions précises, mais elles mettent en revanche plusieurs éléments en évidence : la fermeture ponctuelle des frontières économiques urbaines n'exista qu'un temps, au début de la guerre, certainement celui nécessaire aux consulats pour s'apercevoir que ce genre de mesure leur était préjudiciable soit en raison de la réciprocité qu'elles entraînaient, soit parce qu'elles décourageaient les importations plus qu'il ne le fallait ; ensuite, les quelques documents en notre possession semblent indiquer, à travers l'exemple de Gourdon, un affinement des techniques d'imposition indirecte avec le temps, mais il ne saurait être question de définir un système à partir de ce seul exemple.

Enfin et surtout, il faut garder à l'esprit que la situation économique générale de la province ne permettait pas l'existence d'une concurrence effrénée car la demande, pourtant plus réduite qu'auparavant, était difficilement satisfaite par l'offre existante, au moins en ce qui concerne les produits vivriers : les mesures protectionnistes n'avaient des raisons d'être que conjoncturelles et très ponctuelles ; constatant des faits similaires à Tarascon, Michel Hébert a pu dire que « ces actions énergiques mais toujours ponctuelles nous paraît tout le contraire de ce qu'on appelle génréralement une politique économique »[2469].

La police du commerce du pain.

Les documents quercinois ne permettent pas l'examen de l'ensemble des dispositions de police du commerce qui furent prises par les différents consulats. Seules, celles relatives à la vente du pain nous renseignent quelque peu sur les façons de procéder qui existèrent dans ce domaine.

Depuis 1299 au moins existait à Cahors une réglementation assez stricte sur la quantité de pain qui pouvait être fabriquée à partir d'un volume donné de blé et suivant son prix ; pour l'établir, les magistrats avaient fait appel à plusieurs boulangères dont ils avaient analysé la production pour définir les modalités de leur ordonnance[2470]. Une trentaine d'années plus tard, les consuls gourdonnais étaient beaucoup moins précis, ordonnant seulement que le pain soit « bel et grand », suivant les deux tailles admises qui correspondaient aux prix de un et deux deniers caorcins[2471].

[2467] *Ibid.*, f° 15 r°.
[2468] *Ibid.*, f° 15 v°.
[2469] HEBERT (M.), *Tarascon… Op. cit.*, p.165.
[2470] CANGARDEL (L.), COMBARIEU (L.), LACOMBE (P.), *Le Te Igitur…Op.cit.*, pp.261-265.
[2471] AM Gourdon (M.A.), BB 1, f° 18 r°.

Une fois les désordres commencés, il ne fut plus possible de tenir ces ordonnances simples mais trop rigides pour être adaptées à la nouvelle situation économique. Les variations fréquentes de la monnaie, alliées aux périodes de pénuries intermittentes, constituèrent alors des conditions idéales pour les trafics en tout genre. Une telle conjoncture favorisait d'ailleurs aussi bien les fraudes volontaires qu'involontaires : un contrôle renforcé était indispensable.

On essaya longtemps d'appliquer une véritable réglementation prenant en compte la valeur du blé pour établir le prix et la taille du pain. En 1376 encore, prenant acte de l'incapacité ou de la mauvaise volonté des boulangères à faire du pain « de bon poids », les consuls gourdonnais imaginèrent un système pour garantir l'uniformité et la conformité de leur production avec la valeur du blé : pour définir des étalons, on pesait une quantité de pâte avant la cuisson, puis le pain qui en était issu[2472]. Les variations des cours du blé rendaient les opérations d'étalonnage fréquentes, aléatoires et difficiles à appliquer, aussi ce système fut-il abandonné assez rapidement ; cinq ans plus tard, le règlement, si l'on peut parler de véritable règlement, était tout autre : il ne s'agissait plus alors de suivre des schémas précisant le prix et le poids du pain suivant la valeur du blé, mais de contrôler le pain de façon particulièrement subjective, en laissant l'appréciation de la « bonne » ou « mauvaise » taille du pain à des personnes désignées par le consulat[2473]. Contrepoids de cet exceptionnel pouvoir donné aux contrôleurs, l'amende infligée aux éventuels contrevenants était fonction de la gravité de la fraude, l'appréciation en étant laissée aux consuls qui jugeaient sur pièces ; ils avaient le pouvoir d'abandonner les charges sans suite s'ils les estimaient injustifiées[2474].

Le pain non conforme était perdu pour ceux qui le mettaient en vente et qui, de plus, devaient payer une amende[2475]. Saisi, il était impropre à la vente mais restait tout à fait consommable ; il est ainsi probable que, tout comme à Cahors dans les années 1370[2476], il ait généralement été donné aux hôpitaux pour alléger quelque peu leurs frais de fonctionnement.

2. Les politiques sanitaires et sociales.

Au début du conflit, face aux départs massifs provoqués par la peste et par la guerre, des tentatives furent faites pour limiter les déguerpissements à l'aide de mesures économiques particulièrement volontaristes. Début 1354, les consuls de Gourdon décidèrent d'utiliser les chantiers de fortification pour donner du travail aux personnes pauvres qui en étaient dépourvues : ils firent ainsi lever une imposition spéciale pour faire remettre en état les fossés par des hommes qui, jusque là sans emploi, avaient le projet de quitter la ville pour chercher ailleurs une meilleure situation[2477]. Cette ordonnance, préfigurant avec quelques siècles d'avance les doctrines keynésiennes, est la seule du genre que nous ayons trouvé, mais elle montre que certaines élites consulaires avaient compris le rôle central que pouvait jouer la politique économique d'une collectivité en matière sociale.

[2472] *Ibid.*, CC 20, f° 3 r°.
[2473] *Ibid.*, BB 5, f° 2 r°.
[2474] *Ibid.*, f° 2 r°.
[2475] AM Martel, BB 5, f° 121 r°.
[2476] AM Cahors, *Livre Tanné*, f° 123 r°, cité dans ALBE (E.), « Inventaire…*Op.cit.*, 2ᵉ partie, p76.
[2477] AM Gourdon (M.A.), BB 4, f° 21 v°.

Avec leurs budgets serrés et leurs fiscalités poussées au maximum, les villes quercinoises ne purent vraiment envisager la réalisation de grands travaux dans le seul dessein de stimuler l'économie. Il reste que des chantiers furent néanmoins lancés pour satisfaire les besoins défensifs, mais au sein de toutes ces opérations il n'est pas possible de déterminer si certaines furent exécutées dans un but principalement socio-économique ou si cet aspect fut pris en compte d'une manière ou d'une autre dans la programmation des chantiers. Les mesures purement sociales peuvent en revanche être étudiées plus précisément, les textes les concernant étant plus nombreux et explicites.

Les charités.

Les dons faits aux pauvres à l'occasion de certaines fêtes religieuses étaient des pratiques déjà anciennes en 1345 : ces « charités »[2478] faisaient partie des attributions consulaires notées dans les coutumes de Cajarc de 1256[2479], tout comme dans celles de Cahors édictées deux ans plus tard[2480] ; elles avaient généralement lieu à la Pentecôte. La municipalité cadurcienne récoltait les fonds nécessaires à ces œuvres à l'aide de taxes posées sur une partie du parc immobilier privé et en louant spécialement certains immeubles publics[2481]. Dans cette même ville durant les années 1270, deux receveurs étaient spécialement nommés pour un an, charge à eux de percevoir les produits des cens, rentes et ventes des maisons spécialement affectées à la charité[2482].

En 1331, les consuls de Gourdon firent appel à un emprunt forcé pour trouver les sommes nécessaires à l'achat du blé destinés aux pauvres[2483] ; la charité coûta cette année-là 17 025 deniers, soit l'équivalent du prix d'environ 44 setiers de froment[2484] ; cette somme servit certes à couvrir l'achat de froment, mais aussi celui de pain et sans oublier le paiement des gages de ceux qui avaient exécuté les levées[2485]. Sept ans plus tard, les quantités de produits distribués avaient considérablement diminué, car les magistrats n'achetèrent que 13 setiers de blé et 62 sous de pain qui coûtèrent l'équivalent d'environ 3 setiers de froment ; si l'on y ajoute les 117 deniers de salaire donnés à ceux qui récoltèrent le pain, cette charité ne coûta que l'équivalent de 16,5 setiers de froment.

Une vingtaine d'années plus tard, alors que la guerre était déjà bien installée et que la Grande Peste avait fait ses ravages, la quantité de blé distribuée avait peu varié, étant donné qu'elle se situait aux alentours de 16 setiers de froment[2486]. Un peu plus tard, les comptes des exercices 1355-56 et 1357-58 ne mentionnent que l'achat annuel de 3 setiers, partie seigle et partie froment, ainsi que de quarante pains mais pour la première de ces deux années seulement[2487] ; l'examen précis des délibérations des années correspondantes, qui ne nous sont pas parvenues, montrerait certainement des volumes distribués beaucoup plus importants, car les documents de 1357-58 précisent que les achats de blé venaient compléter les quantités issues des revenus des poids, non inscrits dans la comptabilité générale[2488]. Quoi qu'il en soit, l'aide alimentaire augmenta certainement de façon régulière : les comptes et les

---

[2478] « Caritas » en occitan médiéval.
[2479] ALBE (E.), Monographies...Op.cit., p.98.
[2480] CANGARDEL (L.), COMBARIEU (L.), LACOMBE (P.), Le Te Igitur...Op.cit., p.201.
[2481] Ibid.
[2482] Ibid., p.133.
[2483] AM Gourdon (M.A.), BB 1, f° 39 v°.
[2484] Ibid., ff° 29 v°, 37 r°
[2485] Ibid., f° 29 v°.
[2486] Ibid., CC 17, f° 6 r°.
[2487] Ibid., CC 18, ff° 59 r°, 64 r° ; CC19, f° 10 v°.
[2488] Ibid., CC 19, f° 10 v°.

délibérations de 1385 ne contiennent qu'une partie des mentions relatives aux achats faits pour la charité et ceux-ci coûtèrent déjà l'équivalent de près de 33 setiers de froment[2489], c'est-à-dire deux fois plus que tout ce qui y avait été affecté trente-six ans auparavant.

A Cajarc, les écarts observés d'une année sur l'autre dans les quantités de céréales ou de pain données aux pauvres laissent penser que la charité de Pentecôte disposait d'une comptabilité particulière. En 1348, si l'on en croit les registres de comptabilité générale de la ville, il ne fut acheté qu'une trentaine de pains pour les besoins de la charité[2490], tandis que deux ans plus tard, le chiffre monta à 232 unités[2491]. Deux passages de 1374, concernant l'achat de quatre feuilles de papier pour « faire les chartes de la charité de Pentecôte »[2492] pour l'un, et de onze autres feuilles pour « la levée du Corps de Dieu (Fête-Dieu) et de la charité »[2493] pour l'autre, semblent aussi indiquer l'existence de comptes distincts des finances municipales.

En fait, les comptes des municipalités ne permettent de saisir que partiellement l'importance de l'aide attribuée aux pauvres selon ces charités de Pentecôte, car les finances urbaines n'étaient sollicitées que lorsque leur budget propre ou les denrées qui y étaient destinées étaient insuffisants, comme l'atteste la mention cajarcoise suivante : « *Item*, j'ai payé pour ce que nous avons acheté de pain pour la charité de Pentecôte, [celui] qui ne s'est pas offert, nous l'avons acheté et il coûta 11 sous et 4 deniers tournois »[2494].

L'indigence de la documentation ne permet pas de voir dans quelle mesure les dons faits aux pauvres lors des charités de Pentecôte ont évolué durant le conflit ; toutefois, des mentions évoquant la distribution de 378 pains, comme à Gourdon en 1385[2495], ou celle de 700 à 1000 litres de céréales, comme à Capdenac en 1395[2496] ou 1408[2497], laissent penser que l'aide apportée était particulièrement ponctuelle, permettant tout juste la subsistance d'un individu sur quelques jours, mais seule la connaissance du nombre des pauvres bénéficiaires permettrait de le préciser.

Les distributions de Pentecôte ne comprenaient pas uniquement des vivres : à Gourdon par exemple, les nécessiteux recevaient aussi des chemises[2498]. Des dons de vêtements étaient aussi effectués lors de la fête de Noël ; ils sont régulièrement attestés à Gourdon et à Martel et sont un peu mieux connus que les charités de Pentecôte : les consuls martelais faisaient ainsi distribuer du drap aux pauvres de la ville, une *pessa* par personne en 1356[2499] ; il s'agissait soit de drap brun[2500], soit de *blanquet*[2501], de la même façon qu'à Gourdon[2502]. Là, vingt ans plus tard, les magistrats faisaient faire des robes de drap brun ou de laine[2503] pour des bénéficiaires dont l'effectif se situait autour d'une trentaine[2504] ; neuf ans plus tard, les indigents pris en charge devaient être à peu près autant, car 28 gonelles furent alors distribuées[2505] ; seules vingt le furent en 1386[2506], mais il est peu probable que cette baisse ait correspondu à une

---

[2489] *Ibid.*, BB 5, f° 25 r°.
[2490] AM Cajarc, CC 4, f° 104 r°.
[2491] *Ibid.*, CC 6, f° 56 r°.
[2492] *Ibid.*, CC 11, reg.I, f° 50 v°.
[2493] *Ibid.*, f° 63 v°.
[2494] *Ibid.*, CC13, f° 57 v°.
[2495] AM Gourdon (M.A.), BB 5, f° 25 r°.
[2496] AM Capdenac, CC 3.
[2497] AM Capdenac, CC 4.
[2498] Par exemple : AM Gourdon (M.A.), BB5, f° 24 v°, mais aussi d'autres mentions dans CC 18 et CC 19.
[2499] AM Martel, BB 5, f° 103 r°.
[2500] *Ibid.*, f° 27 v°.
[2501] *Ibid.*, f° 114 v°.
[2502] AM Gourdon (M.A.), CC 20, f° 44 r°.
[2503] *Ibid.*
[2504] *Ibid.*, f° 45 r°.
[2505] *Ibid.*, BB 5, f° 30 r°.

diminution de la pauvreté urbaine. Les faibles effectifs ici mentionnés montrent que tous les pauvres ne pouvaient bénéficier des largesses de la communauté : un choix était fait parmi la multitude, mais ses règles nous échappent.

Les hôpitaux consulaires.

De la même façon que les charités, les hôpitaux perdurèrent durant tout le conflit. Les éléments les concernant sont un peu plus nombreux et permettent de mieux apprécier le rôle qu'ils tinrent durant les temps troublés de la guerre de Cent Ans. Il s'agissait d'institutions relativement anciennes, attestées à Cajarc en 1256[2507], à Cahors en 1287[2508] et à Gourdon en 1314[2509]. Ils furent particulièrement utiles pour accueillir et secourir les pauvres, dont le nombre ne cessait de s'accroître. Il est à noter que les hôpitaux consulaires n'étaient pas les seuls établissements de ce genre existant en ville, car à leurs côtés d'autres organismes similaires appartenaient à des institutions religieuses : à Gourdon, en plus de l'hôpital de la Capela, qui relevait du consulat, ceux de Sainte-Catherine et de la Magdeleine apportaient aussi leurs secours aux démunis[2510]

Organisation.

Les hôpitaux municipaux étaient sous la responsabilité directe des consulats, qui nommaient leurs dirigeants et leur laissait une certaine autonomie. A Cahors ils étaient au nombre de trois, un commandeur et deux gardiens[2511]. Les fonctions attribuées à ce personnel étaient différentes suivant les lieux : les gardiens cadurciens s'occupaient de la gestion des biens temporels de leur établissement[2512], tandis qu'à Cajarc elle incombait au commandeur qui, bien qu'essentiellement tourné vers la vie spirituelle[2513], représentait aussi très souvent son établissement dans des domaines profanes. Les consuls gourdonnais, quant à eux, géraient beaucoup plus directement leur hôpital de la Capela : sur les nombreuses mentions concernant cette institution, très peu ont trait à d'éventuels responsables subordonnés ; parmi celles-ci l'une, datée de 1337, fait état d'un « hospitalier » chargé de rendre compte annuellement de l'administration de l'établissement[2514], mais son rôle était particulièrement effacé car il ne figure sur aucun des documents relatifs à la réception de nouvelles sœurs hospitalières entre 1337 et 1386. Enfin, un chapelain complétait l'équipe de direction ; à Cahors, la chapelle de l'hôpital constituait un bénéfice à part entière et disposait de biens distincts de ceux de l'établissement[2515].

Les communautés hospitalières ne constituaient pas des ensembles très nombreux : à Cahors, ville la plus importante de la province, les consuls décidèrent en 1290 de limiter le nombre de sœurs et frères hospitaliers à vingt[2516].

[2506] *Ibid.*, BB 6, f° 7 r°.
[2507] ALBE (E.), *Monographies...Op.cit.*, p.65.
[2508] CANGARDEL (L.), COMBARIEU (L.), LACOMBE (P.), *Le Te Igitur...Op.cit.*, pp.60-61.
[2509] AUSSEL (M.), « Le testament de Vidal La Griffolet, bourgeois de Gourdon, en 1348 », dans *BSEL* t. CXX (4ᵉ fasc. 1999), (pp.255-262), p.262.
[2510] *Ibid.*, p.258.
[2511] CANGARDEL (L.), COMBARIEU (L.), LACOMBE (P.), *Le Te Igitur...Op.cit.*, pp.69-71.
[2512] *Ibid.*, pp.50-51, 22-26.
[2513] AM Cajarc, CC 5, envers du registre, f° 41 v°.
[2514] AM Gourdon (M.A.), BB 2, f° 27 v°.
[2515] CANGARDEL (L.), COMBARIEU (L.), LACOMBE (P.), *Le Te Igitur...Op.cit.*, p.60.
[2516] *Ibid.*, p.69-72.

A Gourdon, si les consuls parlaient généralement de leur « hôpital de la Capela », il leur arrivait d'évoquer leur *ostal de la Capela* [2517], indiquant ici une simple maison, peut-être de dimensions honorables mais sans rien de très exceptionnel. A Martel, l'hôpital *Maior* devait initialement être situé hors les murs, car à partir de 1352 il fut transféré dans la vieille ville, dans la maison que Peyre Faure louait au consulat à cet effet pour la somme de trente écus annuels[2518] ; par comparaison, le ravitaillement d'une compagnie anglo-gasconne pendant quinze jours coûtait environ cinquante écus[2519] : cette maison ne devait pas être de dimensions exceptionnelles.

A Cahors, hommes comme femmes pouvaient être reçus hospitaliers de plein droit, mais leur effectif était avant la guerre respectivement limité à huit et douze[2520]. A Gourdon et à Martel, il semble que seules les femmes étaient acceptées[2521] : il pouvait tout aussi bien s'agir de filles célibataires[2522], que de veuves[2523] ou même de femmes mariées[2524]. Pour intégrer l'établissement, elles devaient tout d'abord s'acquitter d'un droit d'entrée, payé par elles si elles étaient veuves ou par leurs frères ou pères si elles étaient célibataires ; elles devaient ensuite s'acquitter d'un cens annuel et toujours disposer de quoi s'habiller.

Le règlement était à la base assez simple : à Gourdon par exemple, les postulantes juraient de demeurer à l'hôpital et d'y finir leur vie, de rester chaste et de servir les pauvres bien et loyalement ; elles reconnaissaient les consuls comme fondateurs et patrons de l'établissement et leur juraient obéissance, ainsi qu'à la ville et à la communauté[2525]. Il est possible qu'elles aient suivi une règle monastique, comme celle de saint Augustin, particulièrement répandue dans nombre d'établissements hospitaliers occidentaux[2526], mais nous n'en avons trouvé aucune mention claire. Seuls, deux documents gourdonnais, l'un de 1381 et l'autre de 1387, semblent mettre en évidence une discipline interne propre aux religieuses[2527]. Elles étaient généralement logées dans un dortoir commun, mais certaines pouvaient disposer d'une chambre particulière[2528].

Pour financer leurs activités, les hôpitaux possédaient un certain nombre de biens en propre : leurs parcs immobiliers et agricoles comprenaient des maisons[2529], des moulins[2530], des prés[2531] et des vignes[2532] dont ils tiraient de substantielles rentes[2533] ; si besoin, les consulats pouvaient encore augmenter leurs revenus en leur laissant le bénéfice de cens divers posés sur des biens appartenant au domaine public[2534]. Les possessions hospitalières n'étaient pas toutes accensés car beaucoup de terres étaient exploitée directement : on y pratiquait la céréaliculture[2535] et la viticulture[2536], tandis que des prés[2537] servaient à la pâture de cheptels variés composés de bovins et de caprins[2538].

[2517] AM Gourdon (M.A.), CC 20, f° 5 r°.
[2518] AM Martel, BB 5, f° 76 v°.
[2519] AM Gourdon (M.A.), BB 4, f° 12 v°.
[2520] CANGARDEL (L.), COMBARIEU (L.), LACOMBE (P.), *Le Te Igitur…Op.cit.*, p.69-72.
[2521] Sur l'ensemble de la documentation, nous n'avons trouvé que des mentions de sœurs hospitalières dans ces villes.
[2522] AM Gourdon (M.A.), BB 1, f° 15 r° ; BB2, ff° 9 v°, 10 r°.
[2523] *Ibid.*, CC 20, f° 11 r°.
[2524] *Ibid.*, BB 2, f° 28 r°.
[2525] *Ibid.*, CC 20, f° 11 v°.
[2526] GOGLIN (J.L.), *Les misérables dans l'Occident médiéval*, coll. Points Histoire (H25), Seuil, Paris, p.169.
[2527] AM Gourdon (M.A.), BB 5, f° 8 r° ; BB6, f° 19 v°.
[2528] *Ibid.*, BB 2, f° 28 r°.
[2529] CANGARDEL (L.), COMBARIEU (L.), LACOMBE (P.), *Le Te Igitur…Op.cit.*, p.60.
[2530] AM Martel, BB 5, f° 20 v°.
[2531] AM Gourdon (M.A.), BB 2, f° 27 v°.
[2532] AM Cajarc, CC 6, f° 140 v°.
[2533] CANGARDEL (L.), COMBARIEU (L.), LACOMBE (P.), *Le Te Igitur…Op.cit.*, p.60, par exemple.
[2534] *Ibid.*, pp.22-26.
[2535] AM Cajarc, CC 4, ff° 106 r°, 107 v°.
[2536] *Ibid.*, f° 109 r°.
[2537] *Ibid.*, f° 114 v°.

Pour mettre en valeur leur temporel, les hôpitaux disposaient d'un peu de personnel spécialisé en sus des membres de la communauté : celui de Cajarc entretenait ainsi un bouvier et un domestique[2539] ; il leur fournissait ce dont ils avaient besoin pour mener leurs tâches à bien, qu'il s'agisse de matériel comme les araires[2540] ou de fournitures comme le sel nécessaire au bétail[2541]. Tout ceci permettait aux hospitaliers de se consacrer à leur principale mission : venir en aide aux nécessiteux.

L'aide aux pauvres.

Les documents ne permettent pas de déterminer si les personnes prises en charge par les hôpitaux étaient classés en différentes catégories, ni aucun autre des critères qui devaient présider à leur accueil, si tant est qu'il y en ait eu d'autres que l'évidente pauvreté ou la maladie. Comme ailleurs, on devait distinguer trois groupes principaux : les démunis, les pèlerins et les malades[2542] ; en 1322, les Cadurciens notaient simplement que leur hôpital recevait les pauvres, les femmes gisantes et les orphelins[2543]. Quels qu'ils aient été, ces indigents devaient être aidés, non seulement pour une question de charité chrétienne, mais aussi dans un but plus prosaïque, celui de contrôler autant que possible ces individus sans attaches que l'on se représentait comme prêts à tous les méfaits[2544].

Un des premiers soucis des municipalités était d'empêcher tout détournement des fonds destinés aux bonnes œuvres par les hospitaliers ou par le reste de la collectivité[2545]. Un exemple met bien en évidence cette volonté consulaire de garder les établissements au service des plus démunis et d'éviter que les groupes d'accueil se développent au point de grever les budgets consacrés à la charité : en 1290, les consuls de Cahors constatèrent que leur hôpital était grevé de dettes et qu'il n'était plus possible d'y entretenir un trop grand nombre de religieux, car cela mettait le budget de l'établissement en danger[2546] ; si, pour y remédier, ils décidèrent de réduire l'effectif du personnel permanent, ils ne posèrent en revanche aucune limitation au nombre d'indigents pouvant être pris en charge par l'établissement, bien au contraire : les économies réalisées en réduisant le nombre d'hospitaliers se faisaient avant tout pour que « l'hôpital en put mieux valoir et croître en rentes au profit des pauvres »[2547]. Pour les consulats, les hôpitaux n'avaient pas d'intérêt en tant que communautés religieuses pratiquant une charité spirituellement égocentrique, mais en tant qu'instruments d'action sociale : leur but premier, c'était l'aide matérielle aux démunis et non le salut des âmes des hospitaliers.

Les nécessiteux accueillis étaient logés et nourris[2548] ; il arrivait qu'ils dorment sur de simples litières de paille, ce qui arriva notamment lors de la peste Noire de 1348 où l'afflux de malades fut particulièrement important[2549]. La durée moyenne du séjour d'un indigent dans une institution hospitalière reste inconnue, mais nous savons que certains malades ou vieillards venaient y finir leur vie : les archives de Gourdon rapportent quatre décès de

---

[2538] *Ibid.*, f° 107 r°.
[2539] *Ibid.*, f° 108 r°.
[2540] *Ibid.*, f° 114 v°.
[2541] *Ibid.*, ff° 106 v°, 107 v°.
[2542] GOGLIN (J.-L.), *Les misérables…Op. Cit.*, p.158.
[2543] CANGARDEL (L.), COMBARIEU (L.), LACOMBE (P.), *Le Te Igitur…Op.cit.*, p.22-26.
[2544] GOGLIN (J.-L.), *Les misérables…Op.cit.*, pp.105-109.
[2545] CANGARDEL (L.), COMBARIEU (L.), LACOMBE (P.), *Le Te Igitur…Op.cit.*, p.24.
[2546] *Ibid.*, p.69-72.
[2547] *Ibid.*
[2548] *Ibid.*, p.22-26.
[2549] AM Cajarc, CC 4, f° 104 v°.

pensionnaires à l'hôpital de la Capela durant la période s'étalant entre 1330 et 1386 : les deux premiers en septembre 1340[2550], le second début 1351[2551] et enfin le troisième, un nommé Forto, en août 1357[2552] ; les mentions les concernant nous apprennent que l'établissement prenait à sa charge l'achat des linceuls et les toilettes mortuaires[2553]. On ne doit pas s'étonner du nombre peu élevé de personnes décédées à l'hôpital et mentionnées sur les comptes municipaux sur un si long laps de temps : l'établissement avait ses propres registres où les morts étaient répertoriés ; ces mentions d'achats de linceuls dans les livres du consulat ne correspondent qu'à des aides financières ponctuelles qu'il lui accorda.

Durant les temps troublés qui commencèrent en 1345, les institutions hospitalières se révélèrent particulièrement utiles face à la paupérisation galopante et à la détresse sociale qui l'accompagna. Nombreuses furent les occasions où, comme à Cajarc en 1348, elles durent accueillir les enfants que la peste avait laissé orphelins[2554]. En fait, face à l'afflux de personnes en détresse de toutes sortes, il est fort probable que les places libres se raréfièrent dès les premières années du conflit ; si elles ne l'étaient pas déjà, elles devinrent insuffisantes face à la demande qui se faisait toujours plus pressante, ce qui obligea en 1382 les consuls de Gourdon à louer un *ostal* privé afin d'augmenter la capacité d'accueil de l'hôpital de la Capela[2555].

Le financement.

L'augmentation du nombre de pauvres bénéficiaires des aides entraîna naturellement un accroissement des dépenses des hôpitaux. Or, si l'on se réfère à l'exemple cadurcien, leurs finances n'avaient jamais été réellement équilibrées : en 1290, les consuls le disaient « par trop grevé de dettes et de pensions par la grande multitude qu'il y avait de frères et sœurs »[2556], tandis que 43 ans plus tard ils évoquaient « la somme et les échoîtes dudit hôpital dont les frères et sœurs ne peuvent vivre ni avoir leur subsistance, ni aux pauvres administrer leur nécessaire et leur vivre »[2557]. L'arrivée de la crise n'arrangea pas les choses, tout d'abord en rendant difficile le paiement de la rente annuelle due par chaque hospitalière : en 1331, les consuls menacèrent d'expulser celles dont le cens n'avait pas été payé et ce jusqu'à ce qu'il le soit[2558]. Qu'ils aient été relatifs aux sommes dues par les religieuses au titre de leurs rentes annuelles, ou à celles dues par ceux qui leur louaient des biens, les impayés eurent des conséquences d'autant plus importantes sur les établissements qu'ils n'étaient pas stables financièrement : en mars 1340, les retards étaient si importants que les hospitalières de Gourdon n'avaient même plus de quoi vivre, ce qui obligea les consuls à leur donner dix setiers de froment et autant de seigle[2559] ; six ans plus tard à Martel, ces arriérés de paiement devaient avoir atteint des proportions non négligeables, car les magistrats ordonnèrent que l'on oblige les nombreux débiteurs de l'hôpital à faire des reconnaissances de ce qu'ils devaient[2560].

[2550] AM Gourdon (M.A.), BB 7, 47 r°.
[2551] *Ibid.*, CC 17, f° 15 v°.
[2552] *Ibid.*, CC 19, f° 18 r°.
[2553] *Ibid.*, BB 7 (1340), 47 r°; CC17, f° 15 v°; CC19, f° 18 r°.
[2554] AM Cajarc, CC 4, f° 104 v°.
[2555] AM Gourdon, BB 5, f° 31 r°.
[2556] CANGARDEL (L.), COMBARIEU (L.), LACOMBE (P.), *Le Te Igitur…Op.cit.*, p.70.
[2557] *Ibid.*, p.23.
[2558] AM Gourdon (M.A.), BB 1, f° 25 r°.
[2559] *Ibid.*, BB 7, f° 4 v°.
[2560] AM Martel, BB 5, f° 20 v°.

Nom de l'hospitalière	Hôpital	Année d'entrée	Droit d'entrée prévu	Rente et cens annuels prévus
Tarifs prévus par l'ordonnance consulaire de 1323	Cahors	1323	48 livres caorcines	2 setiers de froment ou
				1 setier de froment avec l'habillement et le couchage
Jaiacma de Godiera	Cahors	1323	48 livres caorcines	2 setiers de froment ou
				1 setier de froment avec l'habillement et le couchage
Jaiohana David	Cahors	1323	48 livres caorcines	2 setiers de froment ou
				1 setier de froment avec l'habillement et le couchage
Fille de Guilhem Faure	Cahors	1324	Exemptée	Exemptée
Guilhelma de la Ricardia	Cahors	1324	48 livres caorcines	2 setiers de froment ou
				1 setier de froment avec l'habillement et le couchage
Ramonda Daralbert	Cahors	1324	Exemptée	Exemptée
Peyrona Lastroa	Gourdon	1330	30 livres caorcines	la valeur d'un lit et d'une robe payés en deniers
Guilhelma Lastroa	Gourdon	1330	30 livres caorcines	la valeur d'un lit et d'une robe payés en deniers
Guilhelma Maynart	Gourdon	1330	30 livres caorcines	la valeur d'un lit et d'une robe payés en deniers
Bertranda Marquesa	Gourdon	1337	10 livres caorcines	10 s caorcins de cens et 60 s tournois pour l'habillement
Ramonda de Freiac	Gourdon	1337	50 livres caorcines	la valeur d'un lit et d'une robe payés en deniers et l'habillement
Femme d'Aymar Secomi	Gourdon	1337	Tous ses biens	
Veuve de Rénal des Cayros	Gourdon	1376	Une moitié de ses biens de suite	
			Une moitié de ses biens après sa mort	
Guilhelma Laygua	Gourdon	1381	La plus grande partie de ses biens de suite	Pas de cens ni de rente, mais certains des biens qu'elle garde sont destinés à financer son habillement et son couchage
			Un petite partie de ses biens après sa mort	
Guilhelma Boychel	Gourdon	1381	Tous ses biens	

Tableau 37. Quelques droits d'entrée et rentes payés par des hospitalières de Cahors et de Gourdon à leurs hôpitaux. *(D'après AM Cahors, Te Igitur ; AM Gourdon, BB1, 2, 5, 6 ; CC20).*

La règle voulait, en principe tout au moins, que le financement des hôpitaux soit autonome et indépendant du budget communal ; en fait, les déficits chroniques dus au surnombre non seulement de pauvres, mais aussi et surtout des hospitaliers, étaient souvent comblés à l'aide de l'argent municipal[2561] ; procéder de la sorte fut de moins en moins possible une fois l'insécurité durablement installée, alors même que les moyens nécessaires pour faire face à la masse des pauvres qui se bousculaient aux portes augmentaient considérablement. En effet, les consulats, confrontés à des dépenses s'accroissant sans cesse, ne pouvaient que difficilement dégager des fonds pour financer ces établissements alors que leurs caisses étaient vides et que la défense réclamait toujours plus d'investissements.

Avant le début du conflit, intégrer un établissement hospitalier comme membre de la communauté d'accueil était une situation certainement enviable, assez toutefois pour expliquer que le « grand nombre des frères et des sœurs » de l'hôpital cadurcien ait grandement participé à grever le budget de ce dernier en 1322[2562]. A cette époque, tant à Cahors qu'à Gourdon, les droits d'entrée et les rentes annuelles dus par chaque hospitalier étaient l'objet d'ordonnances les chiffrant de façon précise ; selon ces textes normatifs de base, il apparaît qu'ils se situaient dans une même fourchette dans ces deux villes entre 1323 et 1337. Malgré cette réglementation précise, la réalité était bien autre car il arrivait que des candidates soient exemptées de tout paiement par faveur népotique ou clientéliste.

A partir de 1337, plutôt que d'accorder des passe-droits à leurs affidés, les consuls de Gourdon tentèrent de profiter de certaines situations permettant le captage de la totalité des biens d'une personne pour prix de son entrée à l'hôpital. C'est ce qu'ils firent avec la femme d'Aymar Cecomi durant la procédure qu'ils engagèrent contre son mari ; cette affaire, qui fut certainement grave, reste floue à cause du manque de documents, mais il est possible de mettre en évidence les grandes lignes de son déroulement : elle était déjà en cours le 7 mars 1337, lorsque les consuls envoyèrent deux émissaires s'en entretenir avec le sénéchal[2563], chose qu'il firent à nouveau un mois plus tard[2564] ; le 13 septembre, une audience la concernant eut lieu à Cahors[2565], puis deux semaines plus tard les magistrats envoyèrent une députation s'en entretenir avec le dénommé Me Bernat Gervazi, un juriste de Montauban[2566] ; le 18 octobre, ils proposèrent à Aymar Cecomi de donner tous ses biens à la ville, en échange de quoi ils lui assureraient le couvert jusqu'à la fin de ses jours, ainsi qu'à sa femme[2567] ; l'intéressé accepta, car le 27 du même mois, la donation était faite et les magistrats nommèrent un curateur chargé de gérer ses biens[2568], tandis que, dix jours plus tard, ils demandèrent à Pons de Gourdon, seigneur de Peyrilles, d'affranchir les propriétés en question pour qu'ils puissent les tenir de lui comme seigneur féodal[2569] ; la chose fut négociée le 14 novembre[2570] et ratifiée le 29 du même mois[2571]. A cette époque, le consulat acheta un manteau, un chaperon et des chausses à Aymar Cecomi[2572] et lui paya son loyer[2573], signes visibles que l'arrangement prévu avait été conclu. L'affaire n'était pourtant pas terminée.

Malgré leurs efforts, les consuls ne réussissaient pas à mettre la main sur l'ensemble du patrimoine du ménage Cecomi, car l'épouse refusait semble-t-il de céder. Le 29 novembre, ils lui proposèrent, en échange de tous ses biens, d'intégrer l'hôpital à des conditions plus avantageuses que d'habitude, en rapport certainement avec la valeur de ce qu'ils pensaient s'approprier : on lui donnerait une robe tous les deux ans, 50 sous caorcins annuels pour faire ses aumônes et, à la fin de sa vie, elle pourrait léguer 25 livres caorcines à qui bon lui semblerait ; si besoin était, elle pourrait habiter une

---

[2561] CANGARDEL (L.), COMBARIEU (L.), LACOMBE (P.), *Le Te Igitur…Op.cit.*, p.22-26.
[2562] *Ibid.*, p.22-23.
[2563] AM Gourdon (M.A.), BB 2, f° 4 v°.
[2564] *Ibid.*, f° 61 r°.
[2565] *Ibid.*, f° 57 v°.
[2566] *Ibid.*, f° 57 v°.
[2567] *Ibid.*, f° 25 r°.
[2568] *Ibid.*, f° 25 v°.
[2569] *Ibid.*, f° 26 r°.
[2570] *Ibid.*, f° 61 v°.
[2571] *Ibid.*, f° 28 r°.
[2572] *Ibid.*, f° 62 r°.

chambre individuelle et une de ses nièces pourrait être reçue hospitalière gratuitement[2574]. Elle refusa la proposition, car l'affaire courait toujours début janvier 1338 et les consuls envoyèrent deux députés à Cahors s'en entretenir avec Me Pons Delherm, un juriste docteur en droit ayant vraisemblablement en main les intérêts de la femme Cecomi ; ils souhaitaient s'accorder avec lui si c'était possible ou, sinon, poursuivre la procédure « bien et fortement »[2575].

Pourquoi et comment Aymar Cecomi fut amené à céder ses biens contre le gîte et l'habillement, nous ne le savons pas ; en revanche, l'avidité que le consulat montra dans le but de fournir des fonds à son hôpital apparaît flagrante. Cas exceptionnel et conjoncturel, détonnant totalement avec les pratiques habituelles d'intégration des hospitalières ou première manifestation d'une nouvelle manière de procéder appelée à se développer ? La seconde option s'impose comme réponse, car cette façon de pratiquer se généralisa pendant les décennies suivantes.

Contrairement aux réceptions d'hospitalières d'avant-guerre, où la tendance était plutôt à des droits d'entrée et rentes réglementés et relativement modérés, modération encore accentuée par les exonérations, celles faites après plusieurs décennies de désordres permettaient le captage complet des biens des sœurs nouvellement admises dans un établissement. Les consuls gourdonnais, par exemple, ne s'embarrassèrent pas des règles valables durant les années 1330 lorsqu'ils discutèrent le 3 septembre 1376 de la candidature présentée par Bertranda del Moli, veuve du bourgeois et conseiller consulaire Rénal des Cayros : ils acceptèrent de la recevoir à l'hôpital, mais à la simple condition qu'elle lègue tous ses biens à l'établissement, la première moitié à son entrée et l'autre moitié à sa mort[2576] ; cinq ans plus tard, ils demandèrent encore plus à Guilhelma, veuve du bourgeois et conseiller consulaire Guiral Laygua, car pour prix de son accession au statut d'hospitalière, elle devait immédiatement laisser ses meilleurs biens à l'hôpital, l'évaluation et le choix de ces derniers devant être faits par les consuls eux-mêmes[2577].

Peut-on parler de rapacité devant la façon dont les magistrats s'emparaient des biens des aspirantes hospitalières ? Peut-être, mais d'une rapacité désintéressée sur le plan personnel et catégoriel, car non seulement ils ne retiraient aucun bénéfice pour eux-mêmes des biens ainsi captés mais, d'autre part, les personnes ainsi dévêtues de leurs richesses appartenaient à leur monde, au moins en ce qui concerne les quelques rares exemples en notre possession. Cette rareté de la documentation ne permet que la formulation d'une hypothèse en ce qui concerne l'évolution du financement des hôpitaux consulaires : il est certain que leurs difficultés financières d'avant-guerre se poursuivirent une fois le conflit bien entamé, mais il n'était alors plus question d'injecter des fonds issus de levées fiscales municipales pour les atténuer ; en effet, les tailles et les impôts indirects, qui s'étaient pourtant développés de façon inédite, parvenaient difficilement à couvrir toutes les dépenses relatives à la défense et à la fiscalité royale, aussi consacrer une partie de leur produit à réajuster les budgets hospitaliers n'était pas vraiment envisageable. En revanche, ces veuves aisées, qui souhaitaient trouver refuge à l'hôpital pour y être nourries et habillées jusqu'à leur mort, représentaient un important potentiel financier que l'on pouvait éventuellement s'approprier en invoquant non pas le bien commun laïque, mais la plus élémentaire des charités chrétiennes.

La faible part des dépenses communales affectées aux hôpitaux s'explique ainsi aisément : la règle voulant que ces établissements soient autonomes financièrement fut appliquée de façon plus systématique, bien que dans certains cas

---

[2573] *Ibid.*, f° 63 v°.
[2574] *Ibid.*, f° 28 r°.
[2575] *Ibid.*, f° 30 v°.
[2576] *Ibid.*, CC 20, ff° 11 r° et v°.

des aides ponctuelles et relativement peu importantes furent dégagées des budgets consulaires. Aucune spécificité quercinoise dans tout ceci : le consulat de Millau dépensait particulièrement peu en matière d'assistance, environ 0,1 % de ses budgets annuels en moyenne[2578], tandis que ceux de Chambéry[2579] et de Tarascon[2580] n'y affectaient pratiquement rien. Ce fait n'était pas non plus spécifique à l'espace méridional français : il apparaît aussi, pour des raisons similaires, dans les documents de la ville espagnole de Valencia[2581].

Biens donnés en entrant à l'hôpital	Biens gardés en propre	Biens gardés en propre mais destinés à être légués à l'hôpital après sa mort
Un « ostal » avec un verger à l'intérieur de la ville.	Une terre louée à Guilhem Boria et rapportant un setier de blé de cens annuel.	Un jardin et des maisons à la Condamina.
Une vigne et une terre à Cugussac.	Une terre au Fa, qu'elle pourra vendre pour se vêtir.	
Une demi-cartonnée de terre à la Malaudia.	Un lit de plume pour son service.	
Un jardin à la Poussie.	Deux lits qu'elle pourra donner.	
Un jardin à la porte du Marché Vieux.	Quelques dettes qu'elle pourra employer pour ses besoins.	
Une terre à Bayane.		
Une terre à la Vaycha.		
Un bois au Cayre.		
Une vigne et un colombier à Verfolh.		
Une vigne au Marché Vieux.		
Les propriétés louées à Bernat de Pozals.		
Tous les autres jardins, vignes, terres, bois, prés et possessions.		
Tous les biens meubles.		

Tableau 38. Destination des biens de Guilhelma Laygua à son entrée à l'hôpital de Gourdon, le 8 juillet 1381.

Dans les villes du Haut-Quercy et à Gourdon en particulier, la solution choisie pour ajuster les budgets hospitaliers fut le captage des biens des candidates hospitalières ; dans la suite logique de cette façon d'envisager le financement des hôpitaux, c'est encore à leurs deniers que l'on faisait appel pour acheter la nourriture si les finances de l'établissement ne pouvaient y pourvoir, ce qui fut notamment le cas à Gourdon en janvier 1387 : pour les consuls, il était hors de question de vendre le moindre bien hospitalier pour améliorer l'ordinaire des sœurs[2582]. Il est par ailleurs à noter que les ressources personnelles que le consulat laissait aux sœurs à leur entrée n'étaient pas épargnées par la fiscalité communale, car elles étaient imposés de la même façon que celles des autres habitants[2583].

[2577] *Ibid.*, BB 5, f° 6 v° ; f° 8 r°.
[2578] GARNIER (F.), *Un consulat...Op.cit.*, p.601.
[2579] GUILLERE (C.), « Les dépenses… *Op. cit.*, p.143.
[2580] HEBERT (M.), « Les dépenses… *Op.cit.*, p.172.
[2581] FURIO (A.), « Les dépenses de la métropole valencienne (XIVe-XVe siècles) », dans *La fiscalité des villes…Op.cit.*, p.198.
[2582] AM Gourdon (M.A.), BB 6, f° 19 v°.
[2583] *Ibid.*, BB 5, f° 6 v°.

Les hôpitaux se trouvaient à la charnière des domaines social et sanitaire, car ils recevaient les pauvres comme les malades. L'action des consulats en faveur de la santé générale allait cependant bien au-delà des seuls secours donnés par les établissements hospitaliers placés sous leurs patronages ; en effet, isoler, soigner les pauvres malades, dangereux car mobiles, n'était utile que si toute la population était maintenue dans un état sanitaire aussi correct que possible.

Les mesures sanitaires.

La prise en compte du danger sanitaire n'était pas un fait nouveau lorsque la guerre de Cent Ans débuta : en 1296 déjà, les consuls de Cahors avaient pris une ordonnance interdisant de jeter les ordures d'origine humaine et toutes les autres choses sales dans les rues ; ils avaient aussi obligé les particuliers à curer les rigoles d'écoulement d'eau[2584]. A côté de ces mesures visant à la propreté des espaces publics, ils s'étaient aussi préoccupés de l'état de santé de la population, en ordonnant en 1301 aux médecins d'ausculter les habitants gratuitement, contre remise de tailles, les patients devant toutefois payer les déplacements, opérations et écrits qu'ils pourraient éventuellement demander[2585] ; l'année suivante, ils décidèrent que ces mêmes médecins, ainsi que les chirurgiens, devaient pratiquer une quasi-gratuité des soins pour les pauvres[2586]. Enfin, ils avaient pris des mesures de sécurité alimentaire, comme en 1315, lorsqu'ils mirent en place un contrôle sanitaire assez serré des viandes vendues en ville[2587] ; il fut suivi d'effets car, cinq ans plus tard, ils faisaient toujours punir sévèrement les bouchers qui vendaient des produits carnés suspects ou malsains[2588]. En 1329, ils durcirent encore la réglementation sur les viandes en interdisant la vente de toutes celles provenant d'animaux qui n'auraient pas été préalablement saignés[2589].

La guerre, les épidémies et les famines venues, les municipalités poursuivirent naturellement leurs efforts dans le domaine sanitaire. Les médecins étaient impuissants à déterminer les causes de la transmission de la peste, tout comme ils l'étaient à sauver ceux qui en étaient atteints mais, comme le remarque Jean Favier, si leurs poudres et leurs sirops n'étaient pas vraiment utiles, aux moins apprenaient-ils aux gens à se méfier, à ne pas créer de milieu trop favorable au mal ; bref, ils leur indiquaient les bases de la prophylaxie[2590]. Les praticiens donnaient aussi des conseils nutritionnels, car si l'on saisissait l'importance de manger, on croyait aussi savoir qu'il importait d'avoir une alimentation correcte et équilibrée, certes suivant les critères de l'époque. A défaut de connaître les mécanismes de diffusion de la peste et ses interactions avec d'autres facteurs, on percevait cependant que les mortalités venaient de l'air corrompu, de la terre « venimeuse », des cadavres et des cimetières, des latrines, des immondices et des porcs…[2591] Mais, à la vue des ordonnances cadurciennes antérieures, ne le savait-on pas déjà ? Les consulats quercinois agirent donc en la matière de la même façon qu'ils l'avaient fait auparavant, par le biais d'une réglementation qui se voulait adaptée et par la mise à disposition de professionnels de la santé auprès de la population.

[2584] CANGARDEL (L.), COMBARIEU (L.), LACOMBE (P.), *Le Te Igitur…Op.cit.*, pp.274-275.
[2585] *Ibid.*, pp.265-266.
[2586] *Ibid.*, pp.254-255. Les patients ne devaient fournir que ce qui était nécessaire à la réalisation des soins.
[2587] *Ibid.*, pp.305-307.
[2588] *Ibid.*, pp.46-47.
[2589] *Ibid.*, p.308.
[2590] FAVIER (J.), *La guerre…Op.cit.*, p.169.
[2591] CONTAMINE (P.), *La guerre de Cent Ans, France et Angleterre*, Paris, Hachette, 1994, p.114.

La réglementation sanitaire.

Dans la continuité de ce qui avait été fait depuis la fin du XIIIe siècle, la réglementation édictée par les différents consulats quercinois fut axée sur deux points majeurs : la propreté des espaces publics et la sécurité de l'alimentation.

La propreté des espaces publics.

Suivant les connaissances de l'époque, les déchets de boucherie étaient considérés comme particulièrement néfastes à la santé publique. Les lieux d'abattage et de vente, les *mazels*, qui étaient auparavant situés dans les faubourgs de Martel[2592], furent en 1352 rapatriés à l'intérieur de la vieille ville pour plus de sécurité face à l'activité des bandes anglaises[2593] ; cela créa de nouveaux problèmes, car il faut croire que les bouchers ne s'embarrassaient pas de nettoyer régulièrement leur espace de travail et que les odeurs en émanant étaient assez fortes : la puanteur des *mazels* est notamment évoquée en 1352[2594] et 1356[2595]. A Gourdon, les *mazels* furent aussi déplacés, mais les consuls firent un choix finalement plus simple qu'à Martel tant sur le plan pratique que sanitaire : avant 1356, les nouvelles boucheries furent installées dans un faubourg mais pourvues de fortifications de façon à les transformer en réduit à part entière[2596].

Alors que les vieux quartiers centraux voyaient leur population augmenter suite à l'afflux de réfugiés venus des campagnes et à la désaffection des faubourgs, la promiscuité devint un facteur de plus favorisant la propagation des maladies et de la peste en particulier, ce qui rendit certainement encore plus évident le besoin d'éloigner les sources d'air vicié. L'odeur désagréable dégagée par les déchets en putréfaction devait être le signal indiquant la nécessité de les sortir des quartiers densément peuplés, car la plupart des ordonnances relatives à ce problème furent prises en période estivale : en mai 1349, les consuls de Martel interdirent aux bouchers de laisser du sang ou des ordures à l'entrée des *mazels*, mais sans proposer de solution quant à leur élimination[2597] ; sept ans plus tard et toujours en mai, ils leur ordonnèrent de recueillir le sang et les débris d'abattage pour les porter à l'extérieur de l'enceinte[2598]. Jugées insuffisantes, ces mesures furent remplacées à partir de l'année suivante par une interdiction d'abattre les bêtes en ville pendant la période la plus chaude de l'année, dont la durée fut normalisée du courant de la mi-mai ou début juin jusqu'au 29 septembre[2599]. En 1373 à Cahors, les magistrats agirent de façon similaire en ordonnant de tuer les animaux uniquement là où l'eau, après les chaussées, pouvait emporter les issues[2600]. Cette séparation des lieux d'abattage et de vente était nouvelle, mais elle se généralisa rapidement : en obligeant leurs bouchers à faire de la sorte, les consuls de Martel précisaient que cette façon de procéder avait cours « dans les autres villes »[2601].

La présence de résidus organiques, humains ou autres, dans les espaces publics était tout aussi combattue que celle des déchets de boucherie : en 1373, les magistrats cadurciens édictèrent un règlement concernant la propreté de la

---

[2592] AM Martel, BB 5, f° 43 r°.
[2593] *Ibid.*, f° 70 v°.
[2594] *Ibid.*, f° 70 v°.
[2595] *Ibid.*, f° 98 v°.
[2596] AM Gourdon (M.A.), CC 18, ff° 21 r°36 v°.
[2597] AM Martel, BB 5, f° 43 r°.
[2598] *Ibid.*, f° 98 v°.
[2599] *Ibid.*, ff° 109 r° (1357), 120 r° (1358), 130 r° (1359).
[2600] AM Cahors, *Livre Tanné*, f° 123 r°, cité dans ALBE (E.), « Inventaire…*Op.cit.*, 2e partie, p.76.
[2601] AM Martel, BB 5, f° 70 v°.

ville dans lequel ils prescrivaient l'interdiction totale de mettre du fumier dans les rues et les ruelles où d'y laver des tripes[2602] ; il ne devait s'agir que de la reprise d'une ordonnance plus ancienne, car ce règlement se trouve dans un texte récapitulant de nombreuses autres dispositions antérieures. Il ne suffisait cependant pas d'interdire la présence de débris organiques en ville, encore fallait-il s'assurer qu'ils ne soient pas regroupés n'importe où et trop près des zones habitées, comme à Martel par exemple où la facilité amenait les particuliers à utiliser les fossés comme décharges : la chose fut strictement interdite et réprimée par la municipalité dès 1353[2603] ; trois ans plus tard, l'amende correspondante s'élevait à dix sous[2604] et on comprend aisément le souci des consuls martelais de tenir les fossés propres lorsque l'on sait qu'une partie de ceux-ci servaient d'abreuvoirs[2605].

La sécurité de l'alimentation.

Suites logiques de mesures de propreté des espaces publics, dont une des cibles principales était le danger sanitaire causé par les déchets de boucherie, les ordonnances prises pour la sécurité de l'alimentation visèrent en premier lieu à éradiquer les risques pathogènes liés à la consommation des chairs animales. Ici encore, il ne s'agissait pas de quelque chose de nouveau dans son principe : le contrôle des viandes existait, à Cahors par exemple, depuis au moins 1315[2606].

En 1355, les consuls de Martel portèrent l'inspection des produits carnés à un degré supérieur : la viande apprêtée sur les étals, même exempte d'odeur ou d'aspect suspects, ne renseignait finalement que très peu sur l'état de santé général de l'animal dont elle provenait, c'est pourquoi ils imposèrent avant tout abattage l'examen obligatoire des bêtes sur pieds par deux experts spécialement mandatés à cet effet[2607]. Ces mesures étaient indispensables : certains bouchers indélicats n'hésitaient pas à vendre des chairs provenant d'animaux morts-nés[2608].

A partir de mai 1357, certains types de viandes fortes, comme la brebis, le bouc ou la chèvre, furent strictement interdits de vente à Martel[2609] ; les mêmes prohibitions furent édictées une vingtaine d'années plus tard à Gourdon, où elles furent complétées par celle de la viande de truie, qu'elle ait été fraîche ou salée[2610]. La méfiance envers la chair de brebis était semble-t-il générale dans la province : dans le serment que prêtaient les bouchers cadurciens en 1437, il était spécifié qu'ils juraient de ne pas vendre « de la brebis ni aucune autre viande défendue »[2611] ; il est à noter que seules les brebis, *oelhas*, étaient concernées, car les moutons, *motos*, étaient normalement consommés[2612], tout comme les chevreaux[2613] alors que boucs et chèvres semblent avoir été peu prisés. S'agissait-il de proscrire une viande donnée parce qu'elle était supposée mauvaise ou de favoriser les produits fournis par ces mêmes animaux mais vivants, comme le lait et la laine pour les brebis ? Les documents ne l'indiquent pas. Pour le reste, on demandait simplement aux bouchers de vendre des viandes « bonnes et suffisantes », ce que s'employaient à vérifier les contrôleurs consulaires[2614].

[2602] AM Cahors, *Livre Tanné*, f° 123 r°, cité dans ALBE (E.), « Inventaire…*Op.cit.*, 2ᵉ partie, p.76.
[2603] AM Martel, BB 5, f° 77 r°.
[2604] *Ibid.*, f° 98 r°.
[2605] *Ibid.*, f° 130 v°.
[2606] CANGARDEL (L.), COMBARIEU (L.), LACOMBE (P.), *Le Te Igitur…Op.cit.*, pp.305-307.
[2607] AM Martel, BB 5, f° 89 r°.
[2608] AM Gourdon (M.A.), CC 20, f° 5 r°.
[2609] AM Martel, BB 5, f° 109 r°.
[2610] AM Gourdon (M.A.), CC 20, f° 5 r°.
[2611] CANGARDEL (L.), COMBARIEU (L.), LACOMBE (P.), *Le Te Igitur…Op.cit.*, p.349.
[2612] AM Cajarc, CC 16, reg. I, f° 44 v°.
[2613] *Ibid.*, CC 12, reg. III, f° 77 r°.
[2614] AM Martel, BB 5, f° 1129 v°.

Les deux types de poissons, de rivière et de mer, se vendaient sur les étals quercinois, même si la part des seconds se réduisit considérablement avec l'amoindrissement des échanges avec l'Aquitaine anglaise. C'est ainsi que merlus, harengs[2615], saumons et lamproies[2616] côtoyaient anguilles[2617] et poissons élevés dans les nombreuses pêcheries installées sur tous les cours d'eau qui le permettaient[2618]. Si l'on en croit les mises à prix respectives des fermes du *mazel* du poisson et de celui des viandes par le consulat de Gourdon en 1337, le marché poissonnier représentait environ le quart de celui de la viande[2619]. Les produits halieutiques, fragiles et sujet au pourrissement rapide, devaient être particulièrement surveillés, ce qui explique pourquoi dans leur ordonnance du 2 juin 1357, les consuls de Martel interdirent la vente de tout poisson sans autorisation préalable[2620].

Enfin, point important, il fallait s'assurer que les activités humaines ne souillent pas les eaux destinées à être bues. La corruption volontaire des sources et des puits fut une des grandes peurs médiévales : on en rendait souvent responsables les juifs et les lépreux [2621], mais les Quercinois du XIVe siècle surent s'affranchir de ces croyances et prirent des décisions relevant d'un peu plus de pragmatisme. Suivant les ordonnances prises au siècle précédent et réglementant certains métiers polluants, comme la tannerie et le corroyage, il est probable que la plupart des activités néfastes sur le plan sanitaire avaient depuis fort longtemps déjà été placées dans des zones où elles ne nuisaient pas directement à la santé et au bien-être publics. Ces décisions anciennes apparurent toutefois insuffisantes une fois que le souci de la salubrité devint plus pressant : le caractère pathogène des débris organiques étant pris en compte de manière plus aiguë, on s'assura que plus rien ne vienne polluer les eaux : en 1373 à Cahors, il était interdit de laver les tripes sur les points de la rivière où l'eau potable était puisée ; leurs restes devaient être jetés en aval, après les chaussées [2622].

Le sang issu des saignées pratiquées par les barbiers ne devait pas non plus être jeté là où l'eau destinée à la consommation était puisée [2623] ; la saignée était l'un des principaux outils de l'attirail thérapeutique à la disposition des contemporains, à côté des purges et des diètes [2624], aussi est-il compréhensible que les consuls cadurciens se soient souciés du déversement anarchique de sang souillé dans le Lot.

Médecins et chirurgiens-barbiers.

Malgré les connaissances limitées de la médecine, l'intérêt lié à la présence de praticiens auprès de la population n'avait pas échappé aux municipalités : déjà au tout début du XIVe siècle, les consuls de Cahors les exemptaient de taille à condition qu'ils pratiquent la gratuité d'une partie des soins[2625].

Les simples remises fiscales apparurent rapidement insuffisantes pour maintenir sur place des médecins et des barbiers qui, du fait de la peste, avaient affaire à une demande en pleine expansion. Pour chaque malade, la présence d'un thérapeute rassurait à défaut de guérir et on comptait sur lui pour diminuer la souffrance ; surtout, on lui faisait

---

[2615] AM Cajarc, CC 9, f° 21 v°.
[2616] AM Gourdon (M.A.), BB 1, f° 44 v°.
[2617] AM Cajarc, CC 16, reg. II, f° 78 v°.
[2618] Des pêcheries sont mentionnées dans pratiquement tous les registres. Ils serait trop long et inutile de toutes les mentionner ici.
[2619] AM Gourdon (M.A.), BB 2, f° 70 v°.
[2620] AM Martel, BB 5, f° 109 r°.
[2621] CONTAMINE (P.), *La guerre de Cent Ans, France…Op.cit.*, pp.113-114.
[2622] AM Cahors, *Livre Tanné*, f° 123 r°, cité dans ALBE (E.), *Inventaire…Op.cit.*, 2e partie, p.76.
[2623] *Ibid.*
[2624] FAVIER (J.), *La guerre…Op.cit.*, p.168.

confiance pour échapper au mal, on suivait ses prescriptions comme on se soumettait aux saignées[2626] qu'il faisait réaliser par les barbiers[2627]. L'époque fut faste tant pour les guérisseurs que pour les charlatans qui, comme le remarque Jean Favier, « ne pouvaient pas faire plus mal » : pour les autorités, mieux valait un faux médecin que pas de médecin du tout. D'ailleurs, authentiques diplômés ou véritables imposteurs, s'ils voulaient faire des profits, encore fallait-il qu'ils survivent et rien n'était moins sûr, car ils n'étaient pas plus protégés de la maladie que les patients qu'ils fréquentaient intensivement[2628].

Prenant acte de la nécessité d'augmenter les avantages liés à la pratique de la médecine et de la chirurgie, les consuls de Gourdon prirent à leur charge le loyer de l'ouvroir du barbier de la ville, fait attesté en 1356[2629] et 1357[2630]. A la même époque, en septembre 1356, leurs homologues de Martel accordèrent à un barbier, qui voulait quitter la ville pour s'installer à Figeac, la remise de tous ses impôts directs pour une durée de deux années, ainsi que l'exemption de toute garde hormis un guet par semaine[2631] ; deux ans plus tard, la dispense ne fut renouvelée qu'en partie et uniquement, selon les écrits consulaires, parce que ce barbier était considéré comme indispensable à la ville pour cause des blessures nouvelles qu'il s'y faisait tous les jours[2632]. A Cajarc, les consuls s'entendaient ponctuellement avec les barbiers au sujet de leur emploi par la municipalité[2633], mais bien qu'il soit probable qu'ils aient été à l'origine de l'installation en ville de l'un d'entre eux, qui était originaire de Martiel en Rouergue, celui-ci payait souvent ses tailles de façon tout à fait normale, comme cela est attesté en 1377[2634] ou 1380[2635]. Les médecins étaient quant à eux beaucoup mieux considérés et recevaient des avantages plus importants.

En septembre 1356, les consuls martelais recrutèrent un médecin, Mᵉ Pons Mercier, à des conditions particulièrement intéressantes. En effet, il n'était plus question, comme avant la guerre, de compter sur l'offre privée, seulement aidée et incitée à demeurer sur place par des remises fiscales, pour satisfaire les besoins : le praticien fut engagé pour une durée de dix ans ; sa pension, qui s'élevait à 30 écus annuels, correspondait à peu près au salaire annuel d'un ouvrier maçon[2636], mais il se payait aussi sur certains soins et était exempt de toute imposition[2637]. Vingt-cinq ans plus tard à Cahors, les émoluments des médecins consulaires étaient encore plus intéressants, étant donné qu'ils s'élevaient à cinquante francs d'or auxquels s'ajoutait une partie des revenus d'un péage ; leur contrat, en revanche, n'était plus que d'une année[2638] et cette durée devint la norme habituelle comme en attestent des mentions de 1384, 1385 et 1394[2639]. Les conditions de chaque recrutement, négociées individuellement, variaient naturellement d'un individu à l'autre : en 1394 par exemple, Nicolas de Bar, médecin recruté par la municipalité de Cahors, recevait une pension annuelle de trente francs, une maison pour se loger et « les choses nécessaires pour vivre » ; il pouvait toujours augmenter ses revenus en soignant les riches, mais devait donner des soins gratuits aux pauvres[2640].

[2625] CANGARDEL (L.), COMBARIEU (L.), LACOMBE (P.), *Le Te Igitur…Op.cit.*, pp.254-255, 265-266
[2626] FAVIER (J.), *Op.cit.*, p.168.
[2627] CANGARDEL (L.), COMBARIEU (L.), LACOMBE (P.), *Le Te Igitur…Op.cit.*, pp.312-313.
[2628] FAVIER (J.), *La guerre…Op.cit.*, pp.168-169.
[2629] AM Gourdon (M.A.), CC 18, f° 90 r°.
[2630] *Ibid.*, CC19, f° 45 r°.
[2631] AM Martel, BB 5, f° 101 r°.
[2632] *Ibid.*, f° 126 r°.
[2633] AM Cajarc, CC 10, f° 47 r°.
[2634] *Ibid.*, CC 13, ff° 30 v°, 123 r° ; CC 14, reg. III, f° 30 v°.
[2635] *Ibid.*, CC 16, reg. I, f° 67 r° ; reg. II, f° 58 r°.
[2636] AM Martel, BB 5, f° 101 r°. A condition que ce maçon ait travaillé 6 jours sur 7 tout au long d'une année.
[2637] *Ibid.*
[2638] AM Cahors, *Livre Tanné*, f° 129 v°.
[2639] *Ibid.*
[2640] ALBE (E.), « Inventaire…*Op.cit.*, 2ᵉ partie, p.95.

En matière de recrutement des thérapeutes, les consulats quercinois procédaient de la même façon que celle des municipalités des régions limitrophes, ce qui montre bien la situation favorable dans laquelle se trouvaient les professionnels de la santé : en 1373, le médecin Pierre Bompar fut recruté par les consuls de Riom avec un salaire annuel de vingt francs d'or et de deux charges de vin, et reçut en sus un logement gratuit, une garantie de paiement pour les visites effectuées, ainsi qu'une exemption fiscale totale[2641].

En contrepartie des avantages et traitements concédés, les praticiens juraient d'être bons et loyaux à la ville qui les leur accordait. Le barbier martelais B. Langlada par exemple, s'engagea à « être bon et loyal à la ville, et d'user bien et loyalement de son office de barbier et de tous les soins qu'il ferait »[2642], tandis que le médecin Pons Mercier jura de « servir bien et loyalement la ville de sa science, à son pouvoir »[2643]. Malgré ces serments de loyauté, il est probable que la demande générale en soins et thérapies, qui ne fit qu'augmenter de façon exponentielle avec les années, provoqua une hausse de la mobilité dans les professions de la santé ; il est d'ailleurs à noter que la majeure partie des documents les concernant évoquent des déplacements : à Martel, le barbier B. Langlada souhaitait s'expatrier à Figeac, tandis que le médecin Pons Mercier, peu de temps après avoir signé son contrat, s'en alla pour se marier et s'installer à Sarlat[2644] ; Me P., un barbier exerçant à Cajarc durant les années 1370, avait quant à lui quitté Martiel quelques années auparavant[2645]. Les consuls de Cahors, en recrutant leurs médecins pour un an renouvelable entre 1380 et 1390[2646], ne faisaient certainement que prendre en compte cette mobilité ; ils jugeaient certainement l'établissement de contrats pour dix ans - comme cela se pratiquait à Martel en 1356[2647]- inutiles car ils n'iraient de toute façon jamais à leurs termes.

La mobilité n'était pas un trait spécifique aux professionnels du domaine médical, si ce n'est qu'elle était provoquée par un contexte général désastreux qui, pour propice qu'il était à l'exercice de leurs activités, n'en était pas moins à l'origine d'une instabilité accrue de l'ensemble de la population : pour la plupart des individus, il s'agissait plus de fuir la guerre, la peste, la famine et la ruine que de répondre à l'appel de la demande dans un domaine économique particulier.

3. Endiguer la dépopulation.

Bien plus que les premières opérations anglaises ou les disettes de 1347, la première épidémie de peste fut le grand déclencheur des mouvements de populations quercinois. La peur qui tenaillait les fuyards était compréhensible, car personne n'était épargné ; parmi les victimes cajarcoises par exemple, le mal emporta quelques notables dont Me P. Malia et Me Rigal, respectivement commandeur et chapelain de l'hôpital[2648], le bourgeois B. de Galhac et sa femme[2649] ainsi que G. Delborc[2650]. Partout, en plus des morts innombrables, le mal semait des malades[2651]

[2641] TEYSSOT (J.), *Riom... Op. cit.*, p.153.
[2642] AM Martel, BB 5, f° 101 r°.
[2643] *Ibid.*
[2644] *Ibid.*
[2645] AM Cajarc, CC 13, ff° 30 v°.
[2646] AM Cahors, *Livre Tanné*, f° 129 v°.
[2647] AM Martel, BB 5, f° 101 r°.
[2648] AM Cajarc, CC 4, ff° 106 v°, 105 r°.
[2649] *Ibid.*, f° 134 v°.
[2650] *Ibid.*, f° 90 r°.

et laissait de nombreux enfants orphelins et sans ressources, même s'ils étaient parfois recueillis à la diable par les hôpitaux[2652].

Comme ailleurs, on chercha d'abord des causes surnaturelles au fléau[2653] : début octobre 1348, les consuls de Cajarc envoyèrent un député auprès de l'évêque se plaindre « pour le mal qui se faisait » dans leur localité[2654] ; quatre mois plus tard, désespérés par la durée de cette calamité, ils dénoncèrent au viguier de Figeac les maléfices qui, selon eux, se faisaient en ville, maléfices qui furent peu après l'objet d'une enquête menée par des officiers de l'évêque de Cahors[2655]. Le phénomène, si terrible et inexplicable, poussa sur les routes ceux qui pensaient la survie moins dure sous d'autres cieux ; ils furent nombreux, suffisamment en tout cas pour que le lieutenant du roi en Languedoc, le Galois de la Baume, qualifie en 1349 Cahors de désert *manet desolata* [2656] ; il intima l'ordre aux consuls de la ville de faire revenir les fugitifs, sous peine de dix sous d'amende aux réfractaires[2657].

Les mouvements migratoires initiés par la peste de 1348 furent confortés et amplifiés par les événements de la guerre, les problèmes frumentaires et bien entendu les épidémies suivantes. En Haut-Quercy, de nombreux villageois partirent alors vers la ville la plus voisine, des citadins déménagèrent et des vagues de déracinés s'en allèrent en direction de l'Agenais et du proche Périgord, mais aussi vers les régions toulousaines, bordelaises et du bas Languedoc[2658]. Plus ou moins simultanément arrivèrent des personnes fuyant d'autres provinces à cause des mêmes fléaux, mais l'examen de la situation démographique des campagnes quercinoises au XVe siècle, réalisé par Jean Lartigaut, montre cependant que jusque vers 1440 le solde démographique de la province fut largement négatif[2659] ; sur le plan urbain en témoignent tout particulièrement les mentions faisant état du « besoin d'avoir des habitants »[2660] qui était affirmé par les municipalités. Celles-ci essayèrent de lutter contre cette dépopulation d'une part en incitant de nouveaux arrivants à s'installer durablement, et d'autre part en essayant de fixer sur place les résidents les plus anciens.

Attirer les migrants et les capitaux.

La nécessité de faire appel à des étrangers pour remplacer les habitants qui avaient fui ou étaient décédés apparut très rapidement aux consulats : début mai 1349, à peine la première épidémie de peste passée, les consuls martelais décidèrent qu'on ne lèverait point de taille sur les « nouveaux habitants qui étaient venus à Martel »[2661] ; il ne s'agissait cependant pas de donner des avantages à tous les déracinés sans fortune qui arrivaient en ville, car la mesure ne concernait que les nouveaux venus qui possédaient suffisamment de biens et de revenus pour être imposables. Alors que la fiscalité devenait de plus en plus lourde tout en reposant sur un nombre de plus en plus réduit d'individus, l'établissement de personnes pourvues de liquidités ou en mesure de relancer certains secteurs d'activités ne pouvait

---

[2651] *Ibid.*, f° 103 v°.
[2652] *Ibid.*, f° 104 v°.
[2653] FAVIER (J.), *La guerre…Op.cit.*, pp.169-170.
[2654] AM Cajarc, CC 4, f° 106 v°.
[2655] *Ibid.*, f° 110 V°.
[2656] Dans plusieurs villes de la région toulousaine voisine, il a été estimé que la mort ou la fuite provoqua la disparition d'un tiers des chefs de feux : WOLLF (P.), DURLIAT (M.), « L'épreuve… *Op. cit.*, p.184.
[2657] AM Cahors, CC 19.
[2658] LARTIGAUT (J.), *Le Quercy…Op.cit.*, pp.96-99.
[2659] *Ibid.*, p.57 notamment.
[2660] AM Martel, BB 6, f° 2 v° : « *…que cum la vila aga bezonh daver habitans…* », par exemple.
[2661] *Ibid.*, BB 5, f° 40 r°.

qu'améliorer la situation. Pour favoriser ces installations, les consuls avaient à leur disposition un attirail de mesures qui présentaient l'avantage de ne rien coûter sur l'instant, mais qui permettaient d'injecter de suite un peu de sang neuf dans l'économie de la ville.

L'octroi de la citoyenneté.

La première mesure que l'on pouvait prendre en faveur d'un étranger était l'accord de la citoyenneté. Elle permettait aux immigrés de s'installer dans une profession et de se libérer des désavantages liés au statut d'étranger, que ce soit sur le plan de la vie quotidienne ou sur le plan fiscal. Sur les 84 nouveaux citoyens reçus à Cahors entre 1352 et 1453 et notés sur les registres, 72 se contentèrent de l'octroi de cette seule citoyenneté pour s'installer définitivement[2662]. La concession de cet avantage avait cependant comme but premier d'être utile à la communauté en comblant les besoins de certains secteurs d'activité. Parmi les nouveaux Cadurciens cités ci-dessus, 29 eurent leur profession mentionnée sur l'acte de réception : ce modeste éventail ne permet pas des statistiques précises, mais il donne une idée des priorités consulaires en matière de repeuplement.

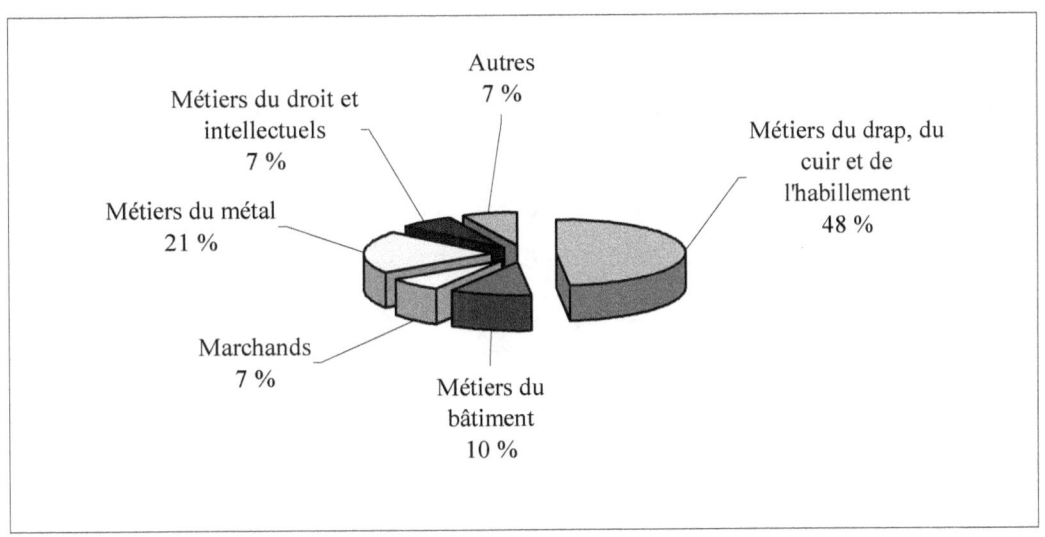

Graphique 11. Les métiers des nouveaux citoyens de Cahors (1352-1445).
(D'après un échantillon de 29 personnes aux professions identifiées).

[2662] D'après les réceptions figurant sur les registres AM Cahors, *Livre Tanné* et *Te Igitur*.

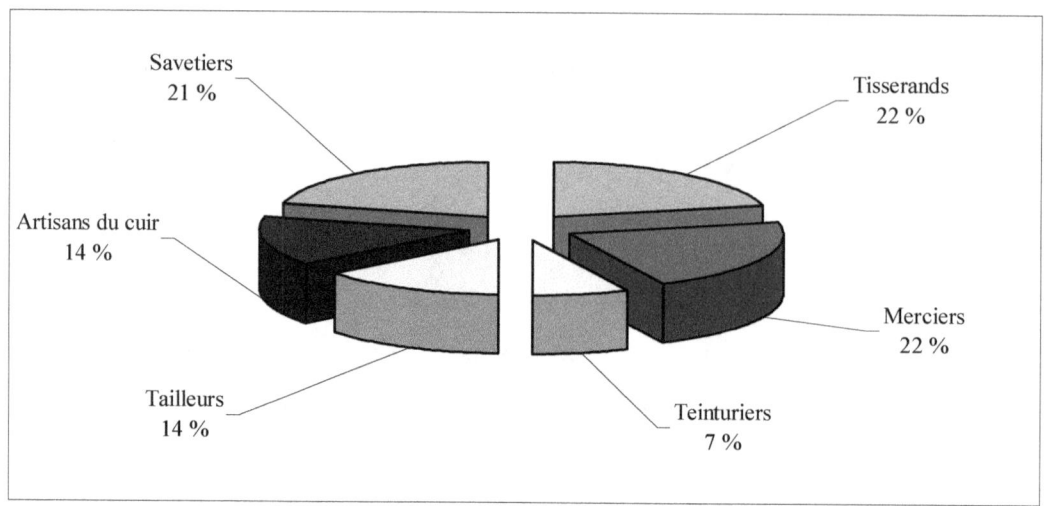

Graphique 12. Métiers du drap, du cuir et de l'habillement parmi les nouveaux habitants de Cahors (1352-1445).
(D'après un échantillon de 29 personnes aux professions identifiées).

Le graphique 11 met en évidence la prépondérance des professionnels du drap et de l'habit au sein du corpus des nouveaux citoyens. Ils sont suivis par les spécialistes du métal et du bâtiment, cette importance étant peut-être à rapprocher des raisons qui permirent le maintien général de ces métiers dans les villes quercinoises. L'échantillon est cependant beaucoup trop restreint pour tirer des conclusions plus avant ; on peut cependant remarquer le faible nombre des marchands, donnée en accord avec le marasme économique ambiant.

La forte proportion des tisserands indique la persistance d'un artisanat drapier que les consuls s'évertuèrent dans une certaine mesure à maintenir. A côté d'eux, les savetiers, ainsi que les merciers et les tailleurs, devaient demeurer en nombre suffisant pour satisfaire la demande locale. Quel qu'ait été le niveau de production de ces artisanats, ils resteront les favorisés de la politique de repeuplement cadurcienne, et ce même après le conflit. En effet, on note une certaine similitude entre la répartition professionnelle des nouveaux arrivants de la période 1352-1445 et celle des 63 autres, qui arrivèrent juste après le conflit, entre les années 1446 et 1479.

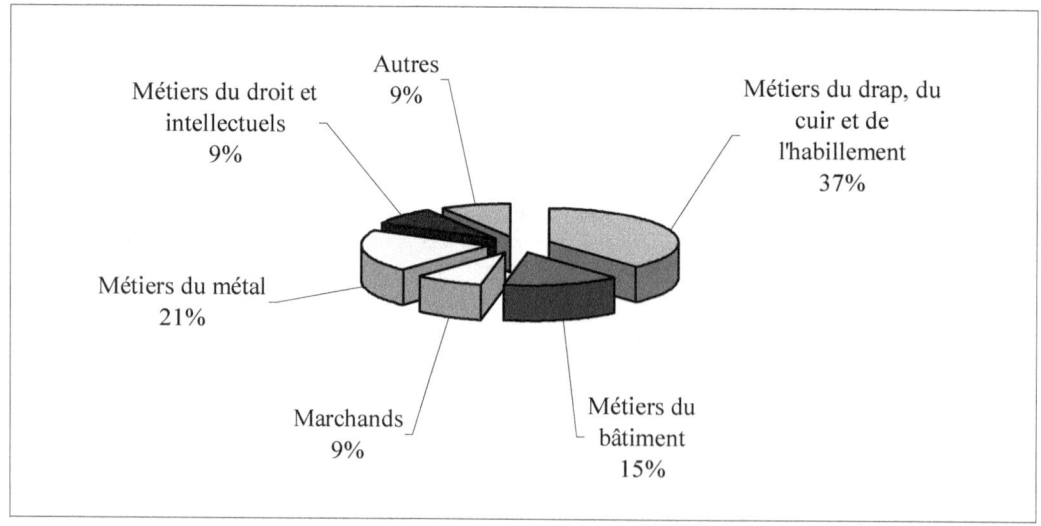

Graphique 13. Les métiers des nouveaux citoyens de Cahors (1446-1479).
(D'après un échantillon de 63 personnes aux professions identifiées).

Le but premier de l'octroi de la citoyenneté était de fixer les gens et leurs biens en ville, mais on sut l'en détourner pour favoriser les échanges commerciaux et, de façon concomitante, les intérêts privés des oligarchies au pouvoir. En effet, bourgeois et citoyen d'une localité donnée, un individu ne pouvait commercer dans d'autres villes que la sienne sans avoir à y payer les charges et la réglementation supportées par les marchandises étrangères, lorsqu'elles y étaient acceptées. Afin de contourner cet obstacle et d'accorder la liberté du commerce à certains marchands étrangers, le consulat cadurcien leur octroya la citoyenneté sans pour autant les obliger à domicilier leurs activités et leur résidence à Cahors ; ils continuèrent ainsi à demeurer dans leurs villes d'origine, où ils occupaient d'ailleurs des fonctions consulaires la plupart du temps : Guiral de Mandirac, mentionné à Gourdon comme conseiller en 1349[2663] et consul huit ans plus tard[2664], accéda à la citoyenneté cadurcienne en 1375[2665] sans pour autant cesser de résider habituellement à Gourdon[2666] ; quant à ses collègues Guilhem Manha et Guilhem Ricard, ils étaient toujours respectivement consul et conseiller de Gourdon en 1386[2667], soit quatre ans après avoir été reçu citoyen de Cahors[2668] ; Peyre Robert, qui la reçut le même jour qu'eux, était un marchand que l'on imagine mal abandonner Cajarc, ville dont il avait été consul et où ses affaires étaient relativement prospères[2669].

Les ressorts précis de cette double citoyenneté nous échappent faute de documents. Existait-il une réciprocité, les bourgeois cadurciens pouvant être reçus citoyens de Cajarc, Gourdon ou d'autres communautés ? Les textes en notre possession ne le disent pas, mais il est peu probable que les consuls de la capitale provinciale aient accordé des avantages à des concurrents issus de localités beaucoup plus modestes que la leur sans aucune contrepartie.

Pour l'immigrant, trouver une situation favorable à l'installation grâce à l'accord de la citoyenneté était certainement chose courante, car toutes les localités avaient peu ou prou besoin de nouveaux habitants. Dans ce cadre, il importait aux municipalités, si elles souhaitaient attirer à elles les éléments désirés, de faire connaître les avantages particuliers que leur localité pouvait offrir.

L'appel à l'immigration.

Loin de se contenter des mouvements migratoires naturels ou provoqués par les événements du moment pour combler les vides démographiques, les consulats utilisèrent une certaine forme de publicité pour attirer des migrants correspondant à leurs besoins. Ils agirent de la sorte aussi bien à l'intérieur qu'à l'extérieur de la province, organisant ce que l'on pourrait appeler de véritables appels au déguerpissement, tant chez leurs voisins proches que dans des lieux plus éloignés : tous souhaitaient repeupler leurs villes d'une catégorie d'hommes de plus en plus difficile à trouver, les « bons jeunes hommes »[2670].

[2663] AM Gourdon (M.A.), BB 3, f° 5 r°.
[2664] *Ibid.*, CC 19, couverture.
[2665] CANGARDEL (L.), COMBARIEU (L.), LACOMBE (P.), *Le Te Igitur…Op.cit.*, p.237.
[2666] AM Gourdon (M.A.), CC 20, f° 60 v°.
[2667] *Ibid.*, BB 6, couverture et 9 v°.
[2668] CANGARDEL (L.), COMBARIEU (L.), LACOMBE (P.), *Le Te Igitur…Op.cit.*, p.237.
[2669] CLAVAUD (F.), « Un rôle…*Op.cit.*, p.19.
[2670] AM Martel, BB 6, f° 3 r°.

En septembre 1356, les consuls de Martel accordèrent d'importantes remises fiscales et de guet au barbier B. Langlada, qui souhaitait partir à Figeac[2671] ; les deux villes en question se trouvaient toutes deux dans une situation assez critique sur le plan militaire, aussi peut-on supposer qu'il fallut autre chose que sa ruine à Martel et l'espoir incertain d'une reprise à Figeac pour le décider à partir vers une destination aussi précise : savait-il quels avantages l'attendaient à Figeac ? Certainement, et ceux que lui concédèrent les consuls martelais pour l'inciter à rester étaient certainement en rapport. Trois ans plus tard, les magistrats ne se contentaient plus d'essayer de retenir les citoyens souhaitant déguerpir : ils organisaient de véritables appels à l'immigration en faisant savoir dans le pays que si des comportiers, des serruriers et des fabricants de bâts, « bons hommes de leurs métiers », voulaient venir s'installer à Martel, ils bénéficieraient des même conditions avantageuses que l'on venait juste d'accorder à un forgeron[2672].

La publicité faite par les consulats pouvait aussi répondre à celle faite par des personnes qui, sur le départ dans un lieu donné, cherchaient le point d'arrivé le plus favorable : en septembre 1381, les habitants de Carlucet candidats à l'émigration avaient certainement prospecté les différentes destinations possibles pour voir laquelle leur offrirait les meilleures conditions d'installation ; nous connaissons la réponse des consuls de Gourdon, qui leur proposèrent l'exemption de taille, mais non celle du guet[2673].

Un document daté de 1446 met bien en évidence la façon dont les consuls de cahors s'y prenaient pour attirer les migrants : cette année-là, ils accordèrent la citoyenneté à un certain Mᵉ Peyre Mornac, natif et habitant du lieu de Feneyroles, diocèse de Saint-Flour ; ils l'exemptèrent de taille et de guet pour une durée de deux ans car, écrivaient-ils, il avait promis de faire venir et de ramener avec lui d'autres personnes pour qu'elles s'installent à Cahors[2674]. Pour l'immédiat après-guerre, Jean Lartigaut a observé de façon assez courante un phénomène similaire dans le monde paysan, une personne isolée précédant souvent l'arrivée de nombreux membres de sa famille[2675].

Les documents concernant cette publicité faite en direction des candidats à l'émigration restent peu fréquents, mais finalement les réceptions de nouveaux citoyens l'évoquent de manière implicite. En effet, les immigrés qui obtinrent la citoyenneté étaient tous pourvus d'un minimum de biens et installés dans la vie sociale de leur localité d'origine, aussi imagine-t-on assez difficilement qu'un maître charpentier de Condom, un ouvrier tisserand d'Angers ou un argentier de Tours[2676] partirent sans but précis sur des routes fort peu sûres pour finalement atterrir à Cahors avec suffisamment de biens pour y être reçu citoyen, le tout par le plus grand des hasards.

L'appel à l'immigration n'était probablement pas une spécificité quercinoise, car la diversité socio-professionnelle que l'on pouvait observer chez les immigrés installés dans les villes de la province existait aussi chez les nouveaux habitants de Périgueux : ils venaient eux-aussi de régions aussi diverses que le Pays Basque, le Béarn, le Rouergue, le Limousin, l'Auvergne et la Bretagne et parmi eux, on trouvait aussi bien des notaires que des médecins, des artisans ou des laboureurs urbains[2677].

Juste après le conflit, les paysans des pays du Centre, quittant leurs terres difficilement nourricières, furent certainement sensibles aux conditions d'installation favorables offertes par les seigneurs fonciers quercinois,

---

[2671] *Ibid.*, BB 5, f° 101 r°.
[2672] *Ibid.*, f° 127 r°.
[2673] AM Gourdon (M.A.), BB 5, f° 11 r°.
[2674] CANGARDEL (L.), COMBARIEU (L.), LACOMBE (P.), *Le Te Igitur…Op.cit.*, p.339.
[2675] LARTIGAUT (J.), *Le Quercy…Op.cit.*, p.84.
[2676] CANGARDEL (L.), COMBARIEU (L.), LACOMBE (P.), *Le Te Igitur…Op.cit.*, p.236 et suiv.

mais ils espéraient avant tout profiter de terroirs libres et plus féconds[2678]. La problématique était sensiblement différente durant les années de guerre pour les citadins en provenance de localités éloignées venus s'installer dans une ville quercinoise, au cœur d'une région où l'insécurité faisait rage : on imagine puissantes les incitations qu'ils reçurent pour quitter des lieux d'origines autant touchés par les événements, voire parfois moins, que ceux où ils décidèrent d'émigrer.

Les avantages particuliers concédés pour attirer et maintenir les habitants.

Dans toutes les communautés, les tailles et autres capitations constituaient des charges particulièrement lourdes auxquelles s'ajoutaient des services de garde qui ne l'étaient pas moins. S'en affranchir représentait un véritable et important gain de temps et d'argent ; les consulats en étaient conscients, aussi se servirent-ils des exemptions pour favoriser certaines personnes et ainsi les inciter à demeurer sur place.

Toutefois, alors que leurs finances étaient mises à mal tant par la crise que par les importantes dépenses auxquelles elles devaient faire face, les municipalités ne pouvaient pas généraliser un système qui leur ferait perdre trop de recettes. Si l'on en croit les documents cadurciens, seule une portion minime des nouveaux arrivants bénéficia de ces exemptions : 12 sur 84 seulement entre 1352 et 1445 et 4 sur 63 pendant l'immédiat après-guerre, entre 1446 et 1479.

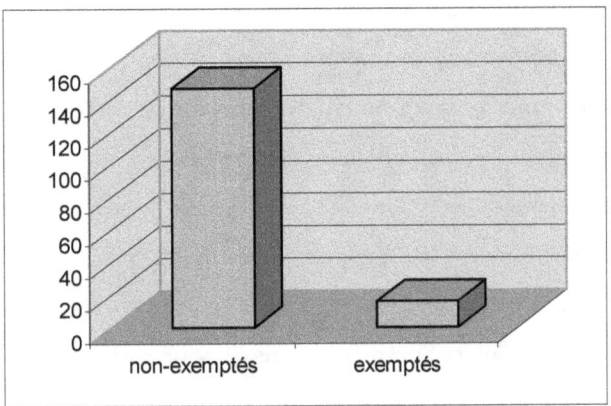

Graphique 14. Exemption et non-exemption de charges communes des nouveaux citoyens de Cahors (1352-1479).
(D'après AM Cahors, Te Igitur et Livre Tanné).

L'exemple cadurcien reflète probablement mal la réalité quant à la proportion des nouveaux citoyens ayant bénéficié d'exemptions, car elle y est certainement minorée. En effet, les sources disponibles que nous avons utilisées, les registres nommés *Te Igitur* et *Livre Tanné*, ne sont pas des livres de délibérations ou de comptes, dont il ne reste d'ailleurs aucun exemplaire à Cahors, mais des recueils solennels de textes relatifs à la vie publique de la cité : on y trouve les coutumes, des ordonnances royales, des serments d'officiers, etc. Or, dans les autres villes, les dispenses accordées étaient le plus souvent notées sur les registres de délibérations, comme à Martel ou à Gourdon ; il est ainsi possible qu'une grande partie des nouveaux Cadurciens ayant été notés sur le *Te Igitur* ou sur le *Livre Tanné* sans mention

---

[2677] HIGOUNET-NADAL (A.), *Périgueux... op. cit.*
[2678] LARTIGAUT (J.), *Le Quercy...Op.cit.*, p.83.

d'exonération quelconque en ait en fait bénéficié, le détail de celles-ci ayant été inscrit sur des cahiers consulaires aujourd'hui disparus.

Les grâces accordées étaient de deux types : les exonérations fiscales et les dispenses de guet. Les premières pouvaient soit être générales[2679], soit ne concerner qu'un type particulier d'imposition[2680] ; de la même façon, les secondes pouvaient valoir pour toutes les composantes de la garde[2681] ou être modulées suivant des procédures diverses[2682]. Les remises fiscales constituaient la base de toute procédure d'exemption, les dispenses de guet ne venant qu'ensuite et de façon particulièrement peu fréquente ; ainsi, si l'on pouvait accepter de remettre à plus tard le bénéfice des tailles apportées par un nouvel habitant, on était moins enclin à se passer de l'allègement significatif qu'il pouvait apporter dans la distribution des tours de garde : ceci témoigne encore de l'alourdissement des systèmes défensifs et des problèmes d'effectifs qu'il engendrait alors que les localités se vidaient de leurs populations.

Les exonérations accordées étaient naturellement fonction des besoins que leur bénéficiaire comblait en demeurant en ville. En effet, les dispenses n'étaient pas uniformes et il est probable qu'elles étaient le fruit de négociations entre la municipalité et le candidat à l'installation ou le citoyen décidé au départ. En septembre 1356, B. Langlada, le barbier qui souhaitait quitter Martel pour Figeac et que nous avons plusieurs fois cité, eut droit à une remise d'impôts pour deux ans et à une exemption partielle de guet pour la même durée[2683] ; deux ans et demi plus tard, il bénéficia encore d'une remise de taille car « il était nécessaire à la ville »[2684]. Il est probable que les services rendus par un prénommé Rotlan, Martelais de fraîche date et fabricant d'outres[2685], étaient jugés moins indispensables car bien qu'il ait été, en novembre 1358, le dernier représentant de sa profession, les consuls ne lui accordèrent qu'une simple remise des tailles ordinaires pour un an afin de l'inciter à rester[2686].

La situation était différente pour ceux dont la présence était estimée absolument indispensable. En 1350, les magistrats gourdonnais dégagèrent ainsi perpétuellement Bernat Lestroa, un maître charpentier compétent en matière de pièces d'artillerie à balancier, du paiement de toute taille s'il acceptait de demeurer à Gourdon ; ils lui prêtèrent même gracieusement un logement la première année[2687] ; Hugo, un forgeron originaire de Cuzorn, réputé comme « bon et apte à son office », fut quant à lui exempté par les consuls de Martel, en mars 1359, de toutes les impositions pécuniaires pour une durée de dix ans et de tous les guets durant trois ans, « pour cause que la ville (…) avait besoin » de lui[2688]. Enfin, un homme présentait un potentiel particulièrement intéressant sur lequel il convenait de miser s'il était, certes, bien pourvu en biens, mais surtout suffisamment jeune : à Martel, Esteve Lagirardia fut pour ces raisons exonéré d'impôts pour une durée de dix ans, sauf des capitations de *patis* pour lesquelles il ne le fut que pour une année, de la même façon que pour certaines gardes[2689].

La connaissance et la pratique d'un métier utile à la communauté et la jeunesse n'étaient pas les seules choses pouvant amener les consuls à accorder des exemptions : la domiciliation de capital les intéressait tout autant. En août

---

[2679] AM Martel, BB 5, f° 77 r°.
[2680] *Ibid.*, BB 6, f° 2 v°.
[2681] *Ibid.*, BB 5, f° 127 r°.
[2682] *Ibid.*, f° 101 r° ; BB6, f° 2 v°.
[2683] *Ibid.*, f° 101 r°.
[2684] *Ibid.*, f° 126 r°.
[2685] *Ibid.*, f° 105 v°.
[2686] *Ibid.*, f° 123 v°.
[2687] *Ibid.*, BB 3, f° 17 v°.
[2688] *Ibid.*, BB 5, f° 127 r°.

1354, les magistrats martelais octroyèrent ainsi une remise valant pour toutes les impositions et pour une durée de dix ans au bourgeois Peyre de Cahors, membre d'une famille particulièrement riche et par ailleurs frère du maître en théologie Johan de Cahors[2690]. Les exonérations de ce type pouvaient se faire suivant des modalités diverses tant qu'elles satisfaisaient aux besoins des deux parties ; les consulats surent ainsi s'assurer d'assez fortes et régulières rentrées d'argent en favorisant l'implantation de riches marchands dans leurs villes : le Béarnais Arnal de Montaudier fut ainsi libéré de tout impôt contre le paiement de vingt livres annuelles[2691] ; malgré son importance, cette somme devait se situer bien en dessous de ce qu'il aurait normalement dû payer s'il avait été imposé normalement.

Les mesures consulaires ne se faisaient cependant pas uniquement en direction des personnes les plus fortunées ou exerçant les métiers les plus recherchés : les magistrats avaient clairement conscience que sans une masse de valets, de manœuvres et de petits artisans, la vie urbaine ne pouvait que péricliter.

Sans véritables richesses ou compétences rares, les nouveaux venus ne bénéficiaient d'aucune mesure d'exemption lors de leur installation ; cela n'empêchait pas les municipalités de s'intéresser à leur sort et de l'alléger lorsque les difficultés qu'ils rencontraient risquaient de les inciter au départ. C'est ainsi que les Martelais Rotlan et Lavernha furent exemptés du paiement de la taille de 1356 car, nouvellement établis en ville, ils se distinguaient par leur pauvreté[2692]. En juin 1386, les consuls de Gourdon allèrent beaucoup plus loin, ordonnant la levée d'une taille dont le produit devait être donné à une vingtaine de valets qui projetaient de quitter la ville, afin de les inciter à rester[2693].

Les courants d'immigration.

La provenance des immigrants qui vinrent s'installer dans les villes quercinoises permet de mesurer le rayonnement que celles-ci purent exercer durant le conflit sur des individus en recherche d'une vie nouvelle et meilleure. Il nous renseigne non seulement sur les difficultés que rencontraient certaines populations et comment elles comptaient s'en affranchir en rejoignant une ville, mais aussi sur les profits que les immigrants espéraient réaliser dans cette région ruinée qu'était le Haut-Quercy.

Le graphique 15 nous montre que durant les premières décennies du conflit, les nouveaux citoyens cadurciens étaient, au moins pour ceux dont l'origine est mentionnée, majoritairement quercinois. De même, parmi les immigrants s'étant installés à Martel durant la même période, les deux qui voient leur lieu d'origine mentionné provenaient de zones peu éloignées : l'un était de Vénarsal, dans le très proche limousin[2694], l'autre de Cuzorn, bourg situé aux confins du Quercy et de l'Agenais[2695]. Cette attraction provinciale n'était pas nouvelle et, concernant Cahors, on peut remarquer la persistance des courants d'immigration qui existaient déjà avant guerre, tant au XIIIe siècle qu'au début du suivant, comme on peut le remarquer sur le graphique 16.

[2689] *Ibid.*, BB 6, f° 2 v°.
[2690] *Ibid.*, BB 5, f° 83 v°.
[2691] CANGARDEL (L.), COMBARIEU (L.), LACOMBE (P.), *Le Te Igitur…Op.cit.*, pp.347-348.
[2692] AM Martel, BB 5, f° 105 v°.
[2693] AM Gourdon (M.A.), BB 6, f° 14 r°.
[2694] AM Martel, BB 5, f° 77 r°.
[2695] *Ibid.*, f° 127 r°.

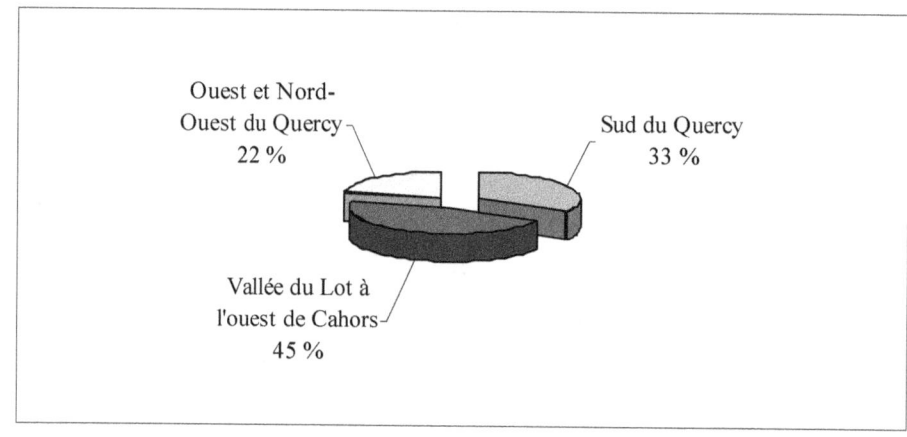

Graphique 15. Provenance des nouveaux citoyens de Cahors (1352-1370).
(D'après les informations des AM Cahors, Livre Tanné et Te Igitur).

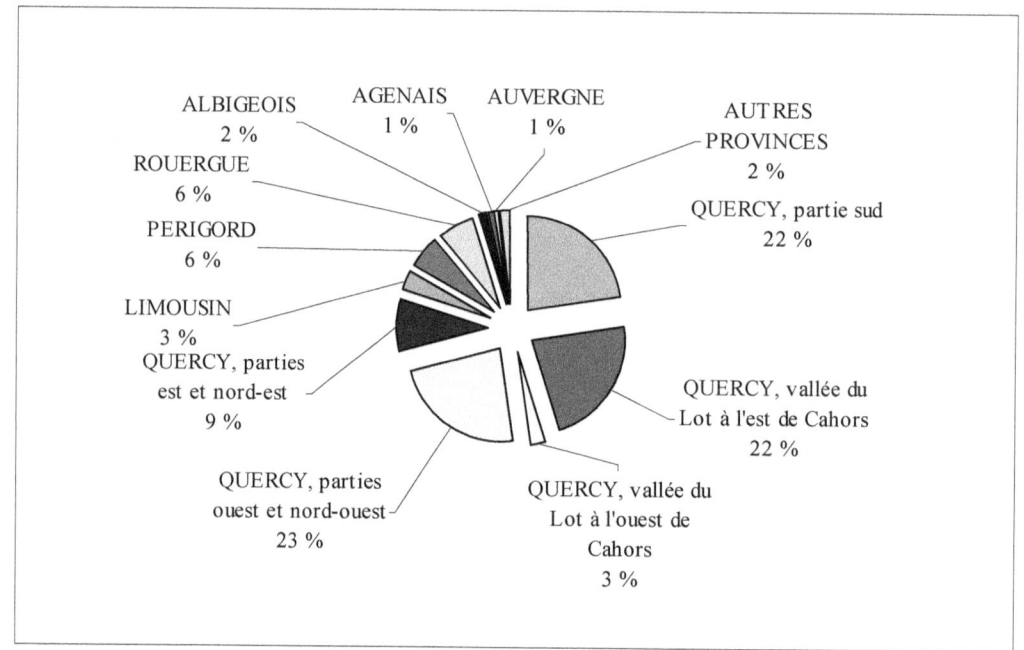

Graphique 16. Les nouveaux citoyens de Cahors (1232-1331).
(D'après 125 réceptions contenues dans AM Cahors, Te Igitur).

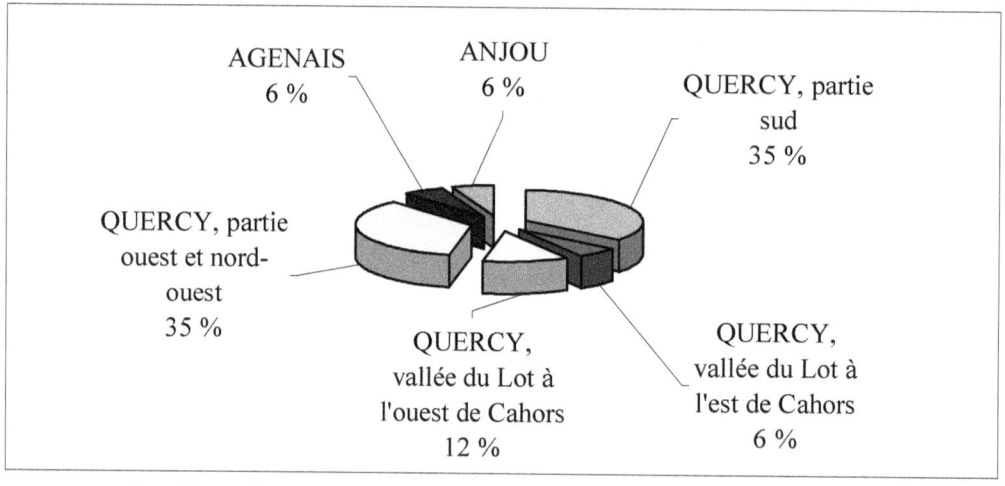

Graphique 17. Provenance des nouveaux citoyens de Cahors (1371-1390).
(D'après les informations des Livre Tanné et Te Igitur, aux AM de Cahors).

La reprise de la guerre en 1369 ne provoqua pas de grands changements dans les courants qui menaient de nouveaux habitants vers Cahors, mais on note cependant sur le graphique 17 l'apparition de deux catégories d'étrangers : les premiers en provenance d'une province limitrophe, l'Agenais en l'occurrence, les seconds arrivant de beaucoup plus loin, ayant quitté Angers pour venir s'installer sur les bords du Lot. Ces derniers ne sont cependant pas suffisamment nombreux pour voir dans leur arrivée autre chose qu'un effet ponctuel de la mobilité des temps.

Alors que les villages et les petits bourgs castraux subissaient de plein fouet les effets des divagations des compagnies anglo-gasconnes, Cahors resta un pôle sécurisant pour les populations à la recherche d'un lieu de vie moins exposé. Il en était de même pour les autres villes de la province, comme en témoigne par exemple la volonté qu'eurent certains habitants de Carlucet de venir s'installer à Gourdon[2696]. Il ne faut cependant pas imaginer des courants concentriques, chaque ville attirant à elle uniquement les personnes se trouvant dans sa zone d'influence : des flux transversaux existaient, de Martel à Figeac[2697] ou de l'Ouest quercinois en direction de Martel[2698] par exemple ; ils étaient probablement initiés par les entreprises de publicité mises en œuvres par les consulats.

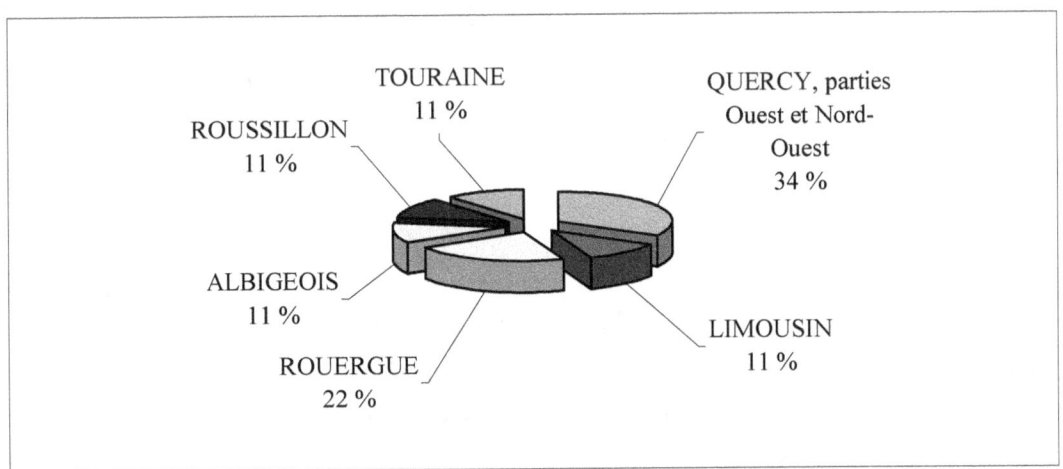

Graphique 18. Provenance des nouveaux citoyens de Cahors (1398-1412).
(D'après les informations des AM Cahors, Livre Tanné et Te Igitur).

Les grands changements arrivèrent ensuite. Selon les données fournies par l'*Informatio Caturcensis*, enquête pontificale diligentée pour estimer la carence des bénéfices ecclésiastiques du diocèse de Cahors à la fin du XIVe siècle, et par les décimes du Vatican de 1392 à 1406, le Quercy était un pays vide ; les témoins interrogés pour ces deux études font état d'un nombre particulièrement important de localités totalement désertées et, même si certaines déclarations semblent exagérées, l'impression générale reste celle d'un pays dépeuplé et en profonde détresse[2699]. Il en était de même dans les provinces voisines qui avaient été soumises au même régime : la population de Périgueux, qui comptait 2400 chefs de feu en 1330, n'en compta plus que 1000, au maximum, entre 1400 et 1480[2700]. Faut-il alors s'étonner de la massive apparition d'individus en provenance des provinces limitrophes, et même d'au-delà, dans les courants menant à Cahors ? Certes non, d'autant plus que durant l'accalmie qui exista à la charnière des XIVe et XVe

[2696] AM Gourdon (M.A.), BB 5, f° 11 r°.
[2697] AM Martel, BB 5, f° 101 r°.
[2698] *Ibid.*, f° 127 r°.
[2699] LARTIGAUT (J.), *Le Quercy…Op.cit.*, pp.36-43.
[2700] HIGOUNET-NADAL (A.), *Périgueux… op. cit.*

siècles, des entreprises de repeuplement furent tentées dans les campagnes[2701] : l'existence d'expériences similaires dans les villes et les bourgs n'est pas à exclure. Toujours est-il que l'origine géographique des nouveaux citoyens cadurciens commença alors à se diversifier de façon marquée.

Comme le met en évidence le graphique 18, on note entre 1398 et 1412 la persistance d'une immigration d'origine quercinoise et, fait notable, l'importance nouvelle prise par les Rouergats. Durant la période suivante, ils constituèrent, après les Quercinois, le plus fort contingent d'immigrés venant s'installer à Cahors.

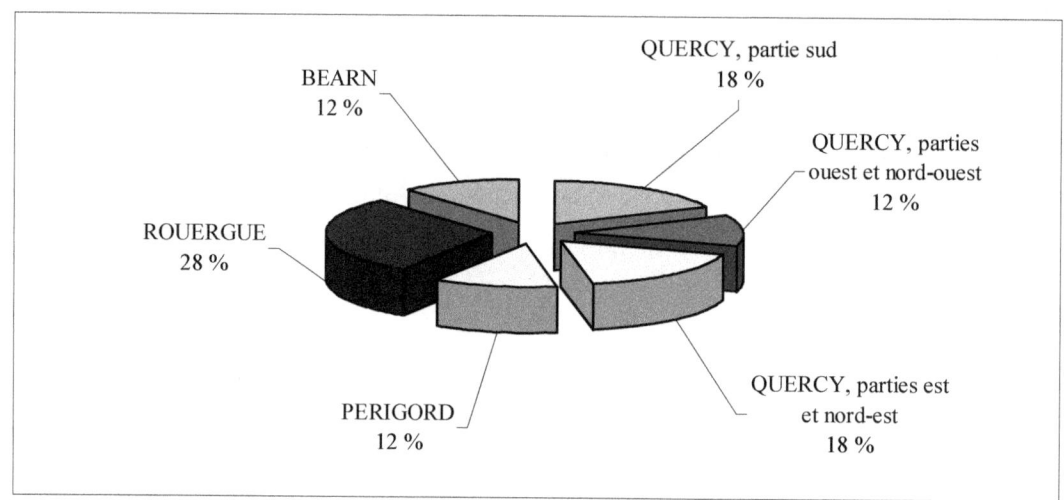

Graphique 19. Provenance des nouveaux citoyens de Cahors (1420-1443).
(D'après les informations des AM Cahors, Livre Tanné et Te Igitur).

Après 1420, avec des opérations militaires certes parfois très violentes, mais limitées dans l'espace et dans le temps, l'insécurité fut cependant moins prégnante que durant les décennies précédentes. Les immigrants qui arrivèrent alors à Cahors amorcèrent des courants qui ne firent que s'amplifier une fois la paix revenue. Le flux rouergat était bien en place et déjà s'y dessinaient des situations particulières témoignant d'une part de la mobilité des immigrants et, d'autre part, de leur recherche de la meilleure situation possible en une sorte de mise en concurrence de différentes villes : en 1442, deux immigrés, l'un originaire de Clermont-Ferrand et l'autre du comté de la Marche, ne profitèrent qu'assez peu de temps de la citoyenneté que leur accorda la ville de Rodez, car ils désertèrent cette dernière rapidement pour aller s'installer à Cahors, où des conditions de vie plus intéressantes devaient les attendre[2702]. Les grandes tendances de l'immigration reçue à Cahors prirent ainsi forme avant la fin des hostilités, comme on peut le constater sur le graphique 20, correspondant aux dix années qui virent les toutes dernières compagnies anglo-gasconnes quitter la province et la paix s'installer définitivement.

La part des Rouergats resta toujours élevée entre 1444 et 1453, mais on note aussi la forte présence d'individus en provenance de l'Auvergne et du Limousin. La proportion des Quercinois resta elle aussi toujours assez forte, notamment avec des personnes originaires de l'est de la province, zone de contact avec le Rouergue et l'Auvergne dont les candidats au départ devaient suivre les mêmes courants migratoires. Une fois encore, nous retrouvons là les grandes tendances observées par Jean Lartigaut pour la période immédiatement postérieure, dans son étude sur les campagnes du Quercy après la guerre de Cent Ans[2703].

[2701] *Ibid.*, pp.61-62.
[2702] CANGARDEL (L.), COMBARIEU (L.), LACOMBE (P.), *Le Te Igitur…Op.cit.*, p.350.
[2703] LARTIGAUT (J.), *Le Quercy…Op.cit.* ; sur la provenance des émigrés ruraux, voir en particulier les pages 83 à 92 ; les sondages réalisés à Cahors et Figeac se trouvent aux pages 92 à 96.

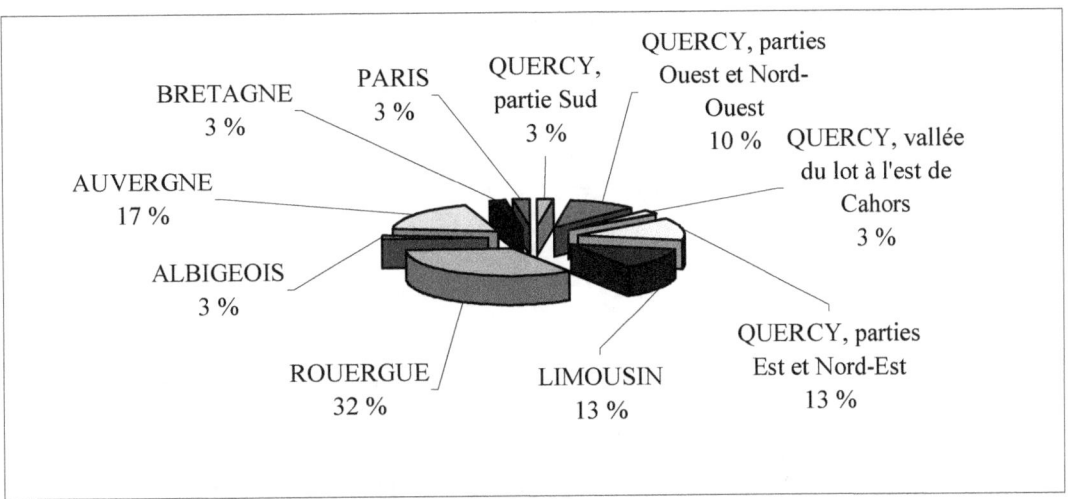

Graphique 20. Provenances des nouveaux citoyens de Cahors (1444-1453).
(D'après les informations des Livre Tanné et Te Igitur, aux AM de Cahors).

Tout comme les seigneurs ruraux dont les opérations de repeuplement commençaient à se généraliser[2704], les magistrats municipaux ne furent pas en reste pour attirer à eux de nouveaux habitants. Les exemptions de taille ou de guet, sinon les deux, prirent un caractère plus systématique et plutôt que leur énumération détaillée, les consuls de Cahors ne les notèrent plus après 1443 que sous le terme générique de « grâces », en précisant seulement leur durée[2705].

Jean Lartigaut avait déjà pressenti, pour les dernières décennies de guerre, que les villes appauvries avaient indirectement participé au dépeuplement des campagnes quercinoises[2706], mais il semble qu'en fait, on puisse aller beaucoup plus loin en affirmant qu'elles y contribuèrent directement en attirant à elles des immigrants de façon délibérée ; le fait qu'il ait beaucoup plus s'agit d'artisans que de paysans contribua à accentuer encore la dislocation des cadres ruraux.

Si l'on s'en tient à l'exemple de Cahors, on peut observer que les Quercinois, tous secteurs géographiques confondus, constituèrent toujours la plus grande partie des nouveaux arrivants ; d'autre part, les immigrés en provenance de régions plus lointaines n'apparurent vraiment qu'à partir de l'époque où les campagnes quercinoises furent totalement exsangues, vidées de leurs habitants. Faut-il voir dans ce phénomène un mouvement naturel ou le résultat des opérations de publicité menées par les consulats ? Les deux étaient certainement mêlés, le second accompagnant seulement le premier sans qu'il soit possible de quantifier son efficacité, car les documents témoignent tout juste de son existence.

L'exemple de Cahors reflète certainement une réalité vécue par toutes les villes et gros bourgs quercinois durant le conflit ; son repeuplement fonctionna d'ailleurs d'une façon similaire à celui de Figeac durant l'immédiat après-guerre[2707]. Les municipalités recherchèrent à favoriser l'implantation de nouveaux habitants, si possible solvables et détenteurs de savoirs-faire particuliers, dès que la première épidémie de peste fut passée ; ils attirèrent d'abord à eux ceux qui, dans les villages, espéraient trouver de meilleures conditions de vie en s'abritant derrière de solides murailles que seule la ville possédait. Le réservoir humain quercinois se tarissant après plusieurs décennies de calamités, ils allèrent

---

[2704] *Ibid.*, pp.65-84.
[2705] CANGARDEL (L.), COMBARIEU (L.), LACOMBE (P.), *Le Te Igitur...Op.cit.*, p.338, par exemple.
[2706] LARTIGAUT (J.), *Le Quercy...Op.cit.*, p.92.

au loin inciter ceux qui, dans une situation de ruine générale, pensaient le soleil plus beau en Haut-Quercy et espéraient bénéficier d'avantageuses conditions d'installation.

* *
*

Au-delà de la défense de la ville proprement dite, les consulats essayèrent de lutter contre les effets pervers tant de la guerre que des autres fléaux sur les plans économique, sanitaire et social. Les mesures concernant le premier furent peu nombreuses : doit-on voir en cela le désintérêt des élites pour ces questions ou plutôt leur incapacité à trouver des solutions applicables à une seule communauté alors que la crise était non seulement générale, mais de plus due à des raisons multiples, diverses et profondes ? Le pragmatisme qui semble émaner des quelques décisions prises montre qu'il s'agissait certainement de la seconde proposition. Il se dégage d'ailleurs tout autant des ordonnances concernant les problèmes sanitaires : à défaut de savoir guérir la peste, autant éliminer ce que l'on savait néfaste pour la santé, comme les ordures et autres viandes malsaines ; dans le même esprit, si les médecins et les barbiers que l'on recrutait ne faisaient pas de bien aux corps, ils en faisaient au moins au moral des malades.

Alors que les événements lançaient sur les routes des déracinés de toutes sortes, que les pauvres se faisaient chaque jour plus nombreux, les municipalités s'évertuèrent à conserver et à renforcer leurs oeuvres sociales ; les distributions ponctuelles de nourriture et d'habits furent maintenues, mais surtout, ne pouvant massivement investir depuis les budgets communaux pour renforcer les finances des hôpitaux, ils trouvèrent d'autres moyens de financement pour que ces derniers puissent poursuivre leurs activités.

Toutefois, bien plus que les pauvres, c'étaient les citoyens taillables qui faisaient défaut, les villes étant véritablement ruinées démographiquement par les calamités. Pour combler quelque peu les vides, les municipalités mirent en place des mesures pour inciter de nouveaux habitants à s'installer, faisant savoir au loin leurs besoins et renforçant l'attractivité de leur localité par des mesures d'exemptions fiscales. Elles surent ainsi capter les immigrants en provenance de la province puis, cette source se tarissant, elles firent appel à des individus venant des régions voisines, le Rouergue principalement, mais aussi à d'autres originaires parfois de beaucoup plus loin, comme de Quimper ou de Paris.

[2707] *Ibid.*, pp.92-96.

Conclusion

Il est difficile d'imaginer une époque où les calamités se succédèrent comme durant la guerre de Cent Ans. Parmi tous ces fléaux, la guerre et l'insécurité furent les plus prégnants : certes, les effets de la peste étaient effroyables, mais ses attaques étaient intermittentes, contrairement aux opérations militaires ou aux divagations des bandes armées qui ne cessaient quasiment jamais. Leurs actions n'étaient pas toujours guerrières à proprement parler, mais même lorsqu'elles pratiquaient le banditisme à grande échelle, elles le faisaient selon les procédés de combat qui leur étaient habituels, avec les mêmes moyens et surtout le même esprit. Ainsi, qu'ils aient eu à s'opposer à des entreprises militaires coordonnées ou à du brigandage pur et simple, les citadins eurent toujours face à eux des guerriers de métier organisés et efficaces. A un niveau supérieur, il apparaît clairement que le pouvoir anglais, période du règne de Richard II exceptée, favorisa toujours la ruine de la province, que ce soit volontairement durant les temps d'hostilités déclarées, ou plus subrepticement en laissant agir des bandes incontrôlées avec une bienveillante neutralité pendant les grandes trêves générales.

Durant ainsi près d'une centaine d'années, chaque consulat urbain du Haut-Quercy mit en œuvre la défense de sa localité, mobilisant ses forces et ses moyens pour maintenir la vie sociale et économique au meilleur niveau possible. Les documents ne manquent pas pour analyser cet ensemble d'activités et, si l'indigence des textes du XVe siècle est notable, l'ensemble du corpus autorise la réalisation d'études détaillées : des évolutions peuvent être suivies pas à pas entre 1340 et 1380, puis de loin en loin jusqu'entre 1430 et 1446. Suivant cela, on pourra objecter que la première moitié du conflit est excessivement représentée en regard de la seconde et qu'il aurait été possible de se contenter de l'exploitation de l'important fonds documentaire du XIVe siècle : le travail aurait gagné en densité, les zones d'ombre auraient été moins nombreuses, mais ce qui aurait alors été une réalisation complète sur le plan technique aurait finalement été inachevé et boiteux suivant une logique de recherche étroitement liée à un événement comme la guerre de Cent Ans qui, pris dans sa globalité, s'étala de 1337 à 1453. Les documents quercinois du XVe siècle existent : quelques cahiers de comptes, des chartes royales, des correspondances… Ils ne pouvaient pas être laissés de côté, même si nous reconnaissons que nous avons insuffisamment exploité les fonds notariaux de Figeac.

On pourra peut-être reprocher à cette étude une vision parfois très militaire, guerrière des choses : il ne s'agit pourtant pas d'une volonté délibérée de cibler un aspect des faits auquel nous sommes liés professionnellement, mais au contraire de mettre en lumière les phénomènes psychiques que l'on oublie souvent derrière la plate évocation d'événements violents. Un homme qui est agressé ou qui risque de l'être développe un sentiment difficilement contrôlable : la peur. Notre modeste expérience nous l'a fait connaître et nous avons alors pu mesurer l'influence qu'il pouvait avoir sur les comportements humains ; en rappelant souvent cet aspect de l'insécurité, nous n'avons eu qu'un souci, celui de mettre véritablement l'Homme, dans toute sa dimension, au centre du débat : il ne saurait par exemple être sérieusement question d'évoquer la cohésion et les rapports existants dans un groupe humain donné en faisant abstraction des phénomènes psychologiques.

Au-delà, les citadins étant tout autant artisans, paysans ou juristes qu'arbalétriers, archers ou artilleurs, ce sont toutes les activités économiques qui étaient peu ou prou influencées par le sentiment de peur, car on craignait pour sa santé comme pour ses affaires. Le besoin en défense n'était ainsi pas uniquement militaire, il était aussi économique et sanitaire : l'un ne pouvait être étudié sans évoquer les deux autres, tant les trois étaient liés sous de nombreux points de vue.

Mêlant ainsi étroitement des aspects aussi divers, cette étude impose un regard transversal : il fait apparaître deux ensembles de faits concernant d'une part la fonction défensive principale de la ville fortifiée et, d'autre part, la toute puissance des élites municipales.

La ville fortifiée : un centre économique auto-défendu avant tout.

Les fortifications sont souvent tout ce qu'il nous reste des défenses urbaines médiévales, mais elles n'en sont que les coquilles vides. En effet, protéger la ville ne pouvait se limiter à repousser des attaques depuis les murailles, chose qui en soit nécessitait déjà une organisation assez complexe, entre ordonnancement de la garde et formation de la milice.

Au début du conflit, la définition des priorités en matière défensive fut principalement conditionnée par la situation politique intérieure propre à chaque communauté et par des impératifs d'ordre économique, les besoins stratégiques royaux n'y ayant pratiquement aucune part. En revanche, l'incapacité des troupes du roi à empêcher les compagnies anglo-gasconnes de ravager les arrières-pays fut à l'origine d'un élargissement des compétences municipales, car les consulats prirent à leur compte la protection des zones de production indispensables aux activités urbaines. Il découla de tout ceci un système de sauvegarde original et varié : la ville devint un sanctuaire fortifié pourvu de plusieurs niveaux de protection, de la lâche ceinture extérieure aux solides réduits du vieux centre, tandis que les territoires de l'immédiat arrière-pays furent préservés à l'aide de traités conclus avec les détachements ennemis. Cette façon de défendre la communauté ne se comprenait que sur un plan strictement économique : en sacrifiant une partie de la richesse intérieure et du bien-être général à l'édification, à l'équipement et au garnissage en hommes des fortifications, on permettait à toutes les activités spécifiquement urbaines de se poursuivre dans un espace présentant toutes les garanties de sécurité ; en se privant d'une partie des deniers municipaux pour payer les *patis* et les *suffertas*, on protégeait les terroirs agricoles à bien meilleur marché et beaucoup plus efficacement que si on l'avait fait par les armes ; ce faisant, on donnait aussi aux ennemis de bonnes raisons pour limiter leurs déprédations dans des zones dont la relative préservation pouvait seule leur apporter le bénéfice de traités futurs ; ces *patis*, qui au début du conflit servaient surtout à combler les besoins logistiques des compagnies, devinrent progressivement leurs principaux buts de guerre, transformant ainsi leur action en grand banditisme. A la longue cependant, compter sur ce seul système pour préserver leurs économies auraient mené les villes dans une impasse.

Il convient de ne pas oublier que si les villes avaient ainsi à se défendre, c'est parce qu'elles étaient françaises. Nous l'avons vu, cette appartenance s'exprimait avant tout à travers une fidélité au roi ne se traduisant pas par une obéissance absolue, mais plutôt par une sorte de loyauté au cadre assez large : les consulats se devaient de garder leur localité au roi et le faisaient mais, pour le reste, ils agissaient généralement à leur guise en préservant des apparences de sujétion. Prenant acte de cet état de fait, le pouvoir royal déconcentra son administration et la rapprocha des municipalités, comblant ainsi un souhait que ces derniers exprimaient depuis longtemps ; il abandonna aussi la rigidité de mise au début du conflit et adopta, à partir de Charles V, une certaine souplesse dans ses relations avec les villes quercinoises, en particulier en ce qui regardait ses prétentions concernant le rôle militaire qu'il comptait leur faire tenir.

Car bien que ne donnant pas la chasse aux Anglais et leur permettant même, dans une certaine mesure, de maintenir le pays sous pression en les nourrissant par le biais des traités, les villes et les gros bourgs restaient des pôles fortifiés qui occupaient le terrain. Mettant chacun sur pied plusieurs centaines de défenseurs, ils constituaient finalement d'importantes forces militaires qui, pour être statiques, n'en étaient pas moins solides et se trouvaient être les seules troupes, ou presque, au service du roi de France dans la province ; pour lui, elles étaient d'autant plus intéressantes qu'elles ne rencontraient pas de problèmes logistiques vraiment insurmontables et que leur état militaire était permanent, contrairement aux grandes armées royales qui bien souvent se dispersaient une fois la mauvaise saison venue.

Zones de sûreté, empêchant la mainmise anglo-gasconne d'être totale sur la province, les villes trouvaient un prolongement naturel à cet état en servant d'abri, de relais et de refuge aux armées royales en campagne, mais ces fonctions venaient bien après la traditionnelle vocation financière sur laquelle comptait le roi. La fiscalité urbaine avait atteint son degré maximum mais, en établissant des *patis*, les villes montraient qu'elles étaient prêtes à payer pour leur sécurité : il n'était alors nul besoin aux officiers royaux d'augmenter les prélèvements, mais il fallait qu'ils puissent capter les sommes dévolues par chaque municipalité à ses traités particuliers pour ensuite les utiliser de façon globale dans toute la province. Avec cet argent, les hommes du roi rachetaient aux Anglo-Gascons les places qu'ils tenaient afin de les garnir en soldats et ainsi empêcher toute reprise future ; procédant de la sorte et de façon cohérente à partir des années 1370, ils réussirent, bien que très progressivement, à repousser toujours plus loin l'installation des compagnies ennemies. Ce faisant, le roi toucha les dividendes des *patis* qui avaient jusque là permis le maintien des activités économiques.

Avec le rapprochement administratif et une politique défensive réaliste et conforme aux souhaits des consulats, le pouvoir royal sut unir leurs forces au sein des Etats et utiliser les outils de défense qu'ils avaient mis en place depuis le début du conflit ; les résultats de cette action furent particulièrement visibles à partir du début du XVe siècle : maintenues en Périgord, les compagnies anglo-gasconnes ne purent jamais effectuer de véritable retour offensif dans la province et furent progressivement chassées des quelques forts qu'elles y tenaient encore.

Pour arriver à ce résultat, le roi et ses officiers durent composer avec des municipalités que la situation avait chaque jour rendu plus fortes depuis le début du conflit, où son incurie des premières années avait provoqué la rupture de tout ce qui entravait l'autonomie urbaine.

La montée en puissance des élites consulaires.

Les municipalités quercinoises n'étaient ni fortes, ni assurées au commencement des hostilités. Sur le plan intérieur, elles étaient la proie de contestations souvent justifiées et de difficultés financières importantes, tandis qu'à l'extérieur elles avaient à subir une tutelle seigneuriale parfois doublée d'une emprise royale. Les événements de la guerre leur donnèrent à la fois une stabilité interne et une autonomie de gouvernement très développée.

La mesure la plus importante fut prise par le pouvoir royal au début du conflit. En effet, en déléguant d'importantes attributions fiscales aux consulats pour qu'ils puissent faire face aux énormes dépenses de défense, il leur donna la base financière et juridique indispensable au développement de leur autonomie : avant-guerre, les impositions perçues par les municipalités étaient limitées à la taille, à quelques péages et à certains droits de justice, tandis que dès les premières années du conflit leur compétence fiscale fut étendue à l'ensemble du commerce. L'octroi des nouvelles impositions par le roi comportait un aspect juridique particulièrement important : leur produit ne devait être employé qu'aux fortifications ; d'un trait de plume, le roi évinçait les seigneurs traditionnels, d'une part en leur enlevant leur obligation féodale de défendre leurs fiefs et, d'autre part, en les dépossédant des infrastructures défensives urbaines, l'ensemble étant mis dans la main des autorités municipales.

Les consulats manifestèrent cependant plus de défiance que de reconnaissance au pouvoir royal. Il les grevait d'impôts mais l'argent récolté n'améliorait en rien la situation : les maigres troupes françaises stationnées dans la province étaient incapables d'empêcher les bandes anglo-gasconnes d'agir et, sur un plan général, les armées royales subissaient revers sur revers, avec notamment les batailles perdues de Crécy et de Poitiers. Mais alors que le roi signait des trêves avec ses ennemis, il en interdisait l'établissement aux consulats, alors qu'il s'agissait pourtant de la seule alternative pour faire cesser les dévastations sur le plan local. D'une façon générale, entre les erreurs politiques de Philippe VI et la capture de Jean II, les années 1345-1360 furent celles d'une faiblesse chronique du pouvoir royal. En acceptant les clauses du traité de Brétigny, qui livrait leur province à l'Anglais, le Valois finit certainement de se discréditer aux yeux des Quercinois.

A contrario, durant la même période, les nécessités de la défense contribuèrent largement à asseoir l'autorité des élites municipales à l'intérieur de leurs villes. Ce fut d'abord par le biais du guet, au sein duquel elles encadraient quotidiennement la population et ce de façon particulièrement dense. Disposant ainsi des forces vives de leurs localités, elles surent profiter de la dépendance des capitaines royaux à leur égard pour les mettre sous influence et devenir ainsi les véritables maîtres de l'utilisation du potentiel militaire urbain.

Toutefois, c'est dans le domaine juridique que leur autorité montra la force qu'elle prenait petit à petit : s'appuyant sur la notion de bien commun, la législation locale fut adaptée et augmentée afin de couvrir tous les domaines de la défense, de la trahison aux amendes pour défaut de garde, en passant par les règles de voirie ; l'arbitraire se développa et la prise de mesures d'exception restrictives de liberté devint courante.

Couvrant l'ensemble des mesures civiles et militaires, les actions morales et sociales achevèrent de renforcer la cohésion des communautés autour de leurs consulats. Forts de leurs pouvoirs étendus, ceux-ci prirent les mesures conservatoires qu'appelait la situation tant sur le plan social que sanitaire, mais aussi dans le domaine économique, bien que leurs possibilités d'action aient été limitées dans ce dernier cas.

L'omnipotence intérieure des municipalités ne fut pas remise en cause lorsque Charles V, après avoir solidement repris son royaume en main, rompit le traité de Brétigny et reconquit les provinces perdues en 1360 : il entérina les états de fait par des reconnaissances de privilèges et, bien plus encore, renforça l'assise des consulats en leur accordant de nouveaux avantages. On assista alors à une sorte de renouveau de l'action administrative menée par les officiers royaux au niveau de la province et à une augmentation du rôle des Etats, qui devinrent alors le canal normal de la concertation entre les municipalités et le pouvoir royal pour la détermination de la politique défensive locale, phénomène étudié en détail par Pierre Flandin-Bléty[2708]. Malgré les troubles du règne de Charles VI, cette évolution fut ensuite constante et la compétence des Etats dans le domaine de la conduite provinciale de la guerre devint normale dès les premières décennies du XVe siècle.

L'autonomie de plus en plus étendue des institutions municipales et la solide autorité qu'elles surent instaurer pour leur gouvernement furent mis à profit par les élites pour préserver leurs situations professionnelles et, en conséquence, leurs places au sein des conseils consulaires. En effet, forts de la main qu'ils avaient sur les affaires publiques en général et financières en particulier, les magistrats s'attribuèrent entre eux la plus grande partie des marchés communaux : l'argent public fut ainsi mis à contribution pour maintenir leurs activités à un niveau minimum acceptable. Certes, cela ne fut pas suffisant pour sauver toutes les familles consulaires de la ruine : le renouvellement des conseils fut constant, mais il resta généralement à un niveau assez proche de ce qu'il était avant-guerre. Il se fit surtout selon les mêmes modalités, et les vagues d'immigration qui transitèrent par les villes quercinoises ne changèrent qu'assez peu la composition des groupes dirigeants, qui comptèrent toujours des noyaux majoritaires homogènes et puissants.

Si la guerre de Cent Ans fut la période des plus grands progrès du pouvoir consulaire, elle fut aussi celle de son apogée : suivant un mouvement initié pendant le conflit, l'autorité royale continua ensuite de s'affirmer et, dans sa marche vers l'absolutisme, finit par annihiler les autonomies municipales : sous Louis XIV, elles ne seraient plus que des souvenirs. En revanche, les élites subsistèrent et soutinrent le pouvoir royal, qui sut les flatter et leur distribuer titres et prébendes : quels meilleurs exemples de réussite que ceux des familles Ricard et d'Auriole ? Galiot Ricard de Genouillac, dont les ancêtres étaient au XIIIe siècle de simples bourgeois gourdonnais, fut un proche des rois Charles VIII, Louis XII et François Ier, occupant notamment les charges de Chambellan du roi, de grand-maître de l'artillerie et de grand-écuyer de France, ainsi que divers sénéchalats ; les d'Auriole connurent une ascension tout aussi précoce, car de cette famille consulaire cadurcienne sortirent à la fin du XVe siècle un évêque de Montauban et un conseiller au parlement de Toulouse[2709].

Sur le plan militaire, à travers la ville ou le gros bourg quercinois en défense se dessinent les nécessités militaires des temps à venir en matière de places fortes : le besoin d'importantes garnisons permanentes, de circuits logistiques cohérents et de plans de défense souples et adaptés aux capacités de l'artillerie.

[2708] FLANDIN-BLETY (P.), *Essai…Op.cit.*
[2709] LACOSTE (G.), *Histoire…Op.cit.*, t.IV, pp.1-125.

INDEX, GLOSSAIRE ET TABLES

Index des noms de lieux

<u>Abréviations</u> :	dépt. , département.
cant., canton.
com., commune

Agenais : 213, 221, 406, 413, 415.
Aiguillon, *com. dépt. Lot-et-Garonne, arr. Agen* : 154.
Aix-en-Provence, *com. dépt. Bouches-du-Rhône, chef-lieu d'arr.* : 344.
Albas, *com. dépt. Lot, arr. Cahors* : 20, 135, 282.
Albi, *com. dpt. Tarn, chef-lieu* : 38, 40, 46, 237, 242, 440.
Angers, *com. dépt. Maine-et-Loire, chef-lieu* : 45, 410, 415.
Anglars, *com. dépt. Lot, arr. Figeac* : 222.
Angleterre : 10, 24, 33, 51, 64, 70, 85, 90, 93, 94, 95, 173, 174, 206, 208, 210, 211, 212, 214, 215, 219, 223, 224, 225, 267, 338.
Aquitaine : 9, 10, 52, 59, 72, 74, 91, 92, 93, 140, 179, 211, 212, 214, 229, 384, 403.
Arques (les), *com. dépt. Lot, arr. Cahors* : 332.
Artois : 88.
Aubrac : 90.
Aurillac, *com. dépt. Cantal, chef-lieu* : 13, 160, 195, 198, 199, 200, 207, 272.
Autoire, *com. dépt. Lot, arr. Figeac* : 56, 57, 80, 176, 180, 181, 217, 219.
Auvergne : 19, 20, 48, 90, 160, 221, 223, 385, 416.
Avignon, *com. dépt. Vaucluse, chef-lieu* : 71, 94, 264, 265, 438.

Bagnac / Célé, *com. dépt. Lot, arr. Figeac* : 20.
Balaguier-d'Olt, *com. dépt. Aveyron, arr. Villefranche-de-Rouergue* : 53, 54, 60, 64, 67, 68, 73, 78, 84, 150, 165, 168, 169, 176, 183, 217, 219, 220, 272, 276, 302, 355, 375, 376.
Barasconies (Les), *dépt. Lot, arr. Figeac, com. Espédaillac* : 155, 333.
Bave (La), *affluent de la Dordogne* : 80.
Beaulieu / Dordogne, *com. dépt. Corrèze, arr. Brive-la-Gaillarde* : 78, 80, 88, 91, 160, 195, 207, 267, 268, 272, 317.
Beaumat, *com. dépt. Lot, arr. Gourdon* : 219, 341.
Beauregard, *com. dépt. Lot, arr. Figeac* : 81, 88, 201, 208, 362, 365.
Béduer, *com. dépt. Lot, arr Figeac* : 268.
Bélaye, *com. dépt. Lot, arr Cahors* : 20, 87, 102, 124, 157.
Belcastel, *com. dépt. Lot, arr. Gourdon, com. Lacave* : 33, 53, 61, 65, 73, 80, 82, 92, 155, 156, 168, 170, 172, 173, 176, 185, 273, 332.
Belvès, *com. dépt. Dordogne, arr. Sarlat-la-Canéda* : 95, 97, 128, 186, 188, 193, 195, 227.
Bergerac, *com. dépt. Dordogne* : 56, 85, 107, 113, 156, 197, 209, 230, 279, 284, 292, 295, 332.
Berry : 88.
Bétaille, *com. dépt. Lot, arr. Gourdon* : 186.
Beynat, *com. dépt. Corrèze, arr. Brive-la-Gaillarde* : 65, 66, 168.
Bigaroque, *dépt. Dordogne, arr. Sarlat-la-Canéda, com. Coux-et-Bigaroque* : 95, 227.
Bigorre : 63.
Biron, *com. dépt. Dordogne, arr. Bergerac* : 95, 227.
Blanat, *dépt. Lot, arr. Gourdon, com. Rocamadour* : 81, 156.
Boissières, *com. dépt. Lot, arr. Cahors* : 193.
Bonnecoste, *dépt. Lot, arr. Gourdon, com. Calès* : 94.
Bordeaux, *com. dépt. Gironde, chef-lieu* : 52, 55, 71, 72, 79, 88, 189, 195, 208, 213, 265, 384.
Bourg, *com. dépt. Gironde, arr. Blaye* : 52.
Bourges, *com. dépt. Cher, chef-lieu* : 227.
Bouriane, *région historique située entre Gourdon et Milhac* : 21.
Bovila, *dépt. Lot, arr. Cahors, cant. Montcuq, com. Fargues* : 53, 79, 80.
Brengues, *com. dépt. Lot, arr. Figeac* : 71, 202, 218.
Bressuire, *com. dépt. Deux-Sèvres, chef-lieu de cant.* : 316.

Bretagne : 59, 106.
Bretenoux, *com. dépt. Lot, arr. Figeac* : 20, 135.
Brignoles, *com. dépt. Var, chef-lieu d'arr.* : 114, 344, 439.
Brive-la-Gaillarde, *com. dépt. Corrèze, chef-lieu d'arr.* : 13, 21, 79, 195, 198, 202, 207, 215, 218, 223, 267, 272, 273, 292, 367, 368
Bruges, *com. Belgique, région flamande, province de Flandre Occidentale, chef-lieu d'arr.* : 219.

Cabrerets, *com. dépt. Lot, arr. Cahors* : 208.
Cadrieu, *com. dépt. Lot, arr. Figeac* : 222, 268.
Cahors, *com. dépt. Lot, chef-lieu* : 12, 14, 19, 20, 21, 26, 27, 30, 35, 55, 76, 78, 79, 82, 84, 87, 88, 91, 92, 94, 95, 102, 104, 106, 107, 108, 110, 111, 112, 116, 118, 124, 126, 128, 129, 130, 131, 133, 135, 136, 145, 146, 147, 148, 150, 153, 154, 155, 163, 172, 179, 181, 182, 190, 193, 194, 195, 196, 197, 198, 200, 203, 204, 206, 207, 209, 210, 213, 215, 216, 218, 220, 223, 224, 225, 226, 227, 229, 231, 235, 236, 237, 238, 239, 240, 241, 244, 245, 247, 248, 249, 251, 253, 254, 257, 258, 260, 271, 277, 278, 280, 281, 283, 288, 289, 291, 292, 296, 299, 300, 301, 302, 303, 306, 309, 315, 317, 321, 322, 324, 333, 336, 337, 338, 342, 354, 365, 366, 369, 371, 372, 373, 374, 375, 376, 377, 383, 385, 386, 387, 388, 389, 390, 392, 393, 394, 396, 397, 398, 400, 401, 402, 403, 404, 405, 406, 407, 409, 410, 411, 413, 414, 415, 416, 417.
Caillac, *com. dépt. Lot, arr. Cahors* : 373.
Cajarc, *com. dépt. Lot, arr. Figeac* : 13, 14, 20, 21, 26, 27, 28, 35, 53, 54, 55, 58, 61, 63, 64, 65, 66, 67, 68, 69, 70, 71, 72, 73, 74, 75, 77, 78, 82, 84, 85, 87, 88, 90, 91, 92, 95, 102, 104, 106, 108, 110, 114, 115, 117, 122, 123, 126, 128, 130, 131, 133, 134, 135, 136, 147, 150, 153, 154, 155, 156, 159, 162, 165, 168, 173, 174, 176, 177, 178, 179, 181, 183, 187, 194, 196, 198, 199, 201, 202, 203, 204, 208, 210, 213, 214, 216, 217, 220, 222, 235, 242, 249, 250, 251, 255, 256, 259, 263, 265, 268, 275, 276, 277, 280, 285, 287, 290, 292, 293, 295, 296, 298, 299, 301, 302, 303, 305, 307, 308, 310, 315, 316, 317, 319, 321, 322, 329, 330, 331, 332, 333, 334, 335, 336, 339, 340, 341, 343, 345, 355, 356, 361, 362, 363, 364, 365, 366, 368, 369, 370, 371, 372, 373, 375, 376, 377, 378, 379, 384, 385, 386, 390, 391, 392, 393, 394, 395, 402, 403, 404, 405, 406, 408, 40.
Calais, *com. dépt. Pas-de-Calais, chef-lieu d'arr.* : 11, 59, 60, 65, 69, 70, 71, 88.
Calès, *com. dépt. Lot, arr. Gourdon* : 94.
Calvignac, *com. dépt. Lot, arr. Figeac* : 77, 82, 187, 204, 275, 385.
Camboulit, *com. dépt. Lot, arr. Figeac* : 20, 220, 229, 268.
Caniac-du-Causse, *com. dépt. Lot, arr. Gourdon* : 218, 333.
Capdenac, *com. dépt. Lot, arr. Figeac* : 14, 20, 21, 26, 28, 29, 30, 35, 53, 54, 55, 57, 60, 65, 68, 73, 75, 83, 84, 85, 92, 93, 95, 107, 157, 165, 167, 193, 213, 214, 217, 218, 222, 224, 230, 248, 258, 260, 283, 337, 375, 376, 391.
Carcassonne, *com. dépt. Aude, chef-lieu* : 210, 303.
Cardaillac, *com. dépt. Lot, arr. Figeac* : 20, 72, 78, 91, 102, 124, 198, 206, 223.
Carennac, *com. dépt. Lot, arr. Gourdon* : 337.
Carlat, *com. dépt. Cantal, arr. Aurillac* : 57, 220.
Carlucet, *com. dépt. Lot, arr. Gourdon* : 19, 96, 158, 229, 410, 415.
Carlux, *com. dépt. Dordogne, arr. Sarlat-la-Canéda* : 218, 273.
Castelat (Le), *com. Gourdon* : 163.
Castelfranc, *com. dépt. Lot, arr. Cahors* : 88, 157, 332.
Castelnau (château de), *com. Bretenoux* : 273.
Castelnaud-de-Berbiguières (château de), *dépt. Dordogne, arr. Sarlat-la-Canéda, com. Castelnaud-la-Chapelle* : 95, 97, 188, 227.
Castelnau-Montratier, *com. dépt. Lot, arr. Cahors* : 77, 80, 91, 204, 275.
Castelsagrat, *com. dépt. Tarn-et-Garonne, arr. Castelsarrasin* : 206.
Castelsarrasin, *com. dépt. Tarn-et-Garonne, chef-lieu d'arr.* : 195.
Castillon-la-Bataille, *com. dépt. Gironde, arr. Libourne* : 97.
Catus, *com. dépt. Lot, arr. Cahors* : 80, 96, 193, 373.
Caussade, *com. dépt. Tarn-et-Garonne, arr. Montauban* : 198.
Caylus, *com. dépt. Tarn-et-Garonne, arr. Montauban* : 229.
Cazals, *com. dépt. Lot, arr. Cahors* : 20, 56, 61, 65, 79, 80, 85, 168.
Cénevières, *com. dépt. Lot, arr. Figeac* : 204.
Céou, *rivière, affluent de la Dordogne* : 37, 275.
Cère, *rivière, affluent de la Dordogne* : 80.
Cessac, *dépt. Lot, arr. Cahors, cant. Luzech, com. Douelle* : 95, 96, 229.
Chablis, *com. dépt. Yonne, arr. Auxerre* : 17.
Chalusset, *plusieurs château limousins portent ce nom, nous n'avons pu savoir duquel il s'agissait* : 62.
Chambéry, *com. dépt. Savoie, chef-lieu d'arr.* : 17, 18, 19, 23, 38, 42, 43, 45, 237, 242, 385, 399, 440.
Champagne *(province)* : 195.
Clermont, *aujourd'hui partie de Clermont-Ferrand, com. dépt. Puy-de-Dôme, chef-lieu* : 228, 416.
Clermont-le-Gourdonnais (château de), *com. Concorès* : 96, 183, 193, 229.
Clisson, *com. dépt. loire-Atlantique, arr. Nantes* : 316.
Comiac, *com. dépt. Lot, arr. Figeac* : 53, 65, 80, 168.

Concorès, *com. dépt. Lot, arr. Gourdon* : 96, 179, 182.
Condom, *com. dépt. Gers, chef-lieu d'arr.* : 410.
Cordes / Ciel, *com. dépt. Tarn, arr. Albi* : 128.
Corn, *com. dépt. Lot, arr. Figeac* : 61, 66, 67, 84, 180, 183, 187, 362.
Costeraste, *com. Gourdon* : 32, 58, 82, 192, 193, 267, 278, 340, 387.
Cotentin : 88.
Cougnac, *dépt. Lot, arr. et cant. Gourdon, com. Payrignac* : 387.
Cours, *com. dépt. Lot, arr. Cahors* : 172, 216.
Crayssac, *com. dépt. Lot, arr. Cahors* : 179.
Crécy-en-Ponthieu, *com. dépt. Somme, arr.Abbeville* : 59, 86, 218, 337, 422.
Crevant-sur-Yonne, auj. Cravant, *com. dépt. Yonne, arr. Auxerre* : 338.
Creysse, *com. dépt. Lot, arr. Gourdon* : 20, 87.
Cuzorn, *com. dépt. Lot-et-Garonne, arr. Villeneuve / Lot* : 229, 412, 413.

Daglan, *com. dépt. Dordogne, arr. Sarlat-la-Canéda* : 158.
Dégagnac, *com. dépt. Lot, arr. gourdon* : 218.
Domme, *com. dépt. Dordogne, arr. Sarlat-la-Canéda* : 97, 145, 155, 162, 172, 196, 197, 198, 208, 224, 229, 249, 273, 290, 332, 333, 397.
Dordogne, *rivière, affluent de la Garonne* : 21, 56, 65, 80, 86, 91, 160, 249, 267, 274, 377, 383, 384.
Douai, *com. dépt. Nord, chef-lieu d'arr.* : 344.
Douelle, *com. dépt. Lot, arr. Cahors* : 96.
Draguignan, *com. dépt. Var, chef-lieu d'arr.*: 114.
Duras, *com. dépt. lot-et-Garonne, arr. Marmande* : 303.
Duravel, *com. dépt. Lot, arr. Cahors* : 20, 145, 212, 218, 332.

Espagne : 51, 56, 91, 212, 278.
Espère, *com. dépt. Lot, arr. Cahors* : 193, 373.
Excideuil, *com. dépt. Dordogne, arr. Périgueux* : 267.

Fajoles, *com. dépt. Lot, arr. Gourdon* : 317.
Faycelles, *com. dépt. Lot, arr. Figeac* : 94.
Fenayrols, *plusieurs lieux portant ce toponyme, nous n'avons pu l'identifier avec précision* : 29.
Feneyroles, *dépt. Cantal, arr. Aurillac, cant. arpajon / Cère, com. Labrousse* : 15, 410.
Figeac, *com. dépt. Lot, chef-lieu d'arr.* : 12, 14, 19, 20, 21, 26, 28, 29, 30, 31, 35, 53, 54, 55, 56, 78, 79, 81, 91, 92, 94, 102, 106, 110, 126, 143, 145, 146, 148, 153, 154, 156, 159, 162, 173, 176, 182, 188, 195, 196, 197, 198, 199, 200, 202, 204, 206, 208, 213, 215, 216, 217, 219, 220, 224, 227, 228, 229, 231, 249, 258, 271, 272, 275, 276, 277, 288, 303, 362, 366, 371, 373, 381, 386, 404, 405, 406, 410, 412, 415, 416, 417, 419.
Flandre : 10, 93, 195.
Florence, *Firenze en italien*, *Italie, région de Toscane, chef-lieu de province* : 27, 379.
Fons, *com. dépt. Lot, arr. Figeac* : 20, 52, 53, 77, 78, 80, 88, 91, 145, 146, 148, 159, 162, 172, 176, 179, 198, 199, 202, 204, 214, 217, 220, 249, 276, 290, 317, 340, 374.
Frayssinet, *com. dépt. Lot, arr. Gourdon* : 82, 88, 340.
Frayssinet-le-Gélat, *com. dépt. Lot, arr. Cahors* : 224.
Fumel, *com. dépt. Lot-et-Garonne, arr. Villeneuve / Lot* : 212.

Gaillac, *com. Cajarc* : 61, 66.
Galessie, *dépt. Lot, arr. Cahors, cant. Cahors Sud, com. Arcambal* : 172, 216.
Gascogne : 209, 268, 384.
Gévaudan : 220.
Gibraltar, *territoire du Royaume-Uni situé au sud de la péninsule espagnole* : 10.
Gindou, *com. dépt. Lot, arr. Cahors* : 81.
Goujounac, *com. dépt. Lot, arr. Cahors* : 71, 88, 202.
Gourdon, *com. dépt. Lot, chef-lieu d'arr.* : 13, 14, 19, 20, 26, 29, 31, 32, 33, 35, 53, 55, 58, 61, 63, 65, 66, 68, 71, 73, 82, 84, 85, 87, 88, 90, 92, 93, 102, 104, 106, 108, 110, 111, 114, 115, 117, 118, 119, 121, 122, 123, 124, 125, 126, 128, 130, 131, 136, 143, 145, 146, 149, 150, 154, 155, 156, 158, 161, 162, 164, 166, 168, 173, 174, 176, 177, 178, 181, 182, 183, 184, 186, 190, 193, 195, 196, 197, 198, 199, 200, 203, 204, 208, 209, 212, 219, 223, 224, 230, 237, 239, 241, 243, 245, 248, 249, 251, 252, 256, 257, 258, 259, 260, 263, 265, 267, 268, 270, 271, 272, 274, 277, 278, 279, 281, 283, 284, 285, 286, 287, 291, 292, 293, 295, 296, 297, 299, 301, 302, 303, 304, 305, 306, 308, 309, 310, 317, 319, 320, 321, 325, 329, 330, 332, 334, 335, 336, 337, 339, 340, 342, 343, 362, 363, 364, 365, 366, 368, 369, 371, 373, 374, 375, 376, 377, 379, 384, 386, 387, 388, 389, 390, 391, 392, 393, 395, 396, 397, 399, 401, 402, 403, 404, 409, 410, 411, 412, 413, 415.
Gramat, *com. dépt. Lot, arr. Gourdon* : 20, 80, 91, 145, 146, 149, 173, 193, 213, 249, 317.

Gréalou, *com. dépt. Lot, arr. Figeac* : 78, 81, 82, 88, 94, 159, 216, 268, 335.
Guyenne : 86, 98, 190, 212, 229, 260, 264, 267.

Italie : 56.

Junies (Les), *com. dépt. Lot, arr. Cahors* : 197, 244 ; carte 24.

La Garénie, *com. Le Bourg* : 61, 187.
La Réole, *com. dépt. Gironde, arr. Langon* : 369.
Labastide-Fortanière, auj. Labastide-Murat, *com. dépt. Lot, arr. Gourdon* : 19, 52, 55, 70, 72, 80, 88, 201, 203, 333.
Laboufie, *dépt. Tarn-et-Garonne, arr. castesarrazin, com. Bourg-de-Visa* : 81.
Lacapelle, *com. Cahors* : 306.
Lacapelle-Balaguier, *dépt. Aveyron, arr. Villefranche-de-Rouergue, cant. Villeneuve, com. Ambeyrac* : 268.
Lacapelle-Marival, *com. dépt. Lot, arr. Figeac* : 14, 80, 222.
Lalbenque, *com. dépt. Lot, arr. Cahors* : 63, 77, 88, 148.
Lalinde, *com. dépt. Dordogne, arr. Bergerac* : 56.
Lamothe-Fénélon, *com. dépt. Lot, arr. Gourdon* : 170, 172.
Languedoc : 32, 88, 95, 117, 190, 197, 207, 209, 211, 221, 259, 260, 271, 280, 281, 406.
Lantis, *com. Dégagnac* : 229.
Larnagol, *com. dépt. Lot, arr. Figeac* : 204, 218, 275, 276.
Laroque-des-Arcs, *com. dépt. Lot, arr. Cahors* : 88.
Larroque-Toirac, *com. dépt. Lot, arr. Figeac* : 81, 222, 362.
Lauzerte, *com. dépt. Tarn-et-Garonne, arr. Castelsarrasin* : 156, 195, 333.
Lauzès, *com. dépt. Lot, arr. Cahors* : 20.
Lavaur, *com. dépt. Tarn, arr. Castres* : 198.
Lavaur, *com. dépt. Dordogne, arr. Sarlat-la-Canéda* : 95, 227.
Lavercantière, *com. dépt. Lot, arr. Gourdon* : 20.
Le Bourg, *com. dépt. Lot, arr. Figeac* : 222.
Lherm, *com. dépt. Lot, arr. Cahors* : 332.
Libourne, *com. dépt. Gironde, chef-lieu d'arr.* : 264, 265.
Lieucamp, *com. Capdenac* : 29, 258.
Limoges, *com. dépt. Haute-Vienne, chef-lieu* : 195.
Limousin : 62, 88, 91, 198, 211, 215, 223, 248, 416.
Livinhac-le-Haut, *com. dépt. Aveyron, arr. Villefranche-de-Rouergue* : 91.
Livinhac-le-Bas, *com. Capdenac-Gare* : 30.
Londres, *capitale du Royaume-Uni* : 17, 90, 195, 209.
Lorraine : 23.
Lostanges, *com. dept. Corrèze, arr. Brive-la-Gaillarde* : 219, 266, 340.
Lot, *rivière traversant le département du Lot, affluent de la Garonne* : 21, 26, 27, 30, 32, 65, 77, 80, 86, 102, 104, 135, 181, 196, 204, 213, 249, 250, 257, 267, 275, 300, 303, 376, 377, 383.
Loubressac, *com. dépt. Lot, arr. Figeac* : 63, 81.
Louménat, *com. Gourdon* : 32.
Loupiac, *com. dépt. Lot, arr. Gourdon* : 317, 387.
Lunan, *com. dépt. Lot, arr. Figeac* : 30.
Luzech, *com. dépt. Lot, arr. Cahors* : 20, 282, 283.

Malemort / Corrèze, *com. dépt. Corrèze, arr. Brive-la-Gaillarde* : 170.
Manche, *mer* : 55, 72, 93.
Manosque, *com. dépt. Alpes-de-Haute-Provence, arr. Forcaltier* : 18, 43, 123, 442.
Marche (la), *comté de* : 446.
Marcigaliet (forêt de), *située sur les com. de Promilhanes et Beauregard* : 63, 201.
Marcilhac / Célé, *com. dépt. Lot, arr. Figeac* : 78, 176, 201, 202, 276, 333.
Marminiac, *com. dépt. Lot, arr. Cahors* : 88, 95, 227.
Marseille, *com. dépt. Bouches-du-Rhône, chef-lieu* : 11, 23, 38, 40, 41, 44, 47, 114, 131, 442.
Martel, *com. dépt. Lot, arr. Gourdon* : 13, 19, 20, 21, 26, 33, 35, 53, 55, 57, 58, 60, 61, 65, 67, 68, 73, 78, 79, 81, 82, 83, 84, 86, 87, 92, 93, 102, 104, 106, 107, 108, 111, 113, 114, 115, 117, 118, 119, 121, 122, 123, 124, 125, 126, 130, 133, 134, 137, 145, 149, 154, 156, 157, 160, 163, 165, 166, 171, 172, 173, 179, 181, 182, 185, 186, 191, 195, 197, 198, 199, 200, 202, 207, 208, 209, 216, 218, 219, 242, 243, 245, 248, 249, 251, 253, 254, 255, 256, 257, 258, 259, 263, 264, 265, 266, 267, 268, 271, 272, 273, 274, 277, 279, 280, 281, 282, 283, 284, 285, 287, 291, 292, 293, 295, 296, 297, 298, 299, 300, 301, 302, 303, 304, 305, 306, 307, 308, 309, 310, 311, 316, 317, 319,

320, 321, 322, 323, 325, 326, 328, 329, 334, 335, 336, 339, 340, 341, 345, 346, 347, 348, 354, 361, 362, 365, 367, 368, 369, 370, 371, 374, 377, 378, 379, 384, 386, 387, 389, 391, 393, 395, 401, 402, 403, 404, 405, 406, 409, 410, 411, 412, 413, 415.
Martiel, *com. dépt. Aveyron, arr. Villefranche-de-Rouergue* : 404, 405.
Marvejols, *com. dépt. Lozère, arr. Mende* : 228.
Masclat, *com. dépt. Lot, arr. Gourdon* : 81, 85, 182, 197, 290, 339, 340.
Massif central : 19, 23.
Maurs, *com. dépt. Cantal, arr. Aurillac* : 91.
Maynada (La), auj. Maynades, *com. dépt. Lot., arr. Gourdon, com. Baladou* : 163, 218, 273.
Mercuès, *com. dépt. Lot, arr. Cahors* : 96, 179, 182, 193, 229, 338.
Meyrargues, *com. dépt. Bouches-du-Rhône, arr. Aix-en-Pce* : 54.
Meyronne, *com. dépt. Lot, arr. Gourdon* : 87.
Milhac, *com. dépt. Lot, arr. Gourdon* : 183.
Millau, *com. dépt. Aveyron, chef-lieu d'arr.* : 344, 385, 399.
Moissac, *com. dépt. Tarn-et-Garonne, arr. Castelsarrasin* : 195, 206, 216.
Moissaguet, auj. Moissaguel (château de), *dépt. Tarn-et-Garonne, arr. Castelsarrasin, com. Touffailles* : 80, 95.
Moncontour, *com. dépt. Côtes-d'Armor, arr. Saint-Brieuc* : 344.
Mondenard, *dépt. Tarn-et-Garonne, arr. Castelsarrasin, com. Cazes-Mondenard* : 179.
Monpazier, *com. dépt. Dordogne, arr. Bergerac, chef-lieu de cant.* : 155, 290.
Montaigu-de-Quercy, *com. dépt. Tarn-et-Garonne, arr. Castelsarrasin* : 228.
Montat (Le), *com. dépt. Lot, arr. Cahors* : 195.
Montauban, *com. dépt. Tarn-et-Garonne, chef-lieu* : 21, 195, 197, 248, 397, 423.
Montbrun, *com. dépt. Lot, arr. Figeac* : 203, 218, 222.
Montcuq, *com. dépt. Lot, arr. Cahors* : 79, 80, 87, 155, 157, 207, 214, 259, 291, 374.
Montégrier, auj. Montagrier, *com. dépt. Dordogne, arr. Périgueux* : 148.
Montfaucon, *com. dépt. Lot, arr. Gourdon* : 19, 80, 97, 197, 206, 229.
Montgesty, *com. dépt. Lot, arr. Cahors* : 373.
Montignac, *com. dépt. Dordogne, arr. Sarlat-la-Canéda* : 195.
Montignac, *com. Martel* : 306.
Montpellier, *com. dépt. Hérault, chef-lieu* : 41, 47, 114, 123, 195, 209, 372, 443.
Montpezat-de-Quercy, *com. dépt. Tarn-et-Garonne, arr. Montauban* : 198, 206.
Montréal, *com. dépt. Gers, arr. Condom* : 88, 196.
Montvalent, *com. dépt. Lot, arr. Gourdon* : 33, 64, 67, 80, 84, 168, 169, 170.
Mont-Ventadour (château du), *dépt. Corrèze, arr. Tulle, com. Moustier-Ventadour* : 223.
Mortaigne, auj. Mortagne / Gironde, *com. dépt. Charente-Maritime, arr. Saintes* : 71, 174.
Murat, *dépt. Lot, arr. Gourdon, cant. Martel, com. Cazillac* : 181.

Nadaillac, *dépt. Lot, arr. et cant. Gourdon, com. Payrignac* : 32, 71, 73, 80, 82, 87, 158, 164, 166, 170, 172, 192, 197, 202, 205, 208, 216, 259, 272, 292.
Namur, *Belgique, région wallone, chef-lieu de province* : 18.
Nantes, *com. dépt. Loire-Atlantique, chef-lieu* : 344.
Narbonne, *com. dépt. Aude, chef-lieu d'arr.* : 37, 39, 44, 114.
Nespouls, *com. dépt. Corrèze, arr. Brive-la-Gaillarde* : 354.
Niaudou, *dépt. Lot, arr. Cahors, com. Prayssac* : 81.
Nîmes, *com. dépt. Gard, chef-lieu* : 37, 114, 296.
Normandie : 11, 86, 87, 209.
Northumberland, *province d'Angleterre* : 70.
Nougayrac, *dépt. Lot, arr. Figeac, com. Saint-Martin-Labouval* : 275.

Palaret, *com. Le Bourg* : 65, 168, 220.
Paris, *capitale de la France* : 17, 40, 86, 106, 118, 195, 197, 209, 223, 264, 265, 271, 275, 345, 393, 394, 418.
Payrac, *com. dépt. Lot, arr. Gourdon* : 20, 81, 201.
Péchaurié (château de), *com. Lherm* : 227.
Pelvezy (château de), *dépt. Dordogne, arr. Sarlat-la-Canéda, com. Salignac-Eyvigues* : 272.
Penne-d'Agenais, *com. dépt. Lot-et-Garonne, arr. Villeneuve-sur-Lot* : 213.
Périgord : 79, 88, 95, 96, 97, 98, 155, 156, 174, 176, 187, 189, 198, 208, 211, 215, 227, 231, 274, 362, 384, 406.
Périgueux, *com. dépt. Dordogne, chef-lieu d'arr.* : 21, 148, 195.
Pertuis, *château en Provence* : 54, 84.
Pestillac, *dépt. Lot, arr. Cahors, cant. Puy-l'Evêque, com. Montcabier* : 20.
Peyres, *com. Le Vigan* : 163.
Peyrilles, *com. dépt. Lot, arr. Gourdon* : 20, 193.

Pinsac, *com. dépt. Lot. Arr. Gourdon* : 57, 60, 93, 222.
Poitiers, *com. dépt. Vienne, chef-lieu* : 41, 70, 73, 88, 90, 119, 151, 208, 218, 237, 242, 259, 337, 422, 444, 470.
Poitou : 18, 295.
Pontcirq, *com. dépt. Lot, arr. Cahors* : 179, 332, 373.
Ponthieu : 59, 66.
Promilhanes, *com. dépt. Lot, arr. Figeac* : 362.
Provins, *com. dépt. Seine-et-Marne, chef-lieu d'arr.* : 17.
Puycalvel, *dépt. Lot, arr. Gourdon, com. Lamothe-Cassel* : 229.
Puy-l'Evêque, *com. dépt. Lot. Arr. Cahors* : 14, 20, 88, 102, 148, 213, 227, 229.
Puylagarde, *com. dépt. Tarn-et-Garonne, arr. Montauban* : 78, 84, 266, 268, 355.

Quimper, *com. dépt. Finistère, chef-lieu d'arr.* : 418.

Rennes, *com. dépt. Ille-et-Vilaine, chef-lieu* : 59, 344.
Ribeauvillé, *com. dépt. Haut-Rhin, chef-lieu d'arr.* : 128.
Rignac, *com. dépt. Lot, arr. Gourdon* : 273.
Riom, *com. dépt. Puy-de-Dome, chef-lieu d'arr.* : 48, 225, 405.
Rocamadour, *com. dépt. Lot, arr. Gourdon* : 19, 20, 80, 145, 146, 156, 173, 197, 198, 213, 249, 272, 278, 337.
Roc-de-Rouge, auj. **Le Roc**, *com. dépt. Lot, arr. Gourdon* : 183.
Roc-de-Sanson, *château en Provence* : 54.
Rochelle (La), *com. dépt. Charente-Maritime, chef-lieu* : 275.
Rodez, *com. dépt. Aveyron, chef-lieu* : 166, 193, 195, 367, 416.
Rome, *capitale de l'Italie* : 195.
Roquecor, *com. dépt. Tarn-et-Garonne, arr. Castelsarrasin* : 79.
Roquefur, *château en Provence* : 54.
Roquemartine, *dépt. Bouches-du-Rhône, arr. Arles, com. Eyguières* : 54.
Roquemeyrine, *com. Gourdon* : 306.
Rosheim, *com. dépt. Bas-Rhin, arr. Molsheim* : 128.
Rouergue : 12, 29, 54, 176, 196, 198, 199, 201, 202, 206, 213, 219, 221, 248, 365, 385, 416, 418.
Roussillon (château de), *dépt. Lot, arr. Cahors, com. Saint-Pierre-Lafeuille* : 88.

Saint-André, *comté de la Marche, localité que nous n'avons pu situer* : 182.
Saint-Antonin-Noble-Val, *com. dépt. Tarn-et-Garonne, arr. Montauban* : 198, 199.
Saint-Céré, *com. dépt. Lot, arr. Figeac* : 14, 80, 88, 91, 149, 223.
Saint-Cernin, *com. dépt. Lot, arr. Cahors* : 91.
Saint-Chamarand, *com. dépt. Lot, arr. Gourdon* : 218.
Saint-Cirq-Bel-Arbre, *dépt. Lot, arr. Gourdon, com. Saint-Cirq-Souillaguet* : 183, 193.
Saint-Cirq-Lapopie, *com. dépt. Lot, arr. Cahors* : 20, 80, 149, 224.
Saint-Flour, *com. dépt. Cantal, chef-lieu d'arr.* : 237, 410.
Saint-Germain-du-Bel-Air, *com. dépt. Lot, arr. Gourdon* : 62.
Saint-Omer, *com. dépt. Pas-de-Calais, chef-lieu d'arr.* : 63.
Saintonge : 265.
Saint-Martin-de-Vers, *com. dépt. Lot, arr. Cahors* : 91, 201.
Saint-Projet, *com. dépt. Tarn-et-Garonne, arr. Montauban* : 266, 268.
Saint-Sauveur-le-Vicomte, *com. dépt. Manche, arr. Cherbourg-Octeville* : 59.
Saint-Sozy, *com. dépt. Lot, arr. Gourdon* : 354.
Saint-Sulpice, *com. dépt. Lot, arr. Figeac* : 276, 333.
Saint-Vaast-La-Hougue, *com. dépt. Manche, arr. Cherbourg-Octeville* : 86.
Salvagnac-Cajarc, *com. dépt. Aveyron, arr. Villefranche-de-Rouergue* : 182, 217.
Salvezou, *com. Catus* : 193, 373.
Salviac, *com. dépt. Lot., arr. Gourdon* : 20, 56, 62, 79, 80, 91, 149, 186, 197, 206, 218, 225.
Sarlat-la-Canéda, *com. dépt. Dordogne, chef-lieu d'arr.* : 195, 196, 197, 198, 267, 272, 384, 386, 405.
Sarrazac, *com. dépt. Lot, arr. Gourdon* : 81, 168, 170, 362.
Ségala (*pays naturel*) : 21.
Semberot, *dépt. Lot, arr. Figeac, com. Saint-Chels* : 269.
Sénaillac-Lauzès, *com. dépt. Lot, arr. Cahors* : 77, 92, 176, 177, 179, 191.
Sicile, *région d'Italie* : 11.
Sonnac, *com. dépt. Aveyron, arr. Villefranche-de-Rouergue* : 29, 110, 258.
Sorp (Le), auj. **Le Sorpt** : *dépt. Corrèze, arr. Brive-la-Gaillarde, com Chasteaux* : 57, 60, 93, 222.
Soucirac, *com. dépt. Lot, arr. Gourdon* : 88, 387.

Souillac, *com. dépt. Lot, arr. Gourdon* : 14, 20, 63, 80, 88, 148, 156, 158, 160, 181, 195, 216, 217, 249, 267, 272, 278, 279, 340, 362.

Tarascon, *com. dépt. Bouches-du-Rhône, arr. Arles* : 43, 114, 197, 220, 229, 237, 242, 278, 281, 284, 285, 299, 310, 334, 344, 373, 388, 399, 445.
Thédirac, *com. dépt. Lot, arr. Gourdon* : 373.
Thégra, *com. dépt. Lot, arr. Gourdon* : 179.
Toulouse, *com. dépt. Haute-Garonne, chef-lieu* : 11, 12, 14, 18, 23, 34, 37, 38, 39, 40, 41, 42, 43, 44, 45, 46, 47, 48, 93, 108, 114, 136, 139, 145, 153, 154, 179, 187, 195, 206, 209, 213, 221, 224, 237, 260, 264, 265, 271, 275, 344, 365, 372, 423, 445, 456.
Touraine : 88.
Tournay, auj. Tournai, *com. Belgique, région wallone, province de Hainaut* : 63.
Tours, *com. dépt. Indre-et-Loire, chef-lieu* : 18, 410.
Troyes, *com. dépt. Aube, chef-lieu* : 338.
Tulle, *com. dépt. Corrèze, chef-lieu* : 79, 156, 179.
Turenne, *com. dépt. Corrèze, arr. Brive-la-Gaillarde* : 273.

Uzech, *com. dépt. Lot, arr. Gourdon* : 193.
Uzerche, *com. dépt. Corrèze, arr. Tulle* : 215.

Vaillac, *com. dépt. Lot, arr. Gourdon* : 91.
Valence, Valencia en castillan, *Espagne, chef-lieu de la province de Valence* : 399.
Varaire, *com. dépt. Lot, arr. Figeac* : 362.
Vatican (cité du), *Rome, Italie* : 415.
Velay : 221.
Vénarsal, *com. dépt. Corrèze, arr. Brive-la-Gaillarde* : 413.
Verdier (tour du), *com. Cajarc* : 163.
Verfeil, *com. dépt. Haute-Garonne, arr. Toulouse* : 198.
Vernet-le-Haut, *dépt. Aveyron, arr. Villefranche-de-Rouergue, com. Asprières* : 29, 110, 258.
Verneuil, *com. dépt. Eure, arr. Evreux* : 338.
Vers, *rivière, affluent du Lot* : 216, 227.
Vers, *com. dépt. Lot, arr. Cahors* : 172, 178, 180, 181, 183, 219, 248, 355.
Vézère, *rivière, affluent de la Dordogne* : 249.
Vigan (Le), *com. dépt. Lot, arr. Gourdon* : 155, 156.
Villefranche-de-Rouergue, *com. dépt. Aveyron, chef-lieu d'arr.* : 54, 181, 196, 198, 199, 201, 202, 206, 227, 276, 365, 371, 385.
Villefranche-du-Périgord, *com. dépt. Dordogne, arr. Sarlat-la-Canéda* : 95, 158, 362.
Villeneuve, *com. dépt. Aveyron, arr. Villefranche-de-Rouergue* : 17, 54, 198, 199, 201, 202, 211, 362, 371, 385.
Vitrolles, *com. dept. Bouches-du-Rhône, arr. Istres* : 54, 84.

Index des noms de personnes

Abzac (d'), Bertrandon, *capitaine anglo-gascon* : 174.
Abzac (d'), Jean, *capitaine anglo-gascon* : 174.
Acquin, saint Thomas : 242, 339.
Agulhie, Guilhem, *habitant de Martel* : 162, 271.
Albret (d'), Bertrucat, *capitaine anglo-gascon* : 31, 56, 57, 60, 61, 62, 65, 68, 73, 78, 79, 85, 90, 148, 165, 168, 169, 208, 215, 230, 260
Algay, *capitaine anglo-gascon* : 64, 150, 165, 169.
Andenos, Guilhem, *habitant de Gourdon* : 290.
Andrio, B., *habitant de Cajarc* : 363.
Andrio, Huc, *habitant de Cajarc* : 363.
Angelbert, Guilhem, *juriste de Cajarc* : 378.
Anjou (d'), duc : 26, 32, 130, 179, 213, 218, 219, 220.
Anterac (d'), Anton, *capitaine au service du roi de France* : 177.
Arc (d'), Jeanne : 337, 338.
Argenton (d'), Geoffroy, *homme d'armes* : 52, 70.
Armagnac (d'), Bertrand, dit le bâtard : 176.
Armagnac (d'), comtes : 30, 31, 32, 94, 177, 179, 190, 197, 207, 208, 209, 216, 219, 221, 223, 225, 226, 227, 230, 260, 264, 281, 282, 283.
Armagnac (d'), Jean III, *comte d'Armagnac* : 221.
Armagnac (d'), Jean IV, *comte d'Armagnac* : 230, 281.
Armagnac, parti : 95, 338.
Arpajon (d'), Guillaume, *évêque de Cahors* : 227.
Auriole (d'), *famille de Cahors* : 423.
Aurnhac (d'), Botoya, *habitante de Cajarc* : 378.
Averro (de), Pons, *routier quercinois* : 73.

B., B., *habitant de Cajarc* : 363.
Bageran (de), Naudon, *capitaine anglo-gascon* : 62.
Balaguier (de), Guisbert, *seigneur de Salvagnac* : 230.
Balaguier (de), le Bordat, *homme d'armes quercinois* : 292.
Bar (de), Nicolas, *médecin à Cahors* : 404.
Barbe, Noli ou Nolot, *capitaine anglo-gascon* : 30, 56, 57, 60, 61, 65, 66, 73, 83, 85, 93, 165, 166, 167, 168, 182, 222, 223.
Barrau, Peyre, *capitaine de Martel* : 281.
Badefols (de), Seguin, *capitaine mercenaire* : 65.
Baume, Le Galois de la, *officier du roi de France* : 207, 406.
Béarnais (le), Perrot, *capitaine mercenaire* : 93.
Beauchamp (de), Jean, *capitaine anglais de Calais* : 69, 70, 71.
Beaumanoir, *juriste français* : 253.
Belet, Johan, *habitant de Gourdon* : 364.
Belfort (de), Ratier, *seigneur quercinois* : 91, 176, 212, 219.
Belmon (de), Estol, *habitant de Capdenac* : 29.
Bernoy, Bertrand, *habitant de Gourdon* : 290.
Berry (de), duc : 223, 225, 260.
Bertrand, *prieur de St-Martin-des-Champs* : 28.
Bessa (de), Aymar, *capitaine de Martel* : 280, 282.
Bessa, B., *habitant de Cajarc* : 180.
Bessac (de), Matio, *habitant de Cajarc* : 265.
Bessanat (de), Bertrand, *capitaine anglo-gascon* : 84.
Blaisy (de), Jean : 223.
Bodo, Ramon, *habitant de Cajarc* : 378.
Boissières (de), Bernard, *seigneur quercinois* : 62.
Bolingbroke, Henri, *voir Henri IV, roi d'Angleterre.*

Boni, Pierre, *habitant de Cahors* : 277.
Boria, Guilhem, *habitant de Gourdon* : 399.
Borma (de), Johan, *expert du consulat martelais* : 118, 346.
Boucher, Jean, *capitaine anglais* : 59.
Boucicaut, Jean II, *maréchal de France* : 95, 226.
Bourbon (de), Louis, *duc* : 79, 218, 219.
Bourguignon, parti : 95, 338.
Boychel, Guilhelma, *hospitalière de Gourdon* : 396.
Boychel, Guiral, *habitant de Gourdon* : 119.
Boycho, Johan, *habitant de Gourdon* : 119.
Bru, Bernat, *habitant de Cajarc* : 378, 379.
Bueil (de), Jean, *officier du roi de France* : 178, 180, 181, 219, 248.
Bur, Jean, habitant de Cahors : 23, 42.
Buxhill (de), Allan, *capitaine anglais* : 59.

Cahors, évêques de : 27, 28, 181, 227, 258.
Calveley (de), Hugues, *capitaine anglais* : 79.
Camus, le Bourg, *capitaine mercenaire* : 67, 73, 107.
Caors (de) (de Cahors), Aymar, *habitant de Martel* : 264.
Caors (de) (de Cahors), Johan, *maître en théologie, habitant de Martel* : 413.
Caors (de) (de Cahors), Peyre, *habitant de Martel* : 413.
Capdenac (de), Bertrand, *noble de Capdenac* : 29.
Captal de Buch, *fils bâtard de Jean de Grailly* : 95, 226.
Captal de Buch, Jean de Grailly, 52, 56.
Cardaillac (de), Bertrand, *évêque de Cahors* : 28.
Cardaillac (de), Marquès junior, *seigneur quercinois* : 27.
Cardaillac (de), Marquès, *seigneur quercinois* : 176, 177, 180, 181, 202, 203, 204, 217, 219, 220, 250, 275.
Cardaillac-Bioule, Hugues, *seigneur quercinois* : 218.
Cardalhac (de), G., *habitant de Cajarc* : 379.
Casnac (de), Bertrand, *expert au service du consulat martelais* : 346.
Cassafort, Peyre, *habitant de Martel* : 378, 407.
Cassinhac (de), Ramon, dit Bilhabau, *habitant de Martel* : 293, 294.
Castelnau (de), Bégon, *évêque de Cahors* : 258.
Caupene (de), Gaspard, *capitaine mercenaire* : 57.
Cayros (de), Rénal, 398.
Cayros (de), veuve de Rénal, *hospitalière de Gourdon* : 396.
Cazalis (de), Bertrand, *chevalier béarnais* : 282, 283.
Cazeton (de), Pierre, *juriste quercinois* : 292.
Cecomi, Aymar, *habitant de Gourdon* : 398.
Cecomi, femme d'Aymar : 396, 397.
Champagne (de), Le Bourg, *capitaine mercenaire* : 62.
Chandos, Jean, *grand capitaine anglais* : 55, 91, 131, 136, 140, 143, 145, 146, 150, 211, 214, 218, 385.
Charles V, *roi de France* : 11, 21, 56, 58, 59, 90, 92, 93, 164, 189, 208, 209, 213, 214, 215, 217, 218, 220, 228, 231, 338, 421, 423.
Charles VI, *roi de France* : 31, 58, 93, 94, 95, 190, 222, 223, 224, 227, 231, 258, 338, 423.
Charles VII, *roi de France* : 11, 31, 58, 97, 190, 227, 228, 229, 230, 258.

Charles VIII, *roi de France* : 423.
Charny (de), Geoffroy, *homme d'armes* : 63.
Chaumont (de), Bernard, *habitant de Périgueux* : 148.
Coina, Godaffre, *habitant de Cajarc* : 372.
Colhot, *routier anglo-gascon* : 66.
Conduchier, J., *habitant de Cajarc* : 86.
Conduchier, R. *habitant de Cajarc* : 379, 407.
Cornavi, Peyre, *habitant de Cajarc* : 378, 379.
Corsac (de), Le Bourg, *homme d'armes* : 203.
Curton (de), sire, *homme d'armes* : 52.

Da Frécoina, Johan, *habitant de Cajarc* : 370.
Da Marial, Peyre, *habitant de Nespouls* : 354.
Dabelha, Aymeric, *habitant de Cajarc* : 378.
Dalborc, la dona, *habitante de Cajarc* : 378.
Dalbosc, P., *habitant de Cajarc* : 378.
Daneble, G., *habitant de Martel* : 185.
Daralbert, Ramonda, *hospitalière de Cahors* : 396.
David, Jaiohana, *hospitalière de Cahors* : 396.
Del Barri, Aymeric, *habitant de Cajarc* : 369.
Del Forn, Bernat, *habitant de Gourdon* : 290.
Del Mespolet, Bernat, *habitant de Gourdon* : 290.
Del Moli, Bertranda, *habitante de Gourdon* : 398.
Del Riu, Aymar, *habitant de Martel* : 265.
Del Sort, Ramonet, *capitaine anglo-gascon* : 32, 33, 62, 84, 223, 230.
Delbles, Bertholmio, *habitant de Cajarc* :
Delborc, G., *habitant de Cajarc* : 405.
Delforn, P., *habitant de Martel* : 186, 306.
Delherm, Pons, *docteur en droit, de Cahors* : 111, 254, 398.
Dellac, Arnal le vieux, *habitant de Cajarc* : 180.
Delmas, Guiral, *habitant de Cajarc* : 308.
Delpeyret, Aymeric, *habitant de Martel* : 279.
Delport, Huc, *habitant de Cajarc* : 378.
Dels Clauzels, Durand, *habitant de Villeneuve (Aveyron)*: 385.
Delsol, Bertrand, *habitant de Cajarc* : 378.
Derby (de), duc : 86, 107, 295, 332.
Des Cayros, Rénal, *habitant de Gourdon* :
Descros, Guiral, *habitant de Gourdon* : 192.
Doat, Bernard, *capitaine anglo-gascon* : 60, 61, 64, 68, 85, 93, 150, 168.
Domme (de), Guisbert, *capitaine au service du roi de France* : 162, 208.
Domme (de), Ramon, *habitant de Gourdon* : 340.
Douglas, William, *capitaine anglais* : 70.
Dulphe, Guichard, *sénéchal de Quercy* : 224.
Durfort-Duras, *homme d'armes anglo-gascon* : 93.

Ebrat, Guiscart, *habitant de Gourdon* : 119.
Edouard Ier, *roi d'Angleterre* : 211.
Edouard III, *roi d'Angleterre* : 10, 56, 58, 59, 60, 65, 70, 72, 73, 81, 85, 86, 87, 90, 92, 97, 98, 99, 145, 191, 208, 209, 210, 211, 212, 213.
Espagne (d'), Arnaud, *sénéchal de Périgord et de Quercy* : 207.

Faure, fille de Guilhem, *hospitalière de Cahors* : 396.
Faure, Peyre, *habitant de Martel* : 279, 346.
Faure, Rigal, *habitant de Martel* : 379.
Forto, *habitant de Gourdon* : 395.
France (de), Isabelle, *fille de Charles VI* : 94.

François Ier, *roi de France* : 423.
Freiac (de), Ramonda, *hospitalière de Gourdon* : 396.

Galard (de), Perrot, *capitaine mercenaire* : 82.
Galhac (de), B., *habitant de Cajarc* : 405.
Galhac (de), Gaillard, *sergent consulaire de Cajarc* : 334.
Galles (de), Edouard, *prince, dit le Prince Noir* : 28, 32, 56, 59, 62, 79, 87, 88, 91, 92, 97, 98, 117, 145, 212, 213, 259, 303.
Garabuo, *habitant de Gourdon* : 340.
Gari, P., *habitant de Cajarc* : 370, 378, 1379.
Gervazi, Bernat, *habitant de Montauban* : 397.
Gombert, Gari, *habitant de Cajarc* : 378.
Gontaut (de), Pierre, *capitaine anglo-gascon* : 88, 165, 216, 259.
Gourdon (de), Pons, *seigneur de Peyrilles* : 397.
Grailly (de), Archambaud, *capitaine mercenaire* : 56.
Granson (de), Thomas, *capitaine anglais* : 59.
Gray, William, *capitaine anglais* : 70.
Gresby, William, *homme d'armes anglais* : 52.
Guesclin (du), Bertrand, *grand capitaine français* : 58, 69, 92, 177, 178, 218.
Guibert, Ponset, *habitant de Martel* : 265.
Guisbert, Aymar, *capitaine de Martel* : 287.
Guisbert, Ramon, *habitant de Martel* : 378.
Guiscard (de), Bernard, *homme d'armes* : 218.
Guitarda, Ramonda, *habitante de Cajarc* : 307.

Henri IV, *roi d'Angleterre* : 95.
Henri V, *roi d'Angleterre* : 95, 96, 338.
Henri VI, *roi d'Angleterre* : 229.
Herle (de), Robert, *capitaine anglais de Calais* : 65, 69.
Hugo, *habitant de Martel* : 412.

Jani, *clerc du capitaine Bernard Doat* : 68.
Jaulin (de), Géraud, *sénéchal de Périgord et de Quercy* : 209, 211.
Jean (de), Benoît, *seigneur quercinois* : 62.
Jean (de), Philippe, *seigneur quercinois* : 62, 332, 374.
Jean II, dit le Bon, *roi de France* : 33, 58, 70, 73, 87, 88, 90, 208, 209, 211, 220, 227, 259, 291, 422.
Jean XXII, *pape* : 129.
Jourdain de l'Isle, *capitaine du roi de France* :

Knolles, Robert, *capitaine anglais* : 59,

La Bana, Guilhem, *habitant de Gourdon* : 192.
La Cajarquia (de), Bertranda, *habitante de Cajarc* : 379.
La Cepeda, Esteve, *habitant de Martel* : 377.
La Garriga, Peyre, *habitant de Gourdon* : 363.
La Olmiera, G., *habitant de Gourdon* : 341.
La Pesa, Guilhem, *habitant de Gourdon* : 378.
La Ricardia (de), Guilhelma, *hospitalière de Cahors* : 396.
La Salle (de), Bernard, *capitaine mercenaire* : 30, 31, 56, 78, 79, 148, 215, 230, 276.
La Sudria, Bernat, *habitant de Gourdon* : 387.
La Vaichaque, G., *habitant de Martel* : 268.
Lacalmeta, Guilhem, *habitant de Cajarc* : 333.
Lacasanha, Guilhem, *habitant de Saint-Sozy* : 354.
Lacosta, Peyre, *habitant de Martel* : 118, 418.
Laffita (de), Arnauto, *capitaine anglo-gascon* : 66, 70, 84, 183.
Lagarda, Guilhem, *habitant de Martel* : 352.
Lagirardia, Esteve, *habitant de Martel* : 412.

Lagreza, G., *habitant de Cajarc* : 363.
Lancastre (de), Jean de Gand, *duc* : 88, 92, 93, 177, 179, 218, 265, 268.
Lancastre (de), *famille royale d'Angleterre* : 98, 190.
Langlada, B., *barbier de Martel* : 405, 410, 412.
Langles, Johan, *habitant de Martel* : 292.
Lastroa, Guilhelma, *hospitalière de Gourdon* : 396.
Lauzeral (de), Vidal, *habitant de Cajarc* : 379.
La Varde (de), sire, *homme d'armes* : 52.
Lavernha, *habitant de Martel* : 413.
Laygua, G., *habitant de Martel* : 192.
Laygua, Guilhelma, *hospitalière de Gourdon* : 396, 398.
Laygua, Guiral, *habitant de Gourdon* : 398.
Legnano, Jean, *juriste* : 336.
Lentillac (de), Dorde, *homme d'armes quercinois* : 218.
Lentillac (de), François, *noble quercinois* : 29.
Lescrop, Henri, *capitaine anglais de Calais* : 60, 65.
Lesparre (de), Le Bourg, *capitaine mercenaire* : 62.
Lespinassa, Guilhem, *habitant de Martel* : 264, 265.
Lestroa, Bernat, *habitant de Gourdon* : 412.
Lhaubart (de), les neveux de Bertrand : 134.
Lhufa, B., *habitant de Cajarc* : 334.
Lo Coc, Péri, *habitant de Gourdon* : 192.
Lo Malhie, Peyran, *capitaine anglo-gascon* : 61, 65, 84, 85, 168, 169, 182, 184, 192, 260.
Louis IX, *roi de France* :
Louis XII, *roi de France* : 423.
Louis XIV, *roi de France* : 423.
Luciana, Johan, *habitant de Cajarc* : 379.

Madilhac (de), Ramon, *habitant de Cajarc* : 379.
Malaterra (de), Pierre, *capitaine de Capdenac* : 283.
Malboycho (de), Esteve, *habitant de Martel* : 118.
Malboycho (de), Guilhem, *habitant de Martel* : 119, 254.
Malia, P., *commandeur de l'hôpital de Cajarc* : 405.
Mandirac (de), Guiral, *habitant de Gourdon* : 409.
Manha, Guilhem, *habitant de Gourdon* : 377, 379, 409.
Marbot, B., *habitant de Martel* : 186, 293.
Marcel, Etienne, *prévôt des marchands de Paris* : 90, 208.
Marchès, Aymerigot : *capitaine mercenaire* : 62, 223.
Marquesa, Bertranda, *hospitalière de Gourdon* : 396.
Marti, Peyre, *habitant de Martel* : 167.
Maynart, Guilhelma, *hospitalière de Gourdon* : 396.
Médici, Guillaume, *habitant de Peyrusse* : 29.
Médici, Raymond, *habitant de Peyrusse* : 29.
Melet (de), Gaillarde, *noble de Capdenac* : 29.
Mercier, Pons, *médecin à Martel et à Sarlat* : 404, 405.
Migo (de), Diode, *habitant de Gourdon* : 251.
Miquel, Guilhem, *habitant de Gourdon* : 290, 340.
Miquel, Guilhem, *habitant de Martel* : 346.
Molenier, Thomas, *habitant de Cajarc* : 268.
Monsac (de), le Bâtard ou le Bourg, *capitaine mercenaire* : 62, 70, 168, 203.
Montaudier, Arnal, *habitant de Cahors* : 413.
Morit, Pauco, *capitaine mercenaire* : 182.
Morlhon (de), Jean, *coseigneur de Capdenac* : 29.
Mornac, peyre, *habitant de Cahors* : 410.

Navarre (de), Charles, dit le Mauvais : 90, 280.
Nègré, G., *habitant de Gourdon* : 340.

Neville (de), Rauf, *homme d'armes anglais* : 70.
Noucaze (de), Jeanne, *noble de Capdenac* : 29.

Obazine (d'), Johan, *habitant de Martel* : 185.
Obrier, Guilhem, *habitant de Cajarc* : 378.

Peirier, Arnal, *habitant de Cajarc* : 378.
Peirier, B., *habitant de Cajarc* : 73, 378.
Peirier, Esteve, *habitant de Cajarc* : 379.
Pélegry, Bernart, *noble quercinois* : 202.
Pempeolh (de), Ramon, *habitant de Gourdon* : 186.
Pépin le Bref, roi des Francs : 31.
Percy (de), Henri, *homme d'armes anglais* : 70.
Pestillac (de), Bertrand, *noble quercinois* : 62, 332, 374.
Petit Meschin, *capitaine mercenaire* : 62.
Petit Peni, *routier, lieutenant à Belcastel* : 65.
Petit, Bernat, *habitant de Gourdon* : 363.
Pétro, *routier de la garnison de Corn* : 67.
Peyra-Mola (de), Guilhem, *maître maçon à Martel* : 346, 348.
Philippe IV le Bel, *roi de France* : 27, 211.
Philippe VI, *roi de France* : 21, 31, 58, 59, 86, 190, 211, 227, 258, 422.
Plantagenêt, *famille royale d'Angleterre* : 98, 189, 190, 208, 211, 278, 332, 383.
Poitiers (de), Alphonse, *comte de Toulouse* : 206, 209, 385.
Pons (de), Mage, *dame de Turenne* : 259.
Pons (de), Renaud V : 281.
Pons (de), *seigneurs* : 208, 272, 280.
Porchier, les enfants de Gui, *habitants de Martel* : 119, 254.
Pozals (de), Bernat, *habitant de Gourdon* : 399.

Radclyf (de), John, *sénéchal de Guyenne pour le roi d'Angleterre* : 229.
Ramoundou, *habitant de Cahors* : 290.
Rampoux (de), Brunet, *seigneur quercinois* : 62.
Rasials (de), Gisbert, *habitant de Martel* : 202.
Raymond VII, *comte de Toulouse* : 206.
Ribes (de), André, dit le bâtard d'Armagnac : 230.
Ricard de Genouillac, Galiot, *noble quercinois* : 423.
Ricard, *famille de Gourdon* : 423.
Ricard, Guilhem, *habitant de Gourdon* : 409.
Ricard, Pons, *seigneur de Ginouillac* : 281, 282, 283.
Richard II, *roi d'Angleterre* : 93, 94, 95, 223, 224, 225, 419.
Rigal, M^e, *chapelain de l'hôpital de Cajarc* : 405.
Roasan (de), sire, *homme d'armes* : 52.
Robert, Peyre, *habitant de Cajarc* : 363, 409.
Rocas, P. *habitant de Cajarc* : 334.
Rocas, Ramon, *habitant de Cajarc* : 378.
Rodet, Johan, *habitant de Martel* : 340.
Ros, Aymar, *juge-mage de Turenne* : 268.
Rosel, *clerc de la garnison anglaise de Balaguier-d'Olt* : 68.
Rotlan, *habitant de Martel* : 412, 413.
Rouvray (de), Jacques, *capitaine de Capdenac* : 29, 30, 231.
Rozie (de), Peyre, *habitant de Martel* : 118, 337.

Salviac (de), Johan, *habitant de Cajarc* : 385.
Sancerre (de), *maréchal* : 224.
Sanh-China (de), G., *habitant de Cajarc* : 378.
Sanh-China (de), Peyre. *habitant de Cajarc* : 368, 370.
Sanh-Clar (de), Bertrand, *habitant de Gourdon* : 387.

Singlie, Bernat, *habitant de Gourdon* : 377.
Solvielh, B., *habitant de Cajarc* : 378.

Thémines (de), Guilhem, *seigneur de Milhac* : 202, 291.
Thémines (de), *famille noble quercinoise* : 118.
Toelho, *habitant de Cajarc* : 268.
Tréfolh, *maître artilleur de Brive-la-Gaillarde* : 367.
Trépas, G., *habitant de Gourdon* : 251.
Turenne (de), Raymond : 54, 71, 84, 157, 168, 220.
Turenne (de), vicomtes : 33, 208, 217, 280, 365.

Ubaldis (de), Baldo, *juriste italien* : 336.
Ussel (d'), Aymar, *capitaine anglo-gascon* : 58, 62, 73, 82, 208, 267, 275, 277.
Uzech (d'), seigneur : 249.

Valensa, femme de Guilhem, *habitante de Cajarc* : 308.
Valois, *famille royale française* : 175, 176, 195, 211, 212, 218, 230.

Vassal, Guilhem, *noble quercinois* : 218, 281, 282, 283, 317.
Vassal, Johan, *capitaine mercenaire* : 92, 170, 185, 191, 374.
Vassal, Sicard, *habitant de Gourdon* : 285, 286.
Vayrols (de), Gaucelin, *archevêque de Toulouse* : 213.
Végèce : 16, 68, 76, 122, 126, 262.
Vidal, Gary, *habitant de Martel* : 119, 254.
Vidal, Guilhem, *habitant de Gourdon* : 287.
Viguier, Aymeriga, *habitante de Martel* : 28.
Viguier, Guilhem, habitant de Martel : 379.
Villandrado (de), Rodrigo, *capitaine mercenaire* : 62, 97, 178, 229.
Villemur (de), Jean : 179.
Vimoret (de), Guilhem, *habitant de Martel* : 185.
Vinagre, *habitant de Martel* : 192

Walkafera (de), Thomas, sénéchal anglais : 212.
Watt, Bernard, homme d'armes : 52.

Glossaire

Amas : rassemblement de plusieurs troupes plus ou moins autonomes pour former une seule armée ou un seul corps important.

Anglo-Gascon : une grande partie des hommes qui se battaient pour le roi d'Angleterre, les Gascons, le faisaient parce qu'il était leur seigneur en tant que duc d'Aquitaine ; ils composaient la plus grande partie des troupes qui se battirent en Quercy, aussi « anglo-gascon » est un adjectif ou un nom tout aussi valable qu'« anglais » pour les qualifier, même si ce dernier était le terme couramment utilisé par les Quercinois contemporains pour désigner tous les guerriers qui ne se battaient pas pour le roi de France.

Arbalète à tour : type d'arbalète équipé d'un moufle mécanique pour le rechargement.

Arbalète de 1 pied : arbalète simple se rechargeant à la main et équipée d'un étrier destiné à la maintenir avec un pied pendant le rechargement.

Barbecane : ouvrage de défense avancé protégeant les accès d'une porte.

Barre, *droit de* : péage levé à l'entrée d'une ville ou à l'entrée d'un pont.

Barri : terme occitan pour « faubourg ».

Bassinet : casque arrondi à visière métallique mobile.

Borie : importante exploitation agricole.

Bornac **(mise en)** : expression occitane ; mettre en « creux » un bâtiment, c'est-à-dire en ôter les planchers, les escaliers et autres éléments constitutifs intérieurs.

Brida : *voir Trébuchet*.

Brigantine : vêtement de guerre couvrant le torse, les hanches et souvent les bras. Elle était composée d'un pourpoint de peau ou de forte toile, rembourré de velours ou de forte étoffe, sur lequel était fixé des plaques de métal.

Chevauchée : raid militaire mené à cheval.

Citoyen : le terme citoyen a été employé dans cette étude suivant le même sens qui était le sien dans les villes quercinoises du XIVe siècle ; synonyme du mot habitant, il désignait une personne ayant son domicile et son activité principale installés en ville et étant suffisamment aisé pour payer des tailles ; les citoyens participaient au processus de désignation des membres du conseil consulaire.

Désembusquer : ce néologisme est issu de l'occitan *desemboscar*, qui signifie faire une reconnaissance pour déceler d'éventuelles embuscades.

Endenture : contrat de recrutement de troupe. L'acte était rédigé en deux exemplaires sur le même parchemin qui était ensuite déchiré, l'un des exemplaires étant gardé par le recruteur et l'autre par le recruté.

Espringale : arbalète de très grandes dimensions, équipée d'un gros moufle de réarmement, pouvant tirer des carreaux mesurant jusqu'à 5 mètres de long pour les plus grands modèles. Aussi appelée grande arbalète à tour. Voir fig. 44.

Ferme : système où le droit de percevoir certains impôts est délégués par l'autorité qui le détient à des particuliers moyennant une redevance.

Flanquement : dans le but d'empêcher un assaillant d'approcher ou d'escalader une muraille, flanquer consiste à appliquer des tirs rasants sur cette muraille.

Gachiel : il s'agit d'un terme d'occitan médiéval désignant une sorte d'échauguette charpentée et généralement placée en superstructure et en saillie sur une muraille, pour assurer les flanquements horizontaux.

Guisarme : arme de hast, constituée d'une longue hampe au bout de laquelle est placé un fer comprenant un tranchant long et recourbé, et une pointe droite d'estoc.

Habitant : *voir citoyen*.

Harnois : équipement militaire.

Haubergeon : sorte de tunique de maille métallique à manches et généralement à capuchon.

Hourds : galerie charpentée placée en superstructure sur une muraille ou une tour ; servait à assurer les flanquements verticaux. Voir fig. 32.

Leude : taxe payée par les étrangers qui viennent vendre des marchandises sur un marché ou une foire.

Mâchicoulis : encorbellement maçonné placé en haut d'une muraille ou d'une tour ; servait à assurer les flanquements verticaux. Voir fig. 33.

Majores : dans les conflits politiques qui émaillèrent la vie des consulats quercinois entre 1250 et 1345, il s'agissait du parti du consulat, alors aux mains des bourgeois les plus influents et aisés.

Mangonneau : pièce d'artillerie à balancier fonctionnant avec un contrepoids fixe. Ces engins pouvaient tirer des boulets de pierre pesant 100 kilogrammes à une distance de 160 mètres.

Mazel : terme occitan pour « boucherie » ; dans les villes quercinoises médiévales, il désignait l'endroit faisant fonction d'abattoir et de lieu de vente de la viande ; il pouvait aussi désigner le lieu de vente des poissons.

Minores : dans les conflits politiques qui émaillèrent la vie des consulats quercinois entre 1250 et 1345, il s'agissait du parti des contribuables privés de représentation municipale. Ceux-ci étaient souvent les plus modestes, mais certains bourgeois se trouvaient parmi eux.

Minorettes : en Quercy, nom donné aux Clarisses, sœurs franciscaines de l'ordre de Sainte-Claire d'Assise.

Pati : traité de paix temporaire conclu entre une ville, un village ou un seigneur, avec une ou plusieurs compagnies anglo-gasconnes. Voir chapitre III, 2, 22.

Populares : terme occitan ; voir *Minores*, mot équivalent..

Roussin : cheval entier de gros gabarit, plus gros qu'un cheval de selle actuel mais moins qu'un cheval de trait.

Souquet, *droit de* : taxe levée sur les marchandises vendues en ville.

Stratégie : partie de l'art militaire consistant à organiser l'ensemble des opérations d'une guerre.

Sufferta : armistice conclu entre une ville, un village ou un seigneur avec une ou plusieurs compagnies anglo-gasconnes. Voir chapitre III, 2, 21.

Tactique : art de conduire une opération militaire limitée ; conduite que l'on adopte pour atteindre ses objectifs dans ce cadre.

Taille : impôt direct réparti à l'intérieur de la communauté.

Traité de Brétigny : traité signé en 1360 entre les rois de France et d'Angleterre. Il y fut décidé la rançon du roi de France Jean II, fait prisonnier à la bataille de Poitiers, en 1356, et la cession d'une grande partie du Sud-Ouest du royaume de France, dont le Quercy, à Edouard III d'Angleterre.

Trébuchet : *Brida* en occitan ; pièce d'artillerie à balancier fonctionnant avec un contrepoids articulé. Les plus grandes de ces machines pouvaient tirer des boulets de pierre pesant jusqu'à 140 kilogrammes à une distance pouvant atteindre 220 mètres

Table des graphiques, schémas et tableaux

Graphiques.

Graphique 1. Essai de comparaison entre les soldes annuelles de 100 hommes d'armes et de 100 citadins armés, la valeur de biens volés et rançonnés sur deux ans et un *pati* d'une année, vers 1370-76. 174

Graphique 2. Les effectifs du conseil consulaire de Gourdon entre 1330 et 1447. 236

Graphique 3. Les familles ayant donné des consuls de Cahors entre 1300 et 1344. 237

Graphique 4. Les familles ayant donné des conseillers et des consuls de Gourdon entre 1337 et 1340. 238

Graphique 5. Situation de 1340 à 1446 des 103 familles de membres des consulats gourdonnais de 1330-40. 238

Graphique 6. La situation de 1345 à 1437 des 84 familles de consuls cadurciens des consulats de 1300-1344. 239

Graphique 7. La composition du conseil consulaire de Gourdon par familles entre 1376 et 1386. 239

Graphique 8. L'origine des consuls de Cahors par familles entre 1390 et 1407. 240

Graphique 9. La composition du conseil consulaire de Gourdon par familles entre 1444 et 1446. 240

Graphique 10. L'origine des consuls de Cahors par familles entre 1431 et 1437. 241

Graphique 11. Les métiers des nouveaux citoyens de Cahors (1352-1445). 407

Graphique 12. Métiers du drap, du cuir et de l'habillement parmi les nouveaux habitants de Cahors (1352-1445). 408

Graphique 13. Les métiers des nouveaux citoyens de Cahors (1446-1479). 408

Graphique 14. Exemption et non-exemption de charges communes des nouveaux citoyens de Cahors (1352-1479). 411

Graphique 15. Provenance des nouveaux citoyens de Cahors (1352-1370). 414

Graphique 16. Les nouveaux citoyens de Cahors (1232-1331). 414

Graphique 17. Provenance des nouveaux citoyens de Cahors (1371-1390). 414

Graphique 18. Provenance des nouveaux citoyens de Cahors (1398-1412). 415

Graphique 19. Provenance des nouveaux citoyens de Cahors (1420-1443). 416

Graphique 20. Provenances des nouveaux citoyens de Cahors (1444-1453). 417

Schémas.

Schéma 1. La conception de la ville selon les consulats quercinois. 246

Schéma 2. La chaîne hiérarchique du guet à Martel. 288

Tableaux.

Tableau 1. L'occupation des bourgs secondaires par les Anglo-Gascons (1346-1390). 80

Tableau 2. Courriers reçus par le consulat de Gourdon en 1340-1341. 196

Tableau 3. Courriers envoyés par le consulat de Gourdon en 1340-1341. 197

Tableau 4. Destination des messagers porteurs de renseignements envoyés par Martel (1349-1356). 273

Tableau 5. Provenance des messagers porteurs de renseignements reçus à Martel (1349-1356). 273

Tableau 6. Estimation de l'effectif quotidien du guet à Martel vers 1356. 312

Tableau 7. Estimation de l'effectif quotidien du guet à Gourdon vers 1356. 312

Tableau 8. Estimation de l'effectif quotidien du guet à Cajarc vers 1356. 312

Tableau 9. La charge du guet pour un individu à Martel en 1356. 313

Tableau 10. La charge du guet pour un inividu à Gourdon en 1356. 313

Tableau 11. La charge du guet pour un individu à Cajarc en 1356. 314

Tableau 12. Evolution de la charge individuelle du guet à Cajarc (1356-1382)..314

Tableau 13. La charge annuelle du guet pour un individu à Cajarc entre 1344 et 1347.....................................315

Tableau 14. La charge annuelle du guet pour un individu à Cahors en 1394...316

Tableau 15. Evolution du nombre de jours de travail perdus annuellement au guet par individu à Cajarc........319

Tableau 16. Jours de travail perdus par individu au guets de Martel et de Gourdon en 1356............................319

Tableau 17. Essai d'évaluation du nombre annuel de factions montées par un individu à Cahors en 1356 et 1394..........322

Tableau 18. Les tours de garde d'un individu sur un cycle de 4 semaines en 1356...323

Tableau 19. Les tours de garde d'un individu sur un cycle de 4 semaines en 1394...324

Tableau 20. Les dépenses de défense et leur répartition entre dépenses de fonctionnement et dépenses d'infrastructure..............343

Tableau 21. Répartition des dépenses du chantier de Martel en 1355-56...347

Tableau 22. Augmentation du salaire des manœuvres et inflation à Martel en 1355-56.....................................349

Tableau 23. Répartition des dépenses relatives aux différents types de main-d'œuvre de maçonnerie..............350

Tableau 24. Répartition des dépenses relatives aux différents types de main- d'œuvre de charpenterie...........351

Tableau 25. Répartition des dépenses relatives aux différents matériaux de charpenterie.................................352

Tableau 26. Répartition des dépenses relatives aux différents matériaux de maçonnerie..................................353

Tableau 27. Répartition des dépenses de main-d'œuvre de démolition et d'extraction des matériaux..............354

Tableau 28. Répartition des dépenses du chantier de 1376 à Cajarc..356

Tableau 29. Répartition des dépenses entre charpenterie et maçonnerie (chantier de Cajarc en 1376)............356

Tableau 30. Opérations de maçonnerie et composition des équipes de travail (chantier de Cajarc en 1376)....357

Tableau 31. Opérations mixtes et composition des équipes de travail (chantier de Cajarc, 1376)....................358

Tableau 32. Opérations de charpenterie et composition des équipes de travail (chantier de Cajarc, 1376)......359

Tableau 33. Nombre de journées de travail par catégories professionnelles (chantier de Cajarc, 1376)............360

Tableau 34. La provenance des ferrures, entre achat et fabrication en régie (chantier de Cajarc, 1376)...........361

Tableau 35. Les fournisseurs de vin du consulat de Cajarc en 1379 et leurs fonctions municipales..................378

Tableau 36. Les fournisseurs d'avoine du consulat de Cajarc en 1379 et leurs fonctions municipales..............379

Tableau 37. Quelques droits d'entrée et rentes payés par des hospitalières de Cahors et de Gourdon à leurs hôpitaux.................396

Tableau 38. Destination des biens de Guilhelma Laygua à son entrée à l'hôpital de Gourdon, le 8 juillet 1381........................399

Table des cartes et plans

Cartes.

Carte 1. Villes et bourgs concernés par l'étude. 20

Carte 2. La région Gourdon-Martel-Rocamadour et le bois des Dames. 86

Carte 3. Le Haut-Quercy et les chevauchées du Prince Noir (1355-1356). 89

Carte 4. Les compagnies périgourdines traitant avec Cahors en 1409. 96

Carte 5. Capdenac et ses environs. 111

Carte 6. La situation militaire en Haut-Quercy entre la fin avril et le 10 mai 1369. 140

Carte 7. La situation militaire en Haut-Quercy du 14 au 18 mai 1369. 141

Carte 8. La région Gourdon-Sarlat-Villefranche-du-Périgord. 158

Carte 9. L'activité militaire anglaise dans la région Lot-Célé de mars à mai 1356. 159

Carte 10. La prise de Fons et la tentative de reprise cajarco-figeacoise (7 au 16 juin 1356). 160

Carte 11. L'activité militaire anglaise dans la région Lot-Célé de la mi-juin à septembre 1356. 161

Carte 12. Gourdon et ses environs. 163

Carte 13. Cajarc et ses environs. 164

Carte 14. Les compagnies opérant contre Martel en 1370 et 1371. 171

Carte 15. Localisation des compagnies traitant avec Cajarc au début du XVe siècle. 175

Carte 16. La compagnie de Vers dans les environs de Gourdon (30 juin-22 août 1376). 184

Carte 17. Essai de reconstitution de l'itinéraire Cahors-Gourdon pendant les années 1370. 194

Carte 18. La correspondance des consulats de Cajarc, Gourdon et Martel en 1356. 199

Carte 19. Les compagnies opérant contre Figeac en 1383. 221

Carte 20. Les pays vécus de Gourdon, Martel et Cajarc entre 1350 et 1380. 250

Carte 21. Le renseignement local à Martel. 269

Carte 22. Situation de Pelvezy par rapport à Martel. 272

Carte 23. La correspondance de renseignement du consulat de Gourdon en 1376. 274

Carte 24. La région Cahors-Puy-l'Evêque et les localités prises en 1346. 332

Carte 25. La région Cajarc-Célé. 333

Plans.

Plan 1. Bélaye vers la fin XIVe-début XVe siècle. 102

Plan 2. Cahors vers 1340. 103

Plan 3. La ville fortifiée de Figeac, vers fin XIVe-début XVe siècle. 105

Plan 4. La ville fortifiée de Cajarc vers 1390. 116

Plan 5. La ville fortifiée de Gourdon vers 1390. 120

Plan 6. La ville fortifiée de Martel vers 1390. 132

Plan 7. La ville fortifiée de Cahors vers 1390. 144

Plan 8. Le bourg fortifié de Rocamadour (vers fin XIVe - début XVe siècle). 146

Table des illustrations

Figure 1. Paysage de la vallée du Vers, à Murcens. ... 22
Figure 2. Vue des ruines du château de Balaguier-d'Olt. ... 54
Figure 3. Le village de Loubressac. ... 63
Figure 4. Vue des fortifications de Montvalent. ... 81
Figure 5. Le château de Belcastel. ... 83
Figure 6. Vue de la muraille sud de Capdenac. ... 107
Figure 7. La tour Saint-Jean à Cahors. ... 109
Figure 8. Le pont Valentré vu depuis le nord. ... 112
Figure 9. La tour Saint-Mari à Cahors. ... 113
Figure 10. L'église Grande de Bélaye. ... 124
Figure 11. Trébuchet. ... 125
Figure 12. Vue de l'enceinte principale de Figeac, côté ouest. ... 126
Figure 13. Bouche à feu (bombardelle). Modèle castillan du XVe siècle. ... 127
Figure 14. L'Hébrardie à Cajarc. ... 129
Figure 15. Le talus constituant le flanc Nord de l'enceinte de Martel. ... 134
Figure 16. Coupe du talus constituant le flanc Nord de l'enceinte de Martel. ... 135
Figure 17. La porte du *barri* de Brive à Martel. ... 137
Figure 18. La porte du *barri* de Souillac à Martel. ... 138
Figure 19. La porte Est de l'enceinte extérieure de Loubressac. ... 138
Figure 20. La porte Est de l'enceinte extérieure d'Albas. ... 139
Figure 21. La tour du Pal à Cahors. ... 142
Figure 22. Vue de Rocamadour depuis le sud-ouest. ... 147
Figure 23. Saint-Cirq-Lapopie vu depuis l'est. ... 149
Figure 24. Le château de Belcastel vu depuis la vallée de l'Ouysse. ... 170
Figure 25. Grande arbalète à tour, ou espringale. ... 180
Figure 26. Le château des Anglais à Vers. ... 185
Figure 27. Vue de Costeraste depuis le sud. ... 192
Figure 28. Vue de Montbrun depuis le sud-est. ... 222
Figure 29. Le château de Castelnaud-de-Berbiguières. ... 226
Figure 30. Vue de Puy-l'Evêque. ... 228
Figure 31. L'église Saint-Maur de Martel. ... 252
Figure 32. Vue de Calvignac depuis le nord. ... 275
Figure 33. Luzech et son donjon. ... 282
Figure 34. La tour Tournemire à Martel. ... 286
Figure 35. Le clocher de l'église de Cajarc. ... 297
Figure 36. La porte Saint-Michel à Cahors. ... 300
Figure 37. Vue intérieure de la Raymondie à Martel. ... 345
Figure 38. Espringale, ou grande arbalète à tour, exposée au château de Castelnaud-la-Chapelle. ... 369
Figure 39. Bouche à feu. Fauconneau du XVe siècle. ... 370

Table des matières

Préface 5

Remerciements 7

Introduction 9

Cadre général, 9 – L'histoire urbaine médiévale du Haut-Quercy, 11 – Histoire militaire et défenses urbaines médiévales, 14 – A la croisée de l'histoire urbaine et de l'histoire militaire, 18

Sources et bibliographie 25

I. Les sources 26

Sources manuscrites pour Cahors, 26 – Sources manuscrites pour Cajarc, 29 – Sources manuscrites pour Capdenac, 30 – Sources manuscrites pour Figeac, 32 – Sources manuscrites pour Gourdon, 33 – Sources manuscrites pour Martel, 34 – Sources diverses et imprimées, 35.

II. Bibliographie 37

1ere Partie. Aspects militaires et politiques

I. La guerre anglaise en Haut-Quercy 51

1. Les compagnies anglo-gasconnes 52
Des effectifs modestes 52
Hiérarchies 56
Les compagnies vues de l'intérieur 64
Diriger la troupe 64
Capitaines et lieutenants, 64 – Les connétables, 65 – Les échelons hiérarchiques inférieurs, 66 – L'échelon administratif et les trompettes, 67.
Les différents types de combattants 69
Les cavaliers, 69 – Les gens de pied, 71.
La compagnie : une organisation de son temps 72

2. Le combat des Anglo-Gascons 74
Contraintes logistiques et procédés tactiques 75
Les besoins logistiques, 75 – La préparation des opérations, 76 – Le coup de main comme principal mode opératoire, 78 – Les villes, objectifs militaires secondaires, 79.
Tenir le pays : entre épée et traité 82

3. Cent années d'opérations 85
La guerre d'Edouard III, 85 – La couverture des chevauchées du prince de Galles, 87 – La mise sous pression d'un adversaire à terre, 90 – Maintenir le Quercy dans la principauté d'Aquitaine, 91 – Combats sur les arrières de la reconquête française, 92 – Le temps des capitaines, 93 – Les compagnies périgourdines, 95.

II. Fortifier la ville. 101

1. Fortifier, entre nécessités tactiques et exigences politiques. 101
Vieilles fortifications, nouveaux quartiers. 102
L'essor et l'intégration des faubourgs, 102 – La dégradation des vieilles enceintes, 105 – La réticence des consulats face aux premiers ordres royaux, 106.
Des choix initiaux fruits des contraintes économiques et sociales. 108
La priorité donnée aux vieilles enceintes, 108 – Une situation politique interne défavorable, 110 – Le problème financier, 111.

2. Ajuster et adapter les systèmes fortifiés à la permanence de la menace. 114
La poursuite des programmes initiaux. 114
L'importance des réduits, 115 – La dure révélation des années 1355-56, 117.
Contraintes économiques, réflexion tactique. 117
Le problème des maisons à détruire, 118 – La faiblesse des enceintes extérieures, 121 – L'inutilité de pourvoir les faubourgs de solides murailles, 123 – L'atomisation de la défense des quartiers périphériques, 123 – L'utilisation judicieuse de l'artillerie, 124.

3. Des améliorations et des aménagements permanents. 128
La finalisation des réduits centraux. 129
Des travaux permanents sur les vieilles enceintes. 130
Le perfectionnement des flanquements verticaux : les gachiels, 132 – Le perfectionnement des flanquements horizontaux, 133.
Le renforcement de l'atomisation des défenses faubouriennes. 134
Des améliorations limitées sur les enceintes des faubourgs, 134 – Réduits et portes, éléments essentiels de la défense, 135.

4. Les fortifications à l'épreuve. 139
La guerre de siège, 139 – La guerre de harcèlement, 147.

III. La défense des arrière-pays 153

1. Des arrière-pays impossibles à défendre. 154
Un problème de compétences. 154
Les campagnes aux mains des compagnies. 156
L'effet sécurisant des enceintes urbaines, 156 – L'infériorité des troupes consulaires en rase-campagne, 157 – L'abandon et la destruction des points fortifiés alentours, 163.

2. *Suffertas* et *patis*. 164
Les *suffertas*. 164
Les *patis*. 166
La teneur des traités, 166 – Efficacité et portée des accords, 167 – Le prix à payer, 168 – Les *patis* : une solution défensive plus rentable que les armes, 170.

3. La guerre malgré tout. 175
La fidélité au roi de France. 175
Des relais bien implantés, des refuges fortifiés sûrs mais peu disponibles, 176 – Des soutiens limités, 178 – Quelques rares actions offensives autonomes, 181.
Un harcèlement anglo-gascon permanent. 183

IV. Les villes, bases de l'action royale 189

  1. Villes et bourgs fortifiés, centres économiques auto-protégés. 190
    L'intérêt du pouvoir royal pour les fortifications. 190
      Des traités finalement efficaces, 191 – Les enceintes, garantes de la vie économique, 193.

  2. Un élément capital : la correspondance. 195
    Le réseau de correspondance. 196
      L'essor des échanges d'informations, 196 – La structure du réseau, 198.
    La valeur des informations. 200
      Informer ses alliés des positions et mouvements anglo-gascons, 200 – La rapidité et la précision des communications, 201.

  3. Les consulats et le pouvoir royal. 205
    L'intégration au gouvernement royal. 205
    Essoufflement et ruptures. 208
    Les espoirs déçus de Brétigny. 210
      Les fortes attentes des consulats, 210 – Les erreurs d'Edouard de Woodstock, prince d'Aquitaine, 212 – La rébellion, 213.
    Le renouveau de l'action administrative royale. 214
      Les encouragements de Charles V, 214 – Le rapprochement de l'administration royale, 215.
    Les efforts royaux pour sécuriser la province. 216
      Des consulats prêts à agir de concert, 216 – Le renforcement de la présence militaire royale, 217 – Les rachats de places, 219 – Le reflux des Anglais vers le Périgord, 223.
    La consolidation de la situation militaire. 224
      L'accalmie (1394-1400), 225 – Les compagnies maintenues en Périgord, 225.
    Une province unie face aux Anglais. 227
      La cohésion des consulats avec le pouvoir royal au sein des Etats, 227 – Le roi comme premier recours face à l'adversité, 229.

2ᵉ Partie. Aspects socio-économiques

V. Le renforcement de l'autorité consulaire. 235

  1. L'homogénéité des conseils consulaires. 235
    Stabilité des effectifs et représentativité des conseils, 235 – Le renouvellement des élites, 236.

  2. Des pouvoirs civils fortement accrus. 242
    Autour du bien commun : un large cadre d'action. 242
      Le bien commun, 242 – La ville, entre réalité et abstraction, 243 – La communauté, sujet d'administration et corps social, 245 – La ville comme un tout, 247 – La ville dans son pays, 248.
    Un pouvoir juridique renforcé. 251
    La reprise en main du domaine public. 251
    L'état de nécessité et les mesures d'exception. 253
      L'état de nécessité, 253 – Expropriations et atteintes à la propriété privée, 254 – La réquisition du travail, 256.
    L'augmentation du pouvoir fiscal. 256
      La hausse du nombre des impositions, 256 – L'élargissement de la base contribuable, 258 – La prise de libertés pour l'utilisation des produits fiscaux, 259.

3. Commander la ville forte. 261
　Le renseignement. 262
　　La connaissance de la situation générale. 263
　　La recherche directe de l'information sur le plan local. 266
　　　Le renseignement tactique, 266 – Le renseignement d'alerte, 268.
　　La collecte indirecte et le partage du renseignement. 270
　　　La collecte inhérente aux activités habituelles, 270 – La collecte indirecte, 272.
　　Le contre-espionnage. 276
　Diriger et organiser la cohue. 279
　　Des capitaines sous influence. 280
　　　L'émancipation des consulats pour la désignation des capitaines, 280 – L'ascendant des consuls sur les capitaines, 283.
　　La mainmise du monde consulaire sur les commandements militaires. 284
　　　Le besoin de cadres pour la population en armes, 284 – L'intense présence des élites urbaines au sein de l'encadrement, 286 – L'influence affermie du monde consulaire sur la population, 289.
　　Un appareil judiciaire au service de la défense. 290

VI. Le guet et ses conséquences 295

1. Des systèmes de guet nécessairement élaborés. 296
　Les composantes du guet. 298
　　La garde des portes, 298 – Le guet, 301 – Arrière-guet, contre-guet et guet des puys, 303.
　La population astreinte au guet. 306
　　La présence des femmes, 306 – Les étrangers, les ecclésiastiques et les villageois, 308 – La distribution des tours de guet, 310.

2. La répartition individuelle des tours de guet. 311
　La charge minimum, 311 – Les renforcements ponctuels, 316.

3. Le guet, où la vie économique et sociale minée. 318
　Le travail perdu. 318
　　Le manque à gagner individuel, 318 – Les pertes pour l'économie urbaine, 320.
　Le repos perdu et la fatigue continuelle. 321
　　Le dérèglement du sommeil, 322 – Les effets de la peur, 325 – Une lassitude générale, 327.
　Le coût de l'équipement individuel. 328

VII. Une société en guerre 331

1. La guerre dans les esprits. 331
　La généralisation de l'état militaire. 331
　Une volonté de résistance entretenue. 335
　　Les serments, 335 – L'aspect religieux et moral, 336 – Les valeurs guerrières, 339.

2. L'économie de défense. 342
　Le secteur du bâtiment. 344
　　L'exemple d'un chantier initial : Martel en 1355-56. 345
　　　L'élaboration des fortifications, 346 – Les coûts, 347 – Organisation et répartition du travail, 348 – Les matériaux, 351.
　　L'exemple d'un chantier d'entretien : Cajarc en 1376. 355
　　　Répartition des dépenses, 355 – Organisation et répartition du travail, 357 – Les matériaux, 361.
　　Le maintien des activités du bâtiment. 362

Le secteur de l'armement. 364
    L'armement individuel. 365
    L'artillerie. 367
        Les machines à balancier et à ressort, 367 – L'artillerie à poudre, 369.
    L'armement : un impact économique difficile à saisir. 371
Les activités de la terre. 372
    La ruine des activités agricoles, 374 – *Patis* et *suffertas*, sauvegardes et soutiens des activités agricoles, 375 – Les élites consulaires, fournisseurs privilégiés des municipalités, 376.

VIII. Lutter contre la crise 383

1. Les mesures d'ordre économique. 383
Le souci du ravitaillement, 383 – L'amorce d'un protectionnisme économique, 385 – La police du commerce du pain, 388.

2. Les politiques sanitaires et sociales. 389
Les charités. 390
Les hôpitaux consulaires. 392
    Organisation, 392 – L'aide aux pauvres, 394 – Le financement, 395.
Les mesures sanitaires. 400
    La réglementation sanitaire. 401
        La propreté des espaces publics, 401 – La sécurité de l'alimentation, 402.
    Médecins et chirurgiens-barbiers. 403

3. Endiguer la dépopulation. 405
Attirer les migrants et les capitaux. 406
    L'octroi de la citoyenneté, 407 – L'appel à l'immigration, 409 – Les avantages particuliers concédés pour attirer et maintenir les habitants, 411.
Les courants d'immigration. 413

Conclusion 419

La ville fortifiée : un centre économique auto-défendu avant tout, 420 – La montée en puissance des élites consulaires, 422.

Index, glossaire et tables 425

Index des noms de lieux, 425 – Index des noms de personnes, 433 – Glossaire, 437 – Table des graphiques, schémas et tableaux, 439 – Table des cartes et plans, 441 – Table des illustrations, 442 – Table des matières, 443.

Tables